China erwacht

ECON Sachbuch

Der derzeit am schnellsten wachsende Wirtschaftsraum der Welt ist im Wandel begriffen. Lange Zeit hat der längst greise Deng Xiaoping die Fäden in der Hand gehalten. Ist jetzt, nach dem Tod des »Roten Kaisers«, eine neue Richtungsbestimmung zu erwarten?
Den Journalisten Nicholas D. Kristof und Sheryl WuDunn, die fünf Jahre lang in China als Korrespondenten der NEW YORK TIMES und der TIMES arbeiteten, gelingt es, die uns oft paradox erscheinenden Verhaltensweisen und Mechanismen Chinas verständlicher zu machen, ohne sie mit Erklärungsmustern nach westlicher Art zu übermalen.

Nicholas D. Kristof wurde 1986 Hongkong-Bürochef und 1988 Beijing-Bürochef für die TIMES. *Sheryl WuDunn,* chinesische Amerikanerin in der dritten Generation, ging 1988 als Korrespondentin für die NEW YORK TIMES nach Beijing. Das Ehepaar gewann 1989 gemeinsam den Pulitzer-Preis für seine Berichterstattung über das Tiananmen-Massaker.

Nicholas D. Kristof
Sheryl WuDunn

覺醒中的中國

CHINA ERWACHT

Die zwei Gesichter einer Weltmacht

ECON Taschenbuch Verlag

Veröffentlicht im ECON Taschenbuch Verlag 1997

Titel des amerikanischen Originals: China Wakes

Aus dem Amerikanischen übersetzt von Esther Mattille und
Claudia Wang
Umschlaggestaltung: Init GmbH, Bielefeld
Druck und Bindearbeiten: Ebner Ulm
Printed in Germany
ISBN 3-612-26392-7

Für unsere Eltern
Ladis und Jane Kristof
und
David und Alice WuDunn
sowie für
Sirena WuDunn (1962–1983)

»Wenn China erwacht,
wird die Welt erbeben.«

Napoleon Bonaparte zugeschrieben

Unsere erste Sorge beim Schreiben dieses Buches galt dem Schutz unserer Freunde, Freundinnen und Bekannten in China. Zu viele Angehörige des chinesischen Volkes schmachten bereits in chinesischen Gefängnissen, und wir hatten nicht das geringste Bedürfnis, ihre Zahl noch zu erhöhen.

Wir haben aus diesem Grund die Namen so mancher chinesischer Informationsquellen geändert. Sämtliche Namen, die in einem Wort geschrieben sind – wie zum Beispiel Hongjun, der uns aushorchte –, sind Decknamen. Wenn wir Vor- und Zunamen erwähnen, handelt es sich dagegen jeweils um den richtigen Namen.

Sheryl WuDunn

你真是中國人

1 UND WAS FÜR EINE CHINESIN BIST DU?

Die herausragendste Eigenschaft
der östlichen Zivilisation ist das Wissen
um Zufriedenheit,
die der westlichen Zivilisation
deren Unkenntnis.

Hu Shih,
chinesischer Gelehrter und Diplomat
(1891–1962)

Noch bevor ich 1988 einen Fuß als Korrespondentin der *New York Times* auf chinesischen Boden setzte, beschloß ich, eine möglichst chinesische Chinesin zu sein. Einmal dort, vertauschte ich meine hochhackigen Schuhe mit schwarzen flachen, meine italienische Lederjacke mit einer rauhen Wolljacke, die ich in einem der staatlichen Läden erstand, und ließ mir den kurzen Pagenschnitt verpassen, wie ihn Tausende von Chinesinnen tragen. So konnte ich durch die Straßen ziehen und mit gewöhnlichen Menschen über ihren täglichen Ärger, über ihre Träume und ihre Enttäuschungen sprechen. Während unserer ersten Jahre in Beijing, als das politische Klima eisig war, zogen es viele unserer chinesischen Bekannten vor, mich alleine, ohne Nick, zu sehen, da ich ihre Häuser betreten konnte, ohne aufzufallen. Und in manchen Städten konnte ich auf der Straße auch die *Cankao Xiaoxi* oder *Reference News* erstehen, eine vertrauliche Zeitung, deren Erwerb der chinesischen Bevölkerung vorbehalten ist und die an Fremde nicht abgegeben werden darf.

Ich war gerade deshalb so gespannt auf mein Leben in China, weil ich wußte, daß ich mich dort unauffällig würde einfügen können. Ich bin in der Upper West Side von Manhatten aufgewachsen, wir haben zu Hause englisch gesprochen, und meine Freundinnen und Freunde, meine Nachbarn, Mitschüler und Mitschülerinnen waren zumeist Weiße. Wie viele Chinesinnen und Chinesen der dritten Generation, die in den USA aufwachsen, war ich die einzige Schülerin chinesischer Abstammung in meiner Klasse. Natürlich legten meine Eltern aber Wert darauf, das chinesische Neujahr zu feiern und mit anderen chinesischen Familien zusammenzukommen. Auch wurden mein Bruder, meine Schwestern und ich klar in der Hoffnung erzogen, wir würden uns dereinst mit einer Chinesin beziehungsweise einem Chinesen verheiraten. Zumindest in der Zeit des Heranwachsens stellte dieses stets sicht- und spürbare Anderssein für mich oft vielmehr eine Quelle der Peinlichkeit denn des Stolzes dar, und so trachtete ich damals ständig nach Möglichkeiten der Anpassung.

Erst als ich an der Cornell-Universität studierte, begann ich mich überhaupt für China zu interessieren, und selbst da noch mußte sich dieses Interesse der Liebe für europäische Literatur unterordnen. Als Studentin begann ich auch mit zaghaften Annäherungsversuchen an die chinesische Sprache und reiste später mit meiner Familie nach Asien. Dann nahm ich eine Stelle bei Bankers Trust an, wo ich mit taiwanesischen Bank- und anderen Angestellten zusammenarbeitete, und mein Interesse an China wuchs zusehends. Mit Ende Zwanzig konnte ich mir vorstellen, eines Tages in Asien zu arbeiten. Deshalb war ich hoch erfreut, als Nick und ich nach Beijing ziehen und ich Gelegenheit bekommen sollte, meine entfernten Verwandten kennenzulernen: die ganze Milliarde. Ich fragte mich gespannt, wie ihre Begrüßung wohl ausfallen würde.

An meinem dritten Tag in Beijing beschloß ich, die Straße des Ewigen Friedens entlangzubummeln, die Hauptader in der Nähe unseres Wohnviertels. Ich fühlte mich an diesem herrlichen und luftigen Novembernachmittag so guter Dinge, daß der Geruch nach verbrannter Kohle in der Luft mir vielmehr eine Grillparty in Erinnerung rief als Gedanken an die Luftverschmutzung. Frauen und Männer spazierten gemächlich die breite Straße hinunter, und ihre farblose Kleidung und die Schwarz- und Grautöne der schmucklosen, gedrungenen Häuser schienen mir eher elegante Schlichtheit als Rückständigkeit auszustrahlen. Ich selber trug an diesem Tag voller Selbstsicherheit meine Lederjacke mit Schulterpolstern und vielen Falten, die ich auf der Hochzeitsreise in Rom erstanden hatte. Auf dem Weg kam mir eine Gruppe junger Männer entgegen, die ebenfalls Lederjacken trugen, allerdings rauhe und ungegerbte. Einer von ihnen sah mich an und lächelte, ich lächelte zurück und freute mich über die Freundlichkeit in dieser Stadt. Dann zischte der eine *»jiayangguizi«,* was soviel heißt wie »falscher fremder Teufel«. Ich fühlte mich wie am Boden zerstört. Bildeten wir vielleicht doch nicht eine einzige, große Familie?

Offiziell hat China eine klassenlose Gesellschaft, aber ich mußte sehr rasch erkennen, daß viele Menschen in China in Wahrheit sehr klassenbewußt, ja geradezu rassistisch empfinden. Fremde, besonders Schwarze oder Menschen anderer asiatischer Länder, betrachtet man in China häufig etwas herablassend als unterlegen, selbst wenn man sie um ihren Wohlstand und ihren höheren Lebensstandard beneidet. Sie werden mit Spott und Hohn als »fremde Teufel« oder, wenn sie aus dem Westen kommen, als »Großnasen« bezeichnet. Chinesen und Chinesinnen aus Übersee wie ich rufen oft Neid hervor, und dieser macht sich dann in Form von Unmut Luft.

Doch da ich »nur« als *jiayangguizzi* betrachtet wurde und nicht als echter fremder Teufel, konnte ich mich einfacher unter die Einheimischen mischen und leichter Zugang zu ihren Heimen und Herzen finden. Oft wurde ich sogar zur »Mitbürgerin«. Als Nick und ich Maos ehemaliges Haus in Zhongnanhai besuchen wollten, dem besonderen Viertel, in dem die Mächtigen leben und arbeiten, beschied mir ein Mitglied des chinesischen Außenministeriums, nämlich Li Zhaoxing, der heutige Botschafter bei den Vereinten Nationen, als Chinesin aus Übersee bekäme ich zwar die Erlaubnis, aber Nick dürfe sich mir nicht anschließen; die Diskriminierung war augenfällig.[1]

Ich spürte den Zwiespalt in meiner Existenz, das ständige Gefühl, zwischen zwei Persönlichkeitsprofilen hin und her zu wechseln: dem einer Überseechinesin, die in ihre Heimat zurückkehrte, sich endlich »zu Hause« fühlte und mit ihrem geraden, schwarzen Haar und den schwarzen Mandelaugen in der Masse der Gleichaussehenden verschwand, und dem einer Amerikanerin, die sich ihren Pfad durch das Dickicht des unbekannten chinesischen Waldes schlug und sich dabei oftmals verirrte, in Sackgassen verfing oder im Kreis drehte. Ich mochte ja aussehen wie die Chinesin, die neben mir auf der Straße ging, doch die Gesellschaft war mir fremd. Umgekehrt schien der Umgang mit mir auch die Menschen in China zu verunsichern. Ich sah aus wie eine Chinesin, also erwarteten sie von mir, daß ich ihre Gefühle und Empfindungen verstand. Aber da ich in den Vereinigten Staaten aufgewachsen war, fragten sie sich unwillkürlich, ob ich nicht doch in Wirklichkeit Amerikanerin sei. Hinzu kam, daß sie die *New York Times* als eine ganz besonders »amerikanische« Institution betrachteten. Eine meiner chinesischen Bekannten gab niemals den Verdacht auf, daß die *Times* zur amerikanischen Regierung gehöre.

Als besondere Ironie empfand ich, daß ich mich im genau gleichen Zwiespalt befand wie in den Vereinigten Staaten. Ich bekam bei der Geburt den chinesischen Namen Ng Git-Fong (oder Wu Jiefang in Mandarin), doch benutze ich ausschließlich meinen amerikanischen Namen. Ich lernte Mandarin am College und in Taiwan, doch niemals den Dialekt Taishan meiner Vorfahren. Ich trainierte Kung-Fu, verwandte aber mehr Zeit auf Aerobics; ich kann mit Stäbchen essen, bevorzuge aber die Gabel; ich empfinde »amerikanisch«, aber auch »chinesisch«. In New York hatte ich die meiste Zeit darauf verwendet, eine Amerikanerin zu sein, mich an die amerikanischen Regeln zu halten, die »Ins and Outs«

der amerikanischen Gesellschaft zu verinnerlichen. In China ertappte ich mich dabei, wie ich versuchte, eine Chinesin zu sein, nach chinesischen Regeln zu leben, Teil der chinesischen Gesellschaft zu werden. Doch an keinem der beiden Orte fügte ich mich wirklich nahtlos ein. So gestalteten sich die fünf Jahre, die ich in China verbrachte, wahrscheinlich ohne daß ich es hätte verhindern können, nicht nur als ausschließliche Suche nach dem »wahren China«, sondern auch als eine Suche nach meiner Identität.

Das aber hieß, meine Wurzeln zu finden. In China gilt der Ort, aus dem man kommt, aus dem die Familie stammt, als wichtiger Bestandteil des Charakters. In Amerika will jemand beim ersten Treffen vielleicht etwas über den Rest deiner Familie, deine persönlichen Interessen, deinen Hintergrund wissen. In China aber will man dein *laojia,* deinen Heimatort, kennen, den Ort, woher deine Familie stammt. Frag eine Amerikanerin, woher ihre Familie kommt, und sie sagt vielleicht: »Wir sind aus Irland« oder »Wir kommen aus Italien«. Frag sie nach dem Dorf, aus dem sie stammt, und wahrscheinlich wird sie mit den Achseln zucken. Eine Sino-Amerikanerin in China aber findet sehr rasch heraus, daß sie besser ganz genau weiß, woher ihre Familie kommt.

Verstreut zwischen Reis- und Gemüsefeldern entlang den Straßen und Flüssen einer Region namens Taishan in der Provinz Guangdong, finden sich Hunderte von kleinen Dörfern, die den chinesischen Pionieren, die im 19. und frühen 20. Jahrhundert nach Amerika auswanderten, noch lange lebhaft in Erinnerung blieben. Unter ihnen befanden sich auch meine beiden Großväter, verzweifelte Bauern, die aus einem Land flohen, das immer ärmer wurde. Der amerikanische Traum, zusammengestückelt aus Erzählungen fremder Missionare, erwies sich als verlockend genug, um sie die Qual und Mühsal auf sich nehmen zu lassen, in zehntausend Meilen Entfernung von zu Hause eine neue Existenz aufzubauen.

Meine Großeltern starben in Amerika, ohne sich jemals wirklich in dem seltsamen Land heimisch gefühlt zu haben, in dem die Männer Haare im Gesicht haben und die Sprache derart rauh klingt, daß sie keine Melodie erkennen läßt. Meine Eltern und deren Geschwister schienen sich weder für Taishan noch für ihre Wurzeln groß zu interessieren; wir verloren jede Verbindung. 1982 nahmen meine Schwestern Sirena und Sondra mit einer chinesisch-amerikanischen Gruppe an einer staatlich finanzierten Reise nach China teil, mit dem Ziel, unser *laoija* zu finden, doch es gelang der Regierung nicht, dies zu ermöglichen, und meine Schwestern mußten ihr Ansinnen aufgeben. 1987 beharrte dann mein Freund Nick darauf, daß ich nach Taishan fahren und es noch einmal versuchen solle. »Es ist faszinierend, zu den Wurzeln zurückzugehen!« meinte er. »Du solltest herauszufinden versuchen, woher deine Familie stammt.«

»Da sind doch höchstens ein paar arme Bauernfamilien zu finden«, gab ich ihm zur Antwort. »Ich kenne sie nicht und fühle mich ihnen nicht verbunden. Warum sollte ich zurückgehen?«

Dennoch nagte etwas weiter an mir und bohrte: Irgendwann im Leben mußt du deiner Heimat gegenübertreten. Erfüllt von einer Mischung aus Neugier, Faszination und Furcht, beschloß ich schließlich hinzufahren.

Taishan – das wußte ich – war gleichzusetzen mit verarmtem Land und Lehmhütten und barfüßiger Landbevölkerung, und deshalb hielt ich es für angebracht, ebenfalls bescheiden aufzutreten. Ich zog also eine alte Bluse und Jeans an, nahm meine Ohrringe ab und zog ein Paar alte schwarze Schuhe hervor, die eigentlich in den Müll gehörten. Nick und ich reisten gemeinsam mit Hilda, einer Chinesin aus Hongkong, die das Dartmouth College besucht hatte und mit stillem Entsetzen daran dachte, China betreten zu müssen. Darauf gefaßt, daß es keine Möglichkeit geben würde, ihre Wäsche zu waschen, packte sie immer noch mehr Pakkungen mit Wegwerfunterwäsche ein.

An einem kühlen Novembertag nahmen Hilda, Nick und ich die Fähre nach Macao, überquerten die Grenze nach China und traten am Abend eine fünfstündige Taxifahrt auf den schlammigen und verstopften Straßen des südlichen Teils der Provinz Guangdong an. Wir mußten anderthalb Stunden vor einer Zugbrücke in der Dunkelheit warten, während die beiden Brückenhälften langsam hochgingen, um ein Boot, das zur nächtlichen Zeit vorbeifuhr, passieren zu lassen. Alle anderen schienen genauso verblüfft und verärgert wie wir, und wir befanden uns in interessanter Gesellschaft: Schweine im Laderaum eines Lasters; Fernfahrer, die Öl herumkarrten; in einem Kipplaster zusammengepferchte Bautrupps und Fahrzeuge, die alle nur möglichen Arten von Blechbehältern mitführten, gefüllt mit Metallstangen, Röhren und Armierungseisen. Die Straße war sehr uneben, an manchen Stellen drehten die Räder im Schlamm durch, und unsere Taxifahrerin drückte vor jeder Biegung auf die Hupe. Doch ganz offensichtlich handelte es sich bei dieser schmalen Straße um die Lebensader der Region.

Schließlich erreichten wir Taishan, wo wir in einem geräumigen, aber spärlich möblierten Gästehaus in einem schlichten Garten mit Bäumen und einem kleinen Teich übernachteten. Früh am nächsten Morgen bestiegen wir ein verbeultes und zerkratztes Vehikel und traten eine lange Holperreise einen Schlammpfad hinunter an. Am Ende landeten wir in Shun Shui, was soviel heißt wie »Sanfte Wasser«, einer Dorfgemeinschaft mit etwa hundert Mitgliedern, die alle zu meiner Familie väterlicherseits, der Sippe Wu oder (im Taishan-Dialekt) Ng gehörten. Wir liefen den Trampelpfad hinunter mitten in das Dorf hinein: eine Ansammlung grauer und lehmfarbiger Hütten aus brüchigem Backstein, die auf eine weite Fläche von Reisfeldern hinausblickten. Hinter den Backsteinhäuschen führten schmale Wege auf eine Anhöhe mit weiteren schäbigen Anwesen, die aber allesamt verlassen schienen. Während wir dahinschlenderten, bildete sich hinter uns eine eigenwillige Parade: gackernde Hühner, tuschelnde Kinder, ein mageres Schwein und ein Bauer mit einem Handwagen. Schließlich standen wir mitten in Shun Shui, umgeben von einer gedrängten Schar sonnengegerbter chinesischer Bauersleute, deren befremdete Blicke mir das Gefühl gaben, wir seien die Sensation des Jahres.

Ich überragte sie, wirkte geradezu riesig mit meiner Größe von eins zweiundsechzig und schämte mich fast für meine wohlgenährte Kindheit. Von der erwachsenen Dorfbevölkerung sahen wir fast ausschließlich ältere Frauen und Männer, zu alt, um noch auf den Feldern zu arbeiten. Sie waren winzig, Menschen, die sich jahrzehntelang nur von Reis und Gemüse ernährt hatten. Ihre Enkelkinder und Urenkelkinder versteckten sich hinter ihren Beinen und wandten sich scheu ab, sobald ich sie anlächelte. Auch die Kinder kamen mir schrecklich klein vor. Taishan gilt als eine der wohlhabenderen Gegenden von China, was mich um den Rest des Landes bangen ließ. Ich fühlte mich, als gehörte ich einer anderen Gattung an. Und es kam mir lächerlich vor, sie zu fragen, ob sie meine Großeltern gekannt hatten: etwa ebenso lächerlich, wie wenn ich diese Frage ein paar Fremden auf einer Straße in Kairo stellen würde.

Doch sie fanden es überhaupt nicht seltsam und begannen sich angeregt auf taishanesisch zu unterhalten und versuchten sich an den Mann zu erinnern, der sechzig oder siebzig Jahre zuvor das Dorf verlassen hatte. Ich dachte an meinen Großvater, den Vater meines Vaters, der hier in diesem Dorf einst zu Hause und 1963 im Alter von zweiundsiebzig Jahren in den USA gestorben war. Als zu dem Zeitpunkt Vierjährige erinnere ich mich heute einzig daran, daß er mich wie mein Vater überragte. Mager und weißhaarig kam er mir vor, wie ein alter Weiser, und seine Gegenwart beunruhigte mich. Ich sah ihn nur ein paarmal, und wir konnten uns kaum unterhalten, denn er sprach praktisch kein Wort Englisch.

»Ng Hok-yik, Ng Hok-yik. So lautete sein chinesischer Name«, sagte mein Vater, als er mir ein paar Einzelheiten über meinen Großvater preisgab. Zuvor hatte ich nur seinen amerikanischen Namen gekannt: William Dunn. Bei seiner Ankunft in den Vereinigten Staaten fragten ihn die Einwanderungsbeamten nach dem Namen, und er gab ihnen seinen Spitznamen Ng Dan-sook an. Sie wußten zwar mit dem Ng nichts anzufangen, doch das »Dan« erregte ihre Aufmerksamkeit. Sie verwandelten es kurzerhand in ein englisches Dunn, und so hieß er für die folgenden paar Jahrzehnte seines Lebens Mr. Dunn. Später bekam er es satt, ein Chinese mit irischem Namen zu sein; er machte sich die Mandarinaussprache seines chinesischen Familiennamens zunutze und fügte ihn dem Dunn bei. Aus diesem Grund bin ich eine WuDunn.

Ich nannte den Leuten aus dem Dorf den chinesischen Namen meines Großvaters, und die älteren erwachten aus ihrer Lethargie. »Das ist meine Linie«, rief Wong Yu-gap, eine kleine, stämmige Frau, deren rundes, wettergegerbtes Gesicht die jahrzehntelange Arbeit als Bäuerin verriet. Die gesprächige Frau von sechsundfünfzig Jahren mit den aufgeweckten Augen trat vor und sagte stolz, sie sei mit meinem Cousin zweiten Grades verheiratet.

Dann begannen Wong Yu-gap und drei weißhaarige Frauen sich über meinen Großvater zu unterhalten, und Wong bemerkte: »Er hatte zwei Frauen.« Ich hatte das Gefühl, jemand ziehe mir den Teppich unter den Füßen weg. Davon hatte ich nie zuvor gehört. Sprachen wir über den falschen Mann?

»Seine erste Frau brachte keinen Sohn zur Welt«, meinte eine der Alten; sie blickte zu mir hoch, blendete aber in Gedanken gleichzeitig fünfundsechzig Jahre zurück. »Sie hatte zwei Töchter, aber sie bekamen nicht den erwünschten Sohn. Da kehrte er mit seiner ersten Frau aus den Vereinigten Staaten ins Dorf zurück. Dein Großvater ließ seine erste Frau hier und heiratete eine andere, deine Großmutter. Er ließ seine erste Frau hier und nahm die zweite mit nach Amerika. Seine erste Frau verbrachte den Rest ihres Lebens hier und starb in den sechziger Jahren.«

Großvater hatte seine erste Frau einfach verlassen, um Großmutter zu heiraten? Plötzlich fühlte ich mich kraftlos, doch die Frauen fuhren fort, mit ihren ledrigen Händen zu gestikulieren, sie nickten mir mit ihren graumelierten Köpfen zu und schwatzten in einem mir unverständlichen Dialekt, als sei Großvaters Verhalten ganz normal. Natürlich war ich ihr Gast, und sie hätten meine Familie nie in meiner Gegenwart kritisiert, doch ich spürte, daß für sie dieser Handlungsweise offensichtlich nichts Anrüchiges anhaftete. Ein derartiges Verhalten gehörte damals zum Alltag! Die chinesische Gesellschaft verhielt sich Frauen wie auch verarmten Bauersleuten gegenüber grausam, so war das Leben nun mal. Eben als ich noch einmal auf das Thema zu sprechen kommen wollte, merkte ich, daß Wong Yu-gap verschwunden war. Kurze Zeit später stand sie neben mir, in der Hand einen in Papier gewikkelten Gegenstand.

»Schau, der Stempel deines Großvaters«, sagte Nick und reichte mir ein großes altes Holzsiegel, auf dem die drei Zeichen Ng Hok-yik prangten. In China gelten Stempel als Unterschrift, und man benutzt sie für alle Dokumente. Ich umklammerte den Stempel, von Gefühlen überwältigt. Da tippte mir jemand auf die Schulter, und ich wurde einem alten untersetzten Mann in ausgebleichtem Hemd vorgestellt. Er war um einen Kopf kleiner als ich, und seine Augen wirkten trüb und leer.

»Das hier ist dein Cousin zweiten Grades, Ng Ping-lam«, erklärte die Taishanesisch-Dolmetscherin. Ich betrachtete meinen Cousin, einen dreiundsechzig Jahre alten, unrasierten Bauern, knorrig und wettergegerbt.

»Er ist zu alt«, bemerkte ich kühl. Er lächelte scheu. Ich war verwirrt. Dieser Mann war so anders als ich, nicht gerade der bemerkenswerte Gelehrte, den ich als Verwandten zu begrüßen erhofft hatte. Als ich ihn später bat, mir seine Anschrift und seinen Namen zu notieren, stellte sich heraus, daß er nicht schreiben konnte. Ich ertappte mich dabei, daß ich ihn mit Herablassung betrachtete, obwohl er ja nichts dafürkonnte, daß sein Großvater nicht nach Amerika ausgewandert war. Seine Frau und er versuchten mir indes zu erklären, daß ich durchaus einen Cousin haben konnte, der mehr als doppelt so alt war wie ich. Sein Großvater war meines Großvaters älterer Bruder gewesen, und sein Großvater wie auch sein Vater hatten beide in jungen Jahren Kinder. Mein Großvater war ja schon älter gewesen, als meine Großmutter, seine zweite Frau, meinen Vater zur Welt brachte. Meine Skepsis begann zu schwinden.

»Möchtest du gerne das Haus deines Großvaters sehen?« fragte Wong Yu-gap, die Frau meines Cousins. Sie schlüpfte zwischen den verlassenen gelben und grauen Häusern durch, und wir folgten ihr. Schließlich blieb sie mitten in einer Gasse stehen und zeigte auf ein altes Haus aus Stein und Lehmziegeln, unbewohnt und von der Hitze, der Feuchtigkeit und dem Regen der Jahre verwittert. Wir betraten die Räume mit den kahlen Wänden und dem jahrzehntealten Staub. In einem Raum stand an der Wand eine braune Truhe, die wir nicht öffnen konnten, doch daneben befand sich eine Kiste, gefüllt mit alten, vergilbten Papieren. Ich ging die Dokumentenbündel durch und fand zu meiner Überraschung ein paar auf englisch verfaßte. Ich griff ein verwittertes Blatt heraus und las: »Feuerversicherung ... Restaurant Mandarin, Springfield, Massachusetts.«

Mein Großvater hatte in New Jersey und New York gewohnt; dort war auch mein Vater aufgewachsen. Diese Papiere – Pfandbriefe, Lizenzen, Korporationsurkunden – müssen jemand anderem gehört haben, dachte ich enttäuscht. In diesem Moment rief Nick: »Schau hier! Diese Versicherungspolice trägt den Namen deines Großvaters.« Ich blickte auf das altersdünne Dokument und den Namen darauf: Wm. W. Dunn. Hier war der Beweis, nach dem ich suchte.

Später fand ich heraus, daß Großvater zuerst nach Massachusetts gegangen war und dort das Restaurant Mandarin betrieb. Offenbar war er mitsamt den Dokumenten ins Dorf zurückgekehrt, um sich eine neue Frau zu holen. Seine erste Frau und die beiden Töchter ließ er dort zurück, doch einer der beiden Töchter aus erster Ehe gelang es viel später, nach Amerika auszuwandern.

Ich schämte mich für die kalte Berechnung meines Großvaters und fühlte mich gleichzeitig unendlich erleichtert, daß es sich bei diesem Mann, von dem die Leute im Dorf erzählt hatten und dessen Unterlagen ich durchforstete, tatsächlich um meinen Großvater handelte. Ich ergriff ein bräunliches Dokument, auf dem stand:

Legitimation für Eng Hen Tun, den jüngeren Sohn von Eng Fong Mon, Kaufmann und Mitinhaber der Firma Messieurs Helps Tuck Lung & Co., # 30 Lafayette St., Newark, N.J.
Ich gebe diese eidesstattliche Erklärung ab, um meinen Status als Geschäftsmann zu belegen und um meinem Sohn Eng Hen Tun, Alter 18 Jahre, dessen Foto hier beigefügt ist, die Einreise in die Vereinigten Staaten zu ermöglichen, wo ich für ihn aufkommen und mich um ihn kümmern werde ...«

»Wer ist Eng Hen Tun?« fragte ich, doch niemand schien es zu wissen. Später fand ich heraus, daß es sich bei dem Schreiben um die falschen Papiere handelte, die mein Großvater gekauft hatte, um nach Amerika gehen zu können. Ohne diese verblaßten Dokumente wäre er in diesem Dorf geblieben, und seine Nachkommenschaft – ich oder eine andere Version von mir – würde heute durch die Reisfelder waten.

Ich schaute mir meinen Cousin zweiten Grades etwas genauer an. Seine Geschichte wiederholt sich millionenfach in China. Ein chinesischer Jedermann. Er hatte in den Reisfeldern zu arbeiten begonnen und dann in eine Keksfabrik gewechselt. Er war Vater von fünf Söhnen, die alle seinen Fußstapfen folgten. Ein Grinsen legte seinen zahnlosen Mund frei, und seine Zehen hingen über den Rand seiner Sandalen herab. Doch dank Gottes Gnade, dachte ich . . .

Später dachte ich noch oft an diesen Besuch, wenn Bekannte mich um Hilfe baten, um eine Aufenthaltsbewilligung für die USA zu bekommen, und er verstärkte mein zwiespältiges Gefühl bezüglich meiner Identität. Einerseits fühlte ich mich dazu verpflichtet, ihnen zu helfen, denn schließlich war ich Nutznießerin einer riskanten Reise, die ein Mensch, ausgerüstet mit falschen Papieren, auf sich genommen hatte; zudem dachte ich, irgendwie mit meiner Unterstützung eine Schuld bei all denen abzutragen, die damals meinem Großvater bei der Emigration behilflich waren. Andererseits wollte ich keinesfalls *guanxi* (Beziehungen) spielen lassen, um jemandem ein Visum für die Vereinigten Staaten zu verschaffen. Und schon die Tatsache, daß sich allein unter meinen persönlichen Bekannten in China Dutzende befanden, die fliehen wollten, stimmte mich traurig, auch für China. Schon seit hundertfünfzig Jahren versuchen Menschen aus China ihr Land zu verlassen: für mich eine Tatsache, deren sich der Staat ganz besonders zu schämen hatte. Nichts hatte sich geändert, seit mein Großvater sein Land verließ. Noch immer war China eine Stätte, von der man floh. Ich aber wollte patriotische Gefühle für China empfinden, ich wollte stolz sein auf das Land meiner Vorfahren. Gleichzeitig fühlte ich mich ungeheuer erleichtert, daß Großvater tatsächlich geflohen war.

Als ich so neben meinem Cousin zweiten Grades in Shun Shui

stand, spürte ich, daß das gemeinsame Blut in unseren Adern den Abgrund, der zwischen uns klaffte, nicht zu überbrücken vermochte. Während ich ihn, seine Frau und seine Söhne ansah, ruhte meine Hand auf dem weichen Leder meiner Tasche, und sie schien plötzlich vor Reichtum aus den Nähten zu platzen. Ich hatte Privatschulen an der amerikanischen Ostküste besucht, Jazztanz und Französischkurse belegt. Mein Cousin hatte von der Schule abgehen müssen, bevor er schreiben konnte. Ich war damit aufgewachsen, bei Bloomingdale's einzukaufen und Bagels zu essen. Er war nicht einmal bis zur Provinzhauptstadt von Guangzhou gekommen. Und nun trug ich hundertfünfzig Dollar oder, anders ausgedrückt, ein Drittel seines Jahreseinkommens in meinem Geldbeutel mit mir rum. Als ich das Dorf verließ, ließ ich die Hälfte des Geldes bei Ng Lap-ting, dem Dorfvorsteher: »Verwende es darauf, einen Fernseher für das Dorf zu kaufen«, drängte ich. Die andere Hälfte gab ich meinen Verwandten; ich stopfte das Geld meinem Cousin zweiten Grades hastig in die Hand.

Ich war nicht die einzige, die große Barbeträge in China ließ. Wie mein Großvater hatten Millionen von Chinesen seit Beginn des 17. Jahrhunderts ihre Heimat hinter sich gelassen und waren vor der Armut geflohen, auf der Suche nach einem besseren Leben. Diese Diaspora umfaßt inzwischen mehr als fünfzig Millionen ethnische Chinesen und Chinesinnen, die heute in Taiwan, Hongkong, Singapur, Indonesien, Malaysia und – natürlich – in Upper West Side leben. Während die in China Verbliebenen weiterhin ein Leben in Armut fristeten, betätigten sich die Ausgewanderten als erfolgreiche Kaufleute und überflügelten darin oftmals die Einheimischen. Darum kamen einem – wenigstens bis zur Deng-Ära – die Menschen chinesischer Abstammung, denen man in Jakarta oder Singapur begegnete, stets viel dynamischer vor als jene, zum Beispiel, in Shanghai. Ethnisch chinesische Minderheiten spielen in den Geschäftskreisen von Thailand, Indonesien und auf den Philippinen eine im Verhältnis zu ihrer Zahl überdurchschnittlich bedeutende Rolle, und sie treiben überwiegend die pulsierende Wirtschaft in Taiwan, Hongkong und Singapur voran.[2]

Ich fand es stets eigenartig, daß Angehörige so vieler Nationen in der Ferne aufblühen, während sie in der Heimat teilnahmslos erscheinen. Indien wirkt träge, und doch dominieren Menschen indischer Abstammung die Wirtschaft von Fidschi. Tamilen fallen in Sri Lanka durch das, was sie erreichen, viel mehr auf als in ihrer eigentlichen Heimat Tamil Nadu. Vielleicht verleiht der Einwandererstatus den Menschen in ihrer neuen Heimat das notwendige Feuer. Vielleicht sind ihnen in ihrer angestammten Heimat durch äußere Umstände wie Kastenwesen und Kultur die Hände gebunden, und sie befreien sich davon erst weit weg von zu Hause. Und vielleicht wirkt sich auch eine Art natürliche Auslese aus: Sicherlich verlassen die Risikofreudigeren ihre Heimat eher, um auf Fidschi in Plantagen oder in Sri Lanka auf dem Bau zu arbeiten – oder aber ein Restaurant Mandarin in Massachusetts zu eröffnen.

Auf alle Fälle erwiesen sich die chinesischen Nachfahren in Übersee als Gottesgeschenk für China. Zu Beginn der siebziger Jahre drängten sie herein durch das Tor, während die anderen Fremden sich noch zurückhielten. Sie reisten mit klapprigen Autos und lärmenden Bussen durch die Reisfelder, um ihr *laojia* zu besuchen und in Fabriken an Ort und Stelle zu investieren; sie brachten Radios und Kameras mit und erzählten auf Festessen bei gegrilltem Schweinemagen und Seeigeln vom Leben draußen in der Welt. Sie stellten finanzielle Mittel, Sachkenntnis und moderne Verarbeitungsmethoden zur Verfügung und waren äußerst begierig, mit ihrer ehemaligen Heimat ins Geschäft zu kommen. Man trifft sie heute überall in China, vollbepackt mit Geschenken und *hong bao,* jenen roten Briefumschlägen mit Geld für ihre Verwandten. In China gelten sie längst als erstrebenswerte Vorbilder.

Die chinesische Diaspora trägt wesentlich dazu bei, daß China wirtschaftlich ein ganzes Stück erfolgreicher war als die Mitgliedstaaten des Warschauer Blocks. Wie viele bulgarische Geschäftsleute gibt es denn schon in Übersee, die in ihrer Heimat eine Fabrik finanzieren könnten? Kein anderes Land genoß auch nur annähernd soviel Unterstützung durch Landsleute wie China. Rund drei Viertel der ausländischen Investitionen in China gehen auf chinesische Nachfahren im Ausland zurück, hauptsächlich aus Hongkong und Taiwan. Als mächtigster ausländischer Einzelinvestor in China herrscht ein Thai-Chinese über einen Konzern für den Vertrieb von landwirtschaftlichen Produkten. Als die Produktionskosten in Südostasien zu steigen begannen, verlegten viele chinesische Geschäftsleute aus Übersee ganze Fertigungsabteilungen oder Büros in ihre ehemaligen Heimatorte in China.

Die chinesischen Nachfahren aus Übersee brachten aber noch andere Dinge ins Land. Sie kamen mit ihren skandinavischen Möbeln und Perserteppichen, ihren Langhaarkatzen und einer Vorliebe für Literatur und Zeitungen aus dem Westen sowie einem großen Korb mit westlichen Wertvorstellungen. Die eine oder andere brachte sogar einen amerikanischen Ehemann mit! Vielleicht ist es doch nicht ganz so schrecklich, daß die Armen oder Verfolgten aus China flüchteten, scheinen sie doch immer wieder in ihre Heimat zurückzukehren – oft als ausländische Staatsangehörige –, um dort zu reisen, zu leben, zu investieren oder um zu sterben?

Und wie berauschend und zugleich verwirrend wirkt sich dies auf viele Einheimische aus! Sind diese Chinesen und Chinesinnen aus Übersee noch chinesisch? Oder sind sie Fremde mit chinesischer Haut? Oder sonst eine unheimliche Kreuzung? Und doch, in China freute man sich an dem, was man erblickte. Eine Zeitlang galt Fei Xiang als Top-Popstar in China: der blauäugige, eins achtzig große Sohn einer Taiwanerin und eines Amerikaners. Alles Ausländische wirkte anziehend. Firmen begannen ihre Namen zu ändern, um den Anschein zu erwecken, diese seien aus dem Englischen übersetzt. Chinesische Eigennamen wurden nach taiwanesischer oder hongkongchinesischer Art geschrieben, zum Beispiel Chang statt Zhang und Chow statt Zhao. Viele legten sich englische Namen zu, manchmal mit schrecklichem Ergebnis. Und diese neue Art von selbstbewußteren Chinesen und Chinesinnen begann, Forderungen an die Regierung zu stellen. Während die Wirtschaft ihren Aufschwung nahm und die Selbstsicherheit von Ökonomen und Intellektuellen Ende der achtziger Jahre zunahm, lag ein einzigartiges Gefühl von wehmütiger Hoffnung in der Luft, daß China sich in ein neues, ein den chinesischen Gemeinschaften in Übersee ähnlicheres Land verwandeln könnte.

Doch es kam zu einem Ringen um die Seele des neuen China. Die Generation der alten Revolutionäre öffnete sich den nachhaltigen Veränderungen nicht, sondern setzte diese Neuorientierung mit der Aufgabe des Nationalstolzes gleich. Die wachsende Abhängigkeit vom Westen war zuviel für viele Mitglieder des alten Kaders, deren Ahnen und Urahnen ihr Leben auf den Kampf gegen die Fremden verwandten. Chinas Kaiser, von Qianlong bis Mao, hatten sich abgemüht, um China als ökonomische Insel zu bewahren, und Hilfe und Rat aus dem Westen stets gemieden.

»Unser himmlisches Königreich besitzt von allem in reicher Fülle«, sagte Kaiser Qianlong 1793 zu Lord Macartney und begründete damit Chinas Weigerung, mit dem Westen Handel zu treiben. Seither ringt China mit sich um die Frage, wie verdienstvoll es sei, Verbindungen mit dem Westen einzugehen. Auch Mao pries Selbsterhaltung, und diejenigen, die ihm folgten, wollten ebenfalls daran glauben, daß China, auf sich selbst gestellt, überleben und sich weiterentwickeln konnte, mit begrenzter Unterstützung von außen. Sie fühlten sich peinlich berührt und gedemütigt von der Stimmung in ihrem Land und nannten sie verächtlich *chongyang meiwai,* das heißt soviel wie blinde Verehrung des Westens und Katzbuckeln vor den Fremden.

Nicht nur ich war in einer Identitätskrise befangen; ganz China befand sich mittendrin. Würde sie in traditioneller oder in westlicher Richtung ausgehen? Würde man die Gesellschaft weiterhin strikt kontrollieren, oder würde die Regierung den Mut zur Liberalisierung aufbringen? Würde man den Leuten gestatten, ihre Meinung offener auszusprechen, vielleicht sogar den Kaiser und sein Gefolge zu kritisieren? Diese Fragen brodelten in den Monaten vor der Demokratiebewegung vom Tiananmen-Platz in der Atmosphäre. Die unmißverständliche Antwort der Regierung folgte bald genug.

Die ersten beiden Toten, die ich jemals sah, waren die Leichname zweier Chinesen: der eine der meines Großvaters in den Vereinigten Staaten, der andere der eines mir Unbekannten in China. Dieser lag, in ein rotes Tuch gehüllt auf Eis gebettet, auf einem Tisch.

Eine kleine Gruppe Studierender umringte das traurige Stilleben mit gesenktem Kopf und geschlossenen Augen, schweigend, während sich ein Dutzend Sargträger bereit machten, die Hände zu Fäusten ballten und den Schmerz hinunterschluckten, bevor sie ihren Freund zum Krematorium trugen. Neben dem Leichnam bemerkte ich ein weißes Zulassungsschild »A01«, Kennzeichen des Militärfahrzeugs einer Person höheren Ranges und nun für die Studierenden eine Kriegsbeute.

»Ich will ihn rächen«, sagte ein zweiundzwanzigjähriger Student zu mir. Seine Stimme bebte, und seine Augen füllten sich hinter den runden Brillengläsern im Metallgestell mit Tränen. »Es wird Blut für Blut fließen.«

Man schrieb den 5. Juni, einen Tag nachdem chinesische Soldaten in Panzern auf den Tiananmen-Platz aufgefahren waren und mit Maschinengewehren auf Studierende, Arbeiter und Arbeiterinnen geschossen hatten. Noch schienen die feuchten Mauern das Echo der Schüsse zurückzuwerfen. Auch in meinem Kopf hallten sie wider, wenn ich an den schrecklichen Umstand dachte, daß ein Bekannter durch eine Kugel in den Rücken getötet worden war – in einer kleinen Straße, auf dem Weg zur Arbeit, fünf Meilen vom Platz entfernt. Hier, in dieser großen, leeren Halle, war ein armer Student zum Märtyrer einer Bewegung geworden.

Die Luft war feucht und vom Geruch des Todes durchdrungen, und auf dem Boden hatten sich kleine Tümpel aus geschmolzenem Eis gebildet. Am Morgen zuvor hatte man den Leichnam zusammen mit vier weiteren in eine kleine Seitenstraße im Westen der Stadt getragen und dann von dort mit dem Wagen zur Universität für Polit- und Rechtswissenschaft gebracht, in die dunkle, leere Eingangshalle, wo nun noch der letzte lag.

Ich starrte auf den Tisch vor mir, heftete den Blick auf das blutbefleckte Tuch, das die Umrisse des steifen, aber nun zur Ruhe gekommenen Körpers erahnen ließ. Nie hatte ich China mit dem Tod in Verbindung gebracht. In meiner Kindheit sah ich China stets als das Land meiner Träume, als ein gewaltiges, strahlendes Land, eine Nation, die für Großes bestimmt war. Von der anderen Seite des Ozeans, über einen Regenbogen, von dort waren meine Vorfahren vor langer, langer Zeit gekommen. Im Grunde war China für mich ein Geisteszustand gewesen und kein wirklicher Ort.

Ich hatte immer geglaubt, das chinesische Volk könne zaubern wie die chinesischen Akrobaten, die durch Amerika zogen und Saltos durch Menschenringe schlugen, wie die Kung-Fu-Artisten, die Ziegelsteine mit dem Kopf entzweihieben, wie die Inhaberin der chinesischen Reinigung in unserer Straße, die all ihre Kinder durch das College brachte und mehrere Häuser in Florida erwarb, wie der Junge im College, der ganz hinten saß und kaum ein Wort sagte, aber schließlich Klassenbester wurde. Aus all diesen Vorstellungen setzte sich das Kaleidoskop zusammen, in das hineinzuschauen ich hoffte, als ich nach China kam.

Aber dem entsprach nicht gerade, was mich dort erwartete. Ganz plötzlich war China in der Zeit nach Tiananmen gleichbedeutend mit Unterdrückung und Tod, mit einer Gesellschaft in Ketten.

An den Ketten faszinierte mich die so eindeutig chinesische Art. Sie erinnerten mich an Chinas Erfindungsreichtum, wenn es darum ging, Mittel der Unterdrückung zu entwickeln. Da gab es zum Beispiel das Cangue, ein langes, flaches Brett, in das Gefangene während der Qing-Dynastie gezwängt wurden. In dem Brett befanden sich ausgesägte Löcher für den Kopf und die Arme, so ähnlich wie bei einem Fußblock, mit dem Unterschied, daß die Betroffenen das Ding mit sich rumschleppen mußten. Da das Cangue lang und breit war, so daß die Gefangenen den Kopf mit den Händen nicht berühren konnten, waren sie darauf angewiesen, daß andere sie fütterten. Sonst mußten sie verhungern. Dann gab es noch weitere chinesische Erfindungen, etwa den Tod durch tausend Schnitte. Und eines der grausigsten chinesischen Schriftzeichen, das *yi,* kombiniert die Zeichen für Messer und Nase und bedeutet »die Nase von Verurteilten abschneiden«; es wird zum Glück nicht mehr benutzt. Diese Art der Bestrafung gehörte zu den sogenannten »fünf Strafen« während der Zhou-Dynastie, neben Tätowierung, Abhacken der Füße, Kastration und Hinrichtung.

Noch jetzt, in den neunziger Jahren unseres Jahrhunderts, sind die Ketten von eigentümlich chinesischem Charakter. Ich hoffte, die Peking-Oper, Rollaquarelle von Berg- und Flußlandschaften, vielleicht auch das intellektuelle Gären unter den Gelehrten in der Tradition von Konfuzius und Mencius als bezeichnend für China zu finden. Statt dessen stellt die wohl typischste Eigenschaft im heutigen China die soziale Kontrolle dar, die die Behörden allenthalben ausüben. Die Kommunistische Partei ruht auf einem »eisernen Dreieck«: der Aufenthaltsgenehmigung, die regelt, wo du leben darfst, der geheimen Personalakte, in der deine Sünden und deine politische Verläßlichkeit festgehalten werden, und die Arbeitseinheit, die jeden einzelnen Aspekt deines Lebens überwacht. Dieses eiserne Dreieck kontrolliert dein Leben.

Das *hukou,* die Aufenthaltsgenehmigung, besteht aus einem kleinen Büchlein, in dem dein Wohnort und die Mitglieder deiner Familie aufgeführt sind. Bevor du dich in Beijing niederlassen kannst, mußt du ein *hukou* für Beijing besitzen oder ein solches für Xian, bevor du nach Xian ziehen darfst. Das Problem besteht hauptsächlich darin, daß die Regierung ein bestimmtes *hukou* nur widerwillig erteilt. Für einen Bauern ist es praktisch unmöglich, ein *hukou* für eine größere Stadt zu bekommen, und wer in einer Stadt wohnt, wird kaum ein *houkou* für eine andere erhalten. Jahr für Jahr bedeuten die Diplomfeiern an den höheren Schulen und Universitäten für viele Paare ebenso den tränenreichen Abschied voneinander. Stammt zum Beispiel der Mann aus Beijing und die Frau aus einer Provinzstadt in Henan, so bekommt der Mann mit an Sicherheit grenzender Wahrscheinlichkeit die Erlaubnis, nach Henan zu ziehen; ein *houkou* für Beijing zu ergattern wäre dagegen für die Frau ungemein schwierig. Zöge sie ohne *hukou* nach Beijing, bekäme sie nur schwer eine Arbeit. Und hätte das Paar ein Kind, würde dieses das *hukou* für Henan von der Mutter erben. Das wiederum hieße, daß es keine Schule in Beijing besuchen könnte, zumindest nicht, ohne daß die Eltern zuvor beträchtliche Schmiergelder bezahlen.

Als zweites hängt das *dangan,* die geheime Personalakte, wie ein Damoklesschwert über jeder Chinesin und jedem Chinesen. Wer in einer Stadt wohnt, weiß, daß es über ihn oder sie zwei solche Akten gibt; eine führt die örtliche Polizeidienststelle, die andere die Arbeitseinheit, und in keine der beiden kann man Einsicht nehmen. Sie stecken in dicken Umschlägen, und es gibt besondere Postwege, um sie sicher kreuz und quer durchs Land senden zu können. Jede ernsthafte politische Sünde vermerken die Vorgesetzten im *dangan,* und sie verfolgt dich auf diese Weise dein Leben lang, sei es bei der Bewerbung für eine andere Stelle, beim Antrag auf eine Reise ins Ausland oder bei einer Beförderung.

Angelpunkt des eisernen Dreiecks aber ist das *danwei,* die Arbeitseinheit, welche sich um deine Unterbringung, ärztliche Betreuung und politische Unterweisung kümmert. Bei ihr muß man um Erlaubnis nachsuchen, um heiraten, ein Kind haben, auswandern oder die Wohnung wechseln zu können. Sicher, inzwischen nagen ökonomische und soziale Veränderungen am eisernen Dreieck, und immer mehr Leuten gelingt es, sich seinem Zugriff zu entziehen. Dem *danwei* kommt damit nicht mehr das Gewicht von einst zu, und seit Beginn der neunziger Jahre gelingt es sogar manchen, in China ohne *danwei* zu überleben. Dennoch, der Großteil der Stadtbevölkerung ist der Kontrolle nach wie vor ausgeliefert. Und weil das *danwei* bestimmt, wo und wie du lebst, stellt es schlechthin das wichtigste Kontrollinstrument dar.

Es gibt Vorschriften, wer eine Zwei- oder eine Dreizimmerwohnung bekommt, wie lange man darauf zu warten hat und wo diese Wohnung sich befinden wird. Für viele ist dies das Kreuz ihres Lebens, denn es herrscht chronische Wohnungsnot, und ständig schlüpfen Kinder bei den Eltern, Frauen bei den Schwiegereltern oder Enkel bei den Großeltern unter. Der leitende Redakteur einer großen kommunistischen Zeitung sagte einmal zu mir: »Sie denken sicher, daß ich den größten Teil meines Lebens damit verbringe, Artikel auszuwerten. Wissen Sie, womit ich meine Zeit wirklich verbringe? Damit, Wohnungen für die Angestellten zu finden. Sie rufen mich um zwölf Uhr nachts an, um über ihre Wohnsituation zu diskutieren. Das System ist ein einziges Durcheinander.«

In vielen Arbeitseinheiten besteht das Recht auf eine Wohnung nur für Verheiratete, und auch dann hängt es oft noch von ihren Verbindungen zu den Vorgesetzten ab. Die meisten arrangieren sich irgendwie, und wer politisch nicht gegen den Strom schwimmt, kann sich das Leben im Käfig einrichten, ohne sich ständig in den Gitterstäben zu verfangen. Doch das gilt nicht immer, besonders nicht für Intellektuelle.

Huali, ein junger chinesischer Lehrer, der gerade seinen Magister erworben hatte, wurde einem Forschungsinstitut als Englischlehrer zugewiesen. Als Unterkunft bekam er ein winziges Zimmer zugeteilt, etwa drei auf zweieinhalb Meter, gerade groß genug für ein Bett für ihn und seine Frau, einen Schreibtisch und ein paar Kisten mit Büchern. Ihre Kleider stopften die beiden in Kartons unter das Bett, und die Küchenutensilien und der winzige Wok stapelten sich in einer Ecke. Die Farbe blätterte von den Wänden, und die Beleuchtung bestand aus einer 40-Watt-Birne, neben die sich Huali nachts hockte, um seine Übersetzungen zu erledigen. Draußen im dunklen Betonflur teilten sie mit einem Dutzend Nachbarn Kochnische und Toilette. Im ganzen Haus gab es weder Bade- noch Duschmöglichkeiten, und so mußten sie wie die anderen einmal in der Woche am Arbeitsplatz duschen.

Kaum hatte Huali sich eingelebt, stellte man im *danwei* fest, daß er ein politischer Unruhestifter, ein unbelehrbarer Demokrat war, der dazu neigte, laut zu sagen, was er dachte. Das *danwei* teilte aber jeder Lehrkraft eine bestimmte Anzahl Lektionen zu, und diese hing von ihrem »Erfolg« ab. Im Laufe der Jahre erhielt Huali nun immer weniger Lektionen zugeteilt, und seine beruflichen Aussichten schwanden zusehends. Bald unterrichtete er gar nicht mehr. Seine Vorgesetzten wechselten, doch alle wußten über ihn Bescheid, noch bevor sie ihn persönlich kennenlernten. Grund dafür waren die Einträge, die die Vorgesetzten in seinem *dangan* vorgenommen hatten und die ihn als reaktionäres, nicht vertrauenswürdiges Element auswiesen. Die schlimmste Frustration jedoch begann, als seine Einheit ihn weder zu Hause unterrichten noch ausreisen ließ, um in der Fremde zu studieren.

»Was kann ich tun?« fragte er mich eines Nachmittages. »Sie

wissen, daß ich gehen will, und sie wissen, daß ich hier nichts zu tun habe. Warum also behalten sie mich hier? Es ist eine Art Bestrafung. Ich könnte genausogut in einem Gefängnis sitzen. Statt dessen stellen sie mich kalt, hängen mich einfach an die Wand, wie man ein Bild an die Wand hängt. Und es gibt Hunderte von Leuten wie mich, die einfach an der Wand hängen und nichts zu tun haben. Wir drehen nur Däumchen. Was für eine Verschwendung menschlicher Begabung! Ich kann meine Arbeitseinheit nicht einfach verlassen, denn dann habe ich keine Unterkunft mehr, und die Arbeitseinheit meiner Frau wird ihr kein Zimmer geben, da sie dort wissen, daß wir dieses hier haben.«

Das System bringt auch ausgemachte Absurditäten hervor. Peilin, ein anderer Bekannter, stand in dem Alter, da er und seine Frau mit ihrer elfjährigen Tochter Anspruch auf eine Dreizimmerwohnung hatten. Sie lebten noch in einer Zweizimmerwohnung, und seine Arbeitseinheit, eine Zeitung, verfügte zur fraglichen Zeit gerade über keine entsprechende Wohnung. So schlugen sie ihm vor, die Zweizimmerwohnung zu behalten und ihnen ein drittes Zimmer zur Verfügung zu stellen – in einem Haus, das acht Meilen von ihrer Wohnung entfernt lag.

Das *danwei* hält einen aber noch auf andere Arten in den Klauen. Wir hatten eine Bekannte in Beijing. Sie hieß Chaolan, war Bankangestellte, Ende Zwanzig. Sie hatte das Recht auf ein Kind, und es galt als sicher, daß sie die Erlaubnis, eines zu bekommen, erhalten würde, wenn sie diese beantragte. Sie hatte jedoch mit ihrem Mann beschlossen, noch einige Jahre zu warten. Doch dann erwartete sie versehentlich doch ein Kind und entschied sich, es auszutragen. Da teilte ihr ihre Arbeitseinheit mit, sie müsse das Kind abtreiben und erst mal einen »Antrag auf Schwangerschaft« stellen. Für eine bereits bestehende Schwangerschaft werde kein Erlaubnisschein ausgestellt. Chaolan hatte schon eine Abtreibung hinter sich, und sie und ihr Mann wollten das Kind. Schließlich log Chaolan und sagte, sie habe sich geirrt. Die zuständige Obrigkeit überzeugte sie davon mit einem entsprechenden Schmiergeld, und so erhielt sie eine »Schwangerschaftsgenehmigung«. Sechs Monate später brachte sie einen Sohn zur Welt. Wie ungewöhnlich rasch sie das Kind gezeugt und geboren hatte, wurde von offizieller Seite dann einfach ignoriert.

Stellen Sie sich vor, Sie finden heraus, daß Sie entfernte Verwandte haben. Sie reisen zehntausend Meilen, um sie zu besuchen, nur um zu sehen, daß sie in einem schäbigen Haus leben, auf den Boden spucken, ihre Kinder mißhandeln und Ihnen dann vorwerfen, daß sie sie besuchen, ohne ihnen beim Verprügeln der Kinder behilflich zu sein. So ähnlich fühlte ich mich manchmal in China. Ein Großteil der Mißhandlung ging von der Regierung aus. Manchmal fiel mir das deshalb auf, weil ich als Journalistin arbeitete, manchmal, weil ich wie eine Chinesin aussehe, und manchmal aus beiden Gründen.

Im Frühjahr 1993 besuchte ich die südliche Provinz Hainan, eine Insel, die leichtfertig wirkt, ein wirtschaftliches Karussell, Hongkong viel ähnlicher als China. Ich paßte ganz gut darein und fand es immer noch komisch, auf welche Weise man mir am Vorabend klargemacht hatte, daß man mich für eine Einheimische hielt: Ich interviewte in einer Bar mit Bordell ein paar Prostituierte, da kam eine zu mir und erkundigte sich, ob ich die Neue sei.

Nun aber befand ich mich mit meiner offiziellen Begleitung unterwegs, kam ich doch nach einem Interview mit einigen Beamten der Provinzialregierung gerade aus dem Regierungsgebäude. Wir warteten auf den Wagen, der mich zum Hotel zurückbringen sollte, als mir eine bäuerlich gekleidete Gruppe Menschen auffiel. Sie saßen auf der Wiese und protestierten. Neugierig wollte ich wissen, worum es ging, und so trat ich zu ihnen und begann ihnen ein paar Fragen zu stellen. Sie sprachen aber einen örtlichen Dialekt, den ich nicht verstand, also entschied ich, die Szene wenigstens im Bild festzuhalten. Ich machte ein paar Aufnahmen mit meiner Nikon und ging dann hinüber zu ein paar anderen, die die Sache verfolgten, und fragte sie, was es damit auf sich habe. Ein ziemlich kräftiger, untersetzter Einheimischer schien Mandarin zu sprechen, also wandte ich mich an ihn.

»Ich weiß nicht, was die hier tun«, sagte er und bemerkte dann meine Kamera. »Haben Sie Fotos gemacht?«

»Nur ein oder zwei«, platzte ich unbesonnen heraus. Erst dann merkte ich, daß dies die falsche Antwort war. Er schlenderte um mich rum, bis er in Reichweite der Kamera anlangte.

»Darf ich mal Ihre Kamera sehen? Wie viele Aufnahmen haben Sie gemacht?«

»Wissen Sie, was die hier wollen?« fragte ich und überging seine Frage. »Übrigens sehe ich dort oben noch andere Leute, die Fotos machen.«

»Geben Sie mir Ihre Kamera!« Er griff danach. Ich wandte mich von ihm ab. Er und ein weiterer Mann bedrängten mich und begannen am Riemen meiner Kamera zu zerren. Sie waren ganz eindeutig Sicherheitsbeamte, und sie schubsten mich hin und her, packten mich bei den Armen und rissen an mir herum. Ich stürzte zu Boden, versuchte meine Kamera zu schützen und begann zu schreien. Meine Begleiterin kam angerannt und brüllte, ich sei eine amerikanische Journalistin, aber sie glaubten ihr kein Wort, da ich wie eine Chinesin aussah, und bedrängten mich weiterhin; von meiner Begleiterin verlangten sie den Ausweis zu sehen. Sie zog ihre offizielle Identitätskarte hervor, die sie als Mitglied des Provinzialbüros für auswärtige Angelegenheiten auswies, aber die Sicherheitstypen schenkten dem keine große Beachtung. Zu groß war ihre Furcht, ein Bericht über den Protest könnte in der Zeitung erscheinen. Sie brachten mich in das Regierungsgebäude zurück, und dort entbrannte ein wütender Wortwechsel zwischen der Polizei und dem Büro für auswärtige Angelegenheiten. Es endete damit, daß die Polizei meine Negative konfiszierte.

Als Einheimische angesehen zu werden war abwechselnd erfreulich und nervenaufreibend. Der Gebäudekomplex, in dem Nick und ich eine Wohnung zugeteilt bekamen, verfügte über drei Eingänge, die rund um die Uhr bewacht wurden. Auch an Feiertagen waren dort bewaffnete Volkspolizisten stationiert, um uns zu »beschützen«. Chinesische Staatsangehörige dürfen dieses Areal ohne besondere Genehmigung oder ausländische Begleitperson nicht betreten. Und so wurde ich jedesmal, wenn ich das Gebäude betreten wollte, erst mal angehalten. Ich durfte immer erst hinein, wenn ich den Beweis erbracht hatte, daß ich Ausländerin war.

Mehrere Male hatten die Wachen amerikanische Staatsangehörige chinesischer Abstammung beim Eintreten zu Boden geschlagen, und periodisch kam es immer wieder zu Zwischenfällen mit einzelnen Personen aus Japan und anderen Staaten, welche die Wachen versehentlich für Einheimische hielten. Einmal fuhr die taiwanesische Frau eines amerikanischen Diplomaten mit dem Fahrrad auf das Areal, und eine Wache stieß sie beim Versuch, sie aufzuhalten, zu Boden. Der amerikanische Diplomat protestierte, und die Belästigungen gingen für einige Wochen zurück.

Mich ärgerten die Wachen unglaublich, und eines Tages beklagte ich mich bei Baiyan, einem chinesischen Maler, der einige Zeit in den Staaten gelebt hatte.

»Macht es dich nicht auch schrecklich wütend, wie die Polizei dir Vorschriften ins Gesicht bellt?« fragte ich ihn.

»Ach nein, überhaupt nicht«, schmunzelte Baiyan. »Ich bin das gewohnt. Alle Polizisten sind so. Es macht mir nicht das geringste aus.«

»Bietest du ihnen je Paroli? Ich meine, sagst du wenigstens, sie sollten höflicher sein?«

»Gerade nicht. Das würde sie höchstens erzürnen, und wer weiß, was für Schwierigkeiten mir das eintragen könnte. Nein, am besten kommst du ihren Anweisungen stillschweigend und mit einem Lächeln nach. Dann können sie dir nichts anhaben.«

Da die Regierung nicht will, daß Fremde sehen, wie China mit seiner Bevölkerung umgeht, hegt sie chinesisch-amerikanischen Journalistinnen wie mir gegenüber gemischte Gefühle. Diese Haltung reflektiert aber gleichzeitig Chinas grundsätzlich gemischte Gefühle Fremden gegenüber, Gefühle, die schon seit Jahrhunderten durch das Land geistern. China wünscht sich ausländische Partner, doch nicht deren Ideen. China stimmt ein in die Slogans der Dritten Welt, aber man schämt sich der eigenen Armut und Fehlschläge und versucht, die chinesische Realität hinter einem netten Lächeln zu verstecken, das die Fremden dann stets zu »knacken« versuchen. Der Aufwand, den die Regierung manchmal betreibt, um die wahren Lebensumstände des Volkes zu vertuschen, ergäbe herrlichstes Rohmaterial für eine absurde Tragikomödie: komisch deshalb, weil die Methoden so lächerlich sind, tragisch, weil Zeit und Kraft in das Verdecken statt in die Lösung von Problemen gesteckt werden.

Als China sich auf die Rolle als Gastland für die Asien-Spiele 1990 vorbereitete, eine Art Mini-Olympiade, machte sich die Obrigkeit Sorgen, wie Beijing wohl auf all die ausländischen Athleten und Athletinnen wirken würde, wenn sie durch die Stadt fuhren. Man wollte zeigen, daß China zu den etablierten asiatischen Mächten gehörte, und die Gastlandrolle für die Asien-Spiele stand als Sinnbild für den Beginn dieser Ära. Auf dem Weg zu unserem Fitneßclub fuhren Nick und ich meist die Stadionstraße hinunter, eine für Beijing typische, breite Straße, gesäumt von heruntergekommenen einstöckigen Wohnhäusern, den sogenannten *pingfang*. Diese hatte man in den zwanziger Jahren in der Regel jeweils für eine Familie gebaut, doch nun lebten immer etwa ein halbes Dutzend Familien in einem Haus, alle in winzige Zimmer gepfercht, wo sie einander auf die Nerven gingen. Die Fassaden bröckelten vor Altersschwäche, ihre rote Farbe war vom Sonnenlicht ausgebleicht. Schicht um Schicht von schwarzem und grauem Schmutz hatte sich in das Dach eingeätzt, und immer mal wieder war ein Dachziegel heruntergefallen und wurde nie mehr ersetzt. Bei einem Blick in einen der engen Durchgänge sah man eine alte Frau beim Kochen, eine Hausfrau beim Aufhängen der Familienwäsche, einen Alten beim Reparieren eines Stuhls oder einen Hausierer, der Tofu verhökerte.

Einige Monate vor Beginn der Spiele fielen uns Baugerüste entlang der Stadionstraße auf. Wochen später nahm die Sache Formen an, und wir bemerkten, daß eine dünne Betonmauer sich wie eine Kulisse am Rand des alten *pingfang* die Straße entlangzog. Wir konnten uns nicht erklären, warum man hier eine Mauer erstellte. Einige Wochen später war die Mauer grau angemalt und mit weißen Linien versehen, um Backsteine vorzutäuschen. Inzwischen waren die Häuser gänzlich dahinter verschwunden, und von der Straße aus wirkte die Mauer wie die Backsteinfassade eines ansehnlichen staatlichen Wohnblocks und vermittelte den Eindruck, dahinter sei alles sauber, neu und ordentlich; sogar ein falsches Giebeldach ragte hinter der Scheinmauer hervor, und die Hauseingänge hatte man hübsch bemalt – das Ganze war nichts anderes als die Billigversion eines Potemkinschen Dorfes. Jedesmal, wenn wir daran vorbeifuhren, staunten wir erneut, wie echt alles wirkte, ganz als wäre dort tatsächlich eben erst ein neuer Häuserblock entstanden. Nur wir, die wir in der Gegend wohnten, wußten, daß sich nicht wirklich etwas geändert hatte, daß der Rauch aus den Kohleöfen die saubere graue Farbe bald schon schwärzen und die weiß und schwarz bemalten Eingänge bald aschgrau färben würde. *Lu fen dan, biaomian guang,* oder zu deutsch: Außen glänzt sogar Eselmist.

Die Mauer stand stellvertretend für die Art, wie China vorgeht: Die Regierung errichtet eine Fassade, die die Fremden vielleicht täuscht, doch die Einheimischen nicht. Die *xiao shimin,* die Kleinstadtbevölkerung, empört sich über den Betrug. »Warum können sie das Geld nicht für den Bau von echten Gebäuden verwenden?« fragte ein junger Beijinger Arbeiter uns erbost, als wir an der Mauer vorbeikamen. »Wie können sie das Geld bloß für den Bau einer falschen Mauer verschwenden, wo doch so viele Menschen in dieser Stadt eine Wohnung benötigen? Sie haben Angst davor, die Welt könnte herausfinden, wie arm China tatsächlich ist, dabei wird die Armut auf diese Weise nur noch größer.«

Oftmals empfand ich es als die sinnvollste Art, über China zu berichten, wenn ich die Sache wie eine Psychologin anging und China wie einen neurotischen Patienten auf der Couch behandelte, als würde ich voller Sympathie zuhören, während er mir von seinen Träumen und Enttäuschungen erzählt, und so mit der Zeit viele Seiten seiner vielfältigen Persönlichkeit entdecken. Zwei davon traten dabei zur Hauptsache zutage: zum einen der stolze, intolerante Tyrann mit einem Hang zum Sadismus und zum anderen der verblüffend erfolgreiche Unternehmer, entschlossen, sein Schicksal zu ändern und die Welt zu beeindrucken. Diese beiden Seiten rangen miteinander, manchmal dominierte die eine, manchmal die andere, und manchmal lebten sie in friedlicher Koexistenz.

Doch der Wechsel von der einen zur anderen Persönlichkeit ließ einen eigenartigen Organismus entstehen, eine abwechselnd deprimierende und amüsante Mischung von Unterdrückung und freiem Markt. Die gegenwärtige Metamorphose lockert das eiserne Dreieck der Kontrolle und produziert eine Unzahl von Spannungen innerhalb der chinesischen Gesellschaft. Ich bin nicht die einzige, die am kulturellen Scheideweg steht. China sieht sich heute mit all dem Aufruhr konfrontiert, den eine schnelle Modernisierung mit sich bringt: Verstädterung, Veränderung der Arbeit, Betonung der Individualität, Entwicklung von der Groß- hin zur Kleinfamilie, Zerfall der traditionellen Moral. Gleichzeitig befindet sich das Land in einer Glaubenskrise, ist mit dem Ende der kommunistischen Ideologie konfrontiert und auf der Suche nach einem Ersatz. Es könnte ihm zudem möglicherweise auch ein territorialer Verlust bevorstehen, sollten Tibet oder gar die Provinz Xinjiang eigene Wege gehen.

Genauso schmerzlich wird sich für China die Auseinandersetzung mit seiner Vergangenheit erweisen, wenn die Menschen den wahren Tatsachen ins Auge sehen und ihr wahres Erbe durchforsten müssen. Wie sollen sie Konfuzius sehen, der das intellektuelle Leben in den vergangenen zweitausendfünfhundert Jahren inspirierte? Er legte niemals Gewicht auf das Individuum, sondern vielmehr auf die Verpflichtung des einzelnen Menschen gegenüber dem Ganzen, und diese Sichtweise nahm nachhaltig Einfluß auf die chinesische Nation. Während die abendländische Kultur Meisterwerke wie die *Mona Lisa* oder die *Nachtwache* hervorbrachte, malte man in China wunderbare Pergamentrollen, auf denen die Menschen nur als Pünktchen zu erkennen sind, wie der winzige Mönch, der den grandiosen Wasserfall betrachtet. Wie wird China das Trachten und die persönlichen Ambitionen des Mönches in die heutige Zeit umsetzen?

Während China sich mit seinem Erbe auseinandersetzt, setze ich mich mit meinem auseinander. Man kann der Vergangenheit nicht entkommen. Wir bewegen uns vorwärts und blicken gleichzeitig in den Rückspiegel.

Als wir im Wagen über die steinigen Landstraßen von Shun Shui, dem Dorf meines Großvaters, zurückfuhren, empfand ich eine Mischung von Freude und Unbehagen. Es war wunderbar, Verwandte gefunden zu haben, aber ich hatte gleichzeitig einen Blick auf die dunklere Seite meiner Familiengeschichte erhascht.

»Schrecklich, was dein Großvater getan hat, seine erste Frau von Amerika hierher zurückzubringen und sie hier einfach abzusetzen«, meinte Nick. Ich fühlte mich beleidigt und nahm ihm den Kommentar übel. Zu der Zeit hatten die Männer nun mal in der Regel mehrere Frauen, mehrere Konkubinen, und mein Vater hatte immer gesagt, Großvater schicke Geld ins Dorf. Und davon abgesehen, wie konnte ich einen Mann aus jener Zeit nach den heutigen Grundsätzen beurteilen? Und wäre ich hier, wenn Großvater sie damals nicht verlassen hätte? Natürlich hätte ich gerne gewußt, was Großvaters erste Frau empfunden hatte, besonders als er mit seiner zweiten dem Dorf einen Besuch abstattete, bevor er wieder nach Amerika zurückkehrte. Sicher empfand sie es als bitter. Aber mußte ich denn für die Handlungsweise meines Großvaters die Verantwortung übernehmen? Ich wollte nicht.

Wir fuhren schweigend über die holprigen Pfade an Baustellen und Fahrrädern vorbei, auf deren Gepäckträger riesige Gemüsekörbe oder Schweine balancierten. Ich fragte mich, wie mein Leben wohl verliefe, wäre ich in Shun Shui zur Welt gekommen. Alles in dem Dorf war mir so unglaublich fremd vorgekommen. Ich spürte die Erregung darüber, daß ich Verwandte gefunden hatte, und fühlte mich gleichzeitig etwas peinlich berührt, daß es sich dabei um bäuerliche Analphabeten handelte. Irgendwie fühlte ich mich, als ich wegfuhr, amerikanischer denn je zuvor. Ich wußte, daß ich mich niemals in die bäuerliche chinesische Gesellschaft würde eingliedern können. Und ich war mir nicht einmal sicher, ob ich eine echte Chinesin werden konnte. Ich war genauso Amerikanerin wie Chinesin.

Die Probe aufs Exempel folgte schon bald. Als ich Mitte der achtziger Jahre mit einem Amerikaner chinesischer Abstammung ausging, einem Mitstudenten der Harvard Business School mit einem Instinkt für das Geldverdienen, reagierten meine Eltern begeistert. Doch dann trennten wir uns zur großen Enttäuschung beider Familien, und ich begann mich mit Nick zu verabreden. Das einzige Problem bestand darin, daß Nick, so wunderbar er auch war, eines nie werden konnte: ein Chinese. Obwohl Nick mich am stärksten dazu gedrängt hatte, nach Taishan zu fahren, fragte ich mich nach dem Besuch, wie meine Gefühle zu ihm sich in meine Identität einfügten. Hielt ich Ausverkauf mit einem Teil meiner chinesischen Seele, wenn ich mich in einen Weißen verliebte? Vielleicht, aber ich konnte es nicht ändern. Als Nick und ich ein paar Monate später darüber sprachen, ob wir heiraten sollten, zögerte ich keinen Augenblick.

Nicholas D. Kristof

2 DIE FLIEGENDE TAUBE

Verhindert auf jeden Fall jeglichen Kontakt
zwischen Barbaren und der Bevölkerung.

Kaiser Qianlong am 11. Oktober 1793
in einem Befehl an die Behörden,
Fremde davon abzuhalten,
mit Einheimischen in China zu sprechen

Was sagt man zu einer verzagten Frau, die mit angesehen hat, wie man ihren Bruder mit Eisenrohren zu Tode prügelte?

»Ist er dort gestorben?« fragte ich. »Auf dem Fußboden?«

Tang Rimei schniefte und nickte. Sie ist dreiundzwanzig, groß und dünn und hat einen Mund, dessen Winkel von Natur aus nach oben zeigen, als wäre er zum Lächeln geschaffen. Aber damals, während sie erzählte, was ihr in der südchinesischen Stadt Shenzhen zugestoßen war, sah sie aus, als würde sie gleich in Tränen ausbrechen. In ihrer kurzen Laufbahn als Dissidentin, Enthüllerin von Mißständen, Gefangene und Flüchtling hatte sie es mit dem chinesischen Staat aufgenommen und gewonnen – aber es hat sie das Leben ihres Bruders gekostet.

Eine Gruppe schmerbäuchiger britischer Geschäftsleute entspannte sich uns gegenüber in der Dragon Bar in Hongkong: die Krawatten gelockert und ihre Neugier geweckt. Sie hörten mich mit einer verweinten jungen Frau Chinesisch sprechen, die attraktiv gewesen wäre, wären ihre Augen nicht so verquollen gewesen, und sie tuschelten einander zu, da sei wohl eine Romanze am Auseinanderbrechen.

»Und was geschah, als Sie die Polizei anriefen?« Ich hatte mich entschlossen, weiter vorzudringen. Ich zückte meinen Schreiber und hielt mich bereit, um ihre Antwort sogleich in mein Notizbuch zu kritzeln.

»Ich rief das Polizeirevier an und schrie, es seien Schläger gekommen, um mich umzubringen«, sagte Tang leise mit benommener Stimme. »Aber sie gaben zur Antwort: ›Ach so, ja, wir wissen Bescheid. Das geht uns nichts an.‹ Das Revier befand sich nur drei Minuten entfernt, aber niemand kam. Und während ich sie noch anflehte, unterbrach die Telefonistin die Leitung; der Boß besitzt Verbindungen zur Telefonzentrale. In der Zwischenzeit hatten die Schläger die Tür aufgebrochen.«

Tang hielt inne, um sich zu fassen, und ich schob die Kaffeetasse vor sie hin. Sie hatte noch nicht einen Schluck davon genommen, und sie rührte die Tasse auch jetzt nicht an. Nichts würde sie davon abhalten, ihre Geschichte zu erzählen.

»Mein großer Bruder versuchte mich zu beschützen, da schlugen sie mit ihren Eisenstangen auf ihn ein. Ich schrie: ›Hilfe! Hilfe!‹ Sie schlugen auch mich ein wenig, aber weil mein großer Bruder schützend vor mich trat, trafen sie vor allem ihn. Dann kamen ein paar Leute, und sie bekamen es mit der Angst zu tun und rannten davon.

Mein großer Bruder lag blutüberströmt am Boden. Er atmete noch, zeigte aber keinerlei Reaktion. Ich flehte die Leute um Hilfe an. Nach fünfzig Minuten kam schließlich die Polizei und brachte meinen großen Bruder ins Krankenhaus. Da hatte er bereits zu atmen aufgehört. Er war tot.«

Es war an der Zeit, eine neue Frage zu stellen, aber einen langen Augenblick saß ich nur da, angespannt, die Finger um den Schreiber verkrampft, und kämpfte meinen Abscheu nieder. All die Jahre in China empfand ich immer wieder diesen Widerstreit von Gefühlen, vor allem wenn ich Menschen begegnete, deren Angehörige von Leuten, die mit dem Staat gemeinsame Sache machten, ermordet worden waren. So vieles in China war dem Prinzip *leigong da doufu* (Der Donnergott zerschmettert den Tofu) unterworfen, oder mit anderen Worten ausgedrückt: Das Mächtige erdrückt das Schwache. Sheryl und ich haben so oft mit angesehen, wie Tofu zerschmettert wurde, während wir in China waren . . .

Aber mehr davon später. Ich greife vor.

Das erste, was ich in China jemals unternommen habe, war illegal, und seither befinde ich mich in einem ständigen Kampf mit den Behörden.

Es geschah an einem strahlenden Morgen im Juli 1983, die Sonne ging über den Weizenfeldern und den kahlen braunen Hügeln auf, die sich beidseits der Gleise erstreckten, auf denen mich ein Zug aus der Mongolei hinaustrug. Ich, ein frischgebackener Rechtsanwalt, hatte soeben meinen Universitätsabschluß in England gemacht und reiste nun (auf Umwegen) zurück nach Hause nach Oregon. Nach den damals für Touristen geltenden Gesetzen in China durfte ich den Zug vor der Hauptstadt Beijing nicht verlassen. Als erstes hielt er jedoch in Datong, einer historischen Stadt, die berühmt ist für ihre anderthalbtausend Jahre alten geschnitzten Buddhastatuen, einige davon so hoch wie ein vierstöckiges Haus. Der Zug kam holpernd im Bahnhof zum Stehen, und eine Ladung chinesischer Reisender stieg aus. Es schien jammerschade, eine solche Sehenswürdigkeit zu verpassen.

»Na?« fragte ich meinen Reisebegleiter Tim McCourt. »Was meinst du, was wohl geschieht, wenn wir aussteigen? Glaubst du, die würden uns je schnappen?«

Wir blickten aus dem Wagenfenster. Eine wogende Menge Chinesen und Chinesinnen drängte sich auf dem Bahnsteig, sie liefen hin und her, stießen auch mal zusammen, schleppten Kartons und Jutesäcke und einige altersschwache Koffer. Es sah schrecklich verlockend aus.

»Wahrscheinlich werden sie's nie erfahren«, sagte Tim nachdenklich.

Wir packten unsere Rucksäcke und stahlen uns zum einen Ende des Eisenbahnwagens, weg vom ungeschlachten Dienstmann, der die Tür am anderen Ende bewachte. Als er nicht hinsah, sprangen wir vom Zug und eilten den Bahnsteig hinunter in die andere Richtung, so ungezwungen, wie das eben möglich ist, wenn man von einem riesigen blauen Rucksack zu Boden gedrückt wird. Wir rasten durch den Ausgang und hielten erst ein paar Minuten später auf dem riesigen Platz vor dem Bahnhof inne, um zu verschnaufen. Unsere Transsibirische Eisenbahn verließ den Bahnhof, und kein Polizist lief hinter uns her. Wir waren entkommen, und niemand hatte uns erwischt!

Ich blickte mich um, um zu sehen, ob uns jemand bemerkt hatte. Man hatte.

Mehrere hundert chinesische Bäuerinnen und Arbeiter waren auf dem riesigen Platz versammelt, die meisten saßen auf dem Asphalt und warteten, umgeben von kleinen Hügeln aus Jutesäkken und Plastikkoffern, auf ihren Zug. Fast alle trugen Mao-Anzüge und Sandalen, und auf den angrenzenden Straßen gab es keine Autos – nur ein paar Busse und einen regelmäßigen Strom von identischen schwarzen Fahrrädern ohne Gangschaltung. Und wer immer sich in Sichtweite befand, starrte uns an. Die meisten stießen einander an, deuteten mit einem Ausdruck völliger Entgeisterung auf unsere Rucksäcke und rissen Kleinkinder zurück, die auf uns zukrabbelten.

Ich kam mir vor wie Alice im Wunderland. Raus aus dem Zug, ein kurzer Sprint – und ich war in einer vollkommen anderen Welt gelandet. Es gab nicht nur keine anderen Leute aus dem Westen hier, es gab auch keine Cola, keine *Newsweek,* keine Buchstaben unseres Alphabets, kein einziges Anzeichen, daß der Westen überhaupt existiert. Die Leute um uns herum plapperten, und ihr Singsang klang, als gehörte er zu einem anderen Stern. Ich war durch Afrika, Indien und den Nahen Osten getrampt, aber nie zuvor hatte ich so intensiv das Gefühl verspürt, in einem anderen Universum gelandet zu sein.

An jenem Abend betraten Tim und ich ein kleines Restaurant, wo man uns eine Schiefertafel voll unverständlicher Schriftzeichen zeigte. Die Serviererin deutete ungeduldig darauf und ließ einen Monolog vom Stapel, der sich anhörte wie einsilbige Schreie. Wir schlossen daraus, daß es sich bei der Schiefertafel um die Speisekarte handelte, aber wir hatten keine Ahnung, was darauf was war. Wir versuchten, wie ein Huhn zu gackern, um so was wie süß-saures Hühnerfleisch zu bestellen, aber die Serviererinnen verstanden uns nicht; offenbar gackern in China selbst die Hühner anders als bei uns. Also bestellten wir wahllos drei Gerichte und setzten uns an einen durchhängenden alten Tisch neben ein paar betrunkene junge Männer. Bald kamen unsere Gerichte: eine Schüssel Bambussprossen, eine Flasche Sorghumschnaps und ein Teller mit etwas, von dem ich überzeugt bin, daß es sich um Mehlwürmer handelte.

Diese Erfahrung, diese dreiwöchige Reise durch China, heilte mich von jeder länger währenden Zuneigung für das Reich der Mitte – so dachte ich zumindest. Das Leben hinter dem Bambusvorhang war faszinierend, exotisch und voll von Gerüchen, Anblicken und Geräuschen, die ich nie zuvor kennengelernt hatte, aber es war nichts für mich. Ich ging erneut in die Fremde, diesmal, um in Kairo Arabisch zu lernen, und begann 1984 als Wirtschaftsjournalist für die *New York Times* zu arbeiten. Ein Jahr später versetzten sie mich als Handelskorrespondenten nach Los Angeles, und dort lernte ich eine Frau kennen, die erklärte, sie würde zu gerne meine Horrorgeschichten über China hören. Eileen, eine gemeinsame Freundin, hatte uns zusammengeführt und mir zuvor alles über sie erzählt: »Sie ist wunderbar, dunkelhaarig, sehr intelligent und hat soeben die Harvard Business School abgeschlossen. Sie hat für den *Miami Herald* gearbeitet, und diesen Sommer schreibt sie für das *Wall Street Journal* ...« Aber als ich Sheryl zum ersten Mal sah, mußte ich ein Lachen unterdrücken: Das einzige, was mir Eileen nicht erzählt hatte, war das Augenfälligste – daß Sheryl eine Amerikanerin chinesischer Abstammung ist. Eileen war so sehr darauf bedacht, sich nicht rassistisch zu verhalten, daß sie diese Tatsache geflissentlich übergangen hatte.

China war damals das letzte, woran ich dachte. Mein Interesse galt (außer Sheryl) Afrika, Europa und dem Nahen Osten. Abgesehen von meiner Reise durch China war ich kaum mit dem Land oder mit etwas, was damit zusammenhing, in Berührung gekommen. Ich bin auf einer Schaf- und Kirschenfarm sechs Kilometer außerhalb von Yamhill aufgewachsen, einem Ort mit 640 Seelen in Oregon, wo meine Eltern noch immer leben; Kinder asiatischer Abstammung gab es an der dortigen High-School nicht. Am College in Harvard studierte ich Politologie, aber mein Interesse für Asien beschränkte sich auf Exkursionen mit Freunden in eine Bar namens Hongkong. An der Universität in Oxford studierte ich offiziell Jura, verbrachte jedoch gleichzeitig viel Zeit damit, Bücher über Osteuropa, Afrika und Indien zu lesen. China schien mir zu weit weg, abweisend, verborgen hinter einer komplizierten Sprache und Namen, die alle gleich klangen.

So großartig ich Sheryl fand, gab es doch ein Problem in unserer Beziehung. Ich wollte Auslandskorrespondent in einem Staat wie Ägypten oder Côte d'Ivoire werden, Sheryl aber wollte nach Asien. In einer Art nichtkartesianischem Gottesbeweis schlug der Auslandsredakteur der *New York Times* aus heiterem Himmel vor, mich im Herbst 1986 als Leiter der Niederlassung nach Hongkong zu schicken. Wenige Wochen später machte ich es mir im Nobelhotel Mandarin in der Nähe des Hongkonger Hafens bequem. Und damit hatte meine Karriere als Chinakorrespondent begonnen.

Sheryl kam im folgenden Sommer nach Hongkong, um für Reuter und später für die *South China Morning Post* zu arbeiten. Wir reisten zusammen durch die südchinesische Provinz Guangdong, und überall, wo wir uns aufhielten, spürten wir die Erregung darüber, daß die Region ihre alten Strukturen aufgab und sich wie eine Raupe in einen Schmetterling verwandelte. Schon in jenem Herbst herrschte in der Provinz Guangdong eine wirtschaftliche Dynamik, die weltweit keinen Vergleich zu scheuen brauchte. Zu denen, die diesen Schwung wesentlich anführten, gehörte Liu Shuji, der kommunistische Parteisekretär der quirligen Stadt Dongguan, wo Spielzeug- und Schuhfabriken aus den Reisfeldern schossen. Als wir ihn kennenlernten, trug er immer noch eine Mao-Jacke, seine Hauptaufgabe bestand jedoch darin, Auslandsinvestitionen zu fördern. Er lachte über seine Vergangenheit als Führer von Maos Roten Garden und sagte, sein bevorzugter Volkswirtschaftler heiße heute Milton Friedman.

Ich empfand diese Umgebung als anregend und freute mich, als der Auslandsredakteur der *Times* anrief und fragte, ob ich Lust hätte, demnächst die Niederlassung in Beijing zu übernehmen. So schickte mich die *Times* im Dezember 1987 nach Taiwan, um dort als Vorbereitung auf Beijing intensiv Chinesisch zu lernen. Ein paar Wochen später erklommen Sheryl und ich während eines Urlaubs in Indonesien den Kraterrand des Bromo, eines aktiven Vulkans. Mitten im herausquellenden Rauch bat ich sie, mich zu heiraten. Die Erde bebte – aber vielleicht war es auch nur der Vulkan.

Wir wurden im Oktober 1988 getraut, und schon wenige Wochen später begann unser gemeinsames Leben in China. Es waren unsere Flitterwochen. In dieser lockersten, offensten Zeit in der kommunistischen Ära Chinas war es geradezu großartig, in Beijing für die Presse zu arbeiten. Wir lernten bald einen pummeligen, nachlässig gekleideten chinesischen Reporter namens Zhang Weiguo kennen und begannen uns regelmäßig mit ihm zu treffen. Zhang war als Rechtsanwalt ausgebildet und der dienstälteste Journalist beim *World Economic Herald,* der dreistesten Zeitung des Landes. Ihre vollgestopften Büros direkt hinter der Verbotenen Stadt galten als eine Zentrale für politische und wirtschaftliche Reformen.

Wann immer wir dort vorbeischauten, um Zhang Weiguo und die anderen Presseleute zu besuchen, stießen wir bestimmt auf den einen oder anderen bedeutenden Professor, der ein Manuskript ablieferte, oder auf Offizielle, die über den Wandel plauderten. Jemand goß uns eine Tasse lauwarmen Tee ein, und wir verbrachten Stunden damit, uns über Politik und Machtkämpfe im Zhongnanhai zu unterhalten, im gut einen Kilometer weit entfernten rotummauerten Führungsbezirk.

Wir fühlten uns in China willkommen und genossen die Chance, uns in die chinesische Gesellschaft zu vertiefen und mit *bao jiao-*

zi zu beschäftigen, das heißt, mit unseren Bekannten in ihren engen Küchen Klößchen zu backen. Wir verwandelten uns in Einheimische. Wir sprachen mehr Chinesisch als Englisch, wir hörten chinesische Musik, wir sahen uns chinesische Filme an. Wir fühlten eine wachsende Erregung über den Wandel, der das riesige Reich erfaßte, eine tiefer werdende Zuneigung für das Land.

Dann, sieben Monate nach unserer Ankunft, während der Stunden vor dem Morgengrauen des 4. Juni 1989, stand ich am nördlichen Rand des Tiananmen-Platzes und sah mit an, wie China verrückt spielte. Mehrere Stunden in jener Nacht stand ich da und sah zu, wie die Volksbefreiungsarmee auf Demonstrierende der Demokratie-Bewegung feuerte – und auf mich. Ich wurde nicht getroffen, aber mehrere Leute um mich herum sehr wohl. Ich sah sie zusammenbrechen. Ich sah, wie ihr Blut herausschoß. Ich rannte die gesamten fünf Kilometer zurück nach Hause, lieferte die Story ab, die wenige Stunden später die Frontschlagzeilen der *New York Times* abgaben, und am Morgen legte ich mich aufs Bett, um zu schlafen. Statt zu schlafen, kämpfte ich jedoch mit den Tränen. Die Tränen galten einem siebzehnjährigen Bekannten, der getötet worden war, mit einem Maschinengewehr förmlich durchlöchert, als er auf seinem Fahrrad zur Arbeit fuhr. Sie galten den verkrüppelten Körpern und blutenden Leichen von Studenten und Studentinnen, von Arbeiterinnen und Arbeitern. Sie galten den jungen Leuten, die ich in einem Bus auf dem Tiananmen-Platz gesehen hatte – verkohlt. Und sie galten China.

Fast über Nacht hatte sich China verändert – sowohl in meinem Kopf als auch in den Köpfen fast ganz Amerikas. Zuvor hatten wir es als ein aufregendes Land von Pandabären und Freundlichkeit gesehen, so geschichtsträchtig wie voller Hoffnung auf bessere Zeiten. Jetzt war es ein blutbeflecktes Verlies.

Im Verlauf der folgenden paar Monate verhafteten die Behörden Zehntausende, darunter viele unserer Bekannten und Freunde. Der *World Economic Herald* wurde eingestellt, die Büros in Beijing blieben leer und verwaist. Zhang Weiguo verschwand für zwanzig Monate in den verschlungenen Eingeweiden der Gefängnisse, ohne Verhandlung, ohne ein verläßliches Wort über sein Schicksal.

Sheryl und ich quälten uns mit der Frage herum, ob wir vielleicht Schuld an seiner Verhaftung trugen. Wir erinnerten uns an einige Telefongespräche mit Zhang, in denen wir ihn über Treffen des Politbüros ausgefragt hatten. Rückblickend wurde uns klar, wie unglaublich dumm wir gewesen waren, derlei Dinge über eine Telefonleitung zu besprechen, die höchstwahrscheinlich angezapft war – vermutlich sowohl an seinem als auch an unserem Ende.

Wir wußten, daß viele Gefangene gefoltert wurden, daß gewöhnlichen Kriminellen oft befohlen wurde, politische Gefangene zusammenzuschlagen und zu erniedrigen. Im Yingshan-Gefängnis in der Provinz Guangxi war ein Strafgefangener zwei Jahre lang in einer Einzelzelle eingesperrt, die nie gereinigt wurde. Er starb darin, und die Funktionäre waren sich nicht sicher, woran er gestorben war. Es bestand einerseits die Möglichkeit, daß er erfroren war, denn er hatte keine Decken. Die andere Möglichkeit war, daß er an den Gasen erstickte, die bei der Gärung der fünfunddreißig Zentimeter dicken Schicht seiner Exkremente entstanden. Wir fragten uns immer wieder, ob Zhang Weiguo unter ähnlichen Bedingungen litt und ob er jemals wieder herauskommen würde.[1]

Mit der Machtkonsolidierung der Falken kehrten die ausgelutschten alten marxistischen Slogans zurück, und die Zeitungen veröffentlichten Angriffe auf private Unternehmen. Die Behörden schikanierten uns, denunzierten uns und wiesen uns beinahe aus. Sie ließen uns *chuan xiao xie*, was soviel heißt wie »enge Schuhe tragen«, um uns spüren zu lassen, wo sie drückten, und uns daran zu erinnern, wer das Sagen hatte. Selbst die Beamten des in der Regel zuvorkommenden Außenministeriums schienen manchmal bar jeglichen Benimms. Als unser Sohn Gregory in Hongkong im März 1992 zur Welt kam – zu einem Zeitpunkt, als Premierminister Li Peng wegen eines Artikels, den ich über ihn geschrieben hatte, wütend auf mich war –, weigerte sich das Außenministerium, für ihn ein Einreisevisum auszustellen. Schließlich erhielten wir über ein hilfsbereites Reisebüro ein dreimonatiges Touristenvisum für ihn, aber dann weigerte sich das Außenministerium, Gregory eine Aufenthaltsgenehmigung zu erteilen. Erst nachdem die ausländische Presse mehrere Artikel darüber gebracht hatte, gab man im Außenministerium nach.

In Zeiten wie diesen kam uns China vor wie die Sowjetunion der Ära Breschnews – oder Gorbatschows, in dem Sinne, daß das Land auf den Zusammenbruch zusteuerte. China überlebte auf der Basis der Unterdrückung, nicht der Legitimität, und wurde von ein paar Greisen regiert, die sich immer mehr auch den Mitgliedern der Kommunistischen Partei entfremdeten. Viele der mit uns befreundeten chinesischen Intellektuellen beharrten darauf, daß China am Verrotten sei, und oft glaubten wir das auch. Und doch, im Laufe der beginnenden neunziger Jahre, merkten wir, daß China doch noch eine andere Seite hatte. Rund 900 Millionen der 1,2 Milliarden umfassenden Bevölkerung Chinas gehören dem bäuerlichen Stand an, und ich kam nie sehr weit, wenn ich versuchte, mit ihnen über Menschenrechte oder Demokratie zu diskutieren. Sheryl und ich mußten erkennen, daß uns ein entscheidender Aspekt entging, wenn wir uns nur auf die Art und Weise konzentrierten, wie das Regime all jene, die Kritik übten, schikanierte und folterte.

Darüber dachte ich vor allem nach, nachdem ich 1990 die Erlaubnis erhalten hatte, an einer Konferenz in einer tibetischen Gegend in der Provinz Quinghai im Westen Chinas teilzunehmen. Qinghai hatte mir bis dahin die Einreise verweigert – Presseleute brauchten für sämtliche Reisen außerhalb Beijings jedesmal die Erlaubnis der Regierung –, und deshalb bot die Konferenz mir die seltene Gelegenheit, eine tibetische Region zu besuchen. Natürlich verbrachte ich sehr wenig Zeit an der Konferenz selbst, sondern wanderte durch das Bergland und unterhielt mich mit tibetischen Einheimischen vor einer spektakulären Kulisse. Schneebedeckte Gipfel erhoben sich über einer weiten Ebene von Getreidefeldern, gesprenkelt mit kleinen Dörfern. Hin und wieder überholte mich auf den gewundenen ungepflasterten Pfaden ein Pferdewagen, und alle winkten mir verblüfft zu. »Onkel, bist du Chinese?« fragte mich ein kleines tibetisches Mädchen, das noch nie einen Fremden gesehen hatte.

Nur eine einzige Person unter all den tibetischen Einheimischen, mit denen ich mich unterhielt, ein vierundzwanzigjähriger Mann, sprach sich vehement gegen China aus. Ich besuchte die Familie zu Hause, wo er auf dem gestampften Erdboden des Lehmziegelhauses auf und ab ging und seinem Wunsch nach Unabhängigkeit für Tibet Luft machte. Er erging sich in seiner Hochachtung für den Dalai-Lama, in seiner Frustration darüber, daß er nicht frei sprechen dürfe, und in seiner Wut auf die Regierung, weil sie sich in die Klöster einmische. Er zeigte mir ehrerbietig das staubige Foto eines buddhistischen Lamas, des ranghöchsten religiösen Führers der Gegend: Er war in den sechziger Jahren zu Tode gefoltert worden.

Während dies geschah, nährte die Frau das achtzehn Monate alte Baby an der Brust. Das Kind unterbrach die Mahlzeit und spielte eine Weile mit einem Stück Schnur auf dem Fußboden, dann begann es zu jammern und zu weinen. Diesmal hob es die Großmutter hoch und legte es an ihre welke Brust. Dies verblüffte mich, denn die Großmutter konnte doch wohl keine Milch haben. Dann wurde mir klar, daß in einer so armen Gegend die Eltern keine Schnuller haben. Wenn ein Kind weint, nutzen sie die natürliche, ursprüngliche Alternative: die Brust der Frau, die gerade am nächsten ist.

Die meisten tibetischen Einheimischen, die ich ansprach, waren indes eher dem jungen Bauer namens Wenchangtai ähnlich, den ich eines Morgens an einem ausgetrockneten Bachbett kennenlernte. Er lud mich nach Hause zu einem Frühstück aus öligen Teigstengeln ein, und so saß ich auf einem hölzernen Hocker an einem wackeligen Tisch neben ihm und seiner Frau. Boden und Wände des Hauses bestanden aus Lehm, und als Zierde dienten ein paar Bilder aus alten Kalendern. Es stellte sich rasch heraus, daß Wenchangtai ganz hinter der Regierung stand.

»Wir kommen ganz gut mit China zurecht«, meinte er und deutete zum Beweis auf seine Frau, eine kleine, kräftige Person mit roten Wangen, die unserem Gespräch in aller Ruhe zuhörte: Sie war nicht Tibeterin, sondern Chinesin. Wenchangtai war zufrieden mit seinem Leben – und ganz besonders stolz auf sein neues blaues Motorrad, das erste in der Nachbarschaft. Das Motorrad stand glänzend auf dem Hof, und er willigte ein, mit mir den Pfad hinunterzufahren. Als wir über die Unebenheiten holperten, fühlte ich mich besser beim Gedanken an China.

Am Abend darauf wanderte ich zwischen den windgepeitschten Weizenfeldern auf ein kleines, an eine vorspringende Bergflanke gedukctes Dorf von ungefähr zwanzig Lehmziegelhäusern zu. Es war schon spät, und die goldenen Felder schimmerten im bernsteinfarbenen Licht der verblassenden Sonne; in der Ferne glänzten schneebedeckte Berggipfel. Ich war bester Laune, denn ich genoß die Möglichkeit, frei hier in der Landschaft herumzuspazieren und mich ohne Aufsicht mit den Einheimischen zu unterhalten. Ich sprach mit Leuten, die noch nie etwas davon gehört hatten, daß sich die Erde um die Sonne dreht, und ich saß in ihren Lehmhütten und lachte über das Staunen der Kinder über meine große Nase.

Ich dachte nicht daran, daß mir jemand gefolgt sein könnte. Zwar waren, als ich mich aus dem Ort stahl, etwa zweihundert Meter hinter mir zwei Männer mittleren Alters in Mao-Anzügen hergegangen. Als ich dann aber zwischen die Weizenfelder direkt vor dem Ort einbog, blieben die beiden auf der gewundenen Landstraße und verschwanden bald außer Sichtweite. Als einzige hatte ich danach noch eine sechsköpfige tibetische Familie zu sehen bekommen, die eifrig Korn erntete, und alle winkten fröhlich zu mir herüber und grüßten auf Mandarin mit einem starken Akzent. Weitere Geräusche wurden von weit entfernten Häusern über die Felder getragen: das heisere Bellen eines Wachhundes, das ruhelose »Bääbää« einer Schafherde, die von der Weide nach Hause getrieben wurde, und das »Klappediklapp« eines Pferdefuhrwerks, das irgendwo hinter dem Hügelzug dahinholperte.

Das Lehmziegeldorf, das ich schließlich erreichte, hätte beinahe ebensogut ins fünfzehnte wie ins zwanzigste Jahrhundert gepaßt. Die meisten Häuser bestanden aus getrocknetem Lehm und hatten zwei Zimmer und einen angebauten Schaf- oder Pferdestall; drumherum war etwas freier Platz vorhanden. Diese einzelnen Höfe waren durch hohe Lehmmauern voneinander getrennt, und als ich draußen vorbeiging, ertönte darin ein nicht gerade einladendes Hundegeknurr. Ich ging die erdigen Wege zwischen den Mauern entlang, auf der Suche nach einer offenen Tür oder jemandem, mit dem ich mich unterhalten konnte. Gelächter und Gesprächsfetzen wehten über die Mauern, aber niemand hielt sich draußen auf, außer einer alten Tibeterin, die entsetzt stehenblieb, als sie mich erblickte, und dann herumwirbelte und davonhumpelte, so schnell ihre Füße sie trugen.

Auf einem Abhang hinter dem Dorf stieß ich schließlich auf ein Dreizimmerhaus, das noch im Bau war, für hiesige Verhältnisse eine Villa, denn als Baumaterial verwendete man Beton und nicht Lehm, und es bekam als Verzierung ein Mosaik aus grünen Fliesen. Das Haupttor zum Hof bestand aus Schmiedeeisen, zweieinhalb Meter hohen Stangen, und es stand offen und gab die Sicht frei auf ein halbes Dutzend Arbeiter, die den Innenausbau fertigstellten.

»*Quing jin!*« rief ein pummeliger Mann mir zu, offenbar der Chef hier. »Kommen Sie doch herein! Haben Sie schon gegessen?«

Er schien so Mitte Dreißig, ein gedrungener Mann mit struppigem Barthaar und einer tiefgebräunten, ledrigen Haut, die von einem Leben der Arbeit in den Bergen zeugte. Die Falten unter seinen Augen tanzten, als er sich als Ma Musha vorstellte, und er trug ein weißes Spitzenkäppchen, das ihn als Moslem auswies. Ma erzählte, er baue ein neues Haus, das sein altes Lehmziegelhaus ersetze, und er hätte nicht stolzer sein können. »Dort an der Decke will ich Lampen hinhängen«, sagte er und zeigte ins Wohnzimmer. »Richtige elektrische Lampen. Und eine Heizung! Eine Elektroheizung! Kein Kuhmistbrand mehr. Und eine Toilette. Drinnen, wissen Sie, eine mit Spülung.«

Ma gestikulierte, zog den Griff einer imaginären Toilette und imitierte vergnügt das Geräusch des rauschenden Wassers. Das Haus war in mancher Hinsicht noch sehr Rohbau: ein häßlicher Zementboden, weder Bad noch Dusche, kein Telefon, nur die sichere Aussicht auf wiederholte Stromausfälle. Aber im Vergleich mit der Lehmhütte, in der Ma gewohnt hatte, war dies ein Palast, und es machte ihn zu einem hohen Tier im Dorf.

»Ja! Sieht wirklich gut aus, nicht wahr!« antwortete er auf ein Kompliment. »Es ist erst das dritte Betonhaus im Dorf, und ich würde sagen, das beste. Natürlich werden im nächsten Sommer noch mehr Leute ihre Hütten abreißen und Betonhäuser bauen, deshalb wird wohl auch das hier schon bald übertroffen werden.«

Er sei Chauffeur, meinte Ma, das sei eine der einträglichsten Beschäftigungen in ländlichen Gegenden, und er zeigte auf eine alte braune Limousine einer Shanghaier Marke, die hundert Meter weiter weg stand. Außerdem bewirtschafte seine Familie ein Stück Land und ziehe Weizen und Gerste. Ich fragte ihn, was die Leute hier von der Regierung hielten.

»Die Regierung ist phantastisch!« Ma grinste bei seinen Worten und schien zu meinen, was er sagte. »Seit 1978 und den Reformen hat uns die Kommunistische Partei praktisch machen lassen, was wir wollten, und wir konnten reich werden. Sehen Sie sich dieses neue Haus an! Früher hätte ich nicht einmal zu träumen gewagt, jemals zu so einem Haus zu kommen. Alle werden viel reicher und bauen bessere Häuser. Ich sage Ihnen, wir schulden der Partei ein großes Dankeschön.«

Ein paar Minuten später wandte sich Ma abrupt um und winkte jemandem am Tor. »Kommt doch rüber«, rief er. »Ich will euch einem Amerikaner vorstellen.«

Ich drehte mich um und sah die beiden Männer dort stehen, die hinter mir gegangen waren. Jetzt drückten sie sich vor dem Tor herum, äußerst verlegen, als sie hereingebeten wurden.

»Nun kommt doch hierher«, rief Ma. »Worauf wartet ihr?« Und er marschierte zum Tor hinüber, um sie zu begrüßen.

»Ihr werdet nie erraten, wer das ist«, sagte er aufgeregt zu den beiden Männern. »Ein Amerikaner! Journalist bei der *New York Times*. Eine große Zeitung! Er ist hergekommen, um sich mit den Leuten hier zu unterhalten.«

»Hm, hm«, brummte einer meiner Beschatter schmollend. »Wir wissen, wer er ist.«

»Diese Jungs sind meine Freunde«, sagte Ma, ohne ihr Unbehagen auch nur im geringsten zu beachten. »Sie arbeiten für die Polizei.«

Später dachte ich noch oft an diese kleine Episode, denn sie fängt die beiden überwältigenden Kräfte ein, die heute China umgestalten. Diese beiden Kräfte beherrschten auch unsere fünf Jahre in Beijing. Beide sind von historischem Ausmaß und, wie es aussieht, unaufhaltsam, und doch scheinen sie auf den ersten Blick unvereinbar und im Wettstreit miteinander zu stehen. Ich habe oft darüber gerätselt, wie sie sinnvoll unter einen Hut zu bringen wären.

Die erste dieser Kräfte ist Chinas instinktiver Hang zur Repression, gekoppelt mit all den Anzeichen, die auf eine unrechtmäßige, zusammenbrechende Dynastie hinweisen. Es gibt Parallelen zwischen dem heutigen Regime und den Zeiten, als die Tage der Quing-, Ming- und all der anderen Dynastien gezählt waren. Die kommunistischen Kaiser klammern sich an eine überholte Ideologie, und sie verlieren immer mehr die Herzen und den Geist ihres Volkes. Die Polizeiüberwachung unterstreicht die Repression des Regimes auch ihm wohlgesinnten Leuten wie Ma gegenüber. Und eine Woche nachdem ich nach Beijing zurückgekehrt war, erfuhr ich von einer Freundin mit guten Beziehungen, daß die Behörden Wenchangtai[2] bestraft hatten, jenen jungen, mit einer Chinesin verheirateten Mann, der so vehement hinter der Regierung stand – weil er mich auf dem Motorrad mitgenommen hatte. Die Polizei hatte von der Nachbarschaft davon erfahren. Er erhielt eine Vorladung, wurde verhört und bestraft; und sie beschlagnahmten sein Motorrad.

Ich kochte vor Wut, als ich das vernahm. Es war genau die für osteuropäische kommunistische Regime typische Art schroffer Launenhaftigkeit, mit der sie sich ihr Volk entfremdet und die Entfremdung bis auf die Spitze getrieben hatten. Jedenfalls betrachten auch viele unserer chinesischen Bekannten die Unterdrückung als das letzte Aufbäumen einer absterbenden Dynastie, als Todesgerassel des chinesischen Kommunismus, je mehr er sich in Richtung sowjetischer Kommunismus bewegt. Vierzig Jahre zuvor hatte Mao Zedong gesagt: »Die Sowjetunion von heute ist das China von morgen.« Bei derlei Gelegenheiten glaubte ich daran.

Andererseits zeigt sich in Ma Mushas neuentdecktem Reichtum eine anhaltende »zweite Revolution«, eine, deren Bedeutung jene der ersten Revolution von 1949 durch die Kommunisten in den Schatten stellt. Im Westen erkennen viele zwar die Unterdrükkung, begreifen aber die Implikationen dieser wirtschaftlichen und sozialen Revolution noch nicht. Wir lassen uns ernsthaft irreführen, wenn wir nur das erste China und nicht auch das zweite sehen. Längerfristig könnte sich die Explosion des Wohlstands in China als wichtigster Trend des ausgehenden zwanzigsten Jahrhunderts herausstellen. Vielleicht wird in den kommenden Jahrzehnten keine Frage für die Welt so wichtig sein wie die, ob China seine gegenwärtige Revolution aufrechterhalten kann.

Kann China seinen Kurs halten, wird das Riesenreich das größte Wirtschaftswunder der gesamten überlieferten Geschichte hervorbringen. Noch nie ist ein so großer Anteil der Menschheit in so kurzer Zeit der Armut entwachsen. Untersuchungen, welche die Größe einer Wirtschaft in bezug auf ihre Kaufkraft messen, deuten darauf hin, daß Chinas Wirtschaft bereits die drittgrößte der Welt ist, hinter den Vereinigten Staaten und Japan. Mit der gegenwärtigen Geschwindigkeit könnte die chinesische Wirtschaft diejenige der USA innerhalb von zwei Jahrzehnten überholen und sich weltweit an die Spitze stellen. So wie der Westen die Stärke der wirtschaftlichen Herausforderung Japans bis in die achtziger Jahre hinein unterschätzte, haben wir heute die potentielle Stärke der wirtschaftlichen Herausforderung Chinas noch nicht erkannt.

China ist aber nicht nur eine rein wirtschaftliche Konkurrenz wie Japan, sondern kann auf vielen Gebieten gleichzeitig destabilisierend wirken. Die Weltbank schätzt, daß die chinesische Bevölkerung bis im Jahr 2025 1,6 Milliarden betragen wird – und weiter zunimmt –, jene der Vereinigten Staaten 307 Millionen und jene Japans 128 Millionen, mit rückläufiger Tendenz. Zunächst wird die Industrialisierung einer so riesigen Bevölkerung wie der chinesischen noch nie dagewesene Belastungen für die gesamte Umwelt mit sich bringen. Man stelle sich ein China vor, in dem die meisten Leute ein Auto, eine Klimaanlage und Kühlschränke besitzen! In China nimmt die Produktion von Treibgasen bereits heute am schnellsten zu, und ein anhaltend schnelles wirtschaftliches Wachstum wird das Problem der globalen Erwärmung verstärken, der möglichen Ursache für die Anhebung der Meeresspiegel und damit die Überflutung selbst dichtbevölkerter Regionen wie Bangladesch. Die Industrialisierung Chinas wird zudem weltweit die Energiepreise anheben und ihr Teil zu Umweltproblemen wie zum Beispiel saurem Regen beitragen, die sich auf weit entfernte Länder auswirken.

Und nicht zuletzt kommt Chinas Aufbruch auch ein strategischer Aspekt zu. Das Land verfügt nicht nur bereits über die mit Abstand zahlenmäßig größte Armee der Welt, sondern benützt seinen wirtschaftlichen Aufschwung, um einen folgenschweren Ausbau des Militärs zu finanzieren, welcher dereinst ganz Asien aus dem Gleichgewicht bringen könnte. Schließlich ist die Volksrepublik China mit neun ihrer Nachbarstaaten uneins über die See- und Landesgrenzen, hat in den vergangenen fünfzig Jahren mit vieren davon Krieg geführt und scheint das gesamte Südchinesische Meer für sich beanspruchen zu wollen – einschließlich wichtiger internationaler Schiffstraßen, über die Öl aus dem Nahen Osten nach Japan gelangt. China entwickelt sich zur regionalen Supermacht, die ganz Asien beherrscht, und könnte sogar versuchen, Stützpunkte von Birma im Indischen Ozean zu erlangen. Es wird seine Zeit dauern, bis das chinesische Militär mit den neu erstandenen Panzern, Zerstörern, U-Booten, Kampfflugzeugen und Bombern vertraut ist, aber irgendwann nach dem Jahr 2000 könnte es geschehen, daß die Welt aufwacht und sich angesichts Chinas als bedeutender Militärmacht verdutzt die Augen reibt.

Kurz, im Westen hat man bisher noch gar nicht angefangen, die Konsequenzen abzuwägen, was geschieht, wenn China ein moderner Staat wird: Man stelle sich ein zweites Japan vor, aber mit rund zehnmal so vielen Menschen – plus Atomwaffen.

Während eines Großteils der vergangenen viertausend Jahre Entwicklungs- und Kulturgeschichte war das Gebiet China wichtiger, fortschrittlicher und kultivierter als Europa oder Amerika. Erst seit etwa 1500 ist die Führungsposition eindeutig an den

Westen übergegangen. Niemand weiß, ob China das gegenwärtige Wirtschaftswachstum in dem Tempo fortsetzen kann, aber es besteht durchaus die Möglichkeit. Gut möglich, daß die Geschichtsforschung in ein-, zweihundert Jahren rückblickend zum Schluß kommt, der entscheidende Trend am Ausgang des zwanzigsten Jahrhunderts sei der Aufstieg Chinas gewesen. Ihre Exponenten werden vor allem dann zu dieser Ansicht neigen, wenn sie Namen wie Wu tragen statt Smith.

Wir verbrachten unsere fünf Jahre in Beijing mit dem Versuch, diese beiden Seiten Chinas zusammenzubringen. Rast das Reich talwärts, auf dem Gleis der Sowjetunion? Oder schwingt es sich empor, indem es zugleich die Unterdrückung abstreift und, in den Fußstapfen Taiwans und Südkoreas, Reichtum anhäuft? Sollten wir China als Reich des Bösen darstellen, als zerfallende Dynastie, als letzte Hochburg des Kommunismus? Oder als erwachenden Riesen, wo sich der Lebensstandard des Volkes schneller hebt als in jedem anderen größeren Land der Welt? Doch wenn China ein bankrottes Regime hat – warum beträgt dann die Lebenserwartung eines Kindes, das heute in Shanghai geboren wird, fünfundsiebzigeinhalb Jahre und damit dreieinhalb Jahre mehr als die eines in New York geborenen? Warum ist die Wahrscheinlichkeit geringer, daß das Kind in seinem ersten Lebensjahr stirbt, wenn es in Shanghai lebt statt in New York? Und warum wird es eher lesen lernen, wenn es in Shanghai, als wenn es in New York aufwächst?

China ist unter anderem so verwirrend, weil dieses Land Schnittstelle zwischen zwei besonders folgenschweren Tendenzen der letzten Jahrzehnte des zwanzigsten Jahrhunderts darstellt: zwischen dem Zusammenbruch des Kommunismus und dem Aufstieg Ostasiens zur industriellen Großmacht. Die Gegenüberstellung dieser beiden Tendenzen wirkt sich als einer der irritierendsten Aspekte auf die Berichterstattung aus Beijing aus. Während der fünf Jahre, die wir in der chinesischen Hauptstadt verbrachten, diskutierten wir immer wieder von neuem darüber, ob wir mehr über Leute wie Peng Yuzhang oder eher über solche wie Ye Hongcheng schreiben sollten.

Peng Yushang, ein pensionierter Professor von etwas über siebzig Jahren, war ein angesehener Geisteswissenschaftler der Hunan-Universität und voller Feuer und Elan. Er beteiligte sich an den Hungerstreiks und Demonstrationen auf dem Tiananmen-Platz von 1989 und kam danach in das Gefängnis Nummer eins der zentralchinesischen Stadt Changsa. Die Leute von Hunan stehen im Ruf, ihr Wesen entspreche der Schärfe ihrer Speisen, und viele der großen chinesischen Revolutionäre, unter ihnen auch Mao Zedong, stammten aus Hunan. Peng war ebenfalls widerspenstig; so brüllte er in regelmäßigen Abständen aus seiner Zelle: »Ich verlange meine sofortige Entlassung!« und »Warum werde ich festgehalten?«

Die Wärter antworteten auf ihre eigene Art. Sie banden ihn auf ein Holzbrett von der Größe einer Tür, mit Handschellen in jeder Ecke für die Hände und Füße des Opfers. Durch ein Loch in der unteren Hälfte können die Gefangenen ihre Exkremente ausscheiden. Professor Peng lag in einer Strafzelle an dieses Brett gefesselt, rund um die Uhr, Woche um Woche. Die anderen Gefangenen hörten ihn schreien. »Laßt mich raus!« kreischte er »Ich brauche ein Bad!« Oder er sang ein Kinderlied, und seine Stimme hob sich mit der letzten Zeile zu einem Crescendo: »Bleib hart und wanke nie!«

Dies hielt drei Monate lang an, vierundzwanzig Stunden am Tag. Tang Boqiao, ein Mitgefangener und Bekannter von uns, sah den alten Mann, als man ihn nach einem Verhör in seine Zelle zurückbrachte. Er beschrieb später, was er gesehen hatte: »Er war ganz verschrumpelt und ausgetrocknet, kaum bei Bewußtsein; ein Wärter trug ihn auf dem Rücken heraus. Ich wollte sagen: ›Professor Peng, Sie haben soviel durchgemacht‹, aber ein Schluchzen erstickte meine Stimme, ich konnte nicht weiterreden. Irgendwie gelang es ihm, mir zuzulächeln.«

Professor Peng verschwand dann aus dem Gefängnis und wurde, wie verlautete, in ein Irrenhaus gebracht. Niemand aus dem Freundes- oder Familienkreis durfte ihn jemals besuchen; in einem vor kurzem veröffentlichten Bericht heißt es, er sei 1993 entlassen worden und dürfe nun in Ruhe zu Hause leben, vermutlich unter ständiger Aufsicht der Behörden.[3]

Fälle wie jener von Professor Peng hinterließen bei mir einen Geschmack im Mund wie der der abscheulichen Kohlepartikel in der chinesischen Luft. Für jeden Fall wie diesen gibt es jedoch Dutzende wie jenen der fröhlichen Ye Hongcheng. Ich lernte die zweiundvierzigjährige Bäuerin Ye auf ihrem Gut in der Nähe der südchinesischen Stadt Dongguan kennen. Liu Shuji, der örtliche kommunistische Parteisekretär, jener Anhänger Milton Friedmans, machte uns miteinander bekannt. Ye war eine zierliche Frau mit einem runden, verwitterten Gesicht und für meinen Besuch adrett aufgelockertem Haar. Sie trug eine weiße, bis oben zugeknöpfte Bluse und eine strenge blaugraue Jacke und fühlte sich darin offensichtlich sehr elegant.

Den Großteil ihres Leben hat sie wie ihre Vorfahren gearbeitet: Sie watete in der prallen Sonne durch die Reisfelder und mühte sich ab, um genug zu ernten, nur um durch den Winter zu kommen. Dann, in den achtziger Jahren, gaben die örtlichen Behörden Ye und ihrem Mann einen Pachtvertrag über dreißig Jahre für ein Stück Land, das bisher brachgelegen hatte. Die Felder eigneten sich weder für Reis noch für die gängigen Getreidesorten, und so begann Ye, Hühner und Kaninchen zu züchten und auf dem Markt zu verkaufen. Dann legte sie Fischteiche an und pflanzte Früchte und Obstbäume.

»Wir haben dieses Jahr Lychees angepflanzt; sie werden in drei Jahren zum erstenmal Früchte abwerfen, und danach wird die Ernte jedes Jahr größer«, sagte Ye. Die Lokalbehörden ließen sie ihr Einkommen von mehr als 50 000 Dollar im Jahr behalten, und sie investierte es wieder. Mittlerweile hat sie mit ihrem Mann sechzehn Hektar Land unter Pacht, für China eine riesige Fläche, und beschäftigt sechzig Angestellte, die auf den Feldern arbeiten. Natürlich hat auch der wirtschaftliche Boom seine Kehrseite, und das wachsende Einkommensgefälle zwischen Ye und ihren Beschäftigten zeugt unter anderem davon. Und doch konnte ich ein Gefühl der Freude, ja sogar der Ausgelassenheit angesichts der neuen Möglichkeiten, die sich hier auftaten, nicht unterdrücken, wenn ich Leute wie Ye besuchte. Ye hat sich erstmals in ihrem Leben einen Kühlschrank gekauft und hat vor, sich bald eine

Waschmaschine anzuschaffen. Das einzige, was sie sich nicht kaufen wird, ist ein Fernseher.

»Wir brauchen keinen Fernseher im Haus«, beteuerte sie. »Wir haben keine Zeit fernzusehen. Ich bin zu sehr damit beschäftigt, landwirtschaftliche Magazine und verschiedene Zeitungen über Anbautechniken zu lesen.«

Welches ist nun das echte China? Das Dorf von Ye Hongcheng oder das Gefängnis von Professor Peng? Wie sollen wir über ein Regime ein Urteil fällen, das Lepra und dissidente Meinungen mit der gleichen Vehemenz bekämpft? Gibt es eine Formel für moralischen Ausgleich, die uns ermöglicht, die Errungenschaften des Regimes gegen seine Gewalttaten aufzurechnen? Dies sind ein paar der Fragen, die uns zu schaffen machten, während wir das Leben in China um uns herum erforschten.

Die meisten repressiven Regierungen haben so viel Verstand, daß sie versuchen, sich der ausländischen Presse von ihrer besseren Seite zu zeigen. Chinas Regime dagegen hat im Vergleich zu allen bedeutenderen Regierungen der Welt den schlechtesten Sinn für Öffentlichkeitsarbeit. Man gab sich alle Mühe, uns praktisch Tag für Tag von neuem seine Geistlosigkeit und Repression in Erinnerung zu rufen. Unsere Kontaktperson zum Außenministerium, Zhao Xingmin, ein fünfzigjähriger Mann aus Shanghai mit einem Charakter wie ein Fingernagel auf einer Schiefertafel, pflegte mich regelmäßig ins Außenministerium zu bestellen und hielt dort Schelte für meine oder für Sheryls Artikel bereit.

»Sie sind mit persönlichen Beleidigungen über Ministerpräsident Li Peng hergezogen«, drohte er mir in einer typischen Unterredung im Mai 1992. »Das können wir auf keinen Fall dulden. Sie haben Ihre Artikel mit Hintergedanken zusammengeschustert.«

»Greiser Zhao«, entgegnete ich im salbungsvollsten Chinesisch, das ich zustande brachte, »wenn es denn einen Fehler darin gibt, werden wir ihn selbstverständlich gerne berichtigen wollen. Wo genau hat denn der Fehler gelegen?«

»Sie sollten aufpassen, wie Sie sich benehmen«, fuhr Zhao fort und sah dabei aus wie ein Rotgardist in einer Kampfsitzung. »Oder Sie werden die volle Verantwortung für alle Konsequenzen tragen.«

»Nun, auch wenn Sie keine Fehler in meinen Artikeln finden, so sind Sie doch möglicherweise der Meinung, der Ton sei unfair. Sollte dem so sein, dann würden wir einen Leserbrief sehr begrüßen.«

Zhao sah aus, als ginge er im nächsten Moment in die Luft. Der chinesische Protokollführer, ein junger Mann und offenbar nicht genügend ideologisch geschult, vergrub sich in seinem Notizbuch und schien ein Kichern zu unterdrücken.

»Unterstehen Sie sich, das Wohlwollen des chinesischen Volkes zu mißbrauchen!« brüllte Zhao. »Wir sind hier nicht im China von vor 1949. Wir schätzen unsere Souveränität! Wenn jemand unsere Souveränität oder Unabhängigkeit verletzen will, werden wir das niemals zulassen.«

Diese ständige offizielle Kritik rieb uns auf, und es wäre ohne die große Unterstützung unserer chinesischen Bekannten noch viel schlimmer gewesen. Ich erinnere mich ganz besonders an meine Panik, als mich die *Volkszeitung* am 23. Juni 1989 namentlich denunzierte. »Dieser Berichterstatter der *New York Times* namens Kristof ist in seinen Artikeln dreist von falschen Voraussetzungen ausgegangen, hat Unfug mit Zahlen getrieben und neue Lügen verbreitet«, hieß es im Blatt der Kommunistischen Partei. »Verantwortungsbewußte Personen machen darauf aufmerksam, daß dieser Korrespondent nicht Nachrichten schreibt, sondern Dichtung.« Am Abend wiederholte das Fernsehen die Meldung, und ich begann mich zu fragen, wie ich meine Arbeit weiter verrichten sollte, wenn mich die Medien angriffen. Ich verspürte eine neue Art Mitgefühl mit den »Gangstern«, die sich für die Demokratie stark machten und Abend für Abend in den Nachrichten von der Regierung heftig angegriffen wurden.

Als ich am folgenden Tag in einem Restaurant in der Innenstadt beim Mittagessen saß, kamen mehrere Serviererinnen an meinen Tisch. Eine sprach für alle.

»Sind Sie derjenige, den sie gestern abend in den Nachrichten am Fernsehen erwähnten?« fragte sie. »Der Berichterstatter, der lügt?«

»Ja«, antwortete ich abwehrend und legte meine Stäbchen hin. »Aber . . . «

»Keine Sorge«, unterbrach sie, und alle strahlten. »Sie brauchen Ihre Rechnung nicht zu bezahlen. Wir übernehmen das. Wir sind alle Gangster hier.«

Die Sicherheitsorgane versuchten mehrmals, uns in die Falle zu locken, vielleicht um einen Vorwand zu haben, uns auszuweisen. Deshalb beschlossen Sheryl und ich, niemals ein Paket oder ein Dokument von jemandem entgegenzunehmen, dem oder der wir nicht restlos vertrauten. Wir fürchteten, hereingelegt zu werden, nachdem wir ein paar merkwürdige Anrufe erhalten hatten. Zu einer Zeit, als sogar unsere engsten Freunde kaum wagten, sich mit uns zu treffen, riefen uns einige chinesische Unbekannte unbekümmert an und boten sich für Zusammenkünfte an, um uns »wichtige Informationen« mitzuteilen oder Dokumente zu übergeben. Wir teilten ihnen jeweils trocken mit, sie sollten uns doch bitte alle Informationen zuschicken. Es traf jedoch nie etwas ein.[4]

Der amüsanteste Anruf kam eines Tages von einer Person, die wohl zu viele amerikanische Filme gesehen hatte.

»Hallo«, sagte eine Frauenstimme auf chinesisch und verlangte Ji Sidao zu sprechen, was mein chinesischer Name ist.[5] »Wie geht's? Sollen wir uns treffen? Wir könnten ein bißchen plaudern. Willst du mit mir schlafen?«

Wie so viele, die Chinas Zukunft mit Zuversicht entgegensahen, fühlten wir uns nach der Niederschlagung der Tiananmen-Begegnung betrogen. Und wie so viele verloren wir einen guten Teil unseres Vertrauens in die Zukunft des Reichs der Mitte. In Wirklichkeit aber hatten wir China ganz einfach von vornherein falsch eingeschätzt. Wir dachten, China habe sich verändert, sei menschlicher geworden, nur weil sich das Land dem Westen öffnete; wir dachten, mit der westlichen Kleidung habe China auch westliche Anschauungen übernommen. Dann erhielten wir den

Beweis, daß wir irrten – und verübelten dem chinesischen Volk, daß es sich nicht geändert hatte. Dieses Gefühl, man habe mich betrogen, kam mir mehrere Jahre lang fast täglich einmal hoch wie Galle. Und ich schmecke es heute noch jedesmal, wenn ich an unsere Freundschaft mit Hongjun denke.

Hongjun – Brille, rundes Gesicht und ein erkahlender Schädel über einem mageren Körper – verlor seine Stelle nach der Niederschlagung der Tiananmen-Bewegung. Er trug stets einen ergebenen Gesichtsausdruck zur Schau und machte sich oft Sorgen über das Risiko, sich mit uns zu treffen. Wir pflegten uns zum Abendessen in einem kantonesischen Restaurant im neunundzwanzigstökkigen CITIC-Building zu treffen, und während Serviererinnen mit Tabletts voller Speisen an unserem Tisch vorbeihuschten, bot er uns Informationen und Einblicke in das Denken der Führung in kleinen Häppchen an.

Am meisten mochte ich an ihm, daß er seinen Gerechtigkeitssinn nie verlor. Er war ein leidenschaftlicher Reformer, aber er versuchte immer zu verstehen, weshalb die Falken so handelten, wie sie es eben taten. Oft offenbarte er eine tiefe, der Verzweiflung nahe Zerrissenheit.

»Ich weiß, ich bin untypisch«, sagte mir Hongjun an einem Herbstabend, als wir uns nach dem Abendessen auf der Straße verabschiedeten. »Die meisten Leute leiden nicht unter der Regierung, weil ihnen die Politik egal ist. Geld – das ist alles, woran die meisten Leute denken. Geld!«

Er trat verächtlich mit dem Fuß in den Staub. »Und sie leben besser, und ich bin sicher, eines Tages werden sie auch freier leben. Stück für Stück wird die Partei loslassen. Sie muß. Nimm Südkorea, nimm Taiwan, nimm die Philippinen. Die Demokratie wird kommen, aber sie wird langsam kommen, viel langsamer, als wir es gern hätten. Demokratie hat noch nie glatt funktioniert in Asien – selbst Japan ist nicht wirklich eine Demokratie und bekam dazu noch die Hilfe MacArthurs. Wir haben in Asien einfach keine Erfahrung damit, deshalb müssen wir Geduld haben. Die meisten Leute in China wollen eine starke Figur, die Ordnung garantiert. Wir Intellektuellen sind hier die einzigen, die wirklich über Demokratie nachdenken.«

Es gab eine lange Pause. Ich fragte ihn nach seinen persönlichen Plänen. Er zuckte die Achseln.

»Ich bin seit zehn Jahren Mitglied der Kommunistischen Partei«, sagte er mit vor Verzweiflung belegter Stimme. »Ich habe an die Partei geglaubt und für das Land gearbeitet. Und sieh nur, was jetzt geschehen ist! Ich habe meine Stelle verloren. Ich habe keine Arbeitseinheit mehr und nicht einmal Aussicht auf eine Stelle.«

Er hob beide Hände und winkte ab. Ich hörte Bitterkeit in seiner Stimme aufsteigen. »Die Partei fügt immer denen Schmerzen zu, die am meisten versuchen, ihr zu helfen.«

Ich empfand tiefes Mitleid mit ihm. Sonst sprachen Sheryl und ich nicht mit chinesischen Bekannten über andere Bekannte, aus Angst, es könnte sich herumsprechen, mit wem wir Kontakte pflegten. Gerührt über seine kleine persönliche Ansprache, fragte ich Hongjun nun doch nach Neuigkeiten über einen gemeinsamen Freund, der zu der Zeit im Gefängnis saß.

»Er ist immer noch drin, aber es gibt nichts Neues«, antwortete Hongjun. »Hast du ihn gekannt?«

»Ach, ein bißchen«, antwortete ich.

»Er war ein Klassenkamerad von mir, an der Universität waren wir befreundet«, erinnerte sich Hongjun. »Wußtest du das? Habt ihr euch vor seiner Verhaftung mit ihm getroffen?«

»Na ja, wir kannten ihn ein bißchen«, sagte ich gereizt.

»Habt ihr regelmäßig Kontakt zu ihm unterhalten?« Hongjun schien sehr interessiert, und das störte mich.

»Nicht allzuoft«, log ich.

Hongjun brachte das Gespräch immer wieder auf unseren Freund zurück, und ich lenkte genauso eigensinnig wieder vom Thema ab. Unserem inhaftierten Freund war bisher noch kein Verbrechen angelastet worden, und wenn die Behörden von unserem Kontakt mit ihm erfuhren, konnten sie ihn ohne weiteres wegen Verrats von Staatsgeheimnissen zu zehn Jahren Haft verurteilen.

Eine Woche später bat mich eine gute Bekannte, mit ihr spazierenzugehen.

»Du kennst doch Hongjun, nicht wahr?« fragte sie. »Nimm

bitte zur Kenntnis, daß er nicht echt ist. Er ist ein Spitzel des Staatssicherheitsdienstes, und du solltest ihm keinerlei Informationen anvertrauen. Er ist schon lange als Spitzel tätig, und jetzt interessiert er sich für dich und Sheryl. Er hat nach einem Buch gefragt, das ihr schreibt, und wie ihr es schreibt. Er will wissen, ob ihr es auf der Festplatte im Computer habt oder auf Disketten. Wenn ihr tatsächlich ein Buch schreibt, so seid sehr, sehr vorsichtig damit.«

Ich war sprachlos. Ich hatte Hongjun nichts von einem Buch erzählt. Aber der Staatssicherheitsdienst hatte zweifellos Telefongespräche mit einer literarischen Agentur abgehört, mit der wir ab und zu sprachen. Wir erkundigten uns bei anderen Bekannten und erhielten, soweit das möglich war, bald bestätigt, daß Hongjun sich als Berufsspitzel betätigte. Er war nicht einmal formell Mitglied seiner ehemaligen reformistischen »Arbeitseinheit« gewesen – die Sicherheitsorgane hatten ihn einzig deshalb dort plaziert, weil ihm dies eine ausgezeichnete Deckung bot.

Unsere chinesischen Bekannten meinten aber, Hongjun sei, soweit sie das beurteilen könnten, ein echter Reformer und glaube an die Demokratie, er gehorche dem Staatssicherheitsdienst nicht blindlings. Sie gingen davon aus, daß er wahrscheinlich gewisse Informationen an seine Oberen weiterleitete, andere jedoch zurückhalte. »Du darfst nicht glauben, ein Mensch sei durch und durch schlecht, nur weil er dem Staatssicherheitsdienst angehört«, sagte eine gemeinsame Bekannte. »Er hat noch immer seine Autonomie, er übt immer noch die Kontrolle über sich selbst aus. Man kann bei jeder Arbeit Gutes oder Schlechtes leisten.«

Die Ungewißheit war zum Verrücktwerden. Hongjun betrachtete uns weiterhin als gute Bekannte, und wir sahen ihn weiterhin gern und achteten sein Urteil. 1992 bat er mich darum, ein Empfehlungsschreiben für ein Forschungsstipendium an einer amerikanischen Universität für ihn zu verfassen. Zuerst schrieb ich einen halbherzigen Brief, in dem ich erklärte, woher ich Hongjun kannte, aber kaum hatte ich ihn abgeschickt, fand ich, dies genüge nicht. Während meines nächsten Aufenthalts in Hongkong, wo, wie ich wußte, die Telefonleitung nicht angezapft war, rief ich den

Verantwortlichen des ausgeschriebenen Stipendiums an. Ich sagte ihm, ich sei nicht sicher, aber ich hätte den Verdacht, daß Hongjun für den Staatssicherheitsdienst arbeite. Der Anruf machte wahrscheinlich Hongjuns Chancen, das Stipendium zu erhalten, zunichte.

Ich ging Hongjun danach mehrere Monate aus dem Weg, teilweise, weil ich das Gefühl hatte, er sei mir gegenüber nicht ehrlich, und teilweise, weil ich mich schämte, daß ich mich ihm gegenüber tatsächlich nicht ehrlich verhielt. Als wir uns dann schließlich doch einmal zum Mittagessen trafen, half er mir mit ein paar Geschichten weiter. Einmal mehr fand ich ihn äußerst anständig und liebenswürdig, und hinterher erfuhr ich, daß er den Staatssicherheitsdienst verlassen habe. Noch während ich das hier schreibe, denke ich daran, was Hongjun wohl empfinden wird, wenn er es liest. Er wird sich sofort wiedererkennen. Und dann wird er wissen, daß ich wußte, daß er mich bespitzelte, und er wird auch wissen, daß ich seine Chancen, in Amerika zu studieren, zunichte machte. Es wird sehr eigenartig sein, wenn wir uns das nächste Mal begegnen.

Unsere Beziehung zu Hongjun lehrte uns, allen zu mißtrauen und uns dauernd zu sorgen, ob wir Bekannte in Schwierigkeiten bringen könnten. Wir fürchteten, bei einer Verabredung beschattet, bei einem Abendessen belauscht zu werden und daß man uns unsere Notiz- oder Adreßbücher stahl, was andere ins Gefängnis bringen konnte. Noch Jahre nach der Niederschlagung der Tiananmen-Bewegung von 1989 verbrachten Sheryl und ich keine wache Stunde in China, ohne daß diese Furcht nicht mindestens einmal aufflackerte. Wir hatten uns China mit Leib und Seele verschrieben. Presseleute sollten kühl und sachlich sein, wir waren aber weder kühl noch sachlich, wenn es um China ging; manches liebten wir, anderes haßten wir. China bildete nicht einfach den Hintergrund für unser Leben; China *war* unser Leben.

Unser Gefühl des Betrogenseins vertiefte sich, als die Behörden das Apartheidsystem noch verstärkten, das sie eingeführt hatten, um uns vom gewöhnlichen chinesischen Volk zu trennen. Natürlich ist das Bestreben der Regierung, Fremde auf Distanz zu halten, nicht neu. Schon 1793 unternahm Qianlong, einer der bedeutenden Kaiser Chinas, persönlich geheime Anstrengungen, um eine britische Delegation davon abzuhalten, mit irgendwelchen Leuten aus der Bevölkerung zu sprechen. Die Behörden verhafteten sogar einen Chinesen namens Guo, der bei dem Handel mit europäischen Kaufleuten, den sein Vater unterhalten hatte, etwas Englisch gelernt hatte. Guo hatte das Pech, in der Nähe der Route zu wohnen, auf welcher die britische Delegation China vermutlich verlassen würde, und die Behörden fürchteten, die Fremden könnten in seiner Stadt haltmachen, auf ihn treffen und mit ihm sprechen. Es mag unwahrscheinlich klingen, aber der Kaiser nahm sich dieser Sache persönlich an und soll gesagt haben: »Laßt ihn nach Beijing bringen, und paßt auf, daß sein Weg nicht den der Gesandtschaft kreuzt.«[6] Ich habe oft an Qianlongs Anordnung gedacht, Fremde von jedem Kontakt mit dem chinesischen Volk fernzuhalten, und fragte mich, ob der Befehl je widerrufen wurde.

Die aktualisierte Version dieser Politik nach Tiananmen hieß *neijin, waisong,* was soviel bedeutet wie »nach außen weich, nach innen hart«.[7] Als ausländische Presseleute sollten wir nur das ruhige Äußere sehen, ohne mit gewöhnlichen Leuten zu sprechen und dabei die innere Härte zu ermessen. Aus diesem Grund mußten Presseleute aus dem Ausland in einer der vier über Beijing verteilten diplomatischen Siedlungen leben und arbeiten. Unsere Siedlung namens Jianguomenwai umfaßte rund ein Dutzend graue Hochhäuser und war von einem mit Stacheldraht gekrönten Eisenzaun umgeben. Die Wohnungen verfügten über gewisse moderne Einrichtungen, so zum Beispiel ein ganzes Netz von Videokameras innerhalb und außerhalb der Siedlung und ein Abhör- und Aufnahmesystem, das alle unsere Anrufe aufzeichnete.[8]

An einem kühlen klaren Tag im Januar 1990 fuhr ich los, um Gao Xin aufzusuchen, einen Dissidenten, der soeben aus dem Gefängnis entlassen worden war. Die Adresse hatte ich von einer Bekannten bekommen, aber ich wußte nicht, ob Gao Xin überhaupt sprechen wollte, und wir fürchteten, daß ihn ein Besuch in Schwierigkeiten bringen könnte. Deshalb war ich auf der Fahrt besonders vorsichtig und behielt den Rückspiegel im Auge. Als ich das Haus in der Dongzhimenwai-Avenue gefunden hatte und in die Fahrradspur einbog, bog ein brauner Toyota drei Wagen hinter mir ebenfalls ein. Wahrscheinlich nur ein Zufall, dachte ich, aber zur Sicherheit fuhr ich auf die Straße zurück, bog um die Ecke und hielt an. Einen Augenblick später bog der Toyota um die Ecke und hielt hundert Meter hinter mir ebenfalls an. Ich brach das geplante Unternehmen ab; Gao Xin haben wir niemals kennengelernt.

In den folgenden paar Jahren gab es immer wieder Zeiten, in denen wir wochenlang pausenlos beschattet wurden, Tag für Tag, jedesmal wenn wir unsere Wohnsiedlung verließen. Sie folgten mir sogar, wenn ich laufen ging – mit dem Unterschied, daß sie ein Motorrad oder ein Fahrrad benützten. Ich bin ein eher sanftmütiger Typ, aber ich haßte diese Beschattungen. An regnerischen Tagen ertappte ich mich dabei, wie ich mir inständig wünschte, die Motorradfahrer würden auf der nassen Fahrbahn ausrutschen und unter die Räder eines Lasters geraten.

Duan Jin, ein mürrischer Sprecher des Außenministeriums mit dem Gesicht eines Blödmanns, bestritt bei einem Treffen im Außenministerium feierlich, daß ausländische Medienleute beschattet würden. Er hätte mich viel mehr überzeugt, wenn mir auf der Fahrt zu ebendiesem Treffen nicht drei verschiedene Fahrzeuge gefolgt wären. Immerhin erhielten wir einen Einblick in die kühle Lügenbereitschaft von Funktionären wie Duan sowie in die außerordentlichen Mittel, welche das Regime für die Überwachung einsetzt. Während der Mittagszeit oder am Abend geht in China praktisch gar nichts, aber der Staatssicherheitsdienst bot jederzeit Agententeams auf, um uns auch bei heftigstem Regen mitten in der Nacht zu beschatten. Mit Walkie-talkies standen sie die wichtigsten Straßen entlang, um die vorüberfahrenden Wagen zu kontrollieren. An zahlreichen Kreuzungen sind Videokameras installiert, so daß die Bewegungen eines Fahrzeugs über Kilometer von einem Kontrollraum aus auf Monitoren verfolgt werden können.

Einen Hinweis auf das Ausmaß der Sicherheitsbemühungen seitens der Regierung lieferte die offizielle Enthüllung, daß während der Asiatischen Spiele 1990 über sechshunderttausend Personen im Sicherheitsbereich tätig waren.

Das Problem bei der Überwachung lag natürlich nicht nur darin, daß sie uns unserer Privatsphäre beraubte. Wir gewöhnten uns an die Vorstellung, daß unser Schlafzimmer voller Wanzen war. Wir protestierten auch nicht, als das Außenministerium das Steueramt anwies, uns Ärger zu bereiten, als der Staatssicherheitsdienst in unser Büro einbrach, als die Polizei uns die Nummernschilder unserer Autos stahl, als das Postamt unsere Post beschlagnahmte, als Sicherheitskräfte an drei Seiten die Farbe von meinem Wagen abkratzten, um ihn leichter erkennen zu können. Nein, das wahre Problem lag in der Gefahr für unsere Freunde, Freundinnen, Bekannten und all jene, die uns Informationen zukommen ließen. Seit China 1978 seine Politik der offenen Tür lanciert hatte, wanderten in mindestens achtzehn Fällen Chinesen und Chinesinnen mit bis zu lebenslangen Haftstrafen ins Gefängnis oder in ein Arbeitslager, nur weil sie ausländischen Presseleuten geholfen hatten.

Unter solchen Umständen journalistisch zu arbeiten ist eine bittere, befremdende und chaotische Erfahrung, die einen immer wieder in ethische Zwangslagen versetzt. Andauernd galt es, Risiken abzuwägen, nicht für uns persönlich, sondern für unsere chinesischen Bekannten. Darf ich das Risiko eingehen, um einen Bericht abzusichern, wenn die Möglichkeit, daß ein Besuch bei einem oder einer Bekannten diese in Schwierigkeiten bringt, auch nur ein Prozent beträgt? Darf ich es eher, wenn es sich dabei um eine Titelgeschichte handelt? Wie steht's, wenn es um eine knappe Insiderinformation geht? Um irgendeinen Artikel? Hongjun, der mit uns befreundet war und uns gleichzeitig bespitzelte, sagte einmal beim Abendessen etwas, von dem ich glaube, daß es von Herzen kam und nicht mit seiner Tätigkeit zusammenhing. Ich hatte ihn gebeten, etwas zu bestätigen, und es gab eine lange Pause. Dann blickte mich Hongjun leicht verdrießlich über den Tisch hinweg an.

»Du weißt ja sicher, daß es in China zwei bekannte Fahrradmarken gibt«, begann er. »Es gibt das Fahrrad ›Fliegende Taube‹, und dann gibt's die Marke ›Für immer‹. Nun, etwas darfst du nie vergessen. Ihr Presseleute aus dem Ausland seid alle fliegende Tauben: heute hier und morgen fort. Aber wir hier in China, wir sind für immer.«

Sheryl und ich waren nicht die einzigen Medientätigen, die über die Schikanen außer sich gerieten. Es findet sich wohl kaum ein Regime, das sich größere Mühe gibt, sein Image im Ausland zu ruinieren, als das chinesische. Nicht nur überwachten, denunzierten und bedrohten die Behörden ausländische Presseleute, sondern sie schlugen auch durchaus gelegentlich einen zusammen. Der schlimmste solche Fall betraf Todd Carrel, den damals einundvierzigjährigen ABC-Fernsehkorrespondenten in Beijing. Todd sprach fließend Chinesisch, seine Frau war Sino-Amerikanerin. Am 3. Juni 1992, dem dritten Jahrestag des Massakers, befand er sich auf dem Tiananmen-Platz. Ein chinesischer Dissident versuchte ein Protesttransparent zu entrollen, und Todd und eine Handvoll anderer Presseleute rannten hinüber, um zu fotografieren, wie der Mann weggezerrt wurde. Todd filmte mit einer kleinen Videokamera, was die Polizei offenbar in Wut versetzte. Sie begannen Todd und die anderen Presseleute mit Fäusten und mit Lappen umwickelten Totschlägern oder Steinen zu traktieren. Dann stießen sie sie in einen Armeejeep und fuhren mit ihnen zu einer Polizeiwache, wobei sie fortwährend weiter auf sie einschlugen. Mehrere Stunden später ließen sie sie gehen, das Videoband aber hatten sie beschlagnahmt.

Todd schmerzten die blauen Flecken, aber er fühlte sich nicht ernsthaft verletzt. Mit der Zeit bekam er jedoch immer heftigere Schmerzen. Einen Monat nach dem Vorfall konnte er nicht mehr arbeiten und flog zur ärztlichen Behandlung in die Vereinigten Staaten zurück. Bald konnte er weder gehen noch stehen oder sitzen, er sah nicht mehr gut und litt ständig unter Schmerzen. Bei medizinischen Untersuchungen stellte sich heraus, daß er Verletzungen an der Wirbelsäule und überall an den Weichteilen erlitten hatte. Aus dem Gehirn konnte offenbar keine Flüssigkeit mehr abfließen, und sie staute sich im Kopf.

Nun, zwei Jahre danach, hinkt Todd noch immer. Er hat Schmerzen und kann nicht länger als zwanzig Minuten am Stück sitzen. Besonders aufschlußreich war, was ihm drei traditionell praktizierende chinesische Ärzte verrieten: Die Schläger, die ihn zusammenknüppelten, wußten ganz genau, was sie taten; die Schläge sollten schwere innere Verletzungen verursachen, ohne offensichtliche Spuren auf dem Körper zu hinterlassen. Was für ein prächtiges Sinnbild für die Art und Weise, wie das Regime die Dinge zu erledigen versucht!

Es ergab sich von selbst, daß Sheryl und ich viel Zeit damit verbrachten, Anzeichen für den ökonomischen Aufbruch als der dominierenden Tendenz im Reich der Mitte zu suchen. In gewisser Weise hofften wir, in der geschäftigen südchinesischen Stadt Shenzhen ein Vorbild für ganz China zu erkennen. Shenzhen ist die offenste und prosperierendste Stadt Chinas. Hochhäuser sprießen aus dem Boden wie Bambussprossen nach einem Frühlingsregen – so zumindest besagt es ein altes Sprichwort. In Shenzhen, an der Grenze zu Hongkong, konsumieren die Familien das Hongkonger Fernsehprogramm, und die Kommunistische Partei hat praktisch ausgespielt. In optimistischen Vorstellungen steht Shenzhen oft als Modell für China im einundzwanzigsten Jahrhundert. Doch die funkelnden Hochhäuser, Karaoke-Bars und Satellitenschüsseln in Shenzhen können, wie auch in anderen Teilen von China, täuschen. Oder einmal mehr, was man in China manchmal hört, wenn sich ausländische Geschäftsleute über den Boom in ihrem Land ergehen: *lu fen dan, biaomian guang*, zu deutsch: Außen glänzt sogar Eselmist.

Ausgerechnet in Shenzhen nämlich mußte Tang Rimei mit ansehen, wie man ihren Bruder zu Tode prügelte. Die ganze Stadt gründet in einer Mischung aus Hoffnung und Gewalt, derselben Mischung, die für weite Teile Chinas in den neunziger Jahren so typisch ist. Und dieses Paradox beunruhigt mich an Tangs Geschichte ganz besonders.

Tang Rimei wurde in Nordostchina geboren. Ihr Vater war Soldat der Revolutionären und ein früher Anhänger des Kommunismus. Sie selbst gehörte zu der Art Jugendlicher, in die die Partei ihre Hoffnungen setzte; statt dessen wurde sie Anführerin der Tiananmen-Demokratie-Bewegung an ihrer Universität. Weil sie befürchten mußte, daß man sie verhaftete, floh sie nach Shenzhen. Gewöhnliche Sterbliche dürfen nicht ohne Erlaubnis nach Shenzhen einreisen – es ist eine »Sonderwirtschaftszone«, umgeben von einer »zweiten Grenze« –, aber Tang gelang es mittels eines Bestechungsgeldes von zehn Dollar hineinzukommen. Sie arbeitete zwei Monate in Shenzhen und verdiente sehr gut, dann kehrte sie an ihre Universität zurück, um die Lage der Dinge auszuloten.

»Die vom Amt für öffentliche Sicherheit wollten mich verhaften, aber der Lehrkörper schützte mich«, erinnerte sie sich. »Sie sagten, sie würden mich innerhalb der Universität administrativ bestrafen, es sei also nicht nötig, mich zu verhaften. Das hieß, daß ich an der Universität bleiben und 1990 meinen Abschluß machen konnte. Ich wollte jedoch Baumaterialtechnik studieren, als Vorbereitung auf eine Karriere als Konstrukteurin von Kampfflugzeugen, und das Militär weigerte sich, jemanden mit meinem Hintergrund einzustellen, deshalb fand ich keine Arbeit. Da entschied ich mich, wieder nach Shenzhen zu gehen. Ich bestach einen Polizisten mit achthundert Yuan,[9] um einen Ausweis für Shenzhen zu erhalten – es gab keine andere Möglichkeit –, und bekam schließlich eine Stelle bei einem Handelsunternehmen namens Yellow River Corporation.«

Der vierundsechzigjährige Boss der Yellow River Corporation, ein Mann namens M. C. Wang, stellte Tang ein, weil sie gut Chinesisch schreiben und auch ein bißchen Englisch konnte, beides nützliche Voraussetzungen für die Aufgabe, für die er sie vorgesehen hatte: das Fälschen von Dokumenten.

Die Yellow River mit ihren sechzig Angestellten war nominell Zweigstelle eines staatseigenen Unternehmens, in Wirklichkeit jedoch von ihrem Boss Wang und ein paar weiteren Angestellten als Unternehmen zur persönlichen Bereicherung annektiert worden. Das Geheimnis ihres Erfolgs bestand darin, ein Beziehungsnetz *(guanxi)* zur örtlichen Polizei und zu Funktionären der Kommunistischen Partei aufzubauen, um deren Schutz zu gewinnen. Boss Wang gab enorme Summen für »Geschenke« an Shenzhens Funktionäre aus und lud sie auf Geschäftsspesen zu Reisen durch China ein. Er bezahlte ihnen sogar ausgefallene Callgirls, womit er einerseits ihre Freundschaft gewann und andererseits zugleich etwas gegen sie in die Hand bekam.

Boss Wang forderte Tang auf, einen gefälschten Vertrag für den Verkauf von Fernsehgeräten aufzusetzen, um bei den Banken einen erschwindelten Überbrückungskredit beantragen zu können. »Er wußte von den politischen Problemen, die ich hatte, und nahm deshalb an, ich würde den falschen Vertrag brav schreiben«, sagte Tang. »Und er hat ja auch gute Beziehungen zur Polizei in Shenzhen; so sagte er, wenn ich nicht gehorchte, würde er die Polizei kommen lassen, um mich wegzubringen.«

Tang spielte jedoch bei der Korruption nicht mit, sondern zeigte Boss Wang beim kommunistischen Parteisekretär des Stammhauses der Yellow River Corporation an und beschwerte sich außerdem beim Staatsanwalt in Shenzhen. Doch die beiden leiteten ihre Beschwerde einfach an Boss Wang weiter. Der war außer sich. Er warf sie aus der Firmenwohnung und schickte einen Schlägertrupp, um ihr zu drohen. Die Polizei begann sie über ihre demokratiefreundlichen Aktivitäten in der Vergangenheit zu verhören. Sie erinnerte sich, daß ein Polizist zu ihr sagte: »Niemand wagt es, sich mit Boss Wang anzulegen. Sie sind die einzige, die Schwierigkeiten machen will.«

An diesem Punkt setzte Tang alle Hebel in Bewegung. Sie hängte vor den städtischen Regierungsgebäuden mehrere Plakate auf, auf denen sie die Yellow River der Korruption beschuldigte und die Behörden aufrief, eine Untersuchung einzuleiten. Außerdem verschickte sie Briefe an Funktionäre in ganz China, in denen sie die Korruption anprangerte.

Ein älterer Funktionär der Yellow River, ein freundlicher Mann mit ergrauendem Haar namens Yang Zhenguo, erbarmte sich Tangs. Yang ist vom Körperbau her ein kräftiger, großer Mann, aber ich fand ihn so ehrerbietig und scheu, daß er mir viel kleiner vorkam: offensichtlich eine Hinterlassenschaft der zehn Jahre, die er von 1969 bis 1978 wegen »konterrevolutionärer« Vergehen in einem Gefangenenlager verbrachte. Sein Hauptverbrechen damals bestand darin, daß er ein freidenkender Intellektueller und Sohn grundbesitzender Eltern war.

Yang ließ Tang in seiner Firmenwohnung wohnen, aber Boss Wang fand dies schnell heraus und versuchte, beide hinauszuwerfen. Als sie sich weigerten auszuziehen, schaltete ihnen Boss Wang Strom und Wasser ab. Er feuerte auch Yang und sorgte dafür, daß dessen Schwester – die bei einer anderen Firma in Shenzhen angestellt war – ebenfalls entlassen wurde.

Tangs älterer Bruder Tang Richeng, ein großer, kräftiger Mann, der an einer Sportakademie in Dalian studierte, kam zu Ohren, was vor sich ging, und fuhr nach Shenzhen, um seiner Schwester beizustehen. Ein paar junge Rabauken kamen ein paarmal vorbei, um ihm zu sagen, er solle sich nach Hause trollen, aber er blieb. Dies war der Stand der Dinge am 29. Juni 1991, als Han Deji, ein Manager der Yellow River Corporation, mit einer Bande von neun Schlägern, »Geschäftsleuten«, die er beschäftigte, vor Tangs Tür aufkreuzte. Tang und ihr Bruder waren allein zu Hause, als die Männer die Metalltür zur Wohnung einzuschlagen begannen und schrien, sie würden sie umbringen.

Drei Tage nach dem Mord verhaftete die Polizei die Schläger, die Tangs Bruder zu Tode geprügelt hatten, und später verhafteten die Behörden auch Han Deji, den Manager der Yellow River Corporation, der die Bande angeführt hatte. Tang verlangte von der Polizei auch Boss Wangs Verhaftung und begann eine Flut von Briefen an Funktionäre in ganz China zu verschicken, in denen sie beschrieb, was geschehen war. Im folgenden Monat griffen nochmals zweimal Banden ihre Wohnung an, aber es gelang ihnen nicht einzubrechen, und sie liefen schließlich weg, als andere Leute vorbeikamen. Tang schrieb weiterhin Wandzeitungen und beklebte ganz Shenzhen damit, und sie gab Presseleuten aus Hongkong Interviews. Dies erzürnte die offziellen Stellen so sehr, daß man sie verhaften ließ.

»Die Polizei nahm mich in Gewahrsam. Man warf mir vor, ich

griffe die Kommunistische Partei an«, sagte sie. »Die Polizei sperrte mich in eine Zelle. Sie gaben mir nichts zu essen und ließen mich nicht zur Toilette gehen. Und nachdem sie mich freigelassen hatten, sandten sie Leute hinter mir her, die mich beschatteten, wo immer ich hinging. Meine Briefe wurden abgefangen. Ich war verzweifelt.«

Im November 1991 floh sie gemeinsam mit Yang nach Hongkong. Dort interviewte ich sie. Mehrere Monate später kamen vier der Schläger und Han Deji, der Manager der Yellow River Corporation, vor Gericht. Es sah ganz so aus, als hätte man eine Vereinbarung getroffen, die Sache auf sich beruhen zu lassen, aber dann gestand Han unerwartet bei der öffentlichen Verhandlung, Boss Wang habe die ganze Sache geplant. Das Gericht vertagte die Verhandlung auf unbestimmte Zeit.

Mittlerweile erscheint Boss Wang nicht mehr zur Arbeit, erhält jedoch noch immer sein Gehalt, wie mir ein Manager der Yellow River Corporation namens Sha mitteilte, den ich telefonisch erreichte. Sha nahm auch zu Tangs Schilderung Stellung und sagte, die Yellow River Corporation habe lediglich versucht, sie aus der Wohnung zu werfen. Dann, meinte er, sei ein Kampf entbrannt, und ihr Bruder sei in dem Handgemenge getötet worden. »Der Vorfall wurde stark übertrieben«, sagte Sha. »Es war alles ein Mißverständnis.«

Tang schien es am Ende unseres letzten Gesprächs ein ganz klein wenig besser zu gehen. Sie lächelte sogar zaghaft, als wir uns beim Abschied die Hand gaben, und sie hielt den Kopf beim Weggehen hoch. Vielleicht hat es ihr geholfen, über ihr Unglück zu sprechen. Aber ich fühlte mich schlechter.

Ihre Odyssee erinnerte mich daran, daß China immer komplexer ist, als es scheint. Tang Rimeis Tragödie ereignete sich ausgerechnet in der Stadt, die angeblich für den wirtschaftlichen Aufbruch, also Chinas Zukunft, steht. Shenzhen wird allgemein als der Triumph des Marktes über das kommunistische Dogma betrachtet. Der Gedanke, daß dies hier nun Chinas größte Hoffnung darstellen sollte, beunruhigte mich sehr.

Nachdem ich an jenem Abend für unsere Getränke bezahlt – und ein Trinkgeld unter Tang Rimeis unberührte Tasse mit kaltem Kaffee geschoben – hatte, ging ich bedrückt in mein Hotelzimmer zurück. Ich dachte an Tang Rimei und ihre unsichere Zukunft in Hongkong, wo am 30. Juni 1997 um Mitternacht die chinesische Regierung die Herrschaft übernehmen wird. Die Vereinigten Staaten und andere westliche Länder weigern sich, Tang ein Visum zu erteilen, und so kann es geschehen, daß in ein paar Jahren Boss Wang und seine Kumpane sie suchen kommen und einholen. Ich machte mir Sorgen um sie.

Wie schön wäre es, dachte ich, während ich im Aufzug nach oben fuhr, aus einem Land zu berichten, in dem ich mich hinter einer Wand teilnahmsloser Objektivität verstecken könnte. Wie schön, mir wäre das Land egal, über das ich schreibe.

Sheryl WuDunn

红色皇帝

3 ROTE KAISER

Vor der Revolution waren wir Sklaven.

Jetzt sind wir die Sklaven ehemaliger Sklaven.

Lu Xun, Autor des frühen 20. Jh.s,
zur Revolution von 1911

Die chinesische Führung hatte beschlossen, daß die Olympischen Sommerspiele des Jahres 2000 in China stattfinden sollten sowie sich durch nichts von der Umsetzung dieses Planes abhalten zu lassen.

Mindestens zwei Dissidenten, die gegen Beijings Bewerbung als Austragungsort opponierten, wurden kurzerhand in psychiatrische Kliniken gesteckt. Und als am 7. März 1993 das Olympische Komitee nach Beijing kam, um die Stadt als eventuellen Austragungsort zu prüfen, legten die Behörden noch einen Zahn zu. Sie schlossen mehrere Fabriken, damit nicht schwarze Rauchfahnen den Himmel verdüsterten. In Gegenden, die das Komitee nicht zu besichtigen gedachte, stellten sie den Strom selbst bei den Verkehrsampeln ab, um die notwendige Stromzufuhr für die Präsentation der Sportplätze zu sichern. Auf Befehl mußten alle Taxis der Stadt einen »Beijing-2000«-Aufkleber an der Stoßstange haben und Schulkinder ihre gelben Schutzmützen auch in Schulen tragen, die meilenweit von der Besichtigungsroute entfernt lagen. Obdachlose wurden aus der Stadt gebracht und diese selbst einem Verschönerungsfeldzug unterzogen.

Deshalb waren die Eltern des einundvierzigjährigen, geistig zurückgebliebenen Wang Chaoru nicht besonders erstaunt, als es zwei Tage vor Ankunft der Delegation an ihrer Tür klopfte. Ihre kleine Einzimmerwohnung lag in einer Seitenstraße im südlichen Teil von Beijing. Rauch und der Geruch glühender Kohlen hingen in der Luft, und den Raum füllte zur Hauptsache das große Bett, in dem die Eltern schliefen. Knapp einen Meter davon entfernt stand ein kleineres: Wangs Bett. Vor dem Fenster befand sich ein alter Holzschreibtisch, auf dem die Familie zwei Thermoskannen, die Tageszeitungen und einen kleinen alten Fernseher plaziert hatte. An der Wand hing ein Kalender, daneben eine Uhr mit weißem Zifferblatt und Metallrahmen. Die Farbe an der Decke war rußig und blätterte ab, und auf einem dunklen Holzregal hinter dem großen Bett stapelten sich braune Pappkartons. Es war ein einfaches, schlichtes Zuhause, typisch für eine Beijinger Kleinfamilie der Arbeiterklasse.

Wie halb erwartet stand Zhang Giying in der Tür, die Frau, welche die Aufsicht über das Straßenkomitee innehatte; sie kam in Begleitung eines ungehobelten Polizisten. Obwohl das Olympische Komitee kaum in diese Gegend kommen würde und ganz sicher nicht in ihre Seitenstraße, befanden die Obrigkeiten, Wang stelle seiner geistigen Behinderung wegen ein peinliches Risiko dar. Vielleicht befürchteten sie, er könnte durch eine der Hauptstraßen laufen und dort unliebsam auffallen, wenn das Komitee im Mercedes vorbeischoß. Wang war nicht besonders stark behindert. Er konnte einfache Sätze sprechen und fand sich in der Nachbarschaft zurecht. Er konnte den Herd anzünden, einfache Gerichte kochen und seinen Eltern im Haushalt helfen, jedoch weder schreiben noch lesen. Möglich, daß er herumstehen, auf ihm Unverständliches deuten oder sich sonst nicht konform verhalten würde, und das hätte Beijings olympische Aussichten ja trüben können. Die Wahrscheinlichkeit war weniger als gering, doch man wollte nichts dem Zufall überlassen.

Der Polizist wollte Wang mitnehmen, doch dieser begann zeternd zu protestieren. Da zogen der Polizist und Zhang unverrichteter Dinge wieder ab.

Am nächsten Morgen kehrte Zhang zurück, diesmal in Begleitung von zwei Polizisten. Sie verfügten weder über einen Haft- noch über einen Verwahrungsbefehl, und sie ließen auch nicht durchblicken, daß Wang gegen das Recht verstoßen habe oder eine Gefahr für jemanden darstelle. Sie gaben überhaupt keinen Grund an, doch sie bestanden darauf, ihn mitzunehmen.

»Ich will nicht mitgehen!« schrie Wang voller Angst. »Mama! Papa!« Er rannte hinüber zum großen Bett und hob seine Arme schützend über den Kopf. Seine Eltern wußten, daß es nutzlos war, Widerstand zu leisten, und so schauten sie hilflos zu, wie die beiden Polizisten ihren verängstigten, wehrlosen Sohn wegschleiften.

Wang hatte allen Grund zur Angst. Etwa ein Jahr zuvor hatte ihn die Polizei bereits einmal abgeholt, und zwar im Rahmen der Vorkehrungen für die alljährliche Versammlung des Nationalen Volkskongresses. Damals hatten ihn die Polizisten in ein Sanatorium am Stadtrand von Beijing gebracht und buchstäblich zu Brei geschlagen. Einige Tage später fuhren sie ihn zum Tempel des Himmlischen Parks und ließen ihn als wundes Bündel vor dem Eingangstor zurück. Wang irrte zwei Stunden herum, bevor er den Weg nach Hause fand.

Es gibt ein Gesetz in China, das die geistig Behinderten schützt und ihnen dieselben Rechte zusichert wie allen anderen. Es gibt auch Gesetze, welche den Polizisten das Verprügeln von Menschen untersagen, genauso wie ganz klare Richtlinien darüber, wann und in welchen Fällen die Polizei das Recht hat, Verdächtige in Verwahrung zu nehmen. Natürlich gibt es auch Gesetze, die das Recht auf freie Meinungsäußerung und Religionsfreiheit garantieren. Es existiert sogar das verfassungsmäßige Recht auf eine tägliche Ruhepause.

Wie kam die Polizei dann dazu, Wang Chaoru abzuschleppen? Ich bezweifle, daß eine formelle Entscheidung der Kommunistischen Partei vorlag, die verlangte, daß körperlich oder geistig Behinderte von der Straße zu verschwinden hätten, bevor die Delegation nach Beijing kam. Doch wie in anderen Gesellschaften geht man auch in der chinesischen mit Behinderten nicht gerade freundlich um. Es gibt keine behindertengerechte Einrichtungen wie spezielle Rampen bei Eingängen oder Straßenecken, und nur sehr selten bekommen sie die Chance, eine sinnvolle Arbeit zu verrichten.

In diesem Fall waren wahrscheinlich irgendwelche Lokalmatadore zum Schluß gekommen, zurückgebliebene Mitmenschen in der Nachbarschaft stellten eine Beleidigung fürs Auge dar. Vielleicht wollte sich Zhang Guiying, die Oberaufseherin des Straßenkomitees, ein paar Extrapunkte verdienen, indem sie in ihrem Gebiet besonders gut »aufräumte«. Vielleicht ging es der örtlichen Polizei auch einfach um eine Demonstration ihrer Macht.

Fest steht, daß Wang und seine Eltern Opfer einer Gesellschaft wurden, die von dem beherrscht wird, was man in China als *renzhi* bezeichnet: von bestimmten Personen durchgesetzte willkürliche Vorschriften im Gegensatz zu *fazhi,* den gesetzlichen. *Renzhi* durchdringt die ganze Nation und kann sich sowohl als harmlos wie auch als heimtückisch erweisen. Doch während ich so dasaß und mit Wangs Eltern sprach, und während mir Wangs Vater die ganze Geschichte erzählte und dabei kaum die Tränen zurückzuhalten vermochte, erkannte ich, daß dieses System in seiner schlimmsten Form absolut unmenschlich ist: eine Diktatur von Ungeheuern.

Zu allem Unglück bedeutet *renzhi* nicht nur die Herrschaft eines einzigen Ungeheuers, sondern die einer ganzen Hierarchie von solchen. Das letzte Wort hat der Kaiser, doch tröpfelt die Macht nach unten. Jede etwas tiefer angesiedelte Amtsperson regiert wie das Oberhaupt über ihre persönliche Sandkiste: vom Ministerium über die Abteilung zur Sektion bis hin zur Gruppe; vom Fabrikdirektorium über die Abteilungsleitung bis hin zur Werkstattführung. Die mickrigsten Autokraten sind oftmals die schlimmsten, und meist ist es auch besonders schwierig, gerade ihnen aus dem Weg zu gehen. In vielen Dörfern regieren die Dorfobersten nachhaltiger als Deng Xiaoping, entscheiden sie doch, wer heiraten darf, wer gutes Land bekommt, wer Wasser zur Bewässerung erhält, wer wo begraben wird und vieles andere. Sie verfügen beinahe über die Allmacht Gottes – sind jedoch viel weniger weit weg.

Die Herrschaftsform des *renzhi* ist aber nicht etwa eine Erfindung der Kommunistischen Partei. Ihre Wurzeln reichen vielmehr Jahrtausende zurück, zu den Anfängen der chinesischen Zivilisation. Vielleicht lag einst ein Vorteil darin, wenn ein einzelner starker Mann wichtige Entscheidungen in bezug auf die Bewässerung treffen und die Menschen zur Arbeit an den Deichen zwingen konnte. Diese Art von Führungskraft förderte immerhin die Landwirtschaft am Gelben Fluß und nährte den Aufstieg der chinesischen Nation. Doch eine industrielle und marktwirtschaftliche Gesellschaft benötigt Gesetze. Eine der größten Herausforderungen für China wird in den kommenden Jahren der Aufbau von *fazhi* sein, eines Gesetzessystems, in dem Demokratie und Marktwirtschaft stärker verankert sind. Geschieht dies nicht, wächst die Wahrscheinlichkeit, daß die Demokraten von morgen schon sehr bald zu den Autokraten von übermorgen werden.

Eine der Eigenheiten von *renzhi* liegt darin, daß dieses System keine Logik in sich birgt. Es ist gleichzusetzen mit Herrschaft durch Willkür. Es kann auch Aberglaube sein, so wie damals, als Mao einen Mann namens Wan Li zum Eisenbahnminister ernannte. Wan Li klingt wie »zehntausend Meilen«, und Mao fand, dieser Name sei ein gutes Omen für einen Eisenbahnminister. Herrschaft durch Launen und Einfälle wird noch willkürlicher, wenn sie mit *guanxi* kombiniert wird, das heißt, alle versuchen, ihre Beziehungen spielen zu lassen, um die wenigen existierenden Vorschriften zu umgehen. Wang Chaorus Familie hatte kein *guanxi,* das heißt weder Freunde noch Bekannte in höheren Positionen, welche die Familie hätten beschützen können. Es gab noch weitere behinderte Menschen in Wangs Nachbarschaft, doch verfügten deren Familien offenbar über ein gewisses Maß an Beziehungen. Wang zahlte dafür, daß er nicht über *guanxi* verfügte.

Als die olympische Delegation am 7. Mai Beijings Sportplätze und andere Einrichtungen inspizierte, verharrte Wangs Familie den ganzen Tag voller Sorge. Die Eltern bekamen nicht eine einzige Nachricht über ihren Sohn. Am Abend danach tauchte ein Polizist bei ihnen auf und teilte ihnen mit, sie könnten am folgenden Morgen in der Frühe ihren Sohn besuchen.

»Ist er tot?« fragte Wangs achtundsechzigjähriger Vater Wang Shanqin den Polizisten.

»Ich ... ich weiß es nicht. Er ist krank. Halten Sie sich einfach für morgen früh bereit. Sie können aber nicht beide mitkommen.«

Am folgenden Morgen rannte Wangs Mutter An Yulian los, kaum daß das erste Tageslicht die enge Seitenstraße erhellte, und kaufte einen Kuchen und sechs Eier. »Sie hatten gesagt, er sei krank«, erzählte sie mir später, »ich mußte meinem armen Jungen doch etwas mitbringen.«

Ein Polizeiwagen fuhr vor, und einmal mehr gab der Polizist ihnen zu verstehen, daß nur Vater oder Mutter mitgehen dürfe. Inzwischen waren die Eltern verzweifelt vor Sorge, sahen ihren Sohn schon blutig geschlagen, vielleicht sogar im Koma daliegen, und bestanden darauf, gemeinsam mitzugehen. Der Polizist lenkte ein, und der Wagen brachte sie hinaus nach Fangshan, zu einem Krankenhaus, das in enger Beziehung zum Volkssicherheitsbüro steht. Wangs Eltern wurden vom Leiter der lokalen Polizeidienststelle, von einem Sektionsvorsteher und einem Vertreter der Stadtpolizei begleitet. Beim Krankenhaus angekommen, führte die Polizei sie in einen Raum, der abgesehen von ein paar Stühlen und einem Tisch leer war.

»Die Person ist gestorben«, informierte ein Beamter die beiden in nüchternem Tonfall. »Wir haben den Leichnam untersucht.«

Wang Shanqin und An Yulian gerieten außer sich. Sie fühlten sich schuldig an dem, was ihrem Sohn widerfahren war, hatte er sich doch in seiner Abhängigkeit auf sie verlassen. Wie hatte er gefleht, nicht mitgehen zu müssen, und doch hatten sie zugelassen, daß die Polizisten ihn mitnahmen.

»Warum ist er gestorben?« fragte der Vater, dessen Angst vor der Autorität sich mit Wut vermischte.

»Wir wissen es nicht.«

»Wir möchten den Leichnam sehen«, verlangte der Vater. Der Beamte führte sie einen langen Flur entlang und in ein anderes Gebäude. Man brachte sie in eine Leichenhalle, damit sie den Leichnam ihres Sohnes betrachten konnten.

Ich saß in der Wohnung der Eltern, von der Geschichte gelähmt, mit einem Kloß im Hals. »Wie sah Ihr Sohn aus?« fragte ich leise. »Wie sah sein Gesicht aus?«

»Der ganze Kopf war blutüberströmt«, erinnerte sich der Vater. Er sprach langsam und zögernd wie ein Mensch, der mit sich ringt, weil er der Umwelt vom Entsetzlichen erzählen will, aber vom Schmerz überwältigt wird. »Sein Haar war blutdurchtränkt. Die Lippen waren aufgesprungen und die Augen – sie waren durchbrochen, als wären sie aufgeplatzt und dann zugeschwollen.«

»Wie sah sein Körper aus?« fragte ich erneut.

»Sein Gesicht war ganz gelb.«

»Und sein Körper?« hakte ich noch einmal sanft nach.

»Sein ganzer Körper war trocken und steif. Im Rücken hatte er ein richtiges großes Loch. Jemand muß ihm einen Polizeistock in den Rücken gestoßen und damit ein Loch ins Fleisch gebohrt haben. Und er war hinten über und über voller Blutergüsse. – Sie wollten, daß wir dort zu Mittag aßen. Wir brachten nichts hinunter. Aber alle anderen schlangen das Essen in sich hinein, sie lachten und machten Scherze. Meine Frau und ich saßen einfach nur da, erstarrt und entsetzt. Ach, mein Sohn!«

Sie brachten Wang Shanqin und An Yulian zu ihrer Wohnung zurück und befahlen ihnen, tags darauf weitere Verwandte als Zeugen mitzubringen. Wang sprach am nächsten Tag mit den Verwandten bei der Polizeidienststelle vor, und die Gruppe wurde von dort in einem Bus zum Krankenhaus gefahren.

»Der Arzt wollte nichts sagen«, erzählte Wang. »Bloß, daß er keinen Totenschein ausstellen könne, jedoch nicht, weshalb. Aber er drückte mir sein Beileid aus.«

»Wann ist Ihr Sohn denn gestorben?« fragte ich behutsam.

»Die Polizei behauptet, mein Sohn sei in der Nacht des Sechsten gestorben.«

Das bedeutete, nur wenige Stunden bevor die olympische Delegation angekommen war.

»Sie sagten, er sei ausgeflippt und auf der Straße gestorben. Das ist unmöglich! Als sie das behaupteten, schrie ich den Polizisten an. Sie waren einfach zu unmenschlich. Wie konnten sie meinen Sohn nur so hassen?« Er schwieg.

»Hinten an den Beinen«, fuhr er nach einer Weile fort und begann gleichzeitig mit beiden Händen die Kniekehlen auf und ab zu streichen, »hatte er riesige Beulen, so aufgeschwollene Blutergüsse. Ich sagte ihnen, ich würde sie verklagen, und wissen Sie, was die mir zur Antwort gaben? ›Damit kommen Sie nie durch.‹ – Am Tag der Kremierung drückten Sie uns einen Beutel mit 5000 Yuan in die Hand. Sie sagten nicht, wofür das Geld sei.«

Das war auch nicht nötig. Es handelte sich um Schweigegeld und stand zugleich für eine Art Entschuldigung: das nächste, was einem Schuldgeständnis gleichkam, zu dem die Behörden fähig waren.

Wäre mir der Fall Wang Chaoru zu Ohren gekommen, als ich noch für die *Times* arbeitete, hätte ein Bericht über diesen Zwischenfall wahrscheinlich dazu beigetragen, Chinas Chancen als Gastgeberland für die Olympischen Spiele zu mindern. Der Vorfall war wie geschaffen für die Titelseiten rund um den Erdball; so erschreckend, so makaber, so entsetzlich. Niemand hätte sich so etwas ausdenken können: daß eine Obrigkeit derart krankhaft verdreht sein könnte, einen behinderten Menschen zu Tode zu prügeln, bloß weil er nicht in ihr olympisches Bild paßte. Nicht einmal Chinas schärfste kritische Stimmen hätten dies von einem Land erwartet, dessen Werbespruch für den Wettbewerb um den Austragungsort der Olympischen Spiele lautete: »Ein offeneres China heißt Olympia 2000 willkommen.«

Tatsächlich hatte einer meiner Bekannten versucht, mir kurz nach der Tat vom Mord an Wang zu berichten. Aber er konnte mir davon natürlich weder am Telefon erzählen noch mir während des Gesprächs auch nur andeuten, daß er sich mit mir wegen eines eventuellen Berichts über einen Zwischenfall treffen wolle. Und so rief er mich einfach an und fragte mich, ob wir uns sehen könnten. Ich dachte, er spreche von einem geselligen Anlaß, und erklärte ihm, ich sei sehr beschäftigt. So kam es, daß ich erst Monate später von der Geschichte erfuhr.

China verpaßte den Zuschlag für die Olympischen Spiele zuletzt um zwei Stimmen und unterlag mit 45 zu 43 Voten gegen Sydney. Damit wurde Wang Chaoru selbst aus der krankhaften Sicht derer, die befürchteten, er könnte der olympischen Sache schaden, für nichts und wieder nichts geopfert.

Der Fall Wang Chaoru verfolgte mich. Ich fragte mich, was für Monster ihn ermordet hatten. Und so ging ich zu einer weiteren kleinen Seitenstraße in der Nähe von Wangs Haus und fand dort ein Haus mit einer kleinen Tafel und der Zahl 16; die Tür stand offen, ich trat ein.

»Hallo, ist da jemand? Ist Großmutter Zhang da?« rief ich und schlich gleichzeitig auf Zehenspitzen in den Innenhof des Gebäudekomplexes. Es handelte sich um einen verwahrlosten Block aus einstöckigen Ziegelhäusern, die auf einen kleinen, gepflasterten Innenhof hinausgingen. Niemand gab Antwort.

»Großmutter Zhang?« rief ich erneut. »Großmutter Zhang? Sind Sie da?«

Nun vernahm ich ein Rumoren aus dem Zimmer neben dem Eingang, und eine alte Frau rief: »Hierher, hierher, suchen Sie Direktorin Zhang vom Straßenkomitee? Hierher, hierher, kommen Sie rein.«

Ich öffnete die Fliegengittertür zum Wohnzimmer. Es war doppelt so groß wie Wang Chaorus Zuhause und enthielt ein großes Bett; an den Wänden standen zwei Sofas. Dem größeren Sofa gegenüber sah ich einen behäbigen Tisch mit einer Thermosflasche darauf, direkt unter einem schlecht isolierenden Fenster; der

Herbstwind rüttelte am losen Glas im ausgetrockneten Holzrahmen. An der Fensterwand hing eine Sammlung von Fotos, darunter die Aufnahme einer Frau als Rotgardistin zur Zeit der Kulturrevolution. Ich fragte mich, ob es sich dabei um Großmutter Zhang persönlich oder um ihre Tochter handelte.

Großmutter Zhang hatte auf dem Sofa gedöst, doch nun erhob sie sich schnell und streckte sich. Sie wirkte verlebt und hielt sich leicht gebeugt, das Haar hatte sie gefärbt. Sie war eine recht kräftig gebaute Frau in einer graublauen Mao-Jacke, unter der an den Ärmeln und am Bund Bluse und Pullover herausschauten. Obwohl sie schon älter war, blitzten ihre Augen wach und schnell hin und her. Sie schaute mich neugierig an und schien gleichzeitig über die Unterbrechung etwas verärgert zu sein. Ich starrte zurück und suchte in ihrem Gesicht nach Zeichen von Schuld oder Bösartigkeit. Dies war Zhang Guiying, die Direktorin des Straßenkomitees, die Frau, welche die Polizei zweimal zu Wang Chaoru gebracht hatte, um diesen abführen zu lassen. Und ein Jahr zuvor war sie dafür verantwortlich gewesen, daß die Polizei ihn zusammengeschlagen hatte.

»Wer sind Sie?« fragte sie mißtrauisch. »Woher kommen Sie?«

»Hallo, Großmutter Zhang«, sagte ich. »Ich bin gekommen, um Klartext mit Ihnen zu reden. Ich möchte Sie gerne einem Freund vorstellen.«

Ich ging nach draußen und rief Nick, der dort wartete. Ich benutzte ihn als Schutzschild, falls die Polizei mich auf die gleiche Weise verschleppen wollte, wie sie dies mit Wang getan hatte. Eine Amerikanerin chinesischer Abstammung konnten sie möglicherweise leicht zusammenschlagen, nicht aber jemanden aus den USA europäischer Abstammung.

»Dies ist ein Freund aus den Vereinigten Staaten; wir möchten etwas mit Ihnen besprechen«, sagte ich mit der freundlichsten Stimme, deren ich fähig war.

»Wer sind Sie?« fragte sie noch einmal mißtrauisch und warf dabei den Kopf hoch.

»Wir schreiben, Großmutter«, sagte ich, indem ich sie mit der gängigen Ehrbezeichnung für eine alte Frau ansprach. »Wir sind hier, um mit Ihnen über etwas zu sprechen, das sich im März zugetragen hat, direkt bevor das Internationale Olympische Komitee Beijing am 7. und 8. März einen Inspektionsbesuch abstattete. Wir wissen, daß vor Ankunft des Komitees alle darauf bedacht waren, die Straßen zu räumen, um der Welt die Stadt von ihrer besten Seite zu zeigen.«

»Haben Sie eine Verabredung mit dem Straßenkomitee getroffen, um hierherzukommen?« schnappte Großmutter Zhang zurück. Sie war die Vorsteherin, also wußte sie, daß wir dies nicht getan hatten.

»Großmutter Zhang, Chinas olympische Bewerbung gehört der Vergangenheit an«, antwortete ich besänftigend. »Deshalb wollen wir uns diese Sache nun etwas näher betrachten, wissen Sie, die Sache ... in die Sie verwickelt waren. Wir haben gehört, daß Sie als Teil Ihrer Bemühungen, alles für das Olympische Komitee perfekt herzurichten, zwei Polizisten zu einer Familie mit einem behinderten Mann führten. Die beiden haben ihn abgeführt und zu Tode geprügelt. Nun würden wir gerne Ihre Version des Vorfalls hören.«

Ich hatte kaum geendet, da begann Großmutter Zhang zu husten. »Es gibt keinen solchen Vorfall. So was ist nie geschehen, wo haben Sie das gehört?«

»Großmutter Zhang, wir wissen, daß es geschehen ist. Die ganze Nachbarschaft hat gesehen, wie Sie die beiden Polizisten zum Haus führten, alle wissen, was dann geschah. Viele haben uns davon erzählt.«

»Sie können nicht einfach zu mir nach Hause kommen. Sie müssen mit dem Straßenkomitee sprechen. Haben Sie schon vorgesprochen dort?«

»Großmutter Zhang, wir wollen nicht mit dem Straßenkomitee sprechen. Wir wollen mit Ihnen sprechen.«

»Ich kann keine der Fragen beantworten«, antwortete sie nervös und stand auf. Sie ging zu Ihrem Schreibtisch, goß sich heißes Wasser aus der Thermoskanne in ein Glas und nahm einen Schluck. Sie spülte den Mund damit, ging dann zur Tür, öffnete sie und spuckte das Wasser in den Hof. Darauf nahm sie noch einen Schluck und spuckte erneut. Sie räusperte sich. Während all dem hektischen Getue schienen ihre Gedanken gleichzeitig zu rasen, und schließlich öffnete sie die Tür, um uns zu entlassen: »Sie müssen auf der Stelle hier raus und sich an das Straßenkomitee wenden.«

»Sehen Sie, Großmutter Zhang, wir wissen, daß dieser Behinderte im Zuge der olympischen Säuberungsaktion in Verwahrung genommen wurde. Wir wissen auch, daß Sie die beiden Polizisten zum Haus geführt haben. Wir wollen einfach nur Ihre Version zum Vorfall hören.«

»Ich kann diese Fragen nicht beantworten. Ich weiß von nichts. Ich war es nicht. Sie müssen mit dem Straßenkomitee sprechen.«

»Sie behaupten also, Sie hätten nichts mit der Sache zu tun?«

»Nein, ich habe nichts damit zu tun. Sprechen Sie mit dem Straßenkomitee.«

»An wen sollen wir uns denn beim Straßenkomitee wenden? Sind nicht Sie die Vorsteherin des Straßenkomitees?«

»Sie müssen zum Büro des Komitees gehen. Dort können Sie mit allen sprechen.«

Wir gingen. Wir hatten sie eindeutig aus der Fassung gebracht und verwirrt, aber sie würde uns nichts sagen. Diese kleine alte Frau mit Brille und kurzem, dauergewelltem Haar hatte einst den Entschluß gefaßt, ihre Nachbarschaft für die olympische Delegation zu säubern. Der geistig behinderte Wang Chaoru hatte das Bild in ihrer Vorstellung beeinträchtigt. Also hatte sie die Polizei kommen lassen und befohlen, ihn in Verwahrung zu nehmen. Das schrecklichste an der Sache war, daß sie weder böse noch bedrohlich aussah.

Sie war absolut gewöhnlich.

Großmutter Zhang ist die Tyrannin ihrer Straße, eine Frau, die einen Mord begehen kann, ohne dafür belangt zu werden. Über ihr herrscht der Tyrann oder die Tyrannin des Chongwenmen-Distrikts und darüber der Tyrann von Beijing namens Chen Xitong, ein arroganter Mann mit einer Vorliebe für große Wagen und Tennis. Und über ihnen allen thront der Kaiser.

Einmal fragte ich unseren achtzigjährigen Freund Luhui, ob er glaube, China werde imperialistisch regiert, ob China einen Kaiser habe.

»China wird ganz eindeutig von Kaisern regiert«, antwortete er. »Ist denn nicht klar, wer heute Kaiser von China ist? Wer außer Deng könnte es wohl sein?«

In unseren Zeitungsberichten wußten wir nie genau, wie wir Deng Xiaoping nennen sollten, lautete doch sein bedeutungsvollster offizieller Titel in den neunziger Jahren »Ehrenvoller Vorsitzender der chinesischen Bridge-Vereinigung«, eine Anspielung auf sein Lieblingsspiel. Aber wir konnten ja wohl kaum schreiben: »Deng Xiaoping, der ehrenvolle Vorsitzende der chinesischen Bridge-Vereinigung, forderte heute grundlegende wirtschaftliche Veränderungen in den Küstengebieten ...« Also benutzten wir anstelle davon Umschreibungen wie »ranghöchster Führer« und »oberster Führer«. Am ehesten gerecht wird man ihm jedoch mit der Bezeichnung Kaiser.

Wer das Land in Wirklichkeit beherrscht, ist der Kaiser von China: einst Mao, dann Deng. Keine eins fünfzig groß in seinen (weißen) Strümpfen und kaum noch fähig, zu sprechen oder zu gehen, gibt Deng guttural klingende Laute von sich, die durch das Land hallen wie Gottes Wort.

Na ja, vielleicht nicht gerade wie Gottes Wort.

Ein höherer ehemaliger Beamter, der in den achtziger Jahren dienstlich mit Deng zu tun hatte, sagte einmal zu Nick und mir, Mao sei für das chinesische Volk ein Gott gewesen, Deng dagegen bloß ein Kaiser. Ich nehme an, daß darin ein gewisser Fortschritt liegt.

Wie in einem System, das von *renzhi* beherrscht wird, vielleicht nicht anders zu erwarten, ist Deng Xiaopings Autorität persönlicher Natur. Sie gründet nicht auf einem offiziellen Posten, den er einnimmt. Tatsache ist, daß er nie wirklich an der Spitze stand, weder an der Spitze der chinesischen Regierung noch der Kommunistischen Partei. Als er in den achtziger Jahren an die Macht gelangte, war er schlicht stellvertretender Minister. Um bei der Wahrheit zu bleiben: Es ging ihm nicht darum, Parteivorsitzender, Ministerpräsident oder Staatspräsident zu werden. Eigentlich war er bloß an zwei Dingen interessiert: nämlich an Macht und Popularität. Und beides erlangte er in den achtziger Jahren bis zu einem schier unglaublichen Grad.

Zuallererst gewann er in hohem Maße das Vertrauen der einfachen Leute. Er wurde als begabt und gemäßigt angesehen – eine Art kleinere Ausgabe von Zhou Enlai – und nicht mit der Viererbande oder mit anderen Schrecken der Kulturrevolution in Verbindung gebracht. Xiaoping, der Name, der soviel wie »kleiner Friede« bedeutet, wird ausgesprochen wie das chinesische Wort für »kleine Flasche«. Als Deng in den Jahren 1977 und 1978 nach der Kulturrevolution versuchte, wieder an die Macht zu gelangen, verliehen viele ihrem Einverständnis dafür Ausdruck, indem sie Glasflaschen auf allen möglichen öffentlichen Plätzen aufstellten.

Die Geschichtsschreibung könnte dereinst durchaus zum Schluß gelangen, Deng Xiaoping sei in der Zeit nach dem Kalten Krieg der einflußreichste Mann der Welt gewesen. Natürlich kommt auch den amerikanischen Präsidenten ihre Bedeutung zu, doch der Unterschied zwischen einem Clinton und einem Bush – selbst zwischen einem Clinton und einem Reagan – ist gering. Die Vereinigten Staaten werden weiterhin gedeihen, wer auch immer das Amt innehat. Aber Deng Xiaoping erscheint wie der Mörtel, der mehr als ein Fünftel der Weltbevölkerung zusammenhält. Wie Stalin, Breschnew oder Tito prägte er eine Epoche. Und wie dies bei jenen der Fall war, wird sein Tod für China sicherlich weitreichende Konsequenzen haben, denn alles konzentriert sich auf ihn, und für eine geordnete Nachfolge ist ebenfalls nicht gesorgt. Breschnews Tod war der Anfang vom Ende der Sowjetunion, der Beginn des Weges hin zu Demokratie und Auflösung. Titos Tod brachte Jugoslawien auf einen Kurs, der zehn Jahre später in einen der schrecklichsten Bürgerkriege mündete. Was Deng betrifft, so ist er der letzte Kaiser der revolutionären Generation und der letzte Spitzenfunktionär der Partei, der unumstrittene Macht über das Militär ausübt. Sein Wohlergehen steht in unmittelbarem Zusammenhang mit dem von 1,2 Milliarden Menschen, ganz abgesehen von den nervösen Nachbarstaaten, und der Kampf um seine Nachfolge, den sein Tod nach sich ziehen wird, kann alles mögliche auslösen.

Fast unverständlich mutet uns an, daß Deng Xiaoping einerseits so mächtig und andererseits sozusagen unsichtbar ist. Ich bin ihm nie begegnet, auch keine meiner Kollegen oder Kolleginnen hat ihn persönlich kennengelernt. Ich habe ihn nicht einmal je wirklich gesehen. Während unseres ganzen China-Aufenthaltes konnten wir bloß anläßlich der jährlichen oder halbjährlichen, vom Fernsehen übertragenen Auftritte einen Blick auf ihn werfen, wie er die Reihe der politischen Führung abhumpelte und ihre Mitglieder begrüßte. Meist konnte man nicht einmal seine Stimme hören, da der Fernsehkommentator ihn übertönte.

Frustriert, daß es so schwierig war, Näheres über diesen Mann zu erfahren, entschloß ich mich 1991, seinen Geburtsort zu besuchen, wo er auch die Kindheit verbrachte. Ich ging davon aus, daß ein Großteil seiner Weltanschauung, die seine Taktik der politischen Unterdrückung und der ökonomischen Liberalisierung prägte, auf die Zeit der Revolution und das Chaos während seiner Kindheit zurückzuführen sei. Vielleicht würde mir der Besuch seines Heimatdorfes Paifang helfen, ihn als Führungspersönlichkeit besser zu verstehen. Nun lag dieses Dorf jedoch in der Provinz Sichuan, einem für Fremde gesperrten Gebiet. Deshalb beantragte ich beim Außenministerium die Erlaubnis, Dengs Dorf zu besuchen, und ich erhielt sie auch. Gemeinsam mit Jan Wong, dem Korrespondenten der *Toronto Globe and Mail,* begab ich mich auf meine private Pilgerreise, um den Kaiser besser zu verstehen.

Wir landeten in der Provinzhauptstadt Chengdu und wurden von zwei Beamten der Provinz Sichuan abgeholt, welche uns auf der Flug- und Bahnreise in den Bezirk begleiteten, aus dem Deng stammt. Nach einer zweitägigen Fahrt fanden Jan und ich uns in einem Kleinlaster wieder, der im Schrittempo einen sanften Abhang hochtuckerte. Der Hügel gab den Blick auf endlose Felder und Äcker frei. Oben angekommen, war mir beinahe schwindlig vom Mäandrieren zwischen Reis- und Kornfeldern und brachliegenden Äckern und von dem betäubenden Duft chinesischer Rosen, welche vor Dengs Geburtshaus der Straße entgegenwucherten. Hier sah ich zum ersten und einzigen Mal in China Blumen auf dem fruchtbaren Boden eines Bauern wachsen; aber Dengs ehemaliges Heim gehörte ja in dem Sinn auch keinem Bauern mehr. In Paifang waren die Behörden vielmehr längst dabei, das Stammhaus in einen Schrein zu verwandeln, in der Hoffnung, Chinesen und Chinesinnen aus den entlegensten Gegenden anzulocken.

Deng wurde 1904 in einem langgezogenen Fachwerkhaus geboren, das restauriert worden ist und sich in einem bemerkenswert guten Zustand befindet. Das schwarz geschindelte Dach glänzte in der Sonne, und die langweiligen Betonplatten im Innenhof waren saubergefegt und geschrubbt, auch die mit den bröckelnden Ecken. Die geschwärzten Holzbohlen und -balken, welche die Mauern wie ein Netz durchzogen, waren weiß und grau gemasert, wo man Risse und Sprünge mit Kitt gefüllt hatte. Als ich mich dem Eingang näherte, um die Tafeln zu beiden Seiten besser betrachten zu können, umfing mich ein süßlicher Tannenduft.

»Willkommen«, rief Chen Xiansong, der offizielle Verwalter, ein hochgewachsener Mann mit Ansatz zur Glatze im blauen Mao-Anzug. Er führte uns durch sämtliche vierzehn Zimmer; die meisten waren sauber und leer. Im Grunde war dies ein Landhaus, und es machte Dengs Abstammung von der gutsbesitzenden Klasse recht deutlich. Es mutet immer wieder seltsam an, wie viele der kommunistischen Führer – Mao Zedong, Zhou Enlai und Deng Xiaoping – aus relativ wohlhabenden Familien stammten und dann eine Revolution gegen ihre eigene soziale Klasse anzettelten.

Chen führte uns in ein großes Schlafzimmer, das im Grunde nichts Außergewöhnliches enthielt als einen Schreibtisch aus Holz mit einer kaputten Schublade, den Deng früher benutzt hatte, und ein breites, verziertes Bett aus Zypressenholz. In diesem Bett war

Deng geboren worden. Es handelte sich um ein Geschenk der Eltern von Dengs Mutter, einer pummeligen Frau, die wie so viele andere Frauen ihrer Generation nie einen eigenen Namen bekommen hatte. Als sie dann in die Familie Deng einheiratete, wurde sie Deng Dan Shi genannt, das bedeutet soviel wie »von der Familie Dan, verheiratet mit einem Mann namens Deng«.

Deng hatte sieben Geschwister oder vielmehr Halbgeschwister, denn sie stammten überwiegend aus der Verbindung seines Vaters mit seiner Stiefmutter. Sie scheinen alle langlebig: Dengs älteste Schwester, Deng Xianling, war zu jenem Zeitpunkt siebenundneunzig Jahre alt; ein Jahr danach erfuhr ich, daß sie gestorben war. Dengs Vater, Deng Wenming, war ein ziemlich wohlhabender Landbesitzer und Teilhaber einer Seidenwerkstatt und einer kleinen Weberei gewesen. Er starb 1941, und über die Umstände, die zu seinem Tod führten, gibt es unterschiedliche Versionen. Eine davon lautet, er sei schlicht einer Krankheit erlegen. Die interessantere dagegen besagt, er sei durch Banditen umgekommen, die ihn überwältigten und köpften, als er gerade von einer längeren Reise zurückkehrte. Falls diese Version stimmt, hätte Dengs Vater einen nicht gerade ehrenvollen Tod erlitten, einen, der dem Vater eines Kaisers nicht besonders wohl ansteht. Wie ich es erwartet hatte, bestand Chen auf der unpolitischen, unspektakulären Version, daß Dengs Vater einer Krankheit erlegen sei.

Dengs Mutter starb 1927, sieben Jahre nachdem Deng Paifang verlassen hatte, um den verheißungsvollen Lichtern der Stadt zu folgen und deren gute Schulen zu besuchen. Die Familie erwarb eine Grabstätte und einen geschmackvoll gemeißelten Grabstein, aber Deng kehrte nicht einmal anläßlich ihres Begräbnisses nach Paifang zurück. Als sein Vater starb, war der Reichtum der Familie geschwunden, und so war dessen Grab bloß ein schlichter Erdhügel – ebenfalls ein verheißungsvoller Ort, aber ohne Grabstein. Deng hat keine der beiden Grabstätten je besucht. Wir fragten, weshalb. Chen rutschte nervös in seinem Sessel hin und her und fand schließlich eine Entschuldigung: »Deng Xiaoping war zu beschäftigt.«

Später berichtete Chen: »Nachdem Deng 1920 weggegangen war, kehrte er weder jemals hierher zurück, noch hat er geschrieben. Er löste die Bindung auf. Als er aus Frankreich zurückkehrte, wußte er nicht einmal, ob sein Vater noch lebte, und vom Tod seiner Mutter hatte er keine Ahnung.«

Ich rätselte daran herum, warum Deng nie zurückgekehrt war, nicht einmal Anfang der fünfziger Jahre, als er in Chongqing stationiert war und sich damit nur ungefähr hundert Kilometer von Paifang entfernt aufhielt. Vielleicht schämte er sich, als kommunistischer Führer einer relativ wohlhabenden Familie zu entstammen. So etwas wie Reue mag er dennoch verspürt haben, denn zweimal begaben sich seine Töchter Deng Ron und Deng Lin in den achtziger Jahren auf seinen Wunsch hin nach Paifang, um das Grab seiner Eltern zu pflegen.

In mancher Hinsicht verdient Deng den Titel eines Kaisers. Nur wenigen Herrschern der jüngeren Vergangenheit ist es in so kurzer Zeit gelungen, den Lebensstandard so vieler Menschen in so erstaunlicher Weise zu erhöhen, wie dies unter Dengs letzten Jahren der Herrschaft geschah. Innerhalb kurzer Zeit erfuhren weite Teile der chinesischen Bevölkerung, was es bedeutet, Fernseher, Kühlschrank oder Waschmaschine zu besitzen. Mit seinen schwieligen Händen rüttelte Deng an den Festen des orthodoxen maoistischen Egalitarismus und stieß China hinein in eine neue Welt der Effektenbörsen und Sonderwirtschaftszonen. Noch immer kann die Polizei einen behinderten Menschen ungestraft zu Tode prügeln, um ihn vor Fremden zu verstecken, aber solche Greueltaten gehören nicht zur Tagesordnung. Derlei Brutalität, so grauenhaft und unentschuldbar sie auch ist, kam unter Dengs Herrschaft immerhin weniger häufig vor als unter derjenigen von Mao.[1] Als viel typischer für die Ära Deng gilt die Aufregung, die eine Familie verspürt, wenn sie sich den ersten Kassettenrecorder, das erste Motorrad, das erste Haustier kauft.

Unter der Herrschaft dieses brüsken, pragmatischen Menschen von jähzornigem Wesen kam ein wirtschaftlicher Boom in Gang, der das Durchschnittseinkommen verdreifachte und vielen chinesischen Dörfern erstmals die Gelegenheit bot, über das Notwendige hinaus zu produzieren, so daß die Bauernfamilien nicht mehr nur arbeiteten, um zu überleben, sondern die Früchte ihrer Arbeit auch genießen konnten.[2] Anstatt seine Befehle von einem königlichen Thron aus zu erteilen, hing dieser Kaiser in einem viel zu hoch gepolsterten Sessel, räusperte sich vernehmlich und spuckte zwischen seinen Reden ungeniert in einen Napf.

Und doch ist Deng trotz allem, was er erreicht hat, in gewisser Weise eine tragische Figur. Sosehr sich unter seinem Zepter die Gangart des Wandels in China beschleunigte und die materielle Situation eines Großteils des Volkes deutlich verbesserte, zauderte er, als es darum ging, den neuen politischen Bedürfnissen nachzugeben, die sich aus diesem Wandel ergaben. Mehr und mehr wuchs in China schließlich das Unbehagen darüber, daß er sich nicht gänzlich aus dem politischen Geschehen des Landes zurückzog.

Doch in gewissem Sinn läßt sich ihm dies gar nicht anlasten, denn es lag nicht in seiner Macht; der Fehler liegt im System. Deng ist ein Kaiser, und Kaiser können nicht in Rente gehen, selbst wenn sie dies vielleicht noch so sehr wünschen. Deng Xiaoping klammerte sich nicht mit sonst üblichen Mitteln an die Macht. Er gab vielmehr seine Stellungen im Politbüro und in der Militärkommission auf und warnte in einer internen Rede seine Umgebung sogar davor, auf ihn zu hören, wenn er senil werde. Er hörte auf, sich mit Leuten aus dem Ausland zu treffen. Er verschwand sozusagen von der Bildfläche. Doch die einzige Art, in China dem Status eines Kaisers wirkungsvoll zu entgehen, hätte für ihn darin bestanden, Selbstmord zu begehen. Solange er lebt, bleibt er ein Kaiser. Und solange er nuscheln kann, wird er bei allfälligen Machtkämpfen als oberster Schiedsrichter gelten.

Vor annähernd zweihundert Jahren bestand bereits einmal dieselbe Situation in China. 1796 trat Kaiser Qianlong im Alter von sechsundachtzig Jahren nach einundsechzigjähriger Regierungszeit in den Ruhestand. Qianlong zog sich von den Regierungsgeschäften zurück, weil sein Großvater, Kaiser Kangxi, auch einundsechzig Jahre lang geherrscht hatte und Qianlong es für respektlos hielt, den Rekord seines Großvaters zu brechen. So überließ er den Thron seinem Sohn.

Doch niemand in der Verbotenen Stadt hörte auf den Sohn. Für alle ging die eigentliche Autorität noch immer von Qianlong aus, und selbst der Sohn ordnete sich ihm noch stets unter. Qianlong konnte also seine formale Stellung ebenso aufgeben und vom Thron herabsteigen wie Deng sich aus dem Politbüro zurückziehen – im imperialistischen System blieben und bleiben beide weiterhin an ihre Kaiserrolle gekettet.

Kaiser Deng hatte einst einen Rivalen, einen erbitterten Feind. Der vielleicht einzige lebende Chinese, der ihm in Sachen Sturheit das Wasser reichen kann. Allerdings bekamen wir erst kurz vor unserer Abreise aus China Gelegenheit, mit ihm zusammenzutreffen, da er bis zu dem Zeitpunkt annähernd fünfzehn Jahre in Einzelhaft verbracht hatte.

Wei Jingsheng ist der älteste Sohn eines höheren Staatsbeamten und war bereits als Kind wegen seiner Eigenwilligkeit im ganzen Wohnviertel verschrien. Während der Kulturrevolution ging er zu den Roten Garden und stand ganz auf seiten Maos, danach aber verlor er zusehends den Glauben an die Sache. Besonders erschütterte ihn ein persönliches Erlebnis, als der Zug, in dem er saß, in einer ärmlichen Gegend in Westchina haltmachte und er einer Bettlerin etwas zu essen aus dem Fenster reichte. »Außer den langen Haaren, die den Oberkörper der jungen – etwa siebzehn oder achtzehn Jahre alten – Frau bedeckten, trug sie keinen Faden auf ihrem mit Ruß und Dreck verschmierten Leib«, schrieb er später. »Aus einer gewissen Entfernung wirkten Ruß und Dreck wie Kleidung, und als sie so zwischen den anderen jungen Leuten stand, fiel sie nicht besonders auf.«

Deshalb schreckte Wei im ersten Moment zusammen und zog seine Hand zurück, worauf die Bettelnden noch lauter nach Nahrung schrien. »Ich schaute diese junge Frau an, wie sie mir, sich auf die Zehenspitzen erhebend, ihre Hand entgegenstreckte, mich mit schmerzerfüllten Augen anblickte und in einem mir unbekannten Dialekt anbettelte.« Wie konnte sich so etwas in einem sozialistischen Land zutragen? Das Bild entsetzte den jungen Wei Jinsheng und machte ihm bewußt, daß der Kommunismus kein Allheilmittel war. In diesem Erlebnis lagen die Wurzeln für seinen Glaubensabfall.[3]

1978 und 1979 machte Wei Jingsheng während der Bewegung um die »Mauer der Demokratie« durch besondere Kühnheit und Weitsicht auf sich aufmerksam. Er arbeitete als Elektriker im Beijinger Zoo und gab daneben eine Zeitung heraus. Während andere kritische Artikel verfaßten und die Partei gleichzeitig hochleben ließen und mehr Offenheit verlangten, plädierte Wei Jingsheng für Demokratie um ihrer selbst willen. Die Kommunistische Partei hatte zur »vierfachen Modernisierung« aufgerufen, und zwar in Landwirtschaft, Wissenschaft, Industrie und Armee. Wei schrieb einen bekannten Artikel, in dem er eine »fünfte Modernisierung« forderte, nämlich Demokratie. Ohne diese, so betonte er, seien die angestrengten Erneuerungen der anderen vier Staffage.

Wei Jingsheng warnte auch als erster vor Deng Xiaoping und bezeichnete ihn als einen Tyrannen. Er sah die Niederschlagung vom Frühjahr 1979 kommen und schlug Alarm. Mit seiner Direktheit, Beharrlichkeit und klaren Sicht der Dinge versuchte er sich Deng in den Weg zu stellen. Natürlich wurde er wie von einer Dampfwalze überrollt.

Wegen konterrevolutionärer Tätigkeit zu fünfzehn Jahren Gefängnis verurteilt, kam Wei in Beijing im Gefängnis Nummer eins in Einzelhaft. Die ersten Jahre verbrachte er im Dunkeln, und nicht einmal seine Familienangehörigen durften ihn besuchen. Es war ihm zudem untersagt, mit jemandem zu sprechen – Wachen eingeschlossen. Er wußte weder Tag noch Stunde.

»Ich konnte kaum noch sprechen, schließlich hatte ich jahrelang keine Möglichkeit mehr dazu gehabt«, erinnerte er sich. »Ich sprach sehr langsam, und es klang fremd, so als spräche jemand aus dem Ausland.« Sofort blickte er Nick an und fügte hinzu: »Das geht nicht gegen Sie – ich meine nicht wie Sie, einfach wie Fremde halt Chinesisch sprechen.«

Wir saßen bei einem langen, ausgedehnten Essen in einem kantonesischen Restaurant zusammen, einen Monat nachdem er im

September 1993 aus dem Gefängnis entlassen worden war. Man hatte ihn sechs Monate vor Ablauf seiner fünfzehnjährigen Haftstrafe entlassen, offensichtlich um Chinas Ruf im Hinblick auf die Abstimmung um Olympia 2000 etwas aufzupolieren. Nachdem wir so viele Artikel über Wei verfaßt hatten, kam es uns eigenartig vor, mit ihm am selben Tisch zu sitzen, seine Berichte aus erster Hand zu hören und mit ihm über Scherze zu lachen.

Wir hatten gehört, Wei habe im Laufe seiner Haftzeit sämtliche Zähne verloren, und als die Regierung Fotos von ihm veröffentlichte, auf denen er mit lückenlosen Zahnreihen zu sehen war, berichtete Nick darüber und meinte, man könne ja nicht sicher wissen, ob die Zähne echt seien oder nicht. Das Außenministerium tobte. Die Behörden machten uns Vorwürfe, wir seien zu mißtrauisch, wir versuchten ständig und alles zu kritisieren und würden noch nicht einmal Beweise akzeptieren. Wir erzählten Wei von dieser Episode und von der Schelte des Außenministeriums, und er lachte. Dann griff er in den Mund und nahm ein Gebiß heraus. Er hatte in der Tat die meisten Zähne im Gefängnis durch einseitige Nahrung und Mangel an Sonnenlicht eingebüßt.

Nach fünf Jahren im Gefängnis Nummer eins in Beijing wurde Wei Jingsheng in ein Arbeitslager im tibetanischen Hochland der Provinz Qinghai überführt und später in ein Gefängnis im Osten der Stadt Tangshan. Das Essen war vollkommen ungenießbar, und überall rannten Ratten herum. Deshalb trat Wei mehrere Male in den Hungerstreik, um bessere Bedingungen zu erreichen. Meist gelang ihm dies dann auch. Stück für Stück verbesserten sich die Umstände, und Wei durfte sich schließlich mit den Wachen unterhalten. Daraufhin verlangte er als nächstes intelligentere Wachen.

Ich fragte Wei, was er vom wirtschaftlichen Aufschwung in China halte. Ob es ihn überrasche, zu sehen, wie gut es China unter kommunistischer Herrschaft gehe? Ob er seine Ansichten über Deng Xiaoping gemäßigt habe?

»Das Ganze geht doch gar nicht auf seine Initiative zurück«, antwortete Wei sofort, und ich hatte das Gefühl, er sei dieser Frage überdrüssig. »Deng wurde durch den Druck der Bevölkerung zu diesen Reformen gezwungen. Und was die blühende Wirtschaft angeht, so ist sie nun wirklich nicht das Werk eines einzelnen. Sie ist das Werk einer ganzen Nation. Es ist einfach ungerecht, die ganze Sache Deng Xiaoping als persönliches Verdienst zuzuschreiben.« Wei redete weiter und führte unter anderem aus, er fühle sich durch die Veränderungen bestätigt, die sich seit seiner Verhaftung vollzogen hätten.

»1979 waren die meisten nicht gegen die Partei als solche. Sie kritisierten diesen oder jenen Aspekt der Partei. Doch inzwischen sind sie gegen das System an sich. Es kommen Leute, die sagen: ›Alter Wei, du hast damals recht gehabt. Du hast im alten Deng einen Diktator gesehen, und du hattest recht.‹ Auch Parteimitglieder, selbst alte Revolutionäre sind inzwischen gegen die Partei.«

Während ich Wei bei seinen Ausführungen betrachtete, dachte ich, er würde einen erstklassigen Politiker abgeben. Etwas später besuchten wir ihn noch zu Hause. Bei dieser Gelegenheit bat er uns, seine Gefängnisschriften für Publikationen außerhalb von China zu übersetzen und zu redigieren. Wir erklärten ihm, daß wir diese Aufgabe nicht übernehmen könnten, aber die Welt wird noch viel von ihm hören. Wei Jingsheng hat Charisma, er ist schlau, geistreich und beharrlich. Er arbeitet an seinen Memoiren und knüpft ein Informationsnetz, das ihn über alle Geschehnisse ins Bild setzt, die sich während der vierzehneinhalb Jahre seiner Haft abspielten. Er kann sich genausowenig aus der Politik zurückziehen wie Deng. Ein würdiger Gegner für den Kaiser.

Dengs Entscheidung, Wei in eine mit Ratten bevölkerte Zelle zu sperren, hatte nichts besonders Kommunistisches an sich. Jeder andere Kaiser hätte ebenso handeln können; der Unterschied liegt darin, das die andern ihn vielleicht nicht mehr entlassen hätten. Jahrhunderte zuvor pflegte ein Kaiser Leuten wie Wei Jingsheng eine Strafe namens *mie jiuzu* aufzuerlegen. Hinter diesem Begriff verbirgt sich die Vernichtung einer ganzen Sippe, das Abschlachten der Familie bis hin zur entferntesten Verwandten. Diese schreckliche Strafe läßt Rückschlüsse auf das Land zu, in dem sie praktiziert wird.[4]

Der Begriff »Totalitarismus« tauchte erstmals in den zwanziger Jahren auf und wurde zur Umschreibung des russischen Kommunismus und des italienischen Faschismus verwendet. In der historischen Forschung geht man jedoch von der Annahme aus, daß dieses System sich vor Jahrtausenden in China und anderen Gesellschaften entwickelte, deren Überleben von der kontrollierten Wasserabgabe abhing. Um Überflutungen zu verhindern und die Vorzüge der Bewässerung zu nutzen, entwickelte sich in diesen Kulturen eine Herrschaft von Despoten, deren Macht über die Bevölkerung und deren Alltag sehr viel weiter ging als die abendländischer Regenten.

In der nördlichen Wei-Dynastie des 5. Jahrhunderts vor Christus entwickelte sich unter der Herrschaft chinesischer Kaiser ein ausgefeiltes System von *baojia,* welches darauf aufbaute, daß die Menschen einander bespitzelten, regionale Milizen sich gegenseitig im Auge behielten, um sicherzugehen, daß die Steuern bezahlt wurden, aber gleichzeitig alle dem Zentrum Rechenschaft schuldig waren. Spätere Dynastien übernahmen und modifizierten das System, welches auch in den neunziger Jahren unseres 20. Jahrhunderts noch als solches erkennbar ist: in Form von Straßenkomitees und Parteizellen, die einzeln wiederum von kleinen Ungeheuern kontrolliert werden.

Lokale Parteimitglieder kultivieren ihre eigenen Lehen jenseits des undurchsichtigen Rechtssystems; sie sind das Gesetz. Für die durchschnittliche Bauernfamilie ist Deng Xiaoping eine entrückte und kaum faßbare Figur; die wirkliche Macht üben in ihrer Umgebung stets die Dorfvorsitzenden aus. Die wirtschaftliche Lockerung der achtziger und frühen neunziger Jahre wirkte sich auf diese Taschendiktaturen unterstützend aus und verlieh ihnen eine gewisse Macht. Die Dezentralisierung brachte im ganzen Land viele kleine Dengs hervor, so zum Beispiel auch in einem Dorf namens Daqiuzhuang.

Jahrelang glich die steinige Straße nach Daqiuzhuang einem Waschbrett. Die mit glänzenden Stahlrohren beladenen Laster befuhren sie vorsichtig, die Rohre rüttelten und schepperten und baumelten gefährlich über den Rand der Container hinaus. Der

Dorfvorsteher beließ die Straße in diesem Zustand. Unter manchen Arbeiterinnen und Fahrern aus der Gegend ging das Gerücht, er tue dies, um damit Distanz zum übrigen China zu halten: eine Art moderner Burggraben also.

Zu Beginn der neunziger Jahre galt Daqiuzhuang als reichster Ort in China. 1993 wies die Statistik für die insgesamt 4400köpfige Bevölkerung offiziell ein Durchschnittseinkommen von 23 000 Dollar aus, was nichts anderes bedeutet, als daß dieser Ort über ein höheres Pro-Kopf-Einkommen verfügte als die Vereinigten Staaten.

Immer wieder kamen mir Geschichten über Daqiuzhuang, dessen sagenhaften Reichtum und dessen cleveren Dorfvorsteher zu Ohren, und so entschloß ich mich 1991 zu einem Besuch dort. Daqiuzhang liegt nur hundertfünfzig Kilometer von Beijing entfernt in der Nähe der Stadt Tianjin, ein Eldorado, das mir verdächtig vorkam. Als Dorfvorsteher amtierte Yu Zuomin, ein gerissener, drahtiger Dreiundsechzigjähriger mit buschigen Augenbrauen und völlig verrunzeltem Gesicht. Yu bewohnte ein dreistöckiges Haus innerhalb eines bewachten Blocks, der von einer lachsfarbenen Mauer umgeben war. Er verfügte darin über ein weiches Lammfellsofa, eine Bar, ein zusätzliches Schlafzimmer für seine Leibwache und ein ausgeklügeltes Videosystem in seinem eigenen, mit dem er seine sexuellen Aktivitäten auf Zelluloid zu bannen pflegte. Wenn Yu nach Beijing reiste, ließ er sich stets von sechs Leibwächtern begleiten. Er trug Anzüge von Pierre Cardin, fuhr einen Mercedes 600 und liebte Videofilme über alles. Seine Genossen und Genossinnen lebten ebenfalls gut; manche schwelgten in Elfzimmerhäusern mit Wintergärten und hielten sich mehrere tausend Dollar teure Rassehunde. Verheiratete Frauen gaben ihren Beruf auf, die jungen Mädchen frisierten sich modisch, trugen Minis und hochhackige Schuhe, und die Männer kamen in Designerhemden und -hosen daher. Blitzende Wagen mit getönten Scheiben schossen durch die ungepflasterten Straßen oder parkten vor den Geschäften, und hinter den Scheiben moderner Stahl-Glas-Bauten eilten geschäftige Angestellte hin und her.

Ich fand es höchst seltsam, daß ein derart abgelegener Ort so rasch zu solchem Reichtum gelangt war. Fragte ich in der Bevölkerung nach dem Geheimnis, erhielt ich zur Antwort: »Wir arbeiten hart, wir sind effizient, unsere Arbeit ist qualitativ hochwertig.« Klar. Derartige Bemerkungen machten mich nur noch mißtrauischer. Die einzige harte Arbeit im Ort leisteten nämlich nicht die Einheimischen von Daqiuzhuang, sondern Gastarbeiter und Gastarbeiterinnen, die man aus anderen Provinzen kommen ließ und die Vierzehnstundenschichten in den verschiedenen Fabriken absolvierten.

Der Lobgesang der chinesischen Regierung und der Medien auf Daqiuzhuang steigerte sich ins Unausstehliche. Daqiuzhuang wurde zum berühmtesten Ort des Landes, Chinas Modelldorf, ein Symbol des Wohlstands, den die aktuelle Parteipolitik ermöglicht hatte. Yu Zuomin galt als Nationalheld.

Dann wurde ein Buchhalter namens Wei Fuhe, ein Auswärtiger aus einer nahe gelegenen Provinz, angeklagt, die Konten gefälscht zu haben. Am 13. Dezember 1992 unterzogen Yus Sohn und vier weitere Ortsansässige Wei Fuhe einem Verhör, um herauszufinden, ob er Geld unterschlagen habe. Dabei gerieten sie offenbar außer sich, denn sie prügelten ihn zu Tode und hinterließen einen kaum noch identifizierbaren Leichnam mit dreihundertachtzig Malen und Verletzungen.

Die Obrigkeit der Stadt Tianjin hatte schon lange mit Neid auf Yu Zuomin und dessen Heiligsprechung geblickt und nahm den Zwischenfall flink zum Anlaß, einen Untersuchungsausschuß mit dem Auftrag loszuschicken, herauszufinden, ob man ihm in dieser Sache etwas vorwerfen könne. Unbeeindruckt sperrte Yu die mit der Untersuchung betrauten Ankömmlinge erst einmal für dreizehn Stunden ins Gefängnis und ließ sie erst nach einem Appell des Bürgermeisters von Tianjin wieder frei. Daraufhin versuchte die Polizei von Tianjin, die für die Sicherheit von Daqiuzhuang verantwortlich war, in das Dorf einzudringen und die vier des Mordes an Wei Fuhe Verdächtigten zu verhaften. Aber Yu versammelte eine mehrere hundert Mann umfassende, mit Gewehren bewaffnete Dorfwehr, und diese riegelte Daqiuzhuang ab. Auf diese Weise vermochte er der Polizei drei Tage lang Widerstand zu leisten.

Als die Polizei schließlich in den Ort einmarschierte, entdeckte sie, daß Yu ein privates Waffenlager angelegt hatte. Allein, es gelang ihnen nicht, die des Mordes Verdächtigen festzunehmen; Yu hatte sie über Verbindungen aus dem Dorf herausgeschmuggelt und zudem die Behörden der Zentralregierung mit Tausenden von Yuan bestochen, damit sie ihn auf dem laufenden hielten und die Untersuchung des Falles unterbanden. Doch diesmal kam er nicht durch. In Tianjin hatte man sich vorgenommen, Yu vom Podest zu stoßen, und die Zentralregierung war durch Berichte über die sich dort abspielenden Ereignisse in der ausländischen Presse bereits zu sehr kompromittiert worden, als daß sie die ganze Angelegenheit noch hätte unter den Tisch kehren können. Und so erklärte sich das Politbüro einstimmig mit Yus Verhaftung einverstanden. Die Partei sah ein, daß hier hartes Durchgreifen gefragt war, und so wandelte sich Daqiuzhangs Ruf vom Modelldorf zum Verbrecherdorf.

Bestehen blieb jedoch das Rätsel, wie es dem Ort überhaupt gelungen war, zu einem derartigen Reichtum zu kommen. In China beharrte man gemeinhin auf dem Standpunkt, Yu habe über ein *kaoshan* verfügt, eine hochrangige Schutzmacht, doch gingen die Meinungen auseinander, um wen es sich dabei handelte; manche behaupteten, sein *kaoshan* sei eine von Dengs Töchtern.

Um mehr zu erfahren, reiste ich im Frühjahr 1993 noch einmal nach Daqiuzhuang. Diesmal glich das Dorf einer Geisterstadt; auf den Straßen war kein Mensch zu sehen, in den Restaurants und Geschäften herrschte gähnende Leere, und die Musikclubs wirkten wie ausgestorben. Doch über den Eingängen einiger größerer Geschäftshäuser, darunter auch eines der Büros, die Yus Bruder Yu Zuozhang geführt hatte, entdeckte ich einen halben Meter hohe chinesische Schriftzeichen aus Metall, die lauteten: »Genosse Xiaoping, wie geht es dir?«

Ich hörte, daß Yu Zuomin versucht hatte, Deng Xiaoping nach dem chinesischen Neujahr 1993 zu einem Besuch in Daqiuzhuang zu bewegen. Er muß sich gedacht haben, Dengs Besuch in Daqiuzhuang würde eine Welle von Vergünstigungen auslösen, wie dies andernorts der Fall gewesen war, und die Stadt dadurch endgültig unantastbar werden. Eine von Dengs Töchtern führte eine Vorhut nach Daqiuzhuang, um den Ort zu inspizieren. Dabei entdeckten sie die besagte Zufahrtsstraße und entschieden, daß Deng den Ort nur dann aufsuchen dürfe, wenn die Straße gepflastert sei. Also ließ Yu die Straße pflastern. Allein, man war damit erst etwa acht Kilometer weit gekommen, als er die Kontrolle über die Mordgeschichte verlor und sich die Kunde davon im ganzen Land ausbreitete.

Die offizielle Untersuchung brachte zutage, daß Yu regelmäßig in einem mit Video, Kassettenrecordern, Elektrostäben und Peitschen ausgerüsteten Raum unrechtmäßig Gericht gehalten hatte. In einem dieser heimlichen »Prozesse« riß Yu drei Angestellten bis zu den Hüften die Kleider vom Körper und begann sie zu verhören. Während er selbst auf den ersten einschlug, nahmen sich seine Folterknechte die anderen vor, und dies dauerte so lange, bis sie ihre »Verbrechen« gestanden. Dann belohnte Yu die Schläger auf der Stelle mit Kopfgeldern von mehreren tausend Yuan. Yus eigener Gerichtsverhandlung seitens der Regierung kam nur wenig mehr Rechtmäßigkeit zu, und er wurde zu zwanzig Jahren Gefängnis verurteilt.[5]

Ungeachtet der Tatsache, daß die chinesische Staatsanwaltschaft Beweise nicht benötigt, stellt sich doch die Frage, woher sie wohl Beweismittel gegen Yu bekam? Man fand ein Videoband, auf dem Yu die Folterung des Buchhalters aufgenommen hatte, sogar, so heißt es, mitsamt einer Szene, in der sein Sohn dem Opfer eindeutig den ersten Schlag versetzt.

Für die Öffentlichkeit sah es aus, als hätte die Gerechtigkeit Yu Zuomin eingeholt, doch da die Regierung ihn nicht zum Tode verurteilt hatte, blieb eine meiner Freundinnen mißtrauisch.

»Glaubst du, der sitzt seine zwanzig Jahre ab?« fragte sie mich mit zusammengekniffenen Augen. Sie lebt in einem Apartmenthaus für pensionierte Kadermitglieder und trifft dort im Aufzug Tag für Tag auf ehemalige Minister und ehemalige stellvertretende Minister. Sie erläuterte mir ihre Zweifel. Einige Jahre zuvor war eine Frau, ein hohes Mitglied der Regierung, die vier Etagen über ihr wohnte, wegen Bestechung und Veruntreuung zu zehn Jahren Haft verurteilt worden. Rundfunk und Fernsehen hatten darüber berichtet, es sah ganz so aus, als wäre die Regierung darum bemüht, ein Exempel im Kampf gegen Verbrechen der Sorte »weiße Weste« zu statuieren.

Die fehlbare Offizielle war verhört worden, doch sie verpfiff niemanden, worauf sich ihre Bekannten bald daranmachten, sie freizubekommen. Niemand kann sagen, wieviel Geld dabei im Spiel war, doch ein Jahr später befand sie sich bereits nicht mehr im Gefängnis, sondern wieder in ihrer Wohnung und lud ihre Bekannten zum fröhlichen Mahl.

Am Anfang war ich immer etwas erstaunt, wenn ich vernahm, daß chinesische Intellektuelle nach mehr Rechtskanzleien verlangten, um gegen *renzhi* anzugehen. Von Amerika her kannte ich all die üblichen Witze über Rechtsanwälte und die Klagen über ihre Prozeßsucht. Mein erster Gedanke war, daß der Überschuß an Rechtskanzleien wohl das letzte sei, was China von den Vereinigten Staaten übernehmen sollte. Doch meinen chinesischen Bekannten galt das Gesetz als schwächstes Glied der chinesischen Gesellschaftsordnung. Für sie hatte der Gedanke an ein Land, in dem Anwälte selbst hinter Ambulanzen herjagten und Kriminelle aufgrund technischer Beweise freigesprochen werden konnten, etwas Vertrauenerweckendes. Eine Studentin der Universität Beijing formulierte es während der Tiananmen-Bewegung so: »Wir haben Reis, doch wir brauchen Gesetze.«

Natürlich gibt es auch in China Gesetze, und zwar je länger, je mehr. Bei der letzten Zählung 1993 gab es in China mehrere tausend Kanzleien und 90 000 Rechtsanwälte und Rechtsanwältinnen – verglichen mit 60 000 vor der kommunistischen Machtübernahme 1949. Und die Regierung ist bestrebt, diese Zahl bis im Jahr 2000 auf 150 000 zu erhöhen.[6]

Allerdings scheint man sich nicht überall über deren Sinn und Zweck im klaren zu sein. Dies mußten drei Anwälte im Bezirk Taian in der Provinz Liaoning 1984 erkennen, als sie einen Klienten zu verteidigen versuchten. Schon der Versuch an sich stellte sich als das eigentliche Problem heraus, erwartete doch offenbar niemand ernsthaft, daß sie ihn verteidigten oder ihm erlaubten, sich »nicht schuldig« zu bekennen. Als Folge davon ließ die städtische Staatsanwaltschaft sie wegen Unterstützung eines Kriminellen verhaften. Sie verbrachten fast vier Jahre im Gefängnis, bevor der oberste nationale Gerichtshof eingriff und sie begnadigte.[7]

Wie es die Regierung mit der Anwendung der Gesetze hält, trat im Zusammenhang mit den Prozessen gegen die an der Tiananmen-Bewegung beteiligten Studierenden und Intellektuellen besonders klar zutage. Sie verbrachten viele Monate in Haft, noch bevor sie überhaupt offiziell verhaftet wurden, und zu den sogenannten »öffentlichen« Prozessen hatten die Auslandspresse, Bekannte und in manchen Fällen sogar die Familienangehörigen der Angeklagten keinen Zutritt. Die meisten Prozesse dauerten weniger als eine Stunde, und das Urteil stand bereits im voraus fest. Manchmal erinnerte mich das chinesische Gerichtssystem an die Definition der Gerechtigkeit, wie sie die Maus in *Alice im Wunderland* erlebt:[8]

> *»Ich zeuge, ich richt«*
> *sprach der listige Wicht,*
> *»erst mach ich das Urteil*
> *und dann dir den Garaus.«*

Chen Xiaoping, ein kleiner, alerter Mann aus Hunan und einer der obersten konstitutionellen Rechtsgelehrten Chinas, ist einer unserer liebsten Konterrevolutionäre. Er bereitet der Obrigkeit unsägliches Kopfzerbrechen, weil er sich weigert zu buckeln. Er war auch stets bereit, uns zu empfangen. Eines Tages erzählte er mir, was er erlebte, als er als einer von vier Intellektuellen wegen »Vorbereitungen zum Sturz der Regierung« während der Tiananmen-Bewegung vor Gericht gestellt wurde.

»Am 5. Dezember 1990 weckten sie mich in meiner Gefängniszelle sehr früh auf«, erinnerte er sich. »Ich wußte, daß etwas im

Gange war. Sie fragten mich, ob ich mich rasieren wolle, und sagten mir, ich solle mich anständig kleiden. Also zog ich eine blaue Baumwolljacke an, die sie mir gegeben hatten, sehr sauber, sehr neu. Dann erklärten sie mir, mein Fall werde an diesem Morgen verhandelt. Sie gaben mir kein Frühstück, sondern steckten mich geradewegs in Begleitung von zwei Polizisten in einen Wagen. Sie verpaßten mir Handschellen. Es war das einzige Mal während meiner ganzen Haftzeit, daß ich Handschellen tragen mußte. Sie erklärten, das müsse sein, da alle Kriminellen in Handschellen vor Gericht zu treten hätten, aber sie hatten die Verschlüsse so locker wie nur möglich eingestellt.

Wir fuhren etwa eine Stunde bis zum Gericht in der Straße der Gerechtigkeit in Beijing. Rund um das Gebäude herum waren die schärfsten Sicherheitsvorkehrungen getroffen worden. Kaum war ich drinnen, nahmen sie mir die Handschellen ab, servierten mir ein Frühstück und begannen mit mir zu plaudern. Der Mann von der Abteilung für Sonderfälle kam und wechselte einige Worte mit mir. Ich glaube, er wollte einfach herausfinden, wie ich mich zu dem Ganzen stellte. Nachdem er gegangen war, kam einer der Richter zu mir. Er wollte sich mein persönliches Geständnis noch einmal näher ansehen. Es handelte sich dabei um eine Ansprache von fünftausend Wörtern, die ich in den Monaten zuvor verfaßt hatte. Ich mußte darin meine Fehler zugeben und meine Verbrechen gestehen. Sie hatten dieses Geständnis gelesen und korrigiert und mich einzelne Abschnitte darin bis zu viermal umformulieren lassen. Sie nahmen jedes einzelne Wort unter die Lupe.

Da der Gerichtssaal gerade renoviert wurde, fand mein Prozeß in einem großen Korridor statt. Es waren etwa zwei- bis dreihundert Personen anwesend. Ich ließ meinen Blick kurz über die Menge schweifen und machte meine Schwester, meinen Bruder und einen meiner Professoren aus. Das Gericht bestand aus drei Richtern. Ein Staatsanwalt verlas die Anklage, danach sprach etwa zehn Minuten lang mein Verteidiger. Ich hatte ihn nur zwei- oder dreimal gesehen, und keines dieser Treffen hatte länger als eine Stunde gedauert. Natürlich konnte er nicht behaupten, ich hätte kein Verbrechen begangen, deshalb erklärte er, ich hätte bei der ganzen Sache nur eine unwichtige Rolle gespielt und verfüge über eine positive Einstellung. Er hoffte, das Gericht würde mich daraufhin lediglich zu einer reduzierten Haftstrafe verurteilen.

Dann durfte ich sprechen. Erst wollte ich mich überhaupt nicht äußern, doch sie bestanden darauf. Also machte ich mich daran, einen Anklagepunkt nach dem andern zu widerlegen, aber da fiel mir ein Richter ins Wort. Er wies mich an, mein letztes Geständnis vorzulesen, die ganzen fünftausend Wörter, was ungefähr eine halbe Stunde in Anspruch nahm. Das war es dann auch schon. Danach gingen alle, und ich aß im Gerichtssaal zu Mittag. «

Die Richter hatten ihre Freude an Chens letztem Geständnis, gab er darin doch zu, daß er in gewisse Aktivitäten verwickelt war (wenn er auch bestritt, daß es sich dabei um kriminelle Aktivitäten handelte). Zwei Monate später wurde er aus dem Gefängnis entlassen. Man brachte ihn mit einer Polizeieskorte zum Bahnhof, wo er von zwei Universitätswachen empfangen wurde, die ihn auf seiner Zugreise nach Hunan, und zwar bis zum Haus seiner Mutter, begleiteten. Chen Xiaoping wollte aber gar nicht nach Hunan zurückkehren; er lebte seit Jahren in Beijing und wollte wieder zurück an seinen Arbeitsplatz an der Universität für Politische und Rechtswissenschaften. Die Behörden ihrerseits wollten ihn jedoch so weit entfernt von der Hauptstadt wissen wie nur irgendwie möglich.

Die Universität hatte ihm seine Stelle gekündigt, und seine Verhaftung hatte ihn seine Aufenthaltsbewilligung für Beijing gekostet. Die Obrigkeit verweigerte ihm eine neue Aufenthaltsbewilligung, und er erhielt auch keinen Ersatz für den Personalausweis, den er verloren hatte. Man ließ ihn einfach hängen; so besaß er einige Jahre lang weder *danwei* noch *hokou,* weder Identitätskarte noch Arbeit.

Als er heiraten wollte, wollte niemand etwas davon wissen. Er benötigte dazu die Genehmigung seiner Arbeitseinheit, doch er gehörte ja keiner an. Ein weiteres Problem stellten seine zukünftigen Schwiegereltern dar, Altrevolutionäre, die darüber entsetzt waren, daß sie eine Tochter großgezogen hatten, nur damit diese sich dann mit einem Konterrevolutionär einließ. Doch gegen den

Wunsch ihrer Familie zogen er und seine Frau zusammen, und als sie ein Kind erwarteten, gelang es den beleidigten Sicherheitskräften dann doch noch, ihnen die Heiratserlaubnis zu verschaffen. Chens Frau brachte ihr erstes Kind einige Tage vor unserer Abreise aus Beijing zur Welt.

Der Kommunismus begann auch in China als Rebellion gegen die Vergangenheit. Als die Kommunisten die Macht ergriffen, verurteilten sie den Feudalismus, rissen Beijings Stadtmauern nieder und zogen ernsthaft die Vernichtung der Verbotenen Stadt in Erwägung. Einer der beliebtesten Wahlsprüche während der Kulturrevolution lautete »Zerstöre die vier Alten«, das hieß: alte Ideen, alte Kultur, alte Bräuche und alte Gewohnheiten.

Die Zerstörung der alten Ideen gelang ihnen jedoch nie wirklich. Statt dessen wurden umgekehrt sie selbst und ihre Verwaltung Stück für Stück vom Gewicht der Geschichte umgeformt. Die Tradition prägte die Strukturen, die das Land regierten: der imperialistische Führungsstil, der schon die vergangenen vier-, ja fünftausend Jahre geherrscht hatte. Tatsächlich gewann ich, je länger ich mich in China aufhielt, desto mehr die Überzeugung, daß der Kommunismus keinen eigentlichen Bruch mit Chinas Vergangenheit darstellte, sondern vielmehr deren Weiterführung. Hinter all dem Gerede von Sozialismus, »der eisernen Reisschale«, selbst hinter den Effektenbörsen und den Sonderwirtschaftszonen verbirgt China noch immer das Skelett einer Dynastie, das Skelett imperialistischer Herrschaft.

Die Kommunisten waren nicht die ersten, die eine neue Herrschaft gründeten und von der Geschichte eingeholt und schließlich überwältigt wurden. Im 13. Jahrhundert eroberten mongolische Stämme China und begründeten die Yuan-Dynastie, nur um in der Folge von denen aufgesogen zu werden, die sie sich unterworfen hatten. Dasselbe widerfuhr den Manchus, die China 1644 bezwangen und die Qing-Dynastie begründeten. Am Ende ihrer Dynastie war die Manchu-Sprache praktisch in Vergessenheit geraten und mit ihr so grundlegende traditionelle Fähigkeiten wie das Reiten verlorengegangen.

Leider übernahmen die Kommunisten, als sie an die Macht kamen, unter anderen Traditionen auch das Konzept der uneingeschränkten Machtausübung. Nominal errichteten sie ein Rechtssystem, und danach werden im heutigen China die kleinen Straftaten auch geahndet. Doch die großen Fische kommen mit allem davon, und zwar hauptsächlich deshalb, weil sie vorgeben, das Land zu regieren.

Der jugoslawische Dissident und Schriftsteller Milovan Djilas stellte 1957 fest, daß eine kommunistische Führung die Tendenz habe, die Kontrolle über kollektiven Besitz an sich zu reißen. Sie ersetze die alte Elite durch eine neue privilegierte Klasse: eine einfache Sache, wenn keine Gesetze oder Kontrollorgane vorhanden sind, welche sie daran hindern könnten. Besonders dreist war, daß Mao und die anderen Spitzen von Chinas »neuer Klasse« die alten imperialistischen Anlagen von Zhongnanhai bezogen. Zhongnanhai bedeutet »mittlerer und südlicher See« und war als Spielplatz für Regenten und Konkubinen angelegt worden. Mitten in Beijing gelegen und umgeben von einer viereinhalb Meter hohen Mauer, mit stattlichen Bäumen und zwei schimmernden Seen ausgestattet, ist Zhongnanhai die moderne Version der Verbotenen Stadt, ein Ort, der für einen großen Teil der chinesischen Bevölkerung ein paradiesisches Schlaraffenland verkörpert.

Der Volkszorn über die vermutete Verschwendungssucht der Führungskräfte war ein leidenschaftlich diskutiertes Thema während der Demonstrationen auf dem Tiananmen-Platz. Die öffentliche Meinung nährte sich überwiegend von Mutmaßungen und schädigte manchen Ruf mehr, als gerechtfertigt war. Jedesmal wenn es mir und Nick gelang, unter dem oder jenem Vorwand Zhongnanhai zu besuchen, erstaunte uns weniger der Luxus denn die absolute Gewöhnlichkeit der Anlage. Die Häuser waren zwar geräumig, aber die Einrichtungen befanden sich in einem desolaten Zustand, und es fehlte oft am Nötigsten, dies insbesondere in den für ein Haus besonders wichtigen Bereichen wie Küche und Bad: keine Kaffeemaschine, keine Geschirrspüler, kein Müllschlucker, keine komfortablen Duschen. Eine Bekannte, die eine Zeitlang im Haus eines Politbüromitgliedes verbringen konnte, erzählte uns später, unsere Wohnung in Beijing sei viel komfortabler. Selbst Deng Xiaopings Haus verfügte vor der Renovierung 1992 nur morgens während einer halben Stunde und an drei Abenden pro Woche über warmes Wasser. Die alten Revolutionäre fuhren zwar einen Mercedes, aber in ihren Häusern stand es offenbar nicht zum besten.

Anfang der neunziger Jahre verbesserte sich jedoch die Wirtschaftslage, und einmal mehr überrollte der Kapitalismus und das damit verbundene Bedürfnis nach immer mehr das Land. Diesmal schwappte er in großen Wellen über China hinweg und schwemmte westliche Spirituosen, Zigaretten und Kaviar ins Land. Die extravaganten Vergnügungen breiteten sich in der »neuen Klasse« aus, angefangen bei den örtlichen Tyrannen bis hin zur Führung der Kommunistischen Partei. Mitglieder des imperialistischen Gefolges waren zum Schluß gekommen, daß sie ebensogut wie die Kaiser leben konnten. Der ehemalige Ministerpräsident Yang Shangkun, ein kleiner, dicker siebenundachtzigjähriger Greis, welcher die Tugenden der Selbstverleugnung predigt, ist ein sprechendes Beispiel dafür: Wenn er heute ein Bad nimmt, steigt er in einen Whirlpool im Wert von siebentausend Dollar der amerikanischen Gesellschaft Standard Incorporated. Oder nehmen wir Generalsekretär Jiang Zemin, einen fetten Mann mit dem Lieblingsthema Selbstbescheidung: Er ließ sich 1992 in seinem Bad das gleiche Modell einbauen. Und es sieht ganz so aus, als hätte die kommunistische Führung ihre Freude daran, haben sie doch acht weitere Exemplare bestellt und sich danach erkundigt, ob nicht auch ein Modell für zwei Personen erhältlich sei.

Diese Anfrage brachte den Generaldirektor der American Standard etwas in Verlegenheit, und er sagte doch tatsächlich zu mir, er könne sich nicht vorstellen, warum in Zhongnanhai Whirlpools für zwei Personen benötigt würden. »Diese Art Artikel produzieren wir nicht«, ließ er dann Anfang 1992 einen Repräsentanten von Zhongnanhai wissen. Dem Auftrag, je hundert zusammenpassende Toilettenschüsseln und Waschbecken zu liefern, kam er jedoch nach. Diese sollten in Zhongnanhai und Beidaihe, der offiziellen Sommerresidenz am Meer, wo sich die Führungsmitglieder jeweils kühle Erleichterung zu verschaffen pflegen, im Rahmen einer Gesamtrenovation installiert werden.

Eine weitere Schwäche von Yang Shangkun war seine Vorliebe für *hamiguas,* eine beliebte, der Beutelmelone ähnliche chinesische Melonenart aus der nordwestlichen Provinz Xinjiang. 1992 rief einer seiner Mitarbeiter eines Tages einen Bekannten an, der für eine mit uns bekannte Geschäftsfrau arbeitete. Yangs Mitarbeiter bat ihn freizunehmen und fuhr mit ihm zum Flughafen; dort bestiegen die beiden ein Militärflugzeug, das sie per Extraflug nach Xinjiang brachte. Sie luden ein paar *hamiguas* ins Flugzeug und kehrten noch am selben Nachmittag nach Beijing zurück. Wir fanden nie heraus, ob Yang persönlich den Befehl zu diesem Flug gab oder ob dieser auf die Initiative seines Mitarbeiters zurückging, der seine Ergebenheit unter Beweis stellen wollte. Auf jeden Fall war es die Art von Extravaganz, welche der Kaiserinwitwe ein Lächeln auf die Lippen gezaubert hätte und die schon zum Untergang der Qing-Dynastie beitrug.

Nur sehr selten gelang es uns, Einblick in den Lebensstil der Führung zu gewinnen, dies zum Teil auch darum, weil ihre Wohnadressen als Staatsgeheimnis galten. Trotzdem gelang es mir einmal, einen Blick auf das Haus von Hu Yaobang zu werfen, dem – bis zu seiner Amtsenthebung 1987 – Führer der Kommunistischen Partei. Anlaß dazu bot mir sein Tod am 15. April 1989. Wir hatten gehört, daß er in den zwei Jahren nach seiner Amtsenthebung mehrere parteikritische Aufsätze geschrieben habe, und ich wollte versuchen, sie von seinen Angehörigen zu bekommen.

Bekannte verrieten mir, wo Hu lebte, und so fuhr ich mit einem ganzen Berg von Exemplaren der *New York Times* hin, um diese seiner Frau und den Kindern zu geben. Sohn Hu Deping dankte mir für die vielen Zeitungen und bat mich ins Haus. Er führte mich durch das große, grüne Eingangstor, dann über einen kleinen Hof und durch mehrere Flure und Türen, bis wir schließlich in einem kleinen Wohnzimmer landeten. Doch irgendwie wirkte der Raum so steril wie ein Konferenzzimmer auf mich. Es gab einen Fernseher, und an der Wand hingen einige Bilder. Das grüne Sofa, auf dem ich saß, und das Deckchen mit den weißen Spitzen zwischen meinem Rücken und dem Polster – all das sah aus, als stammte es direkt aus Beijings Möbelfabrik Nummer eins. Und mir gegenüber saß Hu Deping in überaus förmlicher Haltung. Mein Vorhaben scheiterte. Die Familienmitglieder erklärten mir, sie würden sich selbst um die Publikation von Hus Werken kümmern und diese in China verlegen lassen.

Ich versuchte auch Zhao Ziyangs Haus zu besuchen, nachdem er während der Tiananmen-Bewegung als Generalsekretär aus der Kommunistischen Partei ausgeschlossen worden war. Zu jenem Zeitpunkt stand er unter Hausarrest, doch wir vernahmen, daß er von Zhongnanhai in die Fuqiang Alley mitten in Beijing gebracht worden sei. Hinzu kam, daß wir sein Geburtsdatum kannten, obwohl dies wie gesagt als Staatsgeheimnis galt. So kaufte ich an seinem siebzigsten Geburtstag am 17. Oktober 1989 einen kleinen Geburtstagskuchen und eine Flasche Wein. So ausgerüstet, schritt ich nervös durch die frische Herbstluft das Sträßchen hinunter, dem Vorplatz seines Hauses entgegen. Ich klopfte an die große Tür, und eine Wache teilte mir durch den Spion mit, es sei niemand zu Hause.

»Kann ich Wang Yannan sehen, bitte?« fragte ich mit einem Lächeln. Es handelte sich um Zhaos Tochter, die nicht viel älter war als ich. Dann wartete ich. Zehn Minuten später erschien eine zierliche Frau in weißem Pullover und dunkler Hose an der roten Tür. Sie war es. »Was kann ich für Sie tun?« fragte sie und winkte mich zu einem anderen Eingang zum Grundstück. Vielleicht dachte sie, ich sei aus geschäftlichen Gründen da oder um ihr die Nachricht einer Freundin zu überbringen.

»Hallo, ich weiß, daß Ihr Vater heute Geburtstag hat, deshalb wollte ich ihm ein Geschenk überreichen und Glück wünschen«, sagte ich leise. »Ich bin Überseechinesin. Ich bin ...«, ich räusperte mich ..., »ich bin Journalistin bei der *New York Times.*« Wang zuckte nicht mit der Wimper. Sie wirkte ruhig und gelassen, aber sie stand still und bat mich nicht weiter. Wir standen draußen in der Kälte und sprachen über das Wetter und den Gesundheitszustand ihres Vaters (»nicht ausgezeichnet, aber zufriedenstellend«).

Ich ließ durchblicken, daß ich das Geschenk ihrem Vater gerne persönlich überreicht hätte, doch sie erklärte mir, das sei nicht möglich. Es sei zur Zeit nicht gut für ihn, sich mit Fremden zu treffen. Wie das bei ihr sei? Konnten wir uns zum Essen verabreden? Nein, es sei auch für sie zur Zeit nicht gut, mit Fremden zusammenzukommen.

In der Regel war es uns nicht möglich, den Wohnsitz amtierender kommunistischer Führer zu besuchen, doch das eine oder andere Mal boten uns die Anwesen Ehemaliger einen visuellen Beweis für deren verschwenderischen und schrulligen Lebensstil. Im Sommer 1992 unternahmen Nick und ich eine Fahrt nach Beidaihe und entdeckten das Beverly Hills von China. Der Urlaubsort am Meer präsentierte sich uns als eine Oase aus tiefgrünem Gras und Bäumen, durchsetzt von den Orchideen und Chrysanthemen, Gänseblümchen und Rosen in den Gärten der weitläufigen Anwesen. Frische Meeresbrisen trugen Salzluft über das Land; es war eine seltene Stätte des Friedens, der Schönheit und der Stille. Jedes wichtige Partei- und Regierungsorgan verfügte über einen eigenen Zufluchtsort samt weißem Sandstrand; wir wohnten in der Residenz des Außenministeriums.

Es war gänzlich unmöglich, in die Häuser der Führungsmitglieder zu gelangen. Doch die Behörden hatten der Öffentlichkeit, etwas kurzsichtig, das Haus Lin Biaos zugänglich gemacht, jenes Verteidigungsministers, der 1971 Maos Sturz herbeizuführen versuchte. Lin Biao wurde nach dem mißglückten Anschlag, wie es hieß, auf der Flucht getötet. Und da er in Ungnade gefallen ist, gilt es als amüsant und angebracht, sich über seinen luxuriösen Geschmack lustig zu machen.

Lin Biaos Anwesen liegt auf einem bewaldeten Hügel über dem Meer und verfügt über zwei Dutzend Zimmer und ein Hallenbad. Lin Biao zog es vor, im Meerwasser zu schwimmen, aber sein Haus befindet sich fast zwei Kilometer vom Meer entfernt, und er war faul. Deshalb ließ er eine Leitung legen, die das Meerwasser direkt in sein Haus führte und durch die das Badewasser täglich erneuert werden konnte. Hunderte von Normalsterblichen reisen an Sommertagen zu Lin Biaos Haus, bewundern den Luxus, betrachten neidisch die endlose Zimmerflucht und bestaunen das Schwimmbad. Als wir uns dort aufhielten, befand sich gerade auch eine Gruppe chinesischer Arbeiterinnen und Arbeiter aus einer Zentralprovinz dort; sie freuten sich, einmal solchen Reichtum sehen zu dürfen, nahmen aber auch Anstoß an der Extravaganz. Eine informierte Chinesin wies uns auf die nur hundert Meter entfernt liegende Residenz von Deng Xiaoping hin. Bewaffnete Wachen schirmen sie ab, einzig das Dach ist zwischen den Baumwipfeln auszumachen. Es fällt schwer, sich der Frage zu enthalten, ob er nicht im selben Luxus schwelgt.

»Mit den Kommunisten rebellierte die bäuerliche Bevölkerung gegen die Dynastie, und dann gelangten sie an die Macht«, sagte Danping, der Universitätsprofessor, welcher eine Zeitlang in Zhongnanhai gelebt hatte. »Aber die Kommunisten wurde noch korrupter als ihre Vorgänger. Im Kapitalismus wird den Leuten von vornherein klargemacht, daß nicht alle gleich sind, daß manche mit einem silbernen Löffel im Mund geboren werden und es weiter bringen als andere. Doch hier verkünden wir stets, alle seien gleich. Dabei haben wir gar keine Einklassengesellschaft. Dies erkennen die Leute, und es ärgert sie.«

Während die meisten Führungspersönlichkeiten persönlich ehrlich wirken und nicht den Eindruck erwecken, als würden sie sich privat bereichern und in der Schweiz ein Nummernkonto eröffnen, offenbaren ihre Nachkommen in dieser Beziehung weniger Skrupel. Dies erzürnt die Durchschnittsbevölkerung, und man bezeichnet sie beißend als *taizis,* als Prinzen und Prinzessinnen, die ihre Verbindungen nutzen, um große Vermögen anzuhäufen. Ende der achtziger Jahre waren die Söhne von Zao Ziyang aufgrund der hemmungslosen Ausschöpfung der ihnen zur Verfügung stehenden Ressourcen in aller Munde. Auch Dengs Kinder führten happige geschäftliche Beutezüge durch. Der älteste Sohn, Deng Pufang, Vorsitzender der Nationalen Behindertenvereinigung, stand in den achtziger Jahren einem großen Handelsunternehmen vor, das Gelder für diese Vereinigung erwirtschaftete. Der Gerechtigkeit halber muß gesagt werden, daß er sicherlich in großem Maß dazu beitrug, den Status der Behinderten in China zu verbessern, doch das Unternehmen wurde derart berüchtigt, daß die Regierung es 1989 schließen mußte.

Dengs jüngster Sohn, Deng Zhifang, ging seine Karriere behutsam an. Er erwarb einen Doktortitel in Physik an der Universität Rochester; sein Sohn kam in den Vereinigten Staaten zur Welt und hat deshalb Anrecht auf die amerikanische Staatsbürgerschaft. Zhifang begann für die China International Trust and Investment Corporation zu arbeiten, einen der größten und erfolgreichsten Staatsbetriebe, und war zu Beginn ein Muster und Vorbild. Er arbeitete hart, lebte bescheiden und fuhr mit dem Rad zur Arbeit. Doch Anfang der neunziger Jahre erlagen viele der Töchter und Söhne alternder Führungspersönlichkeiten den Verlockungen, und Deng Zhifang legte an Ehrgeiz zu. Er sicherte sich eine Stelle im Bauministerium als Steigbügel zum wahren Reichtum und begann große Abschnitte in der Region Pudong nahe Shanghai aufzukaufen. Als sich herausstellte, daß ein Shanghaier Unternehmer ein Stück Land besaß, das zwischen zwei großen Grundstücken lag, die Deng Zhifang bereits besaß, zwang er diesen zum Verkauf.[9] 1993 wickelte Deng Zhifang Geschäfte im Wert von mehreren Millionen mit dem Hongkonger Multimillionär Li Ka-shing ab und erwarb zusammen mit einer Gruppe von Investoren für 75,3 Millionen Dollar einen 74prozentigen Anteil an einer thailändischen Spielzeugfabrik. Es überraschte keinen Menschen, daß der Preis, den diese Gruppe für das Unternehmen bezahlte, gegenüber dem aktuellen Börsenkurs einen Rabatt von dreißig Prozent aufwies: den *taizi*-Rabatt.

Deng Zhifang erklärte, alles, was er getan habe, sei absolut legal, und das mag auch stimmen. Aber alle wußten, daß er Deng Xiaopings Sohn ist, und wetteiferten darum, ihm mit besonderen Angeboten und günstigen Konditionen entgegenzukommen, um ihn in ihr persönliches Netz von *guanxi* einzuflechten. Und Deng Zhifang nutzte das aus. Als einer seiner Freunde ihn auf seine neue, skrupellose Art ansprach, Beziehungen für persönliche Geschäfte zu nutzen, soll er offen geantwortet haben: »Mir bleibt nichts anderes übrig. Vielleicht bleiben mir nur noch wenige Jahre, in denen ich dies tun kann.«

Der Sohn eines Politbüromitglieds führte Nick und mir einmal eines seiner lukrativen Geschäftsvorhaben aus, nämlich wie er 400 000 Dollar verdienen wollte, ohne einen einzigen Dollar an eigenem Geld anzurühren. Sein Investitionsbeitrag, so erklärte er ungeniert, beschränke sich auf *guanxi*. Er biete etwas, das andere Geschäftspartner nicht bieten könnten: Verbindungen zur Führung und damit verbunden Zugang zu Bankkrediten und die Aussicht auf eine fast hundert Prozent sichere Zusage seitens der örtlichen Behörden für das geplante Vorhaben.

Doch niemand wußte seine Beziehungen besser zu nutzen als Larry Yung, der Sohn von Vizepräsident Rong Yiren. In den achtziger Jahren stand Vizepräsident Rong der China International Trust and Investment Company vor. Er machte Sohn Larry zum Direktor der Zweigniederlassung in Hongkong, und Larry ging schon nach kurzer Zeit auf die Überholspur – und er holte sich nur beim echten Fahren Bußen wegen Geschwindigkeitsüberschreitung. Sonst erwirtschaftete Larry gutes Geld für die Firma, und er selbst kam dabei durchaus auch nicht zu kurz. Im Frühjahr 1993 erwarb er für rund zehn Millionen Dollar das zweihundertachtzig Hektar große Anwesen Birch Grove in England. Dabei ging es nicht einfach um irgendein Landgut. Es handelte sich immerhin um den Besitz des ehemaligen britischen Premierministers Harold Macmillan.[10]

Zu Beginn der neunziger Jahre verschwand Deng Xiaoping fast gänzlich von der öffentlichen Bildfläche. Er war nur noch ein- bis zweimal jährlich im Fernsehen zu sehen, kam nie mit ausländischen Würdenträgern zusammen und wurde in den Zeitungen sehr selten erwähnt. Man hätte fast vergessen können, daß er immer noch Kaiser war.

Dann unternahm er im Frühjahr 1992 eine Reise nach Südchina, und einmal mehr wurde ich daran erinnert, wie sehr dieses Land von *renzhi* beherrscht wird. Deng ließ verlauten, er unternehme diese Reise aus rein privaten Gründen, er fahre als normaler Bürger. Doch seine »Reise in den Süden« veränderte China. Alles, was er dabei von sich gab, wurde zu *hongtou wenjians* verarbeitet, jenen besonderen roten Bannern mit roten Überschriften, die ihre Bedeutung unterstreichen. Seine Bemerkungen wurden überall im ganzen Land aufgegriffen und einige seiner Aussprüche (»Sei mutig, geh schneller!«) jedesmal zitiert, wenn die Behörden noch tiefer auf kapitalistischen Tauchgang gehen wollten.

Zudem wurde seine Reise in den Süden offiziell als *xun* bezeichnet, ein Begriff, der in der Regel nur im Zusammenhang mit der Reise eines Kaisers benutzt wird. Niemand sonst unternimmt ein *xun*. Und das Fernsehen, die Zeitungen, die außerordentlichen Schulungssitzungen, sie alle begannen Dengs Reden als *nanxun jianghua* zu bezeichnen, als »Reden des Kaisers auf seiner Reise in den Süden«.

In Wahrheit wurden seine Aussprüche umformuliert, damit sie kaiserlich klangen. Während seiner Besuche in den Städten Zhuhai, Shenzhen, Shunde, Zhongshan und Shanghai machte Deng allenfalls beiläufige Bemerkungen wie: »Jetzt, da ich in Shenzhen bin, kann ich nicht einfach hier sitzen und warten. Ich will sofort nach draußen gehen.« So zumindest zitierte ihn die *Yangcheng Evening News* zwei Monate nach seinem Besuch. Drei Monate später waren Dengs alltägliche Bemerkungen in eine Rede von siebentausend Wörtern verwandelt worden und säuberlich mit Untertiteln in Kategorien unterteilt.

»Ich habe drei Versionen gesehen, und sie unterschieden sich alle sehr voneinander«, meinte Jihong, eine Bekannte von uns und ehemalige Maoistin. »Die erste war sehr familiär gehalten. In der dritten Version fand sich dann plötzlich all das Gerede über Wirtschaft; davon war in der ersten gar nicht die Rede gewesen. Plötzlich ermunterte Deng die Leute, die Wirtschaft anzukurbeln. Seine Töchter, hauptsächlich Deng Nan, haben seine Reden redigiert und ihre wirtschaftlich ausgerichteten Ansichten einfließen lassen. Es erinnert mich an Mao in seinen letzten Tagen.«

In seinen alten Tagen war Mao von mehreren Mitarbeiterinnen umgeben, zumeist jüngeren Frauen, die seine Grunzlaute in Anweisungen umsetzten. Die ehemalige Zugbegleiterin Zhang

Yufeng machte sich eine übliche Schwäche zunutze und arbeitete sich bis zu seinem Schlafzimmer vor, obwohl er genau fünfzig Jahre älter war als sie und sie einen Ehemann in Beijing hatte. Sie lebte im Schwimmbadviertel von Zhongnanhai, welches Mao bezogen hatte. Zunächst wohnte Zhang wie alle anderen Angestellten in einem kleinen Zimmer, doch dann belegte sie die leerstehende Zimmerflucht, die eigentlich Maos Frau Jiang Qing zustand; diese war in ein sechs Kilometer entferntes Gästehaus abgeschoben worden. Zhang hatte große Macht über Mao und konnte sich allerhand herausnehmen und ihn regelrecht abkanzeln. Einmal schrie sie ihn an und beschimpfte ihn; dann stürmte sie aus dem Haus und kehrte in ihre Beijinger Wohnung zurück. Mao wußte sich ohne sie offenbar nicht zu behelfen und schickte seine besten Leute nach ihr aus, um sie zur Rückkehr zu bewegen. Schließlich ließ sie sich erweichen und kehrte nach Zhongnanhai zurück.

Zhang hat zwei Töchter, und die jüngere – 1974 geboren – sieht Mao ähnlich; sie könnte von daher seine Tochter sein. Die Gerüchteküche in Zhongnanhai hätschelte derlei Behauptungen, aber angesichts Maos Alter – er war damals achtzig – erübrigen sich diesbezügliche Theorien wohl von selbst. Tatsache ist, daß Schwangerschaft und Geburt Zhang ins Abseits manövrierten und Nancy Tang, Maos Englischübersetzerin, gleichzeitig eine Chance zu mehr Einfluß boten. Tang, die wie Zhang damals dreißig war, kam Mao näher. Eine Gruppe der obersten chinesischen Führung staunte nicht schlecht, als Mao während eines Treffens einmal Tangs Schultern zu streicheln begann und sie sich daraufhin auf den Boden setzte und an seine Beine lehnte, was die anderen beschämt zu übersehen versuchten.[11]

Nancy Tang und Wang Hairong, weitere Spitzenkräfte, waren sehr vertraut mit Mao und vermochten erhebliche politische Macht auszuüben. So kontrollierten sie praktisch uneingeschränkt den Zugang zu ihm und vertraten ihn bei Treffen des Politbüros. Anläßlich einer dieser Sitzungen verlangten sie von Zhou Enlai, Selbstkritik zu üben, und Zhou gehorchte. Wie alle anderen wagte auch er nicht, den beiden Frauen zu widersprechen. Man wußte nie, ob sie blufften oder ob sie tatsächlich Maos Meinung wiedergaben. Mao verfiel Mitte der siebziger Jahre zusehends und war geistig alles andere als auf der Höhe; zeitweise sprach er nicht einmal mehr verständlich. Doch in China herrscht ein Kaiser selbst dann noch, wenn er nicht mehr sprechen kann.

Dengs Hauptanliegen während seiner »kaiserlichen Reise in den Süden« – oder, besser gesagt, das Hauptanliegen, das ihm seine Töchter in den Mund legten – lautete dahin gehend, China solle die wirtschaftliche Entwicklung vorantreiben, ohne sich Sorgen zu machen, ob die Politik sozialistisch oder kapitalistisch sei. Er betonte, daß die Obrigkeiten damit aufhören sollten, sich in Debatten darüber zu verlieren, ob eine vorgeschlagene Politik als »kapitalistisch« oder als »sozialistisch« zu bezeichnen sei. Statt dessen sollten sie sich einfach fragen, ob sich etwas gut oder schlecht auf Chinas Wohlstand auswirke. In Dengs redigierter Rede wird betont, daß China vom Kapitalismus lernen solle und daß es das Ziel des Landes sei, eine Marktwirtschaft zu errichten. Weder bedeute Sozialismus Planwirtschaft noch sei Kapitalismus gleichzusetzen mit Marktwirtschaft. Als Resultat dieser Belehrungen lief eine explosionsartige Reformwelle durch das ganze Land, und das Vertrauen der Investoren auf einen längerfristigen Bestand der Veränderungen wuchs. Der wirtschaftliche Zuwachs belief sich in jenem Jahr auf 12,8 Prozent.

Dieser Rede nach zu schließen, sieht es so aus, als vertrete der Kaiser die Ansicht, daß das Geschick der Kommunistischen Partei zukünftig direkt vom Ausmaß ihrer Fähigkeit abhänge, die wirtschaftliche Lage des chinesischen Volkes zu verbessern, und daß der Weg zum Wohlstand über die Marktwirtschaft führe. Sie gibt der Befürchtung Ausdruck, ein weiteres Festhalten an der Planwirtschaft werde wie in der Sowjetunion zum Zusammenbruch der Partei führen. Mit anderen Worten, in China könne nur der Kapitalismus den Kommunismus retten.

Doch politische Freiheit war für Deng gleichbedeutend mit politischem Chaos. Der Gedanke daran muß in ihm unwillkürlich Erinnerungen an die Kulturrevolution geweckt haben, als sein Sohn verfolgt wurde und entweder aus dem Fenster fiel oder gestoßen wurde und danach gelähmt war. Natürlich war Deng sich sicherlich im klaren, daß wirtschaftliche Änderungen auch gewisse demokratische Regeln des Kapitalismus nach sich ziehen würden. Er selbst wünschte ausgewählte Elemente von *fazhi* zu fördern, um dem *renzhi* Einhalt zu gebieten. Aber er wünschte keine zänkischen Debatten über das System. Nicht die Verwirklichung der Menschenrechte strebte er mit zusätzlicher Stärkung der Gesetze an, sondern die Einführung einheitlicher, kommerzieller Richtlinien.

Nicholas D. Kristof

冤魂

4 GEISTER

Wer die Vergangenheit benutzt,
um die Gegenwart zu kritisieren,
soll samt seiner Verwandtschaft
umgebracht werden.

Li Si,
chinesischer Ministerpräsident,
3. Jh. v. Chr.

Als Geburts- und Kultstätte des chinesischen Kommunismus gilt Yanan, das kleine Lößdorf im nördlichen Teil von Zentralchina, wo Mao und seine Guerillas in Höhlen lebten und ihre Revolution planten. Die Partei zeichnet es als ein Utopia, wo die Titanen des Langen Marsches unter den bäuerlichen Familien wandelten und ihre Reisschalen mit der Nachbarschaft teilten. Zu diesen jungen Kommunisten in Yanan gehörte auch ein ernsthafter Schriftsteller namens Wang Shiwei, ein glattwangiger junger Mann mit säuberlich gescheiteltem Haar und der gleichen hohen Stirn wie Mao, dem er auch im Ausmaß des revolutionären Feuers ähnlich war. Niemand hätte mehr an die kommunistische Sache glauben können als Wang Shiwei, der die Sowjetunion bereist und mehrere marxistische Werke ins Chinesische übersetzt hatte.

Zu seinem Unglück ging mit dem damals sechsunddreißigjährigen Wang Shiwei 1942 der Idealismus durch, und er veröffentlichte mehrere Artikel in der kommunistischen Presse, in denen er für mehr Egalitarismus eintrat. Denn zu jener Zeit teilte die kommunistische Führung in Yanan sämtliche Parteimitglieder entsprechend ihrem Rang in fünf verschiedene Kategorien ein, und jene der höchsten Kategorie aßen Fleisch, jene der tiefsten dagegen Kohl. Wang warf ihnen dies vor und übte Kritik am Hang der Partei, in Hierarchie und Bürokratismus abzugleiten. Er verlangte außerdem demokratische Wahlen innerhalb der Partei und ermutigte die Leute, sich offener zu äußern.

»Gibt es Dinge«, fragte er, »die wir unseren Führungskräften nicht zu sagen wagen?«

Falls es welche gab, so bestanden, wie sich herausstellen sollte, gute Gründe, Zurückhaltung zu üben. Mao wandte sich nämlich gegen den sanften Wang und denunzierte ihn als Spion der Kuomintang. Man schleppte ihn vor öffentliche Versammlungen, um ihn zu verleumden, doch er weigerte sich, ein Geständnis abzulegen. Also wurden zur Fortsetzung der Hexenjagd seine Freunde und Kameraden vorgeladen und auf ihn angesetzt. Am sechsten aufeinanderfolgenden Versammlungstag brachten seine Kollegen vor, er habe einmal Kontakte mit Trotzkisten unterhalten und so Schreckliches geäußert wie »Stalin hat keinen liebenswerten Charakter«. Einige Monate später schloß die Parteiführung Wang aus der Partei aus und urteilte ihn zusammen mit vier anderen als »Clique von Parteigegnern« ab. Die Partei beschuldigte ihn, die vergangenen dreizehn Jahre als Trotzkist beabsichtigt zu haben, »die Partei als ein konterrevolutionärer Maulwurf« zu unterwandern.

Für einen Menschen wie Wang Shiwei, der sein Leben aufs Spiel gesetzt hatte, um die Revolution voranzutreiben, war dies kaum zu ertragen. Unter Tränen bestritt er, jemals Trotzkist gewesen zu sein, und bettelte förmlich darum, seine Parteimitgliedschaft behalten zu dürfen. Er beschwor sie, ihn nur vorübergehend für sechs Monate auszuschließen.

Dessenungeachtet sperrte ihn die Partei ein und erklärte ihn zu einem »konterrevolutionären Agenten des Feindes«. Fünf Jahre lang hielt die Partei Wang in einer Höhle gefangen und verweigerte ihm jeglichen Besuch. Er brachte seine Tage mit dem Anfertigen von Streichholzschachteln zu. Als die Kommunisten dann 1947 Yanan evakuierten, entschieden sie, daß sie ihn nicht mitnehmen könnten. Entweder wurde Wang erschossen oder, wie mir eine Quelle mitteilt, geköpft.[1]

Ich war empört, als ich von Wang Shiwei und seinem Schicksal erfuhr. Wie viele Menschen in den Vereinigten Staaten und auch in China hatte ich die kommunistischen Kräfte der vierziger Jahre als die Guten betrachtet, die idealistisch und patriotisch Ausgerichteten, welche die korrupte und brutale Kuomintang bekämpften. Fast alles, was ich gelesen hatte, legte nahe, daß die Kommunistische Partei rechtmäßig angefangen habe und dann erst, Ende der fünfziger Jahre, vom rechten Weg abgekommen sei.

Meine Sympathien für die kommunistische Revolution rührten zum Teil von meinen Reisen durch Afrika, Asien und Lateinamerika her – wo die Umverteilung des Bodens oft als eine mehr als gute Idee erschien –, zum Teil aber auch von meiner Lektüre über China vor und nach der »Befreiung« im Jahr 1949. Zum Zeitpunkt der kommunistischen Machtergreifung lag China am Boden, war ein Land, in dem nur wenige lesen konnten, in dem die Inflation so hoch lag, daß die Preise manchmal täglich anstiegen, in dem Grundeigentümer nach Belieben und ungestraft die Töchter ihrer Pächterfamilien vergewaltigen durften, in dem Rikscha-Jungen im Winter auf der Straße erfroren, in dem Zuhälter manchmal junge Mädchen blendeten, in der Annahme, dies fördere ihren Tastsinn und mache sie zu besseren Prostituierten. Die kommunistischen Kräfte übernahmen dieses Wrack von Land und formten es um. Sie geboten der Inflation Einhalt, verteilten das Land, setzten der Opiumsucht und der Prostitution ein Ende, verboten die Kinderehe, propagierten eine Besserstellung der Frauen und gaben den Menschen neue Hoffnung. Der chinesische Gelehrte Zhu Xi hatte schon im zwölften Jahrhundert vorgeschlagen, ein allgemeines öffentliches Bildungssystem einzuführen, aber viele Bauernkinder bekamen erst in den fünfziger Jahren des zwanzigsten Jahrhunderts wirklich die Möglichkeit, zur Schule zu gehen.[2] Für den überwiegenden Teil der armen bäuerlichen Bevölkerung stellte die Revolution von 1949 daher in der Tat eine »Befreiung« dar.

Ich teilte deshalb die schon fast übliche liberale Ansicht, daß die kommunistische Revolution für China an und für sich nichts Schlechtes war, auch wenn die Kommunisten später auf schreckliche Abwege gerieten. Ähnlich sahen auch viele unserer chinesischen Bekannten die Lage der Dinge, als Sheryl und ich 1988 nach Beijing kamen. Ich war mir ziemlich sicher, daß ich als Chinese in den vierziger Jahren ein begeisterter Kommunist gewesen wäre.

Dann zwangen mich die folgenden paar Jahre, Chinas Geschichte Stück für Stück zu überdenken. Allmählich und auf Umwegen spürte ich, daß ich meinen anfänglichen Glauben vom ehrenhaften Beginn der Partei in Frage stellte. Meine chinesischen Bekannten machten den gleichen geistigen Prozeß durch, nämlich die Entmythologisierung der kommunistischen Geschichte. Im Grunde setzten wir uns alle mit dem Geist von Menschen wie Wang Shiwei auseinander. Diese Geister suchen heute das Regime heim, tragen das »Mandat des Himmels« ab – die Quelle der Legitimation für jede chinesische Dynastie.

Die Geschichtsschreibung ist in China seit je ganz besonders ein Instrument der Herrschenden, eher eine Methode, die ihnen zur Legitimation dient, als ein Gegenstand gelehrter Analyse. Die Kommunisten haben, wie die Kaiser vor ihnen, große Anstrengungen unternommen, um jeweils eine Geschichte und Mythologie nach ihren ganz eigenen, persönlichen Bedürfnissen zu schaffen. Die Partei verfügt über eine »zentrale Führungsgruppe für Parteigeschichte« unter dem Vorsitz des früheren Präsidenten des Landes, Yang Shangkun, sowie ein zentrales Forschungszentrum für Parteigeschichte. Jahrzehntelang kontrollierte die Partei ihre Vergangenheit und säuberte sie von Figuren wie Wang Shiwei. Ihr Problem besteht heute darin, daß ihr die Kontrolle über die Geschichte endlich entgleitet.

Wenn Sheryl und ich eine historische Perspektive benötigten, suchten wir oft den über achtzigjährigen Luhui auf, einen ehemals hochrangigen Funktionär, der in einer großen und komfortablen Wohnung lebte – seine Belohnung für lebenslange Unterstützung der Kommunistischen Partei. Früher hatte er im Klubhaus der Führung in der Nähe des Zhongnanhai-Bezirks verkehrt und sogar mit Deng Xiaoping Bridge gespielt. Nun fühlt er sich etwas schwach auf den Beinen und kommt nicht mehr so herum, deshalb brachten wir ihm jeweils an einem freien Nachmittag kantonesische Steaks – sein Leibgericht –, und seine Hausangestellte richtete sie auf dem Eßtisch an. Sobald sie in der Küche verschwunden war, unterhielten Sheryl und ich uns mit Luhui und seiner Frau. Angesichts seines geistigen Hintergrundes rechnete ich zunächst damit, von ihm eine glühende Zusammenfassung der Geschichte des kommunistischen Chinas zu erhalten.

»Manche jungen Leute glauben, die Partei habe China ebensoviel Schaden zugefügt wie Gutes getan«, begann ich daher vorsichtig. »Wie denken Sie darüber?«

»Gutes?« meinte er und legte, ein saftiges Stück Steak zwischen den Stäbchen wiegend, eine Pause ein. »Was soll die Partei denn Gutes getan haben? Mir fällt nichts ein. Es war eine einzige vierzigjährige Katastrophe.«

»So schlimm kann es bestimmt nicht gewesen sein«, protestierte ich, bestürzt, von einem so distinguierten Revolutionär eine derart konterrevolutionäre Äußerung zu hören. »Zumindest in den fünfziger Jahren hat die Partei doch Gutes geleistet.«

Luhui sah mich an, als wäre ich verrückt. »Gutes? Wo? Es war eine Katastrophe. Es gab nicht eine gute Sache, die der Kommunismus hervorbrachte.«

»Was ist mit den Frauen? Sie müssen zugeben, daß es den Frauen heute bessergeht.«

Luhui hielt einen Augenblick inne. Er schien den Gedanken, der Kommunismus habe auch nur irgend etwas Gutes bewirkt, für etwas ganz Neues zu halten. Schließlich sagte er wegwerfend: »Nun ja, die Stellung der Frauen mag sich ein bißchen gebessert haben, vielleicht. Aber das ist auch wirklich das einzige Gute, was die Partei je bewirkt hat. Und sehen Sie sich doch dagegen all die Katastrophen an.«

Stück für Stück gelangen diese Katastrophen nun ins öffentliche Bewußtsein. Als ich nach China kam, konnte ich nicht abschätzen, in welchem Ausmaß lange zurückliegende Ereignisse China heute destabilisieren könnten. Im Westen, wo es erlaubt ist, über Ereignisse offen zu diskutieren und auch darüber zu schreiben, wissen wir in der Regel um die Sünden unserer jüngsten Vergangenheit. Wir wissen, daß wir Weiße die amerikanische Urbevölkerung niedergemetzelt und uns der Sklaverei bedient haben, um unsere Wirtschaft aufzubauen, oder daß John F. Kennedy regelmäßig seine Frau betrog. Unsere Geister und Gespenster wurden ausgetrieben, unsere vermeintlichen Heldengestalten eine Stufe heruntergeholt. Das amerikanische Politiksystem wird noch immer als legitim betrachtet, weil es einigermaßen demokratisch ist und wir keine klare Alternative sehen.

Das kommunistische System in China dagegen ist undemokratisch, und große Teile der chinesischen Bevölkerung sehen verlokkende andere Möglichkeiten. So beruht die Legitimation des politischen Systems nun einmal auf seinen wirtschaftlichen Leistungen und seiner Geschichte. Das Problem ist, daß jedesmal eine Leiche herausfällt, ein Skandal zum Vorschein kommt, sobald die chinesische Geschichtsforschung auch nur in einen Schrank späht. Und wenn eines Tages alle Schränke aufgehen, wird Chinas Mythologie zusammenbrechen und die Gesellschaft sich einem unermeßlichen Trauma gegenübersehen: so ähnlich, als würde man plötzlich herausfinden, daß die eigenen Eltern Ungeheuer sind, welche die Geschwister mißbraucht und die Nachbarn umgebracht haben. In der Sowjetunion der achtziger Jahre hat diese Art Freilegung der Geschichte den ganzen Staat untergraben und zum Zusammenbruch des Kommunismus beigetragen.[3] Sie könnte sich in China letztlich als genauso ernsthafte Herausforderung herausstellen.

Und doch fiel mir jedesmal Chen Longqing ein, wenn ich über die Dämonen der chinesischen Vergangenheit nachdachte, und das beruhigte mich wieder ein wenig. Chen arbeitete eine Zeitlang bei uns als Bürogehilfe, und zwar als einer, den die Regierung geschickt hatte, um uns zu bespitzeln. Er war etwas über fünfzig, kleingewachsen und leicht untersetzt, hatte einen Ansatz zur Glatze und sprach Mandarin mit einem furchtbaren Zhejiang-Akzent. Wir versuchten, uns Chens Unterstützung durch Bezahlung von Überstunden und Bonussen zu erkaufen, aber er wollte durchaus nur Geld annehmen, das über das Amt für diplomatische Dienste lief (welches achtzig Prozent für sich abzweigte). Zuerst zweifelten wir an seiner Treue, weil jeder zweite überzeugte Kommunist, den wir kannten, sich als Heuchler entpuppte, aber als wir seine Geschichte erfuhren, kamen wir zum Schluß, daß seine Loyalität echt war.

Chen wuchs in einem kleinen Dorf in der Provinz Zhejing als Sohn einer landlosen Familie auf, und das Leben war ein harter Kampf ums Überleben. Er konnte die Grundschule besuchen, wo er sich als sehr intelligent erwies und bald Klassenbester war, doch in der Mittelstufe ließen ihn die Eltern nicht mehr hingehen. »Wir haben das Schulgeld nicht, und außerdem brauchen wir dich für die Arbeit auf dem Feld«, sagte ihm sein Vater. Der Junge war verzweifelt und verbrachte die folgenden zwei Wochen von morgens bis abends weinend zu Hause.

Kurz entschlossen erbarmte sich schließlich die Mutter seiner; sie zweigte das Schulgeld vom Familiensparbatzen ab und schickte ihn damit wieder zur Schule. Erneut rückte er an die Spitze vor und konnte bald besser lesen und schreiben als alle anderen im Dorf. Obwohl noch ein Kind, wurde er während der »Befreiung« 1949 mit der ehrenvollen Aufgabe betraut, Buch zu führen über den Boden, der den Grundbesitzenden weggenommen und landlosen Bauernfamilien gegeben wurde; denn niemand konnte so gut schreiben wie er. Als die Kommunistische Partei später die Universitäten öffnete, erhielt Chen die Möglichkeit, seine Ausbildung fortzusetzen und in Beijing einen Universitätsabschluß zu machen. Er wurde Diplomat und später als Assistent ausländischer Presseleute mit der Aufgabe betraut, diese zu bespitzeln. Es war die Art sozialen Aufstiegs, wie ihn sich in seiner Jugendzeit niemand hätte erträumen können, und dem entsprach seine

Dankbarkeit der Partei gegenüber, die ihm als Sohn armer Bauersleute solche Chancen eröffnet hatte. Chen mag beunruhigt sein, wenn Enthüllungen über die Parteigeschichte laut werden, aber sein Vertrauen – und das vieler anderer, die wie er von der Revolution profitierten – werden sie nicht in den Grundfesten erschüttern. Chen wird weiterhin als Spitzel für die Partei arbeiten.

Für Menschen aus Chens Generation, hauptsächlich solche bäuerlicher Herkunft, die Land erhielten, wiegen die frühen Leistungen der Kommunistischen Partei schwer. Die Partei stellte ihren Patriotismus unter Beweis, indem sie Japan und andere imperialistische Kräfte bekämpfte, so wie Tito im ehemaligen Jugoslawien seinen Nationalismus unter Beweis stellte, indem er gegen die Deutschen kämpfte. Die Partei zementierte ihr Mandat des Himmels mit der 1949 verwirklichten Landreform und der sozialen Revolution.

Anders als die Bolschewiken in Rußland, die 1917/18 die Wahlen der verfassunggebenden Versammlung verloren und ihre Macht mit Gewalt errichten mußten, hätte Mao Zedong eine freie Wahl mit höchster Wahrscheinlichkeit gewonnen. Vermutlich ist keine kommunistische Partei sonstwo auf der Welt jemals mit einer so breiten Unterstützung des Volkes an die Macht gekommen wie in China.

Und doch ist für die jungen Menschen in China – und die Hälfte der Bevölkerung ist unter fünfundzwanzig – die Ernüchterung so groß, daß heute viele die unbestreitbaren anfänglichen Errungenschaften der Kommunistischen Partei bestreiten. Zum Teil ist diese veränderte Haltung eine Folge neuerer historischer Werke, hauptsächlich jener Dai Qings, die enthüllen, daß die Partei schon reichlich gewalttätig war, bevor sie die Macht endgültig in den Händen hielt. Je tiefer die Autoren gruben, um so klarer erkannten sie, daß es ein goldenes Zeitalter womöglich gar nie gegeben hat.

So gilt zum Beispiel Zhou Enlai bei vielen Chinesinnen und Chinesen als der anständigste kommunistische Führer, den sie je hatten. Dabei wissen sie wohl kaum, wie er mit der Familie von Gu Shunchang, seinem Sicherheitschef, verfuhr. 1931, als die Partei sich immer noch im Untergrund aufhielt, wurde Gu auf einem Golfplatz in Shanghai von der nationalistischen Regierung verhaftet. Vermutlich unter der Folter gab er die Namen anderer Mitglieder der Kommunistischen Partei preis. Insgesamt wurden rund achthundert verhaftet, was einen enormen Aderlaß bedeutete. Zhou Enlai befand es als unerläßlich, daß alle anderen kommunistischen Gefolgsleute, sollten sie je verhaftet werden, es sich zweimal überlegten, bevor sie verrieten, was sie wußten, und ordnete daher ein gnadenloses Massaker unter Gus sämtlichen Familienangehörigen an. Insgesamt sollen dabei vierundzwanzig Personen umgebracht worden sein, unter ihnen seine Frau, drei Kinder und alle angeheirateten Verwandten.

Selbst die kommunistische Sternstunde, nämlich die fünfziger Jahre, begann mit einem Blutbad. In einer Geheimrede ging Mao 1957 auf die Morde ein, die 1950, 1951 und 1952 während der Kampagne zur Eliminierung konterrevolutionärer Elemente geschahen, und meinte reichlich schwammig: »Im wesentlichen gab es keine Fehler; jene Gruppe von Leuten hätte umgebracht werden sollen. Wie viele im ganzen umgebracht wurden? Siebenhunderttausend wurden umgebracht, [*und*] danach vermutlich über siebzigtausend weitere. Aber weniger als achtzigtausend. Seit dem letzten Jahr haben wir Menschen im wesentlichen nicht umgebracht; nur eine geringe Anzahl Menschen sind umgebracht worden.«[4]

Maos Tonfall in dieser Rede wirkt defensiv, deshalb hat er die Zahl der Opfer fast mit Sicherheit zu tief angesetzt. Außerdem rechnete er die sehr große Zahl jener nicht mit ein, die 1949 und davor auf ihrem Grundbesitz zu Tode geprügelt wurden. Eine viel weitergehende Schätzung der Zahl jener, die während der Geburtswehen der Volksrepublik eines gewaltsamen Todes starben, stammt von Luo Ruiqing, einem früheren Minister für öffentliche Sicherheit. Seiner Schätzung zufolge sollen zwischen 1948 und 1955 vier Millionen Menschen hingerichtet worden sein.[5] Und dies gilt als Maos milde Periode.

Zu diesem Blutzoll kam der Verlust Hunderttausender chinesischer Soldaten im Koreakrieg von 1950 bis 1953 hinzu. Es gibt keine verläßlichen Zahlen, aber Schätzungen der chinesischen Opfer reichen von einer halben bis zu einer Million – vermutlich mehr, als auf koreanischer Seite starben. Dagegen fanden in diesem Krieg weniger als vierunddreißigtausend amerikanische Soldaten den Tod. Der »Krieg, um Amerika Widerstand zu leisten und Korea zu helfen«, wie er auf chinesisch heißt, diente außerdem dazu, die chinesische Bevölkerung endgültig gegen den Westen aufzubringen. In China begannen die Sicherheitskräfte mit der Verfolgung all jener, die Verbindungen zu den Vereinigten Staaten unterhielten.

Das Morden in China ließ Mitte der fünfziger Jahre nach, aber die politischen Massenkampagnen gingen weiter. 1955 wurde der große chinesische Schriftsteller Hu Feng denunziert, gedemütigt und inhaftiert, weil er sich für die künstlerische Freiheit ausgesprochen hatte. In der Kampagne gegen die Rechten von 1957 prangerte die Regierung 552 877 von Chinas klügsten und kühnsten Patrioten und Patriotinnen als »Rechte« an, Männer und Frauen, die gewagt hatten, auf Maos Aufforderung »Laßt hundert Blumen blühen, laßt hundert Schulen miteinander wettstreiten!« zu antworten. In den folgenden zehn Jahren starben Zehntausende dieser sogenannten »Rechten« in Gefangenenlagern, oft an Hunger. Schließlich wurde das Etikett »Rechte« von sämtlichen dieser über einer halben Million Opfer außer sechsundneunzig wieder entfernt, in zahllosen Fällen erst nachdem sie längst tot waren.

Dann folgte im Jahr 1958 Maos verhängnisvoller »Großer Sprung nach vorn« mit dem Ziel, Chinas Stellung außenpolitisch zu stärken und den Westen einzuholen. Statt dessen löste er die größte Hungersnot der Weltgeschichte aus. In vielen Dörfern war das Leben noch nie so hart gewesen, nicht einmal unter dem Joch der Grundbesitzer. Wenn sie überhaupt überlebten, ernährten sich die Bauern von Blättern, Rinde und Gras. Eltern mußten manchmal wählen, welches ihrer Kinder sie ernähren sollten, weil es bei weitem nicht genug für alle gab. Im kleinen Dorf Tuqiao in der Provinz Anhui überlebten nicht wenige nur deshalb, weil sie das Fleisch von Gestorbenen aßen. Dort erzählte mir ein alter Bauer namens Wang Chigang, in jener Hungersnot sei ein Fünftel der Bevölkerung seines Dorfes gestorben.

Laut demographischem Beweismaterial starben in ganz China an die dreißig Millionen Menschen an den Folgen des »Großen Sprungs nach vorn«. Dreißig Millionen! Noch nie waren je so viele Leute in einem einzigen Land aus irgendeinem Grund gestorben, sei dies nun in einem Krieg oder aufgrund einer Naturkatastrophe. Selbst Stalin und seine Henker brachten »nur« etwa zehn Millionen Untertanen durch Hunger oder Hinrichtung um. Die Hungersnot unter dem chinesischen Kommunismus war rund dreimal so schlimm wie die schlimmste Hungersnot der Weltgeschichte, zu der es Ende der siebziger Jahre des achtzehnten Jahrhunderts in Nordchina gekommen war. Mao brachte es fertig, während seiner Herrschaft eine Katastrophe ganz neuer Größenordnung zu erzeugen und fast fünf Prozent seiner Landsleute zu Tode zu bringen: eine Zahl, die der gesamten heutigen Bevölkerung Kaliforniens entspricht.[6]

Doch die Unruhen der fünfziger Jahre schienen mir stets weit zurückzuliegen – bis ich Harold Xu kennenlernte. Harold ist dünn; er trägt eine Brille, und sein Haar wird langsam grau. Vor allem aber ist er reserviert, und er wirkt reichlich nervös. Gut möglich, daß man so weit kommt, wenn man den Großteil des Lebens als Erwachsener im Gefängnis und in Ungnade verbringt.

Sheryl, die Harold kennengelernt hatte, führte ihn eines Tages in mein Büro. Ich war soeben von einer Reise zurückgekehrt und saß vor einem Berg Korrespondenz, die sich in meiner Abwesenheit angehäuft hatte. Deshalb reagierte ich zunächst eher gereizt auf die Störung. Doch als Harold Xu begann, seine Lebensgeschichte zu erzählen, vergaß ich alles andere und hörte ihm gebannt zu.

Harold Xu wurde 1936 in Shanghai geboren. Sein Vater hatte als Geschäftsmann mit Devisenspekulationen ein kleines Vermögen gemacht. Harold lernte sein perfektes Englisch an katholischen Schulen in den ausländischen Enklaven von Shanghai. Die Familie lebte in einem geräumigen, vierstöckigen Haus, und zur Zeit der kommunistischen Revolution erwogen sie die Flucht aus China. Nachdem sie die Möglichkeit eines Umzugs nach Hongkong geprüft hatten, entschlossen sie sich jedoch zum Bleiben.

Die Kommunistische Partei hinterließ damals bei Familie Xu einen guten Eindruck. Obwohl entfernte Verwandte Harolds in Nationalregierung und Armee dienten, belästigte man weder ihn noch seine Familie. Die Partei setzte lediglich der Karriere von Harolds Vater als Spekulant ein Ende, indem sie ihm eine Stellung als Universitätsprofessor besorgte. Das große Haus durfte die Familie behalten. Harold erhielt einen Studienplatz am Fremdspracheninstitut in Beijing und nach seinem Abschluß eine Stelle im Außenministerium. Im Alter von siebzehn Jahren trat Harold als jüngstes chinesisches Mitglied in den diplomatischen Dienst.

1955 arbeitete er als Verbindungsmann zu englischsprachigen Botschaften, und zu der Zeit suchte Zhou Enlai einen neuen Englischdolmetscher. In der engeren Wahl standen schließlich Harold und der etwas ältere (und spätere Untergeneralsekretär der Vereinten Nationen) Ji Chaozu; am Ende fiel die Wahl auf Harold. Dies war eine ganz außerordentliche Ehre, denn Zhou Enlai war Außenminister und Ministerpräsident zugleich. Harold erledigte seine Arbeit hervorragend und dolmetschte schon bald für ausländische Botschaften, wenn immer ihre Mitglieder mit dem Vorsitzenden Mao zusammentrafen. Harold, der geborene Diplomat mit klugem Verstand und charmanter Persönlichkeit, befand sich auf einem Sprungbrett, das ihn gut und gern an die Spitze der Regierung hätte katapultieren können. Er war ein echter Star, viel eher als ein anderer junger Diplomat jener Zeit: der heutige Außenminister und Ministerpräsident Qian Qichen.

Ende 1956 sollte Harold Vorbereitungen für den bevorstehenden Besuch Zhou Enlais in Indien treffen. Der indische Botschafter und seine Frau fragten Harold, in freundlicher Absicht, welche Farben und Speisen Zhou Enlai am liebsten mochte. Zhou sollte in der Residenz des Präsidenten in Neu-Delhi wohnen, und die indische Regierung gedachte, ihm seinen Aufenthalt so angenehm wie möglich zu gestalten.

»Ich bat um die Erlaubnis, diese Informationen über Zhou Enlais Vorlieben weiterzugeben, aber meine Vorgesetzten sagten nein«, erinnerte sich Harold. »Ich beschloß jedoch eigenmächtig, sie trotzdem weiterzugeben.«

Und so ließ er die indischen Verantwortlichen wissen, daß Zhou Fleischbällchen und offenbar die Farbe Violett mochte. Weshalb handelte der damals zwanzigjährige Harold entgegen seinen Anweisungen?

»Aus Eitelkeit«, meinte er rückblickend. »In der indischen Botschaft wußte man, daß mein Stern am Aufgehen war. Es wäre mir peinlich gewesen zu sagen, ich wisse Zhou Enlais Lieblingsfarbe nicht. Ganz einfach. Ich wollte angeben.«

Dann brach Harold nach Indien auf, um dort die Vorbereitungen für den Besuch abzuwickeln. Wie die anderen im diplomatischen Dienst erhielt er während seines Aufenthalts einen Dollar Taschengeld am Tag, aber der Betrag wurde erst am Ende der Reise, nach der Rückkehr nach China, ausgezahlt. Harold verwaltete jedoch auch die Kasse für die Trinkgelder in Indien, und daraus benutzte er einen Teil als Vorschuß für ein paar Einkäufe, nämlich zwei Hemden, mehrere Paar Socken und zwei Kartenspiele. Jemand – wahrscheinlich Harolds Zimmergenosse, der Ende der achtziger Jahre als chinesischer Botschafter nach Washington entsandte Han Xu – bemerkte die Einkäufe und zeigte ihn an. Kaum war Harold nach Beijing zurückgekehrt, zitierte man ihn in das Privathaus des Leiters der Protokollabteilung zu einem »ernsten Gespräch«.

»Ich erzählte dem Boß alles«, berichtete Harold. Als man ihn drängte, auch noch etwaige andere Verfehlungen zu gestehen, gab er zu, daß er sich über die Anweisungen hinweggesetzt und Zhou Enlais Lieblingsspeise und -farbe enthüllt habe. Außerdem, gestand Harold, habe er auch einmal ein Zigarettenetui von der Frau des indischen Botschafters als Geschenk entgegengenommen.

»Dem folgten interne Versammlungen und Sitzungen, in denen ich Selbstkritik üben mußte. Ich denke, sie hielten mich bereits vor der Reise bourgeoiser Tendenzen für schuldig, denn ich trug als einer der ersten Beamten westliche Anzüge... Außerdem mochte ich den gesellschaftlichen Umgang mit ausländischen Diplomaten, und meine Dienstkollegen fanden, das gehe zu weit. Sie fanden, man müsse ein strenges Gesicht aufsetzen, wann immer man die Volksrepublik China vertrete. Einmal hatte ich mit ein paar Leuten vom diplomatischen Dienst Bridge gespielt, und danach schickte mir der Repräsentant Norwegens etwa einmal in der Woche ein paar Zeitungsausschnitte über Bridge. Dies alles kritisierte man nun als sogenannte inoffizielle Beziehung zu ausländischen diplomatischen Vertretungen.

Und so suspendierten sie mich.«

Am 28. April 1957 wurde Harold einmal mehr ins Außenministerium bestellt. Der Vorgesetzte teilte ihm mit, das Ministerium habe beschlossen, die Angelegenheit vor Gericht zu bringen. Etwas naiv dachte Harold, das sei in Ordnung; vielleicht würde ihn das Gericht ja freisprechen. Dann erschien die Polizei und führte ihn in Handschellen hinaus zu einen Jeep – zum Glück waren nicht allzu viele Leute anwesend, welche die Demütigung sahen. Sie fuhren mit ihm zum Paoju, einem baufälligen alten Gefängnis in den Gassen direkt hinter der Stadtmauer. Da erst realisierte Harold den Ernst der Lage. Er dachte an seine Mutter. Er war ihr einziges Kind, und ihm wurde bewußt, wie sehr die Nachricht von seiner Verhaftung sie erschüttern würde; so bat er die Staatsbeamten, sie nicht zu informieren. Sie blieben unverbindlich.

»Der Staatsanwalt erklärte mir, sie würden mich zu einer Gefängnisstrafe von zwei Jahre verurteilen, um mir eine Lektion zu erteilen. Das Außenministerium würde mir englischsprachige Bücher senden, damit ich in diesen zwei Jahren mein Englisch nicht verlerne. Sie sagten, es handle sich um eine erzieherische Maßnahme.«

Zu Harolds Pech rief Mao zur Kampagne gegen die Rechten auf, noch bevor seine Verhandlung stattfand. Die Urteile fielen immer länger aus. Schließlich wurde Harold Ende 1957 zu zehn Jahren Lagerhaft verurteilt. Seine Vergehen bestanden in der Enthüllung von Staatsgeheimnissen (Zhou Enlais Vorlieben) und der

Veruntreuung von Staatsgeldern (dem Vorschuß, mit dem er Hemden kaufte). Bald war keine Rede mehr davon, daß Harold englischsprachige Bücher bekommen oder daß ihn das Außenministerium wieder aufnehmen würde. Harold sollte als abschrekkendes Beispiel dienen. Was sein Seelenheil vielleicht rettete, war sein Optimismus – ein naiver, dummer, unbegründeter Optimismus, der dennoch äußerst beruhigend wirkte. »Als ich das Urteil hörte, zehn Jahre, schoß mir ein Gedanke durch den Kopf: Ich bin zweiunddreißig, wenn ich herauskomme, und das ist immer noch jung. Das geht.«

Harold kam mit anderen Missetätern in ein Lager am Xinkai-See in der Mandschurei, nahe der sowjetischen Grenze. Die Gefangenen arbeiteten auf einem Hof und bauten unter der Aufsicht unbewaffneter Wachmannschaften Weizen und Reis an. Das Lager befand sich inmitten der Wildnis; flüchtende Gefangene hätten, selbst wenn sie weggekommen wären, nirgendwohin gekonnt. Harold arbeitete wie alle anderen acht bis neun Stunden am Tag und bekam alle zwei Wochen einen Tag frei. Das Leben war hart, aber erträglich. Bei der Kommunistischen Partei galten zu der Zeit noch immer die Ideale der Rehabilitierung; man wollte Menschen wie Harold lieber bessern als sie sich zu Feinden machen. Ein Aufseher meinte einmal, die Gefängnisleitung versuche zu vermeiden, daß jemand in Gefangenschaft sterbe, weil dies die Familie des Gefangenen gegen die Regierung aufbringen könnte.

Das Essen war knapp, aber nicht knapper als in den armen Dörfern Chinas. Eine typische Tagesration bestand aus einer Schüssel Maissuppe und siebeneinhalb *wotou* (Maisbrötchen). »Die Suppe täuschte den Magen – man fühlte sich satt, allerdings nur für eine kleine Weile.«

Die landesweite Hungersnot von 1958 bis 1961 verschlimmerte alles. Weil Mais und Weizen knapp waren, begannen die Küchendienste gemahlene Ulmenblätter unter das Mehl zu mischen. Diese enthielten keine Nährstoffe, aber sie vergrößerten wenigstens die Menge, so daß die Mahlzeiten nicht ganz so kläglich wirkten. 1961 trafen Hunderte neuer Gefangener ein, viele davon bereits schwach und krank, und fast alle starben an Hunger und damit verbundenen Krankheiten. »Es gab eine ganz bestimmte Art von Test. Sie drückten dir die Fingerspitze fest ins Bein. Blieb die Stelle eingedrückt und kam nicht wieder heraus, bedeutete dies nichts Gutes. Dann hatte man Ödeme und wurde in ein anderes Lager gebracht. Mehrere Leute aus meiner Brigade wurden in andere Lager gebracht, aber ich habe nie herausgefunden, was dort mit ihnen geschah. Ich weiß nicht, ob sie starben.«

Harold überlebte ohne Schwierigkeiten, weil ihm als Kader die entscheidende Verantwortung für die Vorräte seiner Brigade übertragen worden war. Für ihn bedeutete dies, daß er essen konnte, was er brauchte.

1962 kam er in ein Gefängnis, das näher bei Beijing lag, weil sich die chinesisch-sowjetischen Beziehungen verschlechtert hatten und man mögliche Grenzübergriffe der Sowjets fürchtete. Harold hätte im Falle einer Verschleppung Staatsgeheimnisse ausplaudern können. Bis er seine Haftzeit 1967 abgesessen hatte, arbeitete er in einer gefängniseigenen Aufzugfabrik und später in einer Ziegelei. Während dieser ganzen Zeit glaubte Harold noch immer an die Grundsätze der Kommunistischen Partei und an die Revolution. Man hatte ihn zwar in die Mangel genommen, aber all dies war ja schließlich im Kampf gegen die Korruption geschehen.

Nicht seine persönliche Erfahrung, sondern die Kulturrevolution zerstörte Harolds Illusionen. 1966 leitete Mao die »Große Proletarische Kulturrevolution« ein, um dem beginnenden Bürokratismus in der Partei entgegenzuwirken und diese wieder auf ihren revolutionären Kurs zurückzuführen. »Bombardiert die Zentralen«, rief Mao, und Millionen Roter Garden nahmen ihn beim Wort. Junge Leute, ja, Jugendliche griffen ihre Lehrkräfte an und zwangen sie, auf Glassplittern kniend ihre »Irrtümer« zu gestehen. Kinder prangerten ihre Eltern an, und junge Kader folterten und erniedrigten ihre Vorgesetzten. Eine Zeitlang galt die Weisung, daß Autos an den Ampeln bei Rot fahren und bei Grün warten mußten, weil Rot als revolutionäre Farbe Aktivität signalisiere. Diese Aktion wurde jedoch abgebrochen, da die Gründe nur wenigen so einsichtig waren, daß sie sich daran hielten, und es an größeren Kreuzungen zu Massenkarambolagen kam.[7]

Das Chaos schwappte bis in die höchsten Regierungsebenen hoch. Die Roten Garden verhafteten und folterten selbst Präsident Liu Shaoqi; Liu starb 1969 verwahrlost und ohne jegliche medizinische Versorgung in einer Gefängniszelle an Lungenentzündung. Im Verlauf der »Kulturrevolution« kamen außerdem Hunderttausende weniger zentraler Persönlichkeiten infolge von Mißhandlungen oder, noch häufiger, bewaffneten Auseinandersetzungen zwischen unterschiedlichen Faktionen zu Tode. Die Armee griff schließlich ein, um wieder etwas Ordnung herzustellen, aber nur indem sie die Menschen reihenweise mit Maschinengewehren niedermähte.

Eine Ironie des Schicksals: Die Gefängnismauern boten Harold Schutz. Nach Ablauf seiner Strafe im Jahr 1967 stellte er den Antrag, nach Shanghai zurückzukehren, aber sein Gesuch wurde abgelehnt. Im Gegenteil, man ließ ihn erst gar nicht richtig frei, sondern gab ihm eine Stelle und ein Zimmer in derselben Ziegelei, in der er während seiner Haftstrafe gearbeitet hatte: eine verbreitete Praxis in China; zum einen, weil die Behörden so weiterhin ein Auge auf Exsträflinge haben konnten, und zum anderen, weil die meisten normalen Fabriken keine ehemaligen Sträflinge beschäftigen wollten. In Harolds Fall erwies sich dieses Vorgehen als ein Geschenk des Himmels. Die Roten Garden der Bezirkshauptstadt in der Nähe des Gefängnisses wollten nämlich »gegen« die Häftlinge und Exhäftlinge »kämpfen« und versuchten, in das Gefängnis einzudringen. Die Verwaltung weigerte sich jedoch, sie hereinzulassen, und die Mauern erwiesen sich zum Glück als zu solide, als daß sie sie hätten durchbrechen können.

Erst die Kulturrevolution raubte Harold, wie gesagt, schließlich den Glauben an die Kommunistische Partei. Die Roten Garden plünderten Büros und veröffentlichten Geheimdokumente, um das eine oder andere Führungsmitglied zu diskreditieren; oft wußten sie nicht einmal, worum es in den Dokumenten ging. Aber es gab Leute, die die Wandzeitungen abschrieben oder Kopien von Flugblättern mit der Wiedergabe der Dokumente ins

Gefängnis mitbrachten. Harold las sie voller Entsetzen. »Ich war völlig schockiert. Die geheimen Informationen, die während der Kulturrevolution veröffentlicht wurden, zeigten dem chinesischen Volk, wie totalitär, wie grausam, wie unmenschlich das Regime war. Niemand von uns hatte das gewußt. Aber dann kam alles ans Licht.«

Seiner Illusionen beraubt, wurde Harold 1969 schließlich nach Gucheng geschickt, in ein Dorf in der nordchinesischen Provinz Hebei. Dort arbeitete er mit den Bäuerinnen und Bauern auf den Mais-, Weizen- und Süßkartoffeläckern. Gucheng stellte sich ebenfalls als eine Zufluchtsstätte heraus, denn die ländliche Bevölkerung kümmerte sich nicht um Politik. Die folgenden zehn Jahre verbrachte Harold in diesem Dorf. Erst 1979 durfte er wieder nach Beijing zurückkehren und Englisch unterrichten. In den zweiundzwanzig Jahren waren seine Kenntnisse zwar ein wenig eingerostet, aber es bestand ein so großer Bedarf an Leuten mit Englischkenntnissen, daß er eine Stelle sowie ein *hukou* (Aufenthaltsgenehmigung) für Beijing erhielt.

Es gab eine lange Pause, nachdem wir zum Ende seiner Geschichte gekommen waren. Ich saß schweigend da und schaute ihn an. Während ich über all das nachdachte, was er durchgemacht hatte, fiel mir plötzlich seine Mutter ein, die Frau, die ihre ganze Hoffnung in seine Laufbahn gesetzt hatte. Ich fragte Harold, ob die Staatsanwaltschaft seine Mutter von seiner Verhaftung in Kenntnis gesetzt habe.

Er sagte ja.

»Sie muß sich schrecklich aufgeregt haben darüber«, bemerkte ich.

Er schwieg einen Augenblick. »Sie hat sich das Leben genommen«, sagte er schließlich langsam.

Sie war fünfundfünfzig Jahre alt, als sie 1957 kurz nach seiner Verhaftung ihrem Leben ein Ende setzte, indem sie in der dritten Etage vom Balkon sprang. Die Familie wußte, wie verzweifelt sie war, und Harolds Vetter – damals zwölf Jahre alt – hatte den Auftrag erhalten, sie im Auge zu behalten. Er war nicht schnell genug.

»Mutter wußte, daß mein Vater eine Konkubine hatte, und setzte alle Hoffnungen in mich. Mit meiner Verhaftung schwand ihre letzte Hoffnung. – Ich erhielt die Nachricht im Gefängnis. Mein Vater teilte es mir in einem Brief mit.«

Sheryl und ich trafen uns während unseres Aufenthaltes in Beijing oft mit Harold. Wir sprachen ungezwungen über China, über die Probleme und Hoffnungen, und wir hatten in der Regel ähnliche Ansichten. Ich fragte mich oft, was geschehen wäre, wenn er diese Reise nach Indien nicht gemacht oder wenn Han Xu die Hemden in seinem Koffer nicht entdeckt hätte. Wäre Harold heute Außenminister? Würde er jeden Tag in den Abendnachrichten über die amerikanische Einmischung in »innere Angelegenheiten« der Volksrepublik China herziehen? Würde das Außenministerium mich trotzdem schikanieren und mir mit der Ausweisung drohen?

Ich neige zur Ansicht, daß jemand, der so proper und so intelligent ist wie Harold, einen Unterschied bewirken würde, wenn auch nur einen geringen. Als Außenminister müßte auch Harold eine kompromißlose Haltung vertreten, mit der er nicht immer einverstanden wäre, und er würde lügen und eine Entrüstung an den Tag legen müssen, die er so nicht empfände. Bekannte mehrerer ranghoher Funktionäre – darunter zweier Außenminister – bekannten mir gegenüber, diese seien insgeheim durchaus zivilisiert. Freunde beschrieben Li Zhaoxing, den ehemaligen Sprecher des Außenministeriums und heutigen Botschafter der Vereinten Nationen, als heimlichen Reformer, der in aller Stille interveniert habe, um einen jüngeren Beamten nach Tiananmen aus dem Gefängnis zu bekommen. Mit einem Mikrofon vor dem Mund konnte Li jedoch wie der letzte Fremdenverhetzer daherkommen. Ich konnte mich des Gedankens nicht erwehren, daß Reformer wie er in Wirklichkeit die Gefangenen, Menschen wie Harold dagegen die Befreiten waren. Zumindest hatte man Harold nie seiner Zunge beraubt; er war nie einer ideologischen Gehirnwäsche unterzogen worden.

Und doch muß in aller Fairneß der Regierung gegenüber festgehalten werden, daß das, was Harold zustieß, zumindest eine Grundlage hatte, wenn sie auch in geradezu tückischem und irrem Verhältnis zu seiner Strafe stand. Harold hatte in der Tat Regeln verletzt und öffentliche Gelder mißbraucht. Sein Sturz war nicht die Folge von Neid oder Gier seitens eines Führungsmitglieds, sondern entsprang dem – allerdings systematisch brutalen und zumindest übereifrigen – Versuch der Regierung, die Disziplin zu wahren.

Während der Kulturrevolution verschwand jedoch auch der letzte Rest an kommunistischen Parteigrundsätzen. Jenes chaotische Jahrzehnt untergrub die Legitimation der Partei mehr als alles andere, und die Greuel, die während dieser Zeit vorkamen, lassen sich unmöglich übertreiben. 1992 erhielt ich zum Beispiel ein Bündel Geheimdokumente der Kommunistischen Partei, welche zahlreiche Fälle von Kannibalismus in der südchinesischen Region Guangxi während der Kulturrevolution bezeugen. Ich bekam sie von Zheng Yi, einem chinesischen Schriftsteller und Dissidenten; er hatte sich in einer größeren Untersuchung mit dem Phänomen Kannibalismus befaßt. Zunächst begegnete ich den Dokumenten mit Skepsis, aber je mehr ich darin las und je mehr ich darüber mit Chinesen und Chinesinnen sprach, desto mehr gelangte ich zur Überzeugung, daß sie echt sein mußten. Sie trugen Briefkopf und offizielles Siegel, und es stand jeweils darauf, wie viele Abzüge davon angefertigt worden waren – neununddreißig von dem einem, achtzehn von einem anderen und so weiter.

Laut diesen Dokumenten sind mindestens hundertsiebenunddreißig Menschen – vermutlich aber Hunderte mehr – in den späten sechziger Jahren in den Städten und Dörfern der Provinz Guangxi dem Kannibalismus zum Opfer gefallen. Und da sich in den meisten Fällen mehrere Personen einen Leichnam teilten, muß die Zahl der Kannibalen in die Tausende gegangen sein, was bedeutet, daß es sich offenbar um eines der weltweit größten Vorkommnisse von Kannibalismus in den vergangenen hundert oder noch mehr Jahren handelte. Zudem unterscheidet sich dieser von den meisten anderen bekanntgewordenen Fällen dadurch, daß die Personen, die das Menschenfleisch zu sich nahmen, sich nicht von Hunger oder einer krankhaften Neigung dazu treiben ließen.

Der Zwang dazu war vielmehr ideologischen Ursprungs. Die Fälle von Kannibalismus fanden öffentlich statt, oft von Funktionären der Kommunistischen Partei regelrecht organisiert, und die Leute gaben sich ihm gemeinschaftlich hin, um ihren revolutionären Eifer unter Beweis zu stellen. In einem Fall schnitt sich als erste die ehemalige Freundin des Sohnes vom Fleisch des zuvor massakrierten Schulvorstehers ab: sie mußte beweisen, daß sie kein Mitleid mit ihm empfand und nichts als ebenso »rot« war wie alle andern. An manchen höheren Schulen schlachteten die Schüler ihre Lehrkräfte wie Vieh ab und rösteten die Leichenteile auf dem Schulhof, um sie dann in hysterisch übersteigerter Erregung zu verzehren. So feierten sie ihren Triumph über die »Konterrevolutionäre«. Es heißt, in einigen der von der Regierung geführten Kantinen habe man an Fleischerhaken aufgehängte Leichen zur Schau gestellt und bei den Mahlzeiten den Regierungsangestellten Menschenfleisch vorgesetzt.

Die Dokumente, in die ich Einblick hatte, sind in den achtziger Jahren von den jeweiligen Lokalbehörden abgefaßt worden und nehmen zu den beschriebenen Scheußlichkeiten kritisch Stellung. Die folgenden Sätze stammen aus einer einzigen Seite in einem Bericht über den Verlauf der Kulturrevolution in der Provinz Guizhou:

> *An der Mittelschule des Bezirks Shangsi fand eine Massenveranstaltung über Diktatur statt, anläßlich welcher zwölf Personen, unter ihnen auch Kaderleute, öffentlich umgebracht wurden. Man riß den Leichnamen die Leber heraus und brachte sie in die Kantine der Bezirksregierung. Mehrere Bezirks- und Gemeindefunktionäre nahmen an diesem Vorkommnis teil.*
>
> *Ebenfalls im Bezirk Shangsi in der Gemeinde Siyang: Dort begab sich Wang Shaoteng, der Leiter für militärische Angelegenheiten, zum Dorf Hexing und brachte mit Unterstützung seiner Begleiter Deng Yanxiong um; sie rissen seine Leber heraus, garten sie und aßen sie auf. Wang riet allen zu, von der Menschenleber zu essen, und sagte, das werde ihnen Mut verleihen. Am folgenden Tag organisierte Wang die*

Ermordung von vier weiteren Personen und riß auch diesen Leichnamen die Leber heraus; dann teilte er sie unter zwei oder drei Produktionsgruppen auf, um damit ein Beispiel »kollektiver Diktatur« zu demonstrieren.

Leichname wurden geschändet und verstümmelt, so daß bei aller Schrecklichkeit des Tötens das, was folgte, fast noch schlimmer war. So zum Beispiel der Fall von drei Frauen, nämlich Lu Yu aus der Gemeinde Siyang, der Lehrerin Huang Shaoping an der Grundschule Fluß Guangjiang und Chen Guolian aus dem Verwaltungsbezirk Shikang im Bezirk Hepu. Man prügelte sie zu Tode, stieß ihnen Stöcke in die Vagina und ließ die Leichen nackt am Straßenrand liegen.

In der Gemeinde Beitong im Bezirk Pubei fesselten zehn Schläger von der Arbeitsgruppe Boxue – darunter auch Liu Weixiu und Liu Jiajin – Liu Zhengjian und schleppten ihn und seine siebzehnjährige Tochter zum Berghang. Sie prügelten ihn zu Tode und vergewaltigten dann nacheinander seine Tochter. Dann erschlugen sie die Tochter mit Knüppeln, rissen ihr die Leber heraus und schnitten ihr die Brüste ab und die Vagina heraus.

In der Arbeitseinheit Nabo in der Gemeinde Naqin im Bezirk Dongxing versuchten sie Zhang Yueye hinzurichten, aber er lebte noch, nachdem sie auf ihn geschossen hatten. Darauf zwängte Chen Deji, der Leiter des Amtes gegen Spekulation, einen Sprengsatz in Zhangs Nasenloch. Bei der Explosion flogen Zhangs Fleisch und Blut in die Luft.

Bei den Kämpfen im Bezirk Qinzhou wurde die einer unbedeutenden Faktion angehörende Rundfunksprecherin Lu Jiezhen gefangengenommen und erstochen. Die Angreifer rissen ihr die Kleider vom Leib und stießen ihr einen großen Feuerwerkskörper in die Vagina. Sie zündeten ihn an und ließen ihn explodieren.

Die meisten der Ermordeten waren, wie andernorts in China auch, Angehörige der ehemals grundbesitzenden oder intellektuellen Schicht oder deren Nachkommen. Oder sie hatten sich mit jemand Mächtigem angelegt oder mußten für die angeblichen Sünden ihrer Eltern oder Ehepartner und Ehepartnerinnen büßen. Eine Frau mußte den verstümmelten Leichnam ihres Ehemannes identifizieren und denunzieren; man hatte ihn getötet, das Fleisch von den Knochen gelöst und zu einem großen Teil verspeist. Zur Strafe dafür, daß sie einen »Konterrevolutionär« geliebt hatte, zwang man sie danach, mit seinem abgetrennten Kopf neben sich zu schlafen.

Ein paar wenige, die sich am Kannibalismus von Guangxi beteiligt hatten, erhielten nach dem Ende der Kulturrevolution milde Strafen. Der Bezirk Wuxuan schloß einundneunzig Personen aus der Partei aus, die Menschenfleisch zu sich genommen hatten, und kürzte die Löhne von neununddreißig Nichtmitgliedern, aber niemand wurde für seine Taten offen und ernsthaft zur Rechenschaft gezogen. Eine stellvertretende Regierungschefin des Bezirks Wuxuan, die offenbar mit Vorliebe männliche Genitalien verspeiste, wurde ihres Amtes enthoben und aus der Partei ausgeschlossen. Sie zog aus dem Bezirk weg, und ihr heutiger Aufenthaltsort ist unbekannt.

1980 klagte die Zentralregierung die »Viererbande«, die damals der Regierung angehört hatte, des Mordes und anderer Verbrechen während der Kulturrevolution an. Weitere Strafverfolgungen waren jedoch äußerst selten, und auf kommunaler Ebene war es an der Tagesordnung, daß man buchstäblich ungestraft morden durfte. »Zu den schlimmsten Dingen gehört für die Kinder der Opfer die Tatsache, daß die Mörder nie ernsthaft bestraft wurden«, sagte Zheng Yi. »Sie sagen, daß sie den Personen, die ihre Eltern umgebracht und aufgegessen haben, Tag für Tag auf der Straße begegnen.«

Warum diese Greuel derart ausführlich beschreiben? Weil es nur gerade die sind, von denen wir Kenntnis haben, die, welche dokumentiert sind. Mit der Öffnung des Landes können noch viel mehr solcher Greueltaten an die Öffentlichkeit gelangen und die Legitimation des Regimes in Frage stellen. Irgendwann wird die chinesische Geschichtsforschung ihren großen Tag erleben.

Irgendwie konnte sich die Partei immer aus der Affäre ziehen, denn sie kontrollierte die Geschichtsschreibung. Die gewaltige Hungersnot der späten fünfziger und frühen sechziger Jahre bezeichnete man kurzerhand als »die drei Jahre der Naturkatastrophen« – und sie werden offiziell noch heute so genannt. Dadurch entstand der Eindruck, schuld daran seien Hochwasser und Trokkenheit gewesen und nicht etwa Fehler von Maos diktatorischer Herrschaft. China hat die Zahl der Todesopfer nie eingestanden, weshalb der überwiegende Teil der chinesischen Bevölkerung noch keine Ahnung davon hat, daß diese Hungersnot die schlimmste der Geschichte war. Da die Hungersnot in Büchern und Presse überdies kaum jemals erwähnt wird, weiß die jüngere Generation teilweise nicht einmal mit Sicherheit, daß es damals eine solche gab.

Die chinesische Regierung versteht es wie kaum eine andere, die Wirkung der Sprache zu nutzen, und biegt sie mehrfach auch auf andere Art und Weise für ihre Zwecke zurecht. So nennt sie den Koreakrieg »Krieg, um Amerika Widerstand zu leisten und Korea zu helfen«, den Vietnamkrieg »Krieg, um Amerika Widerstand zu leisten und Vietnam zu helfen«, und die Revolution von 1949 schlicht »Befreiung«. Die chinesische Führung während der Kulturrevolution heißt die »Viererbande«, als wären diese vier Personen um Jiang Qing die alleinigen Schuldigen gewesen und nicht vor allem Mao selbst. Und die Regierung prägte schließlich den Begriff »konterrevolutionäre Zusammenrottung« für die Tiananmen-Demokratie-Bewegung von 1989.

Die Manipulation der Sprache erwies sich als recht erfolgreich. Anfänglich widersetzte ich mich dem Gebrauch dieser suggestiven Ausdrücke, wenn ich Chinesisch sprach, aber ich erkannte bald, daß ich ohne sie manchmal gar nicht kommunizieren konnte. Als ich einen Bauern fragte, was er vor der Revolution von 1949 gemacht habe, sah er mich verwirrt an und fragte, worum es bei dieser Revolution denn gegangen sei. Erst als ich ihn fragte, was er vor der Befreiung gemacht habe, begriff er, wovon ich sprach. Also war ich, wenn auch äußerst widerwillig, manchmal gezwungen, den Begriff »Befreiung« zu benutzen, und es hatte eine subtile psychologische Wirkung: Wenn man etwas hundertmal so genannt hat, gewöhnt man sich an den Gedanken, es sei etwas Gutes gewesen.

Der Astrophysiker und Dissident Fang Lizhi, ein untersetzter Mann mit einem Lachen wie ein vorbeirasselnder Güterzug, spricht in diesem Zusammenhang von der kommunistischen »Technik, die Geschichte zu vergessen«.[8] Damit meint er das erfolgreiche Ausradieren unschmeichelhafter Ereignisse aus der Vergangenheit der Partei. Er erinnert sich an seine eigene Verwirrung, als sich die Kommunistische Partei während der Kampagne gegen die Rechten 1957 hinterhältig gegen ihn wandte; niemals hätte er so etwas für möglich gehalten. Ältere Intellektuelle lachten über seine Naivität, denn sie erinnerten sich an die »Ausrichtungsbewegung« von 1942 in Yanan, bei der der Schriftsteller Wang Shiwei und andere verfolgt wurden. Während der Kulturrevolution war dann die Reihe an Fang, über die Naivität der Roten Garden zu lachen, als sich Mao gegen sie wandte und sie aufs Land schickte. Und 1989 belächelten die ehemaligen Roten Garden, die sich bereits vereinzelte graue Haare auszupften, traurig und wissend die Studentinnen und Studenten, die so entgeistert reagierten, als die Armee ihre Maschinengewehre auf sie richtete.

Und doch, hält auch Professor Fang fest, verliert die Regierung allmählich ihre Macht, die Geschichte nach ihrem Gusto umzuschreiben. 1982 erließ die Kommunistische Partei eine Weisung, die die Publikation weiterer Bücher über die Kulturrevolution verbot, und trotzdem erscheinen immer neue Bücher und Artikel zu dem Thema. Sie gelangen über Taiwan und Hongkong in die Volksrepublik, und dank der Sprünge im kommunistischen Überwachungssystem werden auch in China selbst welche veröffentlicht.

1993 erschien ein neues, bahnbrechendes Buch mit dem Titel *Die Katastrophe der chinesischen Linkspolitik,* in dem leidenschaftlich schmutzige Wäsche der Kommunistischen Partei gewaschen wird.[9] Die unter einem Pseudonym veröffentlichte Untersuchung berichtet sogar von Vorfällen wie der Geschichte Wang Shiweis, die sich vor der Machtergreifung der Partei ereigneten. Sie schildert die Hungersnot von 1958 bis 1961, die Kampagne gegen die Rechten und zahlreiche andere Ereignisse, welche die Kommunisten aus den Akten zu streichen versucht hatten. Das Buch löste einen Wirbel aus, und obwohl es umgehend verboten wurde, verkauften es private Buchhandlungen in rauhen Mengen.

Die »Technik, die Geschichte zu vergessen«, funktioniert also wirklich nicht mehr durchschlagend. Im Kampf der Erinnerung gegen das Vergessen – um einen Gedanken Milan Kunderas aufzunehmen, gewinnt die Erinnerung. Dies trifft besonders für die Zeit nach der Zerschlagung der Tiananmen-Demokratie-Bewegung durch die Regierungstruppen zu. In der Vergangenheit wurden Unterdrückung und Folter im verborgenen angewandt; auf dem Tiananmen-Platz dagegen führte die Partei ihr Massaker direkt vor ausländischen Fernsehkameras durch.

Das erste Anzeichen jener großen Erschütterung Chinas kündigte sich uns am frühen Nachmittag des 15. April 1989 mit schrillem Telefongeklingel an. Am anderen Ende der Leitung sprach Fei Xiadong, ein übersprudelnder junger Journalist des *World Economic Herald* und Kollege von Zhang Weiguo. »Hast du gehört?« rief Fei, kaum daß ich den Hörer abgehoben hatte. »Hu Yaobang ist gestorben.« Hu Yaobang, der ehemalige Führer der Kommunistischen Partei, war Anfang 1987 von den Vertretern des harten Kurses seines Amtes enthoben worden. Solange er an der Macht war, hatte er sich als eher unfähig erwiesen, mit einem Hang zu unüberlegten Neuerungen wie etwa dem Ansinnen, in China die Eßstäbchen durch Messer und Gabel zu ersetzen. Durch seine Entmachtung jedoch wurde er zur Heldengestalt für alle Intellektuellen. Und nun war er auch noch zum Märtyrer geworden.

Hu war von dünnem, geschmeidigem Wuchs, kaum einen Meter sechzig groß. Eine Woche zuvor hatte er einen Herzanfall erlitten – peinlicherweise und sehr unwillkommen nur gerade vierzig Minuten nach Beginn einer Politbüroversammlung. Der Arzt verordnete ihm eine Woche Bettruhe, aber Hu war zu ungeduldig; außerdem hatte er genug von Bettpfannen. Am frühen Morgen des 15. April stand er auf und wollte ins Bad, doch das überstieg seine Kräfte. Ihn traf der Schlag, er brach zusammen und starb.

Feis Stimme sprühte förmlich vor Aufregung, als er mir den Tod von Hu Yaobang am Telefon schilderte. »Wie ich höre, könnte heute abend etwas an der Beijing-Universität los sein«, meinte er. »Vielleicht solltest du hingehen und nachsehen, ob es dort irgendwelche Wandzeitungen gibt.«

Natürlich gab es welche: Wand um Wand trauerte man um Hu Yaobang, schilderte ihn als großen Demokraten, forderte mehr Demokratie und stichelte gar gegen Deng Xiaoping. Auf zwei Plakaten stand unverblümt: »Der Falsche ist gestorben.« Wir verbrachten fast den ganzen Abend unter der Studentenschaft, redeten mit den jungen Leuten, fühlten ihnen auf den Zahn und schätzten das Ausmaß ihres Zornes ab. Sheryl sprach ausführlich mit Wang Dan, einem kleinen, mit seiner Brille etwas eulenhaft wirkenden und immer ernsten Geschichtsstudenten, der nachmaligen zentralen Figur der Tiananmen-Bewegung und dem meistgesuchten Studenten Chinas.

»Dies könnte eine Wende bedeuten«, sagte Wang Dan. Und doch erwartete an jenem Abend weder er noch sonstjemand, daß die Bewegung so anlaufen würde, wie sie es tat.

Deng Xiaoping warf der 89er Demokratie-Bewegung später vor, es habe sich dabei um die Verschwörung einer kleinen Anzahl Konterrevolutionäre gehandelt, welche die Studentenschaft für ihre Zwecke benutzten. In gewisser Hinsicht hatte er recht. Von Anfang an wurden junge Leute wie Wang Dan von verschiedenen Graduierten, Professoren, Geschäftsleuten und Funktionären beraten, geführt – und, ja, auch benutzt. Ein Lenkungsausschuß von etwa zwei Dutzend Personen, viele davon zwischen dreißig und fünfzig, kam jeden Tag zusammen, um bei der Planung der Proteste zu helfen und sie anzuleiten. Zudem stellte dieses »beratende Gremium« ihnen Zehntausende von Dollars zur Verfügung und verschaffte ihnen Autos sowie Zugang zu Druckmaschinen und Versammlungsräumen.

Umgekehrt benutzte aber auch die Studentenschaft das beratende Gremium, nämlich gerade um zu Autos und Druckmaschinen zu gelangen. Es verhielt sich schlicht wie in allen Situationen, an denen Menschen beteiligt sind: Alle benutzten alle – oder, um es milder auszudrücken, alle leisteten ihren Beitrag. Das Gremium hielt sich im Hintergrund, hauptsächlich weil seine Mitglieder die Risiken eines derartigen Engagements kannten; sie befürchteten ein Ende, wie es dann tatsächlich eintrat. Zu ihnen gehörten Personen wie der Schriftsteller Zheng Yi, der Direktor einer Computerfirma namens Wan Runnan und der Journalist Wang Juntao, kurz Menschen, die keine geheimen Absichten verfolgten, sondern sich einfach etwas mehr Demokratie und Offenheit in China wünschten. Viele von ihnen gehörten der Kommunistischen Partei an und wollten diese erhalten und nicht auslöschen. Sie verhielten sich eher wie damals Gorbatschow und nicht wie Jelzin.

Zudem ging die Studentenbewegung einem Machtkampf innerhalb der Parteiführung ins Netz. Zhao Ziyang vom Führungskader, der schon seitens des harten Kerns unter Beschuß geraten war, bevor es die Bewegung gegeben hatte, neigte von seinem Temperament her dazu, mit der Studentenschaft zu sympathisieren. Er ließ sich in seinem Mercedes um den Platz des Himmlischen Friedens fahren und beobachtete durch die getönten Scheiben die dort Versammelten, die ihrerseits nicht erkennen konnten, wer im Wagen saß. Er postierte sich auf der Halle des Volkes und blickte mit Hilfe eines Fernglases auf die Protestierenden hinunter. Er wußte, daß sie, wie er, für Reformen eintraten, und er fragte sich, ob er das Wagnis eingehen sollte, die Unruhen zu seinen Gunsten im Machtkampf einzusetzen.

Zur gleichen Zeit nutzte der harte Kern die Protestkundgebungen, um seine Kampagne zu Zhaos Absetzung voranzutreiben. Das Parteikomitee Beijings unter der Führung zweier berüchtigter Falken verfaßte einen Bericht für Deng Xiaoping, der die extremsten studentischen Slogans – etwa jene, die die Absetzung Dengs oder gar seinen Tod forderten – hervorhob. Als Zhao am 23. April zu einer bereits zuvor geplanten Reise nach Nordkorea aufbrach, wurde man aktiv. Der Ständige Ausschuß des Politbüros unter der Leitung von Ministerpräsident Li Peng, Zhaos größtem Rivalen, trat am nächsten Tag zusammen und kam zum Schluß, es sei entschlossenes Handeln seitens der Partei vonnöten, um den Demonstrationen Einhalt zu gebieten. Am 25. April bahnten sich zwei schwarze Limousinen einen Weg durch die Straßen nördlich der Verbotenen Stadt und bogen schließlich in eine schmale, nur von einer Seite her zugängliche Gasse ein. Eliteleibwächter öffneten das stählerne Tor, um Ministerpräsident Li Peng und Staatspräsident Yang Shangkun in das Haus von Deng Xiaoping einzulassen.

Deng war unerbittlicher Stimmung, was zum Teil auf den Bericht des Parteikomitees von Beijing zurückging. Eifrig kritzelnde Schreibhilfen hielten seine Äußerungen fest. Warnend beschwor er die Situation in anderen kommunistischen Ländern – er erwähnte Polen –, die derlei Proteste geduldet und danach einen wirtschaftlichen Kollaps erlitten hätten. Er lobte die Regierung der Sowjetrepublik Georgien für ihre harten Maßnahmen gegen die Unruhen, wobei er sich auf einen vor kurzem erfolgten Schlag der georgischen Armee bezog, bei dem mindestens neunzehn Protestierende umgekommen waren.

»Wir fürchten uns weder davor, Blut zu vergießen«, sagte Deng, »noch vor der internationalen Reaktion darauf.«

Dengs Kommentare mögen uns brutal erscheinen, wir müssen jedoch einräumen, daß er wohl genauso um Land und Volk bangte wie um die Grundlage seiner Macht. Er war in einer Zeit aufgewachsen, als China zwischen Milizenführern und fremden Eindringlingen zerrissen wurde, und hatte Hungersnöte, Bürgerkrieg und während der Kulturrevolution persönliche Angriffe von marodierenden Roten Garden erlebt. Verschiedenen Quellen zufolge hatten Banditen 1941 seinen eigenen Vater geköpft, zu einer Zeit, da es keine Regierung mehr gab, die für Ordnung hätte sorgen können. All dies nährte in ihm eine grundlegende Angst vor dem Chaos. Für ihn war die Demokratie-Bewegung keinen Deut besser als die ebenso idealistischen Roten Garden zwanzig Jahre zuvor, die seine Familie angegriffen, seinen Sohn zum Krüppel gemacht und seinen Bruder in den Selbstmord getrieben hatten.

Auf Dengs Befehl hin bereitete man einen Leitartikel für die *Volkszeitung* vor, der die Proteste verurteilte, und brachte den Entwurf zum Absegnen noch am selben Abend zu ihm nach Hause.

Dort strich er als erstes jedesmal den Begriff *xuechao* (Studentenbewegung) durch und ersetzte ihn durch *dongluan* (Unruhen), dasselbe negativ besetzte Wort, das zur Beschreibung der Kulturrevolution diente.

Als die *Volkszeitung* am nächsten Tag erschien, prangte der Leitartikel groß aufgemacht ganz oben auf der ersten Seite. »Dies ist eine geplante Verschwörung, ein Aufstand, der in Tat und Wahrheit die Führung der Chinesischen Kommunistischen Partei grundsätzlich ebenso negiert wie das sozialistische System«, hieß es da. »Genossen und Genossinnen der ganzen Partei und das Volk der ganzen Nation müssen sich darüber im klaren sein, daß China Todesqualen erleiden wird, wenn diesen Unruhen kein Ende gesetzt wird.«

Nach dieser Ankündigung konnte niemand mehr die Proteste länger auf die leichte Schulter nehmen. Alle, die weitermachten, würden ihre Karriere, ihre Freiheit, ja vielleicht sogar ihr Leben aufs Spiel setzen. Wang Dan und andere führende Köpfe riefen für den folgenden Tag zu einem Marsch auf den Tiananmen-Platz auf, aber es erschien höchst unwahrscheinlich, daß er zustande kommen würde. Die Studentenführung der nahegelegenen, in Technologie führenden Qinghua-Universität kündigte an, man werde nicht daran teilnehmen. Zehntausende bewaffneter Polizisten wurden an jenem Abend nach Beijing transportiert, wo sie in der Umgebung der Universitäten Stellung bezogen. Mehrere Angehörige der Beijing-Universität, die am folgenden Tag an den Demonstrationen teilzunehmen gedachten, schrieben in dieser Nacht ihr Testament. Man machte sich darauf gefaßt, auf den Straßen zu Tode geprügelt zu werden.

Auf dem Weg zur Beijing-Universität am frühen Morgen des 27. April sah ich, wie Polizisten die Straßen säumten und Blockaden vorbereiteten, um die Demonstrationen mit Gewalt aufzuhalten. Die Hoffnungen schwanden. Die Demokratie-Bewegung schien am Ende.

Dann marschierte knapp vor neun Uhr eine Gruppe Studierender aus dem Haupttor der Universität; sie schwenkten Spruchbänder und skandierten Parolen für mehr Demokratie. Einige hielten ein Spruchband mit der Aufschrift »*Vive la liberté!*« hoch. Andere entrollten ein großes schwarzes Banner; ihr Zielpublikum waren Arbeiter und Arbeiterinnen. »Ihr arbeitet, aber ihr bekommt dafür nichts; euer Leben ist bitter«, stand darauf. Sie bildeten eine kümmerliche, wehrlose Streitkraft, und der ausgemergelte Wang Dan, der sie anzuführen versuchte, wirkte wie ein Sinnbild dafür.

Doch im Lauf der folgenden Stunde geschah ein Wunder. Als die Demonstrierenden die ersten Truppeneinheiten erreichten, setzten die Polizisten ihre Knüppel nicht ein, und nach zehn Minuten Rempelei hatte sich der Zug seinen Weg gebahnt. Scharen von Arbeitern und Arbeiterinnen sowie Jugendlichen schlossen sich ihm an, und auch die nächste Blockade durchbrachen sie.

Folgendes war geschehen: Deng hatte zwar angeordnet, daß die Demonstration im Keim erstickt werden solle, aber er hatte sich nicht mit Einzelheiten aufgehalten. Dies war niedrigeren Funktionären überlassen, allen voran Qiao Shi, dem Leiter der Sicherheitskräfte. Nun aber wollte Qiao, ein vorsichtiger Mann, dessen Tochter in Texas Medizin studierte, weder Deng zu nahe treten noch für den Tod von Studierenden verantwortlich gemacht werden. Nach stundenlangen nächtlichen Diskussionen mit ihm unterstellten Funktionären befahl er deshalb der Polizei, die Demonstrierenden zwar aufzuhalten, sie aber weder zu schlagen noch auf sie zu schießen. Wie sich herausstellen sollte, reichte eine bloße polizeiliche Machtdemonstration jedoch nicht aus.

Selbst der Himmel stand auf seiten der Bewegung: Die Sonne kam hervor und bescherte Beijing einen wunderschönen Frühlingstag, die Bäume und Parks prangten in einem üppigen, satten Grün, und die Stadt selbst strahlte Fröhlichkeit, Wärme und Hoffnung aus. Scharen von Studierenden anderer Universitäten schlossen sich dem Marsch an, ebenso Eltern, Lehrkräfte, Angestellte und viele Leute, die gerade unterwegs waren. Bald wimmelte es auf der breiten Straße von Hunderttausenden wippender Köpfe; so weit das Auge reichte, sah ich nichts anderes mehr. Sogar Brücken und Bäume bogen sich fast unter der Last all derer, die einen Blick auf das Geschehen zu erhaschen hofften. Aus den

Läden eilten Menschen heraus, um den Marschierenden Gratisgetränke zu reichen; viele Alte warfen ihnen von den Balkonen herab Zwischenverpflegung zu. Wann immer der Zug sich näherte, verließen Belegschaft und Angestellte die Fabriken und Büros, um sich der Menge anzuschließen. Rund eine halbe Million Menschen beteiligte sich an dem vierzehnstündigen Marsch zum Tiananmen-Platz und wieder zurück. Auf dem Platz selbst waren schließlich mehrere Militärlaster so sehr eingekeilt, daß man die Demonstrierenden zu Hilfe rufen mußte, um die Polizei zu befreien. Und als die Studenten und Studentinnen spätnachts in die Universität zurückkehrten, erwarteten weißhaarige Professoren sie dort am Tor, umarmten sie weinend und ließen sie hochleben.

An jenem Abend fuhren Sheryl und ich in den Bezirk, in dem sich die *Volkszeitung* befand; wir parkten mehrere hundert Meter weit entfernt und nutzten die Dämmerung, um durch den Hintereingang hineinzuschlüpfen. Ich suchte mir einen Weg durch die Gebäude zum Wohnheim und fand das Zimmer eines mit uns befreundeten Ehepaares. Der sonst schweigsame und zurückhaltende Dalei fiel mir fast um den Hals; ich hatte ihn noch nie so euphorisch erlebt. »Das war unglaublich heute«, meinte er strahlend. »Zum ersten Mal in der chinesischen Geschichte hat das gewöhnliche Volk einen großen Sieg errungen. Der heutige Tag wird in die Geschichte eingehen. Bis jetzt hatten die Leute hier immer Angst vor den Kaisern, ließen sich immer einschüchtern. Das wird nie mehr vorkommen. Merk dir, was ich dir sage – heute ist wahrscheinlich der wichtigste Tag der letzten paar hundert Jahre. Es ist der Beginn einer Revolution.«

Es war einer der aufregendsten Tage meines Lebens, und das gewiß nicht in erster Linie, weil ich an diesem Tag dreißig Jahre alt wurde.

Zhao Ziyang kehrte nach wenigen Tagen aus Nordkorea zurück und versuchte sogleich, die Proteste zur Stärkung seiner Position einzusetzen. »Die gerechtfertigten Forderungen der Studierenden müssen erfüllt werden«, erklärte er in einer Rede, und sein Chefberater Bao Tong befahl den Zeitungen und Fernsehstationen, diesen Kommentar gut plaziert zu bringen. Zhao und seine

Anhängerschaft wiesen die Nachrichtenredaktionen zudem an, über die Protestkundgebungen zu berichten. In der Folge erschien eine Welle von Reportagen, die der Demokratie-Bewegung neuen Auftrieb gaben. Die Öffentlichkeit spürte die Spaltung in der Führung und unterstützte die Bewegung noch unverhohlener.

Mitte Mai traf Michail Gorbatschow zu einem Gipfeltreffen in Beijing ein, das zum Ziel hatte, die chinesisch-sowjetischen Beziehungen nach dreißig Jahren des Zerwürfnisses zu normalisieren. Er wurde von den Demonstrierenden wie ein Held empfangen, galten ihnen doch seine Anstrengungen, das sowjetische System menschlicher und toleranter zu gestalten, als Vorbild. Sie hatten inzwischen einen Hungerstreik begonnen, was sich als genialer Schachzug erwies und ihnen enorme Sympathien bei der gewöhnlichen Arbeiterschaft einbrachte. Sie hungerten auf dem Tiananmen-Platz, und in regelmäßigen Abständen fielen einzelne in Ohnmacht und mußten zur Reanimation ins Krankenhaus gebracht werden. Wann immer die Bewußtlosen mit der Ambulanz in die Krankenhäuser gefahren wurden, ließ das Heulen der Sirenen die Herzen erbeben. Kaum daß sie wieder zu sich kamen und sich etwas erholt hatten, zogen die Streikenden die Schläuche aus ihrem Arm und verlangten, wieder auf den Tiananmen-Platz zurückgebracht zu werden, um dort weiterzuhungern.

»Uns blutet das Herz, wenn wir eine Ambulanz hören«, sagte eine grauhaarige Lehrerin schluchzend zu Sheryl. Sie stand am Boulevard des Ewigen Friedens und sah zu, wie die Krankenwagen mit ohnmächtig Gewordenen vorbeirasten. »Sie sind keine Kinder mehr. Sie sind Chinas Hoffnung.« Und als sie – eine von rund einer Million, die auf die Straßen Beijings gegangen waren, um die Protestierenden zu unterstützen – sah, wie ein paar Jugendliche einen Pappkarton herumreichten, um Geld zu sammeln, zog sie ihren zerschlissenen Geldbeutel hervor und spendete 20 Yuan – einen Wochenlohn. »Ich will ihnen damit danken«, sagte sie. »Sie stehen für unsere Herzen. Sie stehen für unsere Hoffnungen.«

Vielleicht hätte die Studentenbewegung gewonnen, wenn

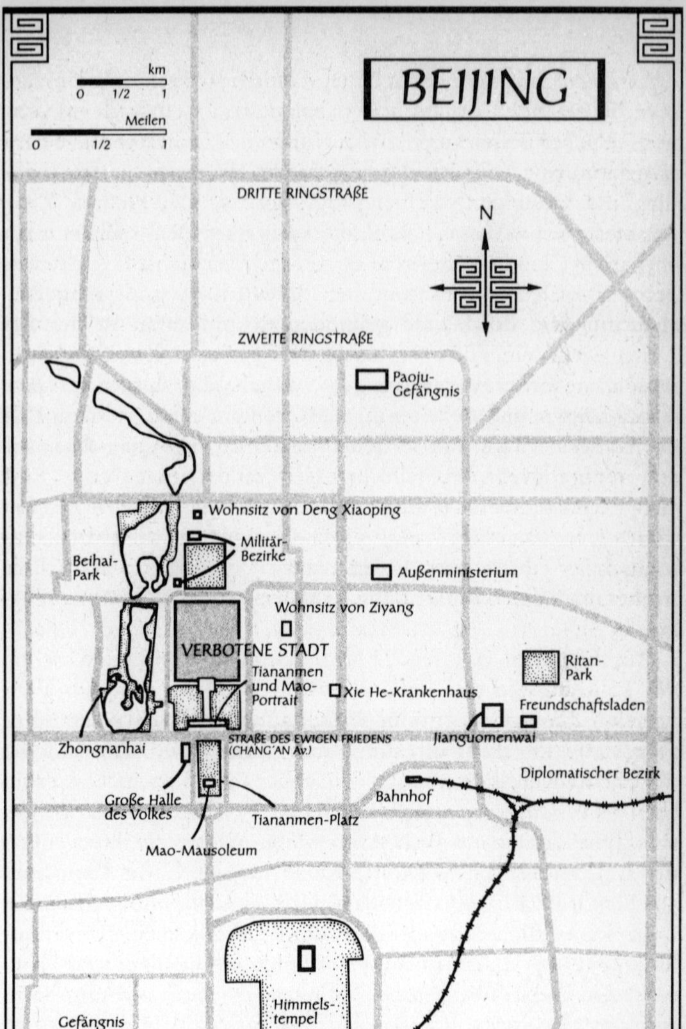
BEIJING
km
0 1/2 1
Meilen
0 1/2 1
N
DRITTE RINGSTRAßE
ZWEITE RINGSTRAßE
Paoju-Gefängnis
Wohnsitz von Deng Xiaoping
Militär-Bezirke
Beihai-Park
Außenministerium
Wohnsitz von Ziyang
VERBOTENE STADT
Ritan-Park
Tiananmen und Mao-Portrait
Xie He-Krankenhaus
Freundschaftsladen
Zhongnanhai
STRAßE DES EWIGEN FRIEDENS (CHANG'AN AV.)
Jianguomenwai
Diplomatischer Bezirk
Bahnhof
Große Halle des Volkes
Tiananmen-Platz
Mao-Mausoleum
Himmels-tempel
Gefängnis Nr.1
©A. Karl/J. Kemp 1994

Zhao Ziyang nicht versucht hätte, dadurch an die Macht zu kommen. Er erzählte Gorbatschow in einem Kommentar, der am chinesischen Fernsehen ausgestrahlt wurde, das Zentralkomitee habe insgeheim eine Resolution verabschiedet, die verlange, daß wichtige Entscheidungen von Deng abgesegnet werden müßten. Zhao maskierte seine Aussage als Bemerkung über Dengs Bedeutung, aber ganz China wußte, was er zu sagen versuchte: »Ich würde gerne einen Kompromiß mit der Studentenbewegung schließen, aber mir sind die Hände gebunden; schuld daran ist der alte Deng.« Am folgenden Tag waren die Straßen voll mit Wandzeitungen; sie forderten von Deng die Aufgabe aller Ämter. Ein paar Arbeiterinnen und Arbeiter marschierten mit einem riesigen Bild der Kaiserinwitwe und letzten Herrscherin der Qing-Dynastie auf, nur prangte an der Stelle ihres Gesichts dasjenige Dengs. Eine Gruppe prominenter Intellektueller setzte einen offenen Brief in Umlauf, in dem es hieß: »Die Qing-Dynastie ist schon vor sechsundsiebzig Jahren ausgelöscht worden. Trotzdem hat China immer noch einen Kaiser ohne Krone, einen alten, albernen Diktator.«

Am folgenden Tag, dem 17. Mai, wurde der Ständige Ausschuß des Politbüros in das Haus des zornbebenden Deng Xiaoping berufen. Zhao verlangte eine Aussöhnung mit den Studierenden, aber niemand ergriff mit ihm Partei gegen Deng. Die anderen über achtzigjährigen Greise – die sogenannten »acht Unsterblichen« – verlangten ebenfalls eine Niederschlagung, und obwohl sie offiziell bereits im Ruhestand waren, setzten sie ihren Willen durch. Darauf schrieb Zhao ein Rücktrittsgesuch, das Deng aber ablehnte, und Zhao erklärte darauf, er sei krank und nicht in der Lage, seine Pflichten zu erfüllen. Am 19. Mai fand eine Versammlung statt, um den Ausnahmezustand zu verhängen, und Zhao sollte den Vorsitz übernehmen; er befand es jedoch nicht für nötig zu erscheinen.

Sheryl und ich hielten uns an jenem Abend beim *World Economic Herald* auf und sprachen mit Zhang Weiguo über den Schlagabtausch im Politbüro. Zhang erhielt einen Anruf und sagte zu uns, auf dem Tiananmen-Platz werde demnächst der Ausnahmezustand verkündet; also gingen wir mit ihm zum Platz hinüber. Li Pengs Stimme dröhnte, vor Wut angespannt, über die Lautsprecher. »Die Hauptstadt befindet sich in einer kritischen Situation«, schrie er. Er war so nervös, daß er ein chinesisches Schriftzeichen nach dem anderen falsch aussprach. Unsere Bekannten johlten bei jedem Fehler, aber sie gerieten außer sich vor Zorn über den Inhalt der Ankündigung. Danping – Sohn eines Generals, der Universitätsprofessor geworden war –, einer unserer besten chinesischen Freunde, den wir per Zufall trafen, kochte förmlich vor Wut.

»Die Regierung ist verrückt«, rief er, während Li Pengs Stimme weiter über den Platz hallte. »Wie kann er nur denken, gegen eine derart klare Demonstration des Volkswillens vorgehen zu können? Je mehr Blut vergossen wird, um so wütender werden die Leute, und um so schneller wird das Volk die Regierung stürzen.«

Danping hatte uns ein paar Monate zuvor gesagt, er werde sich der Dissidentenbewegung nicht anschließen. »Wir können viel mehr erreichen, wenn wir auf eine Veränderung innerhalb des Systems hinarbeiten, in der Gesetzgebung, in der Wirtschaft«, hatte er damals gesagt. Aber nach der Verhängung des Ausnahmezustands gesellte er sich zu seinen Studenten und Studentinnen auf dem Tiananmen-Platz und widersetzte sich offen der Kommunistischen Partei. »Wie kann ich in der Universität sitzen und Forschungsaufsätze verfassen, während sie ihr Leben riskieren?« fragte er. »Wenn sie gewillt sind, diese Gefahr auf sich zu nehmen, dann werde auch ich Stellung beziehen. Und wenn die Panzer sie überrollen, dann müssen sie zuerst mich überrollen.«

Zhao Ziyang mußte einsehen, daß er unter Hausarrest stand; er durfte sein Haus in Zhongnanhai nicht verlassen. Seine neun Leibwächter wurden ausgewechselt, und die neuen gehorchten nicht seinen, sondern den Anweisungen des Politbüros. Rund 200 000 Soldaten aus ganz China hatten um Beijing Stellung bezogen, aber ihr Anblick war nicht unmittelbar bedrohlich. Ihre Kommandanten wußten, daß die Partei gespalten war, deshalb blieben die Truppen auf ihren Posten. Sie mußten Vorhaltungen von seiten der Menschen in den Straßen über sich ergehen lassen, flehentliche Bitten, die Demonstrierenden nicht zu überrollen. Die Studenten ließen bei den Militärlastwagen die Luft aus den Reifen und entfernten zum Teil die Zündkerzen, während die Soldaten, ohne sich zu rühren, und ausdruckslos hinten auf den Ladeflächen saßen. Die meisten waren achtzehnjährige Bauernburschen und noch nie in ihrem Leben in Beijing gewesen. Sie waren vor Schreck völlig erstarrt.

In ganz Beijing bildeten Hunderttausende noch immer lebendige Straßenblockaden, indem sie sich vor die Panzer legten, um sie am Losfahren zu hindern. Eines Abends ging Sheryl bei der *Volkszeitung* vorbei, um zu sehen, wie es Dalei und seiner Frau ging und was sich in der Redaktion abspielte. Dalei war eben dabei, seinem jüngeren Bruder eine Standpauke zu halten, einem Universitätsstudenten, der gehen und die Nacht auf dem Tiananmen-Platz verbringen wollte, um die Truppen in Schach zu halten.

»Laß dir ja nicht einfallen, heute abend rauszugehen«, schalt Dalei mit bebender Stimme. »Mutter hat ihr ganzes Leben darauf verwandt, uns aufzuziehen. Die Regierung, diese Truppen – wenn sie zum Einsatz kommen, kennen sie keine Gnade.« Sein Bruder ließ sich auf einen Stuhl fallen und nickte unterwürfig. Ein paar Minuten später schlenderte er davon.

»Dalei, was, glaubst du, wird passieren?« fragte Sheryl.

»Ich weiß es nicht, aber ich mache mir Sorgen«, gab er zur Antwort. »Ich fürchte, da draußen wird Blut fließen.«

»Was machst du heute abend?« fragte Sheryl.

»Ich gehe zum Tiananmen-Platz«, sagte Dalei. »Ich muß hinaus und sie unterstützen. Wenn sie bereit sind, für die Demokratie einzustehen, müssen wir anderen ihnen zur Seite stehen.«

Am Samstag, dem 3. Juni, in den Stunden vor der Morgendämmerung, hielt die Bevölkerung einen Bus ohne Kennzeichen an, der den Truppen Maschinengewehre und Munition bringen sollte, und nahm die Waffen an sich. Hardliner nutzten den Vorfall als Argument, die »Konterrevolutionäre« stählen Waffen und bereiteten einen Angriff auf die Partei vor. Am Abend erteilte das Büro für die Durchsetzung des Kriegsrechts allen Militärkommandanten den Befehl, wenn nötig Schußwaffen einzusetzen. Das größte historische Geheimnis der vergangenen Jahre ist, wer schließlich den Schießbefehl gab; er wurde offenbar nirgendwo schriftlich festgehalten.

Deng Xiaopings Kinder erzählten Bekannten, ihr Vater habe den Befehl nicht erteilt und vorher nichts davon gewußt, wenn er sich im nachhinein auch dahinterstellte. Auch Chen Yun, der achtzigjährige Mentor der Hardliner und zu jener Zeit mächtigste Figur nach Deng, ließ verlauten, er habe nichts zu tun gehabt mit dem Beschluß, das Feuer zu eröffnen. Am naheliegendsten ist wohl, daß Deng Anweisungen gab im Stil von, es gelte, »harte Maßnahmen zu ergreifen, um den Unruhen ein Ende zu setzen«, und »das Chaos muß unverzüglich aufhören«. Ich persönlich hege den Verdacht, daß Yang Shangkun, damals Präsident und Vizevorsitzender der zentralen Militärkommission, den Befehl gab, die Truppen sollten ihre Gewehre laden und noch am selben Abend, wenn nötig unter Anwendung ihrer Schußwaffen, zum Tiananmen-Platz vordringen.

Um die Soldaten anzustacheln und damit sie schneller vorrückten, erklärten die Generäle die Angelegenheit zu einem Wettkampf: Die 27. und die 38. Armee traten gegeneinander an wie bei einem Rennen, und die ganze Ehre sollte denen zukommen, die als erste auf dem Tiananmen-Platz anlangten. »Genossen!« brüllte ein Armeeoffizier seinen Soldaten vor dem Abmarsch zu. »Die gegenwärtige Situation ist äußerst gefährlich, dieser Aufruhr der Studenten hat in der Hauptstadt bereits zu Unruhen und einer konterrevolutionären Rebellion geführt ... Wir müssen auf den Tiananmen und den Platz besetzen! Wir müssen die Partei schützen, wir müssen die Regierung schützen, wir müssen die Hauptstadt schützen!«[10] Mit ähnlichen Aufrufen riefen die Offiziere und politischen Kommissare in ganz Beijing ihre Truppen dazu auf, die »Rowdys« zusammenzuschießen. In der Einsatzzentrale in der Halle des Volkes verschoben die Generäle ihre Nadeln auf dem Operationsplan, wo sie die Truppenbewegungen verfolgten, und erteilten über Funk Anweisungen, schneller vorzugehen.

Sheryl und ich saßen am Abend des 3. Juni vor unseren Computern und tippten hektisch. Um 23.38 Uhr kam ein »DRINGEND« über unseren AP-Ticker: »Das chinesische Militär eröffnete das Feuer auf die Menge, die zu Zehntausenden auf die Straßen Beijings geströmt waren, um dem Vormarsch der Truppen Einhalt zu gebieten.«

Sheryl begann sofort in den Krankenhäusern anzurufen und nahm Telefonanrufe entgegen, und ich eilte zum Tiananmen-Platz. Der Panzerblockaden wegen war an Autofahren nicht zu denken, also nahm ich mein Phoenix-Fahrrad und raste den Boulevard des Ewigen Friedens hinunter.

Es war eine verrückte Fahrt. Vor mir vernahm ich unaufhörlich das Geknatter von Gewehrsalven, und Scharen von Menschen strömten mir entgegen; sie liefen vor den Schüssen weg und auf mich zu. Über den Lenker gebeugt, jagte ich um die Panzerblokkaden herum und sann über die Absurdität eines Berufs nach, der einen zwang, in die Richtung zu eilen, aus der alle wegliefen. Es dauerte nicht lange, und ich war auf dem Tiananmen-Platz an vorderster Front. Ich stellte mein Rad am Nordende des Platzes ab, etwa hundertfünfzig Meter von den Linien der grünuniformierten Truppen entfernt. Zwei gepanzerte Personentransporter brannten, von Demonstrierenden mit Molotowcocktails angezündet, und der beißende Rauch brannte mir in den Augen. Wenige Minuten später begannen die Soldaten zu schießen. Zuerst dachte ich, sie feuerten mit Platzpatronen, aber dann stürzten mehrere Personen verletzt oder tot zu Boden – und ich schloß mich Hals über Kopf der panikartigen Flucht an, rannte den Boulevard entlang von den Truppen weg und ließ mein Fahrrad zurück.[12]

Zwei Stunden lang drangen die Truppen allmählich immer weiter in die Menge vor und schossen bei jedem Vorstoß. Die Menschenmassen zogen sich jedesmal zurück, aber sie waren nun so außer sich, daß sie sich gleich wieder sammelten und Steine in Richtung der Soldaten zu werfen begannen. Kein Stein landete auch nur in der Nähe der Truppen, aber die Soldaten feuerten sofort wieder, und weitere Jugendliche stürzten zu Boden. Nachdem sich die Menge zurückgezogen hatte, traten die Rikschafahrer – zumeist Bauern oder ungelernte Arbeiter – mutig den Soldaten entgegen und fuhren langsam mit ihren Gefährten ins Niemandsland vor, um die Verwundeten und die Toten zu bergen. Heftig die Pedale tretend, kamen sie dann mit ihren Rikschas zurück, und Tränen rannen ihnen über die Wangen.

Frustriert, weil sie die Soldaten nicht angreifen konnten, nahmen die Demonstrierenden einen Bus in Beschlag. Rund ein Dutzend junger Leute standen im Mittelgang; sie waren zum Teil mit Molotowcocktails oder Eisenstangen bewaffnet und winkten aus dem Fenster der sie anfeuernden Menge zu. Am Steuer saß ein junger Mann von vielleicht zwanzig Jahren, klein, voller Angst, aber entschlossen. Er konnte nicht sehr gut fahren, aber er beschleunigte allmählich und steuerte den Bus schließlich mit einer Geschwindigkeit von vielleicht fünfundzwanzig Kilometern in der Stunde um die Barrikaden herum auf die Truppen zu. Der Bus hatte noch nicht die Hälfte der Strecke zurückgelegt, da eröffneten die Truppen das Feuer. Mit Tausenden von Salven durchlöcherten sie den Bus, die Fensterscheiben sprangen heraus, und doch fuhr er noch wenige Augenblicke weiter – vielleicht war der Junge auf das Gaspedal gefallen. Dann kam er zum Stehen. Schweigend blickte ich hinüber, außer mir vor Angst, getroffen zu werden, aber zu ergriffen von der Szene, um wegzulaufen, und wagte kaum zu atmen. Zehn Sekunden lang rührte sich nichts in dem Bus. Dann sprang schließlich eine einzelne Person aus dem Hinterausgang und lief zurück in Sicherheit. Alle andern waren offenbar erschossen worden.

Wenige Minuten später brach eine weitere Gruppe junger Leute zur gleichen Selbstmordaktion auf. Ihr Bus kam nicht einmal so weit wie der erste. Die Soldaten eröffneten das Feuer, das Fahrzeug kam zum Stehen und ging dann in Flammen auf. Diesmal kam niemand mehr heraus.

Die Menschen in der Menge waren hysterisch vor Trauer und Wut, und das Notizbuch, das ich umklammert hielt, verschmierte sich zusehends von meinem Angstschweiß. Demonstrierende packten mich und rissen mich hierhin und dorthin. Sie wollten, daß ich die blutüberströmten Körper sah, die die Rikschafahrer in die Krankenhäuser brachten. Sie wußten, daß den Schüssen ein erzwungenes Schweigen folgen würde, daß sie selbst nirgends als in der Sicherheit ihres Zuhauses würden beschreiben können, was geschehen war, und daß sie sich auf Anwesende aus dem Ausland verlassen mußten, um darüber berichten zu können.

»Erzählen Sie's der ganzen Welt!« rief mir ein zwanzigjähriger Kunststudent mit verwirrtem Haarschopf zu. Er packte mich an der Schulter und schrie fast unverständlich vor Wut: »Sie müssen der Welt erzählen, was hier geschieht, sonst zählt dies alles nichts. Erzählen Sie's der Welt!«

Auf der Straße befand sich auch ein einunddreißigjähriger Ingenieur namens Yuejin mit sieben eingetragenen Patenten. Er und seine Frau waren den ganzen Morgen durch die Straßen gegangen und hatten dabei gesehen, wie die Soldaten freundlich mit der Bevölkerung plauderten. Mittags um elf ging sie nach Hause, um ihr vierjähriges Kind zu versorgen, er aber kam erst um Mitternacht zurück, als die Schießerei begann.

Während er seinen Namen, seine Adresse und seine Telefonnummer auf einen Zettel kritzelte, sagte er: »Ich muß sofort wieder raus.« Er steckte das Papier in die Tasche, für den Fall, daß ihm etwas zustoßen sollte. Seine Frau bat ihn inständig, zu Hause zu bleiben, aber er ließ sich nicht von seinem Vorhaben abbringen.

»Da draußen herrscht Gewalt, und die von der Universität sind hilflos und schwach«, sagte er zu ihr. »Ich muß ihnen doch helfen.«

Der Frau blieb nichts anderes übrig, als zu Hause beim Kind zu bleiben und zu warten. Sie lauschte auf die Schüsse. Um drei Uhr in der Frühe klingelte das Telefon.

»Wei?« meldete sie sich mit dem üblichen chinesischen Gruß.

»Wei? Hier ist das Krankenhaus Xie He.« Die Schwester nannte den Namen ihres Mannes und fragte, ob er da wohne. Für die Ehefrau brach die Welt zusammen.

»Er hat einen Magenschuß«, sagte die Schwester, »und muß notfallmäßig operiert werden. Es geht ihm nicht besonders gut.«

Ungefähr zur selben Zeit hatten die Truppen die Menge aus der Umgebung des Beijing-Hotels verdrängt, und ich lief anderthalb Kilometer zu ebendiesem Krankenhaus. Dort herrschte ein blutiges Chaos. Hunderte von Verletzten lagen auf dem Fußboden, und es gelang mir nicht, Bekannte zu finden, von denen mehrere als Arzt oder Ärztin dort arbeiteten. Aber ich sah entsetzt die Einschußlöcher in den Ambulanzfahrzeugen, und die sie gefahren hatten, erzählten, wie die Truppen auf sie schossen, während sie versuchten, Verwundete zu bergen.

Vom Krankenhaus lief ich die ganzen fünf Kilometer nach Hause. Ich war wie von Sinnen, und jede Faser in mir brannte vor Zorn auf China.

Sheryl und die anderen im Büro waren verzweifelt, weil ich noch nicht zurück war und doch wissen mußte, daß der Redaktionsschluß immer näherrückte. Sie fürchteten, ich sei erschossen worden. Dabei gab es dafür eine einfache Erklärung: Ich hatte vergessen, daß Samstag abend und daher – für die Sonntagsausgabe – früher Redaktionsschluß war. Ich stürzte zur Tür herein und drückte Sheryl heftig und lange an mich, um die schrecklichen Dämonen zu vertreiben. Danach hackte ich auch meinen Artikel in den Computer. Unsere Storys füllten am folgenden Morgen unter einer sechsspaltigen Balkenschlagzeile fast die ganze erste Seite, aber noch nie hatte es mich so traurig gemacht, die Schlagzeilen zu liefern, noch nie war ich so niedergeschlagen gewesen, so erbittert über die Stadt, in der ich lebte.

Ein paar Stunden später fuhren Sheryl und ich über Nebenstraßen zum Krankenhaus Xie He. Polizisten bewachten die Eingänge, aber ein aufmerksamer Handwerker fragte sofort, ob wir von der Presse seien.

»Dann kommen Sie mit«, sagte er und führte uns in ein Nachbarhaus und von dort durch einen unterirdischen Gang in das Krankenhaus. Es war ein Alptraum. Zu Hunderten lagen dort Opfer mit Schußverletzungen, sämtliche Betten waren besetzt und die Korridore voll; die Menschen stöhnten und schrien vor Schmerzen und kaum bei Verstand, während ihre Eltern und Geschwister, ihre Ehefrauen und -männer weinend bei ihnen saßen. Unter den Opfern befand sich ein chinesischer Austauschstudent, der soeben von einem Studienaufenthalt in Japan zurückgekehrt war; auf dem Weg vom Flughafen nach Hause hatte er den Boulevard des Ewigen Friedens überquert – und war in den Rükken geschossen worden. »Er wird sein Leben lang gelähmt bleiben«, flüsterte uns ein erschöpfter Arzt zu und schüttelte düster den Kopf, hatte aber so leise gesprochen, daß die Frau am Bett des Mannes ihn nicht hören konnte.

Der Ingenieur mit den sieben Patenten hatte eine siebenstündige Notfalloperation überlebt – wenn auch nur knapp. Seine Frau, die zu Hause mit dem Kind auf ihn gewartet hatte, saß auf einer Bank vor der Intensivstation und weinte still vor sich hin.

Sheryl sprach mit ihr.

»Er war überzeugt, viel mehr zu den Reformen beitragen zu können, wenn er in der Kommunistischen Partei blieb«, erzählte sie. »Wir haben darüber gesprochen, und damals sagte er, eine solche Partei könnte dem Volk niemals weh tun. Aber er hatte unrecht. So viele Parteimitglieder denken wie er. Sie machen sich alle etwas vor.«

Unsere Bekannten wurden einer nach dem anderen von der Polizei geholt und verschwanden im Gefängnissystem: Zhang Weiguo, Wang Dan und viele andere. Dalei und viele andere Presseleute bei der *Volkszeitung* wurden gezwungen, Irrtümer zu gestehen und Selbstbezichtigungen zu schreiben. Dann erhielten sie Schreibverbot.

Die Schätzungen, wie viele Menschen am 4. Juni umgebracht wurden, gehen auseinander. Nach den von uns hochgerechneten Zahlen, die wir von hilfsbereitem medizinischem Personal in den Krankenhäusern der ganzen Stadt erhielten, bleiben Sheryl und ich bei unserer ursprünglichen Schätzung von vierhundert bis achthundert Toten und einigen tausend Verwundeten. Diese Zahl liegt tiefer als fast alle anderen damaligen Angaben, ging doch sogar das Außenministerium anfänglich von dreitausend Todesopfern aus. Die meisten höheren Schätzungen wurden jedoch später zurückgestuft; zum Teil, weil sich herausstellte, daß es auf dem Tiananmen-Platz selbst kein Massaker großen Ausmaßes gab. Das Morden fand indes vor allem im westlichen Teil Beijings und in den Straßen rund um den Platz statt.

Verglichen mit den anfänglich erhobenen Behauptungen seitens der Bewegung, es seien Tausende, ja gar Zehntausende niedergemetzelt worden, mögen vierhundert oder auch achthundert Tote als bescheidene Zahl erscheinen. Aber selbst vierhundert sind weit mehr, als gesamthaft im Laufe der letzten hundert Jahre bei derartigen Protestkundgebungen in China den Tod fanden. Am 4. Juni entblößte sich die Kommunistische Partei vor der Öffentlichkeit, und zwar zu Hause wie im Ausland. Sie erlitt einen katastrophalen Rückschlag, was ihre Manipulation der Geschichte und das Vertuschen ihrer Brutalität betrifft. Die Regierung versuchte mit aller Macht, für die Tiananmen-Bewegung den Begriff »konterrevolutionärer Aufstand« zu prägen, aber die Formulierung faßte in der breiten Öffentlichkeit nie richtig Fuß. Das Regime mußte den neutralen Ausdruck »Ereignisse vom 4. Juni« akzeptieren, und dies ist auch heute noch die in China dafür übliche Bezeichnung.

Kann sein, daß jene Morde den Beginn des letzten Kapitels in der kommunistischen Herrschaft Chinas markieren. Die Studentenschaft wird in China verehrt; sie steht für Bildung und Verantwortung, und die eine gültige Regel in der chinesischen Geschichte ist, daß niemand sie ungestraft töten darf. Nicht einmal ein roter Kaiser.

Sheryl WuDunn

女孩子都哪儿去了

5 SAG MIR, WO DIE MÄDCHEN SIND

Für eine Frau ist Hungers zu sterben
nicht so schlimm,
der Verlust ihrer Keuschheit aber
ein großes Unglück.

*Neokonfuzianischer Spruch
der Song-Dynastie (11. Jh.)*

Männer dürfen Frauen keine
Vorschriften machen,
die sie selbst nicht befolgen.

*Lu Xun, »Meine Ansichten
zur Keuschheit« (Juli 1918)*

Eines Tages im Spätsommer saß eine etwas gebrechlich und naiv wirkende Frau von dreißig Jahren auf einem Hügel in der Nähe der Getreidefelder des Dorfes Liaohepo in der Provinz Henan. Zuo Dechang, ein Rowdy und regelmäßiger Gast der örtlichen Polizei, sah sie und machte sich an sie heran. Sie war nicht besonders unterhaltsam, denn sie war geistig behindert, aber das machte Zuo nichts aus. Er nahm sie kurzerhand mit in sein Dorf und versuchte einen unverheirateten Mann zu finden, um sie ihm zu verkaufen.

»Ich habe kein Geld«, sagte ein Bauer ohne Frau zu Zuo, als die zwei miteinander verhandelten. »Doch ich besitze ein kleines Kalb. Was würdest du davon halten, wenn ich dir dieses im Tausch für die Frau gäbe, die du ins Dorf gebracht hast?«

Nun, dachte Zuo, ich könnte ja dann das Kalb verkaufen. »Wir sind im Geschäft«, sagte er zu dem Bauern, und die Frau wechselte den Besitzer.

Der neue Ehemann gab ihr weder genug zu essen noch ausreichend warme Kleidung. Ein paar Monate später, an einem Wintertag des Jahres 1990, starb sie.[1]

Eine Frau für ein Kalb.

Von wegen kommunistische Gleichberechtigung, dachte ich, außer mir. Irgendwas, so kam ich zum Schluß, konnte an dem Bild nicht stimmen, das ich mir zurechtgelegt hatte. Als ich nach China kam, hatte ich mich davon beeindrucken lassen, daß sozusagen jede Frau, die ich kennenlernte, einer bezahlten Arbeit nachging oder sogar Karriere machte. Ich nahm keinerlei Diskriminierung wahr, und ich kam sowohl mit intelligenten und tüchtigen Frauen aus den Bereichen Wissenschaft, Wirtschaft und Medien zusammen wie mit energischen und durchsetzungsfähigen Gemüsehändlerinnen, Maschinenbaufachfrauen und Spielzeugproduzentinnen. Als ich 1987 anläßlich meiner ersten Chinareise bei Macao die Grenze überquerte, umringte uns eine ganze Horde geschäftstüchtiger drängelnder Taxifahrer und -fahrerinnen, alle darauf bedacht, uns als Fahrgäste zu gewinnen. Das günstigste Angebot machte uns die vernünftigste von allen, eine siebenundzwanzigjährige Frau im Besitz eines eigenen Gefährts, und wir entschieden uns für sie.

Das ist Gleichberechtigung, dachte ich, und sah gleichzeitig China insgesamt in einem etwas rosigeren Licht. War doch eines der Themen, die mich als Chinesin in bezug auf mein Erbe weitaus am stärksten beschäftigten, die traditionelle Verachtung und Diskriminierung der Frau. Auf die Große Mauer stolz zu sein war ja gut und recht, doch damit verband sich auch das Vermächtnis einer viertausendjährigen Tradition, die das Aussetzen weiblicher Neugeborener und das Verstümmeln von Frauenfüßen einschloß und den Mädchen jegliche Bildung vorenthielt. Bis zur Jahrhundertwende erhielten viele chinesische Mädchen nicht einmal einen eigenen Namen; sie wurden lediglich »älteste Tochter«, »zweite Tochter« und so weiter genannt, bis sie heirateten und eine Kombination aus den Namen des Vaters und des Ehemannes annehmen mußten. Auch Deng Xiaopings Mutter hatte keinen eigenen Namen. Luhui, unser achtzigjähriger Bekannter, erzählte uns, das sei auch bei seiner Mutter der Fall gewesen. Wir fragten ihn, wie sein Vater sie denn genannt habe, und er mußte sehr lange überlegen. Dann fiel es ihm wieder ein, und er strahlte: »›Eh!‹ Er nannte sie ›Eh!‹«

Inzwischen erhalten die Mädchen Namen, selbst in abgelegenen Gegenden. Aber sie klingen oft eher nach Verlegenheitslösungen. Ist das erstgeborene Kind einer Bauernfamilie ein Mädchen, so heißt es in der Regel Laidi, Zhaodi oder Yindi, und das sind lauter Variationen mit derselben Bedeutung: »Bring einen kleinen Bruder.«

Teilweise war ich mir der Last der Tradition deshalb bewußt, weil noch meiner eigenen Großmutter als junges Mädchen die Füße eingebunden worden waren. Dabei handelt es sich um einen höchst qualvollen Vorgang, der meist zwischen dem fünften und zehnten Lebensjahr seinen Anfang nahm. Mit langen Stoffstreifen band man den Mädchen die Zehen so ein, daß sie fest unter die Fußsohlen gepreßt wurden, und setzte dies so lange fort, bis sie an die zwanzig Jahre alt waren. Als Folge der straffen Einbindung brachen die Zehenknochen, und die Haut faulte. Manchmal fielen die Zehen ab, die Wunden bluteten und eiterten, und der Gestank war zeitweise überwältigend. Als meine Großmutter in den zwanziger Jahren mit meinem Großvater nach Amerika übersiedelte, entfernte sie die Binden, aber da war es bereits zu spät; ihre Füße hatten sich längst in unbewegliche, klobige Klöpse verwandelt.

Mao versuchte all dem ein Ende zu setzen. Bis 1949 war das Fußeinbinden praktisch ausgestorben, und die kommunistische Führung versuchte beharrlich, in der Gesellschaft die Anerkennung der Frau als menschliches Wesen durchzusetzen. Eines der größten Verdienste der Kommunistischen Partei – und eines, das man ihr nicht entsprechend anrechnet – ist, daß sie die Stellung der Frauen in China hob. Von Anfang an betonte sie, die Macht müsse auf Frau und Mann gleichermaßen aufgeteilt werden. Oder wie Mao sagte: Frauen halten die Hälfte des Himmels oben. Die Partei verbot Prostitution, Kinderehe, das Halten von Konkubinen und den Verkauf von Bräuten. Im ganzen Land wurden Frauenvereinigungen gebildet, die sich für Mädchen und Frauen einsetzten und sie unterstützten. Nachbarschaftskomitees erschienen an der Tür und stellten Männer zur Rede, die ihre Frauen verprügelten.

Die Partei ermunterte die Frauen, sich ihr anzuschließen, eine Laufbahn als Beamtin einzuschlagen, Fabriken zu leiten, Dinge zu tun, die sie nie zuvor getan hatten. Die Zahl der weiblichen Angestellten in der Industrie schnellte hoch, von 600 000 im Jahre 1949 auf mehr als fünfzig Millionen heute, was bedeutet, daß in den Städten rund 82 Prozent der Frauen im erwerbsfähigen Alter eine Stelle haben. Diese Entwicklung verlieh den Frauen ein Stück Unabhängigkeit und Selbstvertrauen. Seite an Seite mit ihren Männern errichteten sie Hütten und bebauten sie Felder. Vor allem aber revolutionierte die Partei das Bildungswesen und sorgte dafür, daß auch die Mädchen die Schule besuchten. Erstmals in der chinesischen Geschichte konnte sich eine große Zahl von Bauersfrauen aus ihrem Sklavinnendasein befreien. Fast ein menschliches Wesen durften sie sein, nicht mehr reduziert auf ihren lebenspendenden Schoß.

Aber natürlich gelang es auch unter der Herrschaft Maos nicht, die Diskriminierung gänzlich abzuschaffen. Immerhin paßte man in Fabriken und Unternehmen die Arbeitsbedingungen den Vorschriften entsprechend an, sei es aus der allgemeinen Begeisterung über den Wechsel heraus oder aus Furcht vor der Zentralregierung. Gleichzeitig gab man sich im gesellschaftlichen Umgang jener Tage eher prüde, und Geschlechtsmerkmale traten möglichst nicht in Erscheinung. Zudem waren Kosmetika praktisch aus dem Alltag verbannt, und alle trugen die gleichen blauen oder grauen Mao-Kittel. Hinter jemandem herzupfeifen galt als verpönt, da unrevolutionär.

Und so war ich bei meiner Ankunft in China vom Status der Frauen beeindruckt. Und mit der Aussicht auf die neuen Möglichkeiten, die sich ihnen dank der Marktwirtschaft auftaten, sah ich ihre Lebensbedingungen sich noch verbessern.

Dann lernte ich eines Tages Yang Yanru kennen, eine Frau aus der Gegend von Tianjin. Ihr Mann hatte ein Vermögen erwirtschaftet und wollte, daß sie ihre Erwerbstätigkeit aufgab. Und sie gab sich in der Folge gehorsam damit zufrieden, zu Hause zu bleiben und das Haus in Ordnung zu halten. Das nagte an mir. In ihrem speziellen Fall konnte ich ja noch verstehen, daß sie nun, da sie reich war, Besseres mit ihrer Zeit anzufangen wußte, als sich in einer Fabrik gegen schlechte Bezahlung abzurackern. Aber das Schema wiederholte sich überall in China, und es kam mir seltsam vor, daß der wirtschaftliche Fortschritt in China mehr Hausfrauen und weniger berufstätige und dadurch unabhängige Frauen mit sich bringen sollte. Wo war der maoistische Glaube an die Gleichberechtigung geblieben?

Mit je mehr Frauen ich mich unterhielt und je vertrauter ich mit ihrer Stellung wurde, desto deutlicher erkannte ich, daß die Probleme viel tiefer gingen. Das Hindernis lag nicht allein im Gewicht der traditionellen Ansichten begründet, sondern ebenso in der unsichtbaren Hand des Marktes. Die Marktwirtschaft hat zwar den Lebensstandard von Frauen und Männern gehoben, doch sie führte auch unweigerlich wieder zurück zur männlich dominierten chinesischen Gesellschaft – zusätzlich gepaart mit den klar sexistischen Eigenschaften der westlichen Gesellschaft. In der Werbung scheute man sich nicht, die im Westen üblichen Methoden zu übernehmen – und entdeckte rasch, daß ein Produkt sich am besten vermarkten ließ, wenn man es zusammen mit einer attraktiven Frau anpries, die möglichst viel nackte Haut zeigt. Um den Waffenhandel nach Überseee anzukurbeln, publizierte die Armee einen Kalender mit einem Pin-up-Girl für jeden Monat; alle halten sie auf den Fotos eine Waffe im Arm. Im Kalender für 1994 trägt zum Beispiel Miss Februar ein rotes Bikinioberteil und einen bis zur Taille geschlitzten Mini, kombiniert mit einer AK-47. Miss November präsentiert in einer trägerlosen Corsage, hochhackigen Schuhen und roten Handschuhen in der Rechten eine Maschinenpistole.

Einmal bekam Nick bei einem Schulbesuch in Tianjin ein zwanzig Minuten dauerndes, vom Direktor produziertes Einführungsvideo zu sehen. Die ersten fünf Minuten zeigten in aller Ausführlichkeit, wie sich die neuangekommenen Schülerinnen von Kopf bis Fuß einseiften und duschten. Der Direktor hielt dies offenbar für einen Beweis seiner Offenheit. Seit Beginn der achtziger Jahre breiten sich auch in Windeseile in ganz China Pornographie und Prostitution aus, und männliche Vorgesetzte leisten sich gegen Bezahlung hübsche junge Frauen als Aushängeschild oder Gespielin.

»Heute bist du als Frau so was wie eine Ware«, sagte mir Lihong, eine chinesische Kauffrau, die durch ihre Arbeit für ein Joint-venture-Unternehmen mit Frauen und Männern in den unterschiedlichsten Positionen und aus den verschiedensten sozialen Schichten zusammenkommt. »Entweder bist du sechs Pfund Gold wert oder zwei Tonnen Aluminium.«

Miaoxia, eine achtundzwanzigjährige verheiratete Frau mit langem Haar, olivefarbenem Teint und sanften Mandelaugen, bewarb sich um einen Sommerjob und fühlte sich geschmeichelt, als der Arbeitgeber sie vom Fleck weg einstellte. An ihrem ersten Arbeitstag im Beijinger Büro einer Maschinenfabrik erwartete ihr Vorgesetzter sie strahlend mit einem Briefumschlag in der Hand. Er gab ihr an die tausend Dollar und den Auftrag, loszuziehen und sich Kleider, Make-up und anderes zu besorgen, damit sie »hübscher aussehe«.

»Ich war dermaßen aufgeregt«, erzählte sie mir ein Jahr später. »Ich ging zwar los und kaufte mir ein paar Kleider, aber ich war fest entschlossen, meinen Vorgesetzten mit meinem Können zu beeindrucken. Ich dachte mir, ich müßte ausgezeichnete Arbeit leisten, damit er ja nicht bereute, daß er an meinem ersten Tag soviel Geld für mich ausgegeben hatte.«

In dem Kleinbetrieb arbeiteten nur fünf weitere Angestellte, und sie waren oft unterwegs. An ihrem zweiten Arbeitstag tippte Miaoxia sorgfältig einen Brief auf englisch. Da schlich sich ihr Vorgesetzter plötzlich von hinten an sie heran und küßte sie ungeniert auf die Wangen und auf den Nacken. Sie drängte ihn mit der Schulter ab, aber er machte einfach weiter.

»Ich sagte zu ihm: ›Ich mag das nicht.‹ Wissen Sie, was er erwiderte? ›Ich bin ein reicher Geschäftsmann, und ich kann mir praktisch jede Frau kaufen, die ich haben will. Viele Frauen benutzen mich liebend gerne, um hochzukommen. Andere wollen einfach *bang dakuan*.‹ Er meinte einen Goldesel, der sie aushält. ›Ich nicht‹, erklärte ich ihm. ›Ich gehöre nicht zu dieser Art von Frauen.‹«

Später erzählten ihr die anderen Angestellten, daß er sich immer wieder an weiblichen Angestellten vergreife und dementsprechend viele schon wieder gegangen seien.

»Ich blieb eine Woche und er mir den zustehenden Lohn dafür schuldig. Andererseits habe ich ihm aber das Geld, das er mir am ersten Tag für Kleidung und so gegeben hat, auch nicht zurückgezahlt.«

So hat neben der größeren wirtschaftlichen Vielfalt, die sich den Frauen nun im Vergleich zu Maos Zeiten eröffnet, auch die Diskriminierung wieder zugenommen. Frauen finden leichter eine Stelle, doch handelt es sich dabei oftmals um Fließbandarbeiten in den schmutzigsten und lautesten Industriezweigen; sie dürfen Busse und Taxis fahren, aber sie stellen durchschnittlich nur ein Drittel der Studierenden an den Universitäten; sie genießen einen ausgezeichneten Mutterschaftsschutz, aber sie sind die ersten, die in wirtschaftlich schlechten Zeiten gefeuert werden; und während ihnen auf dem Land zwar manchmal ein Stück Boden zugeteilt wird, gehen die wertvollen Besitztümer von Generation zu Generation immer noch über die männlichen Familienmitglieder als Erbgut weiter.[2]

Das furchtbarste jedoch ist, daß die Marktwirtschaft inzwischen die Frauen selbst als Handelsware erfaßt hat. In den achtziger Jahren entwickelte sich der Frauen- und Kinderhandel zu einem regelrechten Wirtschaftszweig. Das spielt sich üblicherweise in etwa der folgenden Weise ab: In einer ländlichen Gegend taucht ein Schlepper auf und verkündet, er suche junge Frauen als Arbeitskräfte für ein Restaurant oder eine Fabrik. Daraufhin bricht er mit mehreren Frauen zu einer langen Reise auf, meist in öffentlichen Bussen, zu einem weit entfernten Dorf. Viele dieser Frauen waren nie zuvor außerhalb ihres Bezirks und haben keine

Ahnung, was sie erwarten sollen. Stellen sie Fragen, so wird ihnen versichert, man sei bald dort, in der Fabrik oder eben im Restaurant. Schließlich landen sie in einem Dorf, in dem Frauenmangel herrscht, und einige Männer zwischen zwanzig und dreißig begutachten sie und bieten ein paar tausend Yuan für eine von ihnen – oder ein Kalb.

Oft werden die Frauen auf der Fahrt von den Händlern regelmäßig vergewaltigt, bevor sie verhökert werden. Dies verleiht ihnen das Gefühl, Mängelware und dadurch für einen erstklassigen Mann nicht mehr anziehend zu sein, selbst wenn ihnen die Flucht zurück in ihr Heimatdorf gelingen sollte. Hinzu kommt, daß sie oft mit Gewalt und Fesseln an der Rückreise gehindert werden und ihnen auch immer das dazu nötige Geld fehlt. Ein gut Teil der Landbevölkerung betrachtet diese Vorgehensweise als durchaus normal und macht gemeinsame Sache mit dem Mann, der seinerseits gutes Geld – manchmal die Ersparnisse vieler Jahre – in den Kauf einer Frau investiert. Flieht die Frau, so ist das Geld ihres Kumpels verschwendet. Daher haben die Nachbarn des Mannes ein wachsames Auge auf sie, um sicherzustellen, daß sie, die ihnen ja zumeist ohnehin völlig fremd ist, sich nicht davonmacht. Das geht so weit, daß die Dorfbevölkerung Barrikaden errichtet, um die Polizei draußen zu halten, wenn sie eine Frau aus einer solchen Zwangslage zu befreien versucht. In manchen Orten kam es zu tagelangen regelrechten Kämpfen gegen die Polizisten, um diese an der Befreiung einer gewaltsam Entführten zu hindern.

All dies erzählten mir meine chinesischen Freundinnen. Dennoch konnte ich nicht wirklich begreifen, weshalb nicht mehr dieser Frauen zu fliehen versuchten. Ich verstand, daß eine naive Sechzehnjährige, die tausend Meilen von ihrer Heimat entfernt unter Bewachung steht, schwerlich fliehen kann. Aber es war doch unmöglich, eine Frau ewig hinter Schloß und Riegel zu halten, und ich fragte mich deshalb immer wieder, warum die Frauen nicht später flohen – und wenn sie Monate oder gar Jahre auf die Gelegenheit warten mußten. Gut, einige haben bis dahin Kinder und entscheiden sich zu bleiben. Anderen fehlt der nötige Mut, oder sie wissen nicht, wie sie es anstellen sollen. Doch wenn nur, sagen wir, ein Drittel dieser Frauen sich nach ein, zwei Jahren auf und davon machten, würde der Frauenhandel doch in sich zusammenbrechen. Die Männer würden ja wohl nicht weiter in lebendes Inventar investieren wollen, das ihnen immer wieder davonläuft.

Der Journalist Jia Lusheng half mir zu verstehen, weshalb die Frauen die Flucht oftmals nicht wagten. Jia war Mitautor eines Buches über Frauenhandel. Er war in ganz China herumgereist, hatte sich manchmal als potentieller Kunde ausgegeben und viele der ärmsten Gegenden in Sichuan, Anhui, Henan und im Westen von Shandong besucht. In diesen Sackgassen der Armut, wo sich das Getreide spärlich zwischen großen Sandflächen und Buschwerk hochkämpft, wo die Kinder – wenn überhaupt etwas – gebrauchte Kleider tragen, erlebte er, wie Frauen gekauft und verkauft wurden. Und er sah auch, was sie erwartete, wenn sie die Flucht wagten und dabei erwischt wurden.

»Ich habe sie im Krankenhaus von Shandong gesehen«, erzählte mir Jia eines Nachmittags, als er die Frau beschrieb, die an einen völlig ungebildeten Bauern in Shaanxi als Ehefrau verkauft worden war. »Nach dem ersten Fluchtversuch fesselte er sie an den Bettpfosten. Nach dem zweiten prügelte er sie halb zu Tode. Nach dem dritten bohrte er ihr die Augen aus. Als ich sie im Krankenhaus sah, bedeckte weiße Gaze den oberen Teil ihres Kopfes. Als einziges waren von ihren Augen zwei tiefe Löcher übriggeblieben.«

Das war schlimmste Sklaverei. Es entsetzte mich, ich kam nicht mehr davon los, und manchmal versetzte mich der Gedanke daran in Panik. Da war eine promovierte Studentin aus Shanghai entführt und an einen Bauern in Zentralchina verkauft worden, und ich fragte mich voller Entsetzen, was geschehen würde, wenn ein Sklavenhändler mich in den Straßen von Beijing aufgreifen und an einen Bauern in Sichuan verhökern würde. Ich begann Informationen zu sammeln. Ich erkundigte mich auf allen Reisen in ländliche Gegenden nach dem Handel mit Frauen und drängte all meine chinesischen Bekannten, mir alles zu erzählen, was sie darüber wußten.

Einmal ließ mir eine Freundin ein als vertraulich deklariertes Regierungsdokument zukommen, das einige Rückschlüsse über das Ausmaß des Verbrechens zuläßt. Es war für das Führungsgremium des Nationalen Volkskongresses gedacht und hielt fest, daß die Behörden im Jahre 1990 insgesamt 18 692 Fälle von Frauenhandel untersuchten. Weiter wurde festgestellt, 1989 und 1990 seien 65 236 Personen wegen Frauen- und Kinderhandel verhaftet worden. Etwa zur gleichen Zeit berichtete die *Volkszeitung,* daß in den Jahren 1989 und 1990 innerhalb von zwölf Monaten rund 10 000 entführte Frauen und Kinder von den Behörden gerettet werden konnten. Viele andere aber, und vermutlich die große Mehrheit, werden nie gerettet.[3]

Angesichts der großen Zahl entführter Frauen auf dem Land wollte ich versuchen, eine von ihnen über ihr Schicksal zu befragen. Ich warf mein Netz aus und erzählte all meinen Bekannten von diesem Vorhaben. Aber das waren alles Intellektuelle, die in der Stadt lebten und keine Frauen aus ländlichen Gegenden kannten, die in die Sklaverei verkauft worden waren – niemanden wie Zhu Li.

Zhu Li ist eine Frau mit dunklem Teint, müden, etwas groben Gesichtszügen und großen, braunen Augen mit einem sehr scheuen Blick. Sie ist zweiundzwanzig Jahre alt, aber nicht nur Wind und Sonne haben in ihrem Gesicht Spuren hinterlassen; sie sieht alt und verhärmt aus. Sie ist klein und unauffällig, die Art Frau, die ich auf der Straße gar nicht bemerken würde.

Zhu stammt aus einer armen Gegend in der Provinz Henan, und ihre fünfköpfige Familie verdient im Jahr insgesamt nur etwa den Gegenwert von hundertfünfundzwanzig Dollar. Davon müssen die Eltern das Schulgeld für ihren Bruder und ihre Schwester bezahlen – Zhu selbst besuchte die Schule nur zwei Jahre lang und begann danach zu Hause mitzuhelfen – sowie neun Dollar Abgabe für die Pflasterung einer nahe gelegenen Straße. Damit bleibt knapp genug zum Überleben. Nun plant man im Dorf gerade den Anschluß an das Stromnetz, und Zhus Familie muß daran einen Unkostenbeitrag von fünfundzwanzig Dollar entrichten, aber sie weiß nicht, woher sie das Geld nehmen soll. Zusätzlich hat die

Familie Arbeitskräfte für Arbeitseinsätze bereitzustellen, wie dies der Landbevölkerung schon während Tausenden von Jahren unter den Kaisern als Pflicht oblag.

»Unser Dorf organisiert Arbeitsgruppen für die Minen«, sagte Zhu. »Wenn du mitgehst, gehst du für einen vollen Monat. Gehst du nicht mit, mußt du fünfzig Yuan zahlen. Niemand in unserem Dorf verfügt jedoch über Geld dafür. Die Behörden hetzen den Leuten, die sich weigern, ihre Vögte auf den Hals, und diese nehmen ihnen für das schuldiggebliebene Geld einfach das Korn weg.«

Irgendwann ließ Zhu eine Bemerkung fallen, aus der hervorging, daß sie verkauft worden war, ein lebendiges Beispiel für die Art »Ware« somit, nach der ich mich auf der Suche befand.

»Ursprünglich komme ich aus Sichuan, aus Daxian«, erklärte sie. »Ich habe noch eine jüngere Schwester in Daxian. Vor elf Jahren wurde meine Mutter von Händlern verschleppt und nach Henan verkauft. Für Getreidegutscheine im Wert von achtzig *jin* verkauften sie sie an meinen jetzigen Vater. (Ein *jin* entspricht etwas mehr als einem halben Kilogramm.) Ich wurde zusammen mit meiner Mutter verschleppt. Dann versuchten sie, aus meinem Stiefvater noch mehr herauszuholen. Sie drohten ihm, sie würden ihm uns wieder wegnehmen, falls sie nicht mehr Geld von ihm bekämen. Das wirkte. Er gab ihnen 350 Yuan, was zu der Zeit ungefähr ein Jahreseinkommen ausmachte.

Zum Glück ist mein Stiefvater ein anständiger Mann. Er war sehr gut zu mir und meiner Mutter, und deshalb sind wir bei ihm geblieben. Nun habe ich hier in Henan noch einen elfjährigen Bruder.«

Wenn ich mit Behördenmitgliedern sprach, bestätigten sie zwar, daß es den Frauenhandel gebe, schränkten aber jeweils sofort ein, dessen Ausmaß sei sehr gering und er werde nur in ganz abgelegenen Gegenden praktiziert. »Frauenhandel gibt es nur in abgelegenen und wirtschaftlich rückständigen Bergregionen sowie in Orten, wo Frauen zum Heiraten nicht weggehen wollen«, sagte Wu Baoyu, eine offizielle Vetreterin der nationalen chinesischen Frauenvereinigung aus dem südlichsten Teil von Xiamen.

Doch dann kam mir zu Ohren, der Beijinger Arbeitsmarkt sei unter anderem auch ein Zentrum für Frauenhandel. Dieser Markt findet in einer engen, staubigen und müllübersäten Gasse statt, wo sich jeden Morgen Leute vom Land als Arbeitskräfte anbieten. Man geht in Beijing dorthin, wenn man ein Kindermädchen, Bauarbeiter und Leute sucht, die absonderliche Aufträge ausführen – und um Frauen abzuschleppen. Es ist ein seltsamer Ort, ein echt freier Markt, denn er ist keinerlei Regeln unterworfen. Mehr noch, es handelt sich dabei um einen rechtsfreien Raum. Mehrmals täglich läßt die Polizei zwar die Gasse räumen, und es wimmelt nur so von Polizisten in Zivil. In gewisser Hinsicht aber ist dieser Ort ebenso voller Gefahren wie auch ein Markt der unbegrenzten Möglichkeiten.

Im Sommer 1993 hob die Polizei einen Sklavenhändlerring aus, der 1800 Frauen von diesem »Arbeitsmarkt« in Beijing entführt und in einer abgelegenen Gegend in der Provinz Shanxi verkauft hatte. Es hatte längere Zeit gedauert, bis der Fall endlich aufgeklärt wurde, hatte doch ein Jahr zuvor ein Dorfbeamter die Polizei zu einem Verdächtigen geführt – und war daraufhin von ein paar Dorfbewohnern kurzerhand erstochen worden.

Einige Monate nach diesen Verhaftungen schlenderte ich über den Markt und versuchte, eine Frau zu finden, die verkauft worden war. Da bemerkte ich vor mir einen etwa sechzigjährigen Mann. Er trug eine graue Windjacke und einen Hut, der einen Teil seiner faltigen Stirn verdeckte und seine Knopfaugen überschattete. Er ging stracks auf einige der hübscheren Frauen von außerhalb zu.

»Ich suche eine Person, die mir Bilder einrahmt«, sagte er und näherte sich einer attraktiven, jungen Frau mit rundlichem Gesicht.

»Weshalb suchen Sie jemanden von außerhalb?« fragte die Frau mit großer Skepsis. »Bilder zu rahmen erfordert ein gewisses Maß an Geschicklichkeit. Warum nehmen Sie nicht jemanden aus der Stadt?«

»Nun ja, ich benötige gleichzeitig eine Haushaltshilfe. Ich habe drei Söhne und eine Tochter und brauche ein Dienstmädchen. Wir sind eine Familie von Gelehrten. Ich brauche eine Hilfe, die mir auch beim Rahmen der Bilder hilft.«

»Sind Sie vielleicht Maler?« mischte sich ein junger Mann in die Unterhaltung ein. Der Alte schenkte ihm nicht die geringste Beachtung.

»Malen Sie? Sind Sie Maler?« fragte der junge Mann erneut. »Wenn Sie schon Gelehrter sind, was haben Sie denn für ein Spezialgebiet?«

Schließlich wandte sich der Alte dem Frager zu und sagte: »Was soll das heißen? Ich bin Gelehrter. Ich mache mal dieses und mal jenes.«

Der Alte, dessen Sprechweise darauf schließen ließ, daß er ganz ungebildet war, sah mir ganz und gar nicht wie ein Gelehrter aus. Versuchte er die Frau zu täuschen, indem er den Glanz einer lukrativen Arbeit benutzte, um sie wegzulocken und sie als Ehefrau verkaufen zu können? Da er offenbar fühlte, wie sich Mißtrauen um ihn herum breitmachte, trat er den Rückzug an. Aber ich konnte mir gut vorstellen, wie einfach Frauen vom Lande auszutricksen waren, die die Verhältnisse nicht kannten. Er bot lauthals gute Bezahlung, eine große Versuchung für die Frauen, die Geld von ihren Familien geliehen hatten, um nach Beijing zu gehen, und nun irgendeine Arbeit zu finden versuchten. Ich sprach mit einigen der jungen Frauen, die vor dem Bahnhof schliefen und hungerten, weil sie kein Geld hatten, aber zu stolz waren, um in ihre Dörfer zurückzukehren und ihre Familien zu enttäuschen.

»Vor den alten Knackern müssen wir uns am meisten in acht nehmen«, sagte eine Frau Mitte Zwanzig, die auf dem Arbeitsmarkt am Boden saß. »Die spendieren dir sogar ein gutes Essen, und man würde sie nie verdächtigen. Dabei sind sie die allergrößten Schurken. Ich habe es erlebt. Sie kommen her, bieten dir eine Stelle als Dienstmädchen, du gehst mit, und es ist aus mit dir.«

Ich fragte mich, wo wohl die Polizei war, als dieser Alte den Arbeitsmarkt durchstreifte? Wie Honggan, eine chinesische Intellektuelle, eines Tages herausfinden mußte, braucht die Polizei nämlich keinen besonderen Grund, um jemanden anzuhalten. Honggan half mir, nach entführten Frauen zu suchen, und wurde prompt von einem Polizisten in Zivil festgenommen und verhört. »Weshalb halten Sie sich hier auf?« fragte er. »Arbeiten Sie für das Ausland? Dieser Platz ist für Presseleute aus dem Ausland gesperrt.« Honggan beharrte darauf, daß sie nicht für die ausländische Presse arbeite, und man ließ sie schließlich frei. Meiner Ansicht nach wäre es um einiges sinnvoller, wenn die Polizei nach Sklavenhändlern suchen würde statt nach Personen, die ausländischen Korrespondentinnen behilflich sind, Verbrechen aufzudekken.

Noch immer war ich bestrebt, eine Frau zu finden, die von Sklavenhändlern hereingelegt worden war. Zhu Li war verkauft worden, jedoch nur als Mädchen, die ihre Mutter begleitete. Ich suchte nach einer Frau, die man als Ehefrau zum Verkauf angeboten hatte. Dann lernte ich einige Wochen vor unserer Abreise aus Beijing an einem strahlenden Tag im Herbst 1993 Zhu Qianyun kennen.

Zhu Qianyun hatte langes, pechschwarzes, durch einen neuen, leuchtendroten Pullover vorteilhaft betontes Haar, ein beinahe ebenso langes Gesicht mit weißer, zarter Haut, aus dem mich ein Paar matte und vorsichtige Augen anblickten. Sie war auf der Hut. Erst nachdem ich sie mit einigen Erdnüssen bestochen hatte – sie hatte seit drei Tagen nichts gegessen –, rückte sie in ihrem schwerfälligen, ländlichen Akzent Stück für Stück mit ihrer Geschichte heraus. »Die haben zweieinhalb Tage lang versucht, mich für dumm zu verkaufen«, sagte sie. »Sie führten mich zweieinhalb Tage lang an der Nase herum. Ich wurde von Händlern betrogen.«

Zhu war eine stolze Frau. Sie war aus einer Kleinstadt aus der Provinz Henan nach Beijing gekommen (trotz ihres Namens aber keine Verwandte von Zhu Li). Kaum dort, brach eine Kälteperiode an, so daß sie den größten Teil ihres Geldes für warme Kleidung ausgeben mußte.

»Kurz darauf sprachen mich drei Männer und eine schöne, etwa dreißigjährige Frau hier an dieser Ecke an und sagten, sie würden mir eine gute Arbeit in einem Restaurant besorgen«, erinnerte sie sich. »Wir benutzten die öffentlichen Busse und stiegen mehrmals um. Schließlich befanden wir uns irgendwo in der Nähe von Dahongmen im Süden von Beijing. Sie wiederholten immer wieder, daß sie das Restaurant bald finden würden, doch nichts dergleichen geschah. Das machte mich mißtrauisch. Zwei Tage lang wiederholten sie immer wieder, daß sie das Restaurant finden würden.«

Sie schwieg eine Weile. Dann fuhr sie fort: »Schließlich aßen wir mittags in einer kleinen Nudelbude, und sie begannen sich miteinander zu unterhalten. Ich hörte, wie sie sagten, sie könnten mich für 10 000 Yuan verkaufen. Sie wollten mich nach Baoding bringen und dort verkaufen.«

Wieder gab es eine Pause. »Sie hatten auch einen kleinen Jungen dabei. Er war etwa so groß.« Sie hielt ihre Hand auf Brusthöhe. »Ich schätze, er war etwa sieben Jahre alt. Ich glaube, sie wollten ihn ebenfalls verkaufen.

Als ich sie all dies sagen hörte, rannte ich davon. Ich. Sehen Sie mich an. Mein Leben? Ich pfeife auf mein Leben. Und darum kämpfte ich wie wild, denn es war mir egal, ob sie mich töteten. Es war mir gleichgültig, ob ich starb. Ich schlug um mich und schrie aus Leibeskräften. Einen der Männer trat ich zwischen die Beine, richtig fest, mit dem Absatz. Die Frau trat ich auf die gleiche Weise. Sie taumelten vor Schmerz. Sie hatten Angst, daß ich ihnen bleibende Verletzungen zugefügt haben könnte, deshalb wagten die anderen Männer mich nicht anzurühren. Sie ließen mich laufen, und ich rannte und nahm den Bus zurück zum Bahnhof von Beijing.

Ich traue mich nicht, zur Polizei zu gehen, da ich keinen Personalausweis bei mir habe. Ich habe ihn nicht mitgenommen, als ich von zu Hause fortging. Und ich will nicht nach Hause zurück, denn dort hatten meine Schwester und ich einen fürchterlichen Streit. Abgesehen davon gibt es kein Geld dort, wo ich herkomme.«

Es wäre zu einfach, zu behaupten, die Frauen in China hätten in den achtziger und neunziger Jahren an Boden verloren. Die Marktwirtschaft eröffnete ihnen in der Tat neue Möglichkeiten und bedeutete für manche auch Unabhängigkeit. Es sieht meiner Meinung nach eher so aus, als hätten die Frauen absolut gesehen zwar ein paar Fortschritte gemacht, aber im Verhältnis zu den Männern an Terrain verloren. Kaum setzte die Partei sich nicht mehr für die Gleichberechtigung ein, gewannen die traditionellen Ansichten wieder Oberhand.

Ein Indiz dafür ist die Anzahl Frauen, die in der Führungsspitze des Landes vertreten sind. 1978, zu Beginn der Reformen, waren zwei Frauen Mitglied des Politbüros.[4] Seit Ende der achtziger Jahre jedoch hatte keine Frau mehr eine derart hohe Stellung inne, und heute ist weit und breit keine Frau hierarchisch auch nur in der Nähe einer derartigen Position zu finden.[5] 1978 waren 11,1 Prozent der Mitglieder des Zentralkomitees und deren Stellvertretung Frauen, heute sind es noch 7,5 Prozent. 1993 besetzte die Regierung nur drei der 41 Ministerialposten mit Frauen, und es gibt Anzeichen dafür, daß der Anteil der weiblichen Parteimitglieder ebenfalls zurückgegangen ist.[6]

Offiziell heißt es nach dem sattsam bekannten Schema, es gebe einfach nicht genügend Frauen, deren Werdegang sie für eine höhere Position qualifiziere. Dies trifft den Kern der Sache aber nur teilweise. Am Anteil der chinesischen Bevölkerung, die nicht lesen und schreiben kann, stellen Frauen siebzig Prozent, und bei einem Drittel der Frauen zwischen fünfzehn und fünfundvierzig reichen die Kenntnisse nicht aus, um eine Zeitung zu lesen. Doch steigert sich dieses Phänomen in ganz China in den ländlichen Gegenden bis ins Unendliche. Beim Besuch einer Landschule wird die Leitung stets betonen, daß 100 Prozent, 98,6 Prozent, 96,9 Prozent oder eine ähnlich beeindruckende Zahl der Kinder im Grundschulalter die Schule besuchen. Ein Besuch in einem Dorf in der Nähe der Schule straft diese Aussage jedoch Lügen. Überall sieht man Mädchen, die nach der dritten oder fünften Klasse von der Schule abgegangen sind. Oft betragen die Schulgebühren in den ländlichen Gebieten bis zu zwanzig Dollar, ein hoher Preis, den die Schule den Eltern oft nicht wert ist – vor allem nicht für eine *yatou,* also ein Mädchen, die man ohnehin in eine andere Sippe verheiraten wird. So behalten die Familien auf dem

Land die Mädchen häufig zu Hause, damit sie bei den Hausarbeiten helfen, und schicken nur ihre Söhne zur Schule.

Einmal bereiste Nick die ländliche Gegend in den zentralchinesischen Dabiebergen, um Näheres über die hohe Zahl der frühen Schulabgänge in Erfahrung zu bringen. In den Vereinigten Staaten gibt es sogenannte »College Towns«, die als intellektuelle Brennpunkte für eine ganze Region dienen. Ähnlich verhält es sich mit den »Grundschuldörfern« im Landesinneren von China, die für ein größeres Einzugsgebiet als Schuldörfer dienen. Nick besuchte die Grundschule von Yejuao, deren hundertdreißig Schülerinnen und Schüler aus etwa dreißig kleinen Dörfern im umliegenden Bergland kommen. Die meisten von ihnen bleiben sechs Nächte der Woche in der Schule und nehmen den beschwerlichen Weg nach Hause nur für das Wochenende unter die Füße. In Yejuao sitzen, wie in vielen anderen so abgelegenen Schulen, fünfzig Prozent mehr Jungen als Mädchen in den Klassen.

Die Schülerin Dai Manju, eine scheue, winzige Dreizehnjährige, die später einmal Werklehrerin werden wollte, gehörte zu den Besten der Schule. Dais Eltern lebten auf einem armseligen Bauernhof in einem Bergdorf, das zwei beschwerliche Fußmarschstunden von der Schule entfernt lag. Als Nick sie zu Hause besuchte, sah er, daß sie offenbar kaum etwas anderes besaßen als den Sarg für die Großtante des Mädchens. Diese erfreue sich zwar guter Gesundheit, wie sie fröhlich erklärten, aber es sei doch immer gut, das Nötige bereit zu haben. Dai war eine ausgezeichnete Schülerin, sie liebte die Schule, auch wenn sie ihr Bett mit mehreren anderen Mädchen teilen, die ganze Woche dieselben Kleider tragen und sich mit entsetzlich primitiven Einrichtungen begnügen mußte. Es gab in der Schule kein fließendes Warmwasser, und die Toilettenanlage bestand aus drei Plumpsklos im Freien, umgeben von einer niedrigen Mauer. Es gab keinen Strom, was zur Folge hatte, daß Lehrkräfte wie Zöglinge nachts nur im äußersten Notfall dem Ruf der Natur gehorchten. Trotzdem wollte Dai unbedingt an der Schule bleiben und ihren Traum verwirklichen, als erste ihrer Familie einen Grundschulabschluß zu machen. Träume allein aber reichen nicht aus. Als Nick Dai Manju kennenlernte, war sie bereits viermal von der Grundschule geflogen.

Das Problem lag darin, daß ihre Eltern sich die jährlichen Schulgebühren von umgerechnet dreizehn Dollar, einschließlich Zimmer und Kostgeld, nicht leisten konnten. Als Nick Dai kennenlernte, besuchte sie die Schule nur noch, weil ein paar Lehrkräfte sich aufs Fahrrad geschwungen und zu ihren Eltern begeben hatten und ihnen anboten, einen Teil des Schulgeldes von ihrem Gehalt zu zahlen.

Das Ganze hatte ein Nachspiel: Nicks Geschichte über Dai Manjou und andere Kinder, die aus Geldnot von der Grundschule abgehen mußten, landete zusammen mit einem anrührenden Bild des Mädchens auf der Titelseite der *Times*. Daraufhin wurden wir mit Angeboten von Leserinnen und Lesern überschwemmt, die für Dai Manjus Ausbildung aufkommen wollten. Meist lagen Schecks über dreizehn Dollar dabei, doch wiesen einige auch größere Summen aus. Eine Leserin machte sich gar die Mühe, eigens zu Morgan Guaranty Trust zu gehen und eine Bankanweisung für den Gegenwert von hundert Dollar in Yuan ausstellen zu lassen. Bei Morgan Guaranty, wo Yuan nicht gerade zu den alltäglichen Währungen gehört, verschob sich das Komma aus Versehen beim Umrechnen, was zur Folge hatte, daß die Bank den Gegenwert von 10 000 Dollar statt von 100 Dollar überwies. Nachdem das Geld sicher in der Schule angekommen und eine Stiftung gegründet worden war, welche Kinder vor dem Verlassen der Schule aus finanziellen Gründen bewahren sollte, nahm Nick Kontakt mit der Morgan Guaranty auf und meldete den Fehler. Die Bank beschloß, die Differenz nicht zurückzufordern. »Unter diesen Umständen«, meinte John M. Morris, ein Sprecher der Bank, »freuen wir uns, die Differenz spenden zu können.«

Eine hübsche kleine Geschichte, nicht wahr? Nur gibt es leider überall in ganz China Kinder wie Dai Manju. Und auch wenn sich die Lage allmählich bessert, ist es für ein Mädchen nach wie vor schrecklich, im ländlichen China aufzuwachsen.

Dies belegen selbst die Sterberaten. In allen Teilen der Welt sterben mehr männliche als weibliche Säuglinge. Zwar werden mehr

Jungen als Mädchen geboren, aber die Mädchen sind stärker und überleben besser. Im ersten Lebensjahr liegt die Sterberate bei den Jungen im Durchschnitt um dreißig Prozent höher. In Japan zum Beispiel kommen auf hundert weibliche Säuglinge, die sterben, hundertdreiunddreißig männliche. In den Vereinigten Staaten beträgt das Verhältnis hundert zu hunderteinunddreißig. In China aber sterben auf hundert weibliche Neugeborene nur hundertzwölf männliche.

Welche Faktoren beeinflussen die chinesischen Statistiken so nachhaltig? Warum geht es den Jungen in China relativ gesehen besser als in anderen Ländern? Wahrscheinlich weil die Eltern ihre Söhne besser behandeln als ihre Töchter. Sie geben ihnen mehr zu essen. Sie schenken ihnen mehr Aufmerksamkeit. Sie beanspruchen für sie schneller medizinische Hilfe. Es ist nicht so, daß sie ihre Töchter allgemein absichtlich tödlichen Gefahren aussetzen würden, aber sie gehen bei einem Mädchen deutlich sehr viel höhere Risiken ein als bei einem Jungen.

»Wird ein Junge krank, bringen ihn die Eltern wahrscheinlich gleich ins Krankenhaus«, sagte mir Li Hoggui, ein Beamter der staatlichen chinesischen Familienplanungskommission. »Wird dagegen ein Mädchen krank, sagen sich die Eltern wahrscheinlich: ›Mal sehen, wie es ihr morgen geht.‹«

Das Leben ist für Frauen besonders hart auf dem Land. Das machte mir Liming, eine achtundzwanzigjährige Bäuerin, klar. Ihr dunkles längliches Gesicht zeigte deutliche Spuren davon, es war ganz teilnahmslos; sie sah verbittert, fast häßlich aus. Ihre Lippen waren trocken und ihre Augen ausdruckslos, als sie an einem Herbsttag auf dem Gehweg saß und mir ihre Geschichte erzählte. Liming lebte in Zhumadian in der nördlichen Zentralprovinz Henan in einem kleinen Dorf, in dem die staatlichen Gesetze nicht zu gelten scheinen.

Chinas Ehegesetz legt fest, daß Männer erst mit zweiundzwanzig, Frauen mit zwanzig Jahren heiraten dürfen. Doch in Zhumadian verloben sich die meisten Paare schon mit siebzehn, manchmal schon mit fünfzehn, und beginnen zu diesem Zeitpunkt auch schon zusammenzuleben. Mit zwanzig können sie dann die Behörden bestechen und für hundert Yuan eine Heiratsurkunde erwerben. Mit achtzehn war Liming noch immer alleinstehend und schämte sich deshalb, um so mehr, als ihr jüngerer Bruder bereits verlobt war.

»Mein Vater war böse und warf mir oft vor, ich würde Schande über die Familie bringen«, erzählte sie. »Er engagierte eine Heiratsvermittlerin, aber ich lehnte die Männer ab, die sie mir schickte, bis ich das Geschrei meines Vaters nicht mehr aushielt und mich bereit erklärte, einen der Jungen zu heiraten; er war neunzehn, ich dreiundzwanzig. Wie hätte ich denn wissen sollen, daß seine Exfreundin und dieser junge Mann acht Monate zuvor ein Kind gezeugt hatten?« sagte Liming, und Tränen liefen ihr über das schmutzige Gesicht.

»Wir waren so gut wie verheiratet, aber ich mußte sehr bald erkennen, daß mein Mann zwar ganz nett aussah, jedoch nur eines wirklich konnte, nämlich auf seinem Fahrrad durch die Gegend kurven, als wäre er ein Feudalherrscher auf Reisen. Er war zu nichts nutze. Er arbeitete nicht, und wir hatten kein Geld. Getreide mußte ich uns von meiner Familie leihen, weshalb mein Vater und mein Bruder mich mit Verachtung straften. Mein Mann und ich stritten uns ständig. Als wir heirateten, hatte mir mein Vater hundert Yuan gegeben, doch mein Mann nahm mir das Geld weg und gab es aus. Als es aufgebraucht war, begann er mich zu schlagen und zu treten.

Sechs Monate später – ich war im fünften Monat – fand mein Mann eine neue Frau. Ich, ich rannte mit meinem dicken Bauch nach Hause zurück. In meinem Dorf gilt es als Schande, wenn du nach Hause zurückkehrst. Mein Vater verlor sein Gesicht. Er ließ mich nicht herein. Ich konnte nur bei meinem Vetter unterkommen, wo ich dann auch gebar. Es war ein Mädchen. Ich wollte, daß mein Mann mir Geld geben mußte, damit ich meine Tochter großziehen konnte, also zeigte ich ihn bei der Polizei an. Doch da belehrte man mich, meine Tochter sei rechtlich nicht geschützt, da ich nie eine offizielle Heiratsurkunde beantragt hätte.

Sowohl mein Vater als auch mein Bruder mißhandelten zu Hause meine Mutter regelmäßig. Doch nachdem all dies geschehen war, ließ ich meine Tochter dennoch bei ihr und wagte den Sprung nach Beijing.

Ich hatte eben erst die Geburt hinter mir, aber ich brauchte nun mal Geld, um meine Tochter großzuziehen. Also tat ich alles, sogar schwere körperliche Arbeit. Ich war sehr geschwächt, und dann wurde ich krank. Ich arbeitete in einem Restaurant, aber meine Beine und Arme bewegten sich zu langsam, und so wurde ich gefeuert.

Ich war erst vierundzwanzig, als ich nach Beijing kam, und echt naiv. Eines Abends erzählte mir ein etwa sechzigjähriger Typ, er suche ein Dienstmädchen. Da ging ich mit ihm in den High-Tech-Distrikt, wo die Eltern seiner Frau lebten. Der Alte duschte, und danach befahl er mir, ebenfalls zu duschen. Als ich herauskam, fiel er über mich her und vergewaltigte mich. Ich drohte ihm mit der Polizei. Da lachte er mich aus: ›Ich arbeite in Tianjin. Ich wohne nicht in Beijing; das hier ist das Haus meiner Schwiegereltern. Es wird dir nicht das geringste nützen, zur Polizei zu gehen. Ich muß denen nur sagen, du seist mitten in der Nacht hier aufgekreuzt, um deinen Körper zu verkaufen.‹ Ich war außer mir vor Angst. Der Alte warf mir fünfzig Yuan zu. Ich nahm das Geld und rannte wortlos aus dem Haus.

Zum Glück fand ich danach eine sehr nette Familie, die mich als Dienstmädchen einstellte. Aber dann zogen sie nach Hainan, und ich landete wieder auf der Straße. Dann führte mich jemand in einem Ort namens Yangzha außerhalb von Beijing ein. Dort wurde ich Serviererin in einem Restaurant, doch der Boß legte dauernd Hand an mich. Außerdem beschimpfte er mich oft. Nach zehn Tagen hielt ich es nicht mehr aus und verließ die Stelle, um bei einem Friseur in der Nachbarschaft in die Lehre zu gehen. Der Boß dort kam aus Fuijan. Als Hilfen hatte er eine Frau aus dem Nordosten und eine aus Sichuan angestellt. Diese beiden Frauen schnitten tagsüber Haare, nachts verkauften sie ihre Körper. Einmal legte ein junger Mann, während ich ihm die Haare schnitt, die Hand auf meinen Oberschenkel. Ich schimpfte ihn aus. Daraufhin drehte sich die Frau aus dem Nordosten um und machte mir Vorwürfe. Dann wandte sie sich an den Kunden und sagte: ›Die Dame ist eine ewige Jungfrau. Von der kriegen Sie keinen Sex.‹ Einige Tage später kam der Boß zu mir und meinte: ›Sie eignen sich nicht für die Arbeit hier. Warum gehen Sie nicht?‹

Dann traf ich jemanden aus meinem Heimatort. Er arbeitete in einem Schlachthaus. Sein Boß bat mich, für ihn zu arbeiten. Er sagte zu mir: ›Auch wenn du verheiratet bist, besteht nicht der geringste Grund, in dieser Gegend altmodisch zu sein. Du brauchst dich nicht gleich angegriffen zu fühlen. Wenn du tust, was ich dir sage, profitierst du auch davon.‹ Ich wußte inzwischen sofort, worauf er hinauswollte, und lehnte ab. Der Typ war ein Schurke. Er begann auf mich einzuschlagen, und ich rannte weg.

Dann arbeitete ich als Dienstmädchen bei einer Familie namens Jin. Sie stammen von Höflingen der Qing-Dynastie ab, und noch jetzt halten sie sich an einen strikten Verhaltenskodex. Sie rügten mich immer für meine schlechten Manieren und fühlten sich beleidigt, wenn ich das männliche Oberhaupt des Haushaltes Großen Bruder nannte. Ich arbeitete dort ungefähr einen halben Monat, dann bekam ich eine Erkältung. Die Familie schmiß mich auf der Stelle raus. Ursprünglich hatten sie mir einen Lohn von 100 bis 150 Yuan pro Monat zugesichert. Davon habe ich keinen Yuan gesehen.

Ich möchte nicht mehr länger in Beijing bleiben«, sagte Liming schließlich. »Aber mein Vater will nicht, daß ich nach Hause zurückkehre. Ich weiß nicht, was ich tun soll. Ich weiß nur, daß ich herausfinden muß, ob ich von meinem Mann Geld bekommen kann, um meine Tochter aufzuziehen.«

Nur ganz allmählich erkannten wir, in welch empörendem Ausmaß die Frauen in China litten, seit die Reformen begonnen hatten. Diskriminiert und ausgebeutet werden sie ja praktisch überall auf der Erde, und Entführungen und Vergewaltigungen geschehen sowohl in westlichen Ländern wie auch in China. Doch seit Beginn der achtziger Jahre ist ein dramatischer Anstieg bei der schlimmsten aller Diskriminierungen zu verzeichnen: Der Frau wird buchstäblich das Existenzrecht abgesprochen.[7]

Der Mord an weiblichen Säuglingen hat in China eine lange Tradition – und die meiste Zeit über wurde dieser Tatbestand nicht einmal besonders in Frage gestellt. Natürlich gab es das unbestimmte Gefühl, Kindesmord dürfe eigentlich nicht vorkommen, aber er galt doch nur als läßliche Sünde unter vielen. So weist beispielsweise ein populärer Moralkodex, der im sechzehnten und siebzehnten Jahrhundert weit verbreitet war, die Leute zwar an, keine Babys umzubringen, jedoch nur als ein Punkt in einer langen Liste von Dingen, die zu unterlassen sind, darunter etwa die, über Speisen, die am Boden serviert werden, hinwegzuhüpfen; über eine Person hinwegzuschreiten, die auf dem Boden liegt; zu weinen, zu spucken oder Richtung Norden (in die Richtung des Kaisers) blickend das Wasser abzuschlagen; beim Anblick einer Sternschnuppe zu spucken oder auf einen Regenbogen zu zeigen. Wer eine dieser Sünden beging, dem sollte der Richter über das menschliche Schicksal zwischen drei und dreihundert Lebenstage wegnehmen. Der Text läßt nicht darauf schließen, daß Kindesmord als schlimmer galt, als etwa Richtung Norden blickend, das Wasser abzuschlagen.[8]

Unter anderem wurde die Ermordung eines Säuglings deshalb als weniger schrecklich angesehen, da Babys, bis sie ein Jahr alt waren oder alle Zähne hatten, ohnehin nicht als menschliche Wesen galten. So erzählt eine alte chinesische Fabel sogar von einem jungen Paar, das für den Versuch, ihr Kind zu töten, von den Gottheiten belohnt wurde. Die Eltern sorgten sich, das Baby könnte das Essen benötigen, das besser der kranken Mutter des Mannes zukommen sollte, und vergruben das Kind lebendigen Leibes. Dieser Akt der Loyalität gegenüber den Eltern rührte die Gottheiten so, daß sie das Paar beim Ausheben des Kindergrabes einen Haufen Gold finden ließen. Die chinesische Tradition legt eindeutig mehr Wert auf Loyalität gegenüber den Eltern als auf Verantwortung gegenüber den Kindern.

Dennoch gelang es nach 1949 der Kommunistischen Partei, den Mord an weiblichen Säuglingen fast gänzlich zu unterbinden. Die darauffolgenden Volkszählungen wiesen keinen auffallenden Mangel an weiblichen Säuglingen auf – bis zu Beginn der achtziger Jahre. Da wiesen die Statistiken jährlich Hunderttausende von verschwundenen weiblichen Babys aus, und zu Beginn der neunziger Jahre stieg die Zahl auf über eine Million.

Was hatte sich inzwischen geändert? Die Bevölkerungspolitik. In den fünfziger Jahren ließ Mao einen berühmten Verfechter der Familienplanung beseitigen und verkündete, mehr Kinder würden Chinas Macht stärken. Doch Ende der siebziger Jahre schlug China in Sachen Familienplanung den härtesten Kurs ein, den die Welt je gesehen hatte. »Ein-Kind-Politik« ist dafür nicht ganz der richtige Begriff, denn in manchen Fällen können Eltern durchaus zwei oder mehr Kinder haben. Hirtenfamilien in abgelegenen Gegenden der Provinz Xinjiang dürfen in manchen Fällen sogar bis zu vier Kinder haben. Doch trotz aller Ausnahmen stellte diese neue Politik eine drakonische Maßnahme zur Begrenzung der Familiengröße dar, und in der Regel sahen sich die Familien auf dem Land auf ein oder höchstens zwei Kinder beschränkt.

Wenn nun das erste Kind ein Mädchen war, wollten die Eltern die letzte Chance nicht an noch ein Mädchen »verschwenden«. In China wünschen sich Bauernfamilien aus vielerlei Gründen Söhne und nicht Töchter. Dort gilt die Überlieferung, daß der Stamm ausschließlich über männliche Nachkommen weitergeht, so daß ein Mann mit Töchtern, doch ohne Sohn, keine Nachkommen hat. Noch schlimmer wirkt sich vielleicht die Tradition aus, daß die Töchter in eine andere Familie einheiraten, während die Söhne verpflichtet sind, die Eltern im Alter zu versorgen. Auch werden Jungen als geeigneter für die Feldarbeit betrachtet. Und schließlich der reine »Erfolgsdruck«, ebenfalls aufgrund alter Tradition. Eine Frau wird so lange von ihrer Schwiegermutter geplagt, bis sie einen Sohn produziert, und ihr Mann kann sich, wenn dies nicht der Fall ist, sogar von ihr scheiden lassen. Viele Paare in ländlichen Gegenden haben daher das Gefühl, ihre Lebensaufgabe nicht erfüllt zu haben, bis sie einen Jungen in die Welt gesetzt haben.

Vor der Einführung der neuen Familienpolitik hatte eine Familie zwei Töchter aufziehen und einfach weiter versuchen können. Dies ist inzwischen nicht mehr ratsam. Eine Frau, die die Vorschrift mißachtet und ein weiteres Kind zur Welt bringt, riskiert drakonische Strafen, nämlich die Aussicht, daß ihr das Haus über dem Kopf abgerissen, und die hohe Wahrscheinlichkeit, daß sie gezwungen wird, sich unfruchtbar machen zu lassen. Manche Eltern haben das Gefühl, diese Risiken seien tragbar, sofern aus der Schwangerschaft ein Sohn hervorgeht, nicht aber wenn es wieder eine Tochter wird.

Das Ausmaß der ganzen Problematik schlägt sich in der Statistik nur andeutungsweise nieder. Normalerweise kommen in allen ethnischen Gruppen auf 100 weibliche Säuglinge 105 bis 106 männliche zur Welt. Da wie gesagt die Sterblichkeitsrate bei den männlichen Neugeborenen höher liegt, gleicht sich die Verteilung der Geschlechter bis zum Erreichen des heiratsfähigen Alters in etwa aus. Mit fortschreitendem Alter wirkt sich die höhere Überlebensfähigkeit der Frauen weiter aus, und damit nimmt der Anteil der Frauen entsprechend zu.

In China liegt nun aber das Verhältnis der Geschlechter schon bei den Geburten ganz anders als 100 zu 105. Als die neuesten Statistiken Ende der achtziger Jahre bei den Geburtsraten auf 100 weibliche Neugeborene 110 bis zu 112 männliche auswiesen, begannen wir bei Behörden und Fachleuten nach Erklärungen für diese Zahlen zu suchen. Die dafür zuständige staatliche Kommission für Familienplanung versuchte das Problem herunterzuspielen, mit der Andeutung, es sei nichts als Arroganz des Westens, davon auszugehen, daß China zwingend dieselbe Verteilung der Geschlechter aufweisen müsse wie andere Staaten.

Tatsache ist jedoch, daß China anläßlich der Volkszählungen von 1953 und 1964, der einzigen vor Einführung der sogenannten »Ein-Kind-Politik«, Zahlenwerte aufwies, die in bezug auf den Anteil der weiblichen und männlichen Bevölkerung im Normbereich lagen. 1953 kamen auf 100 weibliche 104,9 männliche Säuglinge zur Welt; 1964 waren es auf 100 deren 103,8. Erst die Statistik von 1982, nach dem Geburtenrückgang aufgrund der neu eingeführten Familienplanungspolitik, wies eine markante Verschiebung dieser Raten auf.[9]

Darüber hinaus weist Chinas Bevölkerungsstatistik bei den

Erstgeborenen eine normale Geschlechtsverteilung von 100 zu etwa 106 auf. Erst unter den Zweitgeborenen ist eine disproportionale Zunahme der männlichen Säuglinge zu verzeichnen. Vergleicht man die Fünftgeborenen miteinander, so steigt das Verhältnis auf 100 zu über 125. Wahrscheinlich aktzeptieren die Eltern eine Tochter als erstes Kind noch am ehesten, da sie davon ausgehen, daß sie legal oder illegal eine Möglichkeit finden werden, noch ein zweites Kind zu haben.[10]

In der Zwischenzeit verschlimmert sich die Situation zusehends. 1992 zeigten sich die Behörden verblüfft über die Ergebnisse, die aus einer staatlich finanzierten Untersuchung hervorgingen, nämlich daß die Verteilung der Geschlechter bei den Neugeborenen inzwischen ein Verhältnis von 100 auf 118,5 erreicht hat. Nimmt man an, die Norm liege bei 100 zu etwa 105,5, bedeutet dies, daß jährlich 12 Prozent aller weiblichen Kinder in China verschwinden. In Zahlen ausgedrückt, sind dies mehr als 1,7 Millionen im Jahr.[11]

Natürlich läßt sich nun daraus nicht einfach schließen, daß jährlich 1,7 Millionen Mädchen getötet werden. Wahrscheinlich wird die Mehrzahl von ihnen zur Welt gebracht, dann aber den Behörden gar nie gemeldet. Eine Studie deckte auf, daß mehrere hunderttausend Mädchen jährlich inoffiziell von befreundeten oder verwandten Familien »adoptiert« und andere in aller Stille von den Eltern großgezogen werden, ohne daß jemand ihnen viel Beachtung schenkt. Dennoch verbleibt eine kleine Minderheit, die tatsächlich umgebracht wird: zum Beispiel ertränkt in einem Eimer Wasser, den manche bei einer Geburt neben dem Bett stehen haben, für den Fall, daß das Baby ein Mädchen ist. Und ob unter dieser »kleinen Minderheit« jährlich zehn-, hundert-, dreihundert- oder gar noch mehr tausend Säuglingsmorde zu verstehen sind, weiß kein Mensch.

Seit den achtziger Jahren steht auch die Technologie im Bunde mit derlei Praktiken und wird fleißig gegen die Frauen eingesetzt. Bereits 1979 begann man in China Ultraschallgeräte herzustellen, die das Körperinnere mittels Schallwellen sichtbar machen. Ende der achtziger Jahre importierte China jährlich mehr als zweitausend Ultraschallgeräte und produzierte darüber hinaus im eigenen Land zusätzlich weitere zehntausend Stück. Eine chinesische Bevölkerungsstatistikerin schätzte, daß sich 1990 insgesamt rund hunderttausend Ultraschallgeräte im Land im Einsatz befanden.

Diese Geräte sollten zur Früherkennung von Erkrankungen der Leber und anderen inneren Organen dienen sowie zur Abklärung, ob der Fötus sich normal entwickelt. Daneben überprüfen Angestellte der Familienplanungskommission mit Hilfe des Ultraschallgerätes, ob die Frauen die ihnen eingesetzten Spiralen nicht entfernt haben. Gleichzeitig lassen sich Ultraschallgeräte natürlich aber auch zur Geschlechtsbestimmung des Fötus benutzen. Als Folge davon entschieden sich viele werdende Eltern dazu, eine Praxis ausfindig zu machen, wo man ihnen mitteilte, ob die Frau ein Mädchen oder einen Jungen zur Welt bringen würde. Im Falle einer Tochter beantragten sie eine Abtreibung – oder sie wurde ihnen nahegelegt.

Diese Vorgehensweise gehört seit Beginn der neunziger Jahre schon fast zur Tagesordnung. Im heutigen China ist die Maschine mit dem größten sozialen Einfluß auf die Bevölkerung mit hoher Wahrscheinlichkeit weder der Computer noch das Faxgerät oder das Auto, sondern das Ultraschallgerät. Die Annahme, daß der größte Teil der 1,7 Millionen Mädchen, die Jahr für Jahr verschwinden, vor der Geburt per Ultraschall entdeckt und daraufhin abgetrieben wurden, ist viel weniger abwegig, als sie für unsere Ohren klingt.

1993 besuchte Nick eine Reihe abgelegener Dörfer in der Provinz Fujian und sprach mit der bäuerlichen Bevölkerung über das Ultraschallgerät. Selbst die ungebildetsten Hinterwäldler hatten schon davon gehört. Und sie liebten es. Während schwerer Regen auf die Reisfelder rund um das Dorf niederprasselte, saß ein halbes Dutzend von ihnen in einem steinernen Unterschlupf beisammen und äußerte sich mit sichtlicher Freude über das neue Ultraschall-Zeitalter.

»Jetzt haben alle Jungen«, sagte Y. H. Chen in ehrfurchtsvollem Ton, und die anderen nickten. »Letztes Jahr wurde hier im Dorf nur ein einziges Mädchen geboren – alle anderen Frauen brachten Jungen zur Welt. Du gehst zum Arzt und zahlst ihm 200 oder 300 Yuan. Er sagt, ob deine Frau ein Mädchen oder einen Jungen erwartet. Und wenn es ein Mädchen ist, kannst du es abtreiben lassen.«

Chens Bruder Y. C. Chen unterbrach ihn: »Eine Familie hier im Dorf hat fünf Mädchen. Sie wollten unbedingt einen Sohn, deshalb fuhren sie fort, Kinder zu zeugen, in der Hoffnung, einmal einen Jungen zu bekommen. Doch nun ist so was nicht mehr nötig. Die Technik hat die Situation verändert.«

Teilweise trägt auch der Einzug der Marktwirtschaft an dieser Entwicklung schuld, denn immer mehr Ärzte und Ärztinnen eröffnen Privatpraxen, und sogar staatliche Krankenhäuser haben es immer nötiger, an Geldquellen zu kommen, um ihre Finanzen in Ordnung zu halten. In beiden Fällen wird das Ultraschallgerät erworben, da es zu den einträglichsten medizinischen Geräten gehört. In einer gut ausgelasteten Klinik kann das Ultraschallgerät bei täglich mehr als hundert Patientinnen und Patienten eingesetzt werden, und wer immer die Maschine bedient, geht ein geringes Risiko ein, dabei erwischt zu werden, wenn als Gegenleistung zur Geschlechtsbestimmung eines Fötus ein Bestechungsgeld in die eigene Tasche wandert.

Chens Bruder arbeitet als selbständiger Apotheker und legte sich vor einem Jahr ein eigenes Ultraschallgerät zu. Ein chinesisches Ultraschallgerät kostet wenig mehr als 1000 Dollar, und er kann für jede Schwangere bis zu 50 Dollar für eine Kurzkonsultation zur Geschlechtsbestimmung des Fötus verlangen.

Die Ultraschalluntersuchung ist insbesondere im frühen Stadium der Schwangerschaft in bezug auf die Geschlechtsbestimmung nicht annähernd so zuverlässig wie beispielsweise die kompliziertere Amniozentese. Hinzu kommt, daß sich eine einigermaßen begründete Aussage über das Geschlecht des Fötus erst ab dem dritten Monat machen läßt. Zu diesem Zeitpunkt ist eine Abtreibung im Vergleich zu den ersten drei Monaten allerdings ein sehr viel schwerwiegenderer Eingriff. Nicht selten geschieht es, daß Frauen gegen Ende des sechsten Monats ihrer Schwangerschaft in eine Klinik zur Abtreibung kommen, obwohl sie über eine behördliche Geburtsgenehmigung verfügen. Meist ist die abgetriebene Frucht dann in der Tat weiblich; handelt es sich doch einmal um eine männliche Frucht, was bei immerhin gegen zwanzig Prozent der Fall und wahrscheinlich auf eine Fehlinterpretation bei der Diagnose zurückzuführen ist, gerät die Mutter vor Schock und Entsetzen in der Regel völlig außer sich.

Die chinesische Zeitung *China Information News* berichtete von einem Bezirk, in dem in 2316 Fällen der Ultraschall zur Geschlechtsbestimmung Anwendung fand, was zur Folge hatte, daß 1006 weibliche Föten abgetrieben wurden. Eine weitere, ebenfalls staatliche Zeitung namens *Public Security News* meldete, daß in der Gegend von Ouhai in der Provinz Zhejiang von vierundsiebzig untersuchten Föten achtundsechzig weiblichen Geschlechts waren.

»Mit dem Ultraschall ist es wie mit der Nukleartechnologie«, beklagte sich *Public Security News* Ende 1993. »Eine an sich nutzbringende Sache für die Gesellschaft, aber zugleich Auslöser großer Tragödien.« Als Zeichen der Besorgnis über die Geschlechtsverteilung sind Warnungen in der offiziellen Presse zu werten, daß die männlichen Säuglinge von heute in zwanzig Jahren keine Frau finden werden. Aber abgesehen von dräuenden Hinweisen auf möglicherweise dem Land drohende »Junggesellendörfer« erforscht niemand ernsthaft die sozialen Konsequenzen, die einer Nation drohen könnten, welche an einem größeren Überschuß an männlicher Bevölkerung leidet. Aber China ist keineswegs das einzige Land, das sich mit diesem Problem konfrontiert sehen wird. In ganz Asien, mit seiner historisch bedingten Vorliebe für männliche Nachkommen, werden Ultraschallgeräte und auch andere Methoden dazu verwendet, das Geschlecht eines Fötus abzuklären und die als weiblich erkannten abzutreiben. So beträgt in Südkorea, offenbar zur Hauptsache aufgrund von Ultraschalldiagnosen, das Geschlechtsverhältnis bei Neugeborenen 100 zu 113. Doch ist das Problem in China wegen der praktizierten Familienplanungspolitik zusätzlich außerordentlich schwerwiegend. Je mehr die Kommunistische Partei an Autorität und Überblick verliert, desto schwieriger ist abzusehen, wie sie den mißbräuchlichen Einsatz von Ultraschallgeräten zur Geschlechtsbestimmung kontrollieren will. Denn obwohl ein derartiges Vorgehen 1987 verboten wurde, hat sich die Situation seither immer weiter verschlimmert. In fünf von Chinas dreißig Provinzen beträgt die Geschlechtsverteilung zwischen Mädchen und Jungen inzwischen 100 zu 120.[12]

Wie wird es in fünfzehn oder zwanzig Jahren in China aussehen, wenn es viel mehr Männer im heiratsfähigen Alter gibt als Frauen? Welche Auswirkungen hat die Tatsache auf eine Gesellschaft, daß ein Fünftel der Männer keine Partnerin finden kann?

Den eindeutigsten Hinweis auf die Problematik vermittelt die Statistik: In China gibt es mindestens dreißig Millionen Frauen zuwenig.

Dabei sollten die Frauen allein schon aus dem Grund, weil sie eine höhere Lebenserwartung haben, zahlenmäßig überwiegen. In den meisten Industrienationen, in denen Frauen und Männer gleichermaßen Zugang zu Nahrung und medizinischer Versorgung haben, setzt sich die Bevölkerung aus etwa fünf Prozent mehr Frauen als Männern zusammen.

In China hat die Volkszählung von 1990 nun gezeigt, daß – bei umgekehrter als sonst üblicher Betrachtung – nur 93,8 Frauen auf 100 Männer kommen. Und schlimmer noch: Das Ungleichgewicht wird immer stärker. So betrug 1982 das Verhältnis noch 94,1 zu 100. Statistiken sind außerordentlich komplex und Gegenstand unterschiedlicher Interpretationen, das ist bekannt, doch selbst in den konservativsten Analysen kommt man zum Schluß, daß die chinesische Bevölkerung fünf Prozent zuwenig Frauen aufweist. Fünf Prozent, das sind dreißig Millionen – Mädchen, junge und alte Frauen.[13]

Wo sind sie geblieben, all diese Frauen? Ein Teil von ihnen wurde in den dreißiger und vierziger Jahren bei der Geburt getötet und fehlt in der Statistik bei den älteren Frauen. Ein anderer Teil von ihnen überlebte die Kindheit nicht, da sie ungenügend ernährt und gekleidet und medizinisch nicht versorgt wurden. Ein weiterer Teil fiel der Hungersnot von 1958 bis 1961 zum Opfer, weil ihre

Eltern den Reis ihren Brüdern gaben. Und noch ein Teil von ihnen wurden in den vergangenen Jahren mittels Ultraschall entdeckt und abgetrieben.[13]

In anderen Ländern, in Afghanistan und Indien zum Beispiel, herrscht ebenfalls ein großer Frauenmangel. Aber es sind nicht etwa generell die besonders armen Länder, in denen man sich diskriminierend verhält. In Afrika leben südlich der Sahara mehr Frauen als Männer. Das Problem, so scheint es, ist vor allem in der arabischen und asiatischen Welt akut.

Was wäre geschehen, wenn meine Großeltern China nicht verlassen hätten und ich in China zur Welt gekommen wäre? Ich wurde 1959 geboren, zu Beginn der schrecklichen Hungersnot, der dreißig Millionen Menschen zum Opfer fielen. Hätte ich mich im Kampf um Nahrung gegen meinen jüngeren Bruder Darrell behaupten müssen? Und was, wenn es nicht genügend zu essen für alle gegeben hätte? Wäre ich heute unter den verschwundenen dreißig Millionen Frauen?

Darüber hatte ich mir bis zu meiner Ankunft in China mit Sicherheit nie Gedanken gemacht. Damals hatte ich recht viel Sympathie übrig für die chinesische Familienplanung. Schließlich leidet China eindeutig unter einem Bevölkerungsproblem riesigen Ausmasses. Ich sah in der neuen Familienpolitik einen Grund, China optimistischer zu beurteilen als Indien, hatte man doch hier scheinbar die Bevölkerungsbombe entschärft.

Doch zu welchem Preis! Die Familienplanungskommission zwingt junge Frauen regelmäßig zu Abtreibungen sowie Sterilisation oder Kastration. Die Bezirksbehörden entsenden ein- oder zweimal im Jahr Trupps in alle Dörfer; sie treiben alle Frauen zusammen, die an der Reihe sind, um eine Spirale eingesetzt zu bekommen oder unter Zwang unfruchtbar gemacht zu werden. Manche machen sich auf und davon, in der Hoffnung, sich ihre Fruchtbarkeit bewahren und noch ein Kind gebären zu können. Aber die Obrigkeiten schicken auch Suchtrupps aus, welche die Frauen bei Verwandten in anderen Dörfern und selbst in anderen Provinzen suchen, um sie dort aufzugreifen und zur Zwangsunterbindung zu bringen. In der Regel brauchen sie die Frau nicht zum Operationstisch zu schleppen: Sieht sie ein halbes Dutzend Männer, denen niemand entgegentritt, vor dem Haus stehen, erkennt sie ohne Zweifel, daß es keinen Sinn hat, sich ihrer Forderung, herauszukommen, zu widersetzen, wenn sie nicht noch größeren Schaden nehmen will.

Wu Xinlian ist nur ein Beispiel. Die dreißigjährige Bäuerin ist eine Angehörige meines Clans, der Familie Wu aus dem Dorf Shun Shui in der Provinz Guangdong. Ich lernte sie kennen, als ich den Heimatort meiner Vorfahren aufsuchte, um die Bevölkerung dort unter anderem zur Familienplanung zu befragen. Wu war im Dorf aufgewachsen und hatte später in einen anderen Clan eingeheiratet. Sie hatte zwei Töchter – die jüngere trug sie auf dem Arm, während sie mit mir sprach –, aber auch sie träumte von einem Sohn. Das war ein Problem, denn nach Meinung der Behörden sollte sie sich unterbinden lassen, da sie bereits zwei Kinder hatte.

Aber die Frauen meines Clans haben einen harten Kopf. Als die Trupps der Familienplanungskommission in das Dorf kamen, in dem Wu und ihr Mann lebten, um sie und weitere Frauen für den Eingriff in die Klinik zu schleppen, floh sie zu ihren Eltern nach Shun Shui. Dort blieb sie und plante, sich heimlich mit ihrem Mann zu treffen, um ein Kind zu zeugen. Aber die Behörden fanden ihren Aufenthaltsort heraus und entsandten zwei Dutzend Beamte, um sie zur Unterbindung der Eileiter ins Krankenhaus zu bringen. Sie wagte sich nicht zu widersetzen. Wie denn auch?

»Ich habe keine Ahnung, wie sie herausgefunden haben, daß ich hier war«, erzählte mir Wu und streichelte ihre Tochter. »Ich wollte wirklich unbedingt einen Jungen.«

Ein anderes Mitglied meines Clans, ein Mann namens Wu Tiaoyuan, hatte mehr Glück. Seine Frau und er versteckten sich während ihrer dritten Schwangerschaft mehrere Monate lang. Im Februar 1992 schließlich gebar sie den erwünschten Sohn. »Wir zogen ständig von Dorf zu Dorf«, erzählte er. »Es war wirklich hart, und ich hatte Angst.«

Während ich diesem entfernten Verwandten zuhörte, gerieten meine Gedanken in Aufruhr. Ich fragte mich, was Wu Tiaoyuan und seine Frau wohl getan hätten, wenn sie als drittes Kind wieder ein Mädchen geboren hätte. Es wäre schlicht unmöglich gewesen, noch einmal zwei bis drei oder noch mehr Jahre unterzutauchen und einen vierten Versuch zu wagen (Frauen in ländlichen Gegenden geben ihren Kindern oft ein bis zwei Jahre lang die Brust, wodurch sich eine neuerliche Schwangerschaft verzögert). Hätten sie das Schicksal akzeptiert und wären sie mit ihrer Tochter ins Dorf zurückgekehrt, wo sie eine Buße und Zwangsunterbindung erwarteten? Oder hätten sie in ihrer Qual angeordnet, das Mädchen in einem Eimer Wasser zu ertränken?

Ein anderer Gedanke, der mir durch den Kopf ging, als ich so dastand in Shun Shui, in der Nähe des Hauses, das mein Großvater bewohnt hatte, war persönlicher Natur. Während ich Wu Xinlian zuhörte, wie sie wehmütig und traurig von ihrer Sehnsucht nach einem Jungen sprach, begann ich mich zu fragen, was meine Großeltern wohl bei meiner Geburt empfunden hatten. Großvater hatte seine erste Frau ja im Dorf wieder abgeliefert, als sie keinen Sohn gebar. Doch wäre dies ganz umsonst gewesen, hätten meine Eltern keinen Sohn gezeugt. Aus seiner Sicht hätte der Familienzweig mit meinem Vater ein Ende gefunden, und es hätte niemanden gegeben, der die Familiengräber gefegt und die Gottheiten bestochen hätte, damit sie auf Großvater aufpaßten. Voller Schmerz – und plötzlicher Wut – stellte ich mir vor, wie enttäuscht sie gewesen sein mußten, als sie feststellten, daß ihr erstes Enkelkind ein Mädchen war. Vielleicht hatte ich in ihren Augen Schande über die Familie gebracht.

Nie hatten mir meine Eltern auch nur im geringsten das Gefühl gegeben, erst einen Jungen gewollt zu haben, und ich hatte sie nie danach gefragt. Und falls es je eine Rolle spielte, weiß ich, daß das inzwischen vorbei ist – zum Teil, weil ich meinen Bruder Darrell habe, der pflichtgetreu den sino-amerikanischen Traum verwirklichte, indem er in Medizin und Philosophie promovierte und heute als Arzt praktiziert. Ich weiß, daß meine Eltern offenen Geistes sind, aber ich fragte mich, ob sie nicht doch, selbst ohne persönliche Präferenz, den Druck verspürten, als erstgeborenes Kind einen Sohn zu produzieren. Kam ich als eine Enttäuschung? Galten die andern beiden wunderbaren Töchter ebenfalls als Reinfall? Der Gedanke nagte an mir. Bis zu einem gewissen Grad ist mir die Last dieser Erwartungshaltung bekannt, denn während meiner Schwangerschaft haben meine chinesischen Bekannten ebenfalls des öfteren Vermutungen darüber angestellt, ob ich wohl einen Jungen oder ein Mädchen zur Welt bringen würde. Und es war ganz offensichtlich, daß viele dachten, ein Mädchen sei zwar ganz in Ordnung, ein Junge aber um einiges besser.

In den Vereinigten Staaten hatte ich kaum darüber nachgedacht, ob mir ein Junge oder ein Mädchen lieber wäre. In China fühlte ich mich dann nach Gregorys Geburt irgendwie erleichtert, daß es ein Junge war. Ich kam dadurch um einige Schwierigkeiten herum; dabei ist China nicht einmal meine Heimat. Ich erinnere mich nur zu gut, wie ich Lihua anrief, eine chinesische Journalistin und Freundin, um ihr von der Geburt meines Kindes zu erzählen. Erst blieb es eine Weile still am anderen Ende, und dann fragte sie: »Ist es ein Junge oder ein Mädchen?« Sie beglückwünschte mich erst, nachdem ich ihr mitgeteilt hatte, daß ich einen Jungen geboren hatte.

Ich kann mir die Sorgen der Millionen von chinesischen Müttern kurz vor der Geburt vorstellen, vor allem die derer, welche kein weiteres Kind haben dürfen. Viele von ihnen können gar nicht anders, als dieses Ereignis als die entscheidende Prüfung ihres Lebens anzusehen, eine Prüfung, bei der sie nach hiesiger landläufiger Ansicht zu fünfzig Prozent durchfallen müssen.

Kindesmord und Geschlechtsauslese per Ultraschallgerät finde ich entsetzlich. Auf der anderen Seite kann ich mir vorstellen, wie groß die Versuchung für die Menschen ist, in einer Prüfung, der ein derartiger Stellenwert beigemessen wird, zu ihrem Vorteil zu mogeln.

Was immer man von der »Ein-Kind-Politik« halten mag, man kann der Kommunistischen Partei nicht den Vorwurf machen, sie propagiere diese aus reinem Eigennutz. Oft bezweifelt man in China, daß die Partei überhaupt noch Prinzipien verfolge, doch denke ich, die Familienpolitik beweist dies – einseitige Prinzipien zwar, aber eben doch Prinzipien. Die restriktive Familienpolitik kommt der Partei nicht zugute; sie stellt im Gegenteil einen der besonders verhaßten Punkte der Parteisatzung dar. Die bäuerliche Bevölkerung mag größtenteils nicht viel von Demokratie halten, aber wer sie daran hindern will, Söhne in die Welt zu setzen, kann sich leicht ihren innigsten Haß zuziehen. Insofern praktiziert die Partei Führung im wahren Sinn des Wortes und bezahlt für die Durchsetzung dessen, woran sie glaubt, mit Popularitätseinbuße.

Doch ist dies der richtige Weg? In jedem Ort, den wir bereisten, erkundigten wir uns auch nach den Auswirkungen der Familienplanungspolitik und mußten feststellen, daß sie enormes Leid verursacht. Oft fallen ihr gerade die Ärmsten zum Opfer; sie verlieren ihr armseliges Heim und ihren kläglichen Besitz und damit alles, was sie haben, weil sie die Vorschriften nicht einhalten.

Ein Bild, das ich anläßlich eines verbotenen Taxiausfluges in der Provinz Guizhou zu sehen bekam, bleibt mir besonders in Erinnerung. In einem kleinen, abgelegenen Weiler im Hügelland stieß ich auf die baufällige und behelfsmäßig zusammengeflickte Hütte eines Paares, das im Jahr zuvor einen Sohn bekommen hatte. Die Eltern des Vaters wohnten nebenan, in einer größeren Hütte aus dicken Ästen, Strauchwerk, Stroh und Steinen aus der Umgebung. Als Bodenbelag diente festgestampfte Erde. Ich befand mich nicht in einem der üppigen Landstriche mit saftig grünen Feldern und frischer Luft. Statt dessen sah ich, wohin ich auch blickte, braune Erde und Dreck, graue Steine und trockenes Holz. Der einzige Geruch, den ich ausmachen konnte, stammte von menschlichen und tierischen Ausdünstungen.

Die Familie hatte das Pech gehabt, daß sie im Rahmen vermehrter landesweiter Kontrollaktionen der Familienplanungskommission erwischt worden war. Das Baby kam als zweites Kind, und die Eltern hatten nicht die vollen vier Jahre bis zu seiner Zeugung gewartet, wie es in jenem Gebiet vorgeschrieben war: Das Kind kam fünf Monate früher als erlaubt zur Welt.

Vier Tage nach der Geburt tauchte eine Brigade von zehn Männern und Frauen im Dorf auf, um die Feier zu stören. Sie rissen die

Hütte der Familie ein und verstreuten die Steine und das Stroh im ganzen Ort. Dann verlangten sie umgerechnet fünfundvierzig Dollar Strafe, was der Jahreseinnahme des Paares gleichkam, und als die Familie den Betrag nicht zahlen konnte, schlugen sie die Kommode der Eltern kurz und klein – neben dem Bett das einzige Möbelstück.[14]

»Zum Schluß nahmen sie uns unsere Kuh weg«, erzählte der sechzigjährige Peng Dagui, der Älteste im Haushalt und Großvater des Jungen. »Ich ließ die Kuh nicht aus den Augen, ich folgte ihnen den ganzen Weg bis in die Stadt, und dort bettelte ich bei der Lokalbehörde, sie behalten zu dürfen, aber sie scherten sich nicht darum.«

Drei Monate später tauchten zwei Dutzend Beamte im Dorf auf, um Wang Zhengmei, die Mutter des Kindes, in die Klinik zu bringen, wo sie unfruchtbar gemacht wurde. Vor Angst wie von Sinnen, wagte sich die siebenundzwanzigjährige Wang nicht zu widersetzen. Man versprach ihr zum Trost 3,50 Dollar, wenn sie sich operieren lasse. Sie ließ sich unterbinden, doch das versprochene Geld bekam sie nie.

Wenigstens gestaltet sich der Wiederaufbau einer Hütte irgendwo auf dem Land leichter als in einer Stadt. Innerhalb eines Monats hatte Peng Fagang, der Vater des Kindes, auf den Feldern genügend Steine und getrocknetes Gras gesammelt und die Hütte wiederaufgebaut. Der einzige Trost für die Familie bestand in der Tatsache, daß sie nicht die einzigen waren, die das Unglück getroffen hatte; auf dieselbe Art und Weise war die obrigkeitliche Brigade auch mit anderen Familien im Dorf verfahren.

Dieses scharfe Vorgehen, das 1991 einsetzte, war das Ergebnis einer neuen Strategie, um die örtlichen Behörden zu konsequenterem Verhalten zu bewegen. Etwa zu der Zeit kündete die staatliche Führung ein neues »Verantwortlichkeitssystem« an, das die Umsetzung der Ziele in Sachen Familienplanung unterstützen sollte. Man zitierte die verantwortlichen Gouverneure und Parteisekretäre der Provinzen und drohte ihnen, daß sie für zu hohe Geburtenraten in ihren Provinzen persönlich zur Rechenschaft gezogen würden. Aufgeschreckt beorderten die Provinzverantwortlichen die Bezirksverantwortlichen zu sich und gaben die Drohung weiter. Und sie pflanzte sich bis hinunter auf die Dorfebene fort. Das Resultat war, daß die Vorschriften nur mäßig verschärft wurden, deren Durchsetzung und Bestrafung jedoch grausamer ausfielen.

All das hatte keinen großen Einfluß auf die Stadtbevölkerung, doch für die neunhundert Millionen Menschen auf dem Land waren die Konsequenzen enorm. 1992 fiel die Fruchtbarkeitsrate – die erwartete Anzahl von Lebendgeburten einer Frau im gebärfähigen Alter – erstmals auf 1,86, und damit sank diese Zahl zum ersten Mal unter zwei Geburten pro Paar. China erreichte ein Ziel, mit dem man nicht vor dem Jahr 2010 zu rechnen gehofft hatte. Es wäre schwierig, sich irgendwo auf der Welt die Umsetzung einer Politik mit ähnlich einschneidenden Auswirkungen auf das tägliche Leben einer so großen Anzahl Menschen vorzustellen.

Und wo waren wir, als das seinen Anfang nahm? Wir schliefen. Ich schäme mich, zugeben zu müssen, daß wir zwei Jahre lang nichts von dieser außerordentlichen Entwicklung mitbekamen. Ebenso erging es den diplomatischen Vertretungen, den Gelehrten und den chinesischen Intellektuellen. Es handelte sich um eine der wirkungsvollsten politischen Entscheidungen jener Zeit, doch da sich die Folgen hauptsächlich in den ländlichen Gebieten Chinas zeigten, wurden sie kaum zur Kenntnis genommen. Das Ganze läßt gewisse Rückschlüsse zu auf die Art, wie sich die Welt heute mit China auseinandersetzt.

Herrscherin über das Familienplanungssystem ist eine mollige, strahlende Matriarchin namens Peng Peiyun. Selbst eines von acht Kindern, hat sie vier eigene geboren, alle vor Einführung der »Ein-Kind-Politik«. Nun zwingt sie mit ihrer Politik jährlich Millionen von Frauen zur Unterbindung. Peng behauptet, die Behörden brächten die Familien lediglich durch Überredung dazu, weniger Kinder zu haben. Gewaltanwendung, behauptet sie, sei verboten – aber sie kann keinen einzigen Fall benennen, bei dem Beamte der Familienplanungsstelle für ihre Gewaltanwendung bestraft worden wären.

Sie sollte besser mit den Menschen sprechen, die ich in Guizhou kennengelernt habe.

»Können Sie mir bitte erklären, wie die staatlich betriebene Familienplanungspolitik tatsächlich aussieht?« fragte mich ein fünfundvierzigjähriger Grundschullehrer, als ich ein anderes kleines Dorf in Guizhou besuchte. 1983 brachte seine Frau das zweite Kind zur Welt, drei Jahre nach der Geburt des ersten. Sie glaubten fest, dies sei gestattet. Doch scheinbar hatte sich die Politik in der Zwischenzeit geändert, jedenfalls verurteilten die Behörden das Paar zu einer Strafe von umgerechnet 2500 Dollar, was zu der Zeit etwa das Siebzehnfache seines Jahresgehaltes ausmachte. Da sie kein Geld hatten, wurden an seinem Gehalt über zehn Jahre hinweg jeweils rund achtzig Prozent abgezogen. Diese Zahlungen in Raten, so stellte sich heraus, entsprechen den gängigen Gepflogenheiten, da sonst niemand das Strafgeld bezahlen kann.

»Oft nehmen sie dir Besitztum weg, deine Möbel, deine Kuh, dein Schwein, deine Hühner, dein Trockenfleisch«, erzählte mir eine Fünfunddreißigjährige in einem andern Dorf in Guizhou. »Läßt du dich unterbinden, nehmen sie die Sachen, läßt du dich nicht unterbinden, schlagen sich dich noch zusätzlich zusammen. Manche wurden fürchterlich verprügelt, die Frauen selbst, aber auch ihre Familienangehörigen. Sie kommen mit elektrisch geladenen Stöcken und dreschen damit auf alles Lebendige ein, das in ihre Nähe gerät.«

Ich lernte sie bei einem gemeinsamen Treffen mit anderen aus dem Dorf im Haus des Ehepaars Huang Guohai kennen, Bauer und Bäuerin mit zwei Kindern im Abstand von sechs Jahren. Sorglos in bezug auf Formalitäten, wie es die Bevölkerung in abgelegenen Gegenden oftmals ist, hatten die beiden sich bei der Eheschließung elf Jahre zuvor keine Heiratsurkunde besorgt. Weil sie keine Urkunde besaßen, tauchte aber 1992 eine mit Stöcken und Schraubenziehern bewaffnete Brigade von zehn Personen um ein Uhr nachts bei ihnen auf, um sie für die Nichteinhaltung der Familienplanungsvorschriften zu bestrafen – welcher, konnten sie allerdings nicht sicher sagen. Sie nahmen das Waschbecken und den Schwarzweißfernseher mit. Am meisten aus der Fassung brachte Huang aber, daß sie das Totengewand und den Sarg für seine alte Mutter konfiszierten. Doch sie konnten nichts dagegen tun: »Wenn du ihnen deine Sachen nicht läßt, schlagen sie dich nur.«

Im Zuge ihrer »Verantwortlichkeit« für Familienplanung gerieten die lokalen Kader in ganz China außer Rand und Band. 1993 wurde uns ein Geheimdokument *(cankao xuanpian)* mit einem Bericht über die geburtshelferischen Greueltaten in der Provinz Hunan zugespielt. Im Zeichen des komplizierten chinesischen Geburtsquotensystems wollten die Bezirksbehörden, daß gewisse Babys noch 1992 und nicht erst 1993 geboren wurden.

»Einige örtliche Behördenmitglieder befürchteten, für das Nichterreichen der Ziele der Familienplanung bestraft zu werden oder den Bonus nicht zu erhalten«, hält dieser Bericht lakonisch fest.

Ein paar Beamte der Familienplanungskommission formten daher gegen Ende Dezember kurzerhand eine »Frühgeburtsschockbrigade«, die neun Frauen zusammentrieb, damit bei ihnen die Geburt noch vor Ablauf des Kalenderjahres eingeleitet werden konnte. Am 30. Dezember tauchte der Trupp bei der dreiundzwanzigjährigen, im siebten Monat schwangeren Li Qiuliang auf. Li hatte die Erlaubnis, ein Kind zu gebären, und gegen keinerlei Regeln verstoßen. Ihre Schwiegermutter versuchte mit der Brigade zu verhandeln. »Meine Schwiegertochter ist nicht bei bester Gesundheit und kann vielleicht nie wieder schwanger werden«, zitiert der Bericht die Frau. »Laßt sie dieses eine Kind haben, damit sie jemanden hat, der nach ihr und meinem Sohn sieht, wenn die beiden alt sind. Es spielt keine Rolle, ob es ein Mädchen oder ein Junge wird. Sofort nach der Geburt wird sie sich unterbinden lassen.«

Sie schlugen ihr die Bitte ab. Und als die Ärztin auf der Notfallabteilung befand, Li sei zu zart, um eine künstlich eingeleitete Geburt zu diesem Zeitpunkt zu überleben, übergingen sie ihre Einwände und befahlen ihr schroff, mit den Maßnahmen fortzufahren. Li verlor Unmengen von Blut; sie wurde ohnmächtig und entging knapp dem Tod. Das Kind blieb nur neun Stunden am Leben.

Familienmitglieder brachten Li in die Bezirksklinik, und dies rettete ihr das Leben. Inzwischen ist sie wieder zu Hause, doch ist dem Bericht zu entnehmen, sie sei seither behindert, ohne daß genauer auf die Art ihrer Behinderung eingegangen wird. Eine lokale Funktionärin, die den Bericht bestätigte, erzählte Nick ferner, daß die einzige Reaktion der Regierung darin bestand, die für die »Frühgeburtsschockbrigade« Verantwortlichen zu zitieren und ihnen mitzuteilen, in Zukunft doch von künstlich eingeleiteten Geburten abzusehen. Die staatliche Kommission für Familienplanung lehnte jeden Kommentar dazu ab. Kaum war Nicks Bericht über Li Qiuliang auf der ersten Seite der *Times* erschienen,[15] raste die chinesische Regierung vor Wut. Weder Peng Peiyun noch irgendwelche andere hohen Tiere waren an dem Fall im geringsten interessiert gewesen, als er im *cankao xuanpian* erschien, aber nun, da die *Times* darüber berichtete, reagierten sie. Kurz darauf veröffentlichten sie eine Gegendarstellung des Inhalts, der Bericht entspreche nicht den Tatsachen: Li Qiuliangs Geburtstermin sei Mitte Januar und nicht März gewesen und sie habe am 31. Dezember geboren, also am Ende einer Schwangerschaft von normaler Dauer. Spitzfindig umging man in der Gegendarstellung die Frage, ob die Geburt eingeleitet worden sei, und deutete an, das Kind wäre in jedem Fall gestorben.

Natürlich besteht die Möglichkeit, daß die Information in dem uns zugespielten Dokument falsch war. Auch möglich, daß die lokale Beamtin, die wir telefonisch erreichten, log. In der Regel werden Schandtaten in staatlichen Berichten eher weißgewaschen, aber es ist uns unmöglich, zu beweisen, daß die offiziellen Stellen, die diesen Bericht anfertigten, ganz im Gegenteil nicht übertrieben.

Ich neige jedoch dazu, den Inhalt des Dokuments zu glauben, habe ich doch die Erfahrung machen müssen, daß die chinesische Obrigkeit sich aus pathologischen Lügnern zusammensetzt. Doch bis die Regierung den Leuten gestattet, uneingeschränkt zu reisen, und Presseleute auf diese Weise Betroffene wie Li Qiuliang persönlich fragen können, wie die Dinge in Wahrheit liegen, können wir niemals ganz sicher sein.

Als Nick und ich über Zwangsabtreibungen und -unterbindungen berichteten, erhielten wir die ganze Zeit über vorwurfsvolle Anschreiben von Organisationen wie der Zero Population Growth (»Nullwachstum für die Bevölkerung«), deren Mitglieder die Familienplanungsprogramme unterstützen. Auf der anderen Seite des Spektrums freuten sich die hartgesottenen Gruppierungen gegen die Abtreibung im Kongreß, die in unseren Berichten weitere Angriffspunkte gegen China fanden. Diese Art Reaktion setzte uns zu, zogen die Leute doch oft bereits ihre Schlüsse, bevor sie sich wirklich mit den Fakten auseinandergesetzt hatten. Selbst in Expertengruppen diskutierte man im luftleeren Raum, ohne jemals – ohne offizielle Begleitung – auf die Straße zu gehen und das Gespräch mit dem einfachen Volk zu suchen. Wer China besucht, ist besser beraten, Kontakt mit der Landbevölkerung aufzunehmen, um über dieses Thema zu sprechen, und die staatliche Familienplanungskommission zu übergehen, statt umgekehrt.

Wenn es um Chinas Familienplanung geht, polarisieren sich die Ansichten derart, daß kaum jemand den Versuch wagt, sich mit der schwierigen Frage auseinanderzusetzen, wieviel Zwang legitim ist, um die Bevölkerungsexplosion eines Landes unter Kontrolle zu halten. Wer die Familienplanung befürwortet, weigert sich, das unglaubliche Leid zur Kenntnis zu nehmen, das die in China angewandte Politik verursacht. Und all die, die grundsätzlich gegen die Abtreibung sind, weigern sich einzusehen, daß China ohne Zweifel dringend ein Mittel zur Kontrolle des massiven Anstiegs der Bevölkerung benötigt, denn zweiundzwanzig Prozent der Weltbevölkerung, also ein Fünftel, leben dort auf sieben Prozent der weltweit vorhandenen urbaren Fläche.

Obwohl ich dem chinesischen Bedürfnis nach einem kontrollierten Bevölkerungszuwachs immer großes Verständnis entgegenbrachte, konnte ich mich letztlich des Gefühls nicht erwehren, daß die »Ein-Kind-Politik« außer Kontrolle geraten ist. Inzwischen betrachte ich Chinas Familienplanungspolitik als einen großen Fehler, und zwar aus zwei Gründen.

Erstens empfinde ich sie als moralisch anstößig, legt sie doch korrupten Lokalkadern, welche die Bußgelder nicht selten persönlich kassieren, zuviel Macht in die Hände. Zudem stürzt diese Politik Hunderte von Millionen bäuerlicher Familien in Unglück und Elend. Zwangsunterbindung und Zwangsabtreibung empfinde ich als ganz besonders widerliche Verbrechen gegen die Menschlichkeit. Es ist eine Sache, die legalisierte Abtreibung zur Wahl zu stellen – neben verschiedenen Formen der Verhütung –, aber es ist etwas völlig anderes, ein System zu unterstützen, das korrupte Kader ermächtigt, Dörfer heimzusuchen und Schwangere mit Gewalt oder deren Androhung zu entführen.

Zweitens mögen Chinas Zukunftsaussichten mit einer kleineren Bevölkerungszahl ja durchaus besser sein, aber bestimmt nicht bei zwanzig Prozent zuwenig Mädchen und Frauen. Ich sehe keine Möglichkeit, wie China diese sehr restriktive Politik fortsetzen kann, ohne daß sich das Ungleichgewicht der Geschlechter noch verstärkt. Besonders seit Ultraschallgeräte und in letzter Zeit auch die Amniozentese immer öfter dafür eingesetzt werden. Ich denke, mit einer größeren, aber geschlechtlich ausgewogenen Bevölkerung wäre China besser dran als mit einer kleineren, die einen hohen Männerüberschuß aufweist.

Daß China unbedingt ein Familienplanungskonzept braucht, will ich keinesfalls bestreiten, aber es ist zu hoffen, daß sich eine weniger brutale Art finden läßt, den nötigen Druck auszuüben. Es gibt überall Forderungen, denen die Bevölkerung nicht mit großer Begeisterung nachkommt, die aber schließlich mehr oder weniger durchgesetzt werden. Druck im Sinn von angebrachten Belohnungen und Strafen mag legitim sein, aber gewiß gehören dazu nicht Zwangsunterbindung und Zwangsabtreibung, Zerstörung der Häuser und Beschlagnahmung des Viehs verarmter Bauernfamilien. Die Regierung wäre gut beraten, davon abzusehen und sich statt dessen auf Bußgelder und Anreize zu verlassen, in Verbindung mit intensiver Beratung, Bildung und auf die Landbevölkerung ausgerichteten Entwicklungsprogrammen, die insbesondere darauf abzielen, den Status der Frauen zu heben.

Wir dürfen uns allerdings keinen Illusionen hingeben: All dies würde niemals so wirkungsvoll funktionieren wie die heutigen

Verhütungsmethoden durch Terror. Am Ende stünde China wohl eher mit einer größeren Bevölkerung und vielleicht materiell noch ärmer da. Aber zumindest würde man dann auf einer Reise durch das Bergland von Guizhou keine mittellosen Bäuerinnen mehr antreffen, die ihr Kind ein wenig zu früh geboren haben und deshalb ihres Heims, ihres Viehs und ihrer Fruchtbarkeit beraubt wurden.

Nicholas D. Kristof

6 DAS KASTRIERTE DENKEN

Wenn ein Kind geboren wird,
will die Familie, daß es klug ist.
Ich, der ich mir durch meine Klugheit
das ganze Leben zerstört habe,
hoffe nur, daß sich das Neugeborene als
unwissend und dumm erweisen wird.
Dann wird es, als Krönung eines ruhigen
Lebens, zum Kabinettsminister ernannt.

Su Dongpo, Dichter des 11. Jh.s

Qin Benli war ein richtiger alter Brummbär. Er hatte die Siebzig längst überschritten, aber er gehörte als Zeitungsmacher zu den mutigsten Presseleuten in China. Als Herausgeber des *World Economic Herald* definierte er praktisch im Alleingang die Grenzen dessen neu, was gedruckt werden durfte. Um die Zeit der Tiananmen-Niederschlagung wurde seine Zeitung eingestellt, die Belegschaft ins Gefängnis geworfen und er selbst unter Hausarrest gestellt.

Zu jener Zeit suchte ich nach einer Person, die bereit war, mit mir ein Gespräch für ein längeres Porträt zu führen, das ich aufzeichnen durfte. Privat kritisierten die meisten Leute die Kommunistische Partei aufs heftigste, sie weigerten sich aber stets, namentlich erwähnt zu werden. Um die Situation möglichst lebensnah zu gestalten, wollte ich jedoch, daß sich jemand offen über Desillusionierung, persönliche Ängste und Verwirrung der Gefühle äußerte. Doch wen ich auch fragte, alle lehnten ab. Da fiel mir schließlich der mutige Qin Benli ein.

Qin war an Krebs erkrankt und hatte nur noch wenige Monate zu leben. Er hatte nichts zu verlieren, und ich stellte mir vor, daß er sich vielleicht ein paar Dinge von der Seele reden wollte. Offiziell stand er unter Hausarrest, aber zu jener Zeit befand er sich in einem Krankenhaus in Shanghai unter lockerer Bewachung. Ich dachte mir, es würde mir schon irgendwie gelingen, in das Krankenhaus hineinzukommen und an den Wachen vorbeizuschlüpfen. Ich ließ Qin durch vertrauenswürdige Bekannte fragen, ob er mich noch einmal empfangen würde. Die Antwort kam bald: »Danke für Ihr Interesse; ich hoffe, es geht Ihnen und Sheryl gut. Bitte verzeihen Sie mir, daß ich Sie nicht empfange. Die Partei hat mich gebeten, keinen Besuch aus dem Ausland zu empfangen, und dem muß ich mich fügen.«

Das stimmte mich nachdenklich. Was steckte hinter dieser Kultur des Schweigens? Warum protestierte niemand offen gegen das Regime? Wo waren die moralischen Grundsätze des chinesischen Volkes geblieben?

In der Sowjetunion stand eine Reihe mutiger Dissidenten für das ein, woran sie glaubten. In China dagegen protestierte fast niemand öffentlich. Viele führende Intellektuelle unterstützten in der Öffentlichkeit, was sie privat verwarfen. Sie waren im Fernsehen zu sehen, wie sie sich mit ernstem Gesicht Notizen machten, während verschiedene Parteifunktionäre Reden über die Vorzüge des Sozialismus hielten. Im Ausland macht man gemeinhin Deng Xiaoping und Li Peng für die Repression in China verantwortlich; das ist durchaus richtig, aber einen Teil der Schuld daran muß auch die gewöhnliche Bevölkerung übernehmen, die sie hinnimmt.

Ich begann Bekannte zu fragen, weshalb sie keinerlei Rückgrat zeigten. Dabei wurde allmählich deutlich, daß die Frage in ein Gewirr ethischer Fallstricke führte, die den Kern der Beziehung zwischen Volk und Staat in China ausmachen. Im Westen genießen wir den Luxus, öffentlich sagen zu können, was wir denken.

Wir können kaum nachempfinden, was es bedeutet, zu Kompromissen gezwungen zu sein, die man selbst für verabscheuungswürdig hält. In China dagegen machen alle ständig solche Kompromisse; die Frage ist nur, wo man die Grenze zieht. In China nimmt man praktisch ausnahmslos regelmäßig an sogenannten politischen Schulungssitzungen teil – und lügt dort das Blaue vom Himmel herunter. Fast die ganze chinesische Bevölkerung kollaboriert in dieser oder jener Weise. Und von den anderen sind nicht wenige tot.

Zudem beschreitet, wer lügt und betrügt, möglicherweise den ehrbaren Weg. Ich dachte an Gregory, den Sheryl und ich auf eine chinesische Schule geschickt hätten, wenn er etwas älter gewesen wäre. Wie würde ich als chinesischer Vater handeln, der nur das Beste für sein Kind will? Was würde ich ihm raten, wenn es darum ginge, wie er sich im Fach Politik verhalten soll? Würde ich ihm wirklich raten, die dreißig Millionen Toten der großen Hungersnot von 1958 bis 1961 zu erwähnen, wenn er in einer Prüfung die Leistungen des Vorsitzenden Mao für den Aufbau des chinesischen Sozialismus zu beurteilen hätte? Natürlich nicht. Ich würde ihm raten, nachzuplappern, was die Lehrerin oder der Lehrer hören will. Ich würde ihm raten zu lügen.

Würde ich ihn nämlich nicht zum Lügen anhalten, käme er nie in eine erstklassige Schule oder Universität. Er würde ohne viel Bildung als Fabrikarbeiter enden, ohne jede Chance für einen Aufstieg. Also würde ich ihn sogar drängen, zu lügen, ja, ich würde es ihm, falls nötig, sogar beibringen. Und sollte sich Gregory weigern und sagen, er wolle seine Prüfungen mit einem reinen Gewissen schreiben, würde ich ihn anschreien, er müsse doch an seine Zukunft denken. Und ich würde ihm befehlen zu lügen.

Ren Wanding gehört zu den mutigsten und seinen Grundsätzen treuesten Menschen, die ich kenne. Ich bewundere ihn dafür außerordentlich. Aber gleichzeitig ist er ein schrecklicher Vater.

Der kleine, hagere Buchhalter Ren trägt eine Brille mit dicken Gläsern. Auch auf den zweiten Blick wirkt er alles andere als eindrucksvoll; er trägt alte, zerknitterte Kleider, und sein Haar steht kreuz und quer. Aber er ist einer der Gründer der chinesischen Menschenrechts-Bewegung. Ren gehörte der Führung der ersten Demokratie-Bewegung um die »Mauer der Demokratie« von 1978/79 an und wurde für seine politischen Aktivitäten, ohne auch nur in den Genuß einer Gerichtsverhandlung zu gelangen, zu drei Jahren Gefängnis verurteilt. Aber er weigerte sich auch im Gefängnis, irgendwelche Irrtümer einzugestehen, und verfaßte mit der Feder eines weggeworfenen Füllfederhalters ein vierbändiges Werk über Menschenrechte: auf Toilettenpapier. Der Gefängnisdirektor war darüber so empört, daß er ihn nach Ablauf seiner Strafzeit noch ein weiteres Jahr im Gefängnis behielt.

Nach seiner Freilassung fand Ren eine Stelle als Buchhalter in einer Fabrik und verhielt sich mehrere Jahre lang ruhig. Dann beschloß er Ende 1988 nach reiflicher Überlegung, es noch einmal mit dem Regime aufzunehmen. Wir trafen uns in der Cafeteria des Hotels Jinglun, später kam er dann bei uns vorbei – und drehte die Stereoanlage voll auf, um unsere Stimmen für die Wanzen zu übertönen. Mein Bericht über ihn war gleichzeitig mein erster Leitartikel aus China und er der erste Dissident, um dessen Sicherheit ich mir Sorgen machte. Nach Erscheinen der Geschichte stand ich schreckliche Ängste aus, daß er erneut verhaftet werden könnte. Aber nichts geschah, und er wurde dreister. Er setzte sich voller Energie in der Tiananmen-Demokratie-Bewegung ein, hielt Reden auf den Universitätsgeländen und dem Platz des Himmlischen Friedens.

Als die Soldaten mit Panzern und Maschinengewehren anrückten, wüßten wir alle, daß Ren wieder im Gefängnis landen würde. Seine Frau Zhang Fengying bat ihn zu fliehen.

»Alle anderen laufen auch weg«, sagte sie. »Warum nicht auch du?«

»Ich gehe nicht«, antwortete Ren. »Ich glaube, daß das, was ich mache, richtig ist, und ich werde die Verantwortung für mein Handeln übernehmen. Außerdem, wohin sollte ich fliehen? Und wenn alle weglaufen, wer wird dann noch übrigbleiben, um zu erklären, was wirklich geschah?«

Darauf wußte Zhang keine Antwort. Ren blieb in der kleinen

gemeinsamen Wohnung über der Fabrik, in der er arbeitete. Eines Abends nach der Tiananmen-Niederschlagung kam die Telexmeldung, er sei verhaftet worden, und ich rief bei ihm an, um dies zu überprüfen. Er kam an den Apparat, und ich erklärte ihm ziemlich verlegen, daß ich anriefe, um zu sehen, ob er tatsächlich ins Gefängnis gesteckt worden sei.

»Warum meinen Sie, daß die mich verhaften werden?« fragte er nüchtern. »Ich habe nichts verbrochen.«

»Ich weiß nicht recht, alter Ren«, sagte ich leise. »Manchmal kommt es nicht drauf an, ob man etwas verbrochen hat.« Wie hätte ich ihm sagen können, daß ich sicher war, daß ihn die Polizei verhaften und zu einer langjährigen Gefängnisstrafe verurteilen würde?

In der Tat holten sie ihn wenige Stunden nach unserem Gespräch ab. Ein Gericht verurteilte ihn wegen konterrevolutionärer Vergehen zu sieben Jahren Gefängnis; diese Zeit sitzt er nun im verwahrlosten Beijinger Gefängnis Nummer zwei ab. Er sieht immer schlechter, weil es in seiner Zelle kaum Licht gibt. Außerdem ließen ihn der Direktor und die Wärter von anderen Häftlingen – gewöhnlichen Verbrechern – nach üblicher Manier tyrannisieren und demütigen.

Ich will hier jedoch nicht von dem reden, was Ren durchmacht. Er wußte, worauf er sich einließ. Er hat seinen Weg selbst gewählt. Seine Familie jedoch nicht.

Kaum hatten sie Ren verhaftet, wurde seine Frau samt der Tochter aus der Wohnung geworfen. Als sie bei Freunden ein Unterkommen fanden, bedrohte die Polizei diese und zwang sie, Zhang und ihre Tochter auf die Straße zu setzen. Zhang besaß kein *hukou* für Beijing, weshalb die Polizei versuchte, sie zur Rückkehr in die Heimat ihrer Vorfahren, nach Tianjin, zu zwingen. Zhang wollte aber in Beijing, in der Nähe ihres Mannes, bleiben und fand schließlich in einem Vorort eine armselige Wohnung. Aber ohne *hukou* für Beijing durfte die Tochter nicht zur Schule gehen. Das Mädchen, 1977 geboren, war noch sehr klein gewesen, als Ren zum erstenmal verhaftet wurde. Bei der zweiten Verhaftung war sie gerade zwölf. Der Schock und die dauernden Nachstellungen überwältigten ihre Kräfte. Sie erlitt einen Nervenzusammenbruch.

»Sie hatte panische Angst«, erklärte Zhang Sheryl. »Sie war psychisch verletzt. Sie hatte ihr seelisches Gleichgewicht verloren, und nachts schrie sie. Sie hatte einfach namenlose Angst. Es ist schlimm genug für ein Kind, wenn Vater oder Mutter nicht da sind. Aber aus diesem Grund! Sie verstand nicht, warum ihr Vater nicht da war, warum uns die Polizei auf diese Art bedrohte.«

Zhang brachte ihre Tochter in ein Krankenhaus in Nanjing, wo die beiden etwa sechs Monate verbrachten. Als sie schließlich mit ihr nach Beijing zurückkehrte, war die winzige Wohnung durch eine Stahlplatte verbarrikadiert – und sämtliche Habseligkeiten dahinter ebenfalls. Im Verlauf des folgenden halben Jahres zog Zhang sechsmal um; oft zwängte sie sich erneut bei mitfühlenden Bekannten ein. Schließlich halfen ihr die Behörden, eine Unterkunft zu finden: etwa zwei Busstunden vom Zentrum Beijings entfernt.

Dort kamen Sheryl und ich an einem regnerischen Nachmittag im Herbst 1993 mit ihr zusammen. Zhangs Zimmer erwies sich als relativ geräumig, aber die Wände und die Decke waren mit lauter Vierecken aus weißem Papier überklebt wie hundert Flicken auf einer zerrissenen Decke. In einer Ecke drang der Regen durch. Zhang hatte all ihre Habseligkeiten mitgebracht: ihre und die Bücher ihres Mannes, ihre Kleider, die Schreibblöcke ihrer Tochter. Die Tochter besuchte gemeinsam mit Bauernkindern eine Landschule. Zwischen ihrem Nervenzusammenbruch und der Weigerung der Behörden, sie eine Beijinger Schule besuchen zu lassen, hatte sie zwei Jahre Unterricht verpaßt; deshalb ist sie älter als die meisten in ihrer Klasse.

»Ich bin völlig durcheinander«, sagte Zhang. »Was meinen Mann betrifft, bereue ich nichts. Hätte er Geld veruntreut oder jemanden umgebracht, wäre das etwas anderes. Dann würde ich ihn ohne weiteres fallenlassen. Aber Ren Wanding versucht, China vorwärtszubringen.

Und trotzdem sehne ich mich nach einem Zuhause, nach einem eigenen Heim. Manchmal wäre ich am liebsten tot. Ehrlich! Aber das geht natürlich nicht. Ich habe schließlich eine Verantwortung.

Wenn sie Ren Wanding nicht herauslassen und solange mein Kind noch so klein ist, muß ich dasein. Was geschieht sonst mit ihr? Ich muß jetzt alles alleine für uns ausklügeln – wo wir wohnen, was wir essen, was wir anziehen und wie es weitergehen soll.

Ich bin eine traditionelle chinesische Ehefrau. Ich will nur einmal heiraten, und ich halte meinen Mann nicht für schlecht. Aber manchmal habe ich dieses Leben so satt; jetzt muß ich die Aufgaben von Frau und Mann, von Mutter und Vater erfüllen. Wenn ich mich in den Finger schneide oder auf Schwierigkeiten stoße, denke ich unwillkürlich: Ach, wäre er doch hier, um mir etwas abzunehmen, das Leben wäre so viel einfacher!«

Was für ein schlechter Ehemann! Was für ein verantwortungsloser Vater! War es richtig, daß sich Ren Wanding für die Durchsetzung der Menschenrechte engagierte, obwohl er wußte, daß er nicht nur seine Freiheit, sondern auch das Wohl seiner Familie gefährdete? Wäre er ein besserer Mensch, ein ehrenwerterer Mensch gewesen, wenn er zuerst an seine Familie gedacht hätte? Es liegt mir fern, Ren Wanding etwas vorzuwerfen, denn er gehört zum Kreis derer, für die ich ganz besondere Hochachtung empfinde. Aber ich glaube dennoch nicht, daß es unbedingt falsch ist, wenn sich jemand unter ähnlichen Umständen in Schweigen hüllt und sich gegenüber Verletzungen der Menschenrechte blind stellt, aus Sorge um seine Familie. Wer in China offen seine Meinung sagt, fordert nicht nur eine Strafe für sich selbst heraus, sondern auch für seine Angehörigen. Dies führt zu einer moralischen Zerreißprobe, die ein schmerzliches Abwägen tiefgreifender Argumente erfordert.

Das Problem ist nicht neu. Schon seit ein paar tausend Jahren fechten chinesische Gelehrte einen Kampf zwischen ihrem Ehrgeiz und ihrem Gewissen aus. Die Lehre des Konfuzius verlangt, daß man dem Kaiser stets offen sagt, was man von ihm hält, und die Folge davon war eine große Menge getöteter und gefolterter Konfuzius-Getreuer.

Als einer der bedeutendsten konfuzianischen Gelehrten zur Zeit der Ming-Dynastie gilt der brillante Denker Fang Xiaoru. Er wurde 1357 geboren und muß allen Quellen zufolge sowohl ein

Menschenfreund als auch von hervorragender Intelligenz gewesen sein.[1] Im Alter von achtzehn Jahren kam sein Vater ins Gefängnis, worauf er bat, anstelle seines Vaters bestraft zu werden. Das Begehren wurde abgelehnt; der Vater starb ein Jahr später im Gefängnis.

Fang kam in den engen Beraterkreis des zweiten Kaisers der Ming-Dynastie, aber sein Rat war möglicherweise nicht besonders gut, denn ein anderes Familienmitglied lancierte einen Aufstand, dem ein Bürgerkrieg folgte, und stürzte den Kaiser. Der neue Kaiser, der sich Yongle nannte, das heißt »Ewiges Glück«, war auf Fangs Unterstützung angewiesen, um die Usurpation zu legitimieren. Er ersuchte Fang, ihm offenbar geneigt, am Hof zu bleiben und das neue Regime zu billigen. Als Fang ihn jedoch als Verbrecher bezeichnete, ließ der Neue all die einfallsreichen Foltermethoden anwenden, die es schon zu jener Zeit gab. Einer Quelle zufolge drohte der »Kaiser des Ewigen Glücks« Fang, ihn samt all seiner Verwandten bis ins neunte Glied hinzurichten. Fang soll geantwortet haben, das sei ihm gleichgültig, der Kaiser könne seine Verwandten bis ins zehnte Glied hinrichten, das werde ihn nicht daran hindern, seine Haltung weiterhin zu vertreten.

»Ewiges Glück« gehorchte. Er ließ Fang auf dem öffentlichen Platz in Stücke hacken. Dann löschte er alle Angehörigen Fangs aus, gleichgültig, wie entfernt der Verwandtschaftsgrad war. Insgesamt wurden über neunhundert Menschen ermordet: sämtliche Mitglieder seiner weitläufigen Familie, seine Nachbarschaft, alle, die seinen Lehren lauschten, seine Freunde und wer immer jemals Kontakt zu ihm pflegte. Seine Frau und seine vier Kinder waren etwas schneller; sie brachten sich rechtzeitig eigenhändig um.

Eine eindrucksvolle Geschichte, nicht wahr? Klar, daß Fang ein engagierter Konfuzianer mit Prinzipien war. Aber gleichzeitig frage ich mich, was zum Beispiel seine Frau wohl von alledem hielt. Vielleicht hätte sie es vorgezogen, wenn Fang seine Verantwortung als Ehemann und Familienvater etwas ernster genommen hätte?

Han Dongfang, ein Arbeiterführer, der seine Meinung ebenfalls offen vertrat, ins Gefängnis kam und sich dort mit Tuberkulose ansteckte, ist zumindest ein guter Familienvater. Er ist so frech und mutig wie irgendwer in China, aber ich kann mit Genugtuung sagen, daß ich ihn einmal zusammenzucken sah. Es geschah am Ende eines sechsstündigen Interviews. Ich war aufgestanden und hatte mich zum Gehen bereitgemacht. Seine Frau Chen Jingyun kam zu uns, um sich ebenfalls zu verabschieden. Ich zog mein Notizbuch hervor, um auch ihr noch ein paar Fragen zu stellen.

»Sie hat mit alldem nichts zu tun«, beeilte sich Han Dongfang zu sagen und versuchte sie wegzuscheuchen. »Was ich Ihnen erzählt habe, ist etwas, woran ich alleine arbeite.« Ich fragte sie, wie man ihren Namen schreibe, und Han wurde noch nervöser. Seine Frau schien belustigt über seine Beschützerhaltung, ich dagegen fand sie beruhigend: Er hatte plötzlich etwas weniger von einem kühlen Helden an sich, dafür mehr von einem fühlenden Menschen.

Und Chen erzählte mir dann doch etwas: Sie war im zweiten Monat schwanger, obwohl sie keine Erlaubnis hatte, ein Kind zu gebären. Nach reiflicher Überlegung erwähnte ich diesen Umstand in meinem Artikel. Ich fand, es sei wichtig für ihre Geschichte, zu wissen, daß die Behörden sie bestrafen konnten, indem sie Chen zu einer Abtreibung zwangen, und daß sie gewillt war, dieses Risiko auf sich zu nehmen. Aber ich machte mir auch Sorgen, daß die Regierung durch meinen Artikel erst von der Schwangerschaft erfahren könnte; ich wollte keine erzwungene Abtreibung auf dem Gewissen haben.

Schließlich endete alles gut. Die Behörden zwangen Chen Jingyun nicht zu einer Abtreibung, und möglicherweise schützte mein Artikel sie sogar davor – worauf ich zu jener Zeit ein wenig gehofft hatte. Dem Paar wurde noch vor der Geburt des Kindes die Ausreise in die Vereinigten Staaten erlaubt. Die Regierung gab vor, nicht zu wissen, daß Chen Jingyun ohne Erlaubnis schwanger war.

Ich kam immer deutlicher zum Schluß, daß ein ausschlaggebender Grund für die Kultur des Schweigens darin liegt, daß die Leute ihre Familienangehörigen nicht in Schwierigkeiten bringen wollen. Umgekehrt ist eine der wirkungsvollsten Sanktionen der Regierung gewiß die Drohung, daß nicht nur Personen, die ihre Meinung offen vertreten, sondern auch ihre Angehörigen, Kinder, Geschwister und Eltern, verfolgt werden.

Als Wei Jingsheng nach vierzehneinhalb Jahren aus dem Gefängnis entlassen worden war, fragten ihn Sheryl und ich während eines Abendessens, ob seine Familienangehörigen unter seiner Verurteilung gelitten hätten. Er erzählte bereitwillig, seiner Schwester und seinem Bruder sei die Reise ins Ausland verwehrt worden, sein Schwager sei nicht befördert und seine Nichte in der Schule diskriminiert worden. Und dann fragte ich ihn, ob er es noch immer für richtig halte, daß er seine Familienmitglieder diesen Preis bezahlen ließ.

»Jedesmal wenn mich meine Geschwister im Gefängnis besuchten, bat ich sie um Verzeihung«, sagte er langsam. »Und sie sagten jedesmal, ich solle den Mund halten. Sie sagten, ich solle die Besuchszeiten nicht mit Entschuldigungen vergeuden.

Es gibt keinen anderen Weg. Wenn man diesen Weg einschlägt, muß man ihn bis zu Ende gehen. Viele sind bereit, sich selbst für die Demokratie zu opfern, aber nicht ihre Ehefrauen oder -männer, nicht ihre Kinder.«

»Also, Wei Jingsheng«, fragte ich, »was wäre geschehen, wenn Sie zur Zeit der ›Mauer der Demokratie‹ verheiratet gewesen wären und Kinder gehabt hätten? Wären Sie vorsichtiger gewesen? Hätten Sie sich zurückgehalten?«

Es gab eine lange Pause, während er sich diese Frage durch den Kopf gehen ließ.

»Vielleicht«, sagte er schließlich. »Vielleicht hätte ich mich dann zurückgehalten.«

Ich hatte Gelegenheit, zu sehen, wie ein junger Mann namens Xu Yiruo mit der Frage rang, ob er den Mund aufmachen solle oder nicht. Xu ist Katholik und stammt aus der Provinz Shandong, ein ernster, gequälter junger Mann mit buschigem Haar und Brille. Um nicht mit mir gesehen zu werden, traf er sich mit mir zu einem Gespräch auf einer überwucherten, von Strauchwerk gesäumten

Lichtung irgendwo nahe der zweiten Ringstraße um Beijing. Er hatte allen Grund zur Vorsicht, denn bis zum Zeitpunkt unseres Gesprächs im Jahre 1993 hatte er bereits drei Gefängnisstrafen abgesessen. Der Grund war jedesmal sein Einsatz für die Demokratie gewesen.

Xu versuchte aus China zu fliehen. Er hatte unter anderem auch deshalb Kontakt mit mir aufgenommen, um mich zu fragen, ob ich ihm dabei helfen könne. Ich erklärte ihm jedoch, daß dies nicht möglich sei. Er begriff. Wir sprachen über seine Erfahrungen, die ich faszinierend fand.

Hier war ein Student, von dem noch nie jemand gehört hatte und der nur eine sehr stille Rolle bei der Tiananmen-Bewegung gespielt hatte, dessen Leben aber seit der Niederschlagung die reinste Hölle war. Er erzählte mir davon und auch von anderen Dingen. Zum Beispiel daß er während seines letzten Gefängnisaufenthalts Tonerde für den Export nach Japan gefördert und Lämpchen für Weihnachtsbäume, ebenfalls für den Export, nämlich nach Großbritannien, hergestellt habe. Dies war eine brisante Information, denn die chinesische Regierung bestreitet stets, daß im Gefängnis hergestellte Waren exportiert würden – und die Vorstellung, daß westliche Familien um ihren Weihnachtsbaum saßen und sich am Funkeln von farbigen Lämpchen freuten, die politische Gefangene in achtzehnstündiger Arbeit am Tag, und dies sieben Tage in der Woche, in der Provinz Shandong hergestellt hatten, tat weh. Es war relativ einfach, seine Aussage über die Exporte zu verifizieren: Ein Anruf bei den Behörden in Shandong genügte. Sie boten mir an, im Gefängnis geförderten Ton zu verkaufen, damit ich ihn nach Amerika liefern könne.

Ich fragte Xu, ob ich seine Geschichte bringen dürfe, gestand ihm aber auch, daß ich seinen Namen nennen müßte. Ich malte ihm, so fair es ging, die möglichen Konsequenzen aus, und ich räumte ein, daß es seine Flucht aus China erschweren würde. Er dachte nach und gab schließlich seine Einwilligung. Worüber er sich Sorgen machte, war nicht seine eigene Sicherheit, sondern die seiner Familie.

»Ich weiß, wie gefährlich es ist, und ich habe es mir hin und her überlegt, bevor ich Ihnen dieses Interview gab«, erzählte er mir. »Aber es gibt so viele Dinge über China, die man im Ausland nicht weiß. Wenn ich den Mund nicht aufmache, wird nichts davon bekannt. Ich finde, es ist an der Zeit, daß man erfährt, was vor sich geht, damit die Welt ermutigt wird, China unter Druck zu setzen, damit die Menschenrechte nicht länger verletzt werden. Deshalb lohnt sich meiner Meinung nach das Risiko, den Mund aufzumachen.«

Und dann, in einer plötzlichen Aufwallung, zerbröckelte seine Fassade. Tränen stiegen ihm in die Augen, seine Stimme war belegt. »Glauben Sie, sie werden meinen Eltern etwas antun?« fragte er. »Was ist mit meinen Schwestern? Ich habe zwei ältere Schwestern. Wird man sie bestrafen?«

Wir redeten noch etwa eine Stunde lang weiter, bis die Sonne unterging. Ich mußte ihm versprechen, seinen Eltern eine Kopie meines Artikels zu senden. Auf diese Weise, sagte er, würden sie vielleicht seine Beweggründe verstehen. »Ich habe Angst, daß im Falle meiner Verhaftung ihnen niemand erklären kann, weshalb ich offen rede. Aber ich muß es tun.«

Danach erhielt ich noch mehrere Anrufe von Xu Yiruo. Ich erfuhr, daß er bis Shenzhen gekommen war – direkt an die Grenze zu Hongkong. Dann kamen keine Anrufe mehr. Ich befürchtete schon, er sei verhaftet und vielleicht härter bestraft worden als je zuvor, weil er mit mir zusammengearbeitet hatte. Als ich jedoch Anfang 1994 in New York war, erhielt ich einen Anruf von ihm und traf mich mehrmals mit ihm. Auch er hielt sich in Manhattan auf; er war mit einem Schnellboot nach Hongkong geflüchtet und hatte dort um politisches Asyl für die Vereinigten Staaten gebeten und es auch erhalten. Er sagte, die Polizei sei nach dem Erscheinen meines Artikels tatsächlich bei seiner Familie aufgetaucht, aber die Behörden schikanierten seine Eltern nicht.

Trotz all der Wut, welche die Menschen nach der Niederschlagung der Tiananmen-Bewegung empfanden, weiß ich aber nur von einem Funktionär, der aus Protest sein Amt niederlegte: Zhang Wei, der aufgehende Stern der Stadt Tianjin. Zhang Wei wurde über ein Jahr unter Hausarrest gestellt, trotzdem willigte er mutig ein, mich zu treffen.[2] Doch selbst er wollte nicht namentlich zitiert werden. Ebenso wägten die mutigsten Dissidenten wie der Physiker Fang Lizhi und der Journalist Zhang Weiguo sorgfältig ab, was sie sich erlauben konnten. Ich kenne niemanden in ganz China, der sich rückhaltlos offen äußert.

Später erfuhr ich, daß mich der todkranke Redakteur Qin Benli nicht hatte sehen wollen, weil er Angst davor hatte, was die Partei seinen Familienangehörigen antun könnte. Wie viele ältere Parteimitglieder hatte auch er die Kultur des Sichdreinschickens verinnerlicht, in der offener Protest fast undenkbar ist. Er hatte sein ganzes Leben für die Partei gearbeitet. Sie öffentlich zu kritisieren wäre der Aufgabe seines Lebenswerks, dem Verrat aller Grundsätze, die er jemals über Parteidisziplin gelernt hatte, gleichgekommen.

»Sie müssen verstehen, was diese Menschen durchgemacht haben«, sagte ein Parteimitglied mittleren Ranges von Leuten wie Qin Benli. »Viele von ihnen haben die meiste Zeit ihres Lebens in den Dienst der Kommunistischen Partei gestellt. Das kann man nicht wegwerfen wie ein altes Hemd. Dann gerieten sie während der Kampagne gegen die Rechten zum erstenmal in Schwierigkeiten, und viele von ihnen verbrachten die folgenden zwanzig Jahre in Ungnade, im Gefängnis oder in Arbeitslagern. Gut die Hälfte von ihnen bezahlten diese Erfahrung mit dem Leben. Die Überlebenden haben gelernt mitzumachen, sie haben gelernt, diese politischen Feldzüge durchzustehen und nicht leichtfertig Widerspruch zu üben.«

Abgesehen von einzelnen Außenseitern wie dem Gelehrten Fang Xiarou aus der Zeit der Ming-Dynastie, die dafür oft nicht lange lebten, agierten die Intellektuellen in China seit der Zeit von Sima Qian im zweiten und ersten Jahrhundert vor Christus zumeist als Lakaien der Diktatoren. Sima Qian, eine der bedeutendsten Figuren im alten China, verfaßte das monumentale Geschichtswerk *Aufzeichnungen des Historikers,* das noch heute als wichtige Quelle dient. Sima Qian wird manchmal als »Herodot der chinesischen Geschichtsschreibung« bezeichnet.[3] Als einer der führenden Höflinge im Gefolge des Han-Kaisers Wu Di beging Sima Qian jedoch den taktischen Fehler, sich für einen geschlagenen Feldherrn einzusetzen, der seiner Meinung nach zu Unrecht Vorwürfen ausgesetzt war. Sima Qian hatte recht. An der Niederlage trug durchaus nicht der Feldherr schuld, sondern der Kaiser selbst, hatte er doch die von dem Feldherrn angeforderte Verstärkung nicht gesandt. Trotzdem war der Kaiser empört, daß sich jemand für den Feldherrn stark machte.

Sima Qian schrieb später an einen Freund: »Ich konnte mich nicht völlig verständlich machen. Unser erleuchteter Herrscher begriff nicht ganz die Bedeutung dessen, was ich sagen wollte. ... So wurde ich ins Gefängnis geworfen, und ich kam nie in die Lage, meine glühende Loyalität klarzumachen. Weil man glaubte, ich hätte versucht, den Kaiser zu hintergehen, mußte ich mich schließlich gezwungenermaßen dem Urteil der Justizbeamten beugen.«

Die Regierung benutzte damals ein System, welches Verurteilten gestattete, anstelle der Haftstrafe eine Buße zu bezahlen. Ja, man verurteilte sogar, wenn immer das Bargeld am Hof ausging, einen Wohlhabenden für ein erfundenes Verbrechen, um wieder zu Geld zu kommen. Sima Qian wurde zur Kastration verurteilt, aber seine Bekanntschaft mit so vielen wohlhabenden Freunden hätte es ihm leichtmachen sollen, das nötige Geld aufzutreiben. Zu seinem Unglück ließen ihn seine Freunde jedoch im Stich, sobald er in Ungnade gefallen war.

»Von all meinen Freunden und Bekannten rettete mich niemand«, schrieb Sima Qian.

Von denen, die dem Kaiser nahestanden, legte niemand auch nur ein Wort für mich ein. Mein Körper ist weder aus Holz noch aus Stein, doch allein mußte ich den Justizbeamten gegenübertreten ... Ich wurde in das »Seidenraupenzimmer« geworfen [wo Kastrationen vorgenommen wurden] ... Ich habe mir den Zorn und den Spott selbst meines Geburtsortes eingehandelt und den Namen meines Vaters beschmutzt und beschämt. Wo ist das Gesicht, mit dem ich mich wieder erheben und vor den Grabhügel meines Vaters und meiner Mutter tre-

ten kann? Selbst nach hundert Generationen wird meine Schändung nur größer. Diese Gedanken lassen meine Eingeweide sich neunmal am Tag zusammenziehen. Wenn ich zu Hause sitze, bin ich verwirrt, als ob ich etwas verloren hätte. Ich gehe aus, und dann merke ich, daß ich nicht weiß, wohin ich gehe. Jedesmal wenn ich an diese Schmach denke, rinnt mir der Schweiß den Rücken hinunter und durchtränkt mein Gewand.

Sima Qian vollendete sein großes historisches Werk als Eunuch, und er empfand sich als »ein verstümmeltes Wesen, das ein entwürdigtes Dasein fristet«, wie er seinem Freund berichtete. Seit damals fühlen sich alle chinesischen Intellektuellen ihm ein wenig ähnlich.

»Die meisten chinesischen Intellektuellen fühlen sich noch immer kastriert, amputiert. Wir wagen nicht, für das einzustehen, was richtig ist«, sagte Huali, ein mit uns befreundeter Extraordinarius, bedrückt. »Bei uns gibt es keine Dissidenten, die unverblümt zu ihrer Meinung stehen wie in der Sowjetunion zum Beispiel ein Sacharow. Bei uns fehlt eine entsprechende Tradition. Und die an der Macht sind ohnehin so einflußreich, daß keine Hoffnung besteht davonzukommen, wenn man sie herausfordert.«

Die Kultur des Schweigens rührt zum Teil sicher auch daher, daß es als ein traditioneller chinesischer Wert gilt, den Kopf gesenkt zu halten. Ein Sprichwort erinnert daran; es lautet: »Der herausragende Dachbalken fault als erster.« Auch wenn von den konfuzianischen Gelehrten erwartet wurde, daß sie dem Kaiser offen Ratschläge erteilten, hieß das noch lange nicht, daß ihnen erlaubt war, mit ihrer Kritik an die Öffentlichkeit zu treten. Die Gelehrten galten stets als ein Teil des Staatsapparates, eine unabhängige akademische Analyse gab es in China praktisch nie.

Die Kommunistische Partei Chinas verstärkte den traditionellen Druck zur Konformität zusätzlich, indem sie darauf bestand, daß die Bevölkerung sich nicht nur an alle Gesetze hielt, sondern die Partei auch noch ausdrücklich unterstützte. Dies bedeutete den Zwang zu *biao tai*, den Zwang, seine persönliche Haltung auszudrücken, öffentlich Stellung zu beziehen. Das begann bereits vor der Machtübernahme der Kommunisten und ist seit eh und je integraler Bestandteil von Kontrollmechanismen nicht nur seitens der Partei.

Nach der Tiananmen-Niederschlagung berief jedes Amt im Land eine Reihe von Zusammenkünften ein, und die Angestellten mußten aufstehen und *biao tai,* der Armee für die Unterdrückung des »konterrevolutionären Aufstands« danken. In manchen Fällen wurde dies selbst von jenen erwartet, die dabei Angehörige verloren hatten. Und die meisten gehorchten auch. Praktisch alle, die ich kannte, nahmen an diesen Zusammenkünften teil und verleugneten ihre tiefsten Anschauungen.

Für manche war es ein Witz, für andere ein Spiel, nicht mehr Lüge, als wenn jemand einen Roman schreibt – alle wissen, daß es sich um eine Fiktion handelt, also gibt es keine Täuschung. Für wieder andere war das Lügen eine schmerzliche Notwendigkeit, und sie mußten Schritt für Schritt von den Diskussionsleitenden dazu überredet werden. Und schließlich gab es jene, zur Hauptsache ältere Leute, die nach Jahrzehnten in der Kommunistischen Partei offenbar die Orientierung verloren hatten. Sie wußten die Wahrheit nicht mehr von der Lüge zu unterscheiden.

So ging beispielsweise nach der Tiananmen-Niederschlagung vom 4. Juni einer unserer mutigeren Freunde zu einem hohen Funktionär nach Hause. Dieser gab sich empört über das Vorgehen der Armee und verurteilte die Parteiführung erbittert. »Diese Faschisten!« sagte er immer wieder. »Diese Faschisten!« Mein Freund stimmte ihm zu und kritisierte die kommunistischen Führer offen.

Zwei Wochen später, nachdem die Hardliner die Parteidisziplin wiederhergestellt hatten, berief der für das *danwei* zuständige Parteiausschuß ein Treffen ein, um meinen Freund aus der Kommunistischen Partei auszuschließen. Ein paar andere junge Leute weigerten sich, dem Ausschluß zuzustimmen, und drohten, dagegen zu stimmen. Der verantwortliche Minister drohte in der Folge, die ganze Abteilung aufzulösen, falls mein Freund nicht ausgeschlossen werde. Das hieß, daß alle rausfliegen würden und einen anderen Job annehmen müßten. So überredete mein Freund die Parteimitglieder, bei dem Schmierentheater mitzumachen und ihn auszuschließen. Es wurde eine Parteisitzung einberufen, um ihn zu verurteilen. Obwohl er nichts anderes erwartet hatte, schmerzte es ihn doch, als eine Person nach der andern aufstand und ihn kritisierte. Unter ihnen befand sich auch der hohe Parteifunktionär, der zuvor die Parteiführung als Faschisten bezeichnet hatte.

»Es war kein Trick«, sagte mein Freund nach seiner Freilassung aus dem Gefängnis. »Er glaubte, was er sagte. Die Partei hat seine Meinung verändert. Genau dies tut die Kommunistische Partei: Sie verändert dich, sie nimmt dir die Persönlichkeit, sie stellt dich auf den Kopf.«

»Ich will euch von meinen Eltern erzählen«, sagte Louli, eine befreundete Ärztin, zu Sheryl und mir beim Lunch. Wir hatten sie gefragt, auf welche Weise die Partei erreichte, daß ihre Mitglieder so verschroben werden. Sie legte ihre Eßstäbchen hin und wurde sehr ernst.

»Mein Vater war ein Intellektueller, ein brillanter Schüler; von zweitausend Personen, die in seiner Provinz die Prüfungen ablegten, schnitt er am besten ab. Vor ihm lag eine blendende Zukunft in der damaligen Nationalpartei, aber er ließ sich vom ›Neuen Denken‹ anstecken. Die Korruption war ihm zuwider. So floh er nach Yanan, um sich dort der kommunistischen Bewegung anzuschließen.

Dann unterstützte er 1942 Wang Shiweis Forderung nach mehr Demokratie. Mein Vater erlebte mit, was mit Wang Shiwei geschah, und er bekam Angst um sich selbst. Er wußte, daß Wang Shiwei weder Trotzkist war noch Spion, aber er wagte es nicht zu bekennen.

In den fünfziger Jahren wurde gegen ihn ermittelt; man hielt ihn für einen möglichen Rechten, und nur um ein Haar bekam er nicht das Etikett eines Rechten verpaßt.

Meine Mutter machte eine ähnliche Entwicklung durch. Sie war die einzige Tochter einer Gutsbesitzerfamilie, aber entsetzt über die damalige Gesellschaft, entwendete sie ihren Eltern Geld, um nach Yanan zu gelangen und dort der Kommunistischen Partei beizutreten. Aber nach der Revolution geriet sie immer wieder in Schwierigkeiten, denn ihre Herkunft war natürlich nicht genehm. Sie stammte aus der Schicht der Feudalherren.

Als die Kulturrevolution begann, war Vater Vorsitzender einer Universität. Deshalb geriet er sogleich in Schwierigkeiten. Man setzte ihn Tag für Tag unter Druck. Ich weiß noch, wie ich im Alter von zwölf Jahren zu einer dieser großen Kampfsitzungen gerufen wurde, um ihn anzuprangern. Er schaute mich an. Ich stand dort, und sie befahlen mir, gegen ihn auszusagen, alles Schlechte zu erzählen, was er getan habe. Ich zögerte. Ich sah, wie er mich anschaute. Und dann erzählte ich der Menge, Papa freue sich jedesmal, wenn ich in der Schule eine gute Note erhalte, und gebe mir zur Belohnung ein kleines Geschenk. Dies galt als unrevolutionäres Verhalten. So habe ich meinen Vater denunziert.

Aber er haßte mich deswegen nicht. Er wußte, daß mir keine andere Wahl blieb.

Daraufhin kam er für elf Jahre ins Gefängnis, und Mutter und ich wurden weggeschickt, um in einer chemischen Fabrik zu arbeiten. Wir besuchten ihn einmal, da war er in Lumpen gekleidet, die ihm fast vom Leib fielen. Er war ganz ausgemergelt, ausgehungert. Wir konnten seinen Anblick kaum ertragen.

Als mein Vater herauskam, wußte er also nur zu gut, daß in der Kommunistischen Partei nicht alles zum besten bestellt war. Aber als Deng Xiaoping an die Macht kam, schöpfte er neue Hoffnung. Er dachte, nun würde alles anders. Ab und zu drängte er mich, der Partei beizutreten, weil dies meiner Karriere förderlich wäre, mir die Möglichkeit böte, ins Ausland zu gehen. Aber ich würde der Partei nie im Leben beitreten.

Dann endlich, nach dem 4. Juni [dem Tiananmen-Massaker], gab Vater die Partei auf. Er verlor alle Hoffnung in sie. Er sagte uns, er bereue, daß er jemals nach Yanan gegangen sei. Es tat ihm leid, daß er sein Leben der Partei verschrieben hatte. Er drängte uns nicht mehr zu einem Beitritt. Und es ging ihm dabei nicht nur um die Ermordung der jungen Leute. Es war auch die Korruption. Mein Vater war der Partei in den dreißiger Jahren beigetreten, gerade weil er die damals verbreitete Korruption verabscheute. Er sagt, heute sei es schlimmer als damals. Die Kommunistische Partei sei korrupter, als es die Nationalpartei je war. Er spricht über all diese Dinge offen mit seinen alten Kameraden von Yanan. Sie denken alle so. Sie haben alle aufgegeben.

Aber Menschen wie mein Vater und meine Mutter haben eine Art Behinderung davongetragen, nachdem sie ein Leben lang bekämpft wurden. Äußerlich geht es ihnen gut, aber innerlich hat sie die Partei zerstört. Mein Vater hat allen Mut verloren. Als ich auf die höhere Schule ging, wollte er nicht, daß ich Chinesisch oder Journalismus oder etwas Ähnliches studiere. Er dachte, ich könnte dabei Schwierigkeiten bekommen, Zielscheibe irgendeiner politischen Kampagne werden. Er überredete mich, Medizin zu studieren. Er sagte, das sei sicherer, so wäre ich vor der Politik geschützt. Also wurde ich Ärztin. Aber ich bin nicht wie die Angehörigen seiner Generation. Ich habe euch gesagt, daß die Partei sie ausgehöhlt hat. Sie sind leere Hülsen. Die Leute meiner Generation sind mutiger. Wir lassen uns nicht so leicht einschüchtern. Wir werden uns bestimmt nicht soviel gefallen lassen.«[4]

Als Ausländer war ich nicht annähernd so häufig zum Schweigen verurteilt wie meine chinesischen Bekannten. Aber sogar ich sah mich manchmal zum Lügen gezwungen. Als wir 1993 unsere Vorbereitungen trafen, um Beijing zu verlassen, beschlossen Sheryl und ich, ein paar chinesische Seidenteppiche zu kaufen und sie mit nach Hause zu nehmen. Wir riefen Xixu an, einen Bauern aus Henan, der seit ein paar Jahren in Beijing als Teppichhändler tätig war. Eines Abends kam er im Taxi mit einem Dutzend Teppichen bei uns vorbei. Wir holten ihn am Tor unserer Siedlung ab, damit er an der bewaffneten Volkspolizei vorbeikam. Nachdem wir vierzig Minuten lang seine Teppiche bewundert und wie wild gehandelt hatten, wählten wir einen auffallenden roten aus. Die übrigen schleppte er wieder mit und sagte, er werde am Tor der Siedlung ein Taxi nehmen.

Eine Stunde später rief er uns an, den Tränen nahe. »Sie haben mir die Teppiche weggenommen«, sagte er. »Alle!«

»Wer hat Ihre Teppiche weggenommen?«

»Die Wache am Eingang zu Ihrer Siedlung. Sie haben sie beschlagnahmt. Jeden einzelnen. Sie sagten, ich dürfe innerhalb der Siedlung keine Geschäfte machen, und haben mir alle meine Teppiche weggenommen.«

Wir waren empört, denn es gab keine solche Regelung. Der Verlust von elf Teppichen war ein furchtbarer Schlag für Xixu und würde ihn den Gewinn eines halben Jahres oder noch mehr kosten. Die Staatssicherheitsorgane am Tor waren wohl der Ansicht, daß sich die Seidenteppiche bei ihnen zu Hause ebenfalls gut machen würden. Ich sagte zu Xixu, er solle sofort zurückkommen und ich würde versuchen, meinen Status als Ausländer geltend zu machen, um seine Teppiche zurückzuerhalten. In der Regel eignete sich Sheryl besser für Verhandlungen mit Einheimischen und um an Informationen zu kommen, aber ich hatte das Gefühl, daß es sich in diesem besonderen Fall als nützlich erweisen könnte, eine westliche Nase zu haben. Die Funktionäre würden mich vielleicht doch weniger grob wegweisen wie Sheryl oder jemand anders, deren Aussehen sie als Abkömmlinge chinesischen Ursprungs verriet. Xixu sagte, er könne in zwanzig Minuten am Tor sein, und ich bat ihn, dort auf mich zu warten.

Gemeinsam marschierten wir zum nahe gelegenen Büro des Staatssicherheitsdienstes für unsere Siedlung, das in der dritten Etage untergebracht war. Es ging auf zehn Uhr abends, und die Tür war verschlossen. Ich spähte durch das Guckloch in der Tür und sah, daß es in der Diele dunkel war – und daß die Teppiche auf einem Stapel an der Wand lehnten. Ich hämmerte gegen die Tür. Schweigen. Ich hämmerte noch einmal, und nun rief jemand drinnen auf chinesisch »Ruhe«. Ich hämmerte noch ein drittes Mal gegen die Tür, um zu zeigen, daß ich nicht gewillt war, mich einschüchtern zu lassen oder klein beizugeben. Schließlich tauchte ein Mann mittleren Alters in der Diele auf, nur in Boxer-Shorts und T-Shirt. Als er einen Ausländer sah, verschwand er, stürzte sich in ein Paar Hosen und kam dann zur Tür. In diesem Augenblick erblickte er leider auch Xixu neben mir.

»Sie!« brüllte er. »Was machen Sie hier? Haben Sie diesen Ausländer hergebracht? Ich habe Ihnen doch gesagt, Sie sollen sich nach Hause scheren! Nun gehen Sie schon! Los! Ich werde mich später mit Ihnen befassen.«

Xixu schlich rückwärts und schien bereit zu gehorchen.

»Er hat mich nicht geholt«, protestierte ich, »sondern ich habe ihn geholt. Sie haben ihm seine Teppiche weggenommen. Ich habe ihn in die Siedlung gebeten, und dann haben Sie ihm seine Teppiche weggenommen. Ich will sie zurück, und zwar auf der Stelle.«

»Das hat nichts mit Ihnen zu tun«, sagte mir der Mann höflich. Dann schüttelte er drohend die Faust gegen Xixu, der geduckt neben der Treppe stand. »Verschwinden Sie, sofort!« befahl der Mann Xixu.

»Wir gehen nicht eher, als bis wir die Teppiche zurückbekommen haben«, erklärte ich, aber Xixu zog mich am Arm. »Gehen wir«, sagte er. »Wir können ja morgen wiederkommen.«

Ab hier ging das Gespräch im Dreieck weiter. Ich schrie den Staatssicherheitsboß an, der seinerseits auf Xixu einbrüllte, und dieser wiederum flehte mich an, die Sache auf sich beruhen zu lassen. Schließlich erklärte ich nachdrücklich, ich würde am nächsten Morgen zurückkommen, und wir erwarteten, die Teppiche dann zu erhalten.

Am nächsten Morgen schärfte mir Xixu auf dem Weg zum Büro ein, nett und versöhnlich zu sein und mich zu entschuldigen – also das genaue Gegenteil meiner Gefühle zu zeigen. Er sagte, wenn ich die Beschlagnahmung der Teppiche kritisierte, würde er sie niemals zurückerhalten.

Der Kerl vom Staatssicherheitsdienst saß in seinem Büro, und Xixu begann sich ausführlich für alles – mit Ausnahme seiner Geburt – zu entschuldigen. »Es tut mir leid, daß ich Sie gestört und Ihnen diese Aufregung verursacht habe«, sagte Xixu. »Ich weiß, daß Sie sehr beschäftigt sind, und ich will Ihnen, wenn immer möglich, keine Mühe machen. Ich möchte mich dafür entschuldigen, daß ich Ihre Regeln mißachtet und Ihnen all diesen Ärger verursacht habe.«

Die Augen des Mannes vom Staatssicherheitsdienst begannen vor Genugtuung zu glänzen, und dann versuchte er mir die Bestätigung abzuringen, daß es völlig in Ordnung gewesen sei, die Teppiche zu beschlagnahmen. »Wir müssen für Sicherheit in der Siedlung sorgen und die Fremden vor Geschäftsleuten schützen, die sie übervorteilen könnten«, sagte er. »Sie müssen zugeben, daß das in Ordnung ist.«

Ich grunzte zweideutig.

»Manche dieser Leute verkaufen Dinge von schlechter Qualität, oder sie verlangen zuviel dafür«, fuhr er fort. »Deshalb gibt es ein Gesetz, daß Fremde nur bei staatlichen Firmen wie dem Freundschaftsladen einkaufen können.«

»Oh«, sagte ich schnell und zog mein Notizbuch hervor. »Dieses Gesetz kenne ich gar nicht. Ich sollte einen Artikel über dieses Gesetz schreiben, denn die meisten Leute haben noch nie etwas davon gehört. Wie heißt es im Wortlaut?«

»Nun, es ist eigentlich kein Gesetz. Aber Sie fahren am besten, wenn Sie bei staatlichen Firmen einkaufen. Es ist sicherer! Und Sie müssen zugeben, daß es in allen Staaten vorkommt, daß Waren beschlagnahmt werden, wenn es zum Schutz der Käuferschaft nötig erscheint.«

»Ja, ich glaube, die Behörden in Nordkorea handeln ebenfalls so«, sagte ich freundlich. Der Mann schien verwirrt, und Xixu schaute mich vorwurfsvoll an.

»Alle Staaten haben doch solche Regelungen, um die Käuferschaft zu schützen, oder etwa nicht?« wiederholte der Mann vom Staatssicherheitsdienst.

»Ja«, sagte ich unbestimmt. Ich fühlte förmlich, wie sich Xixus Blicke in mein Gesicht einbrannten.

»Dann war, was wir gemacht haben, also ganz vernünftig, nicht wahr?«

»Es ist bestimmt vernünftig, zu versuchen, die Leute zu schützen«, entgegnete ich lahm.

Der Mann vom Staatssicherheitsdienst versuchte mir nicht nur eine Bestätigung abzuringen, daß er nichts falsch gemacht hatte, sondern ein eigentliches Dankeschön, weil er mich beschützt hatte, indem er Xixus Teppiche stahl. Ich hätte am liebsten auf ihn eingeschlagen. Im Bewußtsein, daß Xixu dann wohl auf mich einschlagen würde, nickte ich nur mehrmals duckmäuserisch. Nach einer Woche Hin und Her und einem gewissen finanziellen Aufwand für Xixu bekamen wir seine Teppiche schließlich zurück. Aber ich hatte meine Ehre verloren.

Mich bedrückte, daß man mich gezwungen hatte, zu lügen, meine Prinzipien aufzugeben, meine wahren Gefühle zu verbergen – daß man mir das Los des chinesischen Volkes aufgezwungen hatte. Hätte ich jedoch gesagt, wonach mir zumute war, dann hätte der Staatssicherheitsdienst Xixu nicht nur die Teppiche gestohlen, sondern ihn darüber hinaus auch noch bestraft.

Selbst als Fremder mußte ich also von Zeit zu Zeit Kompromisse eingehen. Ich habe nie eine Selbstbezichtigung geschrieben, wie das ein paar mir bekannte Medienleute tun mußten, aber ich gab mir mehr als alle erdenkliche Mühe, um Freundlichkeit gegenüber den Funktionären im Außenministerium zu bekunden. Ich habe mich regelmäßig bei ihnen für die angenehme Zusammenarbeit bedankt, auch wenn sie äußerst starrköpfig waren. Einmal bin ich sogar noch etwas weitergegangen, und beim Gedanken daran überfällt mich noch immer ein ungutes Gefühl. Im Mai 1992 sah es ganz so aus, als träfe man im Außenministerium und bei den Staatssicherheitsorganen Vorbereitungen für unsere Ausweisung aus China. Ich wurde Woche für Woche ins Außenministerium zitiert, wo man mich »streng verwarnte«. Die Regierung weigerte sich, für Gregory ein Visum oder eine Aufenthaltsbewilligung auszustellen. Die Steuerbehörden überprüften meine Steuern, und chinesische Bekannte gaben uns zu verstehen, daß Schritte unternommen würden, um uns auszuweisen.

Ich sicherte mir die Unterstützung dreier amerikanischer Delegationen, die China besuchten, und alle drei waren so freundlich, das Thema in ihren Besprechungen mit chinesischen Funktionären zur Sprache zu bringen. Sie wiesen darauf hin, daß ein Landesverweis für amerikanische Presseleute die chinesisch-amerikanischen Beziehungen beeinträchtigen würde. Und zwar ganz besonders solcher von der *New York Times*! Kurz darauf gab es einen Empfang mit über tausend chinesischen Staatsangestellten und mehreren hundert Personen aus den Vereinigten Staaten. Ein Bekannter auf Ministerebene machte mich ausfindig, um das Problem mit mir zu bereden.

»Dies ist im Moment eine sehr komplizierte und äußerst heikle Angelegenheit«, sagte er gewunden. »Sie könnte in beide Richtungen ausgehen. Aber es würde den Leuten helfen, die sich für Sie einsetzen, wenn Sie auf etwas hinweisen, etwas herausstreichen könnten, um sagen zu können, Ihre Einstellung habe sich gebessert. Als Freund würde ich Ihnen zu einem Schreiben an das Außenministerium raten. Entschuldigen Sie sich nicht. Schreiben Sie keine Selbstbezichtigung. Sagen Sie nur, Sie hätten die Besorgnis im Außenministerium bemerkt und seien der Meinung, Presseleute sollten fair und korrekt berichten. So könnten die Personen, die sich für Sie verwenden, darauf verweisen, und dies würde ihnen in den internen Debatten, die zur Zeit geführt werden, helfen.«

Ich dachte den ganzen Tag darüber nach und besprach mit Sheryl, was wir tun sollten. Mir gefiel die Vorstellung nicht, einen solchen Brief zu schreiben, denn er konnte als Eingeständnis eines Vergehens gedeutet werden. Ich wollte mich nicht auf ein Kräftespiel mit dem Außenministerium einlassen. Andererseits gab es am Wortlaut des Schreibens nichts Besonderes zu beanstanden. Zudem fand ich, wir seien der *Times* den Versuch schuldig, das Büro in Beijing aufrechtzuerhalten – und wir wollten auch bleiben. Mit widerwillig zusammengekniffenen Lippen schrieb ich deshalb den Brief und ließ ihn von meinem Fahrer am folgenden Morgen persönlich abgeben. Es hat funktioniert. Schon wenige Tage später hörten die Schikanen auf. Durch chinesische Bekannte erfuhren wir, daß unser Problem gelöst war.

Die für Presseleute drückendsten moralischen Fragen betrafen natürlich chinesische Bekannte. Mit welchem Recht unterhielten wir Kontakte zu chinesischen Bekannten, schlossen Freundschaft mit ihnen, stellten ihnen Fragen zur Politik, baten sie um Dokumente, wenn sie das in größte Schwierigkeiten bringen konnte? Eine chinesische Funktionärin, die ein Geheimdokument an uns weitergab, konnte leicht zu einer langen Gefängnisstrafe verurteilt werden. Bai Weiji, ein chinesischer Freund meiner Kollegin Lena Sun von der *Washington Post,* kam für zehn Jahre ins Gefängnis, seine Frau erhielt sechs Jahre. Sie hatten Lena Sun vertrauliche Dokumente zugesteckt. Weil sie niemanden hatten, der für ihre kleine Tochter sorgen konnte, mußten sie das Kind beinahe zur Adoption freigeben.

Die einzige klare Regel, die Sheryl und ich aufstellten, war, Bekannte niemals zu bitten, uns Geheimdokumente zu übergeben. Wenn sie es uns anboten, nahmen wir an; dies kam erstaunlich oft vor, wenn man das Risiko bedenkt. Davon abgesehen, bewegten wir uns über ein Minenfeld, tasteten uns vorsichtig mit der großen Zehe vor – oder, genauer gesagt, mit der unserer chinesischen Kolleginnen und Kollegen. Wenn wir besonders gefährdete Personen aufsuchten, versuchten wir immer sicherzustellen, daß wir nicht beschattet wurden. Wir benutzten nie unser eigenes Telefon, um ein Treffen zu vereinbaren. Aber wir wußten, daß wir irgendwann einen Fehler machen würden. Bei fünfzig Verabredungen würde es den Staatssicherheitskräften ohne Zweifel einmal gelingen, uns zu beschatten. Wir konnten die Gefahr für unsere chinesischen Bekannten zwar um einiges verringern, aber nicht völlig ausschalten.

Einer der letzten Militärs, die ich in Beijing kennenlernte, war ein Funktionär des mittleren Kaders, ein furchtbar nervöser Kerl, der mir höchst geheime Informationen zum Verkauf anbot. Insbesondere behauptete er, Informationen aus erster Hand sowie Fotos über chinesische Lieferungen von M-11-Raketen an Pakistan zu besitzen. Bei der M-11 handelt es sich um eine Mittelstreckenrakete, die mit einem nuklearen Sprengkopf ausgerüstet werden kann. Sie steht im Mittelpunkt einer häßlichen Auseinandersetzung zwischen Beijing und Washington. Die Vereinigten Staaten werfen China vor, die Raketen an Pakistan zu verkaufen; China weist diese Vorwürfe pauschal zurück.

Auf den ersten Blick dachte ich, der Mann sei Mitglied der Staatssicherheitsorgane oder Agent des militärischen Geheimdienstes und versuche mir eine Falle zu stellen. Es schien mir ein zu großer Zufall, daß er ausgerechnet die am meisten gefragte geheime Information anbot. Ich erklärte ihm, daß ich für Informationen nie etwas zahlen könne. Er bat mich, ihn einem amerikanischen Diplomaten vorzustellen. Ich sagte, auch das könne ich nicht. Der amerikanische Geheimdienst hätte zwar einen Spion im M-11-Programm bestimmt gern gesehen, aber es hätte meine Unabhängigkeit als Journalist kompromittiert, dem CIA als Zulieferer zu dienen. Wir handelten und handelten. Ich wollte, daß er mir die Informationen ohne Bedingungen gab, und er wollte Zugang zu einem Diplomaten erhalten, der bezahlen würde. Er fragte, was geschehen würde, wenn er die amerikanische Botschaft anriefe, und ich sagte ihm, daß die Leitung mit Sicherheit abgehört werde. Er bat mich um die Privatnummer eines Diplomaten, und ich sagte ihm, auch die könne ich ihm nicht geben.

Allmählich verblaßte mein Verdacht bis zu einem gewissen Grad. Ich fragte ihn nach seiner Geschichte, und sie klang plausibel. Er zeigte mir seine Ausweise und beantwortete alle möglichen Fragen – was für welche, kann ich hier nicht ausführen, aus Angst, der Obrigkeit zu helfen, ihn ausfindig zu machen. Am Ende dachte ich, er sei wohl doch echt. Zudem bestand er darauf, daß Verkäufe von M-11 an Pakistan nicht nur stattgefunden hätten, sondern noch anhielten. Es schien unwahrscheinlich, daß der Staatssicherheitsdienst einen Agenten aussandte, um den weltweiten Verdacht chinesischer Proliferation zu bestätigen. Ich traf ihn noch weitere zwei Male, und er erklärte, er wolle nur etwas Geld verdienen.

»Wenn das Kind der Nachbarin ein neues Spielzeug kriegt, will mein Kind auch eins«, erklärte er eines Abends während eines angespannten Treffens unter einer Straßenlampe. »Das Leben ist heute ein Konkurrenzkampf. Alle versuchen, Geld zu verdienen. Alle! Ich versuche nur, zu versilbern, was ich zu bieten habe.«

Um eine persönliche Beziehung herzustellen, hatte ich ihn das erste Mal, als ich ihn sah, gefragt, ob er Familie habe. Er sprach liebevoll von seiner Frau, die nicht wußte, daß er sich als Spion versuchte, und von seinem Kind. Bei den beiden folgenden Treffen erkundigte ich mich dann nach seiner Frau und seinem Kind, und ich dachte viel über sie nach. Konnte er mir tatsächlich die Informationen über M-11-Lieferungen an Pakistan verschaffen, ergab dies eine größere Story. Aber es bestand auch die Möglichkeit, daß ihn die Spionageabwehrbehörden aufspürten und herausfanden, daß er als Quelle in Frage kam. Und dann würde man ihn erschießen.

Damit wollte ich nichts zu tun haben. Bei unserem letzten Treffen schlug ich ihm vor, aufzuhören und sich nicht länger als Spion zu versuchen. Ich drängte nicht mehr darauf, daß er mir Informationen über die M-11 verschaffte. Ich wollte kein Kind zur Halbwaise machen.

Aus der abendländischen Tradition kennen wir die Gestalt der Antigone, der Rechtschaffenen, die starrköpfig und unvernünftig ist und so ausschließlich nach Gerechtigkeit strebt, bis die Katastrophe über sie hereinbricht. Wir würden uns persönlich wohl kaum weigern, für Dinge Steuern zu bezahlen, von denen wir nicht überzeugt sind, und dafür wie Thoreau ins Gefängnis wandern, aber dieser Art Unvernunft, dieser Art prinzipientreuer Starrköpfigkeit einer Antigone können wir die Bewunderung nicht versagen.

Im Gegensatz dazu scheint man es in China eher mit der nicht prinzipientreuen Vernunft zu halten, ist doch die historische Gestalt, die einer Umfrage zufolge die meisten jungen Leute dort bewundern, Zhou Enlai. Eine interessante Wahl, denn Zhou war ein Meister des Kompromisses. Er ließ seine Getreuen rechts und links im Stich, führte sogar Kampfsitzungen gegen sie, nur um seine eigene Position zu halten. Zu seiner Verteidigung könnte er gut vorgebracht haben, daß er, indem er an der Macht blieb, auf bescheidene Art die Lebensbedingungen dieser Getreuen habe verbessern können. In manchen Fällen rettete er ihnen in der Tat sogar das Leben, und er trug zweifellos dazu bei, China zusammenzuhalten. Aber auch seine Fähigkeit oder Bereitschaft, in Notlagen einzugreifen, hielt sich in Grenzen: So ließ er immerhin zu, daß seine über alles geliebte Pflegetochter Sun Weishi von seiner Rivalin Jiang Qing entführt und inhaftiert wurde. Erst nachdem Sun zu Tode gefoltert worden war, riskierte er, Stellung zu beziehen, indem er einen Trupp zu ihrer Rettung ausschickte. Es war zu spät; die Folterer hatten die Leiche bereits kremiert.

Ein befreundeter Tibeter in Beijing erinnerte mich in vielerlei Hinsicht im besten Sinne an Zhou Enlai. Phunkhang Gorangangpa ist ein frohgemuter aufrichtiger Hüne von einem Mann, mit einer Stimme, die abwechslungsweise chinesisch, tibetisch und englisch daherrattert. Erst stellte sich seinem Vater, dann auch ihm die Gretchenfrage, wie der Heimat Tibet am besten zu dienen sei. Und beide entschieden sich dafür, innerhalb des Systems zu arbeiten, gleichsam zu kollaborieren. Der Vater, Phutsog Wangyel, ging nach China, um zu studieren, und wurde in den dreißiger Jahren Kommunist. »Die Nationalpartei unterdrückte ethnische Minderheiten, deshalb war es logisch, daß sich mein Vater für die Kommunistische Partei entschied«, überlegte Phunkhang in seinem Büro in Beijing. Phunkhangs Vater unterstützte dann die »Befreiung« Tibets durch die Kommunisten: »Mein Vater wollte kein Blutvergießen in Tibet. Er dachte, die chinesische Armee würde auf jeden Fall in Tibet einmarschieren. Deshalb fand er es besser, wenn alles mit sowenig Blutvergießen wie nur möglich ablief.«

Als sich Tibet fest unter chinesischer Kontrolle befand, wurde Phunkhangs Vater zum Prototyp des Kollaborateurs, nämlich zum höchstrangigen Tibeter im Land. Er diente als einziger Tibeter im regionalen politisch-militärischen Komitee, das Südwestchina kontrollierte, und begleitete den Dalai-Lama nach Beijing zu einem Treffen mit Mao. Zugleich benutzte er seinen Einfluß und seine Beherrschung der chinesischen Sprache, um die Zentralregierung zu einer verständnisvolleren Politik gegenüber Tibet zu bewegen. Als Folge davon geriet er in Verdacht und wurde 1958 aus Tibet entfernt und nach Beijing versetzt. Zwei Jahre später wurde er nach einem gescheiterten tibetischen Aufstand, in dem der Dalai-Lama floh, verhaftet und verschwand im chinesischen Gulag. Sein Sohn Phunkhang war damals zehn Jahre alt.

Phunkhangs Mutter wurde gedrängt, sich von ihrem Mann scheiden zu lassen und damit *huaqing jiexian,* das heißt, eine klare Linie zwischen sich und ihm zu ziehen, wie man in China sagt. Es wäre wohl besser für sie und ihre Familie gewesen, wenn sie es getan hätte. Viele andere Männer und Frauen trennten sich in Zeiten politischer Schwierigkeiten von ihren Ehepartnerinnen und Ehepartnern. So ließ sich beispielsweise 1933 auch Deng Xiaopings zweite Frau von ihm scheiden, nachdem er in Ungnade gefallen war, und wandte sich einem anderen Mann zu, dessen Ansichten mit den ihren mehr übereinstimmten und der zu jener Zeit die zukunftsträchtigeren Karten in der Hand zu haben schien.[5]

Aber Phunkhangs Mutter stand zu ihrem Mann. Nach dem Beginn der Kulturrevolution im Jahre 1966 wurde sie gemeinsam mit ihrem Sohn verhaftet. Sie starb 1969 – angeblich durch Selbstmord, indem sie sich die Pulsadern an einem Heizkörper aufschnitt. Wahrscheinlicher ist, daß man sie zu Tode prügelte oder einfach verhungern ließ.

Phunkhang wurde zwei Jahre lang in Isolationshaft gehalten. Während dieser Zeit sah er weder die Sonne, noch sprach er mit einer Menschenseele. Er litt an einer schweren Lungenerkrankung und starb beinahe. Nach sechs Jahren Haft wurde er schließlich 1975 freigelassen. Drei Jahre später kam sein Vater ebenfalls frei, nach achtzehn Jahren im Gefängnis.

1981 ging Phunkhang zum Studium in die Vereinigten Staaten. Er versuchte in seines Vaters Fußstapfen zu treten und ebenfalls die Rolle des Vermittlers zwischen dem Dalai-Lama und der chinesischen Führung zu übernehmen. Er genoß die unausgesprochene Unterstützung von Generalsekretär Hu Yaobang, aber als Hu 1987 abgesetzt wurde, brachen die Gespräche ab. Als nächstes gründete Phunkhang den International Fund for the Development of Tibet (Internationaler Fonds für die Entwicklung Tibets), der Geld sammelt, um Leuten aus Tibet durch Stipendien ein Studium in den Vereinigten Staaten zu ermöglichen. Daneben dient der Fonds der

Förderung der tibetischen Kultur, organisiert Kongresse sowie den sportlichen Austausch.

Allen erschien Phunkhang verdächtig. Die Kommunistische Partei versuchte ebenso herauszufinden, was er im Schilde führte, wie die Getreuen des Dalai-Lama. In Wirklichkeit hat Phunkhang keine verborgenen Absichten. Er will einfach nur seinem Heimatland helfen. Ende 1989 kehrte er nach China zurück und operiert seither von Beijing aus. Er hat nie geheiratet und geht ganz in seiner Arbeit für Tibet auf. Er versucht zwar, unpolitisch zu bleiben, aber das ist unmöglich. Er arbeitet in Beijing und damit in den Augen vieler seiner Landsleute in der Hauptstadt der Besatzungsregierung. Er muß aber notgedrungen mit dieser Regierung zusammenarbeiten, mit den Behörden. Er kann nicht für die Unabhängigkeit eintreten. Er ist ein Gefangener seiner Position. Das politische Klima in der Tibet-Frage ist inzwischen derart polarisiert, daß sich Phunkhang, um auch nur den Lebensstandard seines Volks zu verbessern, auf ein Minenfeld begibt. »Seit zehn Jahren arbeite ich nun schon daran, und ich habe sowenig erreicht«, räumte er ein.

Ich sagte zu Phunkhang, ich sei der Meinung, er versuche Kompromisse zu schließen auf einem Gebiet, auf dem die Meinungen polarisiert seien. Er verstand sogleich, was ich meinte. Aber er stimmte mir nicht völlig zu. »Diese Dinge sind gut für Tibet«, sagte er. »Die Menschen in Tibet brauchen ein besseres Leben, sie brauchen eine bessere Ausbildung. Es ist nicht nur eine Frage von Kompromissen. Egal, wieviel Häßliches geschehen ist, es hat eine Veränderung stattgefunden, und die eingeschlagene Richtung stimmt. Ich bin enttäuscht, aber ich sehe eine Zukunft. Deshalb habe ich das gute Leben in den Staaten aufgegeben und bin zurückgekommen.

Weißt du, Nick, ich beneide dich aufrichtig. Du hast eine Frau und nun auch ein Kind. Ich habe weder das eine noch das andere. Die Arbeit für Tibet ist meine Familie. Aber manchmal ist es wirklich hart.«

Phunkhang hatte Gewissensbisse hinsichtlich seiner moralischen Verantwortung; das weiß ich, und ich achte seinen Entschluß zur Kollaboration. Nur wenige Menschen haben wohl ihre moralischen Grundsätze aus so edlen Motiven heraus kompromittiert.

Je länger Sheryl und ich uns mit den Aspekten der moralischen Zwangslage herumschlugen, mit der sich Chinesinnen und Chinesen konfrontiert sehen, desto begieriger, geradezu besessen wurden wir von dem Gedanken, die große Unbekannte der Niederschlagung von 1989 zu finden: jene Person, welche die Demokratie-Bewegung verraten hatte.

Sie stand lange Zeit im Zentrum des großen Rätselratens um die Niederschlagung von 1989. Wie hatte der Staatssicherheitsdienst die »Bahn im Untergrund« zerschlagen, die den Kern der Bewegung aus China hinaus in Sicherheit schleuste? Im Oktober 1989 nahmen Staatssicherheitskräfte unvermutet in mehreren Städten serienweise Verhaftungen vor und zerschlugen ein ganzes Netzwerk von politisch Aktiven in Hongkong und in der Volksrepublik. Unter den Verhafteten befanden sich auch Wang Juntao und Chen Ziming, die beiden sogenannten »Schwarzen Hände«, denen später vorgeworfen wurde, sie hätten die ganze Protestbewegung organisiert. Wang und Chen, damals beide knapp über dreißig, setzten sich seit langem für mehr Demokratie ein und gehörten zum Kern einer Gruppe Intellektueller, die Chinas bedeutendste Hoffnung auf einen geordneten Wandel verkörperte. Beide wurden zu dreizehn Jahren Haft verurteilt.[6] Verschiedene andere Personen aus China und Hongkong, die ihnen geholfen hatten, erhielten ebenfalls – wenn auch kürzere – Strafen.

Die Verhaftungen kamen sowohl für Chinas Demokratie-Bewegung im Untergrund wie auch für die im Schatten agierenden Hongkonger Organisationen, die den Fliehenden zur Flucht verhalfen, wie ein lähmender Schlag. Sheryl schrieb einen Artikel über Luo Haixing, einen Geschäftsmann aus Hongkong, der die außerordentlich gefährliche Aufgabe übernommen hatte, nach China zu reisen, um mit Chen und Wang Kontakt aufzunehmen und ihnen zur Flucht zu verhelfen. Auf seiner als letzter geplanten Fahrt wurde Luo verhaftet und zu fünf Jahren Gefängnis verurteilt. Zu der Zeit wußte noch niemand, wie die Staatssicherheitsorgane von der »Bahn im Untergrund« erfahren hatten. Alle fürchteten, die Demokratie-Bewegung sei vom Staatssicherheitsdienst infiltriert worden.

Als Sheryl den Fall von Luo Haixing untersuchte, stieß sie auf beunruhigendes Beweismaterial gegen Fei Yuan, einen der »Stars« der Dissidentenbewegung.[7] Fei, ein Volkswirtschaftler und zum Zeitpunkt der Niederschlagung fünfunddreißig Jahre alt, war ein guter Freund von Wang und Chen. Sie hatten ihn zum Leiter ihres »Instituts für sozial- und wirtschaftswissenschaftliche Forschung« ernannt, und er erwies sich als hervorragende Wahl. Fei war intelligent, arbeitete mit viel Einsatz, unterhielt gute Beziehungen und war ein wahres Organisationstalent. Er drängte insbesondere als Mitglied der Intellektuellenbewegung bei der Kommunistischen Partei auf einen Wandel hin.

Und doch erschien Fei, praktisch als einziger aus dem leitenden Gremium des Instituts, nach der Niederschlagung nicht auf der landesweiten Fahndungsliste. Er wurde zwar verhört, aber nicht verhaftet. Dann machte er sich auf die Suche nach dem Versteck seiner Kameraden Wang Juntao und Chen Ziming, um ihnen, wie er sagte, bei der Flucht nach Hongkong zu helfen. Er agierte als Luo Haixings Kontaktperson in China, und er war offenbar der letzte, der die konspirative Wohnung der »Bahn im Untergrund« besuchte, wo sich Chen versteckt hielt, bevor die Polizei sie stürmte und alle Anwesenden verhaftete. Nur wenige Tage später arrangierte Fei ein Treffen mit Wang am Bahnhof der zentralchinesischen Stadt Changsha. Wang traf pünktlich ein – und wurde prompt verhaftet.

Alle anderen Beteiligten wurden verhaftet und verurteilt, aber Fei Yuan bekam nie etwas vorgeworfen, obwohl er offenbar eine Schlüsselrolle bei ihrer Flucht gespielt hatte. Zudem verwiesen Gerichtsdokumente auf ihn als Fei XXXX, als suchte die Polizei die Identität eines Informanten zu verbergen. Wir waren uns ziemlich sicher, daß Fei zum Verräter geworden war, vermutlich aufgrund von Drohungen der Sicherheitskräfte. Wir wollten ihn finden. Wir wollten sehen, wie er aussah. Wir wollten sehen, ob er abwehrend oder wütend oder verlegen wurde, wenn wir die Frage seines Verrats zur Sprache brachten.

Es gab so viele Mutige in der Demokratie-Bewegung, daß wir sehen wollten, wie ein Feigling aussah. Wir hatten Bekannte wie Han Dongfang, die die Folter auf sich nahmen und den Tod für ihre Überzeugungen riskierten, darum wollten wir auch den Feigen und Unehrenhaften sehen. Wir wollten wissen, was einen Typ wie Fei Yuan umwarf, welch schreckliche Drohungen gegen ihn vorgebracht worden waren. Hatten die Staatssicherheitsorgane gedroht, ihn umzubringen, seine Kinder zu massakrieren, seiner Frau Gewalt anzutun, ihm lebendigen Leibes die Haut abzuziehen?

Wir suchten ganz Beijing nach Fei Yuan ab. Wir hatten reichlich gemeinsame Bekannte, aber diese hatten ihn alle nach der Niederschlagung fallengelassen. Sie vermuteten, was auch wir vermuteten, und sie wollten nichts mit ihm zu tun haben. Wir hörten, daß er angeboten habe, sich mit seinen alten Bekannten zu treffen und ihnen zu erklären, was vorgefallen war, daß sie aber kollektiv beschlossen hätten, nicht zuzuhören. »Es würde uns nichts nützen, ihn anzuhören«, erklärte einer. »Wir müssen warten, bis Wang Juntao und Chen Ziming aus dem Gefängnis entlassen werden, um die Angelegenheit vollumfänglich klären zu können. Bis dahin werden wir nicht wissen, ob Fei Yuan die Wahrheit sagt oder lügt.« Wir versuchten, Fei Botschaften zukommen zu lassen, baten ihn, uns anzurufen, aber da niemand mit ihm redete, kamen die Botschaften niemals an. Seine Frau, die ebenfalls in der Demokratie-Bewegung aktiv war, hatte sich von ihm getrennt.

Zehn Tage vor unserer Abreise aus Beijing gab jemand Sheryl schließlich eine Rufnummer, unter der Fei Yuan zu erreichen sei. Sie rief an, und selbst die Frau, die antwortete, schien ihn zu verachten. »Er ist nicht zu Hause«, sagte sie und hängte ein, als Sheryl sie bat, ihm eine Nachricht zu hinterlassen. Sheryl versuchte es später noch einmal und erreichte ihn. Er willigte, etwas zögernd, ein, uns ein paar Tage später in der Bar des Hotels Große Mauer zu treffen.

Er erschien tadellos gekleidet, im schwarzen Nadelstreifenanzug, weißen Hemd und mit rot-blauer Krawatte. Er sah gut aus, aber er konnte seine Nervosität nicht verbergen und rauchte hektisch eine Zigarette nach der andern. Sein Benehmen war formvollendet, er unterhielt sich locker in formellem Mandarin. Das Aalglatte an ihm irritierte mich. Während des ganzen Gesprächs hämmerte dauernd ein Gedanke in meinem Gehirn: So sieht also ein Verräter aus.

In der Regel erstarb das Gespräch oder nahm zumindest eine andere Richtung, wenn wir mit chinesischen Bekannten aßen oder etwas tranken, sobald sich jemand vom Servierpersonal näherte. Ein Teil der Hotelangestellten arbeitet bekanntermaßen nebenbei für den Staatssicherheitsdienst, und jene im Hotel Große Mauer sind in dieser Hinsicht besonders verdächtig: Sheryl und ich wurden manchmal auf langen Dauerläufen die Rolltreppen hinauf und hinunter und durch die Eingangshalle des Hotels beschattet und regelrecht gejagt. Ich stellte fest, daß sich Fei Yuan nicht von den Serviererinnen einschüchtern ließ. Während sie ihm das Glas füllten, erzählte er uns, wie gut er sich mit Wang Juntao und Chen Ziming verstehe. Natürlich hast du keine Angst, dachte ich mit einem Schwall von Bitterkeit. Du bist in Sicherheit. Du und die Lauscher stehen auf einer Seite.

Ich war ungeduldig und wollte Fei sofort zur Rede stellen. Aber jedesmal wenn wir das Thema der Niederschlagung anschnitten, schweifte er ab. Wir ließen Bemerkungen über den Verdacht fallen, den die Leute ihm gegenüber hegten, und er sagte nie, daß er seine Gefährten nicht verraten habe. Aber dann gab er dem Gespräch jeweils eine andere Richtung. Mir reichte es allmählich. Er war mir unsäglich zuwider, und irgendwann entschuldigte ich mich unter dem Vorwand, ich müßte mir eine Zeitung besorgen und die Beine vertreten.

Als ich zurückkam, hörte ich dem Gespräch abwesend zu, während ich die Schlagzeilen überflog. Sheryl stellte sich sehr viel geschickter an. Sie ging auf Fei ein, hörte sich seine Schilderung der Kulturrevolution, seiner Familie und aller möglicher anderer, nebensächlicher Themen aufmerksam an – bis ihm nichts mehr einzufallen schien. Er schwieg, holte tief Luft und erzählte uns das folgende. Ich bin geneigt, es für einen wahren Bericht zu halten.

»Ich bin nach meinem ersten Verhör nicht verhaftet worden, weil ich nichts getan habe«, sagte er und stieß eine Rauchwolke aus. »Sie verlangten von mir, all meine Aktivitäten während der Demokratie-Bewegung aufzuschreiben, und so schrieb ich alles auf. Und sie fragten mich nach dem Aufenthaltsort von Chen Ziming und Wang Juntao, und ich sagte, ich wüßte ihn nicht. Damals kannte ich ihn tatsächlich nicht.«

Die Polizei belästigte Fei nicht weiter, wahrscheinlich, weil sein Hintergrund blitzblank war. Aber im Verlauf des Sommers kamen Fei und mehrere Bekannte zum Schluß, sie seien ihren alten Gefährten Unterstützung schuldig. Sie begannen eine entsprechende Botschaft durchsickern zu lassen und erhielten schließlich von Angehörigen Chen Zimings die Adresse der konspirativen Wohnung in der südchinesischen Stadt Zhanjiang, wo er sich aufhielt. Darauf setzte sich Fei mit Luo Haixing und der Hongkonger Endhaltestelle der »Bahn im Untergrund« in Verbindung, um eine sichere Ausreise aus China zu arrangieren. Nach dem letzten Treffen mit Luo, am 8. Oktober 1989, fuhr Fei zu Chens konspirativer Wohnung, um seinen Kameraden zu besuchen und ihm zu versichern, daß alles praktisch bereitstehe. Dann eilte Fei nach Wuhan, wo sich Wang Juntao versteckt hielt, und traf sich mit den Kontaktleuten, von denen er wußte, daß sie Wang halfen. Diese Kontaktleute überprüften Feis Hintergrund mehrmals, fragten sogar Wang – der sich offenkundig freute, daß ihm sein alter Freund zu Hilfe gekommen war. Am 16. Oktober vereinbarte Fei schließlich für den nächsten Tag ein weiteres Treffen mit Wangs Gehilfen, um die letzten Vorbereitungen für seine Flucht zu besprechen.

In jener Nacht, ungefähr um Mitternacht, drang die Polizei in Feis Hotelzimmer ein. Sie nahmen ihn mit aufs Revier, und dort vernahmen sie ihn gruppenweise die ganze Nacht und den ganzen folgenden Tag über. Sie teilten ihm mit, Chen Ziming sei bereits verhaftet worden, was der Wahrheit entsprach. Kurz nach Feis Besuch bei Chen waren Polizeitrupps in die konspirative Wohnung eingedrungen und hatten alle Anwesenden verhaftet. Sie waren Fei offensichtlich gefolgt, als er sich zu der Wohnung begab, und so hatte er deren Standort verraten.

»Wang Juntao kann nicht entkommen«, sagte ein Beamter zu Fei. »Wir kennen seinen genauen Aufenthaltsort zwar nicht, aber wir wissen ungefähr, wo er ist. Wir wissen, wie wir ihn kriegen können. Aber wir wollen das schnell hinter uns bringen, deshalb machen wir Ihnen ein Angebot. Wenn Sie mit uns zusammenarbeiten, geben wir Ihnen eine Chance.«

Fei betrachtete die Lage als ausweglos, doch er widerstand. Er sagte, als Gegenleistung für seine Freilassung würde er Wang überreden, sich zu stellen. Aber die Polizei ging nicht darauf ein. Sie wiesen ihn darauf hin, daß Wang in Gefahr sei, solange er auf freiem Fuß bleibe. Er gelte als flüchtig und die Polizei könne ihn jederzeit erschießen, wenn sie ihn sehe, aber nicht zu fassen kriege. Es stehe in Wangs Interesse, daß er gefaßt werde, sagte die Polizei.

An dieser Stelle brach Fei ab und sah uns betrübt an.

»Natürlich könnte ich vieles zu meiner Verteidigung vorbringen. Aber ich will mich nicht verteidigen. Im Grunde genommen hatte ich einfach eine Todesangst.«

Für mich kein triftiger Grund. Am liebsten hätte ich über den Tisch gelangt und ihn am Kragen gepackt und geschüttelt. Andere hatten sich foltern lassen, häßlichste Drohungen hingenommen, und da sagte Fei, er habe einfach Schiß gehabt.

»Hat man Sie geschlagen?« fragte ich.

»Nein«, sagte er und schüttelte bekümmert den Kopf.

»Hat man Ihre Familie bedroht?«

Erneutes Kopfschütteln. »Ich fragte sie, was mit Wang Juntao geschehen würde, und sie sagten, er würde nach dem Gesetz bestraft. Ich antwortete, er habe kein Gesetz gebrochen. Da sagten sie, wenn das feststehe, wenn das Gericht zu diesem Schluß käme, würde er freigelassen.

Ich hatte wirklich Angst, aber wissen Sie, das allein war es nicht. Ich dachte inzwischen, die Polizei habe bis zu einem gewissen Grad recht. Ich rechnete wirklich damit, daß er nach dem Gesetz verurteilt würde. Und dann, so dachte ich, würde er ja möglicherweise nicht einmal eine Gefängnisstrafe erhalten.«

Die Verhöre hielten einundzwanzig Stunden lang an. Wenn die

Vernehmungsbeamten eine Pause einlegten, wurde Fei von einer Handvoll Halbstarker bewacht. Er hörte, wie sie einander zuflüsterten, er werde wahrscheinlich umgebracht. Fei geriet in Panik. Niemand wußte, daß man ihn verhaftet hatte. Die Behörden konnten alles mit ihm anstellen. Und andererseits hatten sie versprochen, ihn ohne Strafverfolgung freizulassen, wenn er mit ihnen zusammenarbeitete. Er verlangte eine Zusage, daß die andern an der Flucht Beteiligten, abgesehen von Chen Ziming und Wang Juntao, nicht verfolgt würden. Die Polizisten sagten, sie würden es sich überlegen, wollten ihm aber nichts versprechen.

Am späten Abend brach Fei Yuan schließlich zusammen und erzählte, was er wußte. Uns gegenüber beteuerte er, er habe in seiner Darstellung den Anteil mehrerer Personen, welche die Fluchtbewegung unterstützten, heruntergespielt. Er willigte außerdem ein, vier Hongkonger Aktive der Demokratie-Bewegung mit der Person zusammenzubringen, die Wang Juntao beschützte, obwohl einer der vier ein Agent des Staatssicherheitsdienstes war. Es stellte sich heraus, daß die Staatssicherheitsorgane die Reihen der Hongkonger Demokratie-Bewegung infiltriert hatten. Auf diese Weise könnten sie auch Fei erwischt haben. Er glaubt, daß jemand in der Hongkonger Bewegung die Staatssicherheitskräfte über Luo Haixings Fahrten nach China informierte und daß ihm die Staatssicherheitskräfte von jenen Treffen aus zu Chen Zimings Wohnung gefolgt sind. Fei gibt zu, daß er möglicherweise nicht vorsichtig genug war, als er zu der Wohnung ging, und daß Chen vermutlich so verhaftet wurde.

Als Fei dann die vier Hongkonger Aktiven, darunter auch den Maulwurf des Staatssicherheitsdienstes, zu Wang Juntaos »Bahnhofsvorsteher« der »Bahn im Untergrund« brachte, hoffte er, für eine Minute unbeobachtet zu sein, um Wang eine Warnung zukommen zu lassen. Aber die Staatssicherheitsorgane sorgten dafür, daß dies nicht geschah. Fei machte ein Treffen mit Wang aus. Er sagte dem »Bahnhofsvorsteher«, Wang solle die Bahn nach Changsha, die Hauptstadt der Provinz Hunan, nehmen. Er, Fei Yuan, werde am folgenden Abend am Bahnhof von Changsha auf Wang warten und ihn zur nächsten Station der »Bahn im Untergrund« bringen. Der »Bahnhofsvorsteher« erklärte sich bereit, diese Nachricht weiterzugeben.

Die Staatssicherheitsorgane brachten Fei Yuan – unter schwerer Bewachung – mit der Bahn in aller Herrgottsfrühe nach Changsha. Er verbrachte den ganzen Tag wartend am Bahnhof, die Wächter nur wenige Meter von ihm entfernt. Polizisten in Zivil waren überall in dem höhlenartigen Bahnhof postiert.

»Ungefähr um acht Uhr abends brachten sie mich dann plötzlich weg«, erinnerte sich Fei Yuan. »Ich hörte den Wächter hinter mir sagen, Wang Juntao sei gefaßt worden. Bis dahin hatte ich gehofft, daß er nicht auftauchen würde. Nun war diese Hoffnung dahin.«

So hatte sich das also abgespielt. Auf diese Art und Weise waren zwei führende Gestalten der Demokratie-Bewegung gefangengenommen worden. So hatte man einen mutigen Mann – mutig genug, um zu versuchen, seine beiden Freunde zu retten – dazu gebracht, sie zu betrügen. Es folgte ein langes Schweigen an unserem Tisch. Fei Yuans Nervosität hatte etwas nachgelassen, aber er rauchte noch immer eine Zigarette nach der andern.

Auch meine Wut auf Fei ließ allmählich nach, aber ich wollte ihn noch immer zur Einsicht bringen, ihm beibringen, daß er seine Gefährten verraten hatte. Ich drängte weiter: »Bereuen Sie, was Sie getan haben?«

»Natürlich bereue ich es«, sagte er ruhig.

»Wie war Ihnen zumute, als Sie hörten, daß man sie zu dreizehn Jahren Gefängnis verurteilt hat?«

»Hätte ich die Folgen gekannt, wäre ich niemals zur Kooperation bereit gewesen.«

»Halten Sie, was Sie getan haben, für moralisch falsch?«

»Vom moralischen Standpunkt aus habe ich nicht das getan, was richtig gewesen wäre. Ich war ein enger Freund von Wang Juntao und Chen Ziming. Ich bedaure aufrichtig, was geschehen ist. Es belastet mich, daß ich versagt habe. Ich hätte es besser machen müssen. Meine Bekannten verstehen nicht, was ich getan habe. Ich habe meinen Kreis von Gefährten verloren. Ich habe mein

Netzwerk verloren. Das ist das Schlimmste, das schmerzt am meisten. Ich kann hier nicht weitergehen, aber ich kann auch nicht zurück und einen anderen Weg einschlagen.«

Es folgte ein weiteres langes Schweigen an unserem Tisch. Sheryl und ich hatten angenommen, die Staatssicherheitskräfte hätten Fei zusammengeschlagen, die Polizei habe ihm gedroht, seine Frau aufzuschlitzen oder seine Eltern einzusperren. Dieser Fall war von so ungeheurer Bedeutung für die Annalen der chinesischen Demokratie-Bewegung, daß mehr hätte dahinterstecken müssen. Da hatten wir nun den bedeutendsten Abtrünnigen seit Jahren, und doch war alles so banal. Sie hatten ihn ja nicht einmal mit Samthandschuhen angefaßt.

Trotzdem war meine Wut verraucht und Mitgefühl und Mitleid mit Fei Yuan gewichen. Ich fragte mich, ob ich klein beigegeben hätte. Vielleicht. Wir begannen, uns über gemeinsame Bekannte zu unterhalten – Menschen, die Fei nun die kalte Schulter zeigten – und über die Scheidung von seiner Frau, die ebenfalls Mitglied des informellen Intellektuellenklubs war. Er sagte, die Gründe für die Scheidung seien komplex, aber die Episode mit seinen Kameraden habe dabei schon eine Rolle gespielt. Es dämmerte mir, daß Fei Yuan aufgrund der politischen Repression einen genauso hohen Preis bezahlte wie meine anderen Bekannten. Er hatte zwar seine Haut gerettet, aber auf Kosten seiner Ehre, seiner Freundschaften und seiner Selbstachtung. Hätte er die Kooperation mit den Sicherheitskräften verweigert, wäre auch er vielleicht »nur« für ein paar Jahre ins Gefängnis gewandert und als Held wiederaufgetaucht. Statt dessen wird er möglicherweise sein ganzes Leben verachtet als »Mensch, der schlappmachte«. Unter anderen Umständen hätte er vielleicht eine führende Rolle in einer postkommunistischen Regierung gespielt. Nun ist seine politische Karriere zu Ende. Mir wurde bewußt, daß ihn das Regime mit Vorbedacht dazu gezwungen hatte, in einem Moment äußerster Angst und Erschöpfung eine Entscheidung zu treffen. Seine Fehlentscheidung würde ihm zeit seines Lebens im Nacken sitzen.

Am Ende unseres Gesprächs tauschten wir unsere Adressen und Telefonnummern aus. »Hier ist meine Privatnummer«, sagte er und schrieb sie auf. »In der Regel bin ich abends zu Hause. Ich gehe zur Zeit nicht viel aus.«

Eine der ermutigendsten Veränderungen im China der neunziger Jahre ist die Tatsache, daß immer weniger Leute derart qualvolle moralische Kompromisse eingehen müssen. In der maoistischen Ära waren solche Entscheidungen an der Tagesordnung, und Lügen gehörten untrennbar zum Alltag. In der Bewegung gegen die »Rechten« von 1957 wurde jedem Amt eine Quote von Rechten zugeteilt, die es zu denunzieren galt. Für die Zuständigen bedeutete dies im wahrsten Sinne des Wortes die Qual der Wahl. Welche Kollegin, welchen Kollegen sollten sie ruinieren? Die Funktionäre aller Ämter im ganzen Land gingen ihre Akten durch, diskutierten über die Angestellten und zeigten dann ein paar von ihnen als Rechte an. Diese wurden in Arbeitslager gesteckt, wo man sie nicht selten verhungern ließ. Letztlich hatte man damit die Verantwortlichen in jeder Einheit dazu gezwungen, ein paar ihrer Kollegen und Kolleginnen einem gewaltsamen Tod auszuliefern.

Während der Zeit, die wir in China verbrachten, war es leichter. Man brauchte nur zu lügen und mußte natürlich den Kindern das Lügen beibringen. Im Verlauf politischer Kampagnen hatte man sich gegen jene zu verbünden, die in politischen Schwierigkeiten steckten. Aber die Leute entwickelten Strategien, um sich der Verantwortung zu entziehen, ihre Freundinnen oder Nachbarn zu verpetzen. Daß Fei Yuan eine Strafe riskierte, um uns zu erzählen, was er getan hatte – und daß er sein Verhalten von 1989 bereute –, war ein Zeichen für diesen Wandel. Politische Schulungssitzungen wurden nicht mehr so ernst genommen, so daß es in vielen Einheiten nicht mehr nötig war, aufzustehen und zu lügen. Und in einigen lockereren Einheiten wurde es möglich, während dieser Treffen politische Witze zu erzählen – ja sogar die Partei zu kritisieren.

»Niemand nimmt unsere politischen Schulungssitzungen heutzutage noch ernst«, erzählte uns ein befreundeter Universitätsprofessor 1993. »Viele Leute bringen Entschuldigungen vor, weshalb sie daran gerade nicht teilnehmen können, oder sie nehmen eine Zeitung mit und lesen unverhohlen während der Sitzung. Oder dann sitzen wir nur herum und klatschen über dies und das. Schlimmer ist, wenn sie wirklich etwas erreichen wollen. Vor zwei Wochen wurde die neue Anti-Korruptions-Kampagne angekündigt und natürlich erwartet, daß wir darüber diskutierten. Früher hätten wir gesagt, wie toll wir es finden, daß die Partei diese Probleme zu lösen gedenke, man müsse diese Kampagne ernsthaft führen und so weiter. Aber diesmal stand ein Typ auf und sagte: ›Die Partei kündigt dauernd Anti-Korruptions-Kampagnen an, aber die Korruption wird nur immer schlimmer. Wenn sie ihr wirklich ein Ende setzen will, warum verhaftet sie dann nicht die Bälger der Parteiführung?‹«

Kaum ein Bild im Fernsehen hat sich mir so tief eingeprägt wie das einer jungen Chinesin namens Zhou Wenrong, die von der Regierung dafür gelobt wurde, daß sie ihren eigenen Bruder an die Polizei ausgeliefert hatte. Der Bruder, ein junger Mann namens Zhou Fensuo, gehörte zu den führenden Kräften der Tiananmen-Demokratie-Bewegung. Nach dem militärischen Überfall auf die Demonstrierenden am 4. Juni floh er in seine Heimatstadt Xian, um sich dort in der Wohnung eines Bruders zu verstecken. Laut dem chinesischen Fernsehen hatte ihn seine Schwester Zhou Wenrong jedoch am 13. Juni ausgeliefert. Der Fernsehbericht zeigte sie in ihrem Wohnzimmer und wie man ihn ins Gefängnis abführte.

Wieder ein Verhalten, das mich in Bann zog. Was, dachte ich, was für ein Ungeheuer mußte man sein, um Bruder oder Schwester anzuzeigen, weil sie sich für mehr Demokratie eingesetzt hatten? Seit den Anfängen der chinesischen Geschichte hatte die Familie stets als Kern der Gesellschaft gegolten. Als Konfuzius einem Lokalgouverneur begegnete, der sich damit brüstete, die Moral seiner Untergebenen sei so hoch entwickelt, daß ein Sohn gegen seinen Vater ausgesagt habe, nachdem dieser ein Schaf gestohlen hatte, war er entsetzt. In seinem Teil Chinas, soll er ihm trocken geantwortet haben, würde ein Sohn seinen Vater schützen und ein Vater seinen Sohn. Wie sollte eine Gesellschaft überleben können, wenn ihr Mörtel, die familiären Bindungen, bröckelte?

Viele unserer chinesischen Bekannten in Beijing waren ebenfalls tief bedrückt über die Geschichte von diesem Verrat, fühlten sie sich doch an die schlimmsten Tage der Kulturrevolution erinnert, als Rote Garden an Kampfsitzungen gegen ihre Eltern teilnahmen. Meine Bekannten fragten sich, wie es möglich war, daß in einem Land, in dem die Familienbande traditionell so wichtig sind, jemand den eigenen Bruder denunzieren kann.[8]

Um dieser Frage nachzugehen, reiste ich nach Xian. Die Behörden erlaubten mir nicht, mit Zhou Wenrong ein Gespräch zu führen. Aber ich unterhielt mich mit zahlreichen anderen Leuten in der Stadt. Und was dabei herauskam, war eine ziemlich andere Version als die der Regierung. Zuerst einmal scheint es, daß alle in der Nachbarschaft wußten, daß die Familie Zhou Fensuo versteckte, aber dennoch niemand die Polizei benachrichtigte. Außerdem deutete alles darauf hin, daß Zhou Wenrong überhaupt nicht die Absicht hatte, ihren Bruder anzuzeigen. Ein Freund der Familie erklärte später, Zhou Wenrong und ihr Mann, ein Offizier der Luftwaffe, hätten nur beschlossen, Zhou Fengsuo zu überreden, sich zu seinem Wohl selbst zu stellen. Um zu der Wohnung zu gelangen, in der er sich versteckt hielt, wollten sie sich bei dem Institut der Luftwaffeneinheit, in dem ihr Mann arbeitete, einen Jeep ausleihen. Dies erregte die Aufmerksamkeit der Sicherheitsorgane, die natürlich um Zhou Wenrongs Verwandtschaft mit dem Gesuchten wußten. Offenbar verfolgten sie den Jeep zu der Wohnung und verhafteten ihn dort.

Zudem deutet alles darauf hin, daß Familienbande doch noch etwas wert sind und man darauf zählt, daß auf sie Verlaß ist. Alle in Xian wußten von dem Vorfall, und die meisten übten scharfe Kritik an Zhou Wenrong. Sie sei zu sorglos gewesen, hieß es, und man verurteilte sie, obwohl sie nicht beabsichtigt hatte, ihren Bruder in Schwierigkeiten zu bringen. Es gab so viel böses Blut gegen sie, daß sie sich schließlich nicht mehr auf die Straße wagte.

»Alle verabscheuen sie«, sagte mir eine Frau Anfang Dreißig.

»Sie hat so viele Drohbriefe bekommen, daß sie sich fürchtet, auf die Straße zu gehen. Die Leute sagen, sie drehe durch. Wenn sie wirklich den Verstand verliert, haben die Eltern beide Kinder verloren.«

Trotz ihrer beklemmenden Lage fand ich es in mancher Hinsicht ermutigend, daß Zhou Wenrong in Xian in Acht und Bann fiel, legt es doch den Schluß nahe, daß sich in China eine Veränderung vollzieht und die Leute in moralischen Fragen heute menschlicher entscheiden. Ich hoffe, daß sich dieses Kapitel in zehn Jahren eher absonderlich ausnehmen wird, als ein Kuriosum aus einer anderen Ära, und daß die einzigen Werke über China, die dieses Thema behandeln, Geschichtsbücher sind.

Sheryl WuDunn

自己的空间

7 EIN ZIMMER FÜR SICH ALLEIN

Dem Volk den Mund zu verbieten
ist gefährlicher,
als einen Fluß zu stauen.
Bricht ein Fluß durch den Damm,
können viele Menschen zu Schaden kommen.
Das gleiche gilt für den Redefluß.

Vorwurf des Fürsten Shao
an den tyrannischen König Li
im 9. Jh. v. Chr.

Als Liuye durch den Türspalt spähte, sah sie, daß Tang Wan'r nackt auf dem Bett lag, die Hand um Zhuang Zhidies »Ding« geschlossen.

»Nein, ich tu's nicht noch mal«, sagte Zhuang Zhidie gerade. »Du sagst immer, ich verführe dich, aber heute ist es an dir, mich zu verführen.«

»Ich werde dich aber nicht verführen«, sagte Tang Wan'r. »Ich will bloß, daß du mich streichelst.«

Da senkte Zhuang Zhidie den Kopf und begann an einer ihrer Brüste zu saugen, während seine eine Hand nach unten wanderte. Tang Wan'r begann sich zu winden und bat ihn, sich auf sie zu legen. Doch Zhuang Zhidie weigerte sich glucksend. Sie stöhnte laut und sagte: »Bitte, bitte! Wie sehr muß ich zerfließen, bevor du einwilligst?« Liuyue erspähte glitzerndes Naß zwischen ihren Beinen, und unvermittelt ergriff sie Benom-

menheit . . . Die Tür ging auf, und die beiden auf dem Bett blickten hoch und sahen sie.

»Wie zum Teufel bist du reingekommen?« schrie Zhuang Zhidie sie an . . . Zhuang Zhidie folgte Liuye in ihr Zimmer und fand sie dort keuchend auf dem Bett. Zhuang Zhidie fragte: »Willst du es wohl sagen?«

»Nein«, antwortete Liuyue. Sofort legte Zhuang Zhidie die Arme um sie und begann sie auszuziehen. Liuyue tat kurz, als wollte sie sich dagegen wehren, aber als er ihr das Hemd auszog, gab sie nach. Als Zhuang Zhidie ihr das Höschen herunterstreifte, sah er, daß es bereits ganz naß war. Er sagte: »Ich dachte, Liuyue versteht nichts von diesen Dingen, dabei ist sie eine reife Persimone.« Die beiden vereinigten sich auf dem Bettrand . . .

»Liuyue, wie kommt es, daß kein Blut fließt?« fragte Zhuang Zhidie. »Du bist nicht mehr Jungfrau. Wer ist er, dein Geliebter?«

»Niemand, ich habe habe noch nie, noch nie«, keuchte Liuyue, die sich nicht mehr länger unter Kontrolle hatte und wie eine Schlange um ihn wand. Tang Wan'r hatte von Anfang an alles von der Tür her beobachtet. Als die zwei sich schließlich trennten, ging sie hin und umarmte Liuyue . . .[1]

Verzeihung, liebe Leserinnen und Leser. Dies ist ein pikanter Auszug aus *Eine Stadt in Trümmern*, einem »Roman«, der 1993 wie eine Bombe auf dem chinesischen Markt einschlug. Der Autor Jia Ping'ao, ein schroffer Kettenraucher Mitte Vierzig, wußte, daß Sex sich selbst in China verkauft, sein Buch bricht aber auch mit jedem kommunistischen Tabu. Die Hauptperson namens Zhuang Zhidie saugt am liebsten am Euter einer Kuh, ein Malersohn schnupft Kokain, und eine junge Frau stirbt, weil sie mit Maiskolben masturbiert. Die wenigsten hielten es für ein gutes Buch, aber es war eine Sensation und pflasterte die Verkaufsstände in den Straßen von Beijing und anderen Städten. Gäbe es in China so etwas wie eine Bestsellerliste, wäre dieses Buch ohne Zweifel sofort auf Platz eins gelandet.

Es erschien, kurz bevor wir China verließen, und ließ mich vor Erstaunen über die Revolution in der chinesischen Gesellschaft und Kultur nach Atem ringen – eine sprunghafte Veränderung, welche die Menschen Tag für Tag in jeder Hinsicht zu spüren bekommen.

Literatur, Musik und Populärpresse haben sich fast ganz dem eisernen Griff der Zensur entwunden und genießen heute praktisch uneingeschränkte Freiheit, vorausgesetzt, sie fordern die Partei nicht heraus. Die Informationsflut erobert das Land. In den Großstädten schießen Satellitenschüsseln von den Dächern hoch, und Faxgeräte und elektronische Informationssysteme füttern Fiberglaskreisläufe mit Meldungen.

Zu Beginn der neunziger Jahre breitete sich in China ein Computervirus aus, das die Schwierigkeiten der Führung im Informationszeitalter verdeutlichte. Das Virus erzeugte auf dem Bildschirm jeweils die Frage: Halten Sie Li Peng für einen guten Ministerpräsidenten? Beantwortete man die Frage mit Nein, verschwand die Meldung, und es geschah nichts weiter. Antwortete man mit Ja, Li Peng sei ein guter Ministerpräsident, löschte das Virus die ganze Festplatte.

Die Regierung, so scheint es, hat die Kontrolle über die Kulturszene ebenso verloren wie über die Informationskanäle, die gesellschaftlichen Kräfte und die individuellen Gedanken. Und im Keim entwickelt sich eine »bürgerliche Gesellschaft«.

Blenden wir zurück in die Mao-Ära.

Klassische Poesie und Prosa sind verboten, die traditionelle Landschaftsmalerei und die Peking-Oper in Ungnade gefallen. Bestseller wird Maos kleines rotes Buch mit Zitaten. Volkslieder haben Texte wie »Sozialismus ist unser Gott« und »Nächtliche Feldarbeiter steigen von den Bergen herab«. Revolutionäre Ermahnungen schallen aus den Lautsprechern, wecken morgens die Menschen auf und begleiten sie durch den ganzen Tag. Die Kommunistische Partei bestimmt alles: welche Kleidung man trägt, in welchem Ort man lebt, welche Arbeit man verrichtet, wieviel Reis man ißt, in welche Klinik man geht, wen man heiraten darf und selbst für welche Aktivitäten man sich »freiwillig« melden darf.

Diese Art Totalitarismus entsprang der imperialistischen Tradition in China, die individuellen Rechten keinen Platz einräumte.

Die Verpflichtungen – gegenüber dem Vater, dem Ehemann oder dem Kaiser – galten absolut. Über Jahrhunderte hinweg war der Patriarch der Tyrann der Familie; er durfte sogar seine Kinder töten. Und der Kaiser wirkte als Tyrann der Nation, der seine Untertanen töten durfte. Das Resultat war, daß alle versuchten, sich den sozialen Normen anzupassen, um möglichst nicht aufzufallen. Denn sonst würden die Obrigkeiten ohne viel Gefackel *qiangda chutou niao,* das heißt »den Vogel abschießen, der der Schar vorausflog«.

Mao ging aber noch weiter in der Unterordnung der einzelnen gegenüber der Gemeinschaft, indem er die gesamte chinesische Bevölkerung sozusagen durch einen Homogenisator schleuste. Die Menschen sollten praktisch identisch werden, nicht mehr voneinander zu unterscheiden sein – sie trugen alle die gleichen Mao-Anzüge und den gleichen Haarschnitt, sie hatten die gleichen schwarzen Fahrräder und spulten, wie Papageien, in einem fort die gleichen Sätze ab, wieder und wieder. Die Partei ging sogar so weit, die Leute anzuweisen, wie oft sie den Geschlechtsakt vollziehen sollten: Neuvermählte »sehr oft«, was viermal pro Woche hieß, alle andern ein- bis zweimal die Woche. Die Partei kontrollierte einfach alles, vom Kindergartenlehrplan bis hin zur Ernte, welche jede Kommune einbrachte. Entschuldbar, daß China von manchen Fremden oft mit einem von lauter Blaulingen bevölkerten Ameisenhaufen verglichen wurde.

Es gab keinen abgegrenzten politischen Bereich, denn alles war politisch. Eine unserer chinesischen Kinderfrauen brachte Gregory die Reime bei, an die sie sich aus ihrer Kindheit in den fünfziger Jahren noch erinnern konnte, als die chinesischen Truppen in Korea gegen die amerikanischen kämpften. Mir blieb die Luft weg, als ich zum erstenmal hörte, wie sie Gregory folgende Worte beibrachte:

Eins, zwei, drei, vier, fünf,
Erklimm den Berg und jag den Tiger,
Tiger fressen keine Menschen,
Tiger fressen bloß Truman.

Mao wollte nicht, daß auch nur eine weitere Macht, irgendeine unabhängige Institution überlebte. Aus Angst, freidenkende Schriftsteller und Schriftstellerinnen könnten seine absolute Macht bedrohen, rief er 1942 zur »Ausrichtungsbewegung« auf. Als unmittelbare Folge davon wurden kommunistische Autoren und Autorinnen gefoltert, eingesperrt und mißhandelt. Mao erklärte, seine Absicht sei es, »sicherzustellen, daß Literatur und Kunst sich als Komponenten in das revolutionäre Getriebe einfügen«. Ein halbes Jahrhundert später befolgten bestallte Kommissare diese Maxime noch immer. Es sei nicht Sinn der Kultur, zu erheitern oder zu unterhalten, beharrten sie, ihr Sinn bestehe vielmehr in der Verbreitung politischer Propaganda.

Im heutigen China wird ihre Arbeit jedoch zusehends schwieriger. Kulturschaffende aus allen Bereichen setzen sich zur Wehr, und die Einführung der Marktwirtschaft hat zur Folge, daß Galerien und Verlage sowohl dem Volk wie auch den Parteigäulen genügen wollen. Als Folge davon wird China inzwischen von einem kulturellen und sozialen Krieg geprägt, der in mancher Hinsicht genauso hart – und genauso aufschlußreich – ist wie der marktwirtschaftliche. Die Marktwirtschaft läßt die Geldbörsen der Leute aufquellen, doch künstlerische und gesellschaftliche Freiheit öffnet ihre Seelen.

Was meine ich, wenn ich sage, in China beginne sich der Keim einer bürgerlichen Gesellschaft zu entwickeln?

Der amerikanische Politiker James Madison[2] benutzte als Mitautor der *Federalist Papers* den Begriff »bürgerliche Gesellschaft«, doch wird dieser Begriff seit einiger Zeit in einem moderneren Sinn im Zusammenhang mit Osteuropa benutzt, um die Entwicklung zum Pluralismus zu umschreiben.[3] Als Gegensatz dazu gilt die totalitäre Gesellschaft – sei sie nun kommunistisch, imperialistisch oder theokratisch –, die alle Lebensbereiche kontrolliert. Mussolini umschrieb diese totalitäre Gesellschaft einmal folgendermaßen: »Alles im Staat, nichts außerhalb des Staates, nichts gegen den Staat.«[4]

Im Gegensatz dazu spielt in einer bürgerlichen Gesellschaft die

Regierung eine eher begrenzte Rolle. Gewerkschaften und Lobbys der Industrie tragen aufkommende Meinungsverschiedenheiten unter sich aus. Zeitungen und Magazine unterstehen keinen staatlichen Kontrollorganen und können die Regierung oder auch einander der Kritik unterziehen. Die einzelnen sind frei, ihr Leben Gott, dem Teufel oder auch keinem von beiden zu widmen. In einer zivilen Gesellschaft sind der Bürger, die Bürgerin grundsätzlich nicht bloß Subjekt, sondern haben teil am Ganzen.

In diesem Sinn gab es in den Vereinigten Staaten bereits eine im Kern bürgerliche Gesellschaft, bevor Bürgerrechte und das Frauenwahlrecht sie zu einer demokratischen machten. Gegen Ende unseres China-Aufenthaltes griff ich nach unserer Ausgabe von Alexis de Tocquevilles Klassiker *Über die Demokratie in Amerika* und entstaubte sie. Durch Tocquevilles Analyse der amerikanischen Gesellschaft zu Beginn des 19. Jahrhunderts verstand ich die Idee der bürgerlichen Gesellschaft besser, die, wie ich hoffe, in China zu entstehen im Begriff ist. In bezug auf die Vereinigten Staaten hob Tocqueville die Achtung vor dem Gesetz hervor, die allgemeine Anerkennung des Grundsatzes, daß der Mehrheit das Recht zu regieren zustehe, und die große Anzahl von Gruppen und Vereinigungen, die dem amerikanischen Volk Erfahrung in Sachen Selbstbestimmung vermittelten. Zu den Vereinigungen sagte er: »In Ländern, wo solche Vereinigungen nicht bestehen, sehe ich ... keinen Damm mehr gegen jegliche Art von Tyrannei, und ein großes Volk kann durch eine Handvoll Parteileute oder durch einen einzigen Mann ungestraft unterdrückt werden.«[5]

In China mangelt es noch an vielen Elementen einer bürgerlichen Gesellschaft: eine breit abgestützte Bildungsbasis, die Achtung des Gesetzes, die Respektierung anderer Ansichten und – dies vielleicht mehr als alles andere – das Wissen, daß das Aufeinanderprallen von Einzel- und Gruppeninteressen nicht ein Zeichen für Chaos sein muß, sondern auf einen gesunden »Markt« in Sachen Meinungsfreiheit hindeutet.

Doch langsam und mühevoll wächst in einigen größeren Städten Chinas der Keim einer bürgerlichen Gesellschaft. Die Anzahl privater Vereinigungen nimmt zu und belief sich 1993 auf 180 000. In der einen kommen die Mitglieder zusammen, die in Übersee studiert haben und zurückgekehrt sind; andere sammeln Briefmarken oder sind an Fremdsprachen interessiert. Diese Vereine werden von der Regierung zwar finanziert, aber sie entwickeln sich zunehmend autonom. Sie übernehmen auch die Funktionen einer Lobby oder eines geschäftsorientierten Klubs, wo entsprechende Kontakte geknüpft werden. Mit einer wachsenden Anzahl von Gesetzen, vor allem im kommerziellen Bereich, gewinnt die legale Strukturierung mehr und mehr an Bedeutung, und selbst die Regierung kann sich ihr immer weniger entziehen. So haben beispielsweise, als zu Beginn der neunziger Jahre ein neues administratives Gesetz in Kraft trat, Einzelpersonen begonnen, das eine oder andere Amt gerichtlich zu belangen, und ein paar sind sogar siegreich aus diesen Prozessen hervorgegangen.[6]

Immer mehr Kurzwellenradios, Satellitenschüsseln und Faxgeräte finden ihren Weg in die Büros und manchmal sogar in die Privatwohnung und unterstützen so den freieren Informationsfluß. Die ersten Intellektuellen haben sich von der Regierung losgesagt und gründen ihre eigenen Forschungsinstitute, Beratungsfirmen oder verwirklichen privatwirtschaftliche Projekte, was in vielen Fällen zu einem Zusammenschluß mit Firmen oder Bildungsinstituten im Ausland führt.

Der allgemeine Bildungsstand, der in anderen Ländern als eine wichtige Voraussetzung zur Herausbildung von mehr Toleranz und Pluralismus in der Gesellschaft beigetragen hat, verbessert sich in den städtischen Gebieten zusehends. Noch folgenreicher wirkt sich vielleicht die Tatsache aus, daß die alten, technologisch nicht geschulten Führungskräfte sterben und durch technokratisch ausgerichtete und entsprechend handelnde Hochschulabsolventen ersetzt werden.[7]

Daneben entwickelt sich langsam so etwas wie eine Mittelklasse. Auch entstehen immer mehr halbautonome Machtzentren wie zum Beispiel Großunternehmen. Mit der zunehmenden Dezentralisierung des Staates beginnen sich Gouverneure und örtliche Obrigkeiten natürlich auch stärker für ihre Eigeninteressen einzusetzen, und das eine oder andere Parteiplenum der jüngsten Vergangenheit war geprägt von erbitterten Streitigkeiten, weil sich die Provinzgouverneure weigerten, der Zentralregierung noch mehr Steuern abzuliefern.

Und es gibt sogar Hinweise darauf, daß der Faktor Arbeit, der sich möglicherweise als der wichtigste Zukunftsgestalter der Unabhängigkeit erweisen wird, durch wilde Streiks immer mehr als Druckmittel eingesetzt wird. Vielleicht am wichtigsten überhaupt ist jedoch das Entstehen einer kulturellen und künstlerischen Szene, aus der ein »freies China« hervorgeht.

Die wahrscheinlich subversivste Einzelperson in China, die ich kenne, ist nicht Wei Jingsheng, der charismatische Dissident, der vierzehneinhalb Jahre im Gefängnis verbrachte, und auch nicht Wang Dan, einer der Studentenführer der Tiananmen-Bewegung, sondern – im eigentlichen Sinn des Wortes – wohl eher Wang Shuo.

Wie? Nie von ihm gehört? Der fünfunddreißigjährige Wang Shuo mit seinem boshaften Grinsen ist eine chinesische Ausgabe von Jack Kerouac. Praktisch im Alleingang holte er das Beat-Zeitalter nach China. Wang ist kein Dissident, doch in gewisser Weise ist er noch gefährlicher. Er übt nicht Kritik an der Partei, nein, er lacht sie einfach aus. In seinen Augen ist die Partei nicht »cool«.

Ich traf mich mit Wang Shuo, kurz nachdem eine vierbändige Werkausgabe von ihm erschienen war. Er war im New China Book Store in Beijing eifrig mit dem Signieren seiner Bücher beschäftigt, und junge Leser und Leserinnen liefen rein und raus. Sie erwarben seine Romane stapelweise, manchmal mehrere Ausgaben auf einmal. Später zog sich Wang in seiner Dreizimmerwohnung im Nordosten von Beijing lässig, beinahe nachlässig, ein weißes T-Shirt und eine Trainingshose über. Die Wohnung war schlicht möbliert – ein einfacher Holztisch, ein weiches Sofa, kahle Wände. Zu meinem nicht geringen Erstaunen waren kaum Bücher zu sehen. Auf dem Tisch lag die Übersetzung eines Romans von Joseph Heller, und im Büro standen ein paar wenige chinesische Bücher auf einem kleinen Regal. Alles andere also als die mir sonst bekannten, mit Büchern vollgestopften Wohnungen von Intellektuellen.

Intellektuell oder politisch ausgerichteten Gesprächen begegnete Wang mit unverhohlener Ungeduld, und es gab auch keine Anzeichen dafür, daß er an einer politischen Rolle interessiert war. Seine einzigen Ambitionen sind rein kommerzieller Natur. »Ich will berühmt werden«, erklärte er, »ich will verflucht und verdammt berühmt werden, bis ich davon umkippe.«

Wang nenne ich deshalb subversiv, weil er Gewöhnlich-Gemeines in etwas Außerordentliches verwandeln kann. Er verwandelt Rowdys in Heldenfiguren, möbelt seine Dialoge mit kräftigen Flüchen farblich auf und schreibt über Sex, Entfremdung und Versagen, als seien es alltägliche Dinge. Wang ist einer der beliebtesten, provokativsten, einflußreichsten und verführerischsten Autoren in China geworden. Er schleudert Wörter und Sätze von sich wie im Fieber, in Form von Romanen, Kurzgeschichten, Krimis, Drehbüchern, Liebesromanen, Fernsehdramen und Liedern. Nahezu alles, was er schreibt, triefte vor Ironie, und ein großer Teil davon stellt die mißliche Lage der chinesischen Arbeiterklasse in den Städten in den Mittelpunkt: das tägliche Ringen von Klinkenputzern, Prostituierten, Obdachlosen und all denen, die Tag für Tag für wenig Geld malochen.

Wangs junges Lesepublikum ist ihm ganz verfallen, zieht seine Bücher förmlich rein. Als ich ihn interviewte, hatte er gerade einen Freund namens Heizi oder Blackie zu Besuch, einen Typ Anfang Dreißig. Gegen Ende unseres Gesprächs klingelte das Telefon, und Wang ging ran. An die zwei Stunden hatten wir gelacht und gescherzt, getrieben von Wangs ungewohnten, schlüpfrigen Anspielungen, seinen eindeutigen Gesten aus der Cartoon-Trickkiste und seiner schmachtfetzigen Stimme. Nun wandte Heizi sich mir zu, und er kam mir vor wie ein Teenager, der für einen Filmstar schwärmt und vor lauter hysterischer Begeisterung gleich in Ohnmacht fällt. Er strahlte: »Frau Wu, ist Wang Shuo nicht einfach hinreißend?«

Wang Shuo hat keine Universität besucht. Er verließ 1976 nach zwei Jahren die Mittelschule und bewarb sich bei der Marine, um

Matrose zu werden. Nach dieser Ausbildung ließ er sich ziellos von Stelle zu Stelle, von Frau zu Frau treiben. Leer und ohne Sinn und Ziel lebte er eine Weile auf Kosten einer Freundin, die Stewardeß war, und als es ihr zuviel wurde, zog er mit einer Tänzerin namens Shen Xuija ab, die ihn später zum Mann nahm. Schießlich begann er zu schreiben. Gerade entstand in aller Stille eine kulturelle Szene, und Wang machte sich daran, ihre Grenzen zu erkunden. In der Literaturkritik bezeichnet man, was er schreibt, als *pizi wenxue* oder »Rowdyschreibe«, weil ihm alles Intellektuelle abgeht und seine interessantesten und sogar reizvollen Figuren Rowdys sind.

»Der ganze Impuls für Offenheit und Reformen geht stets auf die Rowdys zurück«, argumentierte Wang wild gestikulierend. »Rowdys machen Geschäfte, Rowdys treiben Handel, Rowdys gründen Fabriken, und Rowdys eröffnen Läden. Ihre Versessenheit bringt Bewegung in die Gesellschaft. Weil in China die Wirtschaft nicht fehlerlos funktioniert, noch nicht völlig ausgereift ist, sind hier ausnahmslos Rowdys wirklich erfolgreich – das heißt reich geworden.«

Betrachten wir beispielsweise Zhang Ming, die Hauptfigur in Wangs Roman *Heiß und kalt, Maß für Maß*. Zhang Ming ist ein gewissenloser Strolch, der eine labil-naive Studentin verführt. Sie verfällt ihm, prostituiert sich und bringt sich um, als die Bande festgenommen wird. Bei der ersten Begegnung der beiden mäkelt Zhang an ihrem Freund rum, einem erfolgreichen Studentenführer und zukünftigen Mitglied der Kommunistischen Partei. Und das hört sich wie folgt an:

»An welcher Universität studierst du denn?« Ich hatte das Abzeichen der Universität auf ihrem Pullover bemerkt.

»Ich nehme an, das ist deine Art der Anmache. Gleich sagst du mir, wo du studierst und daß unsere Unis nahe beieinanderliegen und wie einfach es doch wäre, sich öfter zu sehen ...«

»Sehe ich aus wie ein Student?« gab ich zur Antwort. »Ich bin ein Ehemaliger, aus einem Arbeitslager. Im Moment verlege ich mich auf Erpressung.«

»Mir ist eh völlig egal, was du bist.« Sie lächelte ihre Zehen an, als wären diese höchst amüsant. »Es könnte mir echt nichts gleichgültiger sein.«

Wir saßen eine Zeitlang schweigend da, es währte beinah ewig, und blickten zufrieden auf die untergehende Sonne und die rasch hereinbrechende Dunkelheit. Noch waren die Wolken zu erkennen, und sie wirkten ganz schön toll.

»Sieh doch mal, die Wolke dort sieht aus wie Marx und die dort drüben ein bißchen wie ein Pirat, findest du nicht?«

»Wie alt bist du?«

Sie drehte sich um und musterte mich. »Du hast nicht allzuviel Erfahrung in Sachen Frauen, nicht wahr?«

»Nein, hab' ich nicht«, log ich, ohne auch nur mit der Wimper zu zucken.

»Ich wußte es gleich vom ersten Moment an, als ich dich sah. Du bist noch ein Kind. Ich hab' das an der Art erkannt, wie du in einem fort um mich rumgeschlichen bist und versucht hast, den Mut zu finden, rüberzukommen und mich anzusprechen. Du hattest Angst, ich könnte was sagen, was dich in Verlegenheit bringt, stimmt's?«

»Tatsache ist, daß ich schon mit über hundert Frauen geschlafen habe.«

Sie brüllte vor Lachen.

»Du lachst wie eine Schwachsinnige«, sagte ich zu ihr.

Sie hörte sofort auf und warf mir einen bösen Blick zu. »Hör mal, ich steh' nicht auf dich, also laß mich in Frieden, okay? Um dir die Wahrheit zu sagen, ich bin seit über einem Jahr fest befreundet.« Sie lächelte selbstzufrieden.

»Und mit wem? Einem . . . Kommilitonen von dir?«

»Er ist im Kader der Studentenvereinigung!«

»Schlimmer geht's wohl kaum.«

»Hach. Red du nur. Sicher ist, daß deine Mutter die einzige Frau ist, die dich je geküßt hat.«

»An seiner Stelle wäre ich zumindest Manns genug, mit dir zu schlafen«, sagte ich grinsend. »Tut ihr das?«

Obwohl es inzwischen ziemlich dunkel geworden war, sah ich, daß sie knallrot wurde.

»Er achtet mich!«
Ich lachte auf.[8]

Die Kontrollbehörden haben keine Ahnung, wie sie mit Leuten wie Wang Shuo umgehen sollen. Sie veranstalten ein Riesengezeter, aber dies reicht inzwischen nicht mehr aus, um das Interesse an ihnen zu unterbinden. Die Menschen sind gierig nach Unterhaltung und nicht nach Propaganda; sie wollen neue Bücher, neue Filme, neue Musik. In China entdeckt man, daß Kunst nicht unbedingt nur mit Erziehung oder Hirnwäsche in Sachen Politik gleichzusetzen ist.

Der Kapitalismus hat China grundlegend verändert, und damit haben sich dem Kulturschaffen neue Bahnen eröffnet. Teilweise hängt dies damit zusammen, daß Verlagshäuser und andere Kultur vermittelnde Organisationen die finanzielle Eigenverantwortung übernehmen mußten und darum in erster Linie Bücher drucken, nach denen eine Nachfrage besteht. Sie geben Bücher von Leuten wie Wang Shuo heraus – nichts offensichtlich Konterrevolutionäres, aber auch nichts nach dem Geschmack der Kommissare. Diese sind vollumfänglich damit beschäftigt, Verbote auszusprechen, aber das kulturelle Spektrum ist inzwischen so breit, daß sie nicht mehr alles kontrollieren können.

Aber nicht nur Leute wie Wang Shuo vermehren sich in China. Auch Filme werden kühner, handeln Themen wie die Kulturrevolution und andere Tabus ab. Das Theater wird aufrührerischer und setzt sich mit Stücken auseinander, die beispielsweise aufzeigen, wie Macht korrumpiert. Und in der Musik ist eine langhaarige Version von Bob Dylan namens Cui Jian zur Kultfigur der Nation avanciert, Star der städtischen Jugend in allen Provinzen. Das staatliche Fernsehen ignoriert ihn, und manchmal werden auch seine Konzerte verboten, aber seine heiser raspelnden Ausbrüche über Schmerz und Entfremdung sind zur Hymne seiner Generation geworden. Auf einer Kassette, die 1991 dem Zugriff der Zensur entging und in ganz China reißenden Absatz fand, besingt er sogar das Ende der goldenen Straße – ein anderer Ausdruck für den Kommunismus:

Schaut euch um, seht Frauen und Männer, Kinder und Alte an,
Seht – wir sind am Ende der goldenen Straße angelangt.

Selbst wenn die Partei den politischen Pluralismus niemals zulassen sollte, ist sie bereits dazu gezwungen, ihn im sozialen, ökonomischen und kulturellen Bereich zu akzeptieren. Das »vergiftete Unkraut«, als welches die Kommissare jene kulturellen Erzeugnisse bezeichnen, die sie verbannen wollen, gedeiht prächtig.

Noch bezeichnender ist, daß die Regierung die Kontrolle über den Informationsfluß verliert. Mit zunehmendem Wohlstand legen sich immer mehr Leute in China Kurzwellenradios zu und haben dadurch Zugang zu anderen Nachrichten: zu BBC, Voice of America und zum französischen Rundfunk, zu allen, die Sendungen auf chinesisch ausstrahlen. In den südlichen Teilen der Provinz Guandong läuft in den meisten Haushalten das Fernsehprogramm aus Hongkong; in der Provinz Fujian sind entsprechende Geräte so weit verbreitet, daß die meisten problemlos die Programme aus Taiwan empfangen können.

Private Satellitenschüsseln sind strenggenommen illegal, doch seit Anfang der neunziger Jahre vielenorts zu sehen. Das Amt für Elektronik betreibt in der Provinz Gansu eine Fabrik, die gegen 70 000 Satellitenschüsseln im Jahr herstellt, und verschiedene Privatfirmen sowie Armee-Einheiten verkaufen auch die dafür nötigen Empfangsgeräte in großer Zahl. Bis Mitte 1993 setzten Hunderte von Geschäften in Beijing und Shanghai billige Empfangsstationen, bestehend aus einer Schüssel von anderthalb Metern Durchmesser und einem elektronischen Empfangsgerät, für nur 500 Dollar ab.

Im Oktober 1993 genehmigte Ministerpräsident Li Peng ein neues staatliches Gesetz, welches das grundsätzliche Verbot von Satellitenschüsseln bestätigte, worauf die Anbietenden in Sachen Mißachtung des Gesetzes wieder mehr Vorsicht walten ließen. Sie verkauften die Schüsseln zwar weiterhin, aber nur unter der Hand – und gegen Aufpreis. So oder so verlieren jedoch diese Geräte durch die zunehmende Verbreitung des Kabelfernsehens immer mehr an Bedeutung. In praktisch jeder Großstadt, ja sogar in vielen Provinzstädten hält das Kabelfernsehen Einzug; ganze Viertel, militärisches Gelände und Dörfer werden verkabelt. In Südchina bieten die Kabelsysteme manchmal auch Hongkonger Programme an, einschließlich Nachrichtensendungen.

Langsam macht sich der Einfluß der Marktwirtschaft auch in den offiziellen Nachrichtenmedien bemerkbar, so daß sie manchmal echte Informationen liefern. Dies ist wirklich ein Fortschritt, dienten die offiziellen Zeitungen bis dahin doch lediglich der Verbreitung von Propaganda – oder zum Einwickeln von Nahrungsmitteln –, sieht man von den gelegentlichen Perioden der Entspannung ab. Viele meiner chinesischen Bekannten lachten mich stets aus, weil ich die *Volkszeitung* richtiggehend aufmerksam studierte, während sie sie kaum lasen.

Eine ehemalige Redakteurin der *Volkszeitung* behauptete, jeden Tag entspreche eigentlich nur eine einzige Meldung in dieser Zeitung der Wahrheit, nämlich das Datum. Und was ist mit dem Wetter? »Selbst das wird manipuliert. Die Vorschriften besagen, daß die Leute bei extremer Hitze oder Kälte nicht zur Arbeit müssen. Aber natürlich können wir es uns nicht leisten, daß alle bloß wegen des Wetters die Arbeit niederlegen. Ist es also wirklich kalt, melden wir eine Temperatur, die ein paar Grad über der tatsächlichen liegt. Ist es wirklich heiß, melden wir eine leicht tiefere.«

Im Herbst 1990 schrieb Nick über die *Volkszeitung* einen Artikel und ließ die Bemerkung darin fallen, sie werde, obwohl die mächtigste Zeitung des Landes, kaum gelesen. Er wurde daraufhin ins Außenministerium zitiert und gerügt. »Einige Ihrer Artikel verleumden China und verletzen die Gefühle des chinesischen Volkes«, warf ihm Wan Jisong, unser offizieller Verbindungsmann, vor. Danach hielten ihm zusätzlich zwei Angestellte der Abteilung für auswärtige Angelegenheiten bei der *Volkszeitung* eine gesonderte Standpauke.

»Ihr Artikel ist unwahr«, beschwerte sich Abteilungsdirektor Gao Fuyuan. »Die *Volkszeitung* verfügt über eine hohe Auflage. Drei Millionen.«

»Sie mag ja eine hohe Auflage erreichen, aber ich muß Ihnen sagen, daß ich von meinen chinesischen Bekannten höre, sie läsen sie nicht«, antwortete Nick. »Ämter und Fabriken haben sie wohl abonniert, darum die hohe Auflage. Aber das heißt noch lange nicht, daß sie auch gelesen wird.«

Die Unterhaltung drehte sich ungefähr eine Stunde im Kreis; Gao beharrte wiederholt darauf, das Publikum lese jede Ausgabe der *Volkszeitung* gründlich. Am Ende entschloß Nick sich zu einer versöhnlichen Schlußbemerkung: »Übrigens, den Leitartikel von vor zwei Tagen fand ich sehr interessant.«

»Welchen Leitartikel?« Gao sah ihn geschmeichelt, aber verwirrt an.

»Den auf der ersten Seite, oben auf der ersten Seite, über die Kulturszene.«

»Kultur?« Gao hob fragend die Brauen. »Wann war das, sagten Sie?«

»Vorgestern. Der Ruf nach vermehrter Kontrolle im kulturellen Bereich«, antwortete Nick.

Die beiden Männer versuchten krampfhaft, sich den Artikel in Erinnerung zu rufen, doch ohne Erfolg. »War er innen drin, auf einer Innenseite?«

»Nein, auf der ersten Seite. Oben auf der ersten Seite. Der Leitartikel; es war der, in dem es darum ging, daß die Regierung auf ›vergiftetes Unkraut‹ achten solle.«

»Humph«, räusperte sich Gao schließlich verlegen. »Wir waren in letzter Zeit ziemlich überlastet. Wir hatten nicht viel Zeit, die Zeitung zu lesen.«

Während die *Volkszeitung* nach wie vor von Propaganda strotzt, beginnen andere Zeitungen ihr Gesicht zu verändern. Neue Blätter kämpfen um die Gunst des Lesepublikums, nicht zuletzt weil die Regierung ihren Beitrag gekürzt hat, und füllen deshalb ihre Seiten mit sensationslüsternen Geschichten. Die *Beijing Youth Daily* enthüllte Chinas ehrgeizige Pläne für den Bau eines Flugzeugträgers. Die *Peasant's Daily* berichtete über einen Mann, der die Polizei verklagt hatte. Die *Beijing Evening News* stellte einen kleinen Jungen vor, der in äußerster Verwahrlosung, verlassen von den Eltern und von den Behörden ignoriert, dahinvegetiert.

Um die Aufmerksamkeit des Publikums auf sich zu ziehen, haben auch Fernsehsender in Guangzhou und Shanghai begonnen, öffentliche Versammlungen zu übertragen, im Rahmen derer die Beteiligten loswerden konnten, was sie bedrückte. Sie sandten auch alle möglichen Nachrichten, ohne erst die offizielle Stellungnahme der Propagandaabteilung zu den einzelnen Ereignissen abzuwarten. Gab es irgendwo in Shanghai eine Überschwemmung, flitzten die Leute vom ostchinesischen Fernsehen und Rundfunk an den Ort des Geschehens und machten eine Direktsendung. Die Medienleute hielten sogar den Offiziellen das Mikrofon direkt vors Gesicht und fragten sie ohne Umschweife, was sie gegen die Flut zu unternehmen gedächten.

Am erstaunlichsten jedoch ist der Einzug von Sendungen mit ganz direkter Beteiligung des Publikums im chinesischen Rundfunk. Immer, wenn wir abends das Gerät einschalteten, gab es irgendwo *rexian dianhua*, das heißt »direkte Anrufe«, wie man dies in China nennt. Die Anrufe sind einer Verzögerung von vierzehn Sekunden unterworfen, und manchmal müssen die Anrufenden ihren Namen angeben, womit gewährleistet werden soll, daß sie sich nicht völlig in Rage reden. Über geringfügige Probleme dürfen sie sich jedoch ohne weiteres ganz offen äußern: unfreundliche Bedienung, schlecht funktionierende Kehrichtabfuhr, Probleme bei der Einlösung staatlicher Pfandbriefe, Abgasausstoß der Fabriken. An einem einzigen Abend riefen Leute aus dem Publikum bei einem Rundfunksender in Guangzhou zu den folgenden Themen an:

- Ist Unverträglichkeit ein Scheidungsgrund?
- Darf eine Studentin darauf bestehen, den BH während einer medizinischen Reihenuntersuchung in der Schule anzubehalten?
- Wie soll die Belegschaft einer privatwirtschaftlich geführten Fabrik auf einen Vorgesetzten reagieren, der die Angestellten

zwingt, sechzehn Stunden am Tag zu arbeiten, und ihre Briefe abfängt?
– Wie können Leute von außerhalb in Guangzhou Freundinnen und Freunde finden? (Eine Programmiererin namens Dong klagte, sie habe offenbar »nicht die gleiche Wellenlänge wie die Menschen in Kanton« und sei so deprimiert, daß sie sich »wie ein Glas destilliertes Wasser fühle«.)

Um Mißverständnisse auszuschließen: Natürlich sind Presseleute in China nach wie vor eingeengt durch all die noch verbleibenden Beschränkungen. Bei einer Zusammenkunft erzählte mir eine Journalistin, die einen Enthüllungsbericht über Yu Zuomin geschrieben hatte, jenen korrupten, inzwischen eine Haftstrafe absitzenden Bürgermeister von Chinas Modelldorf Daqiuzhuang, was für Kämpfe sie mit ihrer Verlegerin ausgefochten habe, damit ihr Bericht auch erscheine. »Schließlich wurde der Artikel veröffentlicht, und ich wurde erst noch kritisiert«, sagte sie. »Dabei enthielt er weniger als ein Zehntel von all dem, was ich herausgefunden hatte.«

Unter unseren Bekannten gab es eine große Anzahl chinesischer Presseleute. Sie waren oft gleichzeitig unsere Quellen, da sie über eine Menge Informationen verfügten, die sie nicht nutzen konnten. Sie leben jedoch gefährlich. So ist zum Beispiel Angestellten der *Volkszeitung* der Kontakt mit ausländischen Presseleuten strikt untersagt. Nur zu oft schlüpfte ich daher durch einen Hintereingang und eilte an der Wache vorbei, stets bereit, irgendeine wilde Ausrede zum besten zu geben, für den Fall, daß ich angehalten wurde. Der chinesische Journalist Wu Shishen, Redakteur bei der staatlichen Nachrichtenagentur *Xinhua*, mußte am eigenen Leib erfahren, welche Gefahren der Handel mit Informationen in sich birgt. Eines Tages, Anfang Oktober 1992, etwas mehr als eine Woche bevor Hunderte von Delegierten der Kommunistischen Partei nach Beijing aufbrachen, um am 14. Parteikongreß teilzunehmen, bat eine Journalistin aus Hongkong Wu um Unterstützung. Sie hätte gerne einen Blick auf die Hauptrede geworfen – egal, wie langweilig –, die der Parteivorsitzende Jiang Zemin halten würde. Wu sagte zu. Er könne an das Manuskript herankommen und es innerhalb von einigen Stunden kopieren. Seine Vorgesetzten würden nichts davon merken.

Sie merkten es dann aber sehr wohl, denn die Hongkonger Zeitung druckte die Rede in voller Länge ab, noch bevor Jiang den Mund geöffnet hatte. Die Regierung ließ Wu verhaften, und er verbüßt eine lebenslängliche Haftstrafe.[9]

Dennoch vollzieht sich in China eine Metamorphose, während sich eine bürgerliche Gesellschaft herausbildet. Am einfachsten erläutern läßt sich der Vorgang anhand von Jeane Kirkpatricks Unterscheidung zwischen einer totalitären und einer autoritären Gesellschaft. Ich pflegte ihrer Analyse sehr skeptisch gegenüberzustehen, klang sie für mich doch eher wie eine Entschuldigung für die Fehler der Dikatoren, die von den Vereinigten Staaten geduldet werden. Doch nachdem ich die Veränderungen in China wahrgenommen habe, halte ich die Unterscheidung nicht nur für gerechtfertigt, sondern auch für außerordentlich wichtig. Der Unterschied, so meint Kirkpatrick, bestehe darin, daß das Volk in totalitären Ländern dazu aufgerufen werde, sich politischen Bewegungen anzuschließen, um die Regierung zu unterstützen, während ihm in autoritären Ländern »nur« verboten sei, gegen die Regierung zu opponieren. Grundsätzlich heißt dies, daß das Volk sich in autoritären Staaten dem politischen System verweigern kann; solange man die Regierung nicht angreift, wird man in Ruhe gelassen. Auch im Ausmaß der Strafverfolgung unterscheiden sie sich. Während in einem autoritären Staat eine Person, die sich kritisch über das Regime äußert, mit Verhaftung und Folter rechnen muß, gilt dies in einem totalitären Staat auch für deren Familienangehörige. Das mag ein wenig wie die Unterscheidung zwischen einem Mörder und einem Massenmörder klingen, und doch ist es ein wichtiger Unterschied.

China wandelt sich zur Zeit von einem totalitären Staat zu einem autoritären und wird wahrscheinlich noch für viele Jahre autoritär bleiben. Nach wie vor werden kritische Stimmen zur Kommunistischen Partei durch Haft und Folter zum Verstummen gebracht werden, und es würde mich nicht wundern, wenn es in den kommenden Jahren noch zu weiteren Massakern in Tibet oder bei anderen gegen die Unterdrückung rebellierenden Volksgruppen kommen würde. Aber der Totalitarismus hat in diesem Land bis zu einem guten Ausmaß ausgedient. Die Durchschnittsbevölkerung hat inzwischen die Möglichkeit, ohne Angst den Sender »Voice of America« einzustellen oder die Kinder auf eine Privatschule zu schicken. Man kann es wagen, Witze über Li Peng zu erzählen, sich über Schieberei zu beschweren und Rockstars aus Taiwan zu lauschen. Nach wie vor gibt es in China politische Gefangene, aber nicht mehr eine ganze Milliarde.

Daher kann auch die Politik der chinesischen Führung nicht mehr weiterhin auf Totalitarismus setzen. Die Zentralregierung muß die Provinz- und Gemeinderegierungen umwerben, und auch dann gehorchen diese oft klammheimlich nicht. Der Widerstand der Bürokratie und örtlicher Obrigkeiten hat häufig zur Folge, daß die zentralistischen Verfügungen schon außerhalb des zweiten Straßenrings um Beijing nicht mehr zur Anwendung kommen. Oder aber die Verordnungen werden für lokale Zwecke umfunktioniert. So geschehen mit einer von der staatlichen Kommission für Familienplanung finanzierten Klinik, die der Erforschung besserer Verhütungsmethoden dienen sollte, um den übergroßen Bevölkerungszuwachs zu bremsen. Als die zuständigen Beamten in der Klinik im Jahr darauf erneut einen Besuch abstatteten, mußten sie feststellen, daß dort eine Zielumkehr stattgefunden hatte. Man hatte nämlich inzwischen herausgefunden, daß mehr Geld zu verdienen war, wenn man den Pärchen vom Land half, ein Kind zu zeugen, und so war daraus eine Fruchtbarkeitsklinik geworden.

Als der Staatsrat die Herstellung von Aluminiumdosen verbot, da man erkannt hatte, daß für den Herstellungsprozeß eine Unmenge Energie benötigt wird, rief Nick wahllos ein halbes Dutzend der betroffenen im ganzen Land verstreuten Fabriken an. Und überall versicherte man ihm unbekümmert, man gedenke mit der Produktion fortzufahren.

»Wir produzieren natürlich weiterhin«, sagte ein Fabrikdirektor in Guangdong. »Wir haben von der Anordnung des Staatsrates wohl gehört, aber wir machen mal so lange weiter, bis uns die lokalen Behörden befehlen, die Produktion einzustellen.« Doch von der lokalen Behörde, Besitzerin der Fabrik, wird kaum der Befehl zur Einstellung der Produktion kommen.

Es erstaunt deshalb nicht weiter, daß in China folgender Spruch umgeht: »Die zentrale Führung macht Politik; die lokale Führung macht Gegenpolitik.«[10]

Die soziale Lockerung setzt sich zunehmend durch. Die Partei verliert immer mehr an Boden und hat nur noch in politischer Hinsicht im engeren Sinn wirklich das Sagen. Dies zeigt sich besonders deutlich in bezug auf die Religionsfreiheit, war doch die bis dahin einzige erlaubte »Religion« der Maoismus. Inzwischen werden andere Überzeugungen geduldet, zumindest innerhalb gewisser Grenzen, und die meisten entwickeln sich prächtig. Eine wachsende Zahl junger Menschen wendet sich dem Christentum oder anderen, mystisch ausgerichteten Bewegungen zu. Genaugenommen gehört es zu den ganz großen widersprüchlichen Phänomenen im modernen China, daß das Christentum in der heutigen Zeit, unter einer zeitweise repressiven Regierung, eine größere Zunahme an Gläubigen zu verzeichnen hat als zu Beginn des Jahrhunderts, als der frei wuchernden Mission keine Grenzen gesetzt waren. Die Hauptattraktion des Christentums liegt wohl darin, daß es den Jungen in einer orientierungslosen Zeit einen seelischen Anker bietet. Daneben gilt das Christentum allerdings deutlich auch schlicht als »cool«, ist es doch ein weiteres modisches Produkt aus dem Westen wie Hamburger, Hula-Hoop und Cola.

»Ich bin eigentlich nicht wirklich gläubig«, sagte Peter Zhu, ein vierunddreißigjähriger Reiseveranstalter, zu mir in einer katholischen Kirche in Beijing. »Aber der Katholizismus gehört zum abendländischen Kulturgut, und ich will einfach mehr darüber erfahren. Der Katholizismus ist nun mal eine sehr berühmte Religion.«

Inzwischen gibt es in China zwei offizielle und auch staatlich anerkannte kirchliche Organisationen, nämlich eine katholische und eine evangelische, und nur diese beiden »Hausreligionen«

sind gestattet. Laut offiziellen Zahlen betrachten sich in China fünfeinhalb Millionen als evangelische und dreieinhalb Millionen als katholische Glaubensangehörige. Nicht enthalten in diesen Zahlen sind jedoch die in inoffiziellen Untergrundkirchen praktizierenden Gläubigen, die ihren Glauben im stillen leben und denen es oft ernster ist als vielen, die offiziell zur Kirche gehen.[11]

Eines Abends besuchte ich meinen guten Bekannten Daxin. Er wohnt in einem dichtbevölkerten Viertel im Südwesten von Beijing, und an dem Abend wollte er sich mit fünf anderen christlichen Gläubigen zu einem Bibelabend treffen. Es handelte sich um eine illegale Zusammenkunft; sie kamen zusammen, um über grundlegende religiöse Fragen zu diskutieren, über die sie in der Kirche niemals offen sprechen konnten. Daxin hatte seine Wohnung bereits in einen kleinen Schrein verwandelt. Als ich eintrat, fiel mir eine Holzschachtel mit Einwurfschlitz und der Bitte um Spenden auf. Über dem Sofa im kleinen Wohnzimmer hing ein roter Wandteppich mit einem Kreuz, daneben eine Darstellung von Christus. Der Raum war tadellos sauber und karg möbliert. Einer von Daxins Freunden breitete ein T-Shirt aus mit der Aufschrift: »Gott liebt China.« Dann faltete er es rasch wieder zusammen und verstaute es in einer Tasche.

Die sechs lasen eine Zeitlang gemeinsam aus der Bibel vor, doch schon bald drehte sich ihre Unterhaltung um Politik und um die Frustrationen und Probleme, die das Christsein in China mit sich bringt.

»Mein Vorgesetzter hat versucht, mir den Glauben auszureden«, erklärte ein Mann, der in einer Fabrik arbeitete. »›Warum glaubst du an Gott?‹ fragte er mich einmal. ›Glaubst du nicht an den Kommunismus?‹ Ich antwortete: ›Ich glaube an Gott, weil Gott uns lehrt, einander zu helfen.‹ Da wurde er laut und fragte mich: ›Hat Gott dir etwa diese Fabrik gegeben? Hat er sie aus dem Boden gestampft, oder hat der Kommunismus sie dir gegeben? Ahh! Unsere Religionsvorschriften sind viel zu weich.‹«

Darauf räusperte sich ein anderer, ein großgewachsener, gebildet wirkender Mann, der bis dahin geschwiegen hatte, und sagte: »Zwischen Marxismus und Christentum besteht ein Konflikt.

Und dieser wird sich in Zukunft noch zuspitzen. Noch hat das Christentum keine sehr große Gefolgschaft, aber es wird an Kraft gewinnen und die Regierung herausfordern.«

»Dann seid ihr also auch eine politische Gruppe?« erkundigte ich mich und fragte mich, ob sie insgeheim vor allem politisch Abtrünnige waren.

»Wir engagieren uns nicht in der Politik«, sagte der Würdevolle in aller Ruhe. »Wir glauben an Gott. Aber wir sind davon überzeugt, daß wir handeln müssen, um die Krankheiten dieser desolaten Gesellschaft zu heilen. Wir werden unterdrückt, und deshalb geraten wir unweigerlich ins Fahrwasser der Politik, sobald wir auch nur das geringste unternehmen wollen. Politik und Religion sind schon immer miteinander vermischt gewesen. Es ist an der Zeit, daß diese beiden Bereiche in China voneinander getrennt werden. Aber wie kann ich mich still verhalten und nicht aufstehen, wenn ich als Christ soziale Probleme erkenne? Religionsfreiheit, Pressefreiheit, Redefreiheit, im Grunde geht es doch immer um dasselbe.«

In den vergangenen Jahren sind im ganzen Land auch Dutzende von kleinen Sekten entstanden, die zumeist in lockerer Verbindung zu christlichem Gedankengut stehen. So heißt es zum Beispiel, es gebe in mehreren Provinzen Zehntausende von »Rufenden« – so genannt, weil sie stets im Chor zu skandieren pflegen: »Jesus ist unser Herr!«

In diesem Zusammenhang ist auch auf einen kuriosen Kult hinzuweisen, der zu Beginn der neunziger Jahre zu Ehren Maos grassierte. Zunächst hängten die Taxifahrer und -fahrerinnen in Südchina in ihren Fahrzeugen Mao-Bildchen auf und behaupteten, sie würden sie vor Unfällen schützen. Dies taten ihnen die Fernfahrer in ihren Lastern bald gleich und verbreiteten so den Trend im ganzen Land. Auf dem Höhepunkt, 1991 und 1992, baumelte Maos Konterfei in ganz China von den Rückspiegeln der Autos und Lkws. Natürlich hatten durchaus nicht alle dasselbe Motiv dafür. Manche taten es aus echtem Respekt für den einstmals Großen Vorsitzenden oder um die heutige Führung zu verärgern. Doch als ich mich mit Leuten aus den verschiedensten Provinzen darüber unterhielt, stellte sich heraus, daß viele das Mao-Bildchen in der Tat als eine Art billige Autoversicherung betrachteten.

»Ich habe gehört, daß in einer Kolonne von fünfzehn Wagen alle in einen schrecklichen Unfall verwickelt wurden, bis auf die beiden, in denen das Bild des Vorsitzenden Mao hing«, erzählte uns eine neunundzwanzigjährige Taxifahrerin ernsthaft in Beijing. »Und in manchen Orten, zum Beispiel in der Provinz Shangdong, habe ich gehört, lassen sie dich aus sicherheitstechnischen Gründen gar nicht ohne Mao-Bildchen auf die Straße.« Ein anderer Taxifahrer brachte es auf einen ganz kurzen Nenner. Er zeigte auf das vor seinem Gesicht baumelnde Bildchen und meinte: »Er ist ein Gott geworden.«

Mindestens zwei Tempel sind Mao zu Ehren errichtet worden; einer in der Provinz Fujian, ein anderer in Hunan, wo die bäuerliche Bevölkerung ihm Ferkel opfern kann und ihn um einen Sohn, eine gute Ernte oder sonst etwas bittet. In China ist dies nicht ganz so abwegig, wie es uns im Westen vielleicht erscheinen mag. Der chinesische Himmel ist voller Volksgottheiten, die man, ähnlich wie bei uns die Heiligen, um Hilfe angehen kann. Und die meisten von ihnen, gerade die bedeutendsten wie der Kriegsgott, die Göttin der Fischgründe oder der Küchengott, sind einst Menschen gewesen. Die Vergöttlichung einer kurz zuvor verstorbenen Person ist aber eher ungewöhnlich, und Mao ist wohl der erste Atheist, der zu einer Gottheit erhoben wurde.

Auch andere, in China traditionell verhaftete Heilsvorstellungen verzeichnen einen Zuwachs. Millionen von Menschen üben sich im *qi gong,* den entspannenden und meditativen Atemübungen. Manche darin meisterhaft Fortgeschrittene versetzen die Massen in Trance und erscheinen als wahre Heilsbringer, die Kranke gesund werden und Menschen wachsen lassen oder aus eigener Kraft wie in Siebenmeilenstiefeln das Land durchqueren. Deng Xiaoping und andere Mitglieder der chinesischen Führung lassen sich von einem *qi-gong*-Meister namens Zhang Baosheng unterweisen, einem geheimnisumwitterten Mann, dem alle Arten von magischen Kräften nachgesagt werden. Er soll sich seiner überdurchschnittlichen Fähigkeiten erstmals im Alter von zwei

Jahren bewußt geworden sein, als er seine mentale Kraft darauf verwendete, ein paar Kekse aus einem Schrank herauszuholen, wo man sie vor ihm versteckt hatte. Es gibt Leute, die darauf beharren, Zhang könne mit seinen Fingern Metall zum Schmelzen bringen, Pillen aus versiegelten Fläschchen entfernen und kraft seiner Gedanken Dinge verrücken. Nick sah einmal ein Video, in dem Zhang scheinbar durch bloßes Berühren Stoffetzen in Brand steckte. Persönlich stehe ich diesem Phänomen eher skeptisch gegenüber, ganz im Gegensatz zur chinesischen Regierung. Zhang steht unter dem Schutz der Armee, und sie hat ein Auge darauf, daß er Beijing nicht ohne Erlaubnis verläßt. Unseren Antrag auf ein Interview mit Zhang lehnten die zuständigen Stellen ab. »Wir können ihn Ihnen nicht zur Verfügung stellen«, teilte uns eine Sprecherin des Volkssicherheitsministeriums mit. »Er ist ein Nationalschatz.«[12]

Einen anderen *qi-gong*-Meister, der über eine ergebene Gefolgschaft verfügt, einen zweiundfünfzigjährigen ausgebildeten Elektriker namens Li Hanxiang, haben wir kennengelernt. Er ist groß und kräftig, und eine wilde Mähne fällt ihm in die Stirn. Über einen gemeinsamen Bekannten gelang es uns, ein Gespräch mit ihm zu vereinbaren, und wir durften ihn zu einer Sitzung begleiten. Trotz unseres Mißtrauens wollten wir mit eigenen Augen sehen, was es mit all der Aufregung auf sich hatte.

Was wir zu sehen und hören bekamen, erlebten wir folgendermaßen: Li hielt eines Nachmittags in einem Altersheim hof, in einem verstaubten, nicht gerade freundlichen Raum, und eine Handvoll Pensionäre erwartete ihn auf wackligen Holzstühlen. Li strahlte sie an, schüttelte ihnen die Hand und wählte daraufhin unter ihnen ein erstes Paar aus. Er schaute sich ihre Ohren an und begann sodann, ihre Leiden und die ihrer Familienmitglieder zu diagnostizieren. Dann geriet er in einen tranceartigen Zustand; er bebte, und der Schweiß brach ihm aus allen Poren, während er sein heilendes *qi* auf mehrere nicht gehfähige Frauen und Männer zu übertragen versuchte. Ein Husten holte ihn aus seiner Trance, und er hieß die Alten ihre Krücken wegwerfen. »Ihr könnt jetzt gehen!« rief er. »Ihr könnt tanzen!« Sie humpelten eifrig ein paar

Schritte. »Seht ihr!« donnerte Li. »Es geht! Ihr könnt wieder tanzen.«

Einige Zeit später besuchte Li uns zu Hause, um mit uns über seine Kräfte zu sprechen, und eine unserer chinesischen Büroangestellten, eine Frau aus Beijing, bat uns, dabeisein zu dürfen. Sie gehörte zu denen, die bedingungslos an *qi gong* glauben, und erzählte verrückte Geschichten darüber. So zum Beispiel von einem Freund, dem ein Meister das Augenlicht wiedergegeben habe, und einer Freundin, bei der er einen Tumor entdeckt habe, bevor dieser bösartig wurde. Nach einer Stunde bat uns Li um ein Glas Wein, um ihn in Obstsaft zu verwandeln. Wir fanden es schade, für diesen Zweck einen Flasche Wein zu opfern, und Nick füllte etwas Likör in ein Glas. Li stellte das Glas vor sich hin und begann sich zu konzentrieren. Dabei legte er eine Hand an die Stirn, die andere hielt er über das Glas. Mehrere Minuten lang zitterte er heftig, und dann zuckte er plötzlich zusammen. Li blickte hoch, wischte sich den Schweiß ab und verkündete selbstsicher, nun enthalte das Glas Obstsaft.

Unsere Assistentin nahm einen Schluck. »Es hat sich verändert!« sagte sie. »Jetzt ist es Orangensaft. Ohne Alkohol!«

Wir probierten ebenfalls, aber für uns schmeckte die Flüssigkeit wie erwartet weiterhin nach Likör. Fazit des Ganzen für uns: Der Glaube besiegt die Wirklichkeit. Ist man entschlossen, an *qi gong* zu glauben, verkündet es die Wahrheit. Und im größeren Zusammenhang gesehen hieß das für uns, daß in China viele auf der Suche sind nach etwas, woran sie glauben können, nach einem spirituellen Mittelpunkt im Leben.

Das verstärkte Aufkommen von Kulten gilt gemeinhin als typische Erscheinung in Zeiten vor einer Wende. Die Menschen suchen nach neuen Glaubensinhalten, die die Stelle der bröckelnden einnehmen können. Andererseits lassen sich Kulte auch als eher harmlose Marotten abtun, als Zeichen dafür, daß eine Gesellschaft weniger unterdrückt wird und die Menschen sich in ihrer persönlichen Wahl freier fühlen. In diesem Sinn ließe sich eine erhöhte Verbreitung von Kulten auch als Omen für das Entstehen einer bürgerlichen Gesellschaft deuten.

Also was denn nun? Sind verstärktes Interesse an Christentum und *qi gong* Anzeichen für das Ende einer Ära? Oder für die Geburt einer bürgerlichen Gesellschaft? In der Beantwortung dieser Frage schwankte ich hin und her. In den ersten Jahren meines Aufenthaltes in Beijing nahm ich diese Entwicklung als Anzeichen für das Bröckeln des Systems. Doch mit der Zeit sah ich das Phänomen etwas gelassener von einer anderen Seite. Für viele war der Glaube an einen neuen Kult nicht unbedingt eine verzweifelte Suche, nachdem ihnen der Kommunismus nicht mehr den nötigen Halt geben konnte; sie taten es aus Neugierde, waren einfach experimentierfreudig, und die Regierung ließ sie zum erstenmal ungestört ihren Interessen nachgehen. Daher glaube ich letztlich, daß hier zwei Phänomene zusammenkommen: Die alte Ära und ihre Führung bröckelt tatsächlich, und an ihre Stelle tritt eine bürgerliche Gesellschaft. Laut Tocqueville verläuft die Geburt der Freiheit nie geordnet: »Die Freiheit ... wird gewöhnlich inmitten von Stürmen geboren, sie setzt sich mühsam inmitten des Bürgerhaders fest, und ihre Wohltaten erfahren wir erst, wenn sie schon alt ist.«[13]

Die Suche nach etwas, woran man sich festhalten kann, äußerte sich in China als verrückter Prozeß, wie dies häufig ja auch im Westen der Fall ist, aber er zauberte ein Lächeln auf meine Lippen. Chinesinnen und Chinesen mißachteten herrschende Regeln, verfolgten persönliche Ziele. Sie bauten an ihren persönlichen Freiräumen und steckten Lebensbereiche ab, die außerhalb der Reichweite der Regierung lagen.

Die Betonung der Gemeinschaft ist in China, wie eigentlich im größten Teil von Ostasien, bis zu einem gewissen Grad ein wertvolles Erbe. Doch damit ein Blumengarten in seiner ganzen Pracht erstrahlt, müssen die einzelnen Blumen blühen – und das ist es, was im China der neunziger Jahre seinen Anfang nahm. Ich freute mich, je mehr Zeichen von Individualität ich anstelle des Einheitsbreis wahrnehmen konnte. China schien sich in eine bunte Flickendecke zu verwandeln, zusammengesetzt aus lauter Individuen, und erschien mir nicht mehr als ein Ameisenhaufen von Blaulingen.

Natürlich manifestiert sich der gesellschaftliche Pluralismus nicht bloß in den chinesischen Köpfen und Herzen, sondern auch in ihrem Schoß und ihren Lenden, was der Erfolg von Büchern wie *Eine Stadt in Trümmern* nur zu deutlich zeigt. Da die Sexualität in jeder Gesellschaft eine wichtige Rolle spielt, beschloß ich, meine Nase auch in die chinesischen Schlafzimmer zu stecken. Zugegeben, vielleicht war es zum Teil auch schiere Lüsternheit. Aber ich konnte mir gut einreden, ich müßte, um das Aufblühen des Individualismus zu verstehen, eben auch über die sexuelle Revolution in China Bescheid wissen. Denn schließlich widerspiegelt nichts so stark das Bedürfnis nach Privatsphäre und persönlicher Freiheit wie die Sexualität.

Einen ersten Einblick in dieses Thema gewannen wir im Juli 1992, als ich mit Nick und Gregory zum erstenmal ein verlängertes Wochenende in Beidaihe verbrachten. Von europäischen Kaufleuten zu Beginn des 20. Jahrhunderts als Zufluchtsstätte vor der Sommerhitze begründet, wurde der Ort nach 1949 von führenden Mitgliedern der Kommunistischen Partei mit Beschlag belegt. (Während dieses Aufenthaltes erfuhren wir übrigens die bereits erwähnte Tatsache, daß der ehemalige Verteidigungsminister Lin Bao in seiner Villa ein Salzwasserschwimmbecken hatte einbauen lassen.) Inzwischen präsentiert sich Beidaihe als schläfriges Städtchen, das Erscheinungsbild ist von Hotels und Wochenendhäusern geprägt, und die öffentlichen Strände sind derart mit chinesischen Feriengästen vollgepfercht, daß man kaum noch den Sand sieht. Selbstverständlich stehen den höheren Regierungsmitgliedern abgetrennte Privatstrände zur Verfügung, umzäunt und bewacht.

Ich hatte insgeheim eine Zusammenkunft mit einer Gruppe Einheimischer vereinbart, lauter Angestellten einer Beijinger Handelsfirma. Der mit uns befreundete Abteilungsleiter hatte durch Schwarzhandel mit Fremdwährungen etwas Geld gemacht und beschlossen, statt dem Hauptsitz den Gewinn abzuliefern, mit den Angestellten eine bezahlte Urlaubsreise zu unternehmen. Wir wohnten im selben Hotel wie sie, gingen mit ihnen zum Strand und hörten ihren Gesprächen zu. Zu unserem Erstaunen schien sich das Hauptinteresse darauf zu konzentrieren, ob Zhao, ein Mann Mitte Zwanzig, und Li, die seit Wochen mit ihm flirtete, endlich miteinander zu Potte kommen würden. Beide waren sexuell noch unerfahren, beide wollten gerne, aber gleichzeitig machten sich beide Gedanken, ob es richtig sei, »eine Bürobeziehung« einzugehen. Am meisten verblüffte uns die Direktheit, mit der über das Thema diskutiert wurde. Alle wußten, was lief, und gaben unbekümmert ihre Meinung darüber ab, ob Zhao und Li »es tun« sollten. Ein etwas über Dreißigjähriger meinte verächtlich, die beiden würden mit ihrer Unentschiedenheit nur ihrer aller Zeit vergeuden und sollten es endlich hinter sich bringen. Eine andere Angestellte, eine noch junge Frau, widersprach hitzig: »Ich denke, daß man diese Art von Dingen nicht tun sollte!« rief sie. »Es ist nicht richtig.« Da lachten sie alle übrigen aus.

Die Reisegruppe hatte extra dafür gesorgt, daß für den Fall ein zusätzliches Hotelzimmer zur Verfügung stand, und Li blickte dem Ereignis eindeutig voll Spannung und Tatendrang entgegen. Doch nach dem Essen setzte sich Zhao gemeinsam mit den anderen vor den Fernseher, um die Übertragung der Olympischen Sommerspiele aus Barcelona zu verfolgen. Li saß mit verschränkten Armen hinter ihnen, zunehmend verärgert und zornig. Stunden vergingen. Zhao verbarg seine Verlegenheit hinter einer Diskussion über den Ausgang des Hundertmeterlaufs.

»Hast du nicht noch was zu tun?« versuchte ihn schließlich einer seiner Freunde gegen elf Uhr zu ermutigen. Li schoß hoch, doch Zhao schüttelte hastig den Kopf: »Nein, nein, das hier ist zu spannend.«

Am Morgen war die Frage *»Xiao Zhao banle meiyou?«* in aller Munde – »Hat sich Zhao doch noch getraut?« Aber sein Zimmergenosse versicherte, es deute nichts darauf hin. Li war vom potentiellen, aber ach so zurückhaltenden Geliebten enttäuscht und nicht mehr weiter an der Sache interessiert. Die Seifenoper hatte ein Ende gefunden, bevor sie richtig begonnen hatte.

Historisch gesehen war man in China niemals besonders prüde. Als Beispiel mag der erotische Roman *Der goldene Lotus* dienen, der vor gut dreihundert Jahren entstand. Und Reisenden aus dem

Abendland galt China einst gar als wahrer Sündenpfuhl. 1727 hielt einer von ihnen fest: »Hier und in ganz China wird die widerwärtige Sünde der Unzucht geduldet, und ebenso jene der Sodomie mit Mastvieh und Geflügel, und dies in einem Ausmaß, daß die Europäer es kaum über sich bringen, ein Entengericht zu verspeisen.«[14] Doch wie in so vielen anderen Teilen der Erde galt Sex als eine angemessene Unterhaltung für Männer, nicht aber für Frauen. Die beiden traditionellen Begriffe für Jungfräulichkeit *(zhenjie)* und Jungfrau *(chunu)* beziehen sich auch im Chinesischen sprachlich nur auf die Frau.[15]

Mit dem Kommunismus hielt ein neuer Puritanismus Einzug, der jedoch langsam zurückging, als 1978 Deng an die Macht kam. Doch auch so gilt China aus westlicher Sicht als sittenstreng. Etappenweise hielt zwar ein Hauch sexueller Aufklärung in Shanghai und anderen Großstädten Einzug – an den Schulen und in Form von Spezialkursen für Verlobte –, aber es ist nicht zu übersehen, daß manche Chinesen und Chinesinnen schwindelerregend unaufgeklärt sind. 1990 berichtete eine staatliche Zeitung von einem Ehepaar auf dem Land, das bereits fünf Jahre verheiratet war und dem es, allen Mühen zum Trotz, nicht gelang, ein Kind zu zeugen. Der Mann warf seiner Frau vor, sie sei unfruchtbar, und schleppte sie in eine Arztpraxis in der zentralchinesischen Stadt Zhengzhou. Dort klärte sich die Sache auf: Während fünf Jahren hatten die beiden offensichtlich ausschließlich analen Geschlechtsverkehr praktiziert.[16]

Noch heute gibt sich China in Sachen Geschlechtsverkehr sehr nüchtern. Besonders auf dem Land dient Sex zuerst der Zeugung von Kindern, hauptsächlich von Söhnen, oder der Befriedigung biologischer Bedürfnisse. Und da ernähren sich die meisten nicht von gepflegter Küche, sondern vom Schnellimbiß. Gemäß einer Studie sind nur sechzig Prozent der Chinesinnen und Chinesen während des Geschlechtsaktes »öfter oder manchmal« ganz nackt. Und es gibt noch weitere Hinweise auf den in der Regel hastigen und zweckgebundenen Umgang mit der Sexualität. So dauert laut einer Umfrage bei vierunddreißig Prozent der Landbevölkerung das Vorspiel weniger als eine Minute. Tatsache ist zudem, daß der chinesische Begriff dafür *(qianxi)* außerhalb gebildeter Kreise ohnehin kaum verstanden wird. Der Ausdruck für Orgasmus *(xing gaochao)* ist ebenfalls praktisch unbekannt, was die Befragungen zusätzlich kompliziert. Nur ein Drittel der Frauen in den Städten und ein Viertel der Frauen auf dem Land gaben an, »sehr oft« ein *kuaigan*, ein Glücksgefühl während des Geschlechtaktes zu verspüren.

Ein eindeutiges Hemmnis stellt bei der ganzen Sache natürlich die zusammengepferchte Wohnsituation dar. Es ist schwierig, persönlichen Freiraum aufzubauen, wenn physischer kaum vorhanden ist. Aus einer großangelegten Untersuchung ging hervor, daß sechsundvierzig Prozent aller Befragten im selben Raum wie ihre Kinder schlafen. Und von diesem Prozentsatz schläft etwa die Hälfte auch noch mit den Kindern in einem Bett.

Aber das räumliche Angebot erhöht sich stetig und offenbar auch die Libido. Unter den jüngeren Leuten, besonders an den Universitäten, verändert sich die Einstellung rasant. Nach vorehelichem Sex befragt, gaben achtundsiebzig Prozent an, damit einverstanden zu sein.

Einen höchst seltsamen Beweis für die sexuelle Revolution liefern zudem Klagen der CAAC, der staatlichen chinesischen Fluggesellschaft. Meine Erfahrungen mit den dort beschäftigten Flugbegleiterinnen hatten mich davon überzeugt, daß das Hauptkriterium für eine Anstellung bei der CAAC Verdrießlichkeit sein müsse. Die Gesellschaft scheint jedoch über eigene, wenn auch nicht weniger absonderliche Einstellungsregeln zu verfügen, hieß es doch mehrfach, es würden nur jungfräuliche Anwärterinnen eingestellt. Um diesem Gerücht nachzugehen, riefen verschiedene Presseleute bei der CAAC an: Sicherlich meine man doch einfach »alleinstehend«, nicht wahr? – Nein, ließ die Fluggesellschaft dezidiert wissen, man meine »jungfräulich«, das heißt ohne sexuelle Erfahrungen. Im Juni 1991 klagte eine Sprecherin der CAAC, es sei schwierig, Flugbegleiterinnen zu finden, die die gestellten Voraussetzungen erfüllten. Sie hätten zwar genügend Bewerberinnen, aber es seien viele unter ihnen »nicht gesund, kurzsichtig oder nicht mehr Jungfrau«.

Sich persönlich einen Freiraum schaffen heißt natürlich nicht, daß man darin Orgien feiern muß. Puritanische und hedonistische Lebensart existiert nun Seite an Seite. Der entscheidende Punkt ist, daß die Menschen selber entscheiden können, wie sie ihr Privatleben gestalten wollen, ja, daß es nun so etwas wie ein Privatleben gibt.

Allein schon das ist eine revolutionäre Auffassung für China. Die chinesische Sprache kennt kein treffendes Wort für den Begriff »Privatsphäre« oder »privat«. Natürlich finden sich in einem Wörterbuch unter »Privatsphäre« oder »privat« ein paar chinesische Übersetzungen dafür – zum Beispiel *yinsi* –, doch in der Regel schwingt in ihnen stets der Unterton des Verstohlenen mit; es ist etwas, das man verheimlicht. Sämtliche Ausdrücke, die auf irgendeine Art mit dem Begriff Privatsphäre in Verbindung gebracht werden können, haben einen abwertenden, also leicht negativen Beigeschmack. Die Idee, daß jede und jeder über etwas eigenen Freiraum verfügt oder, um mit Virginia Woolf zu sprechen, »ein Zimmer für sich allein«, kennt man in China nicht. Auch Begriffe wie Individualismus haben in China einen unangenehmen Beigeschmack und bedeuten eigentlich nichts anderes als Selbstsucht.

Wenn wir ein Thema durchdiskutieren, eine Idee gegen das Licht halten oder von mehreren Seiten betrachten wollten, fanden wir die Gespräche mit Dai Qing stets hilfreich. Dai, einundfünfzig Jahre alt und Stieftochter eines chinesischen Marschalls, ist eine der kühnsten und unerschrockensten Schriftstellerinnen im Land und hat sich mit ihren Aufsätzen über die düsteren Kapitel der kommunistischen Geschichte den bitteren Haß der Regierung eingehandelt. Nick traf sich mit ihr im Hotel Shangri-La zu einem Gespräch über die Entwicklung einer bürgerlichen Gesellschaft. Die Umstände hatten etwas Irreales an sich. Der Staatssicherheitsdienst war Nick zu dem Treffen gefolgt und kommandierte dann eine Agentin ab, um die beiden vom Nachbartisch aus zu beschatten. Das Lokal war praktisch leer, doch die Agentin vom Staatssicherheitsdienst setzte sich knapp einen halben Meter von Dai und Nick entfernt an einen Tisch.

»Ich nehme an, Agentinnen verfügen über ein Spesenkonto«, sagte Nick, und Dai lachte laut auf. Die Frau am Nebentisch beugte sich verlegen über ihren Teller. Dai Qing geriet nicht im geringsten aus der Fassung. Sie war einst selbst als Agentin tätig gewesen, für die Armee, und eine ihrer Aufgaben hatte darin bestanden, ausländischen Presseleuten nachzuspionieren. Ende der achtziger Jahre überschritt sie dann den Rubikon und begann sich derart freimütig zu äußern, bis es ihr schließlich gleichgültig war, was die Regierung über sie wußte. (Tatsächlich nahm die Agentin am Nebentisch ihre Aufgabe auch nicht ganz so ernst, sondern vielmehr die Gelegenheit zur spesengedeckten Mahlzeit ausgiebig wahr; sie pilgerte viermal zum einladenden Büfett.)

»Als die Kommunistische Partei an die Macht gelangte, zerstörte sie den persönlichen Freiraum der Menschen, was wiederum das Ende der bürgerlichen Gesellschaft bedeutete«, überlegte Dai, während sie genüßlich ihren Salat kaute. »Doch nun beginnt sich von neuem persönlicher Freiraum zu entwickeln. Das schlimmste an der früheren Zeit war, daß es keinerlei wie auch immer gearteten Pluralismus gab. Du warst ganz und gar abhängig von deinem Platz innerhalb der Hierarchie. Wer seinen Platz verließ, verlor alles.«

Sie begann von sich zu erzählen und was geschehen war, nachdem sie ihre zweijährige Haftstrafe nach der Niederschlagung der Tiananmen-Bewegung verbüßt hatte.

»Sieh mich an. Ich habe keine Arbeit mehr, keine Wohnung, kein Geld, keinen Status, kann keine offiziellen Reisen ins Ausland mehr unternehmen. Aber wenigstens kann ich die Dinge beim Namen nennen. In den fünfziger Jahren hätte ich dies nicht gekonnt. Nun kann ich zumindest überleben. Über soviel persönlichen Freiraum verfüge ich.

Früher hätte ich nach meinem Rausschmiß bei der *Guangming Daily News* gar nichts mehr gehabt. Doch jetzt kann ich für andere arbeiten, beispielsweise für eine Zeitschrift in Taiwan. Ich kann Freundinnen und Freunde haben. Ich kann einen Paß beantragen und dank eines Nieman-Stipendiums nach Harvard gehen. Andere in meiner Situation gründen ein Unternehmen und schaffen sich Privatbesitz und dadurch eine gewisse Autonomie. Nach und nach wird es auch möglich sein, einen Verlag, Medienkonzerne und andere Unternehmen und Organisationen zu gründen. Das ist der Beginn einer bürgerlichen Gesellschaft.

Im Augenblick läßt die Partei die Leute tun, was sie wollen, solange sie das Gesetz befolgen. Solange du dich nicht mit ihr anlegst, läßt sie dich in Ruhe. Und diese bürgerliche Gesellschaft läßt sich nicht mehr rückgängig machen. Ich denke, sie ist unwiderruflich.«

Sosehr es auch aussehen mag, als lasse sich die Entwicklung zum kulturellen Pluralismus nicht mehr aufhalten, sind doch viele Intellektuelle von den Auswirkungen enttäuscht. Kunstschaffende, die vierzig Jahre lang von der Regierung unterstützt wurden, müssen plötzlich für sich selber sorgen. Und die Gesetze auf dem Markt sind brutal. Besonders davon betroffen ist die traditionelle Peking-Oper, finden sich unter den Jungen doch nur noch wenige, die sich dafür interessieren. Das sei bloß unverständliches Gekreische, sagen sie, und sie sähen sich viel lieber die Kampfsportfilme aus Hongkong an.

Viele hatten sich von der größeren Freiheit eine Anregung zu gewaltigen literarischen Werken, kühner neuer Poesie, gewagten Theaterstücken erhofft. Statt dessen belebt sie vornehmlich die Pornographie. Das gewöhnliche Volk, das *laobaixing,* ist mehr an Sex als an Poesie interessiert. Und das Tabu, das zur Zeit mit Vorliebe verletzt wird, hat viel mehr mit nackter Haut zu tun als mit Politik.

An einer Verkaufsbude in Wenzhou griff sich Nick eins der Blätter; es zeigte auf dem Titelblatt hundertsechzig winzige Ausschnitte eines nackten, weiblichen Körpers. Gleichzeitig wird in der Titelgeschichte auf die vielfältigen Gefahren aufmerksam gemacht, denen Frauen in der Gesellschaft ausgesetzt sind – der Vorwand, um dieses und ähnliche Bilder zu veröffentlichen. Der weitere Inhalt gibt dann nichts anderes her als schlüpfrige Geschichten über sexuelle Beziehungen zwischen Männern und Frauen. Das Jugendtheater Shanghai führte Harold Pinters Stück *The Lover* auf und motzte eine Liebesszene pikant auf: Das Publikum konnte durch eine mattierte Glasplatte einem Paar auf der Bühne beim »Liebemachen« zusehen. Das Stück war ein großer Erfolg. Einige Monate später veröffentlichte die staatliche, vom Kultusministerium herausgegebene *China Culture News* ein schockierendes Titelbild: eine unverschämt dreinblickende Frau aus dem Westen, nur mit einer Lederjacke bekleidet, deren offener Reißverschluß viel von ihren Brüsten enthüllte. In der Ecke stand das chinesische Zeichen für das Wort »nackt«, und im Innern der Zeitung gab es ein Foto mit zwei ganz nackten Frauen zu sehen, und ein weiteres zeigte eine Frau im G-String.

»Die Regierung hält die Kontrollen aufrecht«, erklärte mir der fünfunddreißigjährige Filmregisseur Feng Xiaogang während einer Pause in den Dreharbeiten für eine Fernsehserie. »Aber sie sind inzwischen etwas weniger streng. Es gibt einige Filme, die sich gerade so an der Grenze halten – die genehmigt werden, wenn auch nur knapp –, und das ist toll.«

Filme haben China schon immer nachhaltig beeinflußt, und deshalb wird die Regierung nicht müde, sie zu kontrollieren und strikte Regeln festzulegen. Aber mittlerweile beginnen ein paar ernsthafte Kunstschaffende sich aus den Fesseln zu lösen und die darniederliegende Industrie zu befreien. Eine Art Galionsfigur für all jene, die hinter diesem Wandel stehen, ist der dreiundvierzigjährige Zhang Yimou. Er ist so zurückhaltend und unauffällig, daß man sich kaum vorstellen kann, wieviel Kopfschmerzen er den Obrigkeiten als künstlerischer Revolutionär immer wieder bereitet. Zhang hat jedoch einen sehr energischen Unterkiefer, und seine Augen blicken, als könnten sie eine Mauer durchbohren. Selbst seine bürstenkurz gestutzten Haare scheinen vor lauter Energie zu Berge zu stehen. Als wir uns zum erstenmal in einem Restaurant in Beijing die Hand gaben, trug er Jeans und ein schwarzes Arbeiterhemd und lächelte fast schüchtern. Eine Kellnerin erkannte ihn und bat um ein Autogramm. Zhang nickte mit einem Anflug von Bescheidenheit und signierte den ihm hingehaltenen Papierfetzen.

In seinen Filmen ist er vorsichtig, wenn nicht gar berechnend, was teilweise auf seine Erfahrungen aus der Zeit der Kulturrevolution zurückzuführen ist. Drei Jahre lang arbeitete er zwangsweise auf dem Land und danach sieben Jahre zur »Umerziehung« in einer Textilfabrik, wo er Autos und Maschinen wusch und tonnenweise Material transportierte. In seiner Freizeit fotografierte er wie besessen; die Aufnahmen pflegte er in seinem Schlafzimmer unter einem schwarzen Tuch zu entwickeln. »Es war eine bittere Erfahrung, aber ich lernte sehr viele unterschiedliche Aspekte des Lebens kennen; ich sah das echte China«, erzählte er.

1978 suchte die staatliche Filmhochschule in Beijing per Anzeige nach Talenten zwischen achtzehn und zweiundzwanzig Jahren. »Ich interessierte mich nicht besonders für Film, aber ich wollte lernen, um mein Leben ändern zu können«, sagte Zhang. »Ich bewarb mich und schickte ein paar Standfotos hin, die ich aufgenommen hatte. Sie fanden sie gut, aber sei meinten, ich sei zu alt.«

Mit achtundzwanzig war Zhang sechs Jahre zu alt. So packte er sein Zeug und reiste von der südlichen Provinz Guanxi eigens nach Beijing, um seine Sache persönlich vorzutragen und dem Kultusministerium seine Werkmappe direkt zu überreichen. Dort erkannte man offenbar seine Begabung; jedenfalls setzte sich der Minister – ausnahmsweise – für ihn ein, und Zhang durfte in die Filmhochschule eintreten.

Als er Jahre später nach einer Hauptdarstellerin für seinen geplanten Film *Das rote Kornfeld* suchte, besuchte er die Schauspielakademie in Beijing. Dort entdeckte er Gong Li, eine außerordentlich begabte Schauspielschülerin im zweiten Jahr, deren ebenso steile Karriere damit ihren Anfang nahm. Seither sind Zhang und Gong zusammen, und alles, was sie gemeinsam produzieren, wird weltweit erfolgreich. Daß Zhang Yimou und Gong Li auch privat ein Paar sind und daß Zhangs Frau Xiao Hua, die Mutter seiner neunjährigen Tochter, nicht in die Scheidung einwilligen will, umgibt die beiden mit einem zusätzlichen Ruch des Besonderen.

Zum erstenmal stellte Zhang Yimou die Grenzen der kulturellen Freiheit mit *Ju Dou* auf die Probe, einem Film über einen Tuchfärbereibesitzer, der sich eine junge Ehefrau – dargestellt von

Gong Li – kauft, auf daß sie einen Sohn für ihn produziere. Doch der Alte ist impotent und beginnt seiner Frustration Luft zu machen, indem er die Frau schlägt. Diese sucht Trost in einer Liaison mit dem Färbereigehilfen ihres Mannes; sie zeugen ein Kind, einen Sohn, der im Glauben aufwächst, der Färbereibesitzer sei sein Vater, und der schließlich seinen leiblichen Vater umbringt.

Um politische Schwierigkeiten zu umgehen, verlegte Zhang die Handlung des Films mit Bedacht in die vorkommunistische Zeit, doch war es keineswegs die unbeschwerte Art Film, wie sie die Partei mag. Hinzu kam, daß manche im despotischen, impotenten alten Färbereibesitzer ein Sinnbild für das traditionelle, im Zusammenbrechen begriffene China sahen – oder gar für Deng Xiaoping persönlich.

Resultat war, daß die chinesische Regierung den Film *Ju Dou* verbot, als er Ende 1990 herauskam. Doch im Ausland erhielt er begeisterte Kritiken und wurde als erster chinesischer Film für einen Oscar nominiert. Entgeisterte Beamte der staatlichen chinesischen Filmstelle versuchten mit allen Mitteln, die Akademie zum Widerruf der Nominierung zu bewegen, was dem Film in der Folge jedoch nur noch größere Aufmerksamkeit zuteil werden ließ, auch wenn er schließlich keinen Oscar gewann.

Zhang Yimous und Gong Lis folgender Film *Die rote Laterne* wurde wieder für eine Auszeichnung nominiert – und in China erst einmal verboten. Ebenfalls 1993 verbot die Zensurbehörde kurz vor der Erstaufführung in Beijing Chen Kaiges bedeutenden Film *Auf Wiedersehen, meine Konkubine.* Kaiges Film hatte an den Filmfestspielen von Cannes die höchste Auszeichnung erhalten, eine Premiere für einen chinesischen Film, doch die Obrigkeit war der Ansicht, es werde darin zuviel Zeit auf die Darstellung der Kulturrevolution verwendet. Schlimmer noch, eine der handelnden Personen begeht nach dem Ende der Kulturrevolution Selbstmord – und das in der Ära Deng Xiaoping. Blasphemie!

Und dennoch kämpfen die Kommissare auf verlorenem Posten. Der kommerzielle Druck wird immer stärker, und das Filmpublikum geht jährlich um zehn Prozent zurück, was allein in der ersten Hälfte von 1993 zur Schließung von mehr als sechstausend

Kinos führte. Da das Publikum Filme voller langweiliger Propaganda nicht mehr will, warten Studios und Kinos begierig auf Unterhaltungsfilme. Auch wagt die Regierung immer weniger, Filme zu verbieten, die im Ausland Preise gewinnen. So wurden diese Filme in China nach und nach freigegeben. Die zeitweiligen Verbote machten sie nur interessanter.[17]

Endlich beginnen also in China immer mehr Kunstschaffende – sei es im Film, in der Literatur oder in anderen Bereichen –, Kunst zu machen, die die Menschen interessiert, die die Menschen zum Lachen, Weinen und Nachdenken (wenn auch nicht sehr tiefgründig) bringt. Sie beginnen damit die Art künstlerischer Freiheit zu entdecken, wie sie die Menschen im Westen bereits seit langer Zeit genießen.

Bestehen bleibt die grundsätzliche Frage, ob Marktwirtschaft und bürgerliche Gesellschaft auch der Entwicklung differenzierterer Kunstarten förderlich sein werden oder ob sie sich nur auf einen erhöhten Ausstoß an Pornographie auswirken. Ein halbes Jahrhundert lang war Chinas Kulturszene geknüppelt, und man beklagt die Tatsache, daß der Nobelpreis für Literatur noch nie nach China verliehen wurde. In den dreißiger und vierziger Jahren des 20. Jahrhunderts gab es einige große chinesische Namen wie Lu Xun, Ba Jin, Shen Congwen, Lao She, Ding Ling, aber keinen einzigen nach 1949. Lu Xun starb, und die anderen wurden von der Partei unterdrückt. Lao She trieben die Schergen der Kulturrevolution in den Selbstmord. Ba Jin übernahm den Vorsitz des Schriftstellerverbandes, ist jedoch seither mehr oder weniger verstummt.

Der Literaturkritiker Liu Xiaobo, der für seine Rolle anläßlich der Tiananmen-Demonstrationen im Gefängnis saß, bezweifelt, daß in China Angehörige seiner Generation echte Kunst schaffen können. »Die chinesischen Intellektuellen sind furchtbar oberflächlich, und die Gesellschaft wird immer noch seichter«, sagte er eines Nachmittags zu mir. »Ich habe Schwierigkeiten, etwas Gutes zu schreiben. Die Menschen meiner Generation haben einfach keine richtige Bildung genossen. Wir sind in einer geistigen

Wüste aufgewachsen. Ich habe keine abendländische Literatur zu Gesicht bekommen, bis ich über zwanzig war. Das war zu spät. Nun sitzen wir da und können einfach nicht wirklich denken.«

Ich bin da optimistischer. Bei Menschen wie Zhang Yimou, Wang Shuo, Chen Kaige und Cui Jian kann ich Ernsthaftigkeit oder zumindest Mut zum Experiment erkennen, was doch für Chinas künstlerische Zukunft Gutes verheißt – und für ihren Erfolg im Ausland. Auch Wang Shuo gibt sich übrigens optimistischer. Bei einem gemeinsamen Essen an einem Herbstabend sagte er zu mir, während er sich eine Gabel voll Nudeln in den Mund schob: »Ende des Jahrhunderts erleben wir vielleicht eine wahre Erleuchtung. Und du wirst sehen, daß China einen Nobelpreis für Literatur bekommt.«

»Und wer wird ihn bekommen?« fragte ich. »Denkst du an jemand Bestimmten?«

Wang grinste: »Du siehst ihn vor dir.«

Nicholas D. Kristof

向“钱”進

8 AUF DEM WEG ZUM GROSSEN GELD

Welche Gesellschaftsstruktur
beruht nicht auf Habgier?
Der springende Punkt
gesellschaftlicher Organisation
besteht darin,
zu einer Übereinkunft zu gelangen,
bei der die Habgier
den geringsten Schaden anrichtet;
der Kapitalismus ist ein solches System.

Milton Friedman

Im Frühjahr 1992 beherrschten Zorn und Erbitterung Sheryls und mein Verhältnis zu China. Das Außenministerium bestellte mich regelmäßig zu »Kampfsitzungen« mit dem für mich zuständigen Beamten Zhao Xingmin, und dieser drohte uns wiederholt mit der Ausweisung. Um uns zusätzlich unter Druck zu setzen, verweigerte das Ministerium unserem damals gerade geborenen Sohn Gregory die Aufenthaltsbewilligung. Zudem schmachteten mehrere jener Chinesen und Chinesinnen, die wir kennengelernt hatten und denen unsere allergrößte Hochachtung galt, noch immer in scheußlichen Gefängniszellen.

Ich flüchtete mich aus Beijing in die Provinz Jiangxi, eine arme Binnenregion in Ostchina und einst revolutionäre Basis der kommunistischen Bewegung. Und dort, im kleinen Dorf Yujiang, erlebte ich so etwas wie eine Epiphanie.

Das erste, was ich von Yujiang sah, waren die knorrigen, uralt wirkenden Landarbeiterinnen und Landarbeiter, die sich barfuß auf den Reisfeldern hinter Wasserbüffeln herschleppten. Die Landschaft leuchtete grün, in regelmäßigen Abständen durchsetzt mit Erdklecksen – zum ersten und einzigen Mal empfand ich Braun als eine warme Farbe –, und das alles unter einem spektakulär blauen Himmel. Unser Wagen fuhr in den Ort hinein, und alle drehten sich danach um; kein anderes Motorfahrzeug war zu sehen. Abgesehen von einem zehnstöckigen Bürohaus, das sehr deplaziert wirkt, besteht Yujiang aus kleinen, niedrigen Gebäuden. Der Wagen schlängelte sich zwischen der Dorfbevölkerung zu Fuß und auf dem Rad hindurch und bog durch ein eisernes Tor in eine Einfahrt ein. Wir hielten vor dem zehnstöckigen Gebäude an.

Es war der Sitz des neununddreißigjährigen Industriemagnaten Zhang Guoxi, des möglicherweise reichsten Menschen in China. Wenn Boss Zhang, wie er gemeinhin genannt wird, nicht die beiden Spucknäpfe neben dem Aufzug benutzen will, kann er von der obersten Etage seines Hauptsitzes aus in hohem Bogen auf die angrenzenden Reisfelder hinunterspucken. Von diesem abgelegenen Ort aus hat er es zum Industriellen mit Aktienbesitz im Wert von vierzig Millionen Dollar oder noch mehr gebracht. Wahrscheinlich eher viel mehr.

»Klar lebe ich sehr gut«, meinte er und lächelte, als ich ihn fragte, wie viele Häuser er besitze. »Bestens!«

Es hatte mich zwei Tage gekostet, um mit Flugzeug und Wagen zu Boss Zhangs Hauptsitz zu gelangen, und nach der stundenlangen Fahrt auf Schotterstraßen und an Reisfeldern vorbei erschien es mir um so merkwürdiger, am Ende der Welt auf einen Industriekapitän zu treffen. Nachdem ich im Auto mit einer Begleitmannschaft der Kommunistischen Partei eingepfercht gewesen war, empfand ich es aber auch als erfrischend, mit jemandem zu sprechen, der sich überaus freimütig gab. Boss Zhang schüttelte mir die Hand, sah mir direkt in die Augen, brachte mich in seinem Privathotel unter – und verrechnete mir den gängigen Preis von zwanzig Dollar pro Nacht.

Die meisten Gebäude in Yujiang sind baufällige Wohnhäuser aus Ziegelstein mit Parolen wie »Der Sozialismus ist gut!« oder »Kontrolliert die Bevölkerungsquantität, hebt die Bevölkerungsqualität!« Boss Zhangs Firmenhauptsitz hebt sich in krasser Weise von dieser Umgebung ab: ein glänzender Büroturm mit internationaler Direktwahl und Faxanschluß auf einem weitläufigen Gelände, zu dem unter anderem ein Goldfischteich und zwei Triumphbögen chinesischer Bauart gehören. Seine Bauten tragen ihre eigenen, unpolitischen Slogans wie »Achtung vor Feuer!«

Boss Zhang ist ein energischer Mann, ständig in Bewegung, ein Kettenraucher, der Zhonghua-Zigaretten raucht, aber er spricht Mandarin mit einem ländlichen Akzent, so daß er wie ein Bauer klingt. Unter dem typischen Bankeranzug trägt er ein weißes Hemd, aber seine leuchtendgelben Socken sind eindeutig fehl am Platz.

Boss Zhang ist auf eine Art reich in China, wie man es sich kaum vorstellen kann, etwa so wie die Rockefellers in Amerika. Er trinkt Napoleon-Armagnac und Rémy Martin, und in jeder Stadt, in der er ein Büro unterhält, erwartet ihn ein Wagen mit Chauffeur. Zhangs Familie lebt in Hongkong, wo auch er die meiste Zeit verbringt. Er ist so mächtig, daß er vor ein paar Jahren Vater eines dritten Kindes werden konnte und unterwürfige Beamte darüber hinwegsahen – trotz der eindeutigen Verletzung des Ein-Kind-Prinzips. Der Staat stellt ihm sogar ein eigenes Polizeirevier zur Verfügung: ein Dutzend Polizeibeamte allein zum Schutz seines Unternehmens und als persönliche Leibwächter.

Zu den ungewöhnlichsten Respektbekundungen, die ihm zuteil wurden, gehört die Benennung eines Asteroiden nach ihm. Der Asteroid – die Nummer 3028 im internationalen Verzeichnis – wurde von einem Observatorium in Jiangxi entdeckt, und die dortigen Verantwortlichen beschlossen, ihn als Ausdruck ihrer Bewunderung nach Zhang Guoxi zu benennen. Bis dahin waren ein paar Asteroiden nach chinesischen Städten oder Berühmtheiten benannt worden, aber zum ersten Mal benannten die Kommunisten einen solchen nach einem Kapitalisten!

Zhang Guoxis Name bedeutet »Frucht des Glücks«. Er heißt

so, weil er bei der Geburt nur wenig über vier Pfund wog – ein Früchtchen sozusagen. Seine Mutter starb, als er zwei Jahre alt war. Nach der Unterstufe ging er von der Schule ab und begann als Schreiner zu arbeiten. 1973, während der düsteren Tage der Kulturrevolution, verkaufte er das Haus seiner Familie für 250 Dollar und benützte das Geld, um ein Unternehmen zu gründen. Zu Beginn stellte Zhang geschnitzte Holztruhen her – wenn er nicht gerade damit beschäftigt war, Kritik von kommunistischen Ideologen abzuwehren, die seine Tätigkeit als »Kapitalistenschwanz« anprangerten.

»Heute geht es mir gut, die Leute sehen, wie ich ins Ausland reise und in den Zeitungen gelobt werde und so weiter«, sagte Boss Zhang nüchtern, während er sich auf einem Ledersofa in seinem Büro rekelte. »Aber damals, von 1973 bis 1977, war es wirklich hart, ich hatte oft Hunger. Was ich Ihnen über diese Jahre erzählen könnte, würde Sie zu Tränen rühren. Mein Leben war damals schrecklich. Die Behörden waren ernstlich verärgert über die Art, wie ich Geschäfte machte. Sie warfen mir vor, ich triebe Kapitalismus. Laufend kam die Polizei und schnüffelte herum. Das Parteisekretariat denunzierte mich.«

Erst als Deng Xiaoping 1978 an die Macht kam, begann Boss Zhangs Unternehmen zu gedeihen. Nun exportierte er seine Holztruhen und andere geschnitzte Möbel nach Japan. Dann diversifizierte er in die Herstellung von goldbeschichteten buddhistischen Schreinen, die in Japan für rund 10 000 Dollar das Stück gehandelt werden. Das Geschäft wuchs, und Boss Zhang eröffnete Niederlassungen in drei chinesischen Städten sowie in Japan, Hongkong, Kanada, Thailand und Deutschland. Die Guoxi-Gruppe wurde zu einem internationalen Handelsunternehmen, dessen Beteiligungen vom Aktienmarkt in Hongkong bis zu chinesischen Restaurants in Deutschland reichen. Außerdem gehört ein neunstöckiges Hotel im südchinesischen Urlaubsort Sanya dazu.

Boss Zhang führte mich durch eine seiner Fertigungshallen, wo Dutzende von Handwerkern an hölzernen Schreibtischen sägten und schmirgelten, und erklärte mir, weshalb er mehr Erfolg hat als die Konkurrenz. »Ein Unterschied besteht darin, daß die staatseigenen Betriebe noch immer auf den ›drei Eisen‹ ausruhen, nämlich Löhnen aus Eisen, Sesseln aus Eisen und Reisschalen aus Eisen. Mit anderen Worten: Die Löhne werden nie gekürzt, Manager bleiben auf ihren Sesseln, egal, wie sie ihre Aufgabe erfüllen, und die Belegschaft weiß, daß ihr die Schale Reis, das heißt ihr Einkommen, sicher ist, auch wenn sie keinen Finger krümmt. Wenn dagegen in meinen Fabriken ein Arbeiter oder eine Angestellte nichts taugt, sind sie draußen! Stellen sie sich dagegen gut an, werden sie befördert. Sehen Sie den Abteilungsleiter dort drüben, der ist aufgestiegen, von ganz unten.

Hier werden die Leute ihrem Einsatz entsprechend bezahlt. Bei mir wird die Belegschaft nach einer Formel entlöhnt. Die Leute werden pro Stück bezahlt, das Material, das sie durch schlechte Arbeit verpfuschen, wird ihnen vom Lohn abgezogen und dann das Einkommen der Qualität ihrer Arbeit angepaßt. So versuchen sie sehr bald, so schnell wie möglich und trotzdem erstklassig zu arbeiten.«

Boss Zhangs Idol ist Lee Iacocca, dessen Autobiographie er 1985 in chinesischer Übersetzung las. Sonst liest er hauptsächlich Trivialromane über asiatische Kampfsportarten – das chinesische Pendant zum Western –, aber Iacoccas Buch beeindruckte ihn offensichtlich sehr, denn er spricht immer wieder davon. Und zu den am meisten geschätzten Besitztümern zählt er ein signiertes Exemplar der amerikanischen Ausgabe mit der Widmung: »Für Zhang Guoxi: Nach allem, was ich über Sie gehört habe, werden Sie bald ein eigenes Buch schreiben, und dann werde ich Sie zitieren! Herzliche Grüße, Lee Iacocca.«

Obwohl Boss Zhang sich nicht die Mühe macht, für die Belegschaft politische Schulungssitzungen abzuhalten, ist er eindeutig kein Subversiver. Er kümmert sich ganz einfach nicht um Politik. Und er ist optimistisch für China. »Ich bin sehr zuversichtlich, was Chinas Zukunft betrifft«, sagte er. »Bis jetzt haben sich erst ein paar wenige Regionen geöffnet, und sie sind sehr gut gefahren damit. Sehen Sie nur, wie viele Provinzen wir noch haben, die wir öffnen können. Denken Sie nur, was das für eine Wirkung haben wird.«

Nach den zwei Tagen bei Boss Zhang kam ich in bezug auf China in weit hoffnungsvollerer Stimmung zurück. In Beijing, umgeben von kommunistischen Parteifunktionären und unzufriedenen Intellektuellen, hatten die Anzeichen, die auf einen baldigen Untergang der roten Dynastie hindeuteten, alles andere überschattet. Aber Boss Zhang paßte ganz einfach nicht in dieses Modell. Zhang hält nicht viel vom Kommunismus. Aber er und die Leute, die in seinen Fabriken arbeiten, nehmen auch die Unterdrückung von Dissidenten kaum wahr; viel wichtiger sind ihnen die wirtschaftlichen Möglichkeiten, die ihnen mittlerweile offenstehen. Wenn ich mit Leuten wie Boss Zhang über Folter oder die Morde auf dem Tiananmen-Platz zu sprechen kam, versiegte das Gespräch stets. Da liegt kein Geld drin. Sie bestritten nicht, daß schreckliche Dinge geschahen; aber für sie waren sie einfach sehr weit weg, und sie hielten sie als im wesentlichen nicht von Belang.

Auf unseren Reisen durch das Land waren Sheryl und ich immer tiefer beeindruckt von den Früchten, die der wirtschaftliche Aufschwung hervorbrachte. Der zunehmende Wohlstand in den Küstenregionen und, noch wichtiger, die allmähliche Verringerung der Armut überall sonst veränderten China grundlegend. Diese wirtschaftliche Metamorphose erschien uns als mindestens ebenso bedeutsamer Faktor für China wie die Unterdrückung. Unternehmen wie das von Boss Zhang schienen, wie es in China heißt, wie Bambussprossen nach einem Frühlingsregen aus dem Boden zu schießen. In der ganzen Volksrepublik lautet der neue Kriegsruf *xian qian zou*. Dies ist ein Wortspiel, denn *xiang qian zou* (»Marschiert vorwärts!«) ist eine schon bisher von der Partei verbreitete Parole. Derselbe Ausdruck, mit einem anderen Schriftzeichen für *qian*, bedeutet aber auch »Marschiert zum Geld!« Und in den neunziger Jahren muß sich niemand mehr fragen, was gemeint ist.

In der aufstrebenden Küstenstadt Wenzhou südlich von Shanghai lernte ich den dreiundzwanzigjährigen Wang Junjin kennen, einen jungenhaft aussehenden Mann im Zweireiher. Wang war Handelsreisender gewesen, ein chinesischer Willy Loman, und sein zweites Zuhause eine quietschende Sardinenbüchse von Eisenbahn, die ihn in achtunddreißigstündigen Fahrten in alle möglichen Richtungen zu den Fabriken brachte, die seine Abzeichen kauften. Wang fand, es müsse einen besseren Weg geben. Also gründete er gemeinsam mit seinem Bruder eine Fluggesellschaft.

Diese Gesellschaft namens Sky Dragon Charter Air Company bietet Linienflüge in Städte in ganz China mit geleasten Boeing 737 und anderen Flugzeugen an. Im ersten Jahr erzielte sie Einnahmen von gegen zwei Millionen Dollar, von denen etwas für den Kauf von Wangs Funktelefon draufging – das er dringender braucht als einen Rasierapparat. Am Flughafen hilft Wang beim Abfertigen der Passagiere, betreut das Gepäck und stellt sicher, daß die Besatzung für den Flug bereit ist. Er hofft, daß die Regierung seiner Chartergesellschaft die Erlaubnis erteilt, eine normale Fluggesellschaft mit einem eigenen Netz von Inlands- und auch internationalen Flügen aufzubauen. »Sobald die Regierung uns grünes Licht gibt«, sagte er, »werden wir es tun.«

In den abgelegenen Dörfern im Landesinneren stellt das Leben dagegen viel rauhere Anforderungen. Westliche Skepsis am chinesischen Wirtschaftsboom macht sich denn auch oft daran fest, daß die wirtschaftlichen Wachstumsraten im Inland viel tiefer liegen als in den Küstenregionen und daß sich der Einkommensunterschied zwischen Küstengegenden und Landesinnerem deshalb laufend vergrößert. Taiwan und andere Wirtschaftsmächte der Region erlebten dagegen Wirtschaftswunder, die eher mehr Gleichheit im Gemeinwesen hervorbrachten denn weniger. Dies war Anfang der achtziger Jahre auch in China der Fall, als die erste Runde der Wirtschaftsreformen zu einem explosionsartigen Anstieg des Wohlstands auf dem Land führte. Die trifft aber heute nicht mehr zu. Seit Beginn der neunziger Jahre verschärft sich das Gefälle im Einkommen zwischen Küste und Inland.

Dennoch bin ich der Meinung, daß die Skeptiker diese Entwicklung überbewerten. Selbst im trockenen Bergland der Provinzen Gansu und Ningxia nahe der Wüste Gobi wird offensichtlich, daß der Lebensstandard konstant ansteigt. Familien, die über zahllose Generationen hinweg Hunger litten, können aus ihren Höhlen ausziehen – oder zumindest in schönere umziehen. Die meisten können sich ein eigenes Lehmziegelhaus bauen, einmal im Monat Fleisch essen und ihre Kinder gegen Krankheiten impfen lassen.

Die Weltbank schätzt, daß seit Beginn der Reformen im Jahre 1978 insgesamt hundertsiebzig Millionen Menschen in China die Armutsgrenze überwunden haben, das heißt ein Leben mit oft ungenügender Nahrung, Kleidung und Unterkunft, dessen einziger Inhalt im mühsamen Erkämpfen des Nötigsten besteht. Dies bedeutet einen Rückgang der Zahl der Notleidenden um sechzig Prozent, was auf jeden Fall eindrucksvoll ist. Auf den Philippinen blieb die Zahl der Bedürftigen mit dreizehn Millionen auf dem Stand von 1970, und in Thailand stieg die Zahl der Mittellosen von acht Millionen im Jahre 1980 auf neun Millionen im Jahre 1990.[1]

Allerdings verharren auch so weiterhin rund hundert Millionen in China in völliger Armut. Und dies bedeutet große Armut, nach allen Kriterien. Oft fehlt es ihnen an so grundlegenden Dingen wie sauberem Trinkwasser oder Decken für den Winter. Und doch kann man durchaus die Meinung vertreten, daß sich für sie die Verbesserung ihres Lebensstandards noch viel überwältigender ausnimmt als für Boss Zhang. Wenigstens überleben ihre Säuglinge jetzt in der Regel das erste Lebensjahr, wenigstens können sie jetzt oft genügend Reis essen, wenigstens besitzt jetzt jedes Familienmitglied zumindest ein eigenes Kleidungsstück. Der Einkommenszuwachs einer Bauernfamilie von umgerechnet 50 auf 100 Dollar im Jahr, aufgrund dessen die Eltern ihren Kindern genug Reis geben können, daß sie nicht vor Hunger weinen, mag sehr wohl eine wesentlichere Verbesserung der Lebensqualität bedeuten als eine folgende Stufe, etwa mit einem Zuwachs von 500 auf 1500 Dollar.

Nehmen wir als Beispiel Xing Yisheng. Ich lernte ihn in einem Dorf am Rande der Wüste Gobi in der nordwestlichen Provinz Gansu kennen, einer jener Gegenden also, die im Verhältnis zu den chinesischen Küstenregionen im Rückstand sind. Kaum daß ich ihn erblickte, war ich begierig, mit ihm zu sprechen und Fotos von ihm zu machen. Dieser vierundsiebzigjährige, verschrumpelte kleine Mann mit dem dünnen weißen Bart sah aus, als wäre er soeben aus einem alten chinesischen Gemälde herausspaziert. Er trug einen verblaßten Mao-Anzug voller Flicken und eine Mütze, die aussah, als sei sie mindestens so alt wie er. Er kam den ausgefahrenen, schmutzigen Pfad heruntergehumpelt und lud mich in seine Hütte ein, deren Eingang ein paar Türen weiter unten lag.

Die Hütte umfaßte zwei Räume, und in beiden dominierte ein *kang,* eine Bett-Plattform mit einer Feuerstelle darunter. Der gestampfte Erdboden war sauber gefegt, das Mobiliar bestand aus drei winzigen, wackeligen Stühlen um einen rohen Holztisch. Die Lehmwände waren mit Zeitungen tapeziert, Bilder aus alten Kalendern dienten als spärlicher Wandschmuck. Über einem der beiden *kang* befand sich verblüffenderweise eine im Laden erstandene Neuheit: ein rund ein Meter zwanzig hohes Farbposter mit der Abbildung zweier gesunder Baby-Jungen, eine Art Ikone, um den folgenden Generationen, die das *kang* als Ehebett benutzen würden, Söhne zu bescheren. Xing wies eine Schwiegertochter würdevoll an, Tee aufzutragen, den sie darauf mit ebensoviel Sorgfalt in zwei gesprungene Tassen goß. Dann erzählte er mir aus seinem Leben.

»Vor der Befreiung war ich nur ein einfacher Landarbeiter und arbeitete für die Gutsbesitzer, denn ich besaß kein eigenes Land«, erinnerte sich Xing und zupfte nachdenklich an seinem Bart. »Wir hatten damals zwei Söhne, und ich mußte sie verkaufen, weil ich kein Geld hatte. Ich war sehr krank, ich hatte Typhus und kein Geld. Also verkaufte ich meine beiden Jungen für je 400 *jin* etwa 200 kg Reis. Ich habe sie nie wiedergesehen.

Es besteht ein riesiger Unterschied zwischen dem Leben heute und dem, wie es damals war«, fügte Xing hinzu und wurde immer munterer. Ein erwachsener Sohn – eines von vier Kindern, die nach 1949 zur Welt kamen – saß ruhig und mit dem gelangweilten Gesichtsausdruck dessen, der das alles schon mal gehört hat, ein paar Schritte von uns entfernt. »Unser Leben heute ist besser als das eines Grundbesitzers in der Vergangenheit. Aber wenn ich das den jungen Leuten erzähle, wollen sie nichts davon hören. Sie sagen: Ach, hör schon auf! Sie wissen nichts vom Leben früher.«

Xing zeigte vorwurfsvoll auf seinen Sohn, der um die Vierzig zu sein schien – und nun in seinem Stuhl zusammensank wie ein ungehorsamer Fünfjähriger.

»Junger Mann«, erklärte Xing mit lauter werdender Stimme, »du lebst heute wie im Himmel! Du kleidest dich gut, du ißt gut.« Xing wandte sich wieder mir zu und winkte abschließend mit der Hand zu seinem Sohn hin. »Nun, vergangenes Jahr wollte dieser junge Mann einen Stereokassettenrecorder für 700 Yuan kaufen. Ich sagte: ›Nein, das ist zuviel. Wir sollten ein Maultier kaufen.‹ Ein Maultier kann arbeiten. Es ist nützlich. Ein Kassettengerät nicht. Und ein Maultier ist groß, ein Kassettengerät dagegen klein.«

Klar, wer die Auseinandersetzung gewonnen hatte. Es gab kein Maultier, dafür nahm ein schönes Kassettengerät den Ehrenplatz in der Mitte des Raumes ein. Gegen Xings Widerstand lernte die Familie, ihr Leben zu erweitern, zu konsumieren und nicht nur gerade so zu existieren; sie begann, etwas Freizeit zu genießen. Derselbe Wandel vollzieht sich in den meisten der über eine Million zählenden Dörfer in China.

1992 und 1993 wuchs Chinas Wirtschaft jährlich um 13 Prozent und damit schneller als in jedem anderen Land. Diese Rate kann auf Dauer nicht aufrechterhalten werden, sie ist der wachsenden Phase eines Zyklus von Boom und Pleite zuzuschreiben; eine Verlangsamung ist wahrscheinlich und wird China in einem weniger aufregenden Licht erscheinen lassen. Doch auch wenn man den Zyklen Rechnung trägt, ist die chinesische Wirtschaft seit den späten siebziger Jahren eine der am schnellsten wachsenden der Welt.

Trotz meiner Wut auf die Obrigkeiten mußte ich zugeben, daß die Regierung zumindest etwas richtig machte. Ich war gezwungen, wenn auch widerwillig, meine Meinung über China zu überprüfen. Es erschien mir zu simpel, zu leichtfertig, wenn die USA die Philippinen oder Indien für ihr demokratisches System lobten und zugleich China verurteilten – obwohl sich der Lebensstandard in China viel schneller verbesserte als auf den Philippinen oder in Indien.

Ich konnte nicht umhin, mir vorzustellen, was geschehen würde, wenn jemand von der chinesischen Presse in die Vereinigten Staaten fahren würde, um eine Reportage über die grassierende Kriminalität zu machen. Diese Person würde herumreisen, die städtischen Slums aufsuchen, in Crack-Höhlen gehen, mit Vergewaltigungsopfern sprechen, die Kinder der Ermordeten trösten. Zweifellos wäre sie empört über die Sinnlosigkeit der Verbrechen, über das Versagen der Regierung, den Waffenbesitz zu kontrollieren, über die Unfähigkeit der Gesellschaft, mit dem Drogenproblem fertig zu werden. Sie würde ihre Leidenschaft in ihren Artikeln zum Ausdruck bringen, Artikeln, die sich durchaus auf zutreffende Tatbestände stützten – und das chinesische Lesepublikum käme schon bald zu der Ansicht, Amerika sei ein gewalttätiges und gefährliches, unzivilisiertes Land. Denn, nicht wahr, wenn die ganze Zeit nur Opfer von Verbrechen zu Wort kommen, muß man doch beim Lesen zur Überzeugung gelangen, die Gesellschaft in den Vereinigten Staaten sei auf dem besten Weg, in das Faustrecht zurückzufallen, und die Regierung verhalte sich durchweg unverantwortlich und unmoralisch, weil sie darüber hinwegsieht, wie die Menschen in den Schulen gequält und auf offener Straße erschossen werden?

Nehmen wir aber nun einmal an, diese Person würde sich auch zu gewöhnlichen Angehörigen der Mittelklasse nach Hause begeben, zu den Kristofs in Yamhill in Oregon oder den WuDunns in New York. Dort würde sie den folgenden Ablauf der Unterhaltung vermutlich etwas verwirrend finden:

Die Kristofs und WuDunns geben ihr selbstverständlich recht in ihrer Meinung, daß die Kriminalität schrecklich ist, aber dann wechseln sie unbekümmert das Thema. Die Person aus China bringt das Gespräch zielstrebig wieder auf die Kriminalität zurück und fragt, wie sie denn mit dem Wissen leben, daß sie jederzeit erschossen werden könnten, wenn sie auf die Straße gehen. Die

Kristofs und WuDunns schütteln ernst den Kopf und murmeln, daß es auf den Straßen wirklich schlimm hergehe, aber dann kommen sie auf die Nachrichten, ein neuerschienenes Buch oder einen Film zu sprechen. Die Person aus China fragt nach Vergewaltigungen und Raub und Banküberfällen, und es gibt ein paarmal ein peinliches Schweigen. Und wenn sie schließlich fragt, ob die Regierung der Vereinigten Staaten in den kommenden Jahren am Problem der Kriminalität scheitern wird, blickt man sie leicht befremdet an. Und wenn sie gegangen ist, sagen die Kristofs und WuDunns zueinander: »Die Verbrechensstatistik weiß sie ja in- und auswendig, aber Amerika kennt sie so gut wie gar nicht.«

Auf dem Rückflug von meinem Gespräch mit Boss Zhang nach Beijing fragte ich mich, ob ich in China etwa diese Rolle spielte. War ich so besessen von den Menschenrechtsverletzungen, daß ich die übrigen Aspekte und die Knospen einer bürgerlichen Gesellschaft übersah? War das, was ich schrieb, derart auf Einzelheiten konzentriert, daß es, egal, wie zutreffend, gleichzeitig in die Irre führte? Täuschte ich mich selbst?

Mit diesen Fragen im Hinterkopf versuchten Sheryl und ich dem chinesischen Wirtschaftsboom auf den Grund zu gehen. Entgegen der gängigen Meinung war die Wirtschaft während der maoistischen Ära keine reine Katastrophe gewesen. Die Statistiken sind zwar unzuverlässig, aber das sehr hohe Niveau von erzwungenem Sparen und Investitionen während eines Großteils der kommunistischen Ära bewirkte ein ansehnliches Wirtschaftswachstum, sogar zur Zeit der Kulturrevolution. 1976, am Ende der Kulturrevolution, lag das Volkseinkommen sechzig Prozent höher als zehn Jahre zuvor, als die Unruhen ausbrachen. Natürlich wäre das Wachstum größer gewesen, hätte es das Chaos nicht gegeben, und die dreißig Millionen Todesopfer, welche die Hungersnot forderte, hätten vermieden werden können, wenn Mao 1958 nicht den Großen Sprung nach vorn ausgerufen hätte. Aber auch so wurstelte sich die Wirtschaft in der maoistischen Ära durch.

1978 kam Deng Xiaoping an die Macht, und das Wirtschaftswachstum vergrößerte sich mit einemmal nicht mehr nur ansehnlich, sondern spektakulär. Seit Deng das Reformprogramm eingeleitet hat, erlebt die chinesische Wirtschaft eine durchschnittliche jährliche Zunahme von etwas mehr als neun Prozent. Dies ist dreimal soviel wie die durchschnittliche jährliche Wachstumsrate der Vereinigten Staaten zur selben Zeit und etwa siebzig Prozent mehr, als die Wachstumsraten in Indien oder Indonesien betragen.

China ist, absolut betrachtet, zur Zeit das Land mit dem größten Ausstoß an Kohle, Zement, Getreide, Baumwolle, Fleisch und Fisch auf der ganzen Welt.[2] Im Pro-Kopf-Vergleich schneidet die Volksrepublik dagegen noch schlecht ab. In der Stahlproduktion belegt sie gesamthaft den dritten Platz hinter Japan und den Vereinigten Staaten, und in der Erdölförderung rangiert China an fünfter Stelle hinter den Vereinigten Staaten, Saudi-Arabien, Rußland und Iran.

Um ein Gefühl für das schwindelerregende Tempo des Wandels in China zu bekommen, halte man sich einmal den Prozeß der Industrialisierung vor Augen, wie er anderswo vonstatten ging. Großbritannien war das erste Land, das eine industrielle Revolution erlebte; sie begann im ausgehenden achtzehnten Jahrhundert. Damals dauerte es achtundfünfzig Jahre, bis sich das britische Bruttoinlandsprodukt pro Kopf der Bevölkerung real verdoppelte. In Amerika vollzog sich die industrielle Revolution etwas schneller, nämlich mit einem Ertrag, der sich pro Kopf von 1839 an gerechnet in siebenundvierzig Jahren verdoppelte. Japan verdoppelte das Pro-Kopf-Bruttoinlandsprodukt nach 1885 in nur vierunddreißig Jahren.[3]

Nun braust China mit seiner eigenen industriellen Revolution daher und verdoppelt den realen Pro-Kopf-Ertrag alle zehn Jahre. Die Wachstumsrate lag während der Reformära bei neun Prozent oder siebeneinhalb Prozent berechnet auf einer Pro-Kopf-Basis; dem steht eine Pro-Kopf-Wachstumsrate im Amerika des neunzehnten Jahrhunderts von nur 1,6 Prozent jährlich gegenüber. Der Grund für das beschleunigte Tempo liegt natürlich in erster Linie darin, daß China von ausländischen Erfindungen und ausländischer Technologie profitieren und Fertigungstechniken importieren kann, statt sie von Grund auf schaffen zu müssen. Aber selbst wenn es sich nur um einen Prozeß des Aufholens handelt, läuft doch Chinas industrielle Revolution allen anderen den Rang ab. Die »Vier Drachen« Taiwan, Hongkong, Singapur und Südkorea erreichten zwar auf dem Höhepunkt ihrer Entwicklung ähnliche oder sogar leicht höhere Wachstumsraten, aber sie sind alle zusammengefaßt nicht größer als eine der größeren chinesischen Provinzen. Solche Wachstumsraten in einem so riesigen Land wie China sind in der Weltgeschichte ohnegleichen.

Es gehört heute fast zum guten Ton, das chinesische Volk als für den Kapitalismus wie geschaffen zu betrachten, als ein Volk, das Geschäfte macht wie andere blinzeln, und den Wirtschaftsboom so zu erklären. Durch Beijing ergoß sich ein wahrer Strom aus dem amerikanischen Unternehmensmanagement und Investment-Banken, und immer wieder bekamen wir in ehrfürchtigem Ton zu hören, wie genial man in China Geschäfte mache; das sei vermutlich ein angeborener Charakterzug.

Als ich 1986 erfuhr, daß ich nach Hongkong versetzt wurde, traf ich mich mit einer Redaktionsrunde der *New York Times,* um über mögliche Themen zu sprechen. Eine Redakteurin wollte wissen, weshalb die Philippinen immer die Rolle des Nachzüglers der Region übernähmen. Ich suchte nach ein paar Gründen. Dann platzte einer meiner bevorzugten Redakteure heraus: »Weil die Leute auf den Philippinen nicht aus China stammen.«

Seither schwirrt mir diese Erklärung im Kopf herum. Einerseits ist sie reizvoll, weil sie so vieles deutet. Die am schnellsten wachsenden Staaten der letzten zwanzig Jahre hatten alle einen großen chinesischen Bevölkerungsanteil oder waren starken chinesischen Einflüssen ausgesetzt: China, Japan, Südkorea, Hongkong, Taiwan und Singapur. Und obwohl die Philippinen weit zurückgefallen sind, geht es der chinesischen Minderheit dort ausnehmend gut, und sie spielt eine bedeutende Rolle in der Geschäfts- und Finanzwelt. Menschen chinesischer Abstammung machen anderthalb Prozent der Bevölkerung der Philippinen aus, aber die Firmen, die in ihrem Besitz sind, erwirtschaften fünfunddreißig

Prozent vom Umsatz einheimischer Unternehmen. Menschen chinesischer Abstammung machen zwei Prozent der indonesischen Bevölkerung aus, sind einer Erhebung zufolge aber im Besitz von siebzig Prozent des in privater Hand befindlichen Inlandkapitals.[4]

An diesem ethnisch begründeten Erklärungsversuch stört mich jedoch der rassistische Aspekt. Was sagt es über die anderen aus, wenn man den einen ungewöhnliche Geschäftstüchtigkeit nachsagt? Vielleicht ist auch der Hinweis klärend, daß früher genau das Gegenteil von dem galt, was heute gemeinhin als die Genialität des chinesischen Volkes gepriesen wird, nämlich daß es hoffnungslos verwirrt sei und nichts zustande bringe. Lord Byron schrieb etwa, China besitze »das jämmerliche Glück einer gleichbleibenden, unkriegerischen Mittelmäßigkeit«.[5] Und Ralph Waldo Emerson war noch beißender, gab er doch Sätze wie die folgenden zum besten: »Weshalb rinnt in China derselbe träge Strom unehrenvollen Blutes durch tausend Generationen, ohne eine Vorkehrung zur eigenen Läuterung, ohne die Beimischung eines Tropfens aus dem Quell von Güte und Ruhm ...? Der Gipfel ihrer Philosophie und Wissenschaft besteht im Wissen, wie man Tee kocht ... Je mehr wir uns zu einer näheren Betrachtung herablassen, desto abstoßender ist diese vertrottelte Nation. Das chinesische Reich genießt exakt den Ruf einer Mumie, hat es sich doch ebenso über drei- bis viertausend Jahre hinweg aufs Haar die häßlichsten Züge der Welt bewahrt. Mir fehlt die Gabe, im ehrwürdigen Vegetieren dieses außergewöhnlichen Volkes eine Bedeutung zu sehen ... O China, hochwürdige Trägheit! ergraute Idiotie! Alles, was es bei einem Treffen der Länder sagen kann, ist wohl: ›Ich habe den Tee bereitet!‹«

Und doch: Obwohl das chinesische Unternehmertum die Welt erst in den vergangenen zwanzig Jahren beeindruckt hat, obwohl die chinesische Geschäftstüchtigkeit in den vorangegangenen paar tausend Jahren gut verborgen blieb, hat die Aussage jenes Redakteurs etwas für sich, denn in den vergangenen Jahrzehnten gediehen alle chinesischen Gemeinschaften, und keine Weltregion konnte auch nur annähernd mit dem Aufschwung Ostasiens gleichziehen. 1993 veröffentlichte die Weltbank eine größere Studie über die Region. Sie kam zum Schluß, die Chance, daß rein zufällig so viele Wunderwirtschaften auf so engem Raum zusammen kommen könnten, betrage eins zu zehntausend.

Außerdem gibt es kein einheitliches »ostasiatisches Modell«. Die Nationen unterscheiden sich in ihrem Vorgehen deutlich voneinander. Hongkong folgte dem wirtschaftlichen Liberalismus, während Singapur und Südkorea in viel stärkerem Maße auf Interventionspolitik setzten. Dennoch gibt es ein paar wichtige Gemeinsamkeiten der Erfolgsstorys aus Ostasien, die vielleicht etwas Licht auf Chinas Zukunftsperspektiven werfen. In der Regel förderten die erfolgreichen Staaten im Anfangsstadium ihrer Entwicklung die Landwirtschaft, und sie öffneten sich auch für Technologie aus dem Ausland und fremde Märkte. Viele legten zum Beispiel großes Gewicht auf die Exportindustrie und brachten den Werktätigen schnellstens die nötige Disziplin bei, um im Ausland konkurrenzfähig zu werden.

Indem sie lange Perioden hoher Inflation vermieden, hielten diese Staaten ihre Wechselkurse auf einem realistischen Niveau und sicherten ein relativ stabiles wirtschaftliches Umfeld. Sie ermutigten die Leute zum Sparen und förderten Investitionen, kurbelten das Bildungs- und Gesundheitswesen an und hoben so die Leistungsfähigkeit der Arbeitskräfte. Außerdem ließen sie eine technokratische Elite innerhalb der Bürokratie an Macht und Einfluß gewinnen, so daß diese die Wirtschaft mit einer gewissen Autonomie leiten konnte.

Wie aber schneidet China nach diesen Maßstäben ab? Ziemlich gut, glaube ich. Wie die Untersuchung der Weltbank festhält, gibt es »auffallende Parallelen« zwischen China und den ostasiatischen Wunderwirtschaften. Wie in den Nachbarstaaten begann man auch in China das Reformprogramm mit der Schaffung von Anreizen für die Landwirtschaft. Das Land öffnete sich sodann mehr und mehr ausländischen Investitionen und Führungsstilen. Der Exportelan der Küstenprovinzen zwang China zum Wettbewerb mit Produzenten auf der ganzen Welt. Der Yuan wurde laufend abgewertet, was die inländischen Preise auf ein vernünftiges

Niveau drückte. Die Regierung ließ die Inflation nie völlig außer Kontrolle geraten – wenn sie auch nahe daran war – und förderte Bildungs- und Gesundheitswesen; gleichzeitig gewährte sie der technokratischen Elite innerhalb der Bürokratie immer mehr Spielraum. Wie in Japan und Singapur gilt für manche jungen Leute in China eine Karriere in der staatlichen Verwaltung noch immer als besonders prestigeträchtig, und kluge Köpfe wenden sich deshalb ganz gern der Wirtschaftsplanung zu.

Eine andere teilweise Erklärung für den Erfolg Ostasiens – und eine bessere als die These der angeborenen Begabung – ist das konfuzianische Erbe. Der Konfuzianismus herrscht im Gürtel von Japan bis Singapur vor und umfaßt damit die Wunderwirtschaften von Taiwan, Südkorea, Hongkong und nun auch China. Am Rande werden zudem Thailand und die südostasiatischen Staaten mit malaiischen Sprachen berührt: Malaysia, Indonesien und die Philippinen. Diese Länder wurden vom Konfuzianismus ebenfalls beeinflußt, wenn auch in geringerem Maß.

Seit Max Webers Bemerkung, der Protestantismus sei eine besonders gute Grundlage für den Kapitalismus, reißt die hitzige und nie ganz schlüssige Debatte über die Frage nach der Verbindung zwischen Kultur und ökonomischer Entwicklung nicht ab.[6] Und im Falle von Konfuzianismus und Kapitalismus ist vermutlich jedes Verbindungsglied ebenso komplex und mehrdeutig, allein schon, weil der Konfuzianismus das Geschäftsleben bis zu einem gewissen Grad verachtet und den Kaufleuten den untersten Rang im sozialen Gefüge zuweist. Offensichtlich vermag auch der konfuzianische Hintergrund nicht zu erklären, warum es Südkorea so gut und Nordkorea so schlecht geht. Gleichzeitig leistete der Konfuzianismus in den vergangenen fünfhundert Jahren – als Konfuzius im Gegensatz zu heute noch ernsthaft verehrt wurde – keinen großen Beitrag an die Wirtschaft der Region. Erst als sich die Menschen von ihm abwandten, begann dieses Erbe eine nützliche Rolle zu spielen.

Und doch denke ich, daß es gewisse Aspekte des Konfuzianismus gibt, die günstige Voraussetzungen für die Marktwirtschaft und eine schnelle Industrialisierung darstellen. So könnte zum Beispiel der konfuzianische Sinn für Zurückhaltung – und damit die Verachtung mancher Glaubensangehöriger für Extravaganz und einen aufwendigen Lebensstil – als mögliche Erklärung für die hohen Sparquoten der jüngsten Vergangenheit in China und seinen Nachbarländern dienen.[7] Natürlich spielen daneben zahllose andere Faktoren wie die steuerliche Belastung oder das Zinsniveau eine wesentliche Rolle, aber im heutigen Ostasien fallen doch die hohen Sparquoten deutlich auf. In China liegen sie zum Beispiel pro Kopf zwischen fünfunddreißig und vierzig Prozent, im Vergleich zu rund fünf Prozent in den Vereinigten Staaten. Diese Ersparnisse liefern das Kapital, das in neue Fabriken, Straßen und Läden investiert werden kann und so das Wirtschaftswachstum in Gang hält. Chinas Sparquote – weltweit eine der höchsten – hilft, die Mittel bereitzustellen, um die industrielle Revolution zu finanzieren.

Die andere Art Kapital, die für ein anhaltendes Wachstum nötig ist, ist das menschliche – gesunde, ausgebildete Arbeitskräfte, die an Fließbändern arbeiten können und Ideen haben, wie man etwas besser und schneller machen könnte. Auch hierin teilt China die ausgeprägten Vorteile seiner Nachbarländer. Die Betonung der Gelehrsamkeit im Konfuzianismus und die Tradition, Prüfungen für Bewerbungen im öffentlichen Dienst durchzuführen, hatte in allen Ländern der Region eine vergleichsweise hohe Alphabetisierung zur Folge. Trotz des hohen Schwierigkeitsgrades der chinesischen Schriftzeichen und obwohl die Mädchen auf dem Land noch immer früh von der Grundschule abgehen, gelten heute nur siebenundzwanzig Prozent der chinesischen Bevölkerung als des Lesens und Schreibens unkundig. Auch diese Quote ist natürlich noch viel zu hoch; sie könnte verringert werden, indem man zum Beispiel größere Anstrengungen unternimmt, die Mädchen auf dem Land länger in der Schule zu behalten. Aber im Vergleich zu anderen Entwicklungsländern kann sie sich sehen lassen. In Indien und auch in Ägypten beträgt die Analphabetenquote zweiundfünfzig Prozent, und in Pakistan sind es fünfundsechzig Prozent.

Dazu kommt, daß die Bevölkerung in China viel gesünder ist als beispielsweise in Bolivien oder Ghana; in China kann man zur Arbeit gehen, ohne sich ständig Sorgen um einen Guineawurm oder andere Parasiten im Bauch machen zu müssen, und die Menschen sind ausreichend ernährt, um sich auf ihre Arbeit konzentrieren zu können. Daß in China die Lebenserwartung bei siebzig Jahren liegt, ist für ein Entwicklungsland ausgezeichnet; in der Regel stellt sich das Problem der Unterernährung nur in abgelegenen Dörfern.

Der Konfuzianismus ist jedoch zweieinhalbtausend Jahre alt, was angesichts der heutigen Entwicklung zu der naheliegenden Frage führt: Was mag China wohl all die Jahrhunderte zurückgehalten haben?

Eine mögliche Antwort fand ich 1987 in Hongkong bei der Lektüre eines merkwürdigen Artikels von 1886 im *Journal of the North China Branch of the Royal Asiatic Society,* der eine Beschreibung chinesischer Gilden, Handelsvereinigungen und Handelskammern enthielt. Dieser Artikel führte mehrere Beispiele an, weshalb China so lange keine großen Fortschritte mehr machte.[8]

Kupferschmiede zum Beispiel verdienten ihren Lebensunterhalt, indem sie dicke Kupfer- oder Messingplatten zu dünneren Blechen hämmerten. In den achtziger Jahren des 19. Jahrhunderts kam jemand auf die kluge Idee, Messingbleche zu importieren, die bereits dünn genug waren für die Weiterverarbeitung zu Gefäßen. Die eingeführten dünnen Bleche brachten die Kupferschmiede derart in Rage, daß sie in Streik traten und drohten, alles zusammenzuschlagen. Um einen Aufruhr zu vermeiden, wurden die dünnen Messingbleche nach Hongkong zurückgeschickt und in China weiterhin dickere Messingplatten benutzt, die zuerst zurechtgehämmert werden mußten.

Dies war kein Einzelfall. Der Artikel erwähnt einen nach Amerika ausgewanderten Chinesen, der mit ein paar starken Nähmaschinen in seine Heimat zurückkehrte, um Schuhe herzustellen. Dort zerstörten die einheimischen Schuster die Maschinen umgehend, und der Unternehmer gab seine Idee auf, eine Fabrik in China zu gründen. Ein weiterer chinesischer Unternehmer richtete eine dampfbetriebene Baumwollspinnerei ein, aber die ortsansässige Bevölkerung unterband das Vorhaben, indem sie sich geschlossen weigerte, Baumwolle an ihn zu verkaufen.

Ebenfalls im ausgehenden 19. Jahrhundert erlitt ein chinesischer Unternehmer, welcher der Gilde der Goldschmiede angehörte, ein noch schlimmeres Schicksal. Er erhielt den Auftrag, eine große Menge Blattgold für den Kaiser herzustellen. Unter Goldschmieden galt die Regel, daß jeder nur einen Lehrling beschäftigen durfte, um ihre Zahl niedrig und die Preise hoch zu halten. Dieser Goldschmied bat die Verwaltungsbeamten nun um die Erlaubnis, mehrere Lehrlinge einzustellen, um die Bestellung des Kaisers erledigen zu können. Trotz der wütenden Proteste der anderen Goldschmiede willigten die Verwaltungsbeamten ein. Bald machte in der Gegend das Gerücht die Runde, es sei »kein Kapitalverbrechen, jemanden zu Tode zu beißen«, dies offenbar nach der Theorie, daß der einzelne Biß nicht tödlich sei und man deshalb nicht von Mord sprechen könne. So fielen, wie es heißt, hundertdreiundzwanzig Goldschmiede über den Unternehmer her, und jeder nahm einen Bissen. Keiner durfte gehen, ohne blutige Zähne und Gaumen vorweisen zu können, und der Unternehmer wurde im wahrsten Sinne des Wortes zu Tode gebissen.

Die Goldschmiede hatten das Gesetz zwar mißverstanden, und derjenige, welcher als erster zugebissen hatte, wurde verhaftet und enthauptet. Dennoch stellte dieser Vorfall natürlich keine besondere Ermutigung für andere dar, Neuerungen einzuführen, die den Regeln der Gilde widersprachen.

Wie diese Vorkommnisse andeuten, gelangte man im Reich der Mitte zu jener Zeit nie auch nur in die Nähe der Marktwirtschaft. In Europa gab es zum Teil ähnliche Widerstände – man kennt das Beispiel der Ludditen, welche die Maschinen zerstörten, weil sie ihnen die Arbeit wegnahmen –, aber in China wirkten sie sich offenbar viel gravierender aus.

Nicht zuletzt aufgrund konfuzianischen Gedankenguts wurden in China aber nicht nur der Handel und die Kaufleute, sondern auch die Wissenschaft verachtet. Im Westen gab es technische Fortschritte wie die Entkörnungsmaschine für Baumwolle, die

Mähmaschine, die Dampfmaschine, die als Fundament für die industrielle Revolution dienten. Die chinesischen Intellektuellen zeigten dagegen kaum Interesse, neue Maschinen zu entwickeln. Und 1793 erklärte der Kaiser, sein Land habe es nicht nötig, »ausgeklügelte Artikel« zu importieren. Und wenn jemand eine Entkörnungsmaschine für Baumwolle erfunden hätte, wäre in China keine moderne Wirtschaft dagewesen, die sie hätte vermarkten können. Viel eher wäre sie unbenutzt in einer Scheune verrostet.

China hatte also für Technologie und Handel bloß Verachtung übrig und funktionierte ansonsten nach einem starren System von Gildenregelungen, aber dies war noch nicht einmal das Ausschlaggebende. Zu den zentralen Problemen im 19. Jahrhundert gehörten in China eine enorme Korruption und Instabilität. Aufstände, Hungersnöte, Massenmigration, Überschwemmungen und Banden suchten das Land heim und zerschmetterten alle, die versuchten, kleine Geschäfte aufzubauen. Selbst der Handel innerhalb Chinas wurde mittels Zöllen und weniger eleganter Methoden wie Beschlagnahmungen eingeschränkt. So wäre jemand ganz schön dumm gewesen, eine Fabrik für die Herstellung von Baumwollentkörnungsmaschinen aufzubauen. Bevor die Investition wieder hätte erwirtschaftet werden können, hätte sich irgendein Raubritter der Fabrik bemächtigt.

Die kommunistische Revolution veränderte alles. Sie setzte eine starke zentrale Regierung ein und schaffte die den Handel erstikkenden Gilden und auch den Konfuzianismus ab. Statt dessen war es nun den Kommissaren gestattet, den Handel zu ersticken – was sich jedoch als ein großer Schritt nach vorn herausstellen sollte.

Der amerikanische Wirtschaftswissenschaftler Mancur Olson vertritt in seinem 1982 erschienenen Buch *The Rise and Decline of Nations* eine Entwicklungstheorie. Ich war beim Lesen wie elektrisiert, denn er geht der grundsätzlichen Frage nach, was ein Land in einen wirtschaftlichen Dynamo verwandelt. Olson stellt die Frage, weshalb Deutschland und Japan nach ihrer Niederlage im Zweiten Weltkrieg ein Wirtschaftswunder erlebten, während andere Länder – darunter China – weitermachten, ohne daß viel geschah, was Samuel Coleridge in bezug auf China als »Beständigkeit ohne Fortschritt« bezeichnete.

Olson vertritt nun die These, daß Staaten unter dem Einfluß von Sonderinteressen – wie denen der Goldschmiede und anderer Handwerkergilden in China – mit der Zeit verkalken und daß Beschränkungen und etablierte Interessen weitreichende Veränderungen blockieren und jede Form von Mobilität dämpfen können. Diese Sonderinteressen verhindern die schmerzvollen Verlagerungen, die jedem Wandel innewohnen und für einen Fortschritt unabdingbar sind. Neuerungen bedrohen den bisherigen Zustand, und arbeitssparende Geräte machen die Leute arbeitslos. Neue, rationellere Arbeitsweisen wirken sich schmerzhaft aus, deshalb setzen sich die Vertretungen der Sonderinteressen zur Wehr. In manchen Fällen ist ein Krieg nötig – und dann vor allem eine Niederlage –, damit die tiefverwurzelten wirtschaftlichen Strukturen aufgebrochen und reiner Tisch für einen Neuanfang geschaffen wird. Die katastrophale Niederlage im Zweiten Weltkrieg hat in Japan und Deutschland nicht nur unzählige Häuser zerstört, sondern auch einen großen Teil der sozialen Infrastruktur. Nach dem Krieg lagen die Lebensadern des Handels bloß und waren entkalkt. Arbeitskräfte und Kapital flossen der effizientesten Verwendung zu, bis allmählich neue Sonderinteressen wirksam wurden. Olsons Erklärung mag vielleicht nicht über jeden Zweifel erhaben sein, aber sie ist hilfreich, um den Prozeß der Industrialisierung und wirtschaftlichen Revolution zu erhellen.

Im Fall China war das gesamte Land infolge der wirtschaftlichen Verkalkung fast vollständig paralysiert. Dann trat die Kommunistische Partei auf den Plan, mit einer Revolution, die ziemlich genau dieselbe Rolle erfüllte wie der Krieg in Japan. Die Revolution zerstörte das alte System so gründlich, daß es heute keine echten wirtschaftlichen Zusammenschlüsse und nur wenige absolute Beschränkungen für wirtschaftliche Aktivitäten gibt.

Allerdings wäre der Prozeß möglicherweise um einiges flüssiger abgelaufen, hätte eine andere Partei in China eine Revolution durchgeführt. Die Kommunistische Partei Chinas ist selbst eine lähmende gesellschaftliche Kraft, und nichts ist verkalkter als ein riesiger staatseigener Betrieb. Im nichtstaatlichen Sektor kann dagegen über alles verhandelt werden. Natürlich gibt es komplexe Regeln, aber ohne Rückhalt und geschickt angewandt sind Bestechungsgelder und *guanxi* mächtige Mittel, um diese Regeln aus dem Weg zu räumen – zugunsten derer, die sie in der Hand halten, und zu einem bestimmten Preis natürlich. In gewisser Weise ist der Handel in China viel weniger reguliert als in den Vereinigten Staaten oder in Europa.

Anfang 1993 besuchte ich die aufstrebende Küstenstadt Wenzhou und fand sie so freizügig wie viele andere asiatische Städte. Wenzhou lebt und blüht, und in den winzigen verschlungenen Gassen gibt es jede Menge privater Geschäfte und Straßenstände. Auf den Gehsteigen bieten sich Wahrsagerinnen an; sie lesen einem das Schicksal mit den Fingern aus dem Gesicht und erteilen Ratschläge bei Eheproblemen oder sonstwelchen Schwierigkeiten. Kurzgeschürzt sitzen Prostituierte in den Empfangshallen der Hotels herum. Buchhandlungen verkaufen »Kunstbände« mit Aktfotos, natürlich von Frauen. Taxifahrerinnen schimpfen über die Kommunistische Partei und bezeichnen sie als eine »Bande von Gangstern«. Alles ist auf den Beinen mit einem Ziel: Geld machen.

Meine positive Einstellung gegenüber Wenzhou ist allerdings aus einem Grund vorbelastet, der nichts mit dieser Atmosphäre zu tun hat. Während meines Aufenthaltes geschah es nicht weniger als dreimal, daß mich jemand anschaute und mir beim Sprechen zuhörte und dann fragte, ob ich Chinese sei. Der dortige Dialekt ist so eigentümlich, daß man meinen amerikanischen Akzent im Mandarin mit dem von Beijing verwechselte. Es mag ja vielleicht nicht direkt für die Intelligenz der Bevölkerung sprechen, denn ich sehe auch nicht entfernt wie ein Chinese aus, aber es hat mich dennoch sehr für Wenzhou eingenommen.

Der fette vierunddreißigjährige Wang Yujin ist beinahe so breit wie lang und ein typischer Kapitalist von Wenzhou. Als wir Wang kennenlernten, trug er einen grünen Wollanzug, an dem das französische Etikett noch immer gut sichtbar am Ärmel befestigt war

– die Leute könnten sonst ja denken, es handle sich um hiesige Ware. Ein Trumm von Goldring zog ihm den Finger schwer herunter, und am Handgelenk hing ein vierundzwanzigkarätiges Goldarmband, das man zum Gewichtheben hätte benutzen können. Wir kurvten durch seine riesige Wohnung mit Marmorböden, einem Farbfernseher mit Panasonic-Großbildschirm, einer Stereoanlage von Kenwood und Toshiba-Klimaanlage. Wang prahlte mit seiner Rado-Golduhr für 2000 Dollar (»Meine Frau hat genau die gleiche; es ist ein Set«), während Arbeiter an der Außenmauer herumhämmerten, um das Kabel für seine Satellitenschüssel zu installieren. Das Hämmern ließ die Cognac-Flaschen in seiner Hausbar klirren. Kurz gesagt, Wang gehört zu der Sorte Mensch, zu deren Sturz die Kommunistische Partei gegründet wurde.

Dagegen gehört Zhou Sailou klar zu denen, welche die Partei zu retten gedachte. Die siebenunddreißigjährige Bäuerin plackt sich auf dem Fertigungsgeschoß von Wangs Fabrik ab. Ich traf Zhou auf einem zu niedrigen Hocker sitzend an, umgeben von einem Berg Schuhen, in die sie die Schnürsenkel einzuziehen hatte. Neben ihr beugte sich ihre neunzehnjährige Tochter Chen Suchi über ebenso viele Schuhe auf ihren Knien. Die Finger flogen nur so, während die beiden die Schnüre durch die Ösen zogen. Die Fabrik war ein einziges Chaos, schmutzig und laut, aber sie umfaßte ihr ganzes Leben. In winzigen Nischen über den Arbeitsplätzen hatte man eine Art Hütten mit Wänden aus Bambusmatten befestigt; sie sahen aus wie Baumhäuser. Diese winzigen Schlupflöcher dienten Zhou Sailou, Chen Suchi und der übrigen Belegschaft als Schlafplatz.

Ich versuchte, Chen Suchi in ein Gespräch zu verwickeln. Sie schien vor Angst außer sich; sie hatte wahrscheinlich noch nie mit einem Ausländer gesprochen. Aber ich konnte einfach nicht an ihr vorbeigehen. Sie sah aus, als hätte sie eine amerikanische Filmgesellschaft für die Rolle der Schönen ausgesucht, die für ein kapitalistisches Ungeheuer arbeiten muß. Sie erinnerte mich an Oliver Twist.

»Wann beginnen Sie denn am Morgen mit der Arbeit?« fragte

ich sie. Sie wich meinem Blick aus und beugte sich noch tiefer über die Schuhe auf ihrem Schoß.

»Jeden Morgen zwischen sieben und acht«, antwortete ihre Mutter Zhou an ihrer Stelle bestimmt. Ich ignorierte sie und versuchte ein paar Worte von Aschenputtel persönlich zu ergattern.

»Und wann hören Sie am Abend auf?« fragte ich Chen Suchi so eindringlich, wie ich konnte.

»So gegen halb zwölf«, erwiderte die Mutter.

Das schockierte mich, und ich wandte mich ihr zu. »Aber dann arbeiten Sie ja – warten Sie – fünfzehn oder sechzehn Stunden am Tag?« fragte ich ungläubig. »Wie ist es denn mit dem Essen am Mittag?«

»Wir essen hier etwas – wir gehen nicht hinaus«, sagte Zhou Sailou gleichgültig. »Ich weiß nicht, wie viele Stunden wir arbeiten.«

»Wie viele Tage in der Woche arbeiten Sie so?« fragte ich.

»Hä?«

»Haben Sie sonntags frei?«

»Nein. So geht es jeden Tag. Aber am chinesischen Neujahr gehen wir natürlich heim in unser Dorf. So für ein oder zwei Wochen.«

Ich erkundigte mich bei anderen und erhielt fast stets dieselbe Auskunft. Sie arbeiteten über zwölf Stunden am Tag, sieben Tage in der Woche, ungefähr einen Monat am Stück. Dann nahmen sie manchmal ein, zwei Tage frei. Und wer wirklich hart arbeitete, nicht einmal das.

»Wer hier arbeitet, wird pro Stück bezahlt«, erklärte Zhen Linling, einer der Vorgesetzten im Fertigungsgeschoß. »Deshalb wollen alle Überstunden machen, um eine Menge Geld zu verdienen. Wenn sie sich ausruhen, verdienen sie kein Geld. Also wollen sie arbeiten. Wenn man ihnen keine Arbeit gibt, gehen sie bei Nacht und Nebel in eine andere Fabrik. Also gibt man ihnen eine Aufgabe, und sie bleiben hier.«

Ich kehrte zu Zhou und Chen zurück und versuchte noch einmal mit Chen zu plaudern. »Wieviel verdienen Sie denn im Monat?« fragte ich.

»Je sechshundert Yuan«, antwortete an ihrer Stelle Zhou. Zu

der Zeit entsprachen 600 Yuan etwas mehr als 100 Dollar – das ist mehr, als ein Universitätsprofessor verdient, und eine große Summe in dem Dorf, aus dem sie herkommt. Und trotzdem war es ein sehr bescheidener Betrag, verglichen mit den Unsummen, die der Fabrikbesitzer buchstäblich im Schweiße ihres Angesichtes einnahm.

»Das Leben hier ist wohl reichlich hart?« sagte ich.

»Oh, es ist besser als im Dorf«, sprudelte Zhou Sailou hervor. »Wir verdienen hier eine Menge Geld, und das Leben ist ziemlich gut.«

»Was ist mit Ihrem Mann?« fragte ich. »Ist er glücklich, daß Sie ihn verlassen haben und hierhergekommen sind, um zu arbeiten?«

Zhou schenkte mir ein mitleidiges Lächeln. Es war klar, daß sie meine Frage für dumm hielt.

»Wie könnte mein Mann etwas dagegen haben?« fragte sie. »Sehen Sie doch, wieviel Geld ich verdiene!«

Immer wenn ich in Städten wie Wenzhou in Fabriken herumging, dachte ich über Olson und seine Theorie der wirtschaftlichen Verkalkung nach. Es sah aus, als hätte die Kommunistische Partei einen Teil der Altlast chinesischer Sonderinteressen beseitigt und schließlich den Liberalismus zum Leitprinzip gemacht – zumindest im nichtstaatlichen Sektor.[9] Bei einem Besuch in Dongguan fragte ich einmal den Bezirksparteisekretär Liu Shuji, ob die Festsetzung eines Minimallohns nicht eine gute Idee wäre. Er wehrte sofort ab. »Was hat die Festsetzung eines Minimallohns für einen Sinn?« fragte er stirnrunzelnd. »Warum sollten wir uns einmischen, wenn sich doch beide Teile auf einen bestimmten Lohn einigen können?« So ist es paradoxerweise der Kommunismus, der dem freien Markt in China den Weg gebahnt hat. In hundert Jahren gilt dies vielleicht als größte Errungenschaft der kommunistischen Bewegung auf der ganzen Welt.

Zu den besonders tief verwurzelten Sonderinteressen, welche der Kommunismus aus dem Weg räumte, gehörten vermutlich jene der Feudalherrschaftskaste. Die auf die kommunistische

Revolution folgende Landreform war etwas vom Tiefgreifendsten, was sich in den vergangenen viertausend Jahren im ländlichen China jemals ereignete. Reiche mit Gutsbesitz wurden zu Kampfsitzungen geschleppt, von Besitzlosen denunziert und angespuckt; ihr Land wurde samt Vieh, Kleidung, ja sogar Häusern verteilt. Wenn sie Glück hatten, durften sie in eine winzige Hütte ziehen und auf Reisfeldern winzige Parzellen bewirtschaften. Wenn sie Pech hatten, wurden sie zu Tode geprügelt.

So brutal diese Landreform auch war, schuf sie doch erstmals ein bescheidenes Maß an Gleichberechtigung – ein weiteres wichtiges Element für den wirtschaftlichen Aufschwung. Japan, Taiwan und Südkorea erlebten in der Folge des Zweiten Weltkriegs ebenfalls Landreformen; die vergleichsweise gerechte Verteilung der Vermögenswerte scheint beim Aufschwung dieser Länder eine tragende Rolle gespielt zu haben. Nun liegt für China darin ein entscheidender Vorteil gegenüber den meisten Ländern in Lateinamerika, wo das Land noch immer auf wenige reiche Familien konzentriert ist.

Die Kommunistische Partei faßte zudem das Land zu einer Einheit zusammen, so daß Güter von einer Provinz in eine andere transportiert werden können, ohne daß Zölle entrichtet werden müssen – abgesehen von einigen seit Ende der achtziger Jahre illegal erhobenen. Zudem kam mit Deng Xiaoping nach einem bisher chaotischen Jahrhundert ein etwas stabileres politisches Umfeld. Wer heute ein Unternehmen gründet oder in eines investiert, weiß, daß es zumindest ein paar Jahre lang Bestand haben wird. Dennoch bleibt die Frage der Stabilität ein Schwachpunkt in der chinesischen Gleichung; nicht zuletzt weil niemand weiß, wer, wenn überhaupt jemand, als nächster »Kaiser« die Staatsgewalt aufrechterhalten kann. Doch ist die heutige Ungewißheit über die Zukunft immer noch besser als die frühere Gewißheit einer allgemeinen Instabilität.

Und noch etwas, vielleicht Entscheidenderes: Der Kommunismus hat auch Kapital angesammelt. In Anlehnung an das stalinistische Wirtschaftsmodell wurden sehr hohe Investitionsraten geschaffen, um Finanzkapital zu erhalten. Noch viel mehr wert aber ist der Aufbau an menschlichem Kapital – wenn der kommunistische Anteil daran auch nicht annähernd so hoch ist, wie die Partei heute behauptet. Die kommunistische Bewegung setzte sich mit Kampagnen jedoch tatsächlich für die Alphabetisierung und die Verbesserung der Volksgesundheit ein, und diese wirken sich bis heute aus. Zum erstenmal in der Geschichte wurden nach der Revolution von 1949 auch die Mädchen auf dem Land angehalten, zur Schule zu gehen, und Erwachsene eigneten sich in Abendschulen einige elementare Schriftzeichen an. Die Alphabetisierungsrate ist noch immer viel zu niedrig, aber sie ist immerhin deutlich höher als je zuvor in der chinesischen Geschichte.

Den größten Erfolg erzielte der Kommunismus im Grundschulwesen. Praktisch alle Kinder besuchen zumindest für ein paar Jahre die Grundschule. Sogar wenn man den verzerrten Statistiken und den Mädchen, die zu Hause behalten werden, Rechnung trägt, beginnen schätzungsweise über 95 Prozent der Kinder die Schule, und über 80 Prozent schließen die Grundschule ab. Das ist kein schlechter Schnitt für ein Entwicklungsland.

Erst danach zeigt sich die wahre Kluft. Lediglich 44 Prozent der Kinder in den jeweiligen Altersgruppen werden an einer weiterführenden Schule eingeschrieben – zwar eine höhere Rate als in Indien, aber immer noch eine tiefere als in Mexiko oder auf den Philippinen. Und nur 1,7 Prozent der Jugendlichen besuchen eine Universität, ein erschreckend tiefer Prozentsatz. Selbst der Sudan (2,3 Prozent), Vietnam (2,3 Prozent), Swasiland (3,9 Prozent), Birma (4,8 Prozent) und Indien (6,4 Prozent) schneiden da besser ab.

China braucht dringend mehr Leute an den Universitäten; das Land müßte viel mehr für das Bildungswesen tun, wo die Ausgaben nur 2,4 Prozent des chinesischen Bruttosozialprodukts betragen, ein Prozentsatz, der seit Anfang der achtziger Jahre zudem konstant geblieben oder sogar leicht rückläufig ist. Er liegt zwar höher als in Indonesien (0,9 Prozent) und Bangladesch (2,2 Prozent), aber tiefer als in Indien (3,2 Prozent) und Uganda (3,4 Prozent).[10] Immerhin ist in China das Bildungswesen auf Spezialgebiete mit ausgewiesenem Nutzen konzentriert. So gibt es zum Beispiel Jahr für Jahr über 200 000 Ingenieurabschlüsse, und das sind fast doppelt so viele wie in den Vereinigten Staaten.

Es gibt einen weiteren Grund, weshalb das menschliche Kapital in China an Wert zunimmt: die Ein-Kind-Politik. Ich teile Sheryls Ansicht, daß diese Regelung vielen Familien und vor allem den Frauen großes Leid aufzwingt, sowie ihre Sorge um eine Gesellschaft, die aufgrund geschlechtsbedingter Abtreibungen einen hohen Männerüberschuß hervorbringt. Aber ich muß auch zugeben, daß eine abnehmende Fruchtbarkeit für Chinas langfristige Aussichten wohl von Vorteil ist.

Wenn Eltern nur ein Kind haben können, setzen sie alles daran, um ihm beim Vorankommen zu helfen. Sie schicken es in den Kindergarten, lesen ihm vor, helfen ihm während der Grundschule bei den Hausaufgaben und engagieren private Nachhilfe während der Mittelschule. In den Städten haben viele unserer Bekannten das Leben um ihr Kind herum organisiert. Sie brachten ihm die ersten Schriftzeichen schon bei, als es zwei Jahre alt war, Kalligraphie im Alter von fünf, Klavierspielen mit sieben, Englisch mit zehn und so weiter. Selbst auf dem Land sind die Familien ihren Nachkommen gegenüber weniger nachlässig als früher, wenn sie nur ein oder zwei Kinder haben, und sie tun alles in ihrer Macht Stehende, um sie gesund und gut ausgebildet aufwachsen zu lassen.

Natürlich ist nicht zu leugnen, daß die Kommunistische Partei auch enorme Mengen an Kapital vergeudete, sowohl finanzielles als auch menschliches. Der große Sprung nach vorn ebenso wie die Kulturrevolution verschlangen Menschenleben und Geld in fast unvorstellbaren Mengen. Mao ließ Intellektuelle terrorisieren und inhaftieren, so daß China seine menschlichen Ressourcen nur beschränkt nutzen konnte. Der Argwohn der Kommunistischen Partei gegenüber Intellektuellen ist mit ein Grund, weshalb in China ein so geringer Prozentsatz an der Universität immatrikuliert ist. Betrachten wir aber ein Beispiel für die Art, wie während Maos Herrschaft menschliches Kapital geschaffen wurde. Begeben wir uns nach Tuqiao, einem armen Dorf in der zentralchinesischen Provinz Anhui.

Dort, in Tuqiao, verbrachte ich einen Nachmittag mit dem bald siebzigjährigen Analphabeten Wang Chigang. Der kleine, sehnige Wang mit nur drei verbliebenen, unregelmäßig stehenden Zähnen und der runzligen Haut eines Softballs, der demnächst aus dem Verkehr gezogen wird, spricht nur den lokalen Dialekt. Sein Enkel saß bei uns auf einem anderen Hocker im Wohnzimmer und übersetzte seine Worte auf Mandarin.

Das Haus bestand aus Lehmziegeln, dahinter befand sich ein Schweinekoben. Wangs Urenkel spielten drinnen auf dem Boden aus gestampfter Erde. Das Mobiliar umfaßte ein Bett, einen Tisch und eine Kommode, alles ramponiert, sowie ein paar Hokker. Draußen auf der unbefestigten Straße, die das Dorf durchschnitt, spielte eine Handvoll Kinder auf dem Boden Pingpong – eine Reihe Ziegel diente als Netz. Sie hatten selbstgebastelte hölzerne Schläger, doch der Ball war echt. Wir unterhielten uns zum Stakkato des Pingpongspiels und dem Grunzen der Schweine.

Wang wuchs als landloser Bauer auf. In den vierziger Jahren hatte er sich als Bettler durchgeschlagen. Er ist nie zur Schule gegangen und kann seinen Namen auch heute nicht schreiben. »Manchmal fahre ich mit meinen Söhnen im Bus in die Bezirksstadt«, sagte er und nippte an einer Tasse dunklen Tees. »Aber ich mag die Stadt nicht. Zu viele Leute. Niemand hat Zeit für dich. Und es ist peinlich, wenn ich auf die Toilette muß – ich weiß nicht, welche welche ist. Weil ich die Schriftzeichen für Mann und Frau nicht kenne, muß ich jedesmal fragen, damit ich die richtige Tür finde.«

Doch Wang weidete sich daran, daß seine Kinder, und vor allem seine Enkelkinder, ein höheres Niveau erreicht haben. Alle sind zur Schule gegangen, und ein Enkel hat sogar die Mittelschule abgeschlossen. »Er kann wirklich gut schreiben«, sagte Wang strahlend.

Während hauptsächlich auf dem Land manche Lokalregierungen das Problem des Analphabetismus ignorieren, führen andere dagegen aktiv Kampagnen durch, um den Leuten das Lesen und Schreiben beizubringen. Vor den Dörfern des Bezirks Xiping in der zentralasiatischen Provinz Henan halten Schülerinnen und

Schüler alle Ankömmlinge an und bitten sie, ein paar Zeichen auf einer Wandtafel zu lesen. Wer die Zeichen nicht entziffern kann, darf das Dorf nicht betreten. Das heißt nichts anderes, als daß Analphabeten der Zutritt verwehrt bleibt; aus Frustration haben schon viele an den eigens organisierten Schreib- und Lesekursen teilgenommen, die in jedem Dorf angeboten werden. Im Bezirk Xiping können den örtlichen Funktionären zufolge heute nur noch 1,7 Prozent der Zwanzig- bis Vierzigjährigen nicht lesen und schreiben.

Als Amerikaner verblüffte mich besonders das erklärte Ziel der Regierung, allen jungen Leuten im Land Englisch beizubringen. Dies war in vielerlei Hinsicht kein besonders kluger Entscheid, denn die bäuerliche Bevölkerung in abgelegenen Dörfern bekommt Fremde kaum je zu Gesicht, geschweige, daß sich eine Gelegenheit zur Unterhaltung ergibt. Ich staunte angesichts der schieren Verwegenheit der Idee: Abgelegenen Bergdorfschulen mochte es an Strom, Arbeitstischen und Glas in den Fensterrahmen fehlen – aber die Kinder erhielten Englischunterricht.

Allerdings sprechen die Lehrkräfte oft gar kein Englisch. In den Dabie-Bergen der Provinz Hubei besuchte ich die Englischlehrerin Chen Xinyu. Sie hatte selbst nur vier Monate lang offiziell Englischunterricht genossen.

»Hello«, sagte sie unbeholfen als Auftakt zu einem offenbar gut einstudierten Dialog. »Willkommen an unserer Schule.«

»Thank you«, antwortete ich und fuhr ganz langsam und überdeutlich fort: »Ihr Englisch ist ausgezeichnet.«

Sie runzelte die Stirn und sah mich verständnislos an.

»Ni shuo shenma?« antwortete sie und fragte damit, was ich gesagt hätte.

»Wo haben Sie Ihr Englisch gelernt?« fragte ich, noch langsamer als zuvor. Keine Antwort, nur Verwirrung. »Ihr Englisch«, wiederholte ich. »Wie haben Sie es gelernt?«

»Ni shuo shenma?« fragte sie erneut.

Dann wohnte ich in der baufälligen Schule ihrem Unterricht bei. Sie schrieb in einer eleganten Schrift das Wort *both* (beide) an die Tafel und wandte sich darauf den fünfundvierzig Köpfen in der Klasse zu.

»Bose!« sagte sie.

»Bose!« wiederholte die Klasse.

Es liegt nicht an Chen, daß ihr Englisch haarsträubend ist. Sie hat sich sogar aus ihrem mageren Salär eigens ein Radio gekauft und hört jeden Morgen um fünf Uhr die Nachrichten in englischer Sprache aus Beijing. Als ich ihre Schule verließ, war mein vorrangiger Eindruck denn auch viel weniger Verachtung für ihre Unfähigkeit als Bewunderung, daß sie an einem solchen Ort versucht, eine Fremdsprache zu unterrichten. An meiner Mittelschule im amerikanischen Yamhill hatte nur etwa ein Fünftel der Abschlußklasse jemals eine Fremdsprache (Spanisch) belegt. Im Gegensatz dazu bot jede chinesische Schule im Land von der siebten Klasse an Englisch an. Und an manchen Orten wie Shanghai beginnt der Englischunterricht gar schon im zweiten Schuljahr.

Zu meinen interessantesten Aufgaben in China gehörten die Aufnahmegespräche mit Mittelschülerinnen und -schülern, die sich für Harvard bewarben. Sie stammten überwiegend aus größeren Städten, hauptsächlich aus Shanghai, und ihr Wissensstand war schlicht verblüffend. Man hätte eine ganze Harvard-Klasse mit Jugendlichen aus Shanghai füllen können und auf diese Weise vermutlich das intellektuelle Niveau der ganzen Studentenschaft angehoben. An den besten Mittelschulen Shanghais sitzt man von acht Uhr morgens bis etwa halb fünf Uhr abends in der Schule, manchmal mit zusätzlichen Lektionen am Abend. Dann gibt es zu Hause jeden Abend zwei Stunden Hausaufgaben zu erledigen. Die Samstagnachmittage sind schulfrei, aber die Sonntage gehören oft den »Olympischen Schulen« – Fortgeschrittenenkurse in Chemie, Physik und anderen Fächern. Die Sommer- und Winterferien sind kurz, und von den Jugendlichen wird erwartet, daß sie am Ende der Ferien Hausarbeiten abliefern.

Diese Schulen sind natürlich wenig bis gar nicht repräsentativ für die Gesamtheit der chinesischen Schulen. Man kann sich gut fragen, ob es nicht unfair ist, Mittel für die »Olympischen Schulen« aufzuwenden, statt sich darum zu bemühen, daß in den Dabie-Bergen von Hubei mehr Mädchen nach der Grundschule in der Schule bleiben können. Bei aller Ungerechtigkeit ist hier jedoch eine gebildete Elite am Entstehen. Aus China kommen heute mehr Studierende an amerikanische Universitäten als aus irgendeinem anderen Land. In den neunziger Jahren verbesserte eine explosionsartige Zunahme von Privatschulen die Infrastruktur im Bildungswesen noch zusätzlich – leider jedoch wiederum nur in den Städten. Diese Kandidaten und Kandidatinnen für Harvard bilden daher nur die ganz oberste dünne Schicht. Aber China ist ein so riesiges Land, daß sich daraus doch eine ganze Menge Leute ergeben. So scheint mir, daß ein Faktor für Chinas Wirtschaftswunder wirklich in diesen Investitionen in das menschliche Kapital liegt. Nach Abschluß der Gespräche mit den Anwärtern und Anwärterinnen für Harvard fühlte ich mich immer wieder viel optimistischer, wenn ich an die Zukunftsperspektiven von China dachte.

Das öffentliche Gesundheitswesen ist der zweite entscheidende Bereich, in den die Kommunistische Partei zum Vorteil des menschlichen Kapitals investierte. Es ist in vielen Belangen vorbildlich für ein Entwicklungsland. Obwohl China nur etwa vier Prozent seines Bruttosozialprodukts für die medizinische Versorgung aufwendet (verglichen mit fünfzehn Prozent in den Vereinigten Staaten im Jahre 1994), sind die statistischen Angaben über die Gesundheit der Bevölkerung mit denen viel reicherer Länder vergleichbar. In den Städten entsprechen sie sogar durchaus denen der urbanen Gebiete in den Vereinigten Staaten.

So sterben beispielsweise in Shanghai 10,9 von 1000 Säuglingen im ersten Lebensjahr, wogegen die Säuglingssterblichkeitsrate in New York bei 13,3 auf 1000 liegt. Ein Baby in Shanghai darf erwarten, im Durchschnitt 75,5 Jahre alt zu werden, während die Lebenserwartung in New York bei ungefähr 72 Jahren liegt. Wenn ich in China Krankenhäuser und Kliniken besuchte, war ich mir peinlich der Tatsache bewußt, daß im Direktvergleich zwischen der jeweils größten Stadt in China und in den USA Shanghai in manchen Bereichen der Gesundheitsstatistik besser abschneidet als New York. Genauso peinlich ist es, daß ein Kind, das heute in Shanghai zur Welt kommt, mit größerer Wahrscheinlichkeit lesen lernt als ein Kind in New York.[11]

Nun sind diese Vergleiche natürlich nicht ganz fair. Äßen die Menschen in New York zur Hauptsache Reis und Gemüse und führen sie jeden Tag eine Stunde mit dem Fahrrad zur Arbeit, wären auch sie viel gesünder. Außerdem sind die New Yorker Erhebungen für die Gesundheitsstatistik stark von der unterprivilegierten Schicht, einem hohen Anteil von Teenagerschwangerschaften und der Allgegenwart von Waffen geprägt. In Shanghai weicht man diesen Problemen aus, indem man Handfeuerwaffen verbietet, unverheiratete werdende Mütter zur Abtreibung zwingt und Leuten, die auch nur entfernt unterprivilegiert aussehen, verbietet, in die Stadt zu ziehen. Und wenn eine schwangere Frau vom Land nach Shanghai zieht und dort ein Kind zur Welt bringt, das stirbt, taucht dieser Todesfall nicht in der Statistik von Shanghai auf, sondern wird in der Heimatprovinz der Frau verbucht – falls die Behörden dort überhaupt davon erfahren.

Seit der kommunistischen Revolution hat sich die Lebenserwartung in China nahezu verdoppelt, obwohl man dort bereits lange vor 1949 Reis aß und viel Bewegung hatte. Der Kommunistischen Partei gelang diese Revolution in der medizinischen Versorgung, indem sie auf Prävention setzte. Von den ersten Tagen ihrer Machtübernahme an entsandte sie Arbeitsgruppen, um die Sümpfe und damit die Brutstätten der malariaübertragenden Stechfliegen trockenzulegen. In den Fabriken erteilte man den Angestellten Lektionen in Hygiene und brachte der Belegschaft bei, sich regelmäßig die Hände zu waschen und die Zähne zu putzen. Mit staatlichen Mitteln brachte man die Unterprivilegierten in den Städten – Obdachlose und Mittellose – praktisch zum Verschwinden. Gleichzeitig wurde, fast die ganze Zeit über, der Zugang aller zu einer rudimentären medizinischen Versorgung und genügend Grundnahrungsmitteln sichergestellt.

Chinesische Krankenhäuser sind zugegebenermaßen eher grausige Orte, und niemand von unseren chinesischen Bekannten konnte je verstehen, welche Vorzüge ich in ihrem medizinischen System sah. Auf dem Land hat das medizinisch verantwortliche Personal nicht immer Mittelschulbildung, und die Kliniken verfügen nur über wenige oder überhaupt keine modernen Apparate.

Die Krankenhäuser sind überfüllt und schmutzig; wer sich behandeln lassen will, muß in der Regel Bestechungsgeld hinblättern, damit er oder sie überhaupt drankommt. Ein alter Mann mit einem kranken Herzen erhält keinen Bypass – er wird sterben. Eine junge Frau mit Nierenversagen erhält vermutlich keine Dialyse – auch sie wird sterben.

Statt Mittel für so aufwendige und eher selten erforderliche Behandlungsmethoden wie Herzkranzoperationen oder Dialysen bereitzustellen, hat China Geld vornehmlich in die grundlegende Gesundheitsfürsorge fließen lassen – ein Ansatz, der im Vergleich zu den Kosten einer viel größeren Anzahl Menschen hilft, also kosteneffektiver wirkt. So kostet zum Beispiel die elementare Behandlung einer Leukämiepatientin rund 5000 Dollar, wofür sie im Durchschnitt etwas mehr als einen Monat länger lebt. Werden 5000 Dollar für den Kauf von Vitamin-A-Präparaten für Kinder eingesetzt, erhöht dies die Lebenserwartung dieser Kinder um insgesamt 10 000 Jahre. Und 5000 Dollar, die für Masernimpfungen eingesetzt werden, erhöhen die Lebenserwartung um bis zu 5000 Jahre.[12]

Kein Wunder, daß China jedes Jahr Leute aufs Land schickt, die die bäuerliche Bevölkerung mobilisieren, damit sie ihre Kinder impfen läßt. Rund fünfundachtzig Prozent aller chinesischen Kinder werden vor ihrem ersten Geburtstag gegen sechs elementare Kinderkrankheiten geimpft: ein bemerkenswerter Erfolg in einem Land, in dem über zwei Drittel der Bevölkerung auf dem Land lebt.

Jahrelang hatten mich die sogenannten Barfußärzte und -ärztinnen fasziniert, die während Maos Herrschaft zur breiten Behandlung der Bevölkerung aufs Land entsandt wurden. Es schien mir eine großartige Idee: statt ein paar wenige medizinisch erstklassige Spezialisten auszubilden, die sich die Füße nicht schmutzig machen wollen, zehnmal mehr Leuten eine Grundausbildung in Gesundheitsfürsorge zu geben und sie aufs Land zu schicken. Aber jedesmal wenn ich nach diesen *chijiao yisheng* fragte, lachten die örtlichen Kader verlegen. »Oh, wir haben keine mehr«, antworteten sie einhellig. »Die gab es nur während der Kulturrevolution.«

Ganz offensichtlich genossen sie in China kein so hohes Ansehen wie im Ausland. Eine große Zahl von Kaderleuten schien sich viel mehr nach Computertomographen zu sehnen, nach radiologischer und gehirnchirurgischer Technologie, die sie zuallerletzt brauchten. Leider bringen der Niedergang der Kommunistischen Partei und der Zusammenbruch der Kommunen es auch mit sich, daß die Arbeit im öffentlichen Gesundheitswesen in manchen ländlichen Gegenden ins Stocken geraten ist. Gleichzeitig bedeutet das Entstehen der Marktwirtschaft, daß nur noch die Menschen eine medizinische Versorgung erhalten, die dafür bezahlen können. Und dann ißt man in China, je mehr der Reichtum zunimmt, mehr Schweinefleisch als Gemüse und nimmt öfter den Bus, statt zu Fuß zu gehen oder mit dem Rad zu fahren. Als Folge davon verbessert sich zwar die Gesundheitsfürsorge auch noch in den neunziger Jahren, aber viel langsamer, als es möglich wäre.

Schließlich gelang es mir dann doch noch, ein paar *chijiao yisheng* aufzutreiben – sie tragen übrigens heutzutage Sandalen und gehen nicht mehr barfuß –, und ich konnte einige Zeit mit ihnen verbringen. Zuerst besuchte ich mehrere ländliche Kliniken in der Provinz Fujina, und dann durfte ich einen Tag mit dem stets sorgenvollen Doktor Su Ke in den Dörfern von Xishuangbanna verbringen, einer tropischen Gegend in Südchina nahe der vietnamesischen Grenze. Der sechsundvierzigjährige Su arbeitet von einer ländlichen Klinik aus, steigt aber regelmäßig in die Berge, um dort auch jene aufzusuchen, die nicht an die Wirksamkeit der Medizin glauben. Auf einer Fahrt in meinem Mietwagen in die Berge erzählte er mir von seinen Schwierigkeiten.

»Wenn wir hingehen und versuchen, Säuglinge zu impfen, haben manche Leute große Angst und verstecken ihre Kinder«, sagte er. »Oder sie hetzen ihre Hunde auf uns; richtig scharf, bis sie uns beißen und vertreiben.« Und wenn es ihm gelingt, ein Kind zu impfen, bringt er sich höchstwahrscheinlich in Schwierigkeiten. »Wir geben dem Kind eine Injektion gegen die Masern, und dann kriegt es eine Erkältung. Also kommen die Eltern und beklagen sich. Sie sagen: ›Sie haben doch versprochen, daß mein Kind nicht mehr krank wird!‹«

Wir hielten vor einer Einzimmerpraxis am Straßenrand, die von einem achtzehnjährigen Bauernjungen geführt wird. Er war erst vor kurzem in das Gewerbe eingestiegen. Gut, daß wir kamen. Er versuchte gerade, einem jungen Mädchen einen Eiterzahn zu ziehen, aber der Erfolg hielt sich in Grenzen. Alles war mit Blut beschmiert, Messer und Zangen lagen herum, und sowohl der Arzt als auch die Patientin sahen etwas entmutigt aus. Es gab keine chemischen Schmerzmittel, aber das Mädchen benutzte offenbar eine wirksame chinesische Arznei, und sie schien den Schmerz ziemlich gut zu betäuben. Nun übernahm Su die Zange, klopfte mit einem Meißel darauf ein, und nach ungefähr fünf Minuten war der Zahn draußen. Angesichts des Vorgangs war ich reichlich froh, kein chinesischer Bauer mit Zahnschmerzen zu sein.

Wir stiegen wieder ins Auto und fuhren mehrere Kilometer auf einem holprigen Pfad bergab, bis auch das nicht mehr ging und wir zu Fuß weitergehen mußten. Su packte seine kleine schwarze Tasche, und wir wanderten anderthalb Kilometer weiter zu einem Weiler namens Manboxinzhai, einer Pfahlbausiedlung, die aus mehreren Dutzend Hütten bestand; durch das Anheben der Häuser hielt die Dorfbevölkerung ihre Behausungen von Ratten und Schlangen frei. Als wir das Dorf betraten, eilten uns die Leute mit Beschwerden entgegen. Ein kleiner Junge hatte Windpocken, ein junger Mann wies auf sein geschwollenes Bein, und ein alter Mann klagte über Schmerzen in der Brust.

Bevor er diese Patienten behandelte, schalt Su den örtlichen Gesundheitsbeamten, weil er eine neue Regelung für Vorsorgeuntersuchungen in der Schwangerschaft nicht eingeführt hatte. »Sie sind wohl zu beschäftigt mit dem Bau Ihres neuen Hauses, um für die schwangeren Frauen zu sorgen«, sagte Su streng, und Sha ließ den Kopf hängen und trat von einem Fuß auf den andern. Zu den Neuerungen, die Sha hätte einführen sollen, gehörte, daß er von allen Schwangeren eine obligatorische Gebühr von zehn Yuan verlangte. Sie sollten dafür drei gynäkologische Untersuchungen von ausgebildeten Gynäkologen oder Gynäkologinnen erhalten, die von Dorf zu Dorf zogen. Während der Geburt sollte die Frau den

Beistand einer staatlich geprüften Hebamme in Anspruch nehmen. Tat sie das, behielten die Behörden die zwei Yuan für die Hebamme und gaben der Mutter acht Yuan als Bonus zurück. Nahm sie dagegen die Dienste der anerkannten Hebamme nicht in Anspruch, verlor sie die zehn Yuan.

Auf unserer Wanderung zurück zum Wagen murrte Su weiter über die Probleme, mit denen man auf dem Land konfrontiert war. »Viele Frauen in den Dörfern haben Blasenentzündungen und verschiedene spezifische Frauenleiden. Die sind wirklich verbreitet in den Dörfern. Das Schlimme ist jedoch, daß auf dem Land der Glaube herrscht, Frauen entwickelten diese Beschwerden nur, wenn sie mit verschiedenen Männern schlafen. Nun fühlen sich die Frauen gedemütigt, wenn wir ihnen sagen, sie hätten solche Beschwerden. Sie sind empört und schreien uns an, wenn wir unsere Diagnose stellen.«

Mich faszinierten die verschiedenen Ansätze Chinas zur Förderung der Volksgesundheit, und so organisierte ich einen Besuch in einem weiteren Projekt: einer Lepraklinik im südlichen Bergland von Guizhou. Diese Klinik war Anfang des 20. Jahrhunderts von christlichen Missionaren gegründet und 1949 von der kommunistischen Führung übernommen worden. Lepra war damals sehr verbreitet in China – 1949 gab es ungefähr eine halbe Million Fälle. Für viele der von der Krankheit Befallenen bestand das schlimmste Übel jedoch nicht in der Angst vor der Verunstaltung, sondern in der Reaktion der Nachbarschaft.

»Damals hatten die Leute Angst vor uns und verachteten uns«, erzählte mir der siebzigjährige Du Dayi, der sich noch daran erinnert, wie man Leprakranke oft lebendigen Leibes verbrannte, um die Krankheit auszumerzen. Der kleine Mann sprach leise, und seine Aussprache war verwaschen, denn er hat infolge der Krankheit die Nase und ein Auge verloren. Aber die veränderte Einstellung seiner Umgebung war verblüffend. Während ich vor dem Krankenhaus mit Du sprach, drängelten sich etwa hundert Menschen um uns herum; sie scheuten sich nicht, mit ihm in Berührung zu kommen, und trugen dabei ihre Kinder auf den Schultern. Niemand schenkte seiner Verunstaltung besondere Beachtung.

Alle fanden meine lange westliche Nase viel aufregender als die Tatsache, daß seine fehlte.

In China ist es gelungen, die Lepra so weit einzudämmen, daß sie nur noch in Randgruppen ein Problem darstellt; dort sind rund 30 000 Personen davon betroffen. Die meisten Opfer könnten sich schon im Anfangsstadium der Krankheit behandeln lassen, bevor sie entstellt sind, und zwar umsonst. »Unser größtes Problem im Kampf gegen die Lepra ist, daß die Kranken nicht schnell genug eine Klinik aufsuchen«, meinte Liu Fangmin, der stellvertretende Direktor des Lepraklinik Salaxi. »Wir sagen ihnen zwar, daß sie um so leichter geheilt werden können, je eher sie zu uns kommen. Aber es ist nach wie vor schwierig, die Leprakranken ausfindig zu machen.« Erschwerend ist zusätzlich, daß sich viele Leute doch immer noch schämen, als Leprakranke identifiziert zu werden.

Um dagegen anzugehen, fand die Regierung eine neue – natürlich autoritäre – Methode, um die Opfer aufzuspüren. Die Behörden setzten für die Anzeige Leprakranker eine Belohnung von hundert Yuan aus. Diese Summe entspricht in dieser armen Gegend mehreren Monatslöhnen. Die Kranken können sich auch selbst anzeigen und so das Geld einstreichen, und auch das medizinische Personal ist dazu angehalten. Wer einen Namen preisgibt, darf darauf zählen, daß die Anonymität gewahrt bleibt, da es befreundete Kranke kaum schätzen, auf diese Art verpfiffen zu werden. Die Methode funktioniert. Die leichteste Art, dort heutzutage zu Geld zu kommen, ist die Anzeige Leprakranker. Deshalb werden heute immer mehr Fälle einer frühen Behandlung zugeführt, und die Lepra ist in dieser Gegend am Verschwinden.

Unter diesen Aspekten betrachtet, erscheint der wirtschaftliche Aufschwung Chinas wie eine chemische Reaktion. Das erste Element ist das konfuzianische Erbe mit seiner Wertschätzung von Bildung und Sparen.[13] Hinzu kommt die maoistische Revolution, die das große Reich vereinte, die herkömmlichen Interessenverbände zerschlug, den Grundbesitz umverteilte und finanzielles wie auch menschliches Kapital beibrachte. Als drittes Moment wirkten die von Deng Xiaoping initiierten fastkapitalistischen

Regelungen. Keiner dieser Faktoren allein hätte genügt; zusammen ergaben sie jedoch den nötigen Zündstoff.

So grausam sie war, legte die kommunistische Revolution doch den Grundstock für die darauffolgende wirtschaftliche Revolution. Mao könnte man in etwa mit einer Person vergleichen, die ein Feuer zu entfachen versucht, indem sie einen riesigen Haufen Zunder und Feuerholz bereitstellt und das Ganze sorgfältig und mit Bedacht richtig aufbaut, dann aber – weil sie nichts von Streichhölzern hält – nicht weiß, wie sie den Holzstoß anzünden soll. Und um bei unserem Vergleich zu bleiben, könnte ich fortfahren: Dann kam Deng Xiaoping und warf ein Streichholz hinein.

Während Sheryl und ich beobachteten, wie das Feuer größer wurde, kamen wir zur Ansicht, daß China vielleicht doch nicht so übel sei. Zwar fanden wir natürlich noch immer, daß man den beim Außenministerium für uns zuständigen und verhaßten Zhao Xingmin am besten direkt zum Schüren verwenden würde. Vor allem aber entwickelte sich in uns der Glaube, das Reich der Mitte besitze ein echtes Entwicklungspotential.

Sheryl WuDunn

財神

9 DER GOTT DES REICHTUMS

Herzlichen Dank, daß Ihr Pestizid nichts
wert ist; nur deshalb hat meine Frau überlebt.

Chinese vom Land in einem Brief an die Herstellerfirma; seine Frau hatte versucht, sich mit dem Gift das Leben zu nehmen

Es dauerte seine Zeit, bis Sunjin sich wieder an das Sonnenlicht gewöhnt hatte, und die ersten Jahre, nachdem er aus dem Gefängnis entlassen worden war, konnte er nicht davon lassen, über die Vergangenheit nachzudenken, über sein Land, in dem die herrschende politische Unterdrückung für ihn zu einer derartigen Obsession geworden war, daß sie ihn in diese schreckliche Zelle gebracht hatte. Sunjin war Dissident und hatte eine lange Haftstrafe verbüßt. Nach seiner Entlassung mußte er sich weiterhin bei der Polizei melden, sonst ließ man ihn aber mehr oder weniger in Ruhe. Als wir Ende 1988 nach China kamen, half er an einem Stand auf einem der freien Märkte aus. Dort pflegte ich ihn hin und wieder zu besuchen und versuchte bei diesen Gelegenheiten mehr über andere Dissidenten zu erfahren. Ich stand jeweils vor seiner Auslage und tat, als schmökerte ich ein wenig, während ich ihn gleichzeitig mit gedämpfter Stimme über Politik, Protest und die Entwicklung der Marktwirtschaft ausfragte. Er wiederum tat, als würde er die Auslage ein wenig in Ordnung bringen, und antwortete mir auf meine verschiedenen Fragen.

Zu der Zeit, so schien es mir, weilte Sunjin noch immer in politischen Gefilden. Er mochte das Verkaufen nicht. Doch er hatte keine andere Wahl.

Vier Jahre später erkannte ich ihn kaum mehr: Ein dicklicher Dollarmillionär mit Hamsterbäckchen, Bauch und dickem Wagen war er geworden, und er interessierte sich kaum mehr für Politik. All dies tat sich mir an einem kühlen Herbsttag kund; da nämlich tauchte er bei uns auf und wollte, daß wir ihm zu einem Visum für die Vereinigten Staaten verhalfen. Sunjin wollte sich geschäftlich in Amerika umtun und dazu eine Frau mitnehmen, die er als Übersetzerin bezeichnete. So ging ich noch am selben Tag mit ihm und ihr essen. Verglichen mit ihm war sie zurückhaltend. Sie hatte eine ruhige Stimme und kluge Augen hinter Brillengläsern. Es kam mir auch vor, als hätten die beiden mehr als nur ein vorübergehendes geschäftliches Interesse aneinander.

»Ich habe Jacken nach Rußland exportiert«, erklärte Sunjin und schob sich ein großes Stück Lammfleisch in den Mund. »Eine Zeitlang waren wir im Großhandel tätig. Dort liegt Geld drin. Wir haben eine Handelsvertretung in Moskau. Mein Bruder ist mit seiner Familie dorthin gezogen, und das Geschäft läuft viel besser als der Detailhandel, den wir zuvor betrieben. Ich habe meine Verkaufsstände überall. Aber ich stehe nur noch ganz selten persönlich dort. Das sind bloß Marktfenster; ich benutze sie, um den Markt im Auge zu behalten. Meinen Sie, daß die Vereinigten Staaten mir ein Visum geben? Ich bleibe ja nicht in Amerika. Mein Leben ist hier. China ist das Land, in dem ich mein Geld mache, und das gebe ich nicht auf.«

Im Laufe unserer Unterhaltung stellte sich heraus, daß Sunjin mittlerweile mehr als eine Million Dollar auf der Seite hatte. Mehr wollte er dazu nicht sagen. Natürlich übernahm er die Rechnung für das Essen. Während er mit Hundert-Yuan-Noten fast um sich warf, sann ich unserem Rollentausch nach. In der ersten Zeit unseres Aufenthaltes in China hatten Nick und ich unsere neuen Bekannten oft zum Essen ausgeführt. Und zumeist waren sie entsetzt zu sehen, welche Beträge wir für das Essen zu zahlen bereit waren. Damals mußte Sunjin sein Geld zusammenkratzen. Nun aber, das war nicht zu übersehen, hatten sich die Dinge drastisch geändert. Sunjin lud mich zum Essen ein. Er war der Goldesel, und er verschwendete kaum mehr auch nur einen Gedanken an Politik, es sei denn, sie hatte mit seinen Geschäften zu tun.

Zwölf Jahre mit einer der höchsten Wirtschaftswachstumsraten der Welt führten in China zum Wiedererstehen jener Klasse der Superreichen, gegen die sich die chinesischen Massen erhoben und die sie bekämpft hatten. Nun kämpfen sie allenthalben darum, ihr anzugehören.

China ist dem Geld erlegen. Der Erfolg von Leuten wie Sunjin führte zu einer landesweiten Jagd nach Reichtum, die bis in das letzte Dorf Wirkung zeigt. Caishen, der Gott des Reichtums, mag diese Entwicklung mit einigem Kopfschütteln zur Kenntnis nehmen. In den Jahren nach 1949 hatte man ihn sträflich vernachlässigt, seit Beginn der neunziger Jahre aber genießt er erneut die Gunst der Stunde. Einmal mehr ersteht man in China sein Bild und bringt ihm Opfergaben in Form von Äpfeln und Zigaretten dar. Nicht alle glauben wirklich an ihn, doch schaden kann es nicht. Schon die Mittelstufenkinder singen:

Geld ist das Maß aller Ding',
und Kinder mit Geld sind der King.

Durch das massierte Aufkommen von privatem Reichtum und relativ wenig Investitionsmöglichkeiten erfährt China einen geradezu unglaublichen Konsumboom. Die japanische Kaufhauskette Yaohan eröffnete Weihnachten 1992 ihre erste Niederlassung in Beijing, und das Volk rastete aus. Am Eröffnungstag war das Haus zum Bersten voll. Der verantwortliche Schreibwarenhändler wählte für seine Auslage einen Schreiber mit vierzehnkarätigem Goldüberzug als besondere Publikumsattraktion. Er hielt es zudem für einen gelungenen Scherz, auf das Preisschild den Betrag von 88 888 Yuan zu setzen. Acht ist in China eine Glückszahl, weil das Wort gleich klingt wie der Begriff für »Geld verdienen«; zudem bedeutete eine so lange Reihe der Ziffer Acht genug Glück für ein ganzes Leben. Egal, ob der Schreiber verkauft wurde oder nicht, die staunenden Ausrufe der Leute würden ohne Zweifel weiteres Publikum anlocken. Daneben legte er die preiswerteren Schreibgeräte, von denen er annahm, sie seien eher von Interesse, und einige der Preisklasse um 10 000 Yuan. Seine Attraktion hielt die Stellung jedoch nicht lange. Schon bald war der 88 888 Yuan teure Goldschreiber weg.

China hat die Entwicklungsstufe betreten, auf der man sich mit möglichst auffallendem Konsumverhalten gegenseitig zu übertrumpfen versucht.

In Hangzhou wetteiferten zwei *dakuan* (Gernegroße) darum, wer reicher sei, und begannen Papiergeld zu verbrennen. Beide verbrannten zweitausend Yuan, ohne auch nur mit der Wimper zu zukken.[1] In Beijing gab ein reicher Unternehmer anläßlich eines Banketts für ein paar Magnaten aus Kanton pro Tisch 20 000 Yuan oder umgerechnet 3500 Dollar aus. Für die Gastfreundschaft revanchierte sich einer der geladenen Kantonesen, indem er die Gruppe zu einem Essen einlud, das ihn auf 60 000 Yuan pro Tisch zu stehen kam. Um nicht abseits zu stehen, lud daraufhin der Beijinger Gastgeber zu einer neuen Runde. Er kam mit seiner Aktentasche, öffnete das Kombinationsschloß, zog daraus 350 000 Yuan hervor und sagte: »Heute werden wir diesen Betrag verspeisen!« In Guangzhou begann ein Restaurant Speisen anzubieten, die mit Gold bestäubt sind – Gold essen soll Glück bringen.

Der Schlüsselanhänger für 20 Dollar, der Importmantel für 17 500 Dollar, der BH für 50 Dollar und die Uhr für 1000 Dollar – all das geht ausgezeichnet. Nachdem Rolls-Royce 1993 allein in den ersten acht Monaten dreißig Limousinen nach China verkauft hatte, entschied sich die Firma, in China eine Vertretung zu eröffnen. Drei der verkauften Wagen waren extra lange Modelle gewesen, das Stück für 375 000 Dollar, Zoll und Steuer noch nicht eingerechnet.[2]

In Shanghai besuchte Nick den Glorious Clock and Watch Shop und bemühte sich dort um ein Gespräch mit dem Geschäftsführer, was sich als recht schwierig erwies. Unentwegt starrte Shi Guanghui voller Verachtung auf Nicks Casio-Digitaluhr aus Plastik. Er schien es für unter seiner Würde zu halten, sich ernsthaft mit ihm zu unterhalten.

»Aufgrund des ständig steigenden Konsumstandards planen wir, demnächst Rolex-Uhren in unser Angebot aufzunehmen«, sagte er endlich, nachdem er sich überwunden hatte. »Viele Geschäfte führen Rolex-Uhren bereits im Angebot.« Shi verriet, daß der Laden schon saftige Umsätze mit dem Verkauf von Schweizer Rado-Uhren erziele, das Stück für bis zu 3000 Dollar. Die Rolex-Uhren würden dann bis zu 20 000 Dollar kosten, und Shi meinte, es gebe eindeutig ein Kundensegment dafür. Zu dieser potentiellen Kundschaft gehört zum Beispiel sicher jener Immobilienmagnat, der auf einer Auktion 55 000 Dollar für das Shanghaier Nummernschild Z0518 hinblätterte. Es gilt als Glücksbringer, klingt es im Chinesischen doch ähnlich wie die Worte »mach mich reich«.

Auf derselben Reise nach Shanghai lernte Nick den nicht ganz dreißigjährigen James Shen kennen, der für 105 Dollar die Nacht im Hotel J. C. Madarin abgestiegen war. Fünf Jahre lang hatte er den chinesischen Traum wahrgemacht, das heißt im Ausland für eine englische Firma gearbeitet und ein westliches Gehalt bezogen. Doch als Shen, der feuerhemmende Chemikalien verkauft, nach Shanghai zurückkehrte, um Freunde zu besuchen, erlebte er eine unangenehme Überraschung. »Ich hatte im Ausland gearbeitet und dachte deshalb, ich sei reich«, erzählte er Nick beim Frühstück. »Aber als ich zurückkam, mußte ich feststellen, daß ich arm bin. Inzwischen gibt es hier so viele reiche Leute, so viele Millionäre.«

Sehr bald jedoch machte ich die Feststellung, daß das Geld, das hier alle so flugs machten, nicht gerade auf die sauberste Art verdient wurde.

»Wissen Sie, wir haben alle noch einen Nebenerwerb«, erklärte mir eine junge Frau, rechte Hand eines höheren Beamten. »Das

Geld so mancher Leute ist allerdings etwas grau. Kennen Sie die drei Geldarten, von denen die Leute heutzutage sprechen? Da ist einmal das weiße Geld. So wird das saubere Geld genannt, das wir alle vom Staat bekommen, unser Gehalt. Daneben gibt es das schwarze Geld. Das ist durch und durch illegales Geld, das die organisierten Banden einnehmen; eine gefährliche Angelegenheit. Dann aber gibt es noch das graue Geld. Also . . . dafür gibt es eine Vielzahl von Definitionen. Es ist Geld, das, na ja, nicht wirklich weiß und nicht wirklich schwarz ist. Sie wissen schon, was ich meine.«

Auf meine Fragen nach dem grauen Geld erhielt ich in der Tat eine Vielzahl verschiedenster Antworten. Manche sagten, graues Geld sei illegal, andere sagten, nein, überhaupt nicht. »Wenn Sie mich fragen, machen die mit den fliegenden Kleidungsständen graues Geld«, sagte eine Chinesin. »Sie beziehen die Kleider illegal von den Produktionsbetrieben, wo sie jemanden dazu überredet haben, einen Teil der Produktion für sie abzuzweigen und ihnen zu einem Schleuderpreis zu verkaufen. Ist dieses Geld, das sie einnehmen, also nicht eher grau?«

Mein Unternehmerfreund Sunjin fühlte sich durch die Anspielung, er habe sein graues Geld auf unsaubere Weise verdient, jedoch beleidigt. »Nein, nein, nein«, beharrte er. »Graues Geld ist im Grunde genommen legal. Ja, graues Geld ist mit Sicherheit nicht illegal. Es ist nur . . . es unterscheidet sich bloß von weißem Geld. Es ist kein Gehalt.«

Nach Deng Xiaopings »Reise in den Süden« Anfang 1992 schien sich sozusagen die Persönlichkeit des ganzen Landes über Nacht zu verändern. Es war, als hätte man einen Schalter betätigt. Politik war kein Gesprächsthema mehr, das Geschäftemachen stand im Mittelpunkt des Geschehens. 1,2 Milliarden Menschen hatten eine neue Religion entdeckt: *baijinzhuyi*, den Tanz um das goldene Kalb.

Plötzlich galt Geldverdienen nicht mehr als Schmuddeltätigkeit, sondern als eine einfallsreiche, findige Art des Überlebens und als Möglichkeit, das persönliche Schicksal zu verändern – zum Guten natürlich. Der Konfuzianismus hatte für Kaufleute stets Verachtung übrig, und die Intellektuellen des 20. Jahrhunderts teilten diese Abneigung. Darin liegt einer der Gründe, weshalb die ersten Unternehmen in China zur Hauptsache von Exsträflingen und anderen unerwünschten Personen gegründet wurden, denn diesen bot sich keine Möglichkeit, zu einer besseren Arbeit zu kommen. Es waren Menschen wie Sunjin, mit dem Unterschied, daß es sich bei den meisten von ihnen um gewöhnliche Kriminelle handelte und nicht um politische Gefangene. In den achtziger Jahren wollten die jungen Leute am liebsten Angestellte im öffentlichen Dienst heiraten, und war dies nicht möglich, doch wenigstens solche, die in einem Staatsbetrieb arbeiteten. Wer in einem freien Unternehmen tätig war, gehörte zum Bodensatz der Gesellschaft, denn die soziale Stellung war gleich null, und die Arbeit bot keine wirtschaftliche Sicherheit. Dies änderte sich zu Beginn der neunziger Jahre rasant.

Die neueste Devise lautete *xia hai,* Eintauchen ins Meer, was soviel hieß wie Absteigen in die Tiefen des Handels. Anfang 1992 und 1993 schienen alle begierig, diese Devise zu befolgen: Intellektuelle von den Universitäten, das höhere Kader in den Ministerien, Dissidenten und Ärztinnen – und die Sprößlinge der Regierungsmitglieder. Diese ganz besonders. Bo Xicheng, Chef des Fremdenverkehrsamtes in Beijing und Sohn von Bo Yibo, einem Mitglied der sogenannten Viererbande, kündigte seine Stelle, um ein Touristikunternehmen zu gründen, und Deng Zhifang, der jüngste Sohn von Xiaoping, mutierte, wie weiter vorne erwähnt, zum Immobilienhai.

»Zur Zeit können in China alle, die auch nur ein bißchen intelligent sind, ihr Einkommen aufbessern«, sagte eine meiner chinesischen Bekannten. »Nur gerade die hoffnungslos Beschränkten tun nichts dergleichen.« Praktisch jede und jeder unserer Bekannten betrieb ein Nebengeschäft oder ging nach Feierabend einer weiteren Arbeit nach: Sie servierten, sie schrieben Artikel für Magazine, sie erteilten Englisch- oder Aerobic-Lektionen und betätigten sich in der Computer- oder Anlageberatung. Und gab es für sie in ihrem angestammten Job an manchen Tagen nicht viel zu tun, schlüpften sie aus ihrem Büro und gingen ihren eigenen

Geschäften nach. Intellektuelle oder Funktionäre ohne Zeitarbeit besuchten eine Abendschule, um sich auf eine zweite Karriere vorzubereiten. Auf diese Art konnten sie ihr Einkommen verdrei- oder vervierfachen und gleichzeitig an der »eisernen Reisschale« festhalten, die ihnen den festen Arbeitsplatz, das gesicherte Mindesteinkommen und die Krankenversicherung garantierte.

Als Deng Xiaoping 1978 an die Macht gelangte, setzte er eine wirtschaftliche Revolution zunächst auf dem Land in Gang. Obwohl sich das Leben in den städtischen Gebieten durch die Einführung des freien Marktes und der Privatwirtschaft etwas veränderte, hielt diese wirtschaftliche Revolution erst 1992, nach Deng Xiaopings »Reise in den Süden«, wirklich in den Städten Einzug.

Heute tragen ausländische Firmen und Privatunternehmen fast zehn Prozent zu Chinas Industrieausstoß bei, kleinere Privat- und Kollektivunternehmen in Stadt und Land weitere vierzig Prozent.[3] Bleibt als entscheidende und noch offene Frage im Zusammenhang mit der Marktwirtschaft: Was geschieht mit den staatlichen Unternehmen, die für gut die Hälfte der nationalen Industrieproduktion verantwortlich sind? In den Städten arbeitet ein überwiegender Teil der Bevölkerung weiterhin als Angestellte in einem Staatsbetrieb, getreu dem Prinzip: »Du tust so, als würdest du mich bezahlen, und ich tu' so, als würde ich für dich arbeiten.« Es erstaunt unter diesen Umständen nicht, daß diese Unternehmen notorisch ineffizient sind und höchstens ein Drittel von ihnen tatsächlich Gewinn abwirft; ein weiteres Drittel arbeitet eben kostendeckend, und ein Drittel schreibt rote Zahlen.[4]

Nun weiß aber leider niemand so genau, was derlei statistische Angaben in Wirklichkeit bedeuten. In manchen Staatsbetrieben vollzieht sich ein erfolgreicher Wandel, doch solange ihnen die Preise diktiert werden, besteht kein großer Zusammenhang zwischen Rentabilität und Effizienz. So wird beispielsweise ein Kohlebergwerk weiterhin Verluste schreiben, da der staatliche Kohlepreis – obwohl er steigt – noch immer zu tief angesetzt ist. Auch erhalten Angestellte staatlicher Unternehmen selten die Kündigung. Zugleich sind die Betriebe für viele soziale Einrichtungen verantwortlich, das heißt, sie unterhalten für ihre Angestellten und deren Familienangehörigen Schulen, Krankenhäuser und sogar Kinos. Eigentlich ist es nicht ganz korrekt, sie als Firmen zu betrachten; im Grunde stellen sie eher eine Art umfassendes soziales Versorgungsunternehmen dar.

Seit Deng Xiaopings »Reise in den Süden« ändert sich dieser Zustand langsam. In der Stadt erhält man keine Gutscheine mehr für Getreide, und die meisten Preise wurden freigegeben, so daß die Rentabilität an Bedeutung gewinnt. Die Regierung bemüht sich, ein neues Bankensystem zu entwickeln, das auf Kreditwürdigkeit und nicht auf Bedürfnis aufbaut. Für China ist dies ein revolutionäres Konzept und wird es mit sich bringen, daß viele staatliche Unternehmen unweigerlich bankrott – und mit ihnen milliardenschwere Anleihen unrettbar verlorengehen werden. Gleichzeitig richtet die Regierung Börsen ein, um staatliche Firmen in Aktiengesellschaften umzuwandeln. Das Wort »Privatisierung« verursacht den kommunistischen Behörden noch immer Bauchschmerzen, aber es hält ziemlich genau fest, was sich zur Zeit abspielt.

Die staatliche Industrie in den Markt einzuschleusen wird ein schmerzhafter und langwieriger Prozeß sein. Und es besteht die Gefahr, daß Massenentlassungen und Bankrotte – Voraussetzung zur Erhöhung der Effizienz – wilde Streiks und Unruhen nach sich ziehen werden, wenn der staatliche Sektor im Verhältnis zur restlichen Wirtschaft schrumpft. Eine hochkarätige Arbeitsgruppe der Regierung hat errechnet, daß die staatlichen Unternehmungen bis zum Jahr 2000 nur noch ein Viertel zur industriellen Produktion beitragen werden und die privaten und ausländischen Firmen ein weiteres Viertel. Die restlichen fünfzig Prozent werden auf das Konto der ländlichen und kleinstädtischen Kollektivbetriebe gehen.

Während sich manche staatlichen Betriebe schwertun, erblüht daneben eine andere Art »staatlicher« Unternehmen – die Schattenwirtschaft –, der die Regierungsämter nachgehen. Das Ministerium für Staatssicherheit beispielsweise betreibt im Nebenamt eine chemische Reinigung, die den Fremden in Beijing zur Verfügung steht. Zuerst dachte ich, sie würden auf diesem Weg Wanzen an der Kleidung des ausländischen diplomatischen Personals und der Presseleute anbringen. Meine chinesischen Bekannten aber lachten über meinen Verdacht: »Aber nicht doch«, sagte eine von ihnen. »Der Staatssicherheitsdienst will einfach nur Geld verdienen.« Aus dem gleichen Grund betreiben sie eine Bäckerei, während die Staatspolizei ins Hotelmanagement eingestiegen ist. Der Generalstab der Armee ist Teilhaber eines der besten Hotels in China – nämlich des Palace –, und eine Zeitlang betrieb eine örtliche Armee-Einheit ein Reisebüro, der ein Bordell angeschlossen war. Aber die Armee betreibt auch Fabriken für Fernseher, Kühlschränke, Uhren und andere Produkte. Und dem Ministerium für Volkssicherheit gehören einige besonders interessante Läden mit Knüppeln und Viehtreibstöcken im Angebot. Als Nick sich in einem dieser Geschäfte angelegentlich für einen solchen Treibstock interessierte, ließ der Verkäufer Funken über den Ladentisch regnen.

Als Auslöser für diese rege Entwicklung wirkte in den Ämtern die Erkenntnis, daß das große Roulette ohne sie stattfand. Und mit ihren knappen Budgets verfügten sie nicht über genügend Geld, um tun zu können, was ihnen beliebte. So beschlossen auch sie den Abstieg ins Meer, sprich, ins Geschäftsleben einzusteigen, und zogen entsprechenden Nutzen aus den Grundstükken und den Kontakten, über die sie verfügten, und ihren eigenen besonderen Fähigkeiten. In manchen Fällen schienen die Ämter gegenüber der Privatwirtschaft privilegiert – vor allem dann, wenn ein Amt ausgerechnet in dem Industriezweig mitmischte, dem es auch vorstand. In anderen Fällen waren ihnen die privat geführten Nebenunternehmen durchaus gewachsen. Selbst Schulen begannen eigene Fabriken und Bauernhöfe zu betreiben, um zusätzlich zu Geld für Einrichtung, Lehrmittel und Gehälter zu kommen.

Natürlich hat das Ganze wie alles auch seine Schattenseiten. Viele Schulleitungen engagieren sich ungleich stärker für ihren Nebenerwerbszweig als für die Umsetzung des Lehrplans. Und betreibt eine Spirituosenfabrik nebenbei eine Bar, so haben konkurrierende Restaurationsbetriebe wahrscheinlich guten Grund dazu, sich über die Ungerechtigkeit der Vorschriften zu beklagen. Und doch hat das alles auch einen Vorteil, sorgen doch diese Firmen dafür, daß die Bürokraten an der Marktwirtschaft teilhaben. Beamte in den unterschiedlichsten Positionen sind nun, was ihr Einkommen und Wohlergehen betrifft, unmittelbar abhängig vom Stand der Reformen und des wirtschaftlichen Systems. Nur ein blühender Markt vermag ihre Gier zu befriedigen.

China zeigt in mancher Hinsicht Ähnlichkeit mit Kalifornien während des Goldrausches von 1849: ein gesetzloser Ort, in dem eine seltsame Mischung von Gier und dem Wissen regiert, daß diese herrliche Möglichkeit, zu Geld zu kommen, jeden Augenblick vorbei sein kann. Gleichzeitig bestehen deutliche Parallelen zum aufkommenden Kapitalismus der amerikanischen oder britischen Industrialisierung im 19. Jahrhundert. Mag sein, daß China keine kleinen Kinder zum Kaminfegen ausnutzt, in der Textil- und Bekleidungsindustrie beschäftigen Privatunternehmen jedoch auf jeden Fall Kinder und Jugendliche und lassen sie bis zu vierzehn Stunden täglich und sieben Tage in der Woche härteste Arbeit verrichten. Ihr Schlafplatz befindet sich neben ihren Webstühlen, und verletzen sie sich an einer Maschine oder werden sie krank, fliegen sie raus.

China präsentiert sich gegenwärtig als eine Art Kreuzung zwischen Dodge City und England zu Dickens' Zeiten. Das klingt scheußlich und wenig anziehend, doch stellte der Kapitalismus des 19. im Vergleich zum Feudalismus des 18. Jahrhunderts einen großen Fortschritt dar. Marx anerkannte diese Tatsache. Und hätten sie die Möglichkeit, ihre Webstühle ruhen zu lassen und darüber nachzudenken, so würden vielleicht die meisten jungen Leute in China dem ebenfalls zustimmen. Manchmal vergessen wir, daß es im 19. Jahrhundert in den Vereinigten Staaten ebenfalls herzlos und brutal zuging: Frauen und Kinder, die sechs Tage die Woche und zwölf Stunden täglich in reinen Ausbeutungsbetrieben im Stückakkord schufteten; Bandenchefs, Eisenbahnmagnaten und Öltycoone, denen fast jedes erdenkliche Mittel recht war, um zu Gewinn zu kommen; Polizisten, die Gewerkschaftsangehörige und Linke zusammenschlugen und festnahmen; städtischer Politfilz und die Superreichen, welche die politischen Prozesse manipulierten, bis zur Präsidentschaftswahl von 1876; Schwarze, die die ersten beiden Drittel des Jahrhunderts ein Sklavendasein fristeten und das dritte im Grunde genommen als Leibeigene.

Oft sagte man mir, China bewege sich nicht wirklich in Richtung Kapitalismus westlicher Ausrichtung, da das Kapital noch immer den Staatsbanken gehöre und diese es für nichtwirtschaftliche Zwecke vergäben, soll heißen, in China werde das Kapital nicht mit Zins, sondern mit Bestechungsgeldern abgegolten. Der Preis für das Kapital stecke, um es noch einmal anders zu sagen, im Grunde in der Arbeit, die in die Kultivierung der Beziehungen, in das *guanxi* zu Banken und örtlichen Beamten investiert werde. Bis zu einem gewissen Grad haben sie vermutlich recht. Wahrscheinlich praktiziert das Land eine Form des Kapitalismus spezifisch chinesischer Eigenart. Aber auch der Kapitalismus westlichen Zuschnitts verläuft nicht astrein nach Lehrbuch. Von den größten Vermögen wurden nicht wenige dank Monopolen angehäuft, die ihrerseits häufig aufgrund von gutplazierten Schmiergeldern oder eben *guanxi* bei den entsprechenden Stellen in Washington und anderen Hauptstädten zustande gekommen sind.

Dieselbe Art der Manipulation von Wirtschaft und Politik findet nun in China statt, und überall im Land herrscht die Überzeugung vor, das Zeitalter sei angebrochen, in dem große finanzielle Imperien begründet werden. Vielleicht gehören Leute wie Sunjin – oder Nicks Freund Zhang Guoxi, der Möbelhersteller in Jiangxi – zu denen, die den Grundstein legen für Reichtum und Macht von Familien, die China in den kommenden Jahrzehnten dominieren werden. Schwer zu sagen, wer sie sind, doch sind die zukünftigen Reichen von China heute mit Sicherheit unterwegs und tatkräftig dabei, ihre Vermögen anzuhäufen. Jetzt ist Zeit, um zu Reichtum zu kommen, denn in zehn bis zwanzig Jahren werden die Kontrollen strenger und die Schlupflöcher entsprechend kleiner sein.

Der Vergleich mit der Industrialisierung der Vereinigten Staaten dient auch als hilfreiche Erinnerungsstütze daran, daß die Bevölkerung eines Landes schreckliche Schläge und Turbulenzen überstehen kann, wenn dieses gleichzeitig einen wirtschaftlichen Aufschwung erlebt. Im 19. Jahrhundert kämpften die Vereinigten Staaten sowohl gegen ihre Nachbarn im Norden als auch im Süden; es gab den Bürgerkrieg und Dutzende von blutigen Kriegszügen gegen die indigene indianische Bevölkerung. Zwischen Stadt und Land kam es zu derart großen Spannungen, daß sie zu einem Aufstand führten, der aus chinesischer Sicht einem massiven Bauernaufstand gleichkommt.

Der amerikanische Traum ist durch erschreckende Ungerechtigkeit, schwerwiegende Manipulationen des politischen Systems, durch Hinrichtungen, Zusammenbrüche von Banken sowie Unterdrückung und Ausbeutung der arbeitenden Bevölkerung, der Linken und der Schwarzen geprägt. Wer von uns die Vereinigten Staaten im 19. Jahrhundert hätte besuchen können, wäre entsetzt gewesen über die Ungerechtigkeit und Unordnung, die damals dort herrschten. Man hätte mit mittellosen Einwanderern in den von Verbrechen gebeutelten Slums von Boss Tweed's New York sprechen können oder während einer der wirtschaftlichen Flauten mit enteigneten Bauernfamilien in den Great Plains. Man hätte die von Schwarzen in Sklavenarbeit bestellten Baumwollplantagen des Südens und die Industriestädte mit der Fließbandbelegschaft des Nordostens bereisen können und den Haß gespürt, der sie alle durchdrang. Und man hätte leicht zum Schluß kommen können, daß dieses Land die Zerreißprobe niemals bestehen könne, sondern eine Revolution es hinwegfegen würde. Statt dessen liefert die Geschichte der Vereinigten Staaten ein Beispiel dafür, wieviel Mißhandlung eine Nation aushält, wenn sie gleichzeitig wirtschaftlich gedeiht.

Nun erlebt China diese Art Wirtschaftswachstum, und vielleicht wird das Land in seiner Folge dieselbe Anpassungsfähigkeit an den Tag legen. Es gibt allerdings beträchtliche Unterschiede in den Voraussetzungen. Die Vereinigten Staaten verfügten als Grundlage über eine bürgerliche Gesellschaft und ein viel beweglicheres politisches System, eines, das – mit welcher Verspätung auch immer – auf den Druck des Volkes reagieren konnte, ohne zu explodieren. Stets gab es eine freie Presse, und immerhin wurden Wahlen abgehalten, auch wenn deren Ergebnisse manchmal gefälscht waren. Wie unzureichend das politische System und die gesetzlichen Strukturen der Vereinigten Staaten im 19. Jahrhundert auch waren, so standen sie dem Volk doch ungleich näher als in China heute. Diese Nähe ermöglichte den Vereinigten Staaten erst, das heutige System zu entwickeln. Für China stellt sich nun die Frage: Wird die Führung ihrem System eine ähnliche Entwicklung zugestehen?

Die rauhen Zeiten mit ihren Auflösungserscheinungen haben in China eine neue Generation hervorgebracht, Menschen, die kein Regierungsgehalt beziehen, sondern auf sich selbst gestellt sein und Geschäfte machen wollen, wann und wie auch immer sich die Möglichkeit dazu bietet. Einer von ihnen heißt Ah Chang. Er ist Anfang Dreißig und kleingewachsen; schon ist sein Haar schütter, ein Lächeln legt ihm einen Faltenwurf über das Gesicht, und seinen Erfolg veranschaulichen unübersehbar die Fettansätze rund um den Bauch. Nick und ich lernten ihn über gemeinsame Bekannte kennen, und ich besuchte ihn, wann immer ich nach Guangzhou kam, wo er wohnte. Und Mal für Mal war er in ein anderes Geschäft verwickelt. Und Mal für Mal reicher. Ah Chang – ein Spitzname, den ihm seine kantonesischen Bekannten gaben – hat nicht studiert. Nach Abschluß der Mittelschule arbeitete er für ein Jahr in der Computerfertigung, wo er Bretter zusägte und Drähte verlötete, und danach an einem kohlebetriebenen Schmelzofen, wo er den ganzen Tag Kohlen schaufelte und dabei jedesmal, wenn er Luft holte, den schwarzen Staub einatmete. Wenn er am Abend mit rußverklebtem Haar und Gesicht nach Hause kam, traten der Mutter bei seinem Anblick die Tränen in die Augen.

Sein erstes Vermögen erwirtschaftete er Ende der achtziger Jahre jedoch als Restaurantbesitzer. In der Ungewißheit, was nach Deng Xiaopings Tod auf China zukommen könnte, schaute er sich nach einer Möglichkeit um, sich ins Ausland abzusetzen. Im Zusammenhang mit der Tiananmen-Demokratie-Bewegung von 1989 sah er seine Chance schließlich gekommen.

Lange schon hatte Ah Chang die Regierung als eine Ansammlung korrupter und aufgeblasener Bürokraten betrachtet, aber nicht daß er deswegen sonderlich von der Demokratie als Staatsform begeistert gewesen wäre. Er gehörte lediglich zu den Millionen jener Passiven, die der Bewegung nur insgeheim Sympathie entgegenbrachten und daher keine Gefahr liefen, verhaftet zu werden. Aber da ihm das Gerücht zu Ohren gekommen war, die Vereinigten Staaten gewährten allen Asyl, die sich in der Bewegung engagierten, beschloß er, diese einmalige Chance zu nutzen.

Er verkaufte sein Restaurant und besorgte sich für 20 000 Dollar einen gefälschten amerikanischen Paß. Er bekam dafür eine gute Fälschung mit seinem eigenen Namen und Foto. Doch Ah Chang hatte dennoch Angst, erwischt zu werden. Statt direkt in die USA zu fliegen, wählte er die Route über Hongkong, Singapur und Tokio, wo er sich einige Tage aufhielt, bevor es weiterging nach San Francisco. In Kalifornien angekommen, glaubte er es geschafft zu haben. Aus Angst, mit seiner Fälschung erwischt zu werden, vernichtete er den Paß, meldete sich als politischer Flüchtling bei der Einwanderungsbehörde und beantragte dort politisches Asyl.

Die Einwanderungsbeamten hielten ihn mehrere Monate in einem Einwanderungslager fest und fanden schließlich heraus, daß er kein echter politischer Flüchtling war; sie schickten ihn nach China zurück. Mit vielen Schmiergeldern und Schmeicheleinheiten wand sich Ah Chang aus den Schwierigkeiten heraus, aber sein Geld war weg. Insgesamt hatte er 30 000 Dollar für den falschen Paß, den Flugschein, die Bestechungsgelder und andere nötige Dinge ausgegeben. Und überdies stand er nun ohne sein Restaurant da.

Es hieß von vorne beginnen, bei Null, mit nichts als seinem *guanxi*. Er eröffnete eine Imbißbude mit Bar und bestach nach guter alter Tradition die zuständigen Behörden, damit sie ihm gestatteten, eine auf einem nahegelegenen Dach angebrachte Satellitenschüssel anzuzapfen. Nun konnte er in der Bar Fernsehen aus Hongkong bieten, und dies kurbelte das Geschäft an. Aber das war ihm nicht genug. Er wollte mehr. Der große finanzielle Durchbruch gelang ihm, als ein ausländisches Unternehmen groß investieren wollte und ihm seine Bude abkaufte, um sie zugunsten einer Großüberbauung abzubrechen. Chang erhielt 40 000 Dollar dafür.

»Es war kein besonders gutes Restaurant«, erzählte er mir bei einem Abendessen. »Ich habe es nicht sehr vorteilhaft geführt. Alle meine Bekannten kamen und aßen zu einem Freundschaftspreis. Aber der Standort war gut. Auf einen Schlag hatte ich 40 000 Dollar verdient.«

Ah Chang investierte das Geld in eine Wohnung; er ließ sie renovieren und mit einer abgeschrägten Decke, mit Fliesen in Bad und Küche und einer Stereoanlage versehen. Als ich das alte Haus mit den Fenstern und Balkonen voller flatternder Wäsche aufsuchte, um mir die halbfertige Wohnung anzusehen, waren dort mindestens ein Dutzend Landarbeiter mit Sägen, Schleifen, Fliesenverlegen und Nageln beschäftigt. In einem Zimmer standen Kartons voller Akten, Küchenutensilien und Kleidern herum. Ah Chang zeigte mir Küche und Bad, die schon fast fertig waren, und mir fuhr durch den Kopf, daß hier eine Musterwohnung für eine chinesische Ausgabe von *Schöner Wohnen* entstand. Ah Chang und ich setzten uns in eine Ecke, und er erzählte mir von seinen neuen Träumen.

»Jetzt habe ich alles, was ich brauche. Ich habe genug Geld. Ich unterstütze meine Eltern, und wir essen alle gut. Sieh mal, ich lasse mir sogar meine Kleider schneidern. Siehst du diese Hose? Sie wurde von einem Herrenschneider gefertigt, der für Kunden aus dem Ausland arbeitet. Ein italienischer Schnitt. Sie sitzt viel besser als das chinesische Zeug.

Von allen Kindern unserer Familie habe nur ich es eigenhändig zu Geld gebracht. Meine Schwestern haben studiert, Englisch und Kunstgeschichte; inzwischen hat eine von ihnen einen Amerikaner geheiratet und kann in die Vereinigten Staaten auswandern.

Das ist der einzige Wunsch, den ich noch habe, in die Staaten zu emigrieren.«

Es wurde mir sehr bald klar, welche Stelle ich in seinen Träumen einnahm und wie ich dazu hätte beitragen sollen. Ah Chang wollte sich mit einer Sino-Amerikanerin verheiraten. Ich glaube, am liebsten wäre ihm schon eine echte Liebesheirat, aber er wäre auch mit einer Vernunftehe zufrieden, ja er wäre sogar bereit, eine Frau zu kaufen, also dafür zu zahlen. In Guangzhou beläuft sich der Marktpreis für eine Heirat mit einer Amerikanerin auf etwa 20 000 Dollar, aber ich bin ziemlich sicher, daß Ah Chang von mir einen Freundschaftsrabatt erwartete. Natürlich wußte er, daß ich bereits verheiratet war, aber er wußte auch, daß ich eine jüngere Schwester hatte, die in Hongkong lebte. Ob es mir nicht möglich wäre, ihn mit ihr bekannt zu machen?

Trotz seines dauernden Ränkeschmiedens mochte ich Ah Chang. Ich fand es aufregend, zu verfolgen, wie er reich wurde. Sein neues Vermögen wuchs wieder auf etwa 400 000 Yuan an, umgerechnet zu der Zeit etwa 70 000 Dollar. Um Politik kümmerte er sich nicht, doch seine Unabhängigkeit war ihm wichtig, und er wollte unbedingt reisen. Er hatte sich mit einem *taipan* zusammengetan, einem Geschäftsmann aus Hongkong, und hielt für ihn nach lukrativen Immobiliengeschäften Ausschau. Zusätzlich war er in den Schuhhandel eingestiegen und vertrieb für mehrere Schuhfirmen ihre Produkte. Seine Lagerräume quollen über von Schuhen; es gab schwarze Lackschuhe mit Schnallen, lilafarbene Stöckelschuhe und hohe Lederstiefel, die eigentlich an die Füße amerikanischer Cowboys gehörten. Ah Chang war nicht außerordentlich reich, aber es ging ihm sehr gut. Er konnte sich den Tag frei einteilen. Er konnte es sich leisten, morgens um halb elf in ein Restaurant zu gehen und dort in aller Ruhe zu frühstükken. Schon seit zwei Jahren trug er einen Piepser mit sich rum, er liebäugelte mit dem Kauf eines Privatwagens, und für ein Sommerhaus an einem See hatte er 250 000 Yuan bar auf den Tisch gelegt – obwohl er bis zu jenem Zeitpunkt bloß die Entwürfe dazu zu Gesicht bekommen hatte.

Und ständig sann er auf weitere Möglichkeiten, Geld zu verdienen. So plante er nach einiger Zeit den Einstieg in den Arzneihandel. Der Zufall wollte es, daß er den Direktor eines großen Pharma-Unternehmens kennengelernt und dieser zugesagt hatte, ihm eine der neuesten intravenös zu verabreichenden Lösungen zu verschaffen.

»Ich kenne ihn seit einem Jahr«, erklärte Ah Chang. »Er ruft mich fast täglich an, und ich begleite ihn, wohin er auch immer will. Ich gehe mit ihm zum Essen aus, laufe mit ihm durch die Gegend und spiele jedes Spielchen mit. Nun vertraut er mir, und ich vertraue ihm.

Auf der anderen Seite habe ich den für den Arzneimitteleinkauf Zuständigen eines Krankenhauses zum Essen eingeladen und dazu gebracht, daß er sich bereit erklärte, die Arzneimittel über mich zu beziehen. Dabei springt natürlich auch ein bißchen was für ihn heraus.«

»Und wieviel gibst du ihm?« fragte ich neugierig. »Jedesmal hundert Yuan?«

»Fünfzig Prozent müssen es schon sein.«

»Und wieviel gibst du dem Fabrikdirektor?« fragte ich, ziemlich ungläubig angesichts dieser Margen.

»Ihm gebe ich etwa zwanzig Prozent.«

»Aber dann bleiben dir ja bloß dreißig Prozent«, sagte ich.

»Dreißig Prozent ist überhaupt nicht schlecht. Wenn ich hier und da und dort dreißig Prozent raushole, ist das wirklich nicht schlecht. Die tun was für mich, ich tu' was für sie; eine Hand wäscht die andere. Anders geht's im Grunde gar nicht. Ich muß ihnen ihren Anteil geben, damit sie zufrieden sind. Ich habe meinen Anteil und mache Gewinn. Wir machen alle ein Geschäft dabei. Schließlich ist es Privatpersonen vom Gesetz her untersagt, mit Arzneimitteln Geschäfte zu machen, also muß ich mich doch an jemanden ranhängen, der über eine Handelslizenz verfügt.«

Ah Chang beschrieb sein Geschäftsgebaren völlig nüchtern und wirkte dabei nicht unaufrichtig, sondern ganz wie ein gutmütiger Mann, der sich den Lebensunterhalt verdient, dem Familie und Ruf wichtig sind und der sich sogar für Kunst interessiert. Er legte Wert auf den Umgang mit gebildeten Menschen und zahlte für seine Schwester die Hochschule. Er machte mir ganz den Anschein eines gewöhnlichen, in normalem Maß ehrgeizigen Durchschnittsmenschen. Deshalb erschrak ich um so mehr, als ich vernahm, in was für ein weiteres Geschäft er noch verwickelt war: Er schmuggelte Hunde nach China.

Ah Chang schmuggelt, wie er sagt, die Hunde als Haustiere, nicht für die Speisekarte, ihre in Kanton sonst übliche Bestimmung. »Hunde sind gut für die Gesellschaft«, erklärte er mir. »In China sollten wir aufhören, Hunde als Nahrung zu betrachten, und anfangen, in ihnen die Gefährten zu erkennen.« Für Haustiere besteht eine große Nachfrage, aber es gibt ein Gesetz, das die Einfuhr von Hunden verbietet; man darf sie nicht als Handelsware einführen.

»Alle schmuggeln. Ich bin nur ein kleines Rädchen im Getriebe«, sagte Ah Chang zu mir. »Natürlich ist es gegen das Gesetz, aber das Gesetz ist lächerlich. Überleg mal, ich hintergehe doch niemanden. Klar, ich hintergehe die Regierung, aber das zählt nicht. Die Regierung hat das Volk jahrelang hintergangen und tut es noch immer, etwa indem sie uns die Einfuhr ganz vieler Dinge verbietet. Ich schmuggle ja keine Drogen.«

Ich hätte schon lange gerne gewußt, wie dieser Schmuggel funktioniert. War das die chinesische Mafia? Handelte es sich um einen organisierten Ring von Leuten, die Funktelefone bei sich trugen und in schwarzen Anzügen ihre »Geschäfte« tätigten? Ah Chang erzählte mir, wie es bei ihm lief. Ein Bekannter hatte ihn mit einem Seewegschmuggler bekannt gemacht. Dieser bewohnte ein mehrstöckiges Backsteinhaus und war dort gänzlich ungestört. Auf dem Land nutzt man Grund und Boden für den Reisanbau oder um einen Fischteich anzulegen. Dieser ungebildete Mann, der sich zwar in der Seefahrt auskannte, aber nicht mal den eigenen Namen schreiben konnte, hatte sein Land dagegen in einen gepflegten Rasen verwandelt. Die ganze Familie hatte die Landwirtschaft an den Nagel gehängt und war ins Schmuggelgeschäft eingestiegen. Es stand keine Großorganisation dahinter, sie schlugen sich auf eigene Faust durch.

Sie besaßen zwei große Boote und hielten sie irgendwo an der

Küste versteckt. Selbst Ah Chang wagte nicht zu fragen, wo sich die Schiffe befanden; er wollte es auch gar nicht wissen.

»Wie bringt er die Ware ins Land?« fragte ich.

»Ich sage ihm, was ich will sowie wo und bei wem er die Ware in Hongkong abholen soll«, sagte Ah Chang. »Dann mache ich eine Anzahlung, und wenn er mir die Ware abliefert, zahle ich den Rest.«

Ah Chang wurde eingeladen und im Beisein der ganzen Familie mit einem fürstlichen Mahl in einem spärlich beleuchteten Lokal bedacht, bei dem auch schöne – und offenbar im Preis eingeschlossene – Frauen zu seiner Verfügung standen. »Wenn sie ausgehen, dann geben sie jedesmal mehrere tausend Yuan aus«, erklärte Ah Chang. »Auch sie müssen natürlich auf Kundenfang aus.«

Nach einer Weile fuhr er fort: »Du willst wissen, ob das die Untergrundmafia ist? Ich weiß nicht, was es mit dieser Mafia auf sich hat, von der alle reden. Du bezeichnest meinen Schmalspurfischer als Mafioso? Für mich ist er das nicht. Ich sehe das anders. Er will ja bloß Geld verdienen. Würdest du etwa sagen, ich handle mit der Mafia? Ich sehe das nicht so. Aber wer gehört dann zur Mafia? Ich würde sagen, diejenigen, die Heroin schmuggeln, oder vielleicht Zuhälter und Nutten oder vielleicht Waffenschieber. Das ist vielleicht die Mafia.

In Amerika weiß man, was illegal ist. Bei euch sind die Gesetze eindeutig. In China nicht. Tatsächlich gehört die chinesische Polizei in dieser Hinsicht zu den schwärzesten Schafen. Die machen selbst gemeinsame Sache mit den Schmuggelbanden. Zur Zeit ist China ein verrücktes Land.«

Das organisierte Verbrechen schien in der Tat zum Teil direkt von staatlicher Seite organisiert. Alle wußten, daß die Polizei und der Zoll im Schmuggelgeschäft und bei anderen illegalen Geschäftspraktiken mitmischten. Eines Tages erfuhr ich, in welchem Ausmaß.

Der unbedeutende Hafen Fangsheng in der Gegend Guangxi hatte sich innerhalb sehr kurzer Zeit zu einem der beliebtesten Häfen in ganz China gemausert. Grund dafür waren die Lokalbehörden, die etliche Agenturen eröffnet hatten und unter der Hand anboten, sich um den ganzen Warenimport-Papierkrieg zu kümmern. Diese Agenturen eröffneten in einer Straße in der Nähe des Hafens ihre Niederlassungen, und die Importeure brauchten dort nur die Schiffspapiere einzureichen, worauf die Angestellten die nötigen Formulare ausfüllten, die Importlizenzen besorgten und die Güter durch den Zoll schleusten. Dafür verlangten sie eine fette Kommission, aber das wußte die Kundschaft, das letzte Glied in der Kette, nicht, und deshalb schmerzte es sie auch nicht. Die Zollbeamten veranschlagten nie die tatsächliche und beträchtliche Zollgebühr auf diesen Waren. Dadurch sparten die Importeure gewaltige Summen, wovon ihrerseits die Zollbeamten wieder profitierten.

Als schließlich sämtliche Containerschiffe mit Bestimmungsort China vor diesem kleinen Hafen in Guangxi vor Anker gingen und sich eine regelrechte Warteschlange zu bilden begann, merkte selbst die Zentralregierung, daß etwas nicht stimmte. Im Hafen kam es inzwischen zu riesigen Ankunftsverspätungen, und die staatlichen Einkünfte aus den Zollgebühren waren drastisch zurückgegangen. Schließlich begannen die Behörden den Fall zu untersuchen und schlossen den Hafen Mitte 1993 vorübergehend. Die Geschäftsleute rasten vor Wut, weil ihre Ladungen wochenlang im Hafen blockiert waren. Ein Unternehmen hatte hochwertige Stahlerzeugnisse importiert, aber die Papiere wiesen Gußeisen und ähnliches Material aus, auf welches ein viel geringerer Einfuhrzoll erhoben wurde. Es stellte sich heraus, daß die korrupten Beamten die Zollpapiere selbst gefälscht und im Grunde genommen ihre eigene Agentur hintergangen hatten. Aber in China wunderte sich kaum jemand besonders darüber.

An Ah Chang gefällt mir, daß er weiß, worauf ein Handel gründet, nämlich daß nicht nur zwei Parteien zusammenkommen, um gemeinsam etwas zu bauen, zu vertreiben oder zu produzieren, sondern daß auch beide davon profitieren wollen. Das ist mehr, als sich von vielen anderen sagen läßt. Es gibt nicht wenige, die glauben, China sei ein derart großes Land, daß sie die anderen in einem fort übers Ohr hauen können, ohne je dabei erwischt zu werden. Zu ihnen gehörte zum Beispiel Shen Taifun. Er gab Ende 1992 in Beijing Bonds im Wert von einer Milliarde Yuan aus, das waren umgerechnet 175 Millionen Dollar. Der neununddreißigjährige Kaufmann nahm die unglaublichen Zinssätze zur Kenntnis, die überall von Gemeinwesen und staatseigenen Betrieben angeboten wurden, damit sie an Kapital kamen, und ersann daraufhin eine eigene erfolgversprechende Methode, um zu Geld zu kommen: Er setzte den unwahrscheinlichen Jahreszins von vierundzwanzig Prozent aus und damit das Doppelte dessen, was die Regierung den Leuten zahlt, die sich ihre Anleihen kaufen.

Shen bestach ein paar Presseleute, und sie verfaßten begeisterte Artikel über seine Firma und seine Anleihen; gleichzeitig warb er um die Gunst einiger hoher Tiere in der Verwaltung, damit sie sich in ihren Berichten positiv über ihn äußerten. Dann schickte Shen verführerische Tänzerinnen mit seinen Bonds hausieren und stellte auch ein paar Verkäufer ein, die sie ebenfalls auf Kommissionsbasis vertrieben. Das Geld strömte herein, und Shen verbrachte seine Abende in seinen Luxusvillen, ließ sich in seinen Luxuswagen durch die Gegend fahren und tat sich an exklusiven Mahlzeiten gütlich, für die er bis zu 3500 Dollar ausgab. Er eröffnete sogenannte Filialen im ganzen Land, aber das waren nichts anderes als Sammelstellen. Das Unternehmen nannte er Great Wall Machinery and Electronic High Technology Industrial Corporation, aber es stellte niemals auch nur ein einziges technisches und auch sonst kein Produkt her. Trotzdem gelang es ihm, seine Machenschaften während Monaten verborgen zu halten, und in dieser ganzen Zeit flogen ihm die Sympathie und eine überaus begeisterte Unterstützung seitens der Öffentlichkeit zu. Ich erinnere mich, daß Bekannte mich immer wieder fragten, ob ich von den großartigen Anleihen mit dem ungeheuren Ertrag auch gehört hätte. Es war das größte Scheingeschäft in Beijings jüngerer Geschichte, und es zog an die zweihunderttausend Leute in Mitleidenschaft, unter ihnen einige ganz hohe Tiere. Natürlich brach das Ganze zusammen, als Shen die Zinszahlungen nicht ausschütten konnte.

Der Skandal verursachte einen Aufschrei unter den Investoren, die sich über das Prinzip Risiko bei diesen Geschäften nicht im klaren waren. Es gab sogar eine regelrechte kleine Kundgebung der Zeichnenden; sie verlangten von der Regierung die Rückerstattung ihres Geldes. Dort saß der Schreck genügend tief, daß man umgehend erklärte, das investierte Geld werde bis zur Hälfte vom Wert der Anleihen zurückerstattet – und der chinesischen Presse eine ausführliche Berichterstattung über den Fall untersagte. Vor einer Anlaufstelle, wo man ein Gesuch zur Rückerstattung einreichen konnte, mischte ich mich unter die Wartenden. In großen Gruppen standen sie vor den Türen der Büros herum und versuchten herauszufinden, welche Formulare sie auszufüllen hatten und welche Art von Identifikation sie benötigten, um ihren Anspruch geltend machen zu können.

»Ich habe meine ganzen Ersparnisse, 30 000 Yuan – meine ganze Altersvorsorge –, in diese Bonds investiert«, sagte mir ein vierundsechzigjähriger Klempner, der wegen der Rückerstattung hergekommen war. Er sei Vater von vier Kindern und verdiene im Monat etwa den Gegenwert von 35 Dollar. »Ich habe der Regierung vertraut und geglaubt, was in den staatlichen Zeitungen stand«, sagte er. »Jetzt muß ich erneut auf die Regierung vertrauen und darauf warten, daß sie etwas unternimmt.«

Der Klempner war nicht als einziger bestürzt über das Geschehen. Am 4. März 1993 verurteilte die Regierung Shen Taifu zum Tod. Es heißt, Deng Xiaoping selbst habe gesagt, was der wirtschaftliche Erfolg denn nütze, wenn die Gesellschaft derart aus dem Ruder laufe.

Deng beunruhigten nicht vereinzelte Skandale, sondern der Stand der sozialen Moral insgesamt – das neue *baijinzhuyi*, – dieser Tanz um das goldene Kalb, der sich überall im Land breitmacht. Selbst Gefängnisaufseher erlagen der Verlockung: Mehrere Gefangene wurden entlassen, nachdem sie den Vollzugsbeamten Geld oder extravagante Geschenke zugespielt hatten.[5] China steht an einem Scheideweg zwischen Markt und Marxismus, und die Menschen nutzen dies, um über alle möglichen Abkürzungen schnell zu Geld zu kommen.

Nicht selten kostet *baijinzhuyi* Menschenleben.

Die hygienischen Verhältnisse in den chinesischen Krankenhäusern gaben uns schon immer zu denken. Ich weiß noch gut, wie ich mich nach meiner Ankunft 1988 in eine Spezialklinik begab, um den für ausländische Staatsangehörige vorgeschriebenen Syphilistest machen zu lassen. Die Schwester brach eine neue Pakkung Nadeln an und fischte eine heraus. Dann entnahm sie mir Blut.

»Sind das Einwegnadeln?« erkundigte ich mich sicherheitshalber.

»Ja, ja, machen Sie sich keine Sorgen, wir benutzen sie nur einmal«, antwortete die Schwester mit Herablassung.

Aber nachdem sie mein Blut in ein Reagenzglas umgefüllt hatte, legte sie die Nadel in eine Schüssel voll Wasser. Ich warf einen Blick hinein und sah, daß darin bereits etwa ein Dutzend Nadeln lagen. Kurz darauf sprach ich eine befreundete Ärztin darauf an, und ihre Antwort klang nicht gerade ermutigend. »Jiefang, du weißt doch, daß Nadeln in China teuer sind. Sie würden es nicht wagen, sie wegzuwerfen. Sie waschen sie aus und geben sie danach wahrscheinlich an kleinere Gemeindekrankenhäuser weiter. Aber eines sage ich dir: Falls es in China je zu einer Aids-Epidemie kommen sollte, wird sie sich schneller ausbreiten, als du dir das vorstellen kannst, und das nicht durch Drogen, sondern durch die Krankenhäuser.«

Ich glaube, sie hat ein bißchen übertrieben. Aber 1993 starrte ich auf die Bestätigung, daß die chinesischen Krankenhäuser Wegwerfnadeln tatsächlich wiederverwerten. Eine chinesische Bekannte ließ uns, außer sich darüber, vertrauliche Dokumente und weitere Informationen zu dem beängstigenden medizinischen Skandal zukommen. Da hatte ein Unternehmer mehr als eine Million Einweginjektionsnadeln säubern lassen und sie als neue wiederverkauft, und zwar fünf Jahre lang. Niemand konnte sagen, wie viele Menschen dadurch infiziert worden oder durch den Einsatz von nicht desinfizierten Nadeln sogar gestorben waren. Ein Arzt, der den Fall kannte, erzählte uns, daß einige Monate zuvor im Beijinger Youan-Krankenhaus vier Menschen gestorben seien, kurz nachdem sie eine Bluttransfusion mit offenbar nicht sterilen Nadeln erhalten hätten. Entdeckt worden sei das Ganze aus purem Zufall und niemand wisse, wie viele andere in anderen Spitälern angesteckt worden seien.

»Während dieser ganzen Zeit waren Hunderttausende, die Blut spendeten oder erhielten – auch Angehörige der Staats- und Parteiführung –, der Gefahr einer Infektion ausgesetzt«, hieß es in einem internen Regierungsbericht. »Die, welche Leben retten sollten, haben aus Geldgier gemordet.«

Begonnen hatte der Fall, als das Rote-Kreuz-Blutspendezentrum in Beijing, einer der Hauptlieferanten der Krankenhäuser, 1988 einen Vertrag für Einwegnadeln mit einer Produktionsfirma aus der nahe gelegenen Provinz Hebei abschloß. Dem internen Schreiben zufolge führte das Blutspendezentrum den Handel unter seinem Namen und kaufte die Nadeln, ohne je Kontrollen durchzuführen oder das Projekt sonst zu beaufsichtigen. Auch vergab es weder ordnungsgemäße Lizenzen noch Zulassungsscheine. (Das Zentrum in Beijing arbeitet völlig unabhängig vom Internationalen Komitee des Roten Kreuzes.)

Weiter geht aus dem Schreiben hervor, daß ein Mann namens Liu Hansheng seinen Innenhof in eine kleine, gut ausgelastete Fabrik umgewandelt hatte. Er sammelte die gebrauchten Nadeln bei den Krankenhäusern ein und verpflichtete zwei Dutzend Landarbeiter, die die Einwegnadeln unter einer Handpumpe auswuschen und in der Sonne zum Trocknen auslegten. Danach wurden die Injektionsnadeln in eine Plastikfolie mit dem Stempel des Roten-Kreuz-Blutspendezentrums eingeschweißt. Dies gehörte zu den heikelsten Punkten im ganzen Ablauf. Dann sandte Liu diese neuverpackten Nadeln an zahlreiche Krankenhäuser überall in ganz China. Hin und wieder konnte man Spuren von trockenem Blut auf den Nadeln ausmachen, doch in den meisten Fällen scheint niemand vom medizinischen Personal die Nadeln untersucht oder bemerkt zu haben, daß diese schon zuvor benutzt worden waren.

Dann reichte im März 1993 ein Bauer bei den Behörden eine Klage ein und setzte damit eine Untersuchung in Gang. Unverzüglich ordneten sie die Schließung der Fabrik an und konfiszierten die Viertelmillion Nadeln, die sie dort vorfanden. Tags darauf brachte Liu mit Ach und Krach noch ein letztes Geschäft über die Bühne. Mit einem Sondertransport lieferte er fünftausend wiederverpackte Nadeln an ein medizinisches Institut, das viele Militärkrankenhäuser bedient.

Um den Inhalt des Dokuments zu verifizieren, rief Nick mehrere Krankenhäuser an. Natürlich verweigerten sowohl die Funktionäre im Gesundheitsministerium als auch die Angestellten des Rote-Kreuz-Blutspendezentrums und verschiedener größerer Spitäler jeglichen Kommentar. Sogar das Krankenhaus der chinesisch-japanischen Freundschaft, wo ich während der Schwangerschaft jeweils hingegangen war, wenn ein Test anstand, wollte sich durchaus nicht dazu äußern, obwohl klar war, daß man Bescheid wußte. Ein paar Leute, die Nick befragte, bestätigten jedoch indirekt, daß die Ereignisse sich tatsächlich so zugetragen hatten, wie die Dokumente sie beschrieben. So ließ das Beijing-Hospital beispielsweise verlauten, man habe einen schriftlichen Bericht zu den Vorgängen an die Zentralregierung erstattet, bestritt jedoch, in den eigenen Räumen kontaminierte Nadeln verwendet zu haben. Das Youan-Krankenhaus verweigerte einen Kommentar zu den vier Kranken, von denen man annahm, daß sie aufgrund der Verwendung schmutziger Nadeln bei der Bluttransfusion gestorben waren. »Es ist beschlossen worden, daß sich das städtische Gesundheitsamt um alles kümmert, was mit diesem Fall zusammenhängt«, sagte ein Angestellter des Krankenhauses. Als Nick daraufhin das Gesundheitsamt anrief, konnte er hören, wie mehrere Leute im Hintergrund aufgeregt diskutierten; dann kehrte jemand an den Apparat zurück und teilte ihm mit: »In dieser Angelegenheit kann sich hier niemand äußern.«

Mehrere Tage später rief uns jemand aus dem aufgeschreckten Gesundheitsministerium an. Offensichtlich hatten mehrere andere Krankenhäuser gemeldet, daß Nick seine Nase überall reinstekke und Fragen zum Nadelskandal stelle. Ein Mitarbeiter namens Lu Peng bestätigte daraufhin, daß es Probleme mit besagter Fabrik auf dem Land bezüglich der Injektionsnadeln gegeben habe, versicherte aber gleichzeitig, für die Leute, die Blut spendeten oder erhielten, habe zu keinem Zeitpunkt Gefahr bestanden. »Wir waren immer sehr streng, was unser Blutprogramm betrifft«, sagte Lu. »Das ganze Zubehör muß stets eine gründliche Sterilisation durchlaufen.«

Der Skandal zog Kreise bis in die Reihen des Politbüros, zum Teil weil dessen Mitglieder selbst eine Infektion befürchteten. Trotzdem war über die Sache nie auch nur ein Wort in der chinesischen Presse zu lesen. Die Regierung versuchte lediglich, die Angelegenheit unter den Tisch zu kehren, ohne jegliches Interesse an der Aufklärung, wie viele Menschen dabei umgekommen oder durch Übertragung einer Krankheit zu Schaden gekommen sein könnten. Einige empörte Beamte im Gesundheitsministerium hatten zwar insgeheim ein paar chinesische Presseleute über den Skandal informiert, aber die Obrigkeiten bekamen Wind davon und verboten ihnen, darüber zu berichten.

Eine Ärztin erzählte mir, man habe zwar festgestellt, daß es nach Operationen und Transfusionen häufig zu Schwierigkeiten gekommen sei, sich den Grund dafür aber nicht erklären können. Das Risiko, das die Verwendung einer verschmutzten Nadel in sich birgt, ist schwer abzuschätzen. Das Dokument berichtet von einer in der Provinz Hebei durchgeführten Studie, laut welcher achtzig Prozent der mit einer infizierten Nadel Behandelten Gefahr liefen, sich eine Infektion zuzuziehen. Eine andere Studie, durchgeführt im Beijing-Hospital, das über einen hohen Hygienestandard verfügt, hält fest, daß lediglich bei rund zwanzig Prozent der Behandelten mit einer Infektion zu rechnen sei.

Mir war übel, nachdem ich das gelesen hatte, und ich kam nicht umhin, mich zu fragen, wie Ah Chang wohl gehandelt hätte, wäre ihm angeboten worden, sich am Geschäft mit wiederverwerteten Injektionsnadeln zu beteiligen. Schließlich mischte er bereits im Handel mit Arzneimitteln mit. Nicht daß ich ihm unterstellen möchte, er würde von sich aus wissentlich gefährliche Produkte verkaufen; aber ebensowenig würde er freiwillig finanziell einen Verlust hinnehmen.

Darum möchte ich allen Chinareisenden einen Rat geben. Für

den Fall, daß Sie ärztliche Hilfe benötigen, sollten Sie eigene Injektionsnadeln dabeihaben.

Natürlich entstand dieser Problemfall teilweise dadurch, daß die Marktwirtschaft auch auf das Gesundheitswesen übergreift. Die Krankenhäuser müssen kostenbewußt werden und suchen daher nach den billigsten Lieferfirmen für Nadeln und viele andere Dinge. Und sie stellen auch soweit wie möglich sicher, daß die Kranken ihre Rechnungen begleichen.

Das mußte etwa Wang Yingmei, eine siebenundzwanzigjährige Frau aus Hainan, herausfinden. Während ich mit ihr sprach, strich sie sich ununterbrochen über den Rücken. Das war die Stelle, an der der Tumor saß. Im Mai 1993 hatte man ihn operativ zu entfernen versucht, doch war es im örtlichen Krankenhaus nicht gelungen, ihn ganz zu beseitigen. Deshalb schrieb man ihr eine Empfehlung für ein medizinisch-technisch besser ausgestattetes Krankenhaus in Beijing. Die Eltern gaben ihr das Geld für die Bahnfahrt und zusätzlich 500 Yuan für Essen und andere Bedürfnisse mit, und sie fuhr in der Hoffnung auf eine lebensrettende Operation nach Beijing.

Dort begab sie sich zum Union Medical College, einem der besten Krankenhäuser in China. Man nahm ihr Empfehlungsschreiben zur Kenntnis und erklärte sich bereit, sie zu behandeln, sofern sie eine Anzahlung von 10 000 Yuan leiste. Wenn dieser Betrag aufgebraucht sei, so informierte man sie weiter, stehe eine weitere Zahlung an, ansonsten würde man sie nicht weiterbehandeln. Wang Yingmei verfügte nicht annähernd über soviel Geld. Sie besaß nur die 500 Yuan ihrer Eltern sowie weitere 300 Yuan, die ihr jemand im Vorbeigehen zugesteckt hatte, als sie weinend auf der Straße stand. Das Krankenhaus nahm sie nicht auf. »Ich will nach Hause«, schluchzte sie. »Ich weiß nicht, was aus mir werden soll.«

Ich weiß, was aus ihr wird. Sie wird sterben.

Wang Yingmei ist nicht die einzige Patientin, der gegenüber sich China heute herzlos verhält. Viele große Krankenhäuser weigern sich, Kranke aufzunehmen – selbst wenn es sich um Notfälle handelt –, sofern diese bei der Aufnahme nicht den Beweis erbringen, daß sie für die Behandlung bezahlen können. Ein Freund von uns hatte versucht, sich mit einer Überdosis Schlaftabletten das Leben zu nehmen. Seine Frau brachte ihn auf dem schnellsten Weg ins Krankenhaus und vergaß in der Aufregung, einen Ausweis mitzunehmen, der seine hohe Stellung bestätigt hätte. In der Folge verweigerte man ihm im Krankenhaus die Behandlung und ließ ihn im Wartezimmer liegen, bis es seiner Frau gelang, mit einem Kadermitglied im Zentralkomitee Verbindung aufzunehmen.

Nun wurde das Krankenhaus offiziell angewiesen, unseren Freund zu behandeln, mit der Versicherung, daß die Partei für die Kosten aufkommen werde. Tags darauf kam jemand mit einem Scheck angerast. Unser Freund überlebte, aber viele andere verfügen nicht über soviel nützliches *guanxi.* Wir haben von mehreren Todesfällen gehört, von Menschen, die draußen starben, nachdem man ihnen die Aufnahme in einem der Krankenhäuser in Beijing verweigert hatte. Ein Mann, der bei der Einlieferung im Koma lag und keinen Personalausweis bei sich trug, wurde ohne Hilfe im Wartezimmer liegengelassen und starb. Aber erst als sich nachträglich herausstellte, daß es sich um einen pensionierten höheren Militär gehandelt hatte, verursachte der Fall ein gewisses Aufsehen.

China hat sich also der Marktwirtschaft zugewandt, dem Reiz des Profits. Aber haben wir denn das nicht alle gewollt?

Ja, aber ...

Ich habe nie daran gezweifelt, daß China sich Richtung Marktwirtschaft entwickeln muß, und mein Verstand sagt mir klar, daß diese Entwicklung ihren Preis hat. Aber es macht mich doch sehr stutzig, wenn ich Menschen wie Wang Yingmei sehe, die gerade wegen dieses durch nichts zu hemmenden Sprints Richtung Marktwirtschaft zu leiden haben. Es wäre schön, wenn China sich etwas von der sozialistischen Solidarität erhalten und den Benachteiligten helfen würde, bei diesem rein wirtschaftlich motivierten Wettbewerb nicht unter die Räder zu kommen, aber ich sehe leider keinerlei Anzeichen dafür. Eine Zeitlang wird der chinesische Kapitalismus wohl dem Hobbesschen Dschungel ähnlich sein, und darin herrschen viel eher die von ihm dargelegten Naturgesetze als in den vergangenen vierzig Jahren. So, schreibt Hobbes, habe das Leben »keine Künste, keine Literatur, keine gesellschaftlichen Beziehungen, und es herrscht, was das schlimmste ist, beständige Furcht und Gefahr eines gewaltsamen Todes – das menschliche Leben ist einsam, armselig, ekelhaft, tierisch und kurz«.[6]

Vom Aufschwung der freien Marktwirtschaft werden gewiß viele profitieren, stimulieren die neuen Anreize doch eine Welle des wirtschaftlichen Wachstums. Aber die steigenden Wasser heben nicht alle Schiffe vom Grund; manche werden dabei gnadenlos weggeschwemmt.

Vergessen wir daher Menschen wie Wang Yingmei nicht.

Nicht nur Chinesen und Chinesinnen versuchten, im beginnenden Boom das große und schnelle Geld zu machen. Aus den Vereinigten Staaten, aus Taiwan, Japan und Europa klopften auch die Fremden an die Türen des Landes. 1992 flossen 11 Milliarden Dollar in Form von Investitionen aus dem Ausland nach China und ein Vielfaches an Bürgschaften, nämlich 57,51 Milliarden – nahezu das Vierfache von 1991. 1993 schwollen die Investitionen auf 25,75 Milliarden Dollar an, womit fast die Gesamtsumme aller Investitionen erreicht war, die in China seit der Einführung der Wirtschaftsreform 1978 bis dahin getätigt worden waren. Die Bürgschaften beliefen sich in diesem Zeitraum auf 110,85 Milliarden Dollar.[7] Strenggenommen handelt es sich nicht bei dem gesamten Betrag um rein ausländisches Kapital. Ein stolzer Teil davon ist chinesisches Geld, das nach Hongkong geschmuggelt und von dort zurück nach China verschoben wird. Auf diese Weise sichert man sich in China ab, denn so gilt das Geld als ausländische Investition. Vor allem aber bekommt man dieselben Zinssätze wie bei einem Joint-venture.

Es besteht jedoch kein Zweifel an der bemerkenswerten Zunahme echter ausländischer Investitionen. Nach Jahren erfolgloser Bemühungen, nachdem sie die Köpfe an der Großen Mauer umsonst gewetzt haben, erzielen heute einige westliche Unternehmen endlich Riesengewinne. 1992 zählte Guangdong bei Procter & Gamble zu den größten Märkten für Haarwaschmittel. Die ersten drei Filialen von McDonald's in China schlugen sämtliche Eröffnungsumsatzrekorde der Welt. China entwickelt sich außerdem zu einem bedeutenden Markt für Motorola-Piepser und tragbare Funkfernsprecher, und die Anzahl der Avonberaterinnen schoß innerhalb weniger Jahre von 0 auf 21 000.[8] Der nächste große Schauplatz im »Cola-Krieg« wird wahrscheinlich China sein: Pepsi-Cola sieht im China von morgen bereits seinen wohl größten Markt außerhalb der Vereinigten Staaten.[9] Allein 1993 trieben ausländische Firmen in China Handel mit Waren im Wert von 67 Milliarden Dollar, was einem Drittel des gesamtem chinesischen Handelsvolumens entspricht.

Ich fand es zusehends schwieriger, nicht in diesen Sog zu geraten. Einige meiner Bekannten von der Harvard Business School hatten sich längst dem Chinageschäft zugewandt und fuhren tolle Gewinne ein. Investitionsbanken, Wertpapierfirmen, Treuhandbüros und Rechtsberatungen, alle waren krampfhaft auf der Suche nach chinesischsprechendem Personal, das sowohl den chinesischen Markt wie auch die richtigen Leute kannte. Wer den richtigen Dreh hatte und das nötige Wissen, konnte vergleichsweise einfach Honorare verlangen und erhalten, die bis in die Hunderttausende im Jahr gingen. Ich fühlte mich geschmeichelt, daß ich ein paarmal gefragt wurde. Manchmal reizte es mich schon, dem Journalismus den Rücken zu kehren und in den chinesischen Markt einzusteigen. Schließlich kam ich ja vom Bankgeschäft, und der Handel faszinierte mich nach wie vor. Wollte ich wirklich reich werden, so bot sich jetzt die Gelegenheit dazu. Und einige Presseleute wagten auch tatsächlich den Sprung: Jim McGregor, mein Kollege vom *Wall Street Journal,* brach die Brücken hinter sich ab und eröffnete für Dow Jones & Company eine Zweigniederlassung in Beijing. Andere sagten, als ihre Zeit in Beijing abgelaufen war, sie würden vielleicht später nach China zurückkehren und ins Geschäft einsteigen. Stellen Sie sich das vor: Eine Horde zynischer Presseleute verwendet Jahre darauf, über die Menschenrechtsverletzungen der chinesischen Regierung zu schreiben, und kehrt dann dem Beruf den Rücken und läßt sich in China nieder!

Es war *der* Lockvogel einer ganzen Generation. Einfach anstekkend.

Aber Fremde müssen in China außerordentlich vorsichtig sein. Schreckte man dort schon nicht davor zurück, sich gegenseitig zu betrügen, so gab es mit Sicherheit keine Skrupel, Fremde übers Ohr zu hauen, besonders solche, die nicht Chinesisch sprachen oder China nicht kannten. Buchstäblich alle versuchten sich jemanden aus dem Ausland zu angeln und möglichst das ganze Geld herauszuquetschen. Sogar in Beijing, der aufgeklärten Weltstadt, in der Fremde schon seit Jahren Geschäfte tätigten, schien das Motto *zai lao wai* zu gelten: »Nehmt die Fremden aus.«

Ein ausländischer Geschäftsmann beging den Fehler, seine sechs Millionen Dollar auf einem Konto der Nanjing Bank zu deponieren. Eines Tages, im Laufe eines Krediteinbruches 1993, entschied die Zweigstelle, ihm das Geld einfach nicht auszuzahlen. »Ja, Sie haben Ihr Geld hier deponiert«, wurde ihm gesagt. »Doch leider verfügt die Bank zum jetzigen Zeitpunkt nicht über genügend Fremddevisen. Daher können wir Ihr Kapital im Augenblick nicht freigeben. Vielleicht später.«

Während Fremde mit ihrem Vermögen nach China kamen, investierten viele wohlhabende Chinesen ihr Kapital im Ausland, so daß sich der Kapitalzu- und -abfluß zu einer unaufhaltsamen Flut auswuchs. Einmal sprach ich mit Yu Zhian, dem Leiter eines der größten staatlichen Unternehmen. Er kaufte bankrotte chinesische Firmen auf, motzte sie zu Unternehmen auf, die Millionen abwarfen, und investierte diesen Gewinn wieder in andere Projekte. Ein Teil seiner Investitionen floß nach Amerika, wo er sich eine Farm kaufen und Ginseng anbauen wollte, das wiederum nach China gehen sollte. »Zur Zeit ist der Bodenpreis in Amerika derart günstig, daß ich einfach nicht widerstehen konnte«, sagte er zu mir in der aufstrebenden Hafenstadt Wuhan, wo ich das Gespräch mit ihm führte.

Nicht nur Yu investierte in Übersee. Aus China flossen mehrere Milliarden Dollar nach Übersee – laut dem Internationalen Währungsfonds waren es allein 1992 27,9 Milliarden. Ein Teil des Geldes floß als ausländische Investition maskiert wieder nach China zurück, ein Teil wanderte auf die Konten ausländischer Banken – viele davon Privatbanken. Dennoch wies China mit einem Kapitalrückfluß von nur 27,6 Milliarden schon offiziell einen Überschuß an abfließendem Kapital aus. Und wahrscheinlich liegt dieser inoffiziell noch sehr viel höher.[10]

Chinesische Staatsangehörige erwerben Eigentumswohnungen in Kanada, Restaurants in Deutschland und Apartments in Hongkong. Ein Chinese blätterte für einen Parkplatz vor seinem Luxusapartment im teuren mittelständischen Bezirk von Hongkong sage und schreibe 517 000 Dollar hin.[11]

Trotz all der einladenden Gelegenheiten für Investitionen sollten Fremde doch die Tatsache nicht außer acht lassen, daß die chinesische Bevölkerung, die den eigenen Markt viel besser kennt, einen offenbar erheblichen Teil ihres Geldes außer Landes bringt. Kapitalflucht ist schwierig zu bemessen, und es gibt eine Menge Gründe dafür. Einen Hinweis darauf, daß der Betrag erheblich ins Gewicht fällt, liefert der Bericht des Internationalen Währungsfonds. Die Rubrik »Irrtum und Auslassungen vorbehalten«, die diese Fehlbeträge bis zu einem gewissen Grad zu erfassen versucht, wies in bezug auf China stark schwankende Beträge aus, die sich von einem Zufluß von 115 Millionen 1989 zu einem Abfluß von 3,2 Milliarden 1990 bewegten. Dieser Betrag erhöhte sich auf 6,8 Milliarden im Jahre 1991 und erreichte 1992 8,2 Milliarden. 1993 pendelte er sich schließlich bei ungefähr 7 Milliarden ein.[12]

Das Motto vom Ausnehmen der Fremden wirkte sich ganz besonders im Immobilien- und Grundstücksgeschäft aus. Ein befreundeter Investmentbanker erzählte mir, als er den Antrag für den Bau eines Bürogebäudes in erstklassiger Lage im Zentrum von Beijing unterzeichnete, habe ihm sein chinesischer Partner erzählt, daß der ausländische Investor jeder Familie, die auf dem besagten Grundstück wohne, 100 000 Dollar Entschädigung zahlen müsse. Er fragte mich, ob es wirklich solche Unsummen koste, die Bewohner und Bewohnerinnen zum Umzug zu bewegen? Natürlich nicht. Umsiedlung ist eine der Stärken der chinesischen Regierung, und in der Regel geht das folgendermaßen vonstatten: Die staatliche Abbruchfirma teilt den Leuten mit, wann und wohin sie umziehen müssen. Weigern sie sich, so läßt die Polizei zwangsräumen. Und das Geld? Ein Teil geht an die Abbruchfirma, ein Teil an die Familien und der Löwenanteil an die Händler, die das Geschäft auf Westniveau getrimmt haben.

Daß selbst das *laobaixing*, also das gewöhnliche Fußvolk, vollkommen unrealistische Träume hegt, mußte ich anläßlich einer Hausbesichtigung feststellen, bei der ich zwei amerikanische Freundinnen begleitete. Die eine Freundin suchte ein Haus, das sie renovieren und bewohnen wollte, und hatte von einem Angebot in Qianmen gehört, einem dichtbevölkerten, aber zentral gelegenen Viertel südlich des Tiananmen-Platzes. »Es handelt sich um eine wirklich gute Lage, direkt im Herzen von Qianmen, und sehr vorteilhaft, denn Qianmen liegt ja im Zentrum von Beijing«, erklärte unsere Kontaktperson beflissen.

An einem Sonntagnachmittag sollten wir uns am Eingang zum Yuetan-Park mit einem chinesischen Agenten treffen. Er tauchte nach einer halben Stunde Wartezeit auf, und wir stiegen alle in ein Taxi, das uns nach Qianmen brachte. Doch als wir in der Qianmen-Straße angekommen waren und ich eben aussteigen wollte, setzte der Wagen seine Fahrt munter fort und kurvte eine weitere halbe Stunde lang durch enge Gäßchen, vorbei an Fahrrädern und alten Männern mit Kisten Sodawasser und Briketts auf kleinen Karren.

»Wir sind gleich da«, wiederholte der fette Agent mehrfach in seinem schwerfälligen Beijinger Akzent.

Schließlich kamen wir in die Xiqiaoshu Alley, ein Gäßchen, das so schmal war, daß wir aussteigen und den Rest des Weges zu Fuß gehen mußten. Während wir auf das Haus zugingen – dessen Eingang auf einen Innenhof wies –, fiel mir eine Tafel mit der Aufschrift »Polizei« auf, die auf einen nahe gelegenen Eingang deutete. Von innen offenbarte sich das Objekt als Trümmerhaufen. In der Mitte des Innenhofes stand ein großer Ofen, den vier Familien mit Kohle heizten und um den sich im Lauf der Jahrzehnte dunkle

Spuren in den Boden eingegraben hatten. Jede Familie bewohnte einen Hausteil. Die Türen quietschten, die Fenster starrten vor Ruß und Dreck und wiesen deutlich Spuren zerquetschter Fliegen auf. Die Stufen bröckelten, und an den Decken hingen Spinnennetze. Es gab keine Heizung, und der zukünftigen Besitzerin war es untersagt, das Haus zu renovieren, da es sich um ein denkmalgeschütztes, historisches Innenhofhaus handelte. Und da sich das Haus in unmittelbarer Nähe der Polizei befand, konnten die Obrigkeiten jeden einzelnen ihrer Schritte mitverfolgen.

»Sie dürfen weder Balken noch Wände ausbessern oder erneuern, aber streichen dürfen Sie sie«, erklärte der Verkäufer. »Das Haus gehört meiner Tochter und ihrem Mann, wir sind ihnen bloß beim Verkauf behilflich.«

Hinzu kam, daß drei Familien ausgekauft werden mußten, und der alte Mann meinte, die Umsiedlungsgebühr würde sich auf etwa 7000 Dollar pro Familie belaufen. »Wir haben die einzelnen Familien noch nicht konkret darauf angesprochen, doch sollte das genügen.«

Der Boden gehörte dem Staat, und nur das baufällige Gebäude stand zum Verkauf. Obwohl das Haus meiner Freundin nicht besonders gefiel, beschloß sie, den Kauf zu erwägen, falls es preiswert sei. Wieviel es koste?

»Es sind drei Wohnungen«, sagte der Alte. Diese da kostet ungefähr 300 000 Yuan«, meinte er und deutete auf ein paar Räume auf der einen Seite. »Die Zweizimmerwohnung da drüben kostet 400 000 oder 500 000 Yuan und die mit dem viereckigen Grundriß ebenfalls.«

Das hieß, daß sie einschließlich der Umsiedlungsabfindungen rund 250 000 Dollar für ein heruntergekommenes Haus hinzublättern hätte, das in einem schäbigen Gäßchen lag und nur zu Fuß zu erreichen war. Wir lachten. Meine Freundin erklärte dem alten Herrn und seinem Agenten, sie könne in Minnesota, woher sie stamme, für diese Summe ein Haus allein mit vier Schlafzimmern und Garten auf eigenem Boden kaufen.

Ich fragte mich oft, wie es kam, daß alles in Beijing innerhalb so kurzer Zeit so teuer werden konnte. Teilweise ließ es sich damit erklären, daß die Regierung befürchtete, sie könnte von den Fremden übervorteilt werden, und die Grundstückspreise deshalb so hoch ansetzte. Daneben lag die Ursache wohl im tatsächlichen Mangel an Bürohäusern, Wohnblöcken und Unterhaltungszentren westlichen Zuschnitts. West-Unternehmen rissen sich darum, eine Niederlassung in China eröffnen zu können, und dieser Wettlauf ließ die Preise emporschnellen.

Wer eine moderne Wohnung suchte, wanderte mit Hunderten anderen auf einer Warteliste. Hatte man Glück, erwischte man eine für dreitausend bis zehntausend Dollar im Monat. Oder aber man gab bis zu einer Million Dollar aus für ein Eigenheim in Beijing oder Shanghai, nicht etwa in der besten Gegend, sondern in den Vorstädten, wo das dazu benötigte Bauland noch erhältlich war. Büroräumlichkeiten wurden etwa zu denselben Preisen gehandelt wie in Manhatten, und nicht selten lagen sie sogar noch darüber.

China war eine einzige, große Luftblase, ähnlich wie Japan in den achtziger Jahren, bevor die Blase platzte. Eines Abends rief mich ein chinesischer Journalist an und fragte, ob ich ihn mit ausländischen Firmen bekannt machen könnte, die an einer besonderen Werbekampagne in der *Bejing Daily* oder *Beijing Evening News* interessiert wären. Möglich, sagte ich, aber ich wollte gerne wissen, was einen Sportreporter dazu trieb, sich im Anzeigenverkauf zu engagieren.

»Ach, ich helfe der Zeitung nur aus«, sagte er. »Es geht um eine Sonderkampagne im Rahmen der Bewerbung für die Olympischen Spiele in Beijing. Wir meinen, daß viele ausländische Firmen Beijings Bewerbung gerne unterstützen würden.

Der Plan sieht folgendermaßen aus«, fuhr er fort. »Zum erstenmal in der Geschichte dieses kommunistischen Landes lassen wir ein ausländische Unternehmen ein ganzseitiges Inserat auf der Titelseite der *Beijing Daily* oder *Beijing Evening News* plazieren. Wie du weißt, hat die *Beijing Daily* eine Auflage von 600 000 Exemplaren, die *Evening News* deren 900 000.«

Ich grinste. Beim größten Teil der Auflage von *Beijing Daily* handelte es sich um reinen Pflichtabsatz. Zwar hatten praktisch alle Arbeitseinheiten diese Zeitung abonniert, aber die meisten Exemplare lagen ungelesen in den Büros herum. Beim Sensationsblatt *Evening News* war die Situation etwas besser. Aber das Angebot machte mich neugierig, ich wollte mehr darüber wissen.

»Und wieviel verlangt ihr für diese einmalige Gelegenheit?« fragte ich.

»Zwei japanische Firmen sind bereits daran interessiert. Es dreht sich um einen einzigen Tag.«

»Heraus damit, was soll es kosten?«

»Dreihunderttausend Dollar.«

Ich schluckte. »Xiao Dong«, sagte ich, »meinst du nicht, das ist etwas viel? Ich meine, das ist teuer, nur für einen einzigen Tag.«

»Beijing ist die Hauptstadt von China! Und diese Zeitung ist das Flaggschiff von Beijing. Es wäre sehr gut für das Ansehen eines Unternehmens, in unserer Zeitung zu werben. Warum sollten wir nicht soviel verlangen? Wir halten den Preis für angemessen. Und wir hoffen, du tust uns den Gefallen und stellst uns etwas potentielle Kundschaft vor. Zwei japanische Firmen haben wie gesagt bereits Interesse angemeldet, aber uns wäre ein amerikanisches Unternehmen lieber.«

»Wenn mir etwas zu Ohren kommt, werde ich mich sicher mit dir in Verbindung setzen, Xiao Dong.«

Keine der beiden Beijinger Tageszeitungen veröffentlichte jemals eine Anzeige dieser Art.

Nicholas D. Kristof

血與鐵

10 BLUT UND EISEN

China verjüngt sich!
Das bedeutete nur einen
Schritt zu: China ist sprungbereit.

Jack London in einer Kurzgeschichte von 1908

Der Löwe und das Kalb
werden sich zusammen hinlegen,
aber das Kalb wird nicht
viel Schlaf kriegen.

Woody Allen,
»Without Feathers«

Gegen Ende seines Lebens, also Anfang der siebziger Jahre, wurde der renommierte amerikanische Publizist Walter Lippmann einmal in einem Fernsehinterview gefragt, was die größte Katastrophe sei, die er sich vorstellen könne. Darauf herrschte ein langes Schweigen. Dann antwortete er sehr entschieden: »Ein entfesseltes China.«

Heute hieße es wohl, vorab in manchen asiatischen Staaten: »Ein reiches entfesseltes China.« Das einzige, was man dort für noch beängstigender hält als 1,2 Milliarden mittellose Menschen, die in völliger Auflösung über die Grenzen strömen könnten, ist die Vorstellung eines reichen, durchorganisierten Landes mit einer Bevölkerung von 1,2 Milliarden, das Panzer und Kampfflugzeuge über die Grenzen donnern läßt. Für sie ist das chinesische Wirtschaftswunder nicht erfreulich, sondern höchst beunruhigend.

Seit dem Ende der siebziger Jahre hat sich die chinesische Wirtschaft mit einer jährlichen Wachstumsrate von rund neun Prozent entwickelt. Bei einer solchen Rate verfünffacht sich der Umfang einer Wirtschaft alle neunzehn Jahre. Und nicht selten geschieht dasselbe mit dem Militäretat.

Die Verästelungen des chinesischen Wirtschaftsbooms sind jedoch nicht nur ökonomischer Natur. Global ist auch das diplomatische, politische und militärische Gleichgewicht davon betroffen, so daß sich die Gewichte anders verteilen werden. Die übrige Welt muß sich erst noch darauf einstellen, was der Aufstieg Chinas für sie bedeutet.

Natürlich ist es durchaus möglich, daß China, wie es sich heute präsentiert, keinen Bestand hat. Aber die riesige Nation ist bereits bedeutend genug und derart mit der übrigen Welt verknüpft, daß auch ein Kollaps die Welt erschüttern würde. Ein Flüchtlingsstrom von zehn Millionen Menschen könnte sich über das Meer nach Japan, Indonesien, Malaysia und in andere Länder ergießen. Anders ausgedrückt: Ein toter Elefant ist sicher weniger eindrucksvoll oder beängstigend als ein wildgewordener Elefantenbulle. Dennoch stellt auch ein toter Elefant vor große Probleme.

Immerhin bestehen gute Chancen, daß China den Wirtschaftsboom auch in den kommenden Jahrzehnten aufrechterhalten kann. Wenn dies gelingt, wird das Reich der Mitte allerdings auch einen weitaus größeren Anteil der globalen Energieressourcen als bisher für sich einfordern und dann wesentlich zu weltweiten Problemen wie saurem Regen, FCKW-Ausstoß und globaler Erwärmung beitragen. Auch auf anderen, weniger einschneidenden Gebieten wird es seinen Einfluß geltend machen, zum Beispiel im Sport, und bei Olympischen Spielen möglicherweise reihenweise Medaillen einheimsen. Zudem werden sich die Handelsbilanzen atemberaubend ausnehmen und die Banken international eine bedeutende Rolle spielen – und die Armee vielleicht ebenfalls.

»China verlagert das weltweite Gleichgewicht in einem solchen Maß, daß die Welt in dreißig bis vierzig Jahren zu einem neuen Gleichgewicht finden muß«, erklärte Lee Kuan Yew, der frühere

Ministerpräsident von Singapur 1993. »Man kann nicht so tun, als handle es sich dabei einfach nur um eine weitere große Macht. Es handelt sich um die größte Akteurin in der Geschichte der Menschheit.«[1]

Die Wirtschaftsrevolution, die unter Deng Xiaopings Führung Ende der siebziger Jahre in Gang kam, zeigt wohl bereits heute Auswirkungen größeren Ausmaßes als die Revolution der Bewegung von 1949 mit Mao an der Spitze. In der chinesischen Geschichte gab es immer wieder Bauernaufstände und neue Dynastien. Doch nie zuvor sind so viele Menschen oder wahrscheinlich sogar ein so großer Teil der gesamten Menschheit in so kurzer Zeit der Armut entwachsen. Und der wirtschaftliche Aufschwung in China steht vielleicht erst ganz am Anfang.

Als einer der ersten Wirtschaftswissenschaftler erkannte der Harvard-Professor Dwight G. Perkins Chinas Potential. Ich erinnere mich an eine Gastvorlesung, die er 1979 in Harvard im Rahmen meiner Einführungsvorlesungen in Volkswirtschaft hielt; damals gab er sich eher analytisch als optimistisch. Die Begeisterung wuchs erst in den folgenden Jahren und inspirierte ihn zu einem dünnen Bändchen, das ich noch immer für eine der besten allgemeinen Einführungen in die chinesische Wirtschaft halte, nämlich *China: Asia's Next Economic Giant?* (China, Asiens nächster Wirtschaftsriese?). Diese Untersuchung erschien 1986, ein Jahr bevor die Regierung zum erstenmal versuchte, die Demokratie-Bewegung niederzuschlagen, und drei Jahre vor der viel ernsteren Tiananmen-Niederschlagung. Kurz nach Tiananmen wirkte seine Begeisterung etwas naiv, doch Anfang der neunziger Jahre galt er schon als visionär. Ich rief ihn 1993 an und fragte ihn, ob er, wenn er sein Buch noch einmal schriebe, das Fragezeichen noch immer hinter den Titel setzen würde. »Ich glaube, ich würde es weglassen«, sagte er langsam. »Oder zumindest würde ich das Fragezeichen kleiner setzen.« Er hielt seinen Standpunkt, daß sich der chinesische Wirtschaftsboom fortsetzen werde, aufrecht.

»Ich sehe nicht ein, was ihn aufhalten sollte, es sei denn, Sie berichten mir von einem Bürgerkrieg oder einem wirklichen Chaos, das zum Bürgerkrieg führt«, meinte er.

Lawrence H. Summers, ein anderer Volkswirtschaftler, den ich in Harvard kennengelernt hatte, gibt sich noch entschiedener, was China betrifft. Als einflußreichster Wirtschaftsexperte der Weltbank schrieb Summers 1992: »Wenn in hundert Jahren die Geschichte des ausgehenden 20. Jahrhunderts geschrieben wird, kann es gut sein, daß man die revolutionären Veränderungen in China – dessen System bald nur noch in einem rhetorischen Sinn kommunistisch sein wird – als das bedeutendste Ereignis betrachten wird ... Über hundert Jahre lang waren die Vereinigten Staaten die weltweit größte Wirtschaftsmacht. Das einzige Land mit einer Chance, sie in der kommenden Generation in absoluten Zahlen zu übertreffen, ist China.«

Chinesische Statistiken sind leider höchst unzuverlässig, aber nach manchen Kriterien nimmt die chinesische Wirtschaft bereits heute am Umfang gemessen den zweiten oder dritten Rang weltweit ein. Und derselben Statistik zufolge wird China die Vereinigten Staaten bei der gegenwärtigen Wachstumsrate in etwas mehr als zehn Jahren überholen und zur größten Wirtschaftsmacht der Welt aufsteigen.

Wie ist das möglich?

Es ist zwar richtig, daß die offizielle Statistik für China ein Bruttosozialprodukt pro Kopf der Bevölkerung von nur rund 370 Dollar angibt, was in etwa demjenigen Indiens entspricht. Multipliziert man diese Zahl mit der chinesischen Bevölkerung von 1,2 Milliarden, so erhält man ein Bruttosozialprodukt von insgesamt 444 Milliarden Dollar. Dies ist weniger als zehn Prozent des amerikanischen Bruttosozialprodukts von rund 5500 Milliarden oder 5,5 Billionen Dollar.

Nun sind diese offiziellen Zahlen aber reichlich absurd. Es ist nämlich sinnlos, das chinesische Lohnniveau ohne Bezug zu den Preisen zu betrachten. Die Löhne liegen zwar äußerst tief, aber die Lebenshaltungskosten ebenfalls. Betrachten wir zum Beispiel die Familie von Jiang Lianxiang, einer einundvierzigjährigen Lehrerin, die ich in der südchinesischen Stadt Guiyang kennenlernte. Jiang lebt mit ihrem Mann und ihrem einigermaßen verwöhnten zehnjährigen Sohn in einer Zweizimmerwohnung. Sie haben das Grundlegende – einen Fernseher, ein Sofa und einen Kühlschrank (auch wenn er nicht in der Küche Platz findet und im Wohnzimmer stehen muß). »Wir besitzen fast alles, was wir uns wünschen könnten«, sagte mir Jiang, während sich ihr Sohn auf dem Couchtisch in Kalligraphie übte.

Jiang verdient als Unterstufenlehrerin offiziell umgerechnet 18 Dollar im Monat. Aber wie die meisten erhält sie zusätzlich verschiedene Prämien und Zuschüsse. In einem Monat sieht ihr Einkommen im Durchschnitt folgendermaßen aus:[2]

Gehalt	18,00 Dollar
Dienstalterprämie	1,30 Dollar
Intellektuellenprämie	1,11 Dollar
Erfahrungsprämie	2,12 Dollar
Bade- und Haarschnitt-Zuschuß	2,04 Dollar
Buskosten-Zuschuß	1,30 Dollar
Zuschuß für den Kauf von Zeitungen und Büchern	1,11 Dollar
Prämie als Klassenberaterin	2,04 Dollar
Inflationszuschuß	1,11 Dollar
Essenszuschuß	2,78 Dollar
Regelmäßige Prämie	3,15 Dollar
Insgesamt	36,06 Dollar

Außerdem erhält Jiang spezielle Prämien zum Tag der Lehrkräfte und zum chinesischen Neujahr. Ihr Mann Yu Qian ist Monteur in einer Fabrik. Sein Grundlohn beträgt 23,70 Dollar im Monat, und er verdoppelt sich durch Prämien und Zuschüsse ebenfalls beinahe. Zu alledem kommt noch eine Prämie von 80 Cent im Monat, weil sie nur ein Kind haben, und so haben sie zusammen im Endeffekt ein Einkommen von rund 85 Dollar im Monat.

Das ist nicht viel, aber auch die Ausgaben sind gering. Wie ein Großteil der chinesischen Bevölkerung bezahlen Jiang und Yu keine Steuern. Die Kosten für die medizinische Versorgung werden alle durch ihr *danwei* (Arbeitseinheit) gedeckt. Heizung und Strom stehen ihnen ebenfalls kostenlos zur Verfügung, und sie bezahlen weniger als einen Dollar im Monat für ihre Zweizimmerwohnung. Die Kosten für Lebensmittel machen 37 Dollar im Monat aus, also den größten Teil des Familienetats, aber die Preise sind noch immer sehr tief. Ein Pfund Spinat kostet 8, ein Pfund Schweinefleisch 60 und ein Pfund Reis 12 Cent. Sogar ein Luxusartikel wie Hundefutter kostet nur 1 Dollar pro Pfund. In ländlichen Gegenden kann eine Schachtel Zigaretten durchaus nur 7 Cents kosten.

Weitere 19 Dollar des Familienetats gehen im Durchschnitt jeden Monat für Kleider weg. Auch diese sind in China viel billiger als im Ausland. Eine Daunenjacke kostet etwa 22 Dollar, ein Hemd einige Dollar, und ein Paar Schuhe für ein Kleinkind sind für weniger als einem Dollar zu haben. Ebenfalls rund 19 Dollar gibt die Familie für Dinge wie zum Beispiel die Abendzeitung (2,5 Cent pro Ausgabe), Busfahrkarten (1 Cent eine Fahrt) und Kino (40 Cent pro Eintritt; das *danwei* gibt die Karten jedoch oft kostenlos ab). Jiang und Yu legen etwa 10 Dollar im Monat auf die hohe Kante, sprich auf ein Bankkonto, das bereits auf über 700 Dollar angewachsen ist.

Eine Methode, um eine realistischere Zahl für das chinesische Bruttosozialprodukt zu erhalten, besteht darin, den Wert aller Produkte und Dienstleistungen in internationale Preise umzurechnen. Wenn zum Beispiel eine Busfahrt in den Vereinigten Staaten in der Regel einen Dollar kostet und eine in China einen Cent, müßte man die Kosten chinesischer Busdienste mit dem Faktor hundert multiplizieren.

Das Einsetzen internationaler Preise nennt man Purchasing Power Parity Technique, kurz PPP, oder Kaufkraft-Umrechnungstechnik. Das Problem bei der Methode PPP besteht in der Schwierigkeit, mit der Umrechnung auch die Qualitätsmaßstäbe anzupassen. Die Busse sind in China zum Beipiel so gedrängt voll, daß noch Passagiere aus den Türen hängen. Sie sind zudem langsam und unbequem, und durch zerbrochene Fensterscheiben dringen giftige Abgase herein. In den Vereinigten Staaten würde man für eine solche Busfahrt möglicherweise nicht einmal einen Cent hinlegen. Dafür einen Dollar einzurechnen wäre demnach völlig unangemessen.

Nicht zuletzt aufgrund solcher Qualitätsunterschiede variieren die Schätzungen des chinesischen Bruttosozialprodukts, die mit Hilfe der PPP-Methode erstellt wurden, von rund 650 Dollar bis zu 4000 Dollar pro Kopf. Durch die riesige Bevölkerungszahl in China ergibt sich, nach den höheren Einschätzungen, mithin ein gesamtchinesisches Bruttosozialprodukt, das weltweit den zweiten Platz einnimmt, niedriger als das der Vereinigten Staaten, aber noch höher als dasjenige Japans. Diese Annahme dürfte jedoch übertrieben sein.

Der angesehene Wirtschaftsexperte Nicholas R. Lardy geht davon aus, daß in China das Pro-Kopf-Einkommen nur wenig mehr als 1000 Dollar beträgt und daß die Wachstumsraten in den kommenden Jahrzehnten gering sein werden. Seiner Meinung nach wird die chinesische Wirtschaft erst um das Jahr 2040 die weltweit größte sein.[3] Die Weltbank bietet zwei Schätzungen für das Bruttoinlandsprodukt pro Kopf der chinesischen Bevölkerung auf der Basis internationaler Preise an.[4] Nach der einen belief es sich im Jahre 1991 auf 1680 Dollar pro Person; nach der zweiten waren es 2040 Dollar. Multipliziert mit den 1,2 Milliarden Menschen, ergibt sich aus diesen Zahlen, daß Chinas Volkswirtschaft zwar immer noch etwas hinter derjenigen Japans zurücksteht, aber schnell aufholt.

Allerdings besteht noch lange kein Grund zur Euphorie. In China werden diese Beträge nicht wirklich verdient. Man lebt damit nur etwa so gut wie in den Vereinigten Staaten mit 2000 Dollar im Jahr – also nicht besonders. China ist noch immer ein Land materiell armer Menschen; es gibt dort einfach sehr viele von ihnen.

Wenn Hongkong 1997 an China zurückfällt, stellt diese riesige Nation ein noch viel eindrucksvolleres Ganzes dar. Hongkong hat zwar »nur« eine Bevölkerungszahl von 5,9 Millionen, aber ein internationales Handelsvolumen, das demjenigen Frankreichs entspricht, und ein höheres Pro-Kopf-Einkommen als Großbritannien. Wenn am 30. Juni 1997 um Mitternacht die rote Fahne über Hongkong aufgeht, hat China von einer Minute auf die andere eine neue Finanzkapitale.

Hongkong und Südchina sind schon heute enger zusammengerückt. Im historischen Rückblick wird es sogar möglicherweise dereinst heißen, 1997 habe Hongkong China übernommen, nicht umgekehrt. Rund drei Millionen Werktätige in der Provinz Guangdong arbeiten schon heute für Unternehmen oder Zulieferer in Hongkong, weil diese die gestiegenen Löhne nicht mehr zahlen wollten und ihre Produktion über die Grenze nach Guangdong und damit zu billigeren Arbeitskräften verlagerten. Hongkong wird also zum Finanz-, Handels-, Betriebs- und Detailhandelszentrum, zur eigentlichen Zentrale, während die Fließbänder jenseits der Grenze laufen. Gordon Wu, ein *taipan* mit Abschluß in Princeton, brütete über den Karten auf seinem Schreibtisch und umschrieb die Entwicklung wie folgt: »China ist die Fabrik und Hongkong die Ladenfront.«

Der Zusammenschluß von Guangdong und Hongkong steht für ein weiterreichendes Phänomen: den Aufstieg »Großchinas« zur integrierten wirtschaftlichen Größe. Unter Großchina versteht man China, Hongkong und Taiwan, und all ihrer politischen Differenzen zum Trotz wird die Wirtschaft dieser drei Länder zu einer einzigen verschmolzen. In Taiwan standen die Unternehmen unter demselben Druck wie in Hongkong, nämlich steigender Lohn- und Nebenkosten, nur daß sie zusätzlich mit dem Problem eines steil ansteigenden Wechselkurses zu kämpfen hatten. So begann man auch dort ganze Fertigungszweige über die Formosastraße nach dem Billiglohnland Südchina zu verlegen. Praktisch die ganze Schuhindustrie Taiwans sowie ein Großteil der Konfektions- und Freizeitbekleidungsindustrie wurde in die Provinzen Guangdong und Fujian umgesiedelt. Sobald Taiwan Direktflüge über die Formosastraße erlaubt, könnte die Flugroute von China nach Taiwan eine der am meisten frequentierten Strecken der Welt werden, das asiatische Pendant zum Korridor von Boston nach New York.

Es heißt hin und wieder, die Weltwirtschaft sei dreipolig und drehe sich um die Vereinigten Staaten, Japan und die Europäische

Union. Aber Großchina entwickelt sich rasch zu einem vierten Pol, einem neuen Eckpfeiler der internationalen Wirtschaft. Hochrechnungen der Weltbank zufolge sollen sich die Nettoimporte in Großchina im Jahr 2002 auf 639 Milliarden Dollar belaufen, diejenigen in Japan auf 521 Milliarden. Das Bruttoinlandsprodukt von China wird mittels vergleichbarer internationaler Preise im selben Jahr auf 9,8 Billionen Dollar geschätzt, gegenüber 9,7 Billionen der Vereinigten Staaten.[5] Falls sich diese Voraussagen bewahrheiten, wird Großchina bis dahin also nicht einfach ein weiterer Wirtschaftspol sein, sondern der größte von allen.

Während eines Großteils der überlieferten Geschichte hatte China dem Abendland gegenüber die Nase vorn. Die chinesische Philosophie, Poesie, Wissenschaft und Verwaltung waren über lange Zeit hinweg differenzierter als in Europa, und auch der Lebensstandard lag vermutlich höher. Schließlich wurden in China das Papier, das Pulver, der magnetische Kompaß, die Uhr und die Schubkarre erfunden. Zudem gab es zahlreiche Neuerungen auf dem Gebiet der Nautik und des Schiffsbaus wie zum Beispiel das Heckruder. In chinesischen Gießereien wurde bereits tausendsiebenhundert Jahre früher als in Europa flüssiges Eisen geformt, und in der Landwirtschaft benutzte man schon vor gut zweitausend Jahren Sämaschinen, um mehrere Reihen Korn gleichzeitig anzusäen, während in Europa die ersten Sämaschinen erst im 17. Jahrhundert zum Einsatz kamen. Auch die chinesische Mathematik kann sich sehen lassen. Im dritten Jahrhundert vor Christus lag die Berechnung der Zahl Pi auf fünf Dezimalstellen genau vor, und der analytischen Geometrie bediente man sich, mehr als tausend Jahre bevor Europa sie beherrschte.

Die Welt, wie wir sie kennen – mit einem modernen Okzident und einem rückständigen Orient –, ist ein relativ junges Phänomen. Während eines Großteils der Geschichte verhielt es sich gerade umgekehrt. China beutete seine Neuerungen nur nie aus. Während in Europa in den vergangenen fünfhundert Jahren zuerst die Renaissance stattfand und später die industrielle Revolution über den Kontinent hinwegfegte, döste China die meiste Zeit. Erst etwa seit der Wende vom 15. zum 16. Jahrhundert hinkt China nach den meisten gängigen Kriterien in Wirtschaft, Kultur und Wissenschaft hinter dem Westen her; in ebender Zeitspanne aber beschleunigte sich der Wandel im Westen.

Wenn China den Lebensstandard und das Bildungsniveau im Land heben und sich aus der gegenwärtigen ideologischen Zwangsjacke befreien kann, dann – wer weiß? Selbst wenn das Land nach Pro-Kopf-Maßstäben noch immer bedeutend im Hintertreffen liegt, könnte die riesige Bevölkerung in ein- oder zweihundert Jahren die Wiedererlangung der früheren Stellung als Nummer eins ermöglichen. Die führenden Zentren der Geschichtsforschung – natürlich vornehmlich in China gelegen – würden Seminare über Aufstieg und Niedergang des Westens halten, so wie wir das Mongolenreich oder die Mayas studieren.

Dies sind natürlich müßige Spekulationen; sie dienen einzig dazu, uns in Erinnerung zu rufen, daß die Vorherrschaft des Westens nichts Feststehendes oder Unverrückbares ist. Bereits heute zeichnet sich auf verschiedensten Gebieten das Potential Chinas ab. Xie Jun, die Schachweltmeisterin, ist Chinesin. Chinesische Athleten und Athletinnen, hauptsächlich in den Sportarten Schwimmen, Tauchen und Turnen, verbessern sich rasant, und Läuferinnen aus der Provinz Liaoning sind aus dem Nichts aufgetaucht und haben Weltrekorde erstaunlich verbessert. Im September 1993 warf die zwanzigjährige Wang Junxia aus der Provinz Liaoning im Alleingang die gültigen Annahmen über die athletische Leistungsfähigkeit des Menschen über den Haufen. Zuerst lief sie zehn Kilometer in 29 Minuten und 31 Sekunden und verbesserte damit den Weltrekord um 42 Sekunden. Dann brach sie den 1500-Meter-Weltrekord und zweimal den Rekord über 3000 Meter. Die alte 3000-Meter-Marke hatte zuvor neun Jahre bestanden, wurde jedoch bei den chinesischen Meisterschaften von 1993 gleich von fünf Frauen durchbrochen. Bei den Olympischen Spielen von 1992 in Barcelona holten die chinesischen Läuferinnen noch keine einzige Medaille, aber schon ein Jahr später gewannen sie bei den Leichtathletik-Weltmeisterschaften die 1500-, 3000- und 10000-Meter-Läufe. Im 3000-Meter-Lauf holten sie gleich alle drei Medaillen.

Zutiefst verärgert über den Verdacht des Westens auf Doping, behaupteten die chinesischen Behörden beharrlich, Wangs Erfolgsgeheimnis sei ein ganz anderes und sehr einfach. Sie trainiere nämlich in der Woche dreihundert Kilometer und nehme einen Trank aus Raupenpilzen und eine Suppe aus Weichschildkrötenfleisch zu sich. Nun, was immer sie auch trinken mag, Chinas athletische Leistungen werden sich vermutlich noch verbessern. Schon heute werden die Grundschulen systematisch nach Kindern abgesucht, deren Körperbau auf einen Erfolg in der einen oder anderen Disziplin schließen läßt. Die vielversprechendsten schickt man, meist weit weg von ihren Familien, in Sonderschulen. Dort leben sie mit ihren Betreuungspersonen und trainieren praktisch den ganzen Tag.

Im allgemeinen kann das chinesische Bildungswesen noch nicht vorne mithalten, aber jüngere Intellektuelle fallen im Ausland mit eindrucksvollen Leistungen auf, und an internationalen Hochschulwettbewerben in Mathematik und Naturwissenschaften schneidet China sehr gut ab. Der chinesische Film schafft sich einen Ruf im Ausland, und immer mehr junge Leute auf der Welt, vor allem in Südostasien, lernen heute Mandarin. Aufgrund der Bevölkerungszahl und der wirtschaftlichen Stärke könnte China im einundzwanzigsten Jahrhundert durchaus in vielen Bereichen zu einer ernstzunehmenden Macht heranwachsen, ja sogar zur Rivalin im Kampf um die Vorherrschaft über die Erde werden.

Die Frage lautet mithin: Kann China den Wirtschaftsaufschwung aufrechterhalten?

Die Antwort hängt weitgehend davon ab, ob sich die Produktivität weiter steigern läßt. In der maoistischen Ära resultierten die meisten wirtschaftlichen Gewinne aus höheren Investitionen und einer verbesserten Mobilisierung des Arbeitspotentials. Auch in der Deng-Ära konnte China auf diese Punkte zählen. Der große Unterschied bestand jedoch darin, daß das Land zusätzlich von produktiveren Arbeitskräften profitierte. Die Produktivität wird denn auch weiterhin als Lokomotive das Wachstum ankurbeln müssen. Und dafür, daß hier noch einiges drinliegt, spricht die noch immer in vielen Bereichen vorherrschende Ineffizienz.

Im Ausland werden häufig gerade die Absurditäten im chinesischen Wirtschaftssystem als Grund für pessimistische Folgerungen herangezogen, aber das ist ein Denkfehler. Solange es Reformen gibt, sind Absurditäten ein Grund zum Optimismus, ganz einfach deshalb, weil sie Verbesserungen fast am ehesten Raum bieten. Die in China nun eingeleiteten Reformschritte wie die Schaffung eines Bankensystems, die Freigabe des Yuan und das damit verbundene Floating, der Ausbau des Aktien- und Obligationenmarktes und der Zwang zur Privatisierung staatseigener Betriebe könnten die Basis für bedeutende Produktivitätssteigerungen darstellen. Zudem öffnet China seine Wirtschaft der Außenwelt immer mehr. Dies wird die Konkurrenzfähigkeit der einheimischen Unternehmen erhöhen und ihre Effizienz verbessern.

Ein weiterer entscheidender Faktor für die Stimulierung des Wirtschaftswachstums sind die Investitionen. Auch hier legt China ein Fundament für die Zukunft. Noch liegt mit ungefähr 38 Prozent das Sparaufkommen sehr hoch, und man lockt hohe Summen aus dem Ausland ins Land. Die meisten Investitionen werden zwar von Privaten getätigt und fließen in neue Fabriken, zugleich investiert die chinesische Führung jedoch öffentliche Gelder in die Verbesserung der Infrastruktur.

Es gibt bereits Engpässe, die das Wachstum hemmen – Frachtzüge zum Beispiel sind zum Bersten voll, und manche Fertigungshäuser fürchten, daß der Transport auf die Märkte zunehmend schwierig wird, wenn sie noch mehr Spielzeug und Pullover produzieren. Zudem sorgen sich die expandierenden Unternehmen, bei einer Erweiterung ihrer Produktionsstätten nicht mehr genügend Strom zu erhalten, um die Fließbänder effizient laufen zu lassen. Doch trotz dieser Probleme muß man festhalten, daß China zumindest ausreichend neue Häfen, Elektrizitätswerke und Autobahnen baut, um die bisherigen Wachstumsraten beibehalten zu können. Dagegen haben aufstrebende Wirtschaftsmächte wie etwa die Philippinen oder Thailand der Infrastruktur viel weniger

Beachtung geschenkt: Manila ist der Strom ausgegangen, und Bangkoks Straßen sind so verstopft, daß ein Durchkommen unmöglich ist. Auch in China ist in den zentralen Planungsgremien zuwenig geschehen, aber sie schneiden im Vergleich zu manchen Nachbarstaaten immerhin noch besser ab.

Nach der Prüfung dieses und verschiedener anderer Faktoren hinsichtlich internationaler Konkurrenzfähigkeit beurteilte die Schweizerische Bankgesellschaft 1993 achtunddreißig Länder in bezug auf ihre künftige Rolle auf dem Weltmarkt. Die Vereinigten Staaten rangieren in dieser Studie zusammen mit Deutschland an neunzehnter Stelle. China liegt an zweiter Stelle, direkt hinter Südkorea.[6]

Natürlich birgt der Weg in die Zukunft zahlreiche Gefahren. Im Extremfall besteht das Risiko einer katastrophalen politischen Instabilität oder sogar eines Bürgerkrieges, wenn die kommunistische Herrschaft zusammenbricht. Wenn die Autorität des Zentrums weiter abnimmt, werden manche Provinzen wohl immer selbstbewußter und sich mit Beijing anlegen, um autonom zu werden. Auch ein Staatsstreich liegt im Bereich des Möglichen; man erzählt sich, die Armee habe eine Studie erstellt, wie eine militärische Intervention in der Politik zu vermeiden sei. Ein Zeichen dafür, wie hoch der Angstpegel steht, zeigte sich 1993, als Präsident Jiang Zemin die bewaffnete Volkspolizei im Schutz eines kugelsicheren Gitters inspizierte. Es war das erste Mal, daß ein chinesisches Führungsmitglied eine derartige Maßnahme zum Schutz vor den eigenen Truppen für nötig befand.

Sicher, es besteht die Möglichkeit, daß ein Staatsstreich die Wirtschaft nicht beeinträchtigt. Thailands Wirtschaft gedeiht trotz einer Folge von Staatsstreichen. Aber in Thailand und Italien können Regierungen offenbar kommen und gehen, ohne daß dies die Geschäftswelt in irgendeiner Weise tangiert. In China dagegen könnte eine neue Führung an die Macht kommen, die eine vollkommen andere Wirtschaftspolitik verfolgt. So gesehen ist Chinas Stabilität sehr anfällig.

Ein weiteres Risiko liegt in einer Konfrontation mit Taiwan. China drohte wiederholt mit dem Einsatz militärischer Mittel, um Taiwan daran zu hindern, sich offiziell als unabhängig zu erklären. Aber in Taiwan ist man der Fiktion, »Nationalchina« oder »Republik China« und Konkurrenzregime zur kommunistischen Volksrepublik zu sein, längst überdrüssig. Ein Großteil der Bevölkerung murrt, und selbst Präsident Lee Teng-hui versucht, die Wiederaufnahme Taiwans in die Vereinten Nationen zu erreichen. Taiwan sucht nach Wegen, um international mit mehr Eigenständigkeit hervorzutreten, und es ist höchst unklar, wohin dieser Prozeß führen wird.

Doch jegliche Anstrengung Taiwans, sich als souveräner, von der Volksrepublik unabhängiger Staat zu etablieren, könnte dazu führen, daß China Taiwan vollkommen isoliert. Der nächste Schritt wäre möglicherweise ein Luft- und Seekrieg. Der Westen würde entscheiden müssen, ob er Taiwan Unterstützung gewährt und wirtschaftliche und diplomatische Sanktionen gegenüber der Volksrepublik verhängt. Und selbst wenn China den Krieg gegen Taiwan gewinnen sollte – was nicht von vornherein feststeht –, würde das heute so sehr auf Aufschwung bedachte Land einen folgenschweren wirtschaftlichen Preis dafür bezahlen. Handel und Investitionen würden absacken, und es könnte Jahrzehnte dauern, bis sich China davon erholt hätte.

Dann gibt es noch die Gefahren mit weniger katastrophalen Folgen. Die Korruption könnte das System allmählich ins Stocken bringen und seine Effizienz beeinträchtigen. Die Investitionen in die Infrastruktur sind zwar im großen und ganzen imposant, stehen aber immer noch hinter dem zurück, was nötig wäre; die so entstehenden Engpässe werden das Wachstum begrenzen. Möglich auch, daß China das Erdöl ausgeht – es sei denn, Vorkommen in der Gegend von Xinjiang in Nordwestchina erwiesen sich wirklich als so vielversprechend, wie sich das die Regierung erhofft. Es ist nicht sicher, ob die Kapazitäten von Schiene und Häfen mit der wirtschaftlichen Entwicklung Schritt halten können, und die zunehmenden Umweltschäden und die Verknappung der natürlichen Ressourcen könnten das gegenwärtige Tempo des wirtschaftlichen Wachstums ebenfalls maßgeblich drosseln.

Chinas Bildungsniveau liegt hoch für ein Entwicklungsland,

aber bei weitem nicht hoch genug für ein industrialisiertes Land. Wenn China von der Schuhfabrikation zur Produktion von Autos und Computern übergehen will, sind Arbeitskräfte gefragt, von denen mehr lesen können und die besser ausgebildet sein müssen als heute. Doch die Regierung gibt nach wie vor nicht genügend für Schulen und Universitäten aus, um sicherzustellen, daß in zehn, zwanzig Jahren eine ausreichende Zahl an technisch versierten Arbeitskräften bereitsteht. Bei der ländlichen Bevölkerung liegt der Anteil derer, die kaum lesen und schreiben und sich nie in eine Belegschaft integrieren könnten, wie sie ein moderner Betrieb erfordert, nach wie vor zu hoch. Wie Sheryl zu Recht betont, gibt es noch immer zu viele Mädchen, die die Schule viel zu früh verlassen.

Schließlich liegt auch eine Hürde im Erfolg: Je effizienter die Wirtschaft arbeitet, desto schwieriger wird es sein, weitere Produktivitätssteigerungen herauszuholen. Irgendwann nach der Jahrtausendwende, sobald die Umsätze geringer werden, werden die Wachstumsraten wahrscheinlich sinken.

Noch kein Land von der Größe Chinas ist je so schnell aufgeblüht und mit solcher Gewalt auf das internationale Parkett gefegt. Deswegen einen Krieg in Asien vorherzusagen ist gewiß übereilt, aber meiner Meinung nach wäre es genauso naiv, die Gefahr zu ignorieren. Die lebhafte Wirtschaft in China nährt gleichzeitig die militärische Streitkraft, und zum erstenmal erwirbt das Land die Stärke, seine Macht über die Landesgrenzen hinaus spielen zu lassen. Zwar hat China mit einem halben Dutzend Nachbarstaaten Grenzabkommen geschlossen, aber es bestehen immer noch Grenzkonflikte mit Rußland, Indien, Bhutan und Vietnam sowie Uneinigkeiten über die Grenzziehung im Meer mit den meisten angrenzenden Staaten. Es wäre nur folgerichtig, wenn China versuchen würde, seine wachsende Stärke auf militärischem und strategischem Gebiet auszunützen und die diversen Territorialkonflikte zu seinen Gunsten zu entscheiden. Dies trifft in besonderem Maße zu, weil man in China erkennt, daß im Pazifik dank der Abrüstung der Vereinigten Staaten und Rußlands ein Vakuum entsteht, und nun verständlicherweise darauf abzielt, dieses Vakuum zu füllen. Deng Xiaoping war zwar durchaus auf Machtzuwachs für China bedacht, aber stets auch darauf, daß die internationale Ordnung gewahrt blieb. Noch wissen wir aber nicht, welche Kräfte nach seinem endgültigen Abtreten in China die Richtung bestimmen werden.

Bis Mitte der achtziger Jahre des 20. Jahrhunderts stellte China für niemanden eine Bedrohung dar, befanden sich die chinesischen Streitkräfte doch in einem erbärmlichen Zustand. Im letzten Krieg, den China ausfocht – Einmarsch in Vietnam 1979 als Strafaktion für das vietnamesische Eindringen in Kambodscha –, mußte die Volksrepublik zu ihrer Schmach feststellen, daß das kleine Land dem Angriff standhielt und die chinesischen Truppen an die Grenze zurückdrängen konnte. In den frühen achtziger Jahren löste Deng Xiaoping dann einen Großteil der Truppen auf und stutzte die Armee auf drei Millionen Soldaten zurück. Das ist noch immer eine riesige Streitmacht, die größte Armee der Welt, aber die Rekruten waren schlecht ausgebildet, und eine moderne Ausrüstung fehlte. Sie konnten zwar über eine Landesgrenze ausschwärmen, darüber hinaus bereiteten sie einer Region jedoch keine großen Sorgen.

Mao hatte das Schwergewicht immer auf eine »Volksarmee« mit einer riesigen Zahl von Soldaten gelegt, die als Kanonenfutter dienen und den Feind überrennen sollten. Selbst ein Atomkrieg sei auf diese Weise zu gewinnen, meinte er. In den achtziger Jahren nahm dann die Professionalität zu und die Ideologie ab. Die Generäle erkannten, daß sie weniger Truppen und mehr Training brauchten, weniger Parolen und mehr Panzer.

Die Möglichkeit, diese Umwandlung durchzusetzen, ergab sich nach der Zerschlagung der Tiananmen-Demokratie-Bewegung im Jahre 1989, denn die Armee bekam den Dank der Regierung zu spüren. Deng Xiaoping zahlte seine Schuld den Militärs gegenüber ab, indem er die Militärausgaben drastisch erhöhte. Zwischen 1988 und 1994 stieg der Militäretat – sogar nach Aufrechnung der Teuerung – um siebzig Prozent, das heißt noch rascher als die Wirtschaft als Ganzes. Die Militärausgaben übertrafen damit die für das Bildungswesen und für die Volksgesundheit bereitgestellten Beträge, für zwei Bereiche mithin, die für Chinas langfristige Entwicklung entscheidend sind.

Der chinesische Militäretat ist zudem höchst irreführend. Er enthält nämlich nur rund die Hälfte oder noch weniger der tatsächlichen Ausgaben für die Armee. Gelder für Waffenkäufe, Forschung und Pensionen sind nicht darin enthalten. Offiziell betrug der Vorschlag für das Jahr 1994 5,9 Milliarden Dollar; eine realistischere Schätzung der gesamten Militärausgaben läge jedoch wahrscheinlich eher im Bereich von 12 bis 18 Milliarden. Diese Summe reicht in China zudem viel weiter als im Ausland; ein chinesischer Soldat verdient weniger als 20 Dollar im Monat. Rechnet man die 18 Milliarden um in die entsprechende Kaufkraft im Westen, liegt die Summe deshalb viel höher – vermutlich bei rund 90 Milliarden Dollar.[7] Diese Zahl ist zwar viel zu ungenau für verläßliche Vergleiche, aber doch bemerkenswert, denn China stünde demnach mit den drittgrößten Militärausgaben der Welt nur gerade hinter den Vereinigten Staaten und Rußland zurück.

Die Modernisierung der chinesischen Armee umfaßt alle Bereiche, einschließlich so grundlegender Ausrüstungsgegenstände wie Panzer. Die gegenwärtig vorhandenen Panzer sind eigentliche Antiquitäten, Kopien alter Sowjetmodelle mit einer schlechten Armierung und kurzer Reichweite; außerdem sind sie langsam und pannenanfällig. Die Regierung profitiert zur Zeit von israelischer Unterstützung bei der Entwicklung einer neuen Generation von Panzern, die angeblich viel ausgereifter sein werden und der Armee mehr Schlagkraft in jedem Bodenkrieg mit Indien, Vietnam oder Rußland verleihen würden.

Aber die Modernisierung konzentriert sich nicht etwa auf die Bodenstreitkräfte allein, sondern betrifft in viel stärkerem Maße Luftwaffe und Marine. Besonders die Luftwaffe beunruhigte die umliegenden Staaten, indem sie Anfang der neunziger Jahre sechsundzwanzig russische Kampfflugzeuge vom Typ SU-27 kaufte. Die chinesische Führung erwog offenbar außerdem, weitere SU-27 sowie neunundsiebzig Kampfjets vom Typ MIG-31 zu erstehen.[8]

Die Luftwaffe kaufte außerdem russische Boden-Luft-Raketen vom Typ S-300, die mit den amerikanischen Patriots vergleichbar sind, dazu verbesserte Radar- und Lenksysteme. Mit Unterstützung Pakistans und möglicherweise Irans arbeitet man in China an der Entwicklung von Flugzeugen, die ein Auftanken in der Luft ermöglichen, was ihre Reichweite drastisch erhöhen würde. Es heißt, China besitze bereits zwei zu Tankflugzeugen umfunktionierte Bomber. Man sei dabei, Piloten auszubilden, und im Jahr 2000 werde eine bedeutende Flotte von Kampfflugzeugen und Bombern bereitstehen.

Zu den besonders verwirrenden chinesischen Beutezügen im Ausland gehört das offenbar mit Birma geschlossene Abkommen, zwei birmesische Inseln als Beobachtungsposten – und möglicherweise mit der Zeit als Stützpunkte – auszubauen. China hat traditionell keine Interessen im Indischen Ozean; 1985 aber unternahm die chinesische Flotte eine Rundreise in dieser Region und lief Häfen in Pakistan, Bangladesch und Sri Lanka an. Sollte China wirklich darauf aussein, im Indischen Ozean mitzureden, wäre dies für die anderen Staaten eine reichlich beängstigende Perspektive.

Vielleicht am deutlichsten zeichnet sich das neuerwachte chinesische Interesse an einem Ausbau der Macht über die Landesgrenzen hinaus im Wunsch nach einem eigenen Flugzeugträger ab. Sheryl schrieb 1991 einen Artikel über die chinesischen Bemühungen, einen Flugzeugträger zu kaufen; ein Jahr später erhielten wir die Bestätigung dafür aus einer unanfechtbaren Quelle: von Präsident Yang Shangkun persönlich. Er äußerte in einer internen Rede die grundsätzliche Entscheidung, sich einen Flugzeugträger zuzulegen, habe China bereits getroffen; man werde einen solchen entweder im Ausland kaufen oder aber selbst bauen.[9]

Der Flugzeugträger steht für das Ziel Chinas, eine Hochseeflotte mit ozeantauglichen Fahrzeugen, nicht nur Küstenschiffen, zu entwickeln. Diese Expansion im Bereich der Marine zog weniger Aufmerksamkeit auf sich als die Modernisierung der Luftwaffe, sie ist jedoch als mindestens ebenso bedeutungsvoll einzustufen. Sowohl die neue Jiangwei-Klasse von Fregatten wie auch die

Luhu-Klasse von Zerstörern und die vor kurzem verbesserten älteren Zerstörer der Luda-Klasse sind ausgezeichnete Schiffe, vor allem im Vergleich zu den anderen Flotten der Region. Eine Jiangwei-Fregatte vermag vielleicht amerikanischen Matrosen keine Furcht einzuflößen, aber für vietnamesische sieht sie bedrohlich aus.

China hat mit dieser Aufrüstung das Augenmerk der Nachbarstaaten auf sich gezogen und zu einem Wettrüsten im Pazifik beigetragen. Alle Länder rundum haben mehr oder weniger zugelegt. Dennoch ist klar, daß China den Rüstungswettlauf langfristig in sämtlichen Waffengattungen wahrscheinlich gewinnen wird. In den frühen neunziger Jahren begannen die Nachbarstaaten deshalb, öffentlich dagegen aufzubegehren.

»Die rüsten wirklich sehr umfassend auf«, sagte ein erfahrener asiatischer Diplomat mit gerunzelter Stirn. »Das könnte schon gefährlich werden. Es wirkt sehr destabilisierend auf die ganze Region, denn das Kräftegleichgewicht scheint sich zu verlagern. Wir wissen nicht, worauf China abzielt, wozu man dort all das Kriegsmaterial zu brauchen gedenkt. Sie sagen, es stelle keine Bedrohung dar, aber warum dann all dieses bedrohliche Material, wenn sie es nicht einsetzen wollen?«

Es war ungewöhnlich, daß Singapurs Verteidigungsminister Yeo Ning Hong in aller Öffentlichkeit sagte, was privat praktisch alle denken, nämlich daß Chinas Selbstbewußtsein »Mißtrauen und Argwohn weckt«. Und er warnte zudem davor, daß selbst wenn der Generationenwechsel in China glatt über die Bühne gehen sollte, »die umliegenden Staaten trotzdem nicht mit Sicherheit wissen, wie sich ein wirtschaftlich stärkeres China in Zukunft verhalten wird«.

Im Januar 1993 schrieb ich einen langen Leitartikel über das wachsende militärische Potential in China. Die chinesische Regierung war empört. Artikel über die Folter von Dissidenten konnte die Führung noch tolerieren – Polizisten vergessen sich schließlich überall auf der Welt –, aber sie war entsetzt über die Unterstellung, China könnte eine Gefahr für die benachbarten Länder darstellen.

Unverzüglich begann der Propagandaapparat mit der Herausgabe von Verlautbarungen, die den beunruhigten Westen beschuldigten, »verleumderische Gerüchte« über Chinas militärisches Potential in Umlauf zu setzen. Solche Leute seien »nur unglücklich darüber, daß in Asien kein Chaos herrscht, und sie versuchen, einen Keil zwischen die asiatischen Länder zu treiben«, wetterte die Nachrichtenagentur Xinhua. Und Li Peng doppelte nach: »All diese erfundenen Gerüchte und absurden Geschichten sind einfach lächerlich.«

Sicher muß man die Aufrüstung in China im richtigen Verhältnis sehen. Sie mag Vietnam oder den Philippinen ominös erscheinen, den Westen bringt sie jedoch – zumindest in den kommenden Jahrzehnten – kaum ins Schwitzen. Die gesamten chinesischen Militärausgaben entsprechen nur gerade vier Prozent des Bruttosozialprodukts. Die Vereinigten Staaten wenden im Vergleich dazu fünf Prozent ihres Bruttosozialprodukts für die Armee auf, und die Sowjetunion gab in den achtziger Jahren mindestens fünfzehn Prozent davon aus, wenn nicht mehr. Außerdem ist es durchaus verständlich, daß China versucht, international eine bedeutendere Rolle zu spielen, schließlich gehört das Land zu den fünf ständigen Mitgliedstaaten des UNO-Sicherheitsrats. Diese ständigen fünf Mitglieder sollten Stärke zeigen können. Weil China bisher ein Leichtgewicht war, kommt den Winzlingen rundum sein Muskeltrainingsprogramm schon ein wenig bedrohlich vor.

Die zusätzlichen Mittel, die dem chinesischen Militär zufließen, haben also zwar Folgen, aber sie werden nur allmählich sichtbar. So sind die sechsundzwanzig in Moskau erstandenen Kampfflugzeuge vom Typ SU-27 ein schöner Anfang, aber zwei Dutzend Flugzeuge sind nichts im Verhältnis zur gesamten militärischen Stärke des Landes. Auch wenn die Piloten noch so gut ausgebildet wären. Nun hieß es aber zudem, die chinesischen Piloten, welche die SU-27 übernehmen sollten, hätten sich selbst nach einer längeren Ausbildung in Rußland noch immer als unfähig erwiesen, so daß russische Piloten die Flugzeuge zu den chinesischen Stützpunkten fliegen mußten.

Und was das Auftanken von Jets in der Luft betrifft, so ist es unglaublich schwierig zu bewerkstelligen. Zu Navigieren, damit sich Tank- und Kampfflugzeuge mitten über dem Ozean finden, ist eine komplexe Aufgabe, und noch schwerer ist es, dann nahe genug heranzumanövrieren, damit sich die Treibstoffleitungen verbinden lassen. Und wenn der chinesische Traum von einem Flugzeugträger wahr werden sollte, wird es Jahre dauern, bis die chinesischen Piloten gelernt haben, ihre Flugzeuge mitten im Ozean auf einer sich dauernd hebenden und senkenden Metallplattform zu landen. Ein ehemaliger chinesischer Luftwaffenoffizier erzählte mir, Kampfjetpiloten würden in China nur etwa achtzig Flugstunden im Jahr absolvieren. Das ist weniger als ein Viertel des in den Vereinigten Staaten geforderten Trainings. Zudem neigten sie dazu, komplizierte Manöver, die die Maschine in Gefahr bringen könnten, zu vermeiden.

Unser Freund und Generalssohn Danping erzählte uns von einem Treffen mit einer Gruppe hoher Militäroffiziere, die sich zuvor Filme des amerikanischen Luftkriegs gegen den Irak angesehen hatten. Die Generäle waren entsetzt, wie leicht die Vereinigten Staaten den Irak bombardieren konnten, wußten sie doch, daß das irakische Material sowjetischer Herkunft nicht viel anders war als das chinesische. »Sie saßen da und jammerten über unsere mangelnde Vorbereitung und fragten, was wir denn unternehmen könnten«, erinnerte er sich. »Ich hätte am liebsten den Mund aufgemacht und gesagt, es gebe etwas, was wir tun könnten: kapitalistisch werden.«

Kurzum, die militärische Modernisierung findet nicht über Nacht statt. Erst irgendwann nach der Jahrtausendwende wird China, wenn alles gutgeht, eine Armee der Weltklasse bereithalten, die in der Lage ist, ihre Macht weiträumig auszuspielen. Dann könnte diese Macht die ganze Region allerdings in den Grundfesten erschüttern, weil drei Faktoren zusammenkommen: Chinas gewaltige Bevölkerungsmassen und Ressourcen, das militärische Potential sowie das gewachsene Selbstbewußtsein, Territorialkonflikte auf eigene Art zu lösen. Es ist, als würde ein Sumo-Ringer mit den Kindern im Sandkasten spielen. Nur zu wahrscheinlich wird dabei jemand verletzt. Und dieser Jemand wird nicht der Sumo-Ringer sein.

In einer solchen Situation wäre es nur natürlich, daß man dem Sumo-Ringer die Schuld für etwaige Unfälle zuweist. Und nach der gleichen Logik neigt man im Westen zum Vorwurf, China tyrannisiere seine Nachbarstaaten und hege böse Absichten in der Region. In China sieht man die Dinge natürlich in einem anderen Licht: als Wunsch nämlich, die Gebiete wiederzuerlangen, die das Reich der Mitte der eigenen Meinung nach in einer Periode der Schwäche verloren hat. Je länger ich die verschiedenen territorialen Zwiste studierte, um so schwieriger wurde es, zu entscheiden, wer im Recht ist. In den meisten Fällen hatte die chinesische Position durchaus etwas für sich – nur bauschte man sie dann zu sehr auf, wie dies die meisten Staaten in einem solchen Fall tun.

In einem derart rasant sich entwickelnden Land fließt in der Regel ein gut Teil des Reichtums in die Beschaffung von Waffen, so daß eine Störung des Kräftegleichgewichts sozusagen vorprogrammiert ist, dies insbesondere als im heutigen Asien ein gewisses Vakuum besteht. Man kann argumentieren, China spiele die Macht vernünftiger aus als die Vereinigten Staaten im 19. Jahrhundert, als sie Mexiko Texas entrissen, um darauf einen Vorwand für einen Angriff auf Spanien zu suchen, mit dem Ziel, die Herrschaft über Kuba und die Philippinen zu erlangen. China beansprucht nur Gebiete, zu denen eine historische Beziehung besteht – wenn auch manchmal eine recht dürftige. Doch man kann es drehen und wenden, wie man will. Trotz allem wird China mit wachsender Stärke das Gleichgewicht der Kräfte empfindlich stören.

»China wandelt sich von einer regionalen Macht zu einer regionalen Supermacht«, sagt Paul Beaver, der Herausgeber von *Jane's Defense Weekly.* »Das bringt das Gleichgewicht der Kräfte vielleicht nicht gerade zum Kentern, aber es schlägt eine Menge Wellen.«

Seit dem Aufstieg Assyriens und Spartas haben immer wieder neue Supermächte die internationale Gemeinschaft in Schwierigkeiten gebracht. Eines der ältesten Probleme in den internationalen Beziehungen stellt die Integration der Ambitionen neuer Mächte dar. Es ist selten eine Frage von richtig oder falsch. Die Instabilität ist ganz einfach unvermeidlich, wenn das alte Machtverhältnis der neuen Situation angepaßt wird. Die Aufgabe, China zu integrieren, könnte eine der größten Herausforderungen für die internationale Gemeinschaft im 21. Jahrhundert werden, denn praktisch an der gesamten chinesischen Grenze bestehen mögliche Konfliktherde. Für den Widerpart in Frage kommen:

Mongolei. Stalin erzwang von Mao die Aufgabe der chinesischen Ansprüche auf die Äußere Mongolei, die während der Qing-Dynastie zum chinesischen Reich gehört hatte. Nun möchten gewisse Kreise in China diese Gebiete zurückhaben. In Beijing ärgert man sich zudem darüber, daß Dissidenten aus der – chinesischen – Inneren Mongolei erlaubt wird, von Stützpunkten direkt jenseits der Grenze aus zu operieren. Geht man dem Zwist etwas tiefer auf den Grund, entspricht die Spannung zwischen der Mongolei und China dem historischen Konflikt zwischen umherziehenden Hirten- und seßhaften Bauernvölkern. Die Beziehungen sind gespannt, seitdem der Mongolenführer Dschingis-Khan und seine Scharen in China einfielen und Millionen Menschen massakrierten. Dschingis soll sogar mit dem Gedanken gespielt haben, alle Menschen in Nordchina niederzumetzeln und das Land als riesige Weidegründe zu nutzen. Er habe sich erst erweichen lassen, als ihn ein Berater darauf hinwies, daß er von der einheimischen Bevölkerung Steuern erheben könne, wenn die Leute am Leben blieben.[10]

Rußland. Die Zaren nützten die Schwäche Chinas im 19. Jahrhundert aus und begannen riesige Gebiete im äußeren Nordosten und Nordwesten des Landes abzuzwacken. China verlangt zwar nicht gerade die Rückgabe dieser Gebiete, hat aber kleinere Grenzstreitigkeiten mit Rußland in bezug auf die genaue Demarkationslinie. Manche chinesischen Kreise sind allerdings der Ansicht, daß sich China nun die historische Chance biete, Rußlands Schwäche zu nutzen und jene verlorenen Gebiete zurückzugewinnen. Es scheint zwar sehr unwahrscheinlich, daß es erneut zu Zusammenstößen wie im Jahre 1969 kommen wird, aber die Spannung und das Mißtrauen bleiben.

Zentralasien. In der »Autonomen Region« Xinjiang im äußersten Westen von China leben hauptsächlich Moslems. Sie sprechen Turksprachen wie in Kasachstan, Kirgisien und andern neuen Staaten Zentralasiens. Separatistische Tendenzen scheinen in Xinjiang zuzunehmen. 1990 lancierte eine Gruppe Aufständischer eine bewaffnete Revolte und erklärte einen »heiligen Krieg« gegen die chinesische Regierung. Ihre Anstrengungen scheiterten zwar, aber weitere Tumulte könnten in Zentralasien Sympathien wekken und zu Spannungen zwischen China und seinen moslemischen Nachbarländern führen.

Nordkorea. Obwohl China Nordkorea vor vierzig Jahren im Koreakrieg unterstützte und eine Million Opfer zu beklagen hatte, sind die Beziehungen heute gespannt. Besonders hoch schlugen die Wellen in Nordkorea, als China 1992 diplomatische Beziehungen zu Südkorea aufnahm. Es gibt Berichte, laut denen Nordkorea sogar Geheimkommandos entsandte, um den damaligen südkoreanischen Präsidenten Roh Tae Woo bei seinem Besuch in Beijing zu ermorden. Auch wurden verschiedene, bislang nicht geklärte Zwischenfälle bekannt, bei denen nordkoreanische Soldaten über die Grenze schossen. Zudem bestehen seit langem Differenzen über die Schiffahrtsrechte auf dem Grenzfluß Tumen.[11]

Japan. Sowohl China und Taiwan als auch Japan beanspruchen eine unbewohnte Inselgruppe im Ostchinesischen Meer. China nennt sie Diaoyu, Taiwan Diaoyutai und Japan Senkaku. Im Augenblick herrscht ein inoffizieller Waffenstillstand. Niemand versucht, Ansprüche durchzusetzen oder einen Stützpunkt einzurichten. Wenn sich jedoch ein Land aggressiv verhalten sollte, um seine Herrschaft über die Inseln sicherzustellen, oder falls in diesem Gebiet lukrative Ölfunde gemacht würden, könnte ein offener Konflikt entbrennen.

Indien. In den fünfziger Jahren waren China und Indien eng befreundet, fochten aber 1962 einen Grenzkrieg aus. Seither waren die Beziehungen stets gespannt. Das umstrittene Gebiet entlang der Grenze ist riesig, aber größtenteils unbewohnt. Deshalb ist die Chance, daß es zu Zusammenstößen kommt, gering, solange die Dinge ihren gewohnten Lauf nehmen. Der Nationalismus in beiden Staaten macht es jedoch unwahrscheinlich, daß sich die beiden großen und bevölkerungsreichen Länder auf eine gemeinsame Grenze werden einigen können.

Vietnam und das Südchinesische Meer. In dieser Region könnte ein Krieg vermutlich am ehesten ausbrechen. 1979 hat China einen Grenzkrieg mit Vietnam ausgefochten, und seither kam es auch im Südchinesischen Meer zu mehreren Zusammenstößen. Sowie China über eine Hochseeflotte verfügt, wird sie wohl zur Verstärkung der chinesischen Präsenz im Südchinesischen Meer eingesetzt werden. Dies beunruhigt bereits jetzt ganz Südostasien. Ein Blick auf die Karte erklärt, warum. China beansprucht das Südchinesische Meer über seine gesamte Länge hinweg. Damit würde sich das chinesische Territorium weiter nach Süden erstrecken als Vietnam oder die Philippinen, beinahe bis zum Äquator. Das Konfliktpotential entsteht, weil Teile des Südchinesischen Meers – sowie die Paracel- und Spratly-Inseln – auch von Vietnam, Taiwan, Malaysia, den Philippinen und Brunei beansprucht werden. Außerdem führen wichtige internationale Schiffsrouten durch das Südchinesische Meer; riesige Frachtmengen werden auf diesem Weg transportiert, so zum Beispiel das gesamte Öl, das Japan aus dem Persischen Golf importiert.

Das erste Anzeichen für eine aggressivere Haltung seitens der Volksrepublik gab es 1992, als China ein neues Gesetz zur Regelung seiner Hoheitsgewässer verabschiedete. Chinesische Funktionäre halten sich mit genauen Aussagen zurück, ob sie das ganze Südchinesische Meer als chinesische Hoheitsgewässer betrachten oder nur den Bereich innerhalb der 12-Meilen-Zone jedes Atolls – ein geringerer, aber trotzdem weitreichender Anspruch. Die Karten der chinesischen Regierung sind da weniger zimperlich: Darauf wird das ganze Meer als zu China gehörig dargestellt. Die Richtlinien von 1992 verbieten fremden Kriegsschiffen die Durchfahrt, und ausländische U-Boote müssen auftauchen, wenn sie chinesische Hoheitsgewässer passieren wollen. Letzteres wurde jedoch bisher noch nie gewaltsam durchgesetzt.

Im Frühjahr 1992 unterzeichnete China einen Vertrag mit der amerikanischen Ölfirma Crestone Energy Corporation und

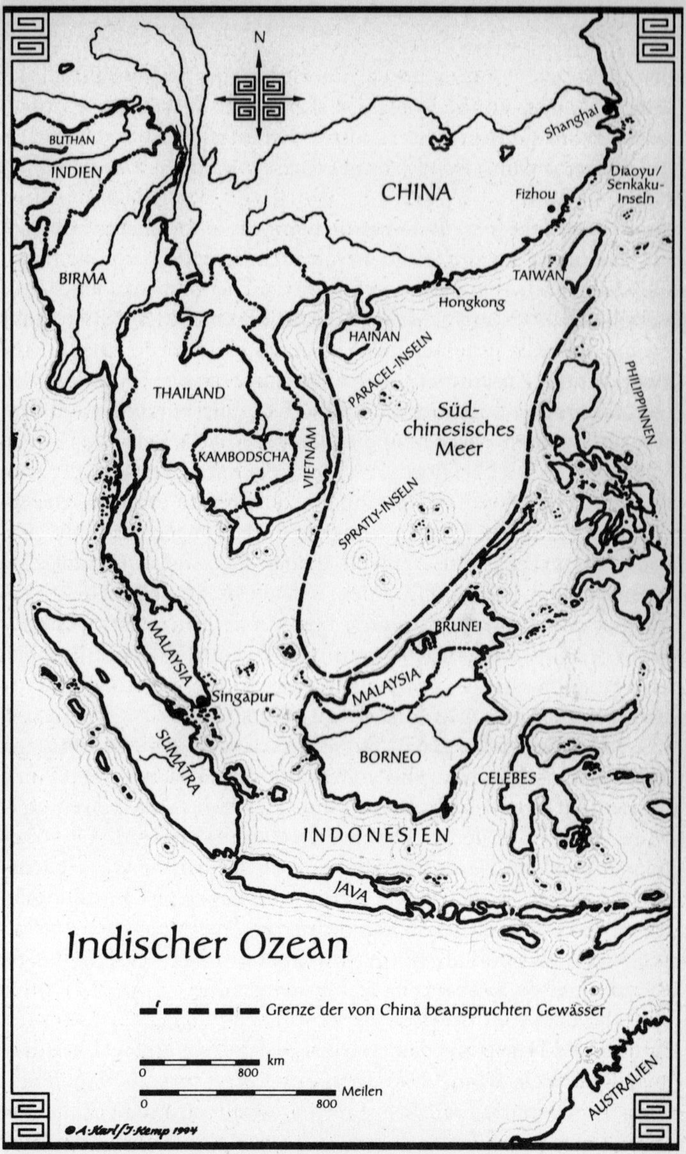
N
BUTHAN
INDIEN
CHINA
Shanghai
Diaoyu/
Senkaku-
Inseln
Fizhou
TAIWAN
Hongkong
BIRMA
HAINAN
PARACEL-INSELN
THAILAND
Süd-
chinesisches
Meer
PHILIPPINNEN
KAMBODSCHA
VIETNAM
SPRATLY-INSELN
BRUNEI
MALAYSIA
Singapur
MALAYSIA
SUMATRA
BORNEO
CELEBES
INDONESIEN
JAVA
Indischer Ozean
Grenze der von China beanspruchten Gewässer
km
0
800
Meilen
0
800
AUSTRALIEN
© A·Karl/J·Kemp 1994

autorisierte das Unternehmen, über eine ausgedehnte Fläche in Gewässern nach Erdöl zu suchen, die sowohl von China als auch von Vietnam beansprucht werden.[12] Ich erfuhr von dem Vertrag nur, weil eine chinesische Zeitung darüber berichtete und zufällig auch eine Karte veröffentlichte, die zeigte, wo sich das Gebiet befand – im Text hatte man nämlich nur die Koordinaten angegeben. Niemand konnte ernsthaft übersehen, daß es sich hier um eine bedeutende Provokation von chinesischer Seite handelte, hatte doch seit 1973 kein Staat im Südchinesischen Meer einen Ausbeutungsvertrag unterzeichnet. Damals hatte Südvietnam, das kurz vor dem Zusammenbruch stand, amerikanischen Ölfirmen eine Konzession verkauft; die Folge war eine kurze Seeschlacht zwischen vietnamesischen und chinesischen Schiffen.

Ich rief Randall C. Thompson, den Leiter der Crestone, in Denver an. Er wußte, daß die Region umstritten war, sagte aber, China beanspruche die Oberhoheit seiner Meinung nach zu Recht. Ferner meinte er, ihm sei von chinesischer Seite militärische Unterstützung zugesagt worden. »Chinesische Spitzenleute haben mir versichert, man werde uns mit ihrer ganzen Seestreitmacht beschützen«, sagte Thompson. »So hieß es zumindest bei den Verhandlungen – die gesamte Kriegsflotte werde dort draußen stationiert, um mich notfalls zu unterstützen.«

Die Marine wußte genau, was sie tat. Nach dem Zusammenbruch der Sowjetunion und angesichts der Tatsache, daß China sich nicht ernsthaft bedroht sah, mußte sich die Volksbefreiungsarmee nach einer neuen Daseinsberechtigung umtun. Und das einzige, was den Generälen einfiel, war der Schutz wirtschaftlicher Interessen. Insbesondere strichen sie das riesige Erdölpotential im Südchinesischen Meer heraus und vertraten die Auffassung, eine substantielle Seemacht zu unterhalten sei der einzige Weg, um dessen Ausbeutung sicherzustellen.

Die Auswirkungen des chinesischen Aufstiegs werden aber nicht nur militärischer Natur sein. Wenn China erwacht, um Napoleons Worte zu paraphrasieren, wird die Welt noch auf andere Art erbeben. So besteht ein Problem mit Sicherheit darin, woher das Riesenreich den Energievorrat für die wirtschaftliche Revolution beziehen will. Die Volksrepublik produziert bereits weltweit am meisten Kohle und hat 1993 auch Rohöl importiert. Zwar gibt es vielversprechende Erdölreserven im Tarim-Becken in Nordwestchina, aber die Ausbeutung und der Transport kommen enorm teuer zu stehen. In der Zwischenzeit wird die Energienachfrage nicht nur parallel zum Bevölkerungswachstum zunehmen, sondern auch mit dem Tempo der Industrialisierung Schritt halten.[13] 1991 entsprach der Energiekonsum pro Kopf in China nur 602 Kilogramm Öl, verglichen mit 7681 Kilogramm in den Vereinigten Staaten. Das heißt nichts anderes, als daß schon die geringste Steigerung der chinesischen Industrieproduktion eine enorme Belastung für die weltweiten Energievorräte bedeutet.

Voraussichtlich wird China mit dem Energieengpaß selbst fertig; das Land besitzt genug Öl-, Erdgas- und Kohlevorkommen, auch wenn sich deren Förderung nicht leicht bewerkstelligen läßt. Das geschätzte Kohlevorkommen von 910 Milliarden Tonnen im Boden entspricht einem Vorrat für rund neunhundert Jahre. Die ganz große Gefahr aber besteht im Preis, den die Umwelt nicht nur in China, sondern auf der ganzen Welt für eine industrielle Revolution zahlen muß. Einige Milliarden Tonnen Kohle, die ohne angemessene Reinigungsfilter verbrannt werden, produzieren genug Ruß, um unzählige Lungen zu schwärzen. Selbst die wohlmeinenden Pläne könnten entsetzliche Auswirkungen haben. In seinem Buch *Preparing for the Twenty-First Century* betont Paul Kennedy, daß Chinas Ehrgeiz, bis im Jahr 2000 jede Familie mit einem Kühlschrank auszustatten, zu einer beträchtlichen Zunahme von Fluorkohlenwasserstoffen führen könnte, die die Ozonschicht deutlich weiter abbauen würden.[14] Als Folge davon würde auch die chinesische Landbevölkerung eisgekühlte Getränke und wir alle Hautkrebs kriegen.

Chinas Umwelt ist bereits heute in einem katastrophalen Zustand. Der am stärksten verschmutzte Ort des Landes ist wahrscheinlich Benxi, eine Stadt in der Mandschurei mit einer Luft wie Ruß. Im *Economic Daily* stand 1992: »In Benxi leben 800 000 Menschen, aber das könnten ebensogut 800 000 Staubsauger sein.« Als das Operationsteam in einer anderen Stadt während eines Eingriffs sah, wie schwarz die Lunge eines Patienten war, wurde sofort darauf getippt, daß der Mann aus Benxi komme. In den achtziger Jahren tauchte Benxi dann zeitweilig auf Satellitenfotos gar nicht mehr auf, so dick lag die Abgaswolke über der Stadt.

Sheryl fuhr auch einmal nach Chongqing, um über die dortige Luftverschmutzung zu schreiben. Sie fand, wonach sie suchte: Der Smog war so schlimm, daß das Flugzeug auf dem Rückweg nach Beijing nicht starten konnte und sie einen ganzen Tag mit Warten am Flughafen von Chongqing verbringen mußte. Und die Luft war so verschmutzt, daß sie Mühe hatte, ein brauchbares Foto für den Artikel zu bekommen. Alles war grau in grau, als hätte sie unter Wasser geknipst.

Untersucht man Chongqings Nebel und Regen auf ihren Säuregehalt, könnte man sie direkt als Essig verwenden, denn der Säuregrad erreicht einen pH-Wert von fast 3,0. Chinesischer Essig (mit einem pH-Wert von 2,8) ist nur geringfügig stärker. »Im schlimmsten Londoner Smog der fünfziger Jahre sah man nur drei oder vier Meter weit«, erzählte Wang Gang, der in Chongqing als Umweltbeamter arbeitet. »In Chongquing sieht es heute ganz ähnlich aus. Wir gehen hier selbst im Sommer nicht mehr spazieren.«

In China rührt die Luftverschmutzung hauptsächlich von der Verwendung von Kohle als Brennstoff her: zum Heizen, zum Kochen und in der Industrie. China verfügt, wie gesagt, über riesige Mengen Kohle, die meiste ist jedoch von schlechter Qualität und enthält große Mengen Schwefel. Daher sind Kohlestaubpartikel allgegenwärtig, vor allem im Winter. Allein 1991 stießen die chinesischen Kamine und andere Schmutzquellen 11 Billionen Kubikmeter Abgase und 16 Millionen Tonnen Ruß aus.[15] Ein Vergleich, um dies zu veranschaulichen: Die Rußmenge, die China in drei Jahren produziert, entspricht ungefähr dem Gesamtgewicht der chinesischen Bevölkerung. Der Schwefelgehalt in der Kohle verursacht sauren Regen, der nicht an den Grenzen haltmacht und auch Wälder weit weg in Sibirien oder Korea zerstört. Es gibt Sachverständige, die in China bis im Jahr 2010 die weltweit größte Quelle sauren Regens sehen.[16]

Wenn wir im Winter nach ein, zwei Stunden im Freien in unsere Wohnung zurückkamen, waren unsere Nasenlöcher rußgeschwärzt. Der Kohlestaub kroch durch jede Ritze in unsere Wohnung. Von meinen Trainingsläufen durch Beijing kam ich mit einer schwarzen Zunge zurück.

Als wir dem Umweltproblem nachgingen, fanden wir heraus, daß die Luftverschmutzung in vielen Städten, vor allem im Norden, die Grenzwerte der WHO um das Fünf- bis Sechsfache überstieg. Erkrankungen der Atemwege, oft als Folge von rußverstopften Lungen, sind die Haupttodesursache in China; sie sind für 26 Prozent aller Todesfälle verantwortlich. In dieser Rubrik liegt die Sterblichkeitsrate fünfeinhalbmal so hoch wie in den Vereinigten Staaten. Eine sorgfältige Studie aus dem Jahre 1993 ergab, daß die Partikel in der chinesischen Luft Jahr für Jahr 915 000 vorzeitige Todesfälle verursachen, darin eingeschlossen sind 300 000 Kinder, die an Lungenentzündung sterben. Weitere 600 000 Erwachsene sterben jung an einer Atemblockierung, 15 000 fallen als Folge der schlechten Luft dem Lungenkrebs zum Opfer.[17] Ich kam zum Schluß, daß das Laufen in China der Gesundheit mehr schadet als nützt. So gab ich es im Winter auf.

Das chinesische Wasser ist keinen Deut besser als die Luft. 1991 flossen beispielsweise 1836 Tonnen Schwermetalle aus der Industrie in die chinesischen Flüsse, dazu 1127 Tonnen Arsen und 4666 Tonnen Zyanide. In 85 Prozent aller chinesischen Städte gibt es kein sauberes Wasser, und auf dem Land steht lediglich jeder siebten Person Trinkwasser zur Verfügung, das man ohne Bedenken verwenden kann.

Die vielleicht größte Sorge stellt jedoch der chinesische Beitrag zur globalen Erwärmung dar.[18] Die Verbrennung von Kohle setzt Kohlendioxyd frei, das mengenmäßig bedeutendste der am Treibhauseffekt beteiligten Gase, von denen man fürchtet, daß sie in der Erdatmosphäre Wärme speichern. Man kennt die prognostizierten weitreichenden Folgen, die ein konstanter Anstieg der Erdtemperatur weltweit für das Klima haben könnte. Die Meeresspiegel würden so weit ansteigen, daß auf der ganzen Welt Küstenstädte überflutet würden – ganz abgesehen von ganzen Inseln und

Küstenstreifen wie den Malediven im Indischen Ozean oder Bangladesch. Nach letzten Schätzungen nimmt China Platz drei bei der Freisetzung von Treibgasen ein, hinter den Vereinigten Staaten und der ehemaligen Sowjetunion. Betrachtet man den Ausstoß der ehemaligen Sowjetunion nach Ländern aufgeteilt, übertrifft China höchstwahrscheinlich auch Rußland und steht weltweit an zweiter Stelle.

Trifft China eine besondere Schuld? Nicht ganz. Betrachtet man den Pro-Kopf-Ausstoß, rangiert China nämlich nicht einmal unter den ersten fünfzig Ländern. Mit Treibgasen verschmutzen die Vereinigten Staaten die Umwelt für jeden einzelnen dort lebenden Menschen neunmal so stark wie China. Wie im militärischen Bereich liegt auch hier des Pudels Kern in der Tatsache, daß China so groß ist und so rasch wächst. Dadurch steht praktisch von vornherein fest, daß die Treibgasemissionen hier am schnellsten zunehmen. Berechnungen des Stockholmer Instituts für Umweltfragen zufolge wird China, wenn die Wirtschaft in den folgenden dreißig Jahren jährlich um 8,5 Prozent wächst, bis zum Jahr 2025 dreimal soviel Kohlendioxyd produzieren wie die Vereinigten Staaten. In gewisser Weise ist dies nicht mehr als gerecht, denn China wird bis dahin eine weit über dreimal so große Bevölkerungszahl aufweisen als die Vereinigten Staaten. Aber es ist entmutigend für die übrige Welt, denn während der Westen zumindest Anstrengungen unternimmt, um die Emission von Treibgasen einzudämmen, macht China ungerührt weiter wie bisher.

»China muß sich entwickeln, das chinesische Volk muß in den Genuß eines höheren Lebensstandards kommen, aber ohne Energie schaffen wir das nicht«, sagte Bai Xianhong, ein hoher Regierungsbeamter und Wissenschaftler. »Man kann unmöglich von China verlangen, keine Kohle mehr zu verbrennen, nur um die Kohlendioxyd-Emissionen zu senken.« Jing Wenyong, Spezialist für Umweltfragen an der Qinghua-Universität, stimmte ihm zu. »Man kann ja nicht einmal von einem wirtschaftlichen Opfer sprechen«, sagte er. »Zuerst und vor allem anderen brauchen wir eine wirtschaftliche Entwicklung.«

Und weg ist die Küste von New Jersey.

Sheryl WuDunn

降龍術

11 DEN DRACHEN ZÄHMEN

Sie bekommen Taiwan,
wir bekommen Frühlingsrollen.

Amerikanische Schlagzeile nach
Nixons Chinabesuch von 1972

Bis zu dem Tag, da ich von einigen feindseligen chinesischen Sicherheitsbeamten umringt wurde, wäre ich nie auf die Idee gekommen, daß ich in China festgenommen werden könnte. Es geschah an einem Herbsttag gegen Ende meines China-Aufenthaltes. Die Sonne war schon fast untergegangen, der helle Himmel wurde allmählich grau, und ich hatte mich gerade mit einem Bauern unterhalten, der nach Beijing gekommen war, um bei einem Regierungsamt, das sich in einer kleinen, abgelegenen Straße im Süden der Hauptstadt befand, Unterstützung zu beantragen. Der Bauer war ein Leichtgewicht im mittleren Alter, und seine spindeldürren Beine sahen nicht aus, als wären sie gemacht, um ihn und seinen schwarzen Stoffbeutel die vielen hundert Meilen von seinem Wohnort in der Provinz Shaanxi bis nach Beijing zu tragen. Ich war eben im Begriff zu gehen, als mir plötzlich ein grobschlächtiger, untersetzter Mann im beigefarbenen Anorak die Hand auf die Schulter legte.

»Sie dürfen hier nicht weg«, sagte er unerbittlich und pflanzte sich vor mir auf, als wären seine Füße in der Erde verankerte Pfähle. »Wer sind Sie? Woher kommen Sie? Was suchen Sie hier?«

»Ich komme aus dem Ausland«, antwortete ich und rang mir ein schwaches Lächeln ab. Dann fügte ich laut auf englisch hinzu: »Ich spreche nicht sehr gut Chinesisch. Entschuldigen Sie, was haben Sie gesagt?«

»Woher kommen Sie?«

»Entschuldigen Sie, ich verstehe Sie nicht«, antwortete ich auf englisch.

»Ich weiß genau, daß Sie mich verstehen!« brüllte er. »Eben erst haben Sie noch Chinesisch gesprochen. Ich habe es gehört. Sie werden jetzt reinkommen und das Ganze erklären.« Er deutete auf das Regierungsgebäude.

»Ich bin Sino-Amerikanerin und China freundschaftlich gesinnt«, sagte ich und sprach ein langsames, gebrochenes Chinesisch. Ich war zum Schluß gekommen, daß ich Zeit gewinnen würde und mir meine Antworten genauer überlegen konnte, wenn ich ganz langsam sprach. Ich wagte den Mann nicht zu fragen, wer er sei, denn dann hätte er auf seine offizielle Stellung verweisen und mich ins Büro zitieren können.

»Zeigen Sie mir Ihren Ausweis«, sagte er. Ich rührte mich nicht. »Folgen Sie mir«, befahl er.

Ich geriet in Panik. Ich trug nie einen Ausweis bei mir, aus Angst, er könnte gestohlen oder eingezogen werden. Weit und breit waren keine Fremden in Sicht, und niemand wußte, daß ich mich hier aufhielt. Was, wenn Sie mich nun zwangen, das Gebäude zu betreten, und mich nicht wieder rausließen?

»Es besteht nicht der geringste Grund, irgendwohin zu gehen«, antwortete ich fest. »Wenn Sie Fragen haben, können Sie mir diese hier und jetzt stellen. Ich bin eine ganz normale Person in einer gewöhnlichen Straße.«

»Nein, Sie müssen mit hineinkommen«, sagte er und packte mich am Arm. Ich entzog mich sanft seinem Griff.

»Dazu besteht nun wirklich keine Notwendigkeit, und ich wollte ohnehin gerade gehen. Wie dem auch sei, ich bin nicht anders als die anderen Leute, die hier herumstehen.« Ich trat ein paar Schritte vom Gebäude weg, aber die Menschenmenge schloß sich enger um mich, und ein dünner Mann mit hageren, tyrannischen Gesichtszügen trat vor und schnitt mir den Weg ab.

»Sie entkommen hier nicht«, sagte er. »Wir wissen jetzt, wer Sie sind, und Sie können nicht wegrennen. Wissen Sie, daß dies eine Privatstraße und es Ihnen deshalb nicht gestattet ist, sich hier aufzuhalten? Wir müssen Sie also hereinbitten. Zeigen Sie mir Ihren Ausweis.«

»Es tut mir leid, den habe ich nicht bei mir. Ich habe Ihnen gesagt, ich bin Sino-Amerikanerin ...«

»Dann müssen Sie gerade mit uns hineinkommen«, unterbrach er mich.

Gab ich nach, würden sie vielleicht meine Notizen beschlagnahmen und mich mehrere Stunden lang verhören. Möglich, daß ich so leicht davonkam, möglich aber auch, daß sie mich länger behielten. Gehorchte ich diesem Mann aber nicht, so konnte es durchaus geschehen, daß er mich zusammenschlug und so oder so aufhielt. Doch vielleicht würde er es nicht wagen, eine Frau in aller Öffentlichkeit zu schlagen. Ich betete, daß die meisten Männer, die mich umringten, unschuldige Gaffer waren und keine Sicherheitsbeamten, und faßte einen Entschluß.

»Es tut mir leid, aber es ist schon spät, und ich muß zu meiner Familie zurück«, sagte ich selbstsicher, obwohl ich innerlich zitterte wie Wackelpudding, und begann, mir einen Weg durch die Menge zur Straße hin zu bahnen. Ich ging, so schnell ich konnte, ohne zu rennen, und niemand packte mich. Als ich die Hauptstraße erreichte, hörte ich, wie jemand nach mir rief. Ich drehte mich um und sah, daß ein Bauer mir gefolgt war: Er wollte mir seine Geschichte erzählen! Der hatte Nerven. Mir selbst aber war bang, und ich hatte zuviel Angst, daß sie uns beiden nachsetzten, wenn ich nun innehielt, um ihm zuzuhören, und so rannte ich mit einem kurzen Gruß davon.

Von den anderen Männern kam keiner. Papiertiger.

Was die chinesischen Behörden betraf, so hatte ich entdeckt, daß mit sanftem Drängen viel zu erreichen war. Aber es kam auf den richtigen Zeitpunkt und die korrekte Dosierung an. Drängte man nicht genügend, kam nichts dabei heraus. Drängte man zu sehr, verstrickte man sich in einen wahren Ringkampf.

Dasselbe gilt für die Beziehung zwischen China und dem Westen. Kaum ein anderes Land bereitet dem Westen soviel Kopfzerbrechen wie China. Und je stärker China wird, desto schlimmer wird das Kopfzerbrechen. Was werden wir tun, falls China ein westliches Handelsschiff im Südchinesischen Meer beschlagnahmt, mit dem Hinweis, es handle sich um chinesisches Hoheitsgebiet? Wie werden wir reagieren, falls China eine Seesperre über Taiwan verhängt? Wie sollen wir reagieren, falls China tibetische Buddhistenmönche und -nonnen auf dem Hauptplatz von Lhasa massakriert?

Ob unsere Chinapolitik sinnvoll ist, zeigt sich nicht allein in Form unserer Reaktion auf derlei mögliche Vorfälle, sondern in erster Linie darin, ob es uns gelingt, dafür zu sorgen, daß solche Vorfälle gar nicht erst eintreten. Das Problem ist, daß der Westen den größten Teil der vergangenen zweihundert Jahre über – wenn überhaupt – eine fehlgeleitete und fruchtlose Chinapolitik verfolgt hat. Die letzten fünfzehn Jahre der Post-Mao-Ära bilden da keine Ausnahme. Wir müssen zu einer neuen und kohärenteren Einstellung gelangen.

Vor mehr als zweieinhalbtausend Jahren umriß Chinas größter militärischer Analytiker die Grundlagen einer erfolgreichen Strategie. Sunzi oder Sun-Tzu (wie sein Name traditionellerweise geschrieben wird) sagte: »Kenne den Feind, kenne dich, und dein Sieg wird nie gefährdet sein.«[1]

Der Rat gilt heute noch, auch wenn wir China deswegen noch lange nicht als Feind betrachten müssen, gegen den wir ziehen werden. Tatsache ist aber, daß wir China kaum kennen, ja bisweilen als völlig undurchschaubar empfinden. Dasselbe beklagte schon vor mehr als hundert Jahren Lord Macaulay. 1840 meinte er anläßlich einer Rede vor dem britischen Parlament: »Was wissen wir hier schon von China? Selbst wer von uns aus Europa dort war, kennt dieses Reich fast ebensowenig wie wir übrigen. Alles wird von einem Schleier verhüllt, durch den wir höchstens gelegentlich einen Blick erhaschen; einen Blick, der eben genügt, um unsere Phantasie anzuregen, eher geeignet, uns in die Irre zu führen, als kundig zu machen.«[2]

Als Staatssekretär Warren Christopher im Rahmen seiner Rede vor dem Rat für Auslandsbeziehungen 1993 in New York auf China angesprochen wurde, äußerte er sich in gleicher Weise. Er sagte, er könne das Verhalten Beijings einfach nicht verstehen. Für ihn sei Beijing schlicht unergründlich.

Daran tragen wir ebensoviel Schuld wie China. Und um Chinas Handlungsweise zu verstehen, hilft es, zu wissen, daß man in China die Haltung der Vereinigten Staaten ebensowenig begreift. Die chinesische Führung kann das Verhalten Washingtons also ebensowenig nachvollziehen. Betrachten wir die Sache doch einmal ein wenig aus Deng Xiaopings Blickwinkel. Die Beziehungen zu den Vereinigten Staaten begannen sich 1972 nach Richard Nixons schon historischem Chinabesuch zum Guten zu wenden. Damit war der Grundstein zu einer Vernunftehe zwischen zwei Ländern gelegt, die sich beide vor dem gemeinsamen Feind Sowjetunion fürchteten. »... die Woche, die die Welt geändert hat«,[3] wie Nixon sie später nannte, begann damit, daß der Vorsitzende Mao den amerikanischen Präsidenten zu einem Treffen lud und verlauten ließ, er möge die »Rechten«.[4] Präsident Nixon ließ seinerseits durchblicken, daß die Vereinigten Staaten sich nicht in Chinas Menschenrechtsverletzungen einmischen würden. »Was uns jetzt zusammenbringt, ist die Erkenntnis einer neuen Situation in der Welt – und auch die Erkenntnis unsererseits, daß nicht die interne politische Philosophie einer Nation wichtig ist, sondern ihre Politik gegenüber der übrigen Welt und uns gegenüber.«

Doch dann verstießen die Vereinigten Staaten nach Dengs Meinung entschieden gegen dieses implizite Versprechen, sich nicht einzumischen. Besonders seit Tiananmen stellen sie in seinen Augen die Mißachtung der Menschenrechte in China in den Mittelpunkt. So feuert Washington über Voice of America zum »Verrat« an und tritt für verurteilte »Konterrevolutionäre« ein, die während der Tiananmen-Proteste in der Volksbefreiungsarmee kämpften. Aus der Sicht des Politbüros sind sie sogar bestrebt, China aufzuteilen, da sie in den fünfziger Jahren tibetische Rebellen mit Waffen ausrüsteten und Washington in den neunziger Jahren über den Sender Voice of America ein Nachrichtenprogramm in tibetischer Sprache zu senden begann und ein Treffen zwischen dem amerikanischen Präsidenten und dem Dalai-Lama in die Wege leitete.

Die amerikanische Besorgnis über den Atomwaffenhandel muß für die chinesische Regierung wie ein Schwindel wirken, wenn sie sieht, wie Washington raffinierte Raketensysteme an Staaten im Nahen Osten, ja sogar an Taiwan verkauft. Und wie sollte man in China glauben, die Vereinigten Staaten wollten der Verbreitung von Nuklearwaffen Einhalt gebieten, wenn sie gleichzeitig die Lieferung von Plutonium an einen derart gefährlichen Staat wie Japan zulassen. Aus der Perspektive der Führung, deren Erinnerungen bis zur japanischen Invasion in den dreißiger Jahren zurückreichen, welcher zehn Millionen Chinesinnen und Chinesen zum Opfer fielen, ist keiner Nation so zu mißtrauen und keine potentiell so gefährlich wie Japan.

Und so betrachtet man in Zhongnanhai, im Bezirk der chinesischen Führung, selbstverständlich die Vereinigten Staaten als die größte Gewaltmacht von allen. Nun, wir sehen das natürlich anders. Wir betrachten weiterhin Beijing als brutal und in Selbsttäuschung befangen, ja als paranoid. Aber auch Paranoide haben Gefühle, und unser erster Schritt im Umgang mit der chinesischen Regierung muß deshalb auf das Verständnis abzielen, woher diese Gefühle kommen. Zwischen China und dem Westen klafft ein echter Abgrund, sowohl was die Interessen wie auch was die Wahrnehmung anbelangt.

Dieser Abgrund wird von vier spezifischen Themen dominiert, über die sich China und der Westen streiten. Zum ersten sind es die Menschenrechte, welche die chinesische Regierung zuerst nicht einmal als legitimen Diskussionspunkt anerkannte. Dann war China Ende 1990 bereit, über Menschenrechtsfragen zu diskutieren, solange dies in einer Atmosphäre des »gegenseitigen Respektes« geschehe. Ziel des Westens ist jedoch, nicht nur über das Thema zu sprechen, sondern auch Fortschritte in bezug auf die Achtung der Menschenrechte zu sehen. China wendet immer wieder ein, der Westen habe kein Recht, den Entwicklungsländern die eigenen Maßstäbe und Strukturen aufzuerlegen, aber darum geht es ja im Grunde gar nicht. Das tun wir ja gar nicht. Wir sagen nicht, China müsse ein Präsidial- oder ein Föderalsystem errichten oder das Recht, Waffen zu tragen, einführen. Wir versuchen vielmehr, China darin zu bestärken, die eigenen Gesetze zu befolgen, darunter zum Beispiel das Verbot der Folter. Die chinesische Führung sagt selbst, sie sei gegen das Verprügeln von Gewerkschaftsaktivisten oder die Vergewaltigung tibetischer Nonnen, und es gibt keinen Grund, weshalb wir sie nicht an ihren eigenen Maßstäben messen sollten.

Gleichzeitig müssen wir auch zugeben, daß Beijing Fortschritte macht, was die Einhaltung der Menschenrechte betrifft. Gefangene werden weniger häufig zu Tode geprügelt, als dies in den siebziger oder auch noch in den achtziger Jahren der Fall war. Inzwischen können sich in China die Leute zu Hause oder unter Bekannten auch durchaus Witze über Li Peng erzählen, und sie erhalten viel leichter die Erlaubnis, ins Ausland zu reisen. So unternahmen 1993 beispielsweise fast siebenhunderttausend Menschen Privatreisen ins Ausland, und nur vier Prozent, die beim Büro für Volkssicherheit einen Ausreiseantrag stellten, erhielten keine Genehmigung, verglichen mit zwanzig Prozent im Vorjahr.[5]

Das zweite Diskussionsthema ist die starke Zunahme der Militär- und Nukleartechnologie. Nach wie vor verkauft China moderne Raketensysteme an labile Regierungen und bestreitet dies im nachhinein. Das Faß zum Überlaufen brachte der heimliche Verkauf von Bestandteilen des Raketensystems M-11 in den Jahren 1992 und 1993 an Pakistan, welche über eine Reichweite von mehr als hundertsechsundachtzig Meilen verfügen und auch mit nuklearen Sprengköpfen versehen werden können. Daneben gibt die chinesische Führung zu, daß sie auch Algerien, Iran und Pakistan beim Bau von Atomkraftwerken geholfen habe, und argumentiert, daß es sich dabei um zivile Projekte handle. Aber auch wenn das wahrscheinlich zutrifft, können die Länder die Technologie, die sie auf diese Weise erhalten, dazu verwenden, Nuklearwaffen zu entwickeln.

Unter dem starken Druck des Westens versucht China in dieser Hinsicht seinen Ruf zu verbessern. Nach Jahren der Opposition hat sich die chinesische Führung schließlich im März 1992 dazu verpflichtet, den Handel mit Atomwaffen einzustellen, indem sie den Atomwaffensperrvertrag unterzeichnete. Einige Monate zuvor, im November 1991, war die Zusicherung erfolgt, sich an die Parameter des Missile Technology Control Regime zu halten und den Verkauf von Raketensystemen an Drittländer zu unterbinden, was allerdings den Weiterverkauf der M-11 an Pakistan nicht verhindert zu haben scheint.

Der dritte Konfliktpunkt ist der Handel. In dieser Beziehung ist China noch parteiischer als die meisten anderen Länder. Man baut auf Zolltarife, geheimnisvolle Regeln, administrative Macht und gelinde gesagt absurde Bedingungen, um den Güterimport aus dem Ausland zu verhindern. So mußte zum Beispiel bis vor kurzem für jedes importierte Auto ein Modell zusätzlich geordert und dieses der Regierung zu Testzwecken abgeliefert werden. Gleichzeitig galt es, einen Einfuhrzoll zu entrichten, der bis zu zweihundert Prozent des Einkaufspreises ausmachte. Zu diesem Protektionismus hinzu kommt der großangelegte Betrug mit den Exportquoten. Amerikanische Zollbeamte, die die chinesische Grenze überwachen, haben Exportgüter im Wert von mehreren Millionen Dollar erwischt, die die Grenze mit falschen Angaben über das Herkunftsland passierten. Überdies ist China berüchtigt für den Diebstahl fremder Urheberrechte und Patente; so machten in China zum Beispiel von Präsident Bushs Autobiographie drei verschiedene widerrechtliche Übersetzungen munter die Runde. Viele Buchläden in der Provinz verfügen über einen Raum, zu dem Fremde keinen Zutritt haben, was mein Interesse weckte. Was für Staatsgeheimnisse schlummerten dort? Schließlich gelang es mir einmal, in einen solchen Raum zu schleichen, und was fand ich dort? Nichts Geheimnisvolleres als viele Stapel amerikanischer Raubkopien.

Obwohl China einen rapid wachsenden Exportüberschuß in die Vereinigten Staaten aufweist – nach Japan den zweitgrößten –, dürfen wir nicht vergessen, daß dies durchaus nicht gegenüber allen Handelspartnern der Fall ist. Im Gegensatz zu Japan wird in China mehr importiert als exportiert; die Volksrepublik wies 1993 und in anderen Jahren der jüngsten Vergangenheit ein Handelsdefizit aus. Im Westen realisiert man im allgemeinen auch nicht, daß es sich bei den Produkten, die von chinesischen Importschuhen und -spielsachen vom Markt gedrängt werden, nicht um einheimische Ware handelt, sondern vielmehr um Billigschuhe und Plüschtiere, die zuvor aus Taiwan oder Hongkong eingeführt wurden. Und man erkennt umgekehrt nicht, wie groß der chinesische Markt für uns ist, vom Getreide bis zu Flugzeugen. Anfang der neunziger Jahre lieferte Boeing jede sechste Linienmaschine nach China. Zudem hat Beijing inzwischen auch die internationalen Konventionen zum Schutz der Urheberrechte unterschrieben und weitere Schritte unternommen, um fremdes geistiges Eigentum zu schützen. Nach wie vor bieten Computerläden in Zhongguancun in Beijing gestohlene Software an – als ich 1993 einen Computer kaufte, konnte ich keine legale DOS-Diskette finden und mußte eine aus Hongkong kommen lassen –, aber in geringerem Ausmaß als früher. Und als das Buch *Scarlett*, die Fortsetzung von *Vom Winde verweht,* auf chinesisch erschien, hieß es betont, es würden rechtmäßig Tantiemen dafür an den amerikanischen Verlag abgeführt.

Daneben räumt die Regierung stückweise mit den geheimen Regeln auf, die den Handel beeinträchtigen, so daß ausländische Geschäftsleute nicht mehr länger Gesetzgebungen unterliegen, von denen sie nicht einmal wissen. Und China beginnt, wenn auch widerwillig, als Teil der Bemühungen um den Beitritt zum GATT, die Tarife zu senken und die absurdesten und lästigsten Importvorschriften abzuschaffen.

Was den vierten Punkt betrifft, so macht sich China das Leben selber schwer. Es geht dabei um den Waffenverkauf des Westens an Taiwan und generell darum, daß der Westen Taiwan unterstützt. Diese »Intervention« seitens der Vereinigten Staaten begann schon 1950 mit der Entsendung der amerikanischen Siebten Flotte zum »Schutz« Taiwans vor der Volksrepublik und hält seither in verschiedenen Formen bis heute an. China zieht daraus allerdings den größten Nutzen, denn Taiwan ist einer der Hauptinvestoren in China.

Trotzdem gibt sich die kommunistische Führung schockiert über die Tatsache, daß der Westen weiterhin Handelsbeziehungen zu Taiwan unterhält, auch nachdem er die diplomatischen Vertretungen nach Beijing versetzt hat. Am meisten empört ist man über die westlichen Waffenverkäufe an Taiwan. Die chinesische Führung behauptet, der Verkauf von Mirage-Kampfflugzeugen seitens Frankreichs und der Verkauf von F-16-Raketen seitens der Vereinigten Staaten an Taiwan seien ein Verstoß gegen die 1992 getroffenen Vereinbarungen mit China. Auch Deutschland und die Niederlande konnten der Versuchung nicht widerstehen und haben Unterseeboote, Schiffe und militärische Ausrüstung an Taiwan verkauft.

In China betrachtet man all diese Handlungen als einen Versuch der Vereinigten Staaten und auch anderer Länder, sich Taiwan als eine Art Kolonie zu erhalten. Insbesondere aber hegt man den Verdacht, die Vereinigten Staaten wollten China aufspalten und dann selbst kontrollieren. »Die Vereinigten Staaten werden auf jeden Fall versuchen, uns in die Enge zu treiben, indem sie die Beziehungen zu Taiwan weiter ausbauen«, warnte ein als geheim eingestuftes chinesisches Dokument Anfang 1993. »Es liegt politisch, wirtschaftlich und sicherheitspolitisch ganz in ihrem Interesse, die Situation in der Meerenge von Taiwan unverändert beizubehalten und Taiwan in dieser Region auf unabsehbare Zeit als eigenständige Einheit aufrechtzuerhalten.« Ob dies eine tendenziöse Fehlinterpretation der Wirklichkeit ist oder nicht, China sieht die Situation nun aus diesem Blickwinkel und zieht entsprechende Schlüsse. Und so wird Beijings Verärgerung, was den Umgang des Westens mit Taiwan betrifft, in den kommenden Jahren wahrscheinlich als nicht unbedeutender Quell weiter für Spannungen sorgen.[6]

Das bringt uns zum größten Problem in der chinesischen Außenpolitik: Alles daran erscheint unvorhersehbar und manchmal vollkommen irrational. Darüber jammerten schon die ersten Fremden aus Europa, die mit der Qing-Dynastie zu tun hatten. 1793 sandte Großbritannien eine Delegation nach China, die das Land für den Handel gewinnen sollte. Angeführt wurde die Gesandtschaft von Lord Macartney, einem erfahrenen Diplomaten, aber zwischen China und Großbritannien klaffte ein derart großer kultureller Abgrund, daß man aneinander vorbeiredete, trotz oder vielleicht gerade wegen der vielen Worte, die man machte.

Lord Macartney hatte dem Herrscher Qianlong mehrere Geschenke mitgebracht, doch betrachtete der Chinese diese als »Tribut« und beharrte darauf, daß sie mit den rituellen drei Kniefällen und den neun Verbeugungen übergeben wurden. Macartney weigerte sich, die Kotaus auszuführen, brachte aber, wie ein anderes Mitglied der Delegation berichtete, immerhin eine »tiefe Verbeugung« zustande. Allein das genügte nicht. Die Delegation wurde mit einem Schreiben an König George III. zurückgesandt und dieser angewiesen, dem Sohn des Himmels ewigen Gehorsam zu schwören. Aus den Niederlanden kam ein eigener Gesandter und führte die Kotaus eifrig aus – so tief, daß er zur Freude des Hofs seine Perücke dabei verlor. Dennoch widerfuhr ihm keine bessere Behandlung seitens des chinesischen Herrschers; dieser schickte ihn nämlich ebenfalls zurück. Eine russische Delegation entließ Qianlong gar mit den Worten: »Ihr seid eine dämliche Rasse. Entfernt euch!«[7]

Die Widerspenstigkeit der Qing-Dynastie fiel auf diese selbst zurück, denn Europa kehrte mit Kriegsschiffen zurück. Schon bald fanden die chinesischen Herrscher heraus, daß sie irrational und gegen ihre eigenen Interessen gehandelt hatten, denn in der Folge war China gezwungen, mehrere Kriege auszufechten – und erlitt erniedrigende Niederlagen – und Handelsenklaven an fremde Länder abzutreten. Im Winter 1911/12 brach die Qing-Dynastie zusammen, nicht zuletzt als Folge der Niederlagen.

Immer noch begehen wir den Fehler, anzunehmen, daß China ganz zum eigenen Besten handle. Statt dessen hebt die Führung nur zu oft – wie es in einem chinesischen Sprichwort heißt – einen Felsbrocken, um ihn dann auf die eigenen Füße fallen zu lassen.

Oder, um genauer zu sein, um ihn auf die Füße ihrer Untertanen fallen zu lassen.[8]

Diese Unterscheidung – auf wessen Füße die Felsbrocken fallen – macht deutlich, weshalb China manchmal gegen seine eigenen Interessen zu handeln scheint: Die Führung handelt weniger zugunsten des Gemeinwohls als vielmehr zu ihrem persönlichen Vorteil. So versuchen Generäle regelmäßig Waffen an andere Länder zu verhökern, um so sich oder ihre Einheit zu bereichern, auch wenn sie damit Widerstände gegen ihr Land hervorrufen und wirtschaftliche Sanktionen riskieren. Es kann auch vorkommen, daß linientreue Militaristen und Beamte der Staatssicherheit auf diese Weise bewußt Spannungen zwischen Beijing und Washington provozieren, da Auseinandersetzungen sie tendenziell stärken. So versuchte das Militär zum Beispiel zu Beginn der siebziger Jahre die verbesserten sino-amerikanischen Beziehungen zu sabotieren. Und 1992 gab es Anzeichen dafür, daß einige Reformgegner erneut Auseinandersetzungen zu provozieren versuchten, indem sie einen großangelegten unterirdischen Nukleartest durchführten und sich damit die Feindseligkeit des Westens zuzogen, weil sie die internationalen Bestrebungen zur Abschaffung von Atomversuchen zunichte machten. Etwa zur selben Zeit ließ die Staatssicherheit meine Kollegin Lena Sun von der *Washington Post* verhaften und ihre Unterlagen und ihr Büro durchsuchen. Der Vorfall eignete sich hervorragend, um für antichinesische Presse in Washington zu sorgen. Tags darauf veröffentlichte die *Washington Post* auf der Titelseite natürlich prompt ein Bild von Lena und ihren Augenzeugenbericht der Ereignisse.

Und selbst wenn das Politbüro nicht durch interne Rivalitäten gespalten ist und durchaus die Absicht hat, im Interesse des Landes zu handeln, gelingt ihm dies oft aufgrund des miserablen Nachrichtendienstes nicht. 1991 veröffentlichte David Shambaugh eine Studie über die chinesische Amerikabeobachtung und kam zum Schluß: »Das chinesische Verständnis für die Vereinigten Staaten ist nach wie vor oberflächlich und ernstlich verzerrt. Abgesehen von einigen wenigen Ausnahmen versteht die Mehrheit derer, die Amerika in China beobachten, die Vereinigten Staaten nicht.«[9] Es gibt wohl kaum einen schlechteren Politiker als einen fehlerhaft informierten Paranoiden, doch trifft genau das auf die meisten greisen chinesischen Führungsmitglieder zu. Sogar Deng Xiaoping glaubte zu Anfang erwiesenermaßen, die Tiananmen-Demokratie-Bewegung sei das Resultat einer amerikanischen Intrige. Manchmal neigten wir zu der Ansicht, es wäre besser, der Westen würde, statt die chinesischen Spione zu entlarven, Beijing im Gegenteil dazu ermutigen, mehr von ihnen einzusetzen. Hätte Beijing mehr Maulwürfe, würde man uns dort vielleicht besser durchschauen.

Von Zeit zu Zeit spielten uns chinesische Bekannte vertrauliche Dokumente zu, und oft waren die interessantesten nicht die über China, sondern die über die Vereinigten Staaten. Obwohl es sich dabei um Informationsunterlagen für höhere Regierungsmitglieder handelte, enthüllten diese ein erstaunliches Unwissen in bezug auf die Vereinigten Staaten. 1989 gab uns beispielsweise ein chinesischer Journalist Exemplare einer internen Zeitschrift mit dem Namen *Neican Xuanpian*.

Das war kurz nach den Tiananmen-Morden, als China international in Acht und Bann lag. Das Ende der sowjetischen Bedrohung hatte China den Einfluß als Partnerland gegen den russischen Bären gekostet, und es gab praktisch keinen einzigen Grund für die Vereinigten Staaten, auch nur einen Deut auf China zu geben. Die chinesische Wirtschaft schien damals darniederzuliegen. Der einzige Vorteil, den China noch genoß, war Präsident Bushs Sympathie für das Land, in dem er einst als Botschafter gedient hatte. In jenem rauhen politischen Klima präsentierte dieses vertrauliche Dokument eine Analyse der sino-amerikanischen Beziehungen, derzufolge China scheinbar alle Trümpfe in Händen hielt. Der Artikel suggerierte, nicht China, sondern die USA seien gezwungen, ihre Position zu überdenken, um ihre Interessen in China aufrechterhalten zu können. Nach der Behauptung, die Bush-Administration habe sich dahin gehend geäußert, daß sie ihre Unterstützung der Demokratie-Bewegung im Hinblick auf die chinesisch-amerikanischen Beziehungen hinterfragen werde, hieß es in dem Bericht weiter:

Genauere Beobachtungen haben indes ergeben, daß die Bush-Administration die beiden Punkte nicht gleich gewichtet. In Wirklichkeit tendiert sie dazu, dem Schutz der sino-amerikanischen Beziehungen den Vorzug zu geben. Diese Tendenz widerspiegelt keine besondere Zuneigung für China, vielmehr liegt sie im Interesse der amerikanischen Nation. Strenggenommen fürchten die Vereinigten Staaten in bezug auf ihre Beziehung zu China fünf Punkte:

Zum ersten, daß China unter der Feindseligkeit des Westens zu leiden hat und in die Isolation gedrängt wird. Zum zweiten, daß China der Sowjetunion in die Arme getrieben wird und die Vereinigten Staaten somit in bezug auf die Sowjetunion einen wichtigen politischen und militärischen Kontrollfaktor verlieren. Zum dritten, daß China sich von seinem Reformkurs und der Politik der Offenheit abwendet und die amerikanischen Anstrengungen zunichte macht, China dazu zu ermutigen, sich dem Kapitalismus friedlich zu öffnen. Und viertens, daß sich, sollte es zu einem Bruch zwischen China und Amerika kommen, Japan, Westdeutschland und Südkorea in ungeahntem Ausmaß dem riesigen chinesischen Markt zuwenden und der amerikanischen Wirtschaft nachhaltigen Schaden zufügen werden. Zum fünften hätte ein geteiltes und geschwächtes China nicht die Macht, auf Japan wirtschaftlich und militärisch ein Auge zu haben, und dies würde die Erhaltung des Friedens in der asiatischen Pazifikregion erschweren.[10]

1989 waren das zum größten Teil Hirngespinste. Der Gedanke, daß sich die Vereinigten Staaten ein starkes China wünschten, damit Japan in Schach gehalten werde, enthüllt eher chinesische Ängste als amerikanische Überlegungen. Einige Punkte, wie zum Beispiel das kommerzielle chinesische Potential, gewannen zwar später an Gewicht, aber im Herbst 1989 erkannte man in den Vereinigten Staaten in China kein Marktpotential; damals dachten IBM und andere Konzerne nicht an Expansion, sondern überlegten sich vielmehr, ob sie sich teilweise oder ganz aus China zurückziehen sollten.

Andere, ebenfalls als geheim eingestufte Dokumente unterstützten den Eindruck, daß die chinesische Führung in einer Phantasiewelt lebte. Stets bewerteten sie die chinesische Verhandlungsposition als zu hoch und berichteten von einer angeblichen Verschwörung des Westens mit dem Ziel, die chinesische Regierung zu stürzen. Ein Dokument erklärte, der Zusammenbruch Osteuropas sei einzig auf eine sorgfältig geplante Verschwörung des Westens unter Führung der Vereinigten Staaten zurückzuführen. 1993 warnte eine geheime Notiz: »Vielleicht geht den Vereinigten Staaten die Kraft aus, doch haben sie nie von ihren Ambitionen abgelassen, die Welt zu beherrschen, und ihr militärischer Interventionismus wird immer direkter.«

Ausgehend von ihrem eigenen, geschlossenen politischen System, konnte sich die chinesische Führung nicht vorstellen, wie sehr in der westlichen Welt die öffentliche Meinung und die Nachrichtenmedien oft die Politik beeinflussen. Auch verstand sie offenbar nicht, daß die Vereinigten Staaten – zum Teil als Folge dieses Drucks – sich einfach aus Überzeugung, die richtige Sache zu vertreten, um Einhaltung der Menschenrechte bemühen könnten. Chinesische Regierungsbeamte wurden nicht müde, mir geduldig und herablassend zu erklären, daß es nicht nur für sie schmerzlich sein werde, wenn die Vereinigten Staaten den chinesischen Handelsprivilegien ein Ende bereiteten. Damit, so glaubten sie, sei die Diskussion beendet; sie dachten gar nicht daran, daß die Vereinigten Staaten möglicherweise bereit sein könnten, für ihre Ideale einen wirtschaftlichen Preis zu zahlen.

Sogar die chinesischen Botschaften scheinen die Vorurteile der Zuhausgebliebenen eher zu bestätigen, als sich um eine echte Berichterstattung zu bemühen. So war beispielsweise Zhu Qizhen, der ehemalige chinesische Botschafter in Washington, der 1993 in den Ruhestand trat, seiner Aufgabe nicht gewachsen. Er wußte nicht, wie er mit den politischen Vertretungen auf dem Capitol oder der Presse umzugehen hatte, und er schien von Natur aus unfähig, seinen Vorgesetzten zu Hause schlechte Nachrichten mitteilen zu können. Und so schickte er mehrere optimistische Telegramme nach Beijing, und im Außenministerium ärgerte man sich darüber, daß er, selbst wenn man ihn zitierte und rügte, seine Vorgesetzten nicht darüber in Kenntnis setzte. (Es sah fast so aus, als wüßte Zhu nicht viel mehr über China als über die Vereinigten Staaten. Ein in Zhus Augen wichtiger Amerikaner erkundigte sich schriftlich nach dem Zustand von Liu Gang, einem der bekanntesten politischen Gefangenen in China. Die Regierung bestätigt, daß sie ihn gefangenhält, und Zeitschriften wie die *Beijing Review* berichten über ihn – und beharren, er werde nicht gefoltert, wie dies die ausländische Presse behaupte. Trotzdem schrieb Botschafter Zhu zurück, er habe sich ausführlich erkundigt und könne ihm mitteilen, daß es in China keinen Gefangenen namens Liu Gang gebe.)

Hongkong hat eine ähnliche Fallstudie zur Hand, wie China einen Felsbrocken heben kann, nur um ihn dann auf die eigenen Füße fallen zu lassen. Als ich 1987 in Hongkong lebte, herrschte allgemein die Ansicht, Hongkong werde es gut ergehen. »China braucht Hongkong«, sagten mir die Geschäftsleute. »In bezug auf Handel und Investitionen hängt China von Hongkong ab.« Andere merkten an, falls China es mit Hongkong verderbe, bringe es sich um die Hoffnung auf eine friedliche Wiedervereinigung mit Taiwan. All das trifft zu. Trotzdem ging China in den Jahren nach Tiananmen mehrfach und völlig unnötig scharf mit Hongkong ins Gericht.

Warum? Zumeist aufgrund falscher Informationen. Die chinesische Regierung ist überzeugt davon, daß Großbritannien heimlich mit den Vereinigten Staaten intrigiert, um Hongkong zu sabotieren. Als die britische Regierung in Hongkong den Bau eines neuen Flughafens für die Region vorschlug, war man in China überzeugt, dies sei bloß ein Vorwand, um die Kassen zu leeren und das Geld britischen Vertragspartnern zukommen zu lassen. So verweigerte China sein Einverständnis für den Flughafen, der einerseits als Erweiterung der Infrastruktur notwendig gewesen wäre und andererseits das Vertrauen in den Wirtschaftsplatz gestärkt hätte. Als Großbritannien 1992 ein paar bescheidene politische Veränderungen vorschlug, gelangte China zur Überzeugung, man suche nach einem Vorwand, um einen Fuß in die Tür zu setzen und das Gebiet nach der Übergabe an China 1997 vom fernen London aus steuern zu können. China reagierte mit der Verlautbarung, daß die legalen Verträge nach 1997 nicht mehr unbedingt bindend seien, und drohte sogar damit, in Hongkong einzumarschieren. Es gibt wahrscheinlich keinen anderen Ort, der derart flexibel ist wie Hongkong, weshalb sich die Gegend auch immer wieder erholt – ganz ohne die Hilfe Beijings.

Und wie steht es umgekehrt mit uns? Wie gut gelingt es uns im Westen, China zu verstehen?

Ich denke, die Chinabeobachter im Westen verfügen lediglich über rudimentäre Kenntnisse, was die Vorgänge in China betrifft – abgesehen vom Landesinnern, von dem wir nicht einmal soviel wissen. Trotzdem versandet selbst dieses marginale Wissen manchmal ungenutzt, da die westlichen Chinabeobachter nicht direkt Politik machen, sondern bloß beraten oder informieren. Weder wissen die westlichen Führungen viel über China, noch sind sie allzu interessiert daran. Trotz all ihrer falschen Eindrücke schenkt die chinesische Führung den Vereinigten Staaten und Europa viel mehr Beachtung, als dies umgekehrt der Fall ist. Oft verfolgt der Westen weder eine gute noch eine schlechte Chinapolitik – sondern gar keine.

Seit den neunziger Jahren polarisierte sich die Haltung China gegenüber zusehends. Die Handelsvereinigungen wollen bessere Beziehungen, ohne lange über Menschenrechte zu debattieren, und die Menschenrechtsorganisationen wollen, daß der Westen sich für diese Grundwerte einsetzt. Bis zu einem gewissen Grad sind die beiden Ansprüche unvereinbar. Und das war bereits zu Beginn des neunzehnten Jahrhunderts der Fall.

1821 war ein amerikanischer Seemann namens Francis Terranova des Mordes an einer Chinesin angeklagt, die dem Schiff *Emily* in einem kleinen Fischerboot entgegengekommen war, um mit der Besatzung Handel zu treiben. Voller Empörung verlangten die chinesischen Behörden Terranovas Auslieferung, um ihn für den Mord vor ein chinesisches Gericht zu stellen. Die amerikanische Besatzung mißtraute jedoch der chinesischen Gerichtspraxis, und Kapitän Cowpland von der *Emily* weigerte sich schlichtweg, Terranova auszuliefern. Andere Kapitäne amerikanischer Schiffe unterstützten ihn dabei.

Doch die amerikanischen Kaufleute protestierten lautstark. Sie fürchteten, die chinesische Regierung könnte sich beleidigt fühlen, und dies hätte das Ende der amerikanischen Handelsprivilegien bedeutet. Nach langem Hin und Her fanden die Amerikaner einen Kompromiß. Man erlaubte den chinesischen Behörden, an Bord der *Emily* zu kommen und den Prozeß dort abzuhalten.

Und so begab sich ein chinesischer Richter die Gangway hoch und verkündete oben angekommen unverzüglich das Urteil: Terranova wurde für schuldig befunden und zum Tod durch den Strang verurteilt. Amerika protestierte, der Prozeß sei eine Farce gewesen und man weigere sich, Terranova auszuliefern. China rächte sich mit dem Abbruch sämtlicher Handelsbeziehungen zu amerikanischen Kaufleuten. Dies hatte zur Folge, daß diese – nur kurz – ihr Gewissen erforschten und den Profit dem Prinzip vorzogen. Sie übergaben Terranova an die chinesischen Behörden, und er wurde dem Urteil gemäß für Mord an einer Chinesin hingerichtet.[11]

Großbritannien war entsetzt über den – aus ihrer Sicht – amerikanischen Kniefall. Die East India Company verurteilte die Amerikaner für »die barbarische Freigabe eines Mannes, der unter ihrer Flagge gedient« hatte. Doch die Unterwürfigkeit der amerikanischen Kaufleute fand kein Ende. Sie veröffentlichten eine eigene Erklärung an China: »Wir betrachten den Fall Terranova voreingenommen. Wir sind daran gebunden, uns in Euren Hoheitsgebieten Euren Gesetzen zu unterwerfen, und seien sie noch so ungerecht. Wir werden uns ihnen nicht entziehen. Ihr habt Eure Ansicht von Recht durchgesetzt und den Mann verurteilt, ohne ihn zuerst anzuhören. Doch nie wurde die Flagge unseres Landes beschmutzt. Jetzt weht sie über Euch. Es liegt nichts Unehrenhaftes darin, sich Euch unterzuordnen, da ihr von überwältigender Macht umgeben seid, ein großes Reich im Rücken habt. Ihr habt die Macht, uns zu zwingen.«

Mehr als hundertfünfzig Jahre danach scheint der Westen, was seine Beziehungen zu China betrifft, noch vor demselben Dilemma zu stehen: Geschäft gegen Politik. Die Beträge, die bei den kommerziellen Interessen eine Rolle spielen, weisen zu viele Nullen auf, als daß man sie ignorieren könnte. In gewisser Weise war es noch einfacher, an Prinzipien zu appellieren, als es um weniger Geld ging und China als Markt weniger interessant erschien.

In China sind numerische Redewendungen wie »Vier Modernisierungen«, »Sechs Übel« und so weiter beliebt. Deshalb möchte ich an dieser Stelle die »Drei Arten von Kopfschmerz« erörtern, welche die sino-amerikanischen Beziehungen prägen. Während wir China dazu drängen, unsere Interessen und Ideale zu übernehmen, sollten wir versuchen, die damit verbundenen Schmerzen auszuräumen.

Der Grund für die erste Art Kopfschmerz liegt in unserer wechselhaften, vom einen Extrem ins andere kippenden Wahrnehmung Chinas. Wir sollten uns immer wieder in Erinnerung rufen, daß China weder so gut noch so schlecht ist, wie es im jeweiligen Moment den Anschein erweckt. China und der Westen verhalten sich wie gewisse Paare, die ich kenne. Im einen Augenblick liegen sie sich in den Armen, und im nächsten schreien sie einander an. Seit Deng Xiaopings Machtübernahme vollzieht sich der Wechsel zwischen diesen beiden Extremen öfter. Einmal sehen wir in China das faszinierendste und wirtschaftlich pulsierendste Land der Welt, dann wiederum nichts als einen bösartigen Polizeistaat, der demnächst auseinanderbrechen kann. Und dann wieder rechtsum. Daraus resultiert dieselbe Art Zickzackpolitik, die wir China zum Vorwurf machen. Als Anfang sollten wir uns deshalb erst einmal klarmachen, daß die Stimmung des Augenblicks – sei das nun Euphorie oder Empörung – wahrscheinlich wieder vorbeigeht, und unsere Politik nicht darauf aufbauen.

Die zweite Art Kopfschmerz wird dadurch ausgelöst, daß wir ganz zu Unrecht annehmen, wir könnten China ändern. Wir können es nicht, und jeder dahin gehende Versuch wird sich viel eher als Bumerang erweisen. In Wirklichkeit sollten wir einsehen, daß wir auf die chinesische Innenpolitik nur in einem sehr geringen Maß Einfluß nehmen können. Was Außenpolitik und Handel betrifft, können wir relativ viel Einfluß geltend machen, in bezug auf die Einhaltung der Menschenrechte im Land jedoch praktisch keine. Am Ende muß der Wille, sich an die Menschenrechte zu halten, von innen kommen. Das heißt nicht, daß wir es nicht versuchen sollten, aber wir sollten uns keine Illusionen darüber machen, was sich erreichen läßt. An erster Stelle steht für die Führung, an der Macht zu bleiben, und nicht, gute Beziehungen zu den Vereinigten Staaten zu unterhalten. Sieht sie ihre Macht durch die Demokratie-Bewegung gefährdet, so wird sie diese weiterhin unterdrücken, was für ein Geschrei wir daraufhin auch immer erheben mögen. Unser Klagen und unsere Vorwürfe bestärken China höchstens möglicherweise darin, die Repressionen etwas weniger brutal erscheinen zu lassen, weniger Folter anzuwenden, einige Gefangene etwas früher zu entlassen und ihnen medizinische Behandlung zukommen zu lassen.

Die dritte Art Kopfschmerz wird hervorgerufen durch die prägende chinesische Eigenheit, um jeden Preis das Gesicht zu wahren. Im Grunde genommen wissen wir alle, wie wichtig es in der chinesischen Kultur ist, das Gesicht zu wahren, aber wir tragen diesem Punkt im Alltag oft zuwenig Rechnung. Es geht nicht darum, vor China zu Kreuze zu kriechen, sondern vielmehr darum, wahrzunehmen, daß uns das Bestreben der Führung, das Gesicht zu wahren, eine weitere Möglichkeit gibt, den Hebel anzusetzen. Wenn wir zum Beispiel Forderungen stellen, ist es wichtig, daß wir den Betroffenen gleichzeitig die Möglichkeit geben, unseren Forderungen nachzukommen und das Gesicht zu wahren – damit es nicht aussieht, als würden sie klein beigeben. Verlangen wir beispielsweise unverhohlen und aufgebracht die sofortige Freilassung von Ren Wang, können wir sicher sein, daß Ren nicht die geringste Chance hat freizukommen. Viel eher erreichen wir dies, indem China seitens unserer Botschaft etwa inoffiziell darum ersucht wird, sich mit den Gerüchten über Rens schlechtem Gesundheitszustand zu befassen und zu prüfen, ob nicht eine Freilassung aufgrund gesundheitlicher Probleme in Frage komme, und gleichzeitig höflich darauf hingewiesen wird, falls in dieser Sache nichts geschehe, werde das Außenministerium einen Bericht über die Einhaltung der Menschenrechte beim Kongreß einreichen, damit dieses Thema in den nächsten Monaten behandelt werde. Es geht darum, den Druck so zu strukturieren, daß die chinesische Führung das Gesicht wahrt, wenn sie unseren Forderungen nachkommt, es aber verliert, wenn sie sich ihnen widersetzt.

Oder wie es Sunzi formulierte: »Laß dem umzingelten Feind einen Fluchtweg offen, und setze einen Feind, der mit dem Rükken zur Wand steht, nicht zu sehr unter Druck.«[12]

Ein Beispiel dafür, wie so etwas in der Praxis abläuft, ist der Fall des Astrophysikers Fang Lizhi, der 1989 ganz oben auf Deng Xiaopings Liste der Staatsfeinde stand. Fang realisierte unmittelbar nach der Niederschlagung der Tiananmen-Bewegung, daß seine Freiheit, ja vielleicht sogar sein Leben in Gefahr waren. Eine gemeinsame Bekannte rief uns an, um zu fragen, ob wir Fang mit unserem Wagen durch die Stadt bringen könnten. Zum Glück waren wir gerade nicht zu Hause, und als wir zurückkamen und auf den Anruf reagieren konnten, hatte sie schon eine andere Möglichkeit gefunden. Wir waren ungeheuer erleichtert, daß uns dadurch die Entscheidung erspart blieb. Es wäre einerseits nicht angebracht gewesen, einen Wagen der *New York Times* dazu zu verwenden, einen der bedeutendsten Regimegegner in Sicherheit zu bringen. Aber hätten wir es andererseits mit unserem Gewissen vereinbaren können, Fang Lizhi unsere Hilfe zu verweigern, nachdem es doch zu jenem Zeitpunkt ganz so aussah, als könnte er hingerichtet oder für zwanzig Jahre ins Gefängnis gesperrt werden?

So oder so: Von seiner Frau, einer ebenfalls angesehenen und hervorragenden Physikerin, unter Druck gesetzt, ersuchte Fang die Vereinigten Staaten um Asyl. Die Botschaft beriet sich mit Washington und erklärte sich bereit dazu, worauf das Ehepaar in einem Zimmer der Botschaftsklinik versteckt wurde. Doch dann beging das amerikanische Außenministerium den kolossalen Fehler, der Welt bekanntzugeben, daß die Botschaft Fang Zuflucht gewährt habe. Bis dahin hatte die Hoffnung bestanden, daß man ohne öffentliches Aufsehen übereinkommen könnte, Fang insgeheim außer Landes zu bringen. Nachdem die Sache nun aber bekanntgeworden war, konnte es sich die chinesische Führung nicht leisten, nachzugeben, ohne das Gesicht zu verlieren. Sie zog bei jeder Gelegenheit über die Vereinigten Staaten her und deutete sogar an, man werde womöglich auf dem Botschaftsgelände einmarschieren, um sich Fang zu holen. Da jedoch nicht klar war, ob der Staatssicherheitsdienst wußte, wo Fang versteckt gehalten wurde, barg diese Drohung das Risiko eines chinesischen Sturms auf das falsche Gebäude, vielleicht sogar das Hauptgebäude mit dem fensterlosen Hauptquartier und Kommunikationszentrum der CIA dahinter. Die Möglichkeit beunruhigte die Angestellten der Botschaft so sehr, daß sie als geheim eingestufte Dokumente dem Reißwolf verfütterten, damit sie dem Überfallkommando nicht in die Hände fielen. Und eine Weile schlief das Botschaftspersonal sogar abwechselnd vor Fangs Zimmer, um ihn vor einer nächtlichen Entführung von chinesischer Seite zu schützen.

Die Stimmung war auf beiden Seiten derart gespannt, daß es schwierig schien, einen Ausweg aus der Krise zu finden. Es gab schon Mutmaßungen, daß Fang wohl zwanzig bis dreißig Jahre in der Botschaft werde verbringen müssen. Doch im darauffolgenden Frühjahr machte Botschafter Jim Lilley einen brillanten Schachzug und erreichte dadurch Fangs Freigabe. Lilley teilte China offiziell mit, Fang habe einen Herzinfarkt erlitten, und ersuchte um Erlaubnis, ihn zur medizinischen Behandlung in ein Drittland überführen zu dürfen. Er übertrieb ein wenig dabei: Fang litt zwar an Herzrhythmusstörungen, doch einen Infarkt hatte er keineswegs erlitten. Die chinesische Führung fürchtete jedoch die Konsequenzen, falls Fang unbehandelt in der amerikanischen Botschaft sterben sollte. Und sein Gesundheitszustand lieferte ihnen den benötigten Vorwand, ihn freigeben zu können, ohne das Gesicht zu verlieren. Und so landete, nur ein Jahr nachdem das Ehepaar die Botschaft betreten hatte, eine amerikanische Militärmaschine in Beijing, und die beiden wurden an Bord und in aller Eile nach England gebracht.

Immer wieder nahm man sowohl in den Vereinigten Staaten als auch in China an, wir verfügten über eine Vielzahl enger Kontakte zur amerikanischen Botschaft, was aber nicht zutraf. Im großen und ganzen fanden wir den diplomatischen Cocktailrundlauf ebenso lästig wie nutzlos, und zumeist war es aufschlußreicher, sich mit Einheimischen zu unterhalten, als mit diplomatischem Personal über China zu plaudern. Die amerikanische Botschaft verfügte über einige erstklassige Leute, und zu manchen hatten wir beruflich und privat eine enge Beziehung. Aber sie kamen und gingen in einem fort – in der Regel wird der diplomatische Nachwuchs alle zwei Jahre versetzt –, so daß ihnen wenig Zeit blieb, um in China *guánxi* aufzubauen. Zudem gab die amerikanische Botschaft ausdrücklich den offiziellen Treffen und Kontakten den Vorzug, statt privat mit einheimischen Bekannten zusammenzukommen und bei Tee und Wassermelonenkernen zwanglos zu plaudern. Das hatte zur Folge, daß ich ihre Fähigkeit, eine Sache zu beurteilen, manchmal anzweifelte.

Nicht, daß ich alle über einen Kamm scheren will. Es war für viele Angestellte der Botschaften und auch für die Presseleute äußerst schwierig, Kontakte herzustellen oder Quellen zu erschließen, besonders in den Jahren nach der Niederschlagung der Tiananmen-Bewegung. Die chinesische Bevölkerung hatte klare Weisungen, sich von uns fernzuhalten, und die Wachen an den Eingängen unserer Gebäude belästigten diejenigen, die dennoch zu kommen wagten. Im übrigen besuchte eine kleine Minderheit der amerikanischen Diplomatie ihre chinesischen Bekannten durchaus regelmäßig zu Hause – auch wenn das hieß, daß sie für ihre Vorgesetzten Kontaktberichte abfassen mußten. Die Botschaft war jedoch so sehr mit Sicherheitsfragen und offiziellen Kontakten beschäftigt, daß man manchmal den Eindruck gewann, sie hätte sich genausogut in Hongkong befinden können. Eine ganze Generation von Angestellten hielt sich damit auf, den Inhalt der *Volkszeitung* zu analysieren, und daran hat sich bis heute kaum etwas geändert. Die Möglichkeit, die wir wählten, ließen sie außer acht: sich mit den Leuten bei der *Volkszeitung* anzufreunden und sie bei einem Bier nach der wahren Bedeutung der Artikel zu fragen.

Natürlich ist die Sorge bezüglich der Sicherheit berechtigt. Zu der Zeit, als wir nach Beijing kamen, verstieß ein amerikanischer Diplomat gegen die Botschaftsregeln und ging eine Liebesbeziehung mit einer Chinesin ein. Eines Tages wurden die beiden vom Staatssicherheitsdienst ertappt, und man versuchte ihm daraufhin Informationen über die Botschaft abzupressen. Er meldete den Vorfall indes unmittelbar danach dem zuständigen Sicherheitsbeamten. Tags darauf schickte ihn die Botschaft in aller Stille nach Hause.

So oder so betrachteten die meisten Presseleute Zusammenkünfte mit diplomatischem – vor allem mit amerikanischem – Personal als recht unergiebig. Wir gingen immer davon aus, daß sie einiges mehr wußten, als sie zugaben. Jedenfalls hofften wir es. Aber manchmal gab es beunruhigende Zeichen dafür, daß dem nicht so war. Einmal nahmen wir zum Beispiel an einer langweiligen Dinnerparty teil, und das Gespräch kam auf Deng Xiaopings Haus. Ein höherer amerikanischer Diplomat fragte uns mit erstauntem Blick, wo sich dies befinde. Er schien tatsächlich keine Ahnung zu haben.

Ein andermal beschlossen die bewaffneten Einheiten, die Telefonverbindung zwischen den Militärbasen und den 532-Linien zu kappen, die den Botschaften und Presseleuten zur Verfügung standen. Schritt für Schritt wurden alle militärischen Einrichtungen, in denen Bekannte von uns lebten oder arbeiteten, von uns abgeschnitten. Versuchten wir sie telefonisch zu erreichen, ertönte eine Ansage vom Band mit der Mitteilung, daß die Nummer nicht verfügbar sei. Versuchten sie uns zu erreichen, geschah dasselbe. Unter den Einheimischen war die Sache ein alltägliches Gesprächsthema, und so entschloß ich mich, darüber zu schreiben. Ich verabredete ein Treffen mit einem angesehenen Militärattaché, doch der wußte nichts davon. »Lassen Sie es uns doch einmal versuchen«, schlug er vor und wählte die offizielle Nummer des Büros für auswärtige Angelegenheiten im Verteidigungsministerium. »Sehen Sie?« meinte er herablassend. »Es funktioniert doch bestens. Am Telefonnetz hat sich nichts geändert.«

Er wußte ganz offensichtlich nicht, daß – abgesehen von dieser einen Nummer für offizielle Auskünfte – sämtliche Verbindungen zwischen den Anschlüssen der Militärbasen und denen, die von ausländischen Zivilpersonem benutzt wurden, unterbrochen worden waren. Offensichtlich pflegte er niemals Bekannte in der Armee anzurufen.

Das Beste war, daß ausländische Presseleute andere Angehörige westlicher Staaten letztlich viel hilfsbereiter fanden als das amerikanische Botschaftspersonal, so besonders ausländische Intellektuelle, aber auch Rechtsanwälte, Geschäftsleute und zum Beispiel die Angestellten der Ford Foundation. Zu Beginn der neunziger Jahre komplizierten sich die Beziehungen zwischen der amerikanischen Botschaft und den Presseleuten zusätzlich durch eine wachsende gegenseitige Feindseligkeit. Botschafter J. Stapleton Roy fand, daß die Presse China zu kritisch begegne und Mißtritte in ungerechtfertigter Weise hervorhebe. Roy ist ein kluger und scharfsinniger Chinakenner und hatte vielleicht bis zu einem gewissen Grad recht, aber seine Haltung entfremdete Botschaftspersonal und Presseleute einander nur noch stärker. »Die leiden an Bunkermentalität«, beklagte sich einer meiner enttäuschten amerikanischen Kollegen. »Das Ganze erinnert an die ehemalige amerikanische Botschaft in Südvietnam.«

Unter den stets scharfzüngigen Presseleuten verkam die Botschaft bald zu einem Witz. Unablässig verbreitete sie, was die Zukunft anging, rosigen Optimismus, nur um Mal für Mal wieder von der Realität eines Besseren belehrt zu werden. Aber meist blieben die einzelnen Angestellten ohnehin nicht lange genug in China, um es zu merken. Als ich über das chinesische Interesse an einem eigenen Flugzeugträger schreiben wollte, verweigerte man mir in der Botschaft ein Gespräch darüber. Unmittelbar nach Erscheinen des Artikels rief mich ein bei der Botschaft akquirierter Journalist an und fragte: »Warum hetzen Sie auf diese Weise gegen China? Wenn Indien einen neuen Flugzeugträger kaufen würde, würden Sie doch nicht darüber schreiben? Warum hacken Sie dauernd auf China rum?«

Resultat dieses wachsenden gegenseitigen Mißtrauens – und der daraus folgenden unergiebigen Zusammenarbeit – war, daß die amerikanischen Presseleute häufiger mit den diplomatischen Vertretungen anderer Länder zusammenarbeiteten. In der japanischen und australischen war man in der Regel besonders gut informiert, und es gab auch einige besonders Eingeweihte aus Frankreich und Deutschland. Während das amerikanische Personal sorgsam darauf bedacht war, keine Indiskretionen zu begehen, neigten die Botschaftsangestellten aus Europa eher zum anderen Extrem, indem sie nur allzu private Beziehungen mit Einheimischen knüpften: ein sicherheitspolitischer Alptraum. Doch kann Bettgeflüster um vieles aufschlußreicher sein als eine offizielle Diskussion, und ich konnte mich des Eindrucks nicht erwehren, daß diese Fremden es zu einer grundlegenderen Kenntnis der chinesischen Mentalität gebracht hatten als unsere amerikanische Elite.

Nun ist Sex natürlich nicht die einzige Art der Begegnung, die sich zwischen zwei Menschen anbietet. Die optimale Art der Begegnung, zumindest was die Regierungen verschiedener Nationen betrifft, ist das Gespräch. Und eine Weltmacht wie die Vereinigten Staaten müßte dieses Mittel nutzen. Aber es widerstrebt den amerikanischen Regierungsmitgliedern, Beijing einen Besuch abzustatten, zum Teil deshalb, weil die Gespräche meist wenig zufriedenstellend verlaufen. Während der vier Präsidentschaftsjahre von George Bush unternahm Staatssekretär Baker nur ein einziges Mal allein eine Reise nach China, und der Besuch erwies sich als kleineres Debakel. So wurden während seines Aufenthaltes zwei Dissidenten festgenommen, und er erhielt kaum Ermunterung von chinesischer Seite. Bush besuchte China zu Beginn seiner Amtsperiode auf dem Rückweg von einer Japanreise, und der Besuch endete sozusagen mit einem Fiasko. Bush hatte den Dissidenten und Astrophysiker Fang Lizhi eingeladen, doch die Polizei verwehrte dem Geladenen den Zutritt zum Bankett.

Präsident Clinton war zu Beginn seiner Amtszeit China gegenüber sehr kritisch und warf Bush vor, er habe »Diktatoren von Bagdad bis Beijing verhätschelt.« Aber seiner Administration gelang es von Anfang an nicht, eine neue Chinapolitik zu verfolgen; sie führte im großen und ganzen den alten Trott weiter. Dann befaßte sich Clinton schließlich im Herbst 1993 näher mit China und begann die Strategie des »Engagements«, das heißt den Dialog mit Beijing, zu propagieren. Er genehmigte zum Beispiel den

Verkauf eines Supercomputers an China, der angeblich der Wettervorhersage dienen soll, erweiterte die Zusammenarbeit und die Beziehungen zwischen dem chinesischen und amerikanischen Militär und, ganz wichtig, lud Präsident Jiang Zemin zum Treffen der Pazifischen Anrainerstaaten in Seattle ein. Nach Tiananmen war dies die erste Zusammenkunft zwischen den Präsidenten von China und den Vereinigten Staaten.

Im März 1994 erfolgte dann die Reise von Staatssekretär Warren Christopher nach Beijing, die alle enttäuschte. Christopher besuchte China ausgerechnet zum Zeitpunkt der Jahresversammlung des nationalen Volkskongresses, wenn die Sicherheitsbehörden jeweils ein Lob auf die Demokratie anstimmen und gleichzeitig Demokratie-Anhänger verhaften. Die chinesische Führung machte keine wesentlichen Zugeständnisse und reagierte auf die amerikanische Aufforderung, die Menschenrechte vermehrt einzuhalten, prompt im Gegenteil mit der Verhaftung einer Reihe von Dissidenten in Beijing und Shanghai. Der Besuch war eine Niederlage für Christopher und damit auch für die Vereinigten Staaten.

Und doch ist es ganz wichtig, den Dialog immer wieder zu suchen. Vielleicht erreichen wir nicht, was wir wollen, dennoch sollten wir reden – oder schreien – und mit allen tauglichen Mitteln versuchen, China einzubinden. Der Westen muß sich bemühen, die chinesische Führung in die internationale Gemeinschaft zu integrieren, und darf sie auf keinen Fall isolieren. Denn je einflußreicher China durch die wirtschaftliche Entwicklung wird, desto mehr steht zu befürchten, daß Verhandlungen immer schwieriger werden. Wie sagte doch Lee Kuan Yew, der langjährige Regierungschef von Singapur? »Warum laßt ihr diesen Genossen denn nicht an Bord? Im Augenblick braucht er euch noch. In zehn Jahren vielleicht nicht mehr.«[13] Und tatsächlich erzählte uns ein Bekannter, Sohn eines chinesischen Kabinettmitglieds, daß sich aufgrund des wirtschaftlichen Erfolgs der letzten Zeit die Einstellung in der Führung bereits zu verändern beginne. »China wird immer selbstsicherer«, sagte er zu mir, ein paar Tage bevor ich Beijing verließ. »Sie werden keine Kompromisse eingehen. Sie sagen sich: ›Wir können nicht untergehen. Seht uns an. Seht Rußland an.‹ China gibt sich sehr, sehr selbstsicher.«

Natürlich genügt der Dialog als solcher noch nicht. Man darf sich nicht dem Glauben hingeben, durch den Aufbau derartiger Beziehungen zur chinesischen Führung in den Genuß von Gefälligkeiten zu kommen. Wer aus lauter Furcht, das chinesische »Gesicht« zu verletzen, jeglichen Druck zu vermeiden trachtet, begeht einen Fehler. Die chinesische Führung handelt wie die meisten Regierungen nach ihren Interessen und nicht nach den Gesetzen der Freundschaft. Wir brauchen gar nicht erst zu versuchen, die menschliche Seite im Politbüro anzusprechen, denn eine solche gibt es nicht. Als Wei Jingshen nach vierzehneinhalb Jahren aus dem Gefängnis kam, warnte er die amerikanische Regierung davor, sich vom chinesischen Politbüro täuschen zu lassen. Die chinesische Führung sei realistisch, sagte er, und zitierte die Fabel vom Lamm, das versucht, den Wolf zur Vernunft zu bringen. Der Wolf beschuldigt das Lamm, sein Trinkwasser verunreinigt zu haben, und das Lamm versucht ihm umsonst klarzumachen, daß dies gar nicht möglich sei, da es doch bachabwärts stehe. Klar, daß der Wolf das Lamm trotzdem auffrißt.

Ende der achtziger Jahre diente die Drohung mit dem Entzug der Meistbegünstigungsklausel und damit der Handelsprivilegien mehrmals als funktionierendes Druckmittel, um die chinesische Führung zum Handeln zu zwingen. Während der Bush-Administration versuchte der Kongreß diese Handelsvorzüge an Bedingungen zu knüpfen, und Bush warnte, er werde sein Veto einlegen. Am Ende blieben die Privilegien dann unverändert fortbestehen, aber das Tamtam darum herum vermochte immerhin einiges zu bewirken, machte die chinesische Führung doch bedeutende Zugeständnisse wie die Freilassung einiger Gefangener, die Unterzeichnung des Atomsperrvertrags, die Bewilligung der Ausreise für dissidente Staatsangehörige in den Westen und so weiter.

Wer in China an Sanktionen denkt, hat dabei eher die Vereinigten Staaten und viel weniger Deutschland, Japan, Großbritannien oder Frankreich im Sinn. Nach der gewaltsamen Niederschlagung der Tiananmen-Bewegung 1989 verbreitete sich zwar im ganzen Westen einhellige Wut über das mörderische Eingreifen. Doch zu Beginn der neunziger Jahre waren dieser einmütige Aufschrei und bald auch praktisch alle Stimmen, die sich ernsthaft zugunsten der Menschenrechte erhoben, schon wieder verstummt. Zwar wies immer einmal wieder das eine oder andere europäische Land darauf hin, doch abgesehen von Schweden und Norwegen lautete die Botschaft in der Regel eher halbherzig. Man brachte zwar die Menschenrechte kurz zur Sprache, wollte aber doch auf keinen Fall das Geschäft aufs Spiel setzen. Und auch die Vereinigten Staaten, die in den vergangenen Jahren ernsthaft wirtschaftliche Sanktionen gegen China in Erwägung zogen, mußten zu Kreuze kriechen, hat doch die chinesische Führung rasch signalisiert, daß man irgendwo schon andere und bereitwilligere Tanzpartner finden werde, falls Uncle Sam tatsächlich abspringen sollte.

Was war geschehen? Nach Tiananmen hüpfte als erstes Land Japan aus der Reihe. Tokio schien gar nicht erst auf den Gedanken zu kommen, daß die Menschenrechte in den Beziehungen zu China überhaupt eine Rolle spielen sollten, und lieferte im Gegenteil zumindest einen Dissidenten an China aus, der in Japan Zuflucht gesucht hatte. Sobald es die Höflichkeit zuließ, nahm Japan die Geschäfte wieder auf, gewährte China große Darlehen und sandte Repräsentanten nach Beijing zu Li Peng. Zum Teil zeigt sich in diesem Verhalten ein Trend der letzten Zeit: Japan pflegt sich in der Regel chinesischen Vorgaben zu beugen. So hat China etwa darauf bestanden, daß sich japanische Banken und Medienkonzerne aus Taiwan fernhalten, und während alle anderen internationalen Banken längst Niederlassungen in Taipeh haben, ist dort kaum eine aus Japan zu finden. Ebenso sind in Taiwan kaum japanische Presseleute stationiert, damit China keinen Anstoß nehmen kann, und die Berichterstattung über China ist in den japanischen Medien ziemlich zurückhaltend. Was China angeht, hört man aus Japan selten ein deutliches Nein.

Es wäre anzunehmen, daß man sich in China damit zufriedengibt, doch so einfach liegen die Dinge nicht. Niemand in China hat die Bekannten und Verwandten vergessen, die beim japanischen Einmarsch in den dreißiger Jahren umkamen. Ebenso wie man in den USA nicht versteht, wie China Iran trauen kann, hält China die Vereinigten Staaten in bezug auf Japan für verheerend naiv. Fragen Sie irgend jemanden in China nach Japan, und Sie werden vor allem von den älteren Leuten einen Schwall von kaum druckreifen Ausdrücken zu hören bekommen. Das geht sogar so weit, daß viele, nach der Bedeutung des Wortes *hen* (Haß) gefragt, antworten, es sei das, was das chinesische Volk für Japan empfinde. Noch immer fordert man in China weithin, daß Japan für die damaligen Greuel mehrere Milliarden Dollar für die Wiedergutmachung zu leisten habe, obwohl die Sache anläßlich der Normalisierung der Beziehungen zwischen den beiden Ländern 1972 angeblich bereinigt wurde. Selbst unter der gebildeten Bevölkerungsschicht an den Universitäten ist ganz eindeutig eine Abneigung gegen Japan festzustellen. Und in den achtziger Jahren gab es sogar Studentenproteste gegen den »wirtschaftlichen Einmarsch Japans«, wie man das nannte, zum Beispiel gegen die japanischen Stereoanlagen und Fernseher von Panasonic und Hitachi. Ein Großteil des chinesischen Grolls gegen Japan grenzt nahe an Rassismus, und es gibt ausgesprochen häßliche Ausdrücke im Chinesischen für die Angehörigen Nippons.

Daß die japanischen Firmen in China so gute Ergebnisse erzielen, ist angesichts dieser althergebrachten Feindseligkeit, die ihnen entgegenschlägt, eine echte Leistung. Japanische Konzerne haben – in viel größerem Rahmen als amerikanische oder europäische Firmen – ein Netz von Niederlassungen über das ganze Land gespannt, bis in so abgelegene Städt wie Urumqi in der Region Xianjiang. Und während amerikanische Firmen für die ersten ein bis zwei Jahre oft jemanden ohne jede Sprachkenntnisse aus den Vereinigten Staaten nach China schicken, erhalten japanische Verkaufskräfte Chinesischunterricht und werden dann für vier bis fünf Jahre nach China versetzt. In der Folge tätigen sie oftmals die Erstgeschäfte mit den chinesischen Unternehmen und sorgen so dafür, daß auch die nachfolgenden Bestellungen bei ihnen eingehen. Die oft gehörte amerikanische Behauptung, Japan sei deshalb so gut mit China im Geschäft, weil in beiden Ländern asiatische Völker lebten und Japan dadurch gewisse Vorteile habe, trifft nicht zu – in Wahrheit würden vielmehr die meisten chinesischen Firmen lieber mit anderen ausländischen Unternehmen Geschäfte machen. Der Grund, warum japanische Firmen bessere Geschäfte tätigen, liegt darin, daß sie geschickter operieren und mit mehr Schwung vorgehen als amerikanische und europäische Unternehmen.

Für die europäischen Länder ist – im Gegensatz zu Japan – die Achtung der Menschenrechte durchaus von Belang, doch macht China in den Augen so mancher Wirtschaftsnation dieses Defizit durch sein Marktpotential wieder wett. Ein weiterer Unterschied liegt darin, daß einige europäische Nationen – ebenfalls im Gegensatz zu Japan – durchaus bereit sind, sich mit China zu überwerfen, wenn auch nicht in erster Linie, um gegen die Nichteinhaltung der Menschenrechte zu protestieren, sondern aus wirtschaftlichen oder sicherheitspolitischen Erwägungen. Dies zeigte sich zum Beispiel anläßlich des Verkaufs von militärischer Ausrüstung an Taiwan: Im Jahre 1992 schockierte Frankreich die Volksrepublik China mit der Ankündigung, man werde Mirage-Kampfflugzeuge an Taiwan verkaufen. Obwohl auch die Delegationen aus Frankreich, Deutschland und anderen europäischen Ländern immer wieder die Freilassung politischer Gefangener fordern, scheint mir doch der wirtschaftliche Gedanke zu dominieren und der eigentliche Grund der meisten Besuche geschäftlicher Natur zu sein. Im Vordergrund steht bei diesen Regierungsvertretungen die Sorge um Arbeitsplätze und Export, und in diesem Sinne pilgern denn auch Wirtschaftsgrößen nach Beijing und bemühen sich um entsprechende Verträge.

Im Mai 1994 beendete dann auch Präsident Clinton offiziell ein Kapitel im Buch der sino-amerikanischen Beziehungen: Er koppelte die Frage der Menschenrechte definitiv von der Vergabe der Meistbegünstigungsklausel ab. Er gab zwar offen zu, daß er die chinesischen Bemühungen um die Einhaltung der Menschenrechte als enttäuschend betrachte – verlängerte aber die Begünstigungen für China dennoch. Ja, er ging noch weiter. Er verlängerte sie nicht nur, sondern gewährte sie bedingungslos, so daß nun niemand mehr fürchten muß, die Vereinigten Staaten könnten China für die Nichtbeachtung der Menschenrechte mit Ausschluß vom Handel bestrafen.[14]

Die Geschäftsleute jubelten, die kritischeren Stimmen in den Leitartikeln riefen »Foul«. Ich glaube jedoch nicht, daß man hier einmal mehr das Geschäft über die Menschenrechte gestellt hat. China die Meistbegünstigungsklausel vorzuenthalten zöge für die Menschenrechte in China die schlimmsten Folgen nach sich. Die Kommunistische Partei würde unverzüglich mit einer härteren Gangart reagieren und eher noch mehr Gefolgsleute aus den Reihen der Demokratie-Bewegung in den Gefängnissen verschwinden lassen. Derart vor den Kopf gestoßen, könnte die chinesische Führung – und insbesondere deren harter Kern – die Konfrontation bestens auf die eigene Mühle lenken, greift man doch innerhalb des Politbüros für Gegenmaßnahmen stets auf verstärkte Unterdrückung und Folter zurück. Die Vereinigten Staaten hätten das Gewicht mit einer anderen Entscheidung möglicherweise auf Jahre hinaus zugunsten des harten Kerns im Politbüro verschoben. Darüber hinaus hätten sie dessen Mitgliedern das Argument in die Hand gegeben, die USA – und nicht etwa ihre eigene falsche Politik – trügen die Schuld an eventuell eintretenden wirtschaftlichen Schwierigkeiten.

Natürlich wünschen sich viele Menschen in China Druck von außen auf die politische Führung, damit sie sich endlich an die Menschenrechte hält, doch kaum jemand – auch nicht die Angehörigen der Dissidentenbewegung in Shanghai und Beijing – ist dafür, daß China von der Meistbegünstigungsklausel ausgeschlossen wird. Unter den zahlreichen Antworten, die Nick und ich auf unsere diesbezüglichen Fragen erhielten, haben wir die folgenden herausgepickt.

Ein Universitätsstudent und Befürworter der Demokratie: »Wir stehen Sanktionen sehr zwiespältig gegenüber. Einerseits wollen wir, daß man Druck auf unsere Regierung ausübt, damit sie ihre Politik ändert. Wir wollen, daß es unserer Regierung schlechtgeht. Andererseits befürchten wir, daß die Sanktionen nur das einfache Volk, also uns, träfen. Darum möchten wir, daß die USA mit Sanktionen drohen, um China zu Veränderungen zu zwingen, aber die eigentlichen Sanktionen lehnen wir ab.«

Eine junge Regierungsangestellte: »Die Sanktionen würden Li Peng nicht weh tun. Sie würden Leute wie mich treffen. Es würde schwieriger für mich werden, einen Weg zu finden, um ins Ausland reisen zu können. Darum bin ich gegen Sanktionen.«

Und ein selbständiger Geschäftsmann: »Wir hier in China wollen keine Sanktionen. Wir könnten ja keine Marlboros mehr rauchen, wenn die Vereinigten Staaten Handelssanktionen über unser Land verhängen würden.«

Als problematisch erweist sich überdies bei der Drohung mit dem Entzug der Meistbegünstigungsklausel die Tatsache, daß die chinesische Führung gar nicht mehr daran glaubt und sich dementsprechend nicht mehr davon einschüchtern läßt. Schon im Sommer 1993 erkannte Beijing, daß die Vereinigten Staaten gar nicht ernsthaft darauf vorbereitet waren, ihre Drohung in die Tat umzusetzen, und spätestens seither bleibt China von dieser Drohgebärde gänzlich unberührt. Da würde alles Fordern nach mehr Menschenrechten nichts nützen, ist doch nur allzu klar, daß es sich dabei um eine leere Geste handelt.

Es gibt jedoch noch ein paar andere Mittel, mit denen sich sehr wohl Druck auf die Führung in Beijing ausüben läßt. Und diese wirken um so mehr, als sie praktisch anwendbar sind. Anstelle der verheerenden Atombombe, die niemand ernsthaft als Drohung benutzt, handelt es sich um taktische Schachzüge, die sich überdies dosiert einsetzen lassen.

Eines dieser Mittel besteht darin, die chinesische Obsession in der Taiwanfrage gegen die kommunistische Führung zu wenden. Man könnte eine Delegation nach Beijing schicken mit der Botschaft, die Vereinigten Staaten zögen eine offizielle Einladung des taiwanesischen Ministerpräsidenten Lee Teng-hui in Erwägung, um mit ihm im Weißen Haus über die Situation in Ostasien zu sprechen – falls die Volksrepublik nicht aufhöre, Pakistan mit M-11-Raketen zu beliefern, und sich nicht endlich mehr an die Menschenrechte halte. Die chinesische Führung fürchtet ein herzlicheres Verhältnis zwischen Taiwan und den Vereinigten Staaten mehr als der Teufel das Weihwasser – fast ebensosehr wie den Entzug der Meistbegünstigungsklausel. Und ebensosehr werden sich ihre Mitglieder deshalb bemühen, die Sache nicht zu weit gedeihen zu lassen.

Die Karte Taiwan auszuspielen lohnt sich, denn sie bringt die Vereinigten Staaten nicht in Gefahr, selbst wenn sie ausgereizt wird. Im Gegenteil nützt sie umgekehrt dem amerikanischen Handel mit Taiwan. Noch immer führt Taiwan mehr Waren aus den USA ein als China. Zudem gewinnt die chinesische Führung politisch nichts, wenn die USA mit Taiwan enger zusammenrükken. In China kümmern sich die Leute auf der Straße nicht darum, was zwischen Taiwan und den USA geschieht.

Ähnlich verhält es sich mit Tibet. Die Vorstellung, daß der Dalai-Lama gemeinsam mit dem amerikanischen Präsidenten eine Pressekonferenz im Rosengarten abhalten könnte, muß die chinesische Führung im Mark erschüttern. Dies mag sie davon abhalten, mit Tibet allzu hart zu verfahren.

Daneben bestehen Möglichkeiten, mit einzelnen, zielgerichteten Sanktionen zu drohen. China dürstet nach Spitzentechnologie wie beispielsweise amerikanischen Supercomputern. Bricht nun die chinesische Führung einmal gegebene Versprechen, müßte der Westen rasch und hart reagieren, also zum Beispiel über einen Staatsbetrieb, der gegen das Raketenabkommen verstoßen hat, unverzüglich Sanktionen verhängen. Ziel wäre, mit einer Strafe so schmerzhaft wie möglich den vertragsbrüchigen Partner direkt zu treffen.

Ein weiteres Druckmittel ist, die Furcht vor dem Gesichtsverlust gezielt auszunutzen. Auch wenn manche Chinaexperten die Meinung vertreten, wir sollten China gerade keine Strafpredigten halten, weil man dort so sehr darauf bedacht ist, das Gesicht zu wahren, denke ich, daß diese Furcht uns dienen könnte. Die chinesische Führung ist bestrebt, als Teil der internationalen Gemeinschaft akzeptiert zu werden. Noch stärker als vor Sanktionen fürchtet sie sich vor Erniedrigung. Wird ihr erst klar, daß China für den Verkauf von Nukleartechnologie an Iran geächtet wird, und erkennt sie, daß eine militärische Niederschlagung in Tibet eine Untersuchung durch die Vereinten Nationen nach sich zieht, wird sie vielleicht mehr Zurückhaltung üben. Oft kann eine drohende Demütigung mehr bewirken als die tatsächliche. Es wäre falsch, zu den Folterungen und Repressionen in China zu schweigen. Wir sollten mit der chinesischen Führung zusammenkommen, doch schweigen müssen wir nicht.

Auf der Suche nach weiteren Mitteln mag es auch sinnvoll sein, etwas in Erwägung zu ziehen, was die chinesische Führung für bedrohlicher hält als Sanktionen, nämlich *heping yanbian,* die »friedliche Evolution«. In China wird behauptet, dieser Begriff gehe auf die fünfziger Jahre zurück, als die Vereinigten Staaten ein Komplott schmiedeten, um den Kommunismus in China nicht mit Waffengewalt, sondern durch kulturelle und politische Subversion in die Knie zu zwingen. Das heißt nichts anderes, als daß man die Verbreitung westlicher Ansichten, Filme, Romane, Rockmusik und Tanz als Teil einer breitangelegten Verschwörung betrachtete, mit dem Ziel, die kommunistische Herrschaft zu unterwandern. Das ist natürlich zuviel der Ehre, doch die Idee ist nicht unbedingt von der Hand zu weisen.

Es gibt die friedliche Evolution, die zu einer Wende führen kann und im Volk breit abgestützt ist, durchaus. Wir haben in den vergangenen Jahren Beispiele erlebt. Je mehr neues und anderes Gedankengut von einem Land aufgenommen wird, desto größer sind die Chancen einer Veränderung. Um eine friedliche Evolution zu bewirken, müßten wir deshalb eher noch regeren Kontakt pflegen. Es bedarf vermehrten Handels, vermehrten Kulturaustauschs und vermehrten Engagements. Wir dürfen also nicht mit Handelsbeschränkungen drohen, sondern vielmehr mit Handelserweiterungen.

Um China in der internationalen Gemeinschaft zu integrieren, muß der Westen den Austausch zusätzlich verstärken. Multilaterale Organisationen und Zusammenschlüsse wie die Asiatisch-Pazifische Wirtschaftskooperation (APEC) wären mehr zu unterstützen und auch Anstrengungen zu unternehmen, um China im Allgemeinen Zoll- und Handelsabkommen (GATT) einzubinden, statt immer wieder Handelsprivilegien zu gewähren. Man könnte

Beijing ersuchen, Mitglied des Kontrollrates für Raketentechnologie (MTCR) zu werden, statt nur zu fordern, daß sich China an die vereinbarten Restriktionen bezüglich Waffenverkäufen hält. Die weitere chinesische Integration in der internationalen Gemeinschaft wird zwar nur langsam und im Zickzack zur Linderung der Repression beitragen, aber ich sehe trotzdem zur Zeit keine wirksamere Alternative.

Natürlich dürfen wir von der amerikanischen Chinapolitik keine Wunder erwarten. Keine Methode wird wirkungsvoll genug sein, um Chinas Führungsstil zu ändern. Doch immerhin zeigen westliche Einflüsse bereits minimale Wirkung, und ich denke, daß sich in dieser Richtung noch einiges tut. Wenn die chinesische Führung sich so sehr vor der friedlichen Wende fürchtet, sollten wir dieser Wende die bestmögliche Chance verschaffen.

Es ist schwierig, die Beziehungen zwischen China und dem Westen theoretisch abzuhandeln, doch ich kann anhand eines prächtigen persönlichen Beispiels aufzeigen, wie sich in China mit dem richtigen Druck etwas erreichen läßt.

Im Frühjahr 1990 lief mein Presseausweis aus. Ich befand mich in Taiwan und hatte vergessen, ihn erneuern zu lassen. Wieder in China, dauerte es noch einige Monate, bis ich merkte, daß er nicht mehr gültig war. Darauf rief ich meinen Ansprechpartner Wan Jisong im Außenministerium an, um ihm die Sache zu erklären und mich zu entschuldigen. Genaugenommen hatte ich meinen Beruf eine Zeitlang ohne gültigen Ausweis ausgeübt, und Wan hatte es ebenfalls nicht bemerkt. Er meinte, das sei kein Problem, ich solle den Ausweis einfach herbringen, und das tat ich auch. Doch einige Tage später rief er mich an und teilte mir mit, mein Presseausweis könne nicht erneuert werden. Ich dürfe nicht mehr als Journalistin arbeiten.

»Was kann ich unternehmen, um meinen Ausweis zurückzubekommen?« fragte ich.

»Da können Sie gar nichts unternehmen«, antwortete er knapp. Ein paar Wochen später kam Bernie Gwertzman von der Auslandsredaktion der *Times* im Rahmen einer Asienreise nach Beijing und versuchte die Angelegenheit im Außenministerium vorzubringen. Aber bei der Abteilung Information weigerte man sich, Bernie zu empfangen, und wiederholte, daß es keine Möglichkeit gebe, den Ausweis zu erneuern. Wir fragten, ob wir erneut einen Antrag stellen dürften, und es hieß, ja, das dürften wir, aber es wirkte alles andere als ermunternd. Also beantragte ich einen neuen Ausweis und setzte damit einen zweimonatigen Prozeß in Gang. In der Zwischenzeit schrieb ich nicht mehr über China; statt dessen reiste ich nach Hongkong, Taiwan, Birma, Australien und auf die Philippinen und berichtete von dort.

Zwei Monate waren vergangen, und noch immer weigerte sich das Außenministerium, sich mit meinem Antrag zu befassen. Es sah aus, als würde mich die Regierung nicht mehr schreiben lassen. Zu diesem Zeitpunkt baten wir die amerikanische Botschaft um Unterstützung. Einmal mehr regelte Botschafter Lilley die Sache meisterhaft.

Die amerikanische Botschaft unterbreitete dem Außenministerium meinen Fall und hörte – was viel wichtiger war – gleichzeitig stillschweigend auf, chinesischen Presseleuten amerikanische Visa auszustellen. Die Botschaft verweigerte die Visa jedoch nicht, sondern schob bloß die Entscheidung über die Bewilligung auf. Mehrere chinesische Presseleute mußten warten, darunter jemand von der *Volkszeitung,* und lange Zeit hatten sie keine Ahnung, wo das Problem lag. Schließlich gab die Botschaft ihnen einen Hinweis. »Wir haben da ein kleines Problem«, ließ jemand von der amerikanischen Botschaft die chinesischen Zeitungsunternehmen wissen. »Vielleicht sollten Sie sich mit dem Außenministerium in Verbindung setzen.«

Zwanzig Minuten später ging die Sache hoch: wie die Vereinigten Staaten da eine Verbindung herstellen könnten? Es sei empörend, chinesischen Presseleuten die Visa zu verweigern, bloß weil das Außenministerium noch immer Frau WuDunns Antrag prüfe! Es sah ganz so aus, als hätten wir am Ziel vorbeigeschossen. Deshalb gab Lilley dem Amt kurzerhand die Anordnung, zwei wartenden chinesischen Presseleuten zwei amerikanische Visa auszustellen. Es war der richtige Schachzug, um zu zeigen, daß die Vereinigten Staaten versöhnlich gestimmt und bereit waren, die Auseinandersetzung beizulegen. Gleichzeitig blieb die Drohung, daß andere chinesische Presseleute ihre Visa nicht erhalten würden, bis das Außenministerium meinen Ausweis erneuert hatte, bestehen.

Einige Tage später, ich war noch immer außer Landes, wurde Nick ins Außenministerium zitiert. »Wir haben eine gute Nachricht«, erklärte Wan Jisong ungerührt. »Wir haben uns entschieden, als besondere Gefälligkeit, Frau WuDunns beantragten Presseausweis zu bewilligen. Wir haben uns in der ganzen Angelegenheit selbstverständlich korrekt verhalten und tun dies nur, um Ihnen und Ihrer Frau zu Diensten zu sein.«

Dann setzte Wan sich gerade hin und blickte finster. »Es ist uns zu Ohren gekommen, daß Sie Verbindung mit der amerikanischen Botschaft aufgenommen und dort um Hilfe gebeten haben, was zur Folge hatte, daß sich die Botschaft unvernünftigerweise weigerte, chinesischen Presseleuten Visa zu erteilen. Das war töricht und arrogant und hat nicht im entferntesten mit unserer Bewilligung Ihres Ausweises zu tun. Diesbezüglich bestehen keine, wie auch immer geartete Verbindungen.«

Nicholas D. Kristof
Sheryl WuDunn

下一個朝代

12 DIE NÄCHSTE DYNASTIE

China ist Schauplatz der größten Umwälzung,
die sich zur Zeit auf dem Erdball abspielt.
Im Vergleich dazu ist der Aufruhr
in Rußland bedeutungslos ...
Die Umwälzung verspricht nicht weniger als die
allumfassende Erneuerung des ältesten,
bevölkerungsreichsten und konservativsten Reiches.

W. A. P. Martin,
»The Awakening of China«, 1907

Während wir unser Manuskript fertigstellten, schmökerten wir in alten Büchern über China, und das war heilsam ernüchternd. Wir stießen auf Werke aus der Zeit der Jahrhundertwende wie *The Awakening of China,* die damals genau die Art Wiederaufstieg für China prophezeiten wie die Optimisten der Gegenwart. In einem anderen Buch, in *China in Transformation,* wurde 1912 verkündet, der Sturz der Qing-Dynastie führe zu einem »neugestalteten China, ebenso effizient wie das neue Japan und reicher, ja vielleicht mächtiger«.[1]

Solche Bücher weisen uns klar auf die Gefahren hochfliegender Träume hin. Auch heute trifft man wieder verträumte Optimisten, die glauben, China werde von aufgeklärten Managern geführt und sei im Hinblick auf die Zukunft ein sicherer Tip. Diese Leute würden wir am liebsten in der Erde verankern, damit sie nicht zuviel Auftrieb erhalten und fortschweben. Bislang ist es noch keinem Land unter kommunistischer Herrschaft gelungen, durch »friedliche Evolution« zu Freiheit und Wohlstand zu gelangen und den Kommunismus zu erhalten. Verschiedene Male schien es zwar – so in der ehemaligen Tschechoslowakai, im ehemaligen Jugoslawien oder in Ungarn – praktisch soweit zu sein, doch letztlich erwiesen sich die dortigen und andere kommunistische Regierungen als unfähig, die Weichen zu stellen. Statt dessen entgleisten sie.

Andererseits hat es nie zuvor ein kommunistisches Land wie China gegeben. Alle, die ihr Urteil nur auf gängige kommunistische Erfahrungen aufbauten, hätten bestritten, daß Direktsendungen im Rundfunk, Joint-ventures, Börsen und Privatschulen in China jemals möglich werden, geschweige denn eine Blüte erleben könnten. Und so gelangten selbst wir, gleich den Optimisten der Jahrhundertwende, trotz allem nach und nach zur Überzeugung, daß es China gelingen wird, seine Ziele umzusetzen – längerfristig. Nachdem chinesische Soldaten uns getreten hatten, wir von der geistlosen offiziellen Presse gescholten und von Kletten eines bösartigen Sicherheitsapparates verfolgt worden waren, kamen wir nur murrend zu diesem Schluß. Einige Mitglieder der chinesischen Führung hegen keinerlei Sympathie für uns, und wir hatten umgekehrt niemals etwas übrig für Despoten. Und doch anerkennen wir trotz all unserer Vorbehalte, daß China einen langen Weg gegangen ist, und glauben an die Möglichkeit, daß dieses Land auch noch den Rest der Strecke schaffen wird.

Bei Heraklit, dem griechischen Vorsokratiker, heißt es: »Man kann nicht zweimal in denselben Fluß steigen ... Es zerstreut sich und geht wieder zusammen. Es kommt heran und geht wieder weg.«[2]

Ganz so erging es uns mit China. 1988 kamen wir in China an, und Ende 1993 verließen wir ein ganz anderes Land. Dieses Land war wohlhabender, kräftiger und selbstsicherer, schmückte sich mit Glasfassaden und Neonlichtern. Noch immer werden politische Gefangene in den Gefängnissen gefoltert, aber mittlerweile beschweren sich die Angehörigen, und manchmal wenden sie sich an die Presse.

Vor allem wirtschaftlich geht es vielen Einheimischen besser als zur Zeit unserer Ankunft. Statt eine Stunde anstehen zu müssen, können sie sich in den Städten ihr Gemüse und Fleisch nun in einer Viertelstunde besorgen. Das Verkaufspersonal ist zwar noch immer unhöflich, aber man betrachtet Höflichkeit zumindest nicht mehr als ein Zeichen von Schwäche. Die Qualität der Waren wird zunehmend besser, und man braucht sich zum Beispiel kaum mehr mit Peinlichkeiten wie geplatzten Reißverschlüssen oder Nähten herumzuschlagen. Und selbst in armen Dörfern kann sich die ländliche Bevölkerung inzwischen häufig Toilettenpapier leisten und muß nicht mehr auf Blätter und Gras zurückgreifen. In manchen Städten gibt es inzwischen auch Slipeinlagen und Tampons zu kaufen, so daß die Frauen sich während der Regel nicht mehr mit Stoffetzen oder Papier behelfen müssen. Die Lepra gilt als praktisch ausgerottet, und auch auf dem Land dürfen die Eltern mehr oder weniger darauf vertrauen, daß ihr neugeborenes Kind gute Überlebenschancen hat.

China ist bei weitem kein freies Land. Aber zum erstenmal seit der kommunistischen Revolution können sich viele Menschen aus einem abhängigen Arbeitsverhältnis lösen und versuchen, auf eigene Faust etwas zu unternehmen und sich selbständig zu machen. Und hält das Parteisekretariat einen negativen Vermerk in der persönlichen Akte *(dangan)* fest, hat dies nicht mehr unbedingt Folgen. Der chinesischen Bevölkerung steht es frei, in ihrem Land und bis zu einem gewissen Grad in der ganzen Welt umherzureisen.

Die immerwährende Furcht nimmt ab, was sich ebenfalls stark auf das Wohlbefinden einer Nation auswirkt. Noch immer fürchtet man die Regierung, aber lange nicht mehr im selben Ausmaß. Jahrelang bemühten wir uns nach der Tiananmen-Niederschlagung um ein Interview mit einem bekannten amtlichen Institut, aber wir wurden stets abgewiesen. Wir baten unsere chinesischen Bekannten um Unterstützung bei der Vereinbarung eines Treffens. Aber sie sagten, das sei nicht möglich. Kurz bevor wir China verließen, gelang es Sheryl dann doch noch, eine Verabredung mit dem Leiter des Instituts zu vereinbaren. Er saß steif und nervös in seinem grünen, weichen Sessel, aber er äußerte sich freimütig, selbst wenn die Unterhaltung politisch brisante Themen berührte. Am Ende des Gesprächs erläuterte er, weshalb er sich nie zuvor mit uns getroffen hatte: »Wir dürfen eigentlich mit ausländischen Presseleuten nicht zusammenkommen. Das ist eine ausdrückliche Vorschrift. Und wenn wir ihre Interviewgesuche ablehnen, dürfen wir sie nicht wissen lassen, daß es diese Vorschrift gibt. Es wird von uns erwartet, daß wir sagen, wir seien krank oder in einer Besprechung. Aber ich glaube, die Atmosphäre in China verändert sich, und ich will meine Ansichten kundtun. Deshalb habe ich beschlossen, Sie heute zu empfangen.«

Mit anderen verhielt es sich gleich. Die ersten Jahre nach Tiananmen rief niemand an, es sei denn aus offiziellen Gründen. Dann, als man in China langsam mutiger wurden, begann unser Telefon wieder zu klingeln. Intellektuelle riefen an, um uns ihre antikommunistischen Abhandlungen anzubieten. Dissidenten aus den Provinzen riefen an, um uns zu erzählen, was in ihren Regionen geschah. Angehörige von politischen Gefangenen riefen an, um uns über die Mißhandlung in den Gefängnissen zu informieren. Leute vom Land klagten uns, daß man ihnen den Boden wegnehme. Und Werktätige protestierten gegen die Beschlagnahmung ihrer Wohnungen.

Einmal führte Nick ein offizielles Interview mit einem Hardliner in einer Abteilung des Zentralkomitees. Der Regierungsbeamte in seinem grauen Mao-Anzug und den steifen, schwarzen Schuhen war bemühend und zu nichts zu gebrauchen, wie das bei diesen Beamten meist der Fall war. Aber tags darauf klingelte das Telefon, und seine siebzehnjährige Tochter meldete sich. Sie bat um ein Treffen, und Nick schlug als Treffpunkt ein Café in der Nähe vor.

»Mein Vater brachte Ihre Visitenkarte nach Hause und erzählte, Sie hätten ihn interviewt«, erklärte sie. »Ich habe mir Ihre Nummer notiert. Natürlich hat mein Vater keine Ahnung, daß ich Sie angerufen habe. Er wäre entsetzt.«

Sie wollte wissen, wie sie sich um einen Studienplatz an einer amerikanischen Universität bewerben müsse. Nick gab ihr ein paar Tips. Von da an trafen wir sie von Zeit zu Zeit, und sie ließ uns einiges über die tatsächlichen Vorgänge in der Organisation ihres Vaters wissen. Sie war viel mitteilsamer als er.

Eine typische Anekdote hilft die Frage erhellen, wie die sich in China anbahnenden Veränderungen zu verstehen sind. Einst durchquerten Konfuzius und seine Jünger die Wälder des Berges Tai und trafen eine Frau, die an einem offenen Grab bitterlich weinte. Einer der Konfuzius-Jünger fragte die Frau, weshalb sie weine.

»Erst wurde mein Schwiegervater von einem Tiger getötet«, erklärte sie. »Später holten sich die Tiger meinen Mann. Und nun haben sie auch meinen Sohn verschlungen.«

»Warum verläßt du diesen Ort nicht?« fragte Konfuzius.

»Weil es hier in der Gegend wenigstens keine tyrannische Regierung gibt«, antwortete die Frau.

Konfuzius wandte sich an seine Schüler und sagte: »Merkt euch dies, meine Eifrigen. Eine tyrannische Regierung ist schlimmer als die Tiger.«[3]

Unserer Ansicht nach wäre die Frau gut beraten gewesen, in eine Stadt zu ziehen. Konfuzius sprach etwas überstürzt, denn Tiger und Tyrannen gibt es in den unterschiedlichsten Ausprägungen von Grausamkeit. Ist der Tiger klein und nur an Kaninchen interessiert, ergibt es einen Sinn, im Wald zu leben. Ist der Tiger aber auf Menschenfleisch aus, erscheint uns die Stadt als die sicherere Wahl.

Worauf wir hinauswollen, ist, daß es schlimmere Dinge gibt als die heutige politische Repression und daß China viele davon erduldet hat: Hunger, schlimmste Armut und die Zwangsjacke des Totalitarismus. Es mag durchaus nicht ideal sein, zwischen grausamen Regierungen nach Unterschieden zu suchen, aber diese können sehr wohl eine Rolle spielen: Für Dissidenten ist es ein Unterschied, ob sie nur eingesperrt oder auch noch gefoltert werden, und es gibt einen signifikanten Unterschied zwischen einem

Regime, das die sich kritisch Äußernden einsperrt, und einem, das *mie jiuzu* begeht, also deren ganze Familie ausrottet, alle abschlachtet, bis hin zu entfernten Verwandten, Nachbarn und Bekannten.

Wir im Westen wünschen uns vielleicht für China nicht nur Bankkonten, sondern auch Wahlen. Aber es wäre falsch, den Fortschritt als bedeutungslos abzutun, bloß weil er einseitig ist. In den verarmten Bergdörfern kann eine neue Fabrik, in der die Beschäftigten Hacken oder Hüte herstellen, für die Würde der Lokalbevölkerung eine Bedeutung haben, die der des Grundgesetzes gleichkommt. Jährlich einige hundert Yuan mehr bedeuten, daß auch arme Familien ein Krankenhaus aufsuchen und darauf zählen können, daß Mutter und Kind die Geburt überleben, daß Mütter ihre Kinder gegen Kinderlähmung impfen lassen können, und nicht zuletzt, daß dieses blanke Entsetzen, wenn man ein Kind vor Hunger weinen hört und nichts dagegen tun kann, endlich der Vergangenheit angehört.

Betrachten wir Chinas Kindersterblichkeitsrate. 1980 starben von tausend Kindern sechsundfünfzig während des ersten Lebensjahres, heute sind es weniger als achtunddreißig.[4] Auf chinesische Verhältnisse übertragen, bedeutet dies, daß jährlich 378 000 Leben gerettet werden. Diesen Tatsachen schenkt niemand Beachtung. Das ist Statistik. Und keine Statistik kann sich mit einem wirklich vorgefallenen Ereignis messen, besonders wenn es dabei um mutige junge Dissidenten geht, die von staatlichen Organen zusammengeschlagen werden.

Das wiederum stellt uns vor die grundsätzliche Frage der Moral, die uns einen Großteil der Zeit unseres Aufenthaltes in Beijing beschäftigte. Treffen Aussprüche wie »Der Erfolg gibt ihnen recht« zu? Kann ein höherer Lebensstandard politische Repression ausgleichen?

Nein, natürlich nicht. Wir sind der Ansicht, daß selbst für das beschränkte Ausmaß, in dem die Bevölkerung ihren höheren Lebensstandard der Kommunistischen Partei verdankt, die Rettung eines Säuglings das Foltern derer, die abweichendes Gedankengut vertreten, auf keinen Fall aufwiegt.[5] Unsere Gerichte sehen bei Kinderschändern ja auch nicht von der Strafe ab, wenn diese großzügig für wohltätige Zwecke spenden. Und wer einen vollbesetzten Bus vor einem Zusammenstoß mit einem Zug bewahrt, hat deshalb noch lange nicht das Recht, nebenbei ein paar Feinde aus dem Weg zu räumen. Ähnlich unsinnig wäre es, der Kommunistischen Partei den Mord an Demonstrierenden nachzusehen, weil sie, insgesamt betrachtet, mehr Menschenleben rettet als vernichtet.

Wir könnten uns keine einzige moralische Gleichung vorstellen, aus der hervorgeht, daß eine Regierung, die das Volk bereichert, auch das Recht hat, dessen Angehörige zu foltern. Es wäre schön, wenn man so einfach Gutes gegen Schlechtes abwägen und auf diese Weise zu einem positiven oder negativen Ergebnis gelangen könnte. Aber das Leben ist komplizierter. Moralische Urteile lassen sich nicht mit Hilfe einer Rechenmaschine fällen. China die Folterinstrumente aufgrund der wirtschaftlichen Statistik nachzusehen wäre etwa so unsinnig, wie Äpfel mit Orang-Utans zu vergleichen. Gleichzeitig darf uns aber unsere Erschütterung über die Brutalität der Regierung nicht blind für das Erreichte machen.

Der Anstieg des Lebensstandards macht es zunehmend schwieriger, die beiden Gesichter Chinas miteinander in Einklang zu bringen. So neigt man im Westen oft dazu, China nach starren Begriffen schwarzweißmalerisch zu beurteilen. Auf der einen Seite richten die Menschenrechtsorganisationen ihr ganzes Augenmerk auf die grauenhaften Mißhandlungen der politischen Gefangenen, während auf der anderen die Geschäftsleute ihre Hauptsitze zu Hause mit Erfolgsgeschichten über neue Millionäre erfreuen. Es ist indes entscheidend, zu erkennen, daß beide Dimensionen in China Realität sind, sich einzugestehen und zu akzeptieren, daß die Regierung das Volk unterdrückt und ihm gleichzeitig ermöglicht, Kinderlähmung und Armut zu überwinden. Aus westlicher Sicht besteht eine fast unerträgliche Spannung zwischen diesen beiden Seiten der Wirklichkeit. Es fiel uns schwer, die Verheißungen der Wirtschaftsrevolution anzuerkennen, als wir denunziert wurden. Ebenso schwer fällt es den Geschäftsleuten, das Ausmaß an Korruption und das Potential für einen Aufstand zur Kenntnis zu nehmen, solange sie Erfolg haben.

Es bleibt uns jedoch nichts anderes übrig, als hinzunehmen, daß China zwei Seiten hat und daß diese nicht mit gleichem Maß gemessen werden dürfen. Beide sind wahr, und beide sind wichtig, um China als Ganzes zu verstehen.

Im Westen hegt man eine gewisse Abneigung gegen Widersprüche. Es erscheint uns intellektuell konsequenter und erstrebenswerter, auf eine einzelne, übergeordnete Macht hinzuweisen. Wir neigen zum Monotheismus, sowohl in den Sozialwissenschaften wie auch im Glauben. Aber China gibt sich eher polytheistisch, und die chinesische Philosophie war stets bestrebt, ein Gleichgewicht zwischen gegensätzlichen Mächten zu finden. Man denke auch in diesem Zusammenhang an Yin und Yang. Das Reich der Mitte ist groß genug für zwei Seiten der Wirklichkeit. Walt Whitman hätte ebensogut China beschreiben können, als er – sinngemäß – schrieb: »Widerspreche ich mir? Na gut, dann widerspreche ich mir. (Ich bin vielschichtig. Ich kann Vielheiten in mir vereinen.)«

Je kühner die Menschen in China werden, je tiefer die Reformen greifen und je mehr die Arbeitslosigkeit zunimmt, desto größer wird das Risiko von Konfrontationen, vielleicht sogar neuen Massakern. Die kommenden Jahre bergen für China noch viele Herausforderungen. Die Energieknappheit wird das Wachstum beschränken. Die Umweltverschmutzung wird sich negativ auf die Gesundheit der Bevölkerung auswirken und möglicherweise das Wirtschaftswachstum verlangsamen. Die Reform der Staatsbetriebe wird zu Arbeitslosigkeit und Streiks führen. Die Landbevölkerung wird mobiler werden und vielleicht auch erbitterter in ihren Forderungen. Die Auseinandersetzungen innerhalb der Regierung bezüglich Rechtmäßigkeit und Nachfolge werden in den kommenden Jahren an Heftigkeit zunehmen, und der Hunger nach Macht könnte zu ernsthaften Kämpfen zwischen den einzelnen Gruppierungen führen.

Richten wir unser Augenmerk aber nicht nur auf die Gefahren. 1978 hätte es kaum einer Kristallkugel bedurft, um das bevorstehende Chaos und die Erschütterungen vorauszusehen und ein düsteres Bild der Zukunft zu entwerfen, von der zunehmenden Korruption bis zur blutig niedergeschlagenen Demokratie-Bewegung. All das ist eingetroffen. Aber China erlebte auch – und dennoch – eine Blüte, ja geradezu eine Explosion von Wohlstand, die immerhin einem Fünftel der Weltbevölkerung neue Möglichkeiten eröffnet. Trotz der Tragik von Tiananmen war seit Beginn der Reformära 1978 möglicherweise kein Ereignis von solcher Bedeutung wie das Ende der völligen Armut für insgesamt 170 Millionen Menschen in China. Welche Zweifel im Hinblick auf die Zukunft auch bleiben, gemessen an seiner Bevölkerungszahl, hat China den rasantesten Anstieg des Lebensstandards erlebt, den es in der Geschichte der Menschheit je gab.

Und während China als eine Dynastie vor dem Zerfall erscheint, zeigt sich Taiwan als ein Beispiel, daß der Zusammenbruch einer chinesischen Dynastie ohne Chaos, ja sogar ohne Unterbrechung des Wirtschaftswachstums ablaufen kann. Die alte Dynastie kann durch eine zivile Gesellschaft abgelöst werden, autokratische Kaiser durch gewählte Oberhäupter, *renzhi* durch *fazhi*. Unsere größte Hoffnung ist, daß sich in China ein derartiger Übergang vollziehen wird.

Sorgen wir uns auch nicht zu sehr darum, ob China den Aufschwung aufrechterhalten kann. Nur weil die Regierung bei uns Anstoß erregt, muß sie noch lange nicht schlecht wirtschaften. Wir neigen zur Ansicht, schlechte Menschen und schlechte Länder nähmen ein böses Ende, aber die Moral ist leider eine schlechte Wirtschaftsberaterin. Gerade die Ruchlosesten erreichen oft den Gipfel, nämlich auf Kosten derer, die mehr Rücksicht nehmen. Bei Ländern verhält es sich gleich. China mag gleichzeitig eine Gerontokratie, Kleptokratie und Tyrannei sein, und dennoch hätte die Regierung, was den materiellen Lebensstandard der Bevölkerung anbelangt, kaum vorteilhafter handeln können als in den vergangenen fünfzehn Jahren.

Ob das Wirtschaftswunder anhält, hat demnach weniger mit dem autoritären Führungsprinzip zu tun, sondern vielmehr mit den Sparquoten und der Produktivität. Im Augenblick sieht es recht vielversprechend aus. Chinas Sparquoten gehören zu den höchsten der Welt. Daneben verfolgt die Führung eine wachstumsfördernde Politik, wie zum Beispiel die Öffnung der Wirtschaft für Handel und Investitionen aus dem Ausland. Ohne uns als Weissagende zu verstehen, möchten wir festhalten, daß die Annahme vermessen wäre, alles stehe bereits fest. Noch hat China die Wahl.

Manchmal stellt die Berichterstattung an sich ein Problem dar: Allein Auswahl und Anordnung des Materials können zu falschen Vorstellungen führen. Deshalb möchten wir nachdrücklich darauf hinweisen, daß die Geschehnisse, von denen wir berichtet haben, die anschaulichsten sind, die wir kennen. Wir haben sie aus einer Myriade von Gesprächen ausgewählt, die wir in fünf Jahren führten. Aber sie sind zumeist nicht repräsentativ für den chinesischen Alltag. Wang Chaoru zum Beispiel erlebte viele geruhsame, ganz normale Tage, ohne daß man ihn belästigte. Wir haben nur gerade den Tag in seinem Leben beschrieben, an dem ihn die Polizei um der Olympischen Spiele willen zu Tode prügelte. Noch immer schaudert es uns bei dem Gedanken an dieses Ereignis. Es zeigt deutlicher als alle anderen, wie die Macht einzelner, das *renzhi,* die chinesische Gesellschaft im Würgegriff hält und brutalisiert. Aber solche Ereignisse gehören nicht zur Regel. Dasselbe gilt natürlich auch für die Erfolgsgeschichten. Wir erzählen vom erfolgreichen Millionär Zhang Guoxi, aber nach wie vor besteht das chinesische Volk zum überwiegenden Teil aus einer zumeist armen Landbevölkerung.

Wir hatten allerdings auch nicht die Absicht, den Alltag der Menschen zu schildern, denn ein typischer Ausschnitt aus einem bäuerlichen Durchschnittsleben wäre ein ereignisloser Morgen, an dem jemand barfuß durch den Schlamm eines Reisfeldes watet. Wir haben uns vielmehr zum Ziel gesetzt und versucht, anhand von besonders wirkungsvollen Beispielen die wichtigsten Themen des Lebens im China der neunziger Jahre deutlich zu machen und zu erläutern.

Was uns in diesem Zusammenhang ebenfalls beschäftigt, ist der

Umstand, daß man beim Lesen den Eindruck gewinnen könnte, wir wüßten mit absoluter Sicherheit, worüber wir sprechen. Das Gegenteil ist der Fall. China ist ein so unermeßliches und verwirrendes Land, daß es nahezu unmöglich ist, auch nur die Tatsachen eindeutig zu erkennen, geschweige denn, gültige Schlußfolgerungen daraus zu ziehen. Winston Lord, der ehemalige US-Botschafter in China, meinte einmal, der Begriff »chinakundig« sei »ein Oxymoron«, das heißt ein Widerspruch in sich. Im ersten Sommer, den wir in Beijing verbrachten, schrieb Nick eine längere Analyse über die politische Lage in China für die *Times* und erhielt daraufhin den folgenden Kommentar von seiten der Redaktion: »Sie verwenden ja fast in jedem Absatz mehrmals ›scheint‹, ›scheinbar‹ oder ›erscheint‹. Können Sie denn nicht mal was ohne Einschränkung sagen?« Im Interesse der Lesbarkeit widerstehen wir inzwischen der Versuchung, diese Art Einschränkung in jedem Absatz einzubauen. Aber im Grunde gehören derlei Modifikationen in jeden Satz, der über China geschrieben wird.

Für viele Chinakundige, die zu anderen Schlüssen gekommen sind als wir, hegen wir den tiefsten Respekt. Manche unter ihnen sind viel pessimistischer und daher der Meinung, die chinesische Wirtschaft werde ebenso wie das politische System innerhalb weniger Jahre zusammenbrechen. Andere sind viel optimistischer und erwarten, daß China sich relativ reibungslos zur neuen Supermacht entwickeln wird. Ähnliche Meinungsunterschiede bestehen zu fast jedem Thema, über das wir schrieben, von der Familienplanung bis hin zu den sino-amerikanischen Beziehungen. Die größte Gefahr bei der Chinabeobachtung liegt darin, daß man dazu neigt, alles zum Dogma zu erheben. Deshalb haben wir uns zwar eine eigene Meinung zu diesen Themen gebildet und legen sie in diesem Buch auch dar. Aber gleichzeitig wollen wir nicht verschweigen, daß es viele Chinakundige gibt, einheimische wie auch fremde, die unser Buch lesen und die Stirn dabei runzeln – oder sogar in lautes Lachen ausbrechen werden. Und daran sollte man beim Lesen stets denken.

China zu beobachten bedeutet – vereinfacht gesagt –, sich in

Einsicht zu üben. Jedesmal, wenn wir glaubten, eine Seite dieses Landes verstanden zu haben, jedesmal, wenn wir uns ganz sicher fühlten, riefen wir uns in Erinnerung, was in China zur Zeit der großen Hungersnot von 1958 bis 1961 geschah. Es war eine Zeit der Verzweiflung, in der die Landbevölkerung Blätter, Gras und sogar Sägemehl zu sich nahm, um zu überleben. Mütter versuchten ihre Säuglinge zu nähren, aber die Milch aus ihren Brüsten war versiegt, und es dauerte nicht lange, bis die Kleinen ebenso wie die Alten und Schwachen starben. Zunächst begrub man die Toten noch behelfsmäßig, dann begann man sich in manchen Gegenden von ihrem Fleisch zu ernähren.

Es war die schlimmste Hungersnot in der gesamten Geschichte der Menschheit. Mit dreißig Millionen Toten wurde die Anzahl Opfer bei weitem überschritten, die eine Naturkatastrophe, eine Seuche, möglicherweise sogar ein Krieg seit Menschengedenken je von einem Land gefordert hat. Es handelte sich also um eines der einschneidendsten Ereignisse der Geschichte, und es trug sich in der zweiten Hälfte des 20. Jahrhunderts zu.

Der Zufall wollte es, daß ausgerechnet in diese Zeit das Wirken des hochangesehenen Chinakorrespondenten Edgar Snow fiel. Er reiste 1960 fünf Monate lang in China umher. Er wäre der ideale Kandidat gewesen, um die Tragödie zu erfassen, die sich dort abspielte, denn er sprach Chinesisch und hatte viele Jahre in China gelebt. Er kannte die Mitglieder der chinesischen Führung persönlich, von Mao Zedong abwärts, und wurde von ihnen als Freund betrachtet. Das hieß, er hatte die Freiheit, mehr oder weniger nach Belieben umherzureisen. Selten hatte es eine derart ideale Kombination gegeben: ein hervorragender Berichterstatter und ein bedeutendes Ereignis.

Und hier ist, was Snow dazu zu sagen hatte: »Während meines Aufenthaltes in China wurde ich von der Zeitschrift *Look* immer wieder nach der ›Hungersnot‹ gefragt, und ich habe eifrig nach verhungernden Leuten oder Bettlern gesucht – ohne Erfolg. (Es ist auch niemand anders gelungen.) ... Trotzdem muß ich versichern, daß ich in China keine verhungernden Menschen gesehen habe, nichts, was wie die frühere Hungersnot aussah, und nur einen einzigen Bettler ... daß ich nicht glaube, daß es zur Zeit dieser Niederschrift in China Hungersnot gibt.«[6]

Und was war mit all den andern? Gilbert Etienne, ein Schweizer Wirtschaftswissenschaftler, schrieb in *Le Monde:* »Es kann schon am Anfang gesagt werden – und dies ist einer der seltenen Punkte, wo wir den Anspruch erheben, kategorisch zu sein –, daß es falsch ist, von ›allgemeiner Hungersnot‹ zu sprechen. Die schmerzlichen Zeiten der Kuomintang, als Millionen von Menschenleben durch den Mangel an dem lebensnotwendigen Minimum ausgelöscht wurden, sind nicht wiedergekehrt.«[7] Desgleichen berichtete *New York World-Telegram* 1962: »Der Westen hat keine Spur eines Beweises dafür in Händen, daß das kommunistische China von einer Hungersnot bedroht ist ...« Und die Londoner *Times* warnte 1962 in einem Leitartikel im Zusammenhang mit Chinas Problemen vor Übertreibung und fügte hinzu: »Verglichen mit den übrigen Jahrzehnten des Jahrhunderts hat die gewöhnliche Landbevölkerung in den letzten zehn Jahren ungleich weniger unter Krieg, Aufruhr und Hunger gelitten.« Lord Boyd-Orr, der ehemalige Leiter der UN-Ernährungs- und Landwirtschaftsorganisation (FAO), besuchte China und erklärte, Chinas Ernteertrag erreiche britische Größenordnungen und setze damit dem traditionellen Hungerzyklus ein Ende. Man schrieb das Jahr 1959, und er schloß: »China beherbergt ein Viertel der Weltbevölkerung und scheint es gut ernähren zu können.«[8]

Es ist einfach, sich über Snow und die anderen lustig zu machen. Aber ehrlich gesagt, wir fürchten uns regelrecht davor, daß uns ähnliches widerfahren könnte. Obschon China heute viel offener ist als 1960, können einem noch immer sträfliche Fehler und Versäumnisse unterlaufen. Denken wir nur daran, wie China 1991 die Familienpolitik drastisch verschärfte und damit die Menschen bis in die Intimsphäre manipulierte wie nirgendwo sonst – und wir zwei volle Jahre brauchten, um es zu erkennen.

Deshalb ist es nur recht, unser Kind beim Namen zu nennen und Sie wissen zu lassen, daß wir und andere auf unserem Gebiet eine erschreckende Bilanz aufweisen. China zu beobachten erscheint uns als die einzige Arbeit, neben der die Meteorologie sich als präzise Wissenschaft ausnimmt.

Und trotz all der Vorbehalte, all der Befürchtungen – der neue Wind, den wir fünf Jahre lang durch das Land wehen fühlten, brachte uns zum Schluß, daß China aufblühen und sich entfalten wird. Die Strecke, die das Land bereits hinter sich gebracht hat, läßt sich am Ergebnis eines Wettkampfs zweier Absichten aufzeigen, der sich gegen Ende unseres Aufenthaltes abspielte. Die kleine Schlacht zeigt die Schwierigkeiten auf, mit denen sich China in den neunziger Jahren konfrontiert sieht – und den Weg, den das Land bereits gegangen ist.

Ein italienischer Geschäftsmann, Mitglied desselben Fitneßklubs in Beijing wie wir, hatte vor, in der Provinz Henan für achtzehn Millionen Dollar ein sino-italienisches Unternehmen zu gründen. In der Fabrik sollten Einwegspritzen hergestellt – wohlgemerkt: neue hergestellt, nicht alte ausgewaschen – werden. 85 Prozent der Finanzierung wollte eine italienische Bank in Form einer Anleihe beisteuern.

Als zusätzlichen Anreiz hatte die italienische Bank angeboten, den chinesischen Beteiligten, die sich zur Unterzeichnung des Vertrags nach Italien begaben, die Reise zu bezahlen. Das belief sich auf die erkleckliche Summe von umgerechnet 80 000 Dollar für Flugscheine, Hotelaufenthalt und Verpflegung. Darin eingeschlossen war eine Fahrt nach Venedig, Mailand und Bologna, bevor die Gruppe zum Vertragsabschluß nach Rom reiste. Unter den Mitreisenden befanden sich zwei Personen von der Staatsbank der Provinz Henan, die für die Anleihe bürgte, nämlich der Direktor, verheiratet, und eine Angestellte, ebenfalls verheiratet und Mutter eines Kindes.

Während dieses ganzen bezahlten Urlaubs bedrängte der Direktor wiederholt diese Frau, mit ihm zu schlafen. Sie hatte keine Lust und weigerte sich. Einmal hatten sie nebeneinanderliegende Hotelzimmer, worauf er es mit Gewalt versuchte. Sie rannte außer sich zur italienischen Vertretung des Joint-venture-Unternehmens und erzählte von der Nötigung.

Trotz des Vorfalls flogen die italienischen Bankangestellten nach Rom weiter und bereiteten alles für den Vertragsabschluß vor. Zwei Tage vor dem festgesetzten Termin ließ der chinesische Direktor verlauten, er werde nicht unterschreiben. Es stellte sich heraus, daß er die Frau zu erpressen versuchte: Er werde nicht unterschreiben – und kehre nach China zurück –, wenn sie seinen sexuellen Wünschen nicht nachgebe. Bei der italienischen Bank, die täglich Tausende von Dollar nur für Hotelrechnungen hinblätterte, begannen die Verantwortlichen nervös zu werden; sie wollten schließlich die Luxushotels nicht bis in alle Ewigkeit bezahlen.

Und so übten sie ein wenig Druck aus. Dem Bankdirektor gegenüber deutete man an, es gebe in Italien phantastische Frauen, Professionelle. Ob er es nicht vielleicht mit einer von ihnen versuchen wolle? Nein! Er blieb hart. Nur diese Angestellte konnte ihn zufriedenstellen. Daraufhin kamen die italienischen Partner auf die Idee, ihre Frauen loszuschicken, auf daß sie die Chinesin davon überzeugten, in einem fremden Land könnte sie sich doch vielleicht einen Ruck geben. Nein! Sie wollte ihn nun mal nicht. Sie gab nicht nach.

»Da stehen wir kurz vor dem Abschluß eines tollen Geschäfts von achtzehn Millionen Dollar, und er jagt ihr hinterher«, jammerte ein italienischer Geschäftsmann. »Es ist absurd!«

Im letzten Augenblick erklärte sich der Chinese zur Unterschrift bereit, ohne bei der Frau das Gewünschte erreicht zu haben. Es ist zu vermuten, daß die Provision von einem Prozent – immerhin 180 000 Dollar –, die ihm die italienische Bank unter der Hand zukommen ließ, wesentlich zu seiner Entscheidung beitrug.

Dieses Vorkommnis illustriert die Korruption im heutigen China, die Art und Weise, wie Beamte ihre Position mißbrauchen und in welchem Ausmaß Männer die Frauen als Spielzeug betrachten. Gleichzeitig unterstreicht es aber auch die Fortschritte in China. Nach den alten Regeln des *rhenzi* hätte die Frau wahrscheinlich nachgegeben. Sie hätte keine Möglichkeit gehabt, sich zur Wehr zu setzen, denn eine Weigerung hätte das Ende ihrer Laufbahn bedeutet.

Das Beruhigende daran war also, daß sie sich zur Wehr setzte. Sie weigerte sich hartnäckig und setzte sogar die Partnerbank über den Nötigungsversuch in Kenntnis. Und sie siegte. Ja, sie erhielt sogar eine Entschädigung für ihr seelisches Trauma, wenn auch nicht von chinesischer, sondern von italienischer Seite.[9]

Die Umstände sind nicht ideal. Nach wie vor ist er Vorgesetzter, und bestraft hat man ihn auch nicht. Und wenn er es auch nicht bis in ihr Bett geschafft hat, so ist es ihm immerhin gelungen, 180 000 Dollar einzustecken. Aber eine Chinesin ist aufgestanden und für ihre Rechte eingetreten! Und in einem pluralistischen Wirtschaftssystem kann sie sich zur Wehr setzen oder die Stelle wechseln, um einem zudringlichen Vorgesetzten zu entkommen. Also hat sich das System zumindest so weit verändert, daß die Menschen der Willkür ihrer Vorgesetzten nicht mehr hilflos ausgeliefert sind. Und das ist ein erster Schritt auf dem Weg aus alten Zwängen.

Auf dem Höhepunkt der amerikanischen Bürgerrechtsbewegung zitierte Martin Luther King oft das Gebet einer alten Schwarzen: »Herr, ich bin nicht, was ich sein will. Ich bin nicht, was ich sein sollte. Aber danke, daß ich nicht bin, was ich war.« Diese Worte könnten für fast alle Chinesen und vor allem Chinesinnen von heute gelten.[10]

Ein Bekannter, der in der chemischen Industrie arbeitet, sieht es noch einmal anders. Er, der barfuß auf dem Land aufwuchs, trägt nun Krawatte und führt das komfortable Leben des Leiters einer amerikanischen Handelsniederlassung. Von Zeit zu Zeit besuchten wir ihn im Büro und erzählten ihm die Neuigkeiten, von denen wir gehört hatten: einen weiteren Fall sexueller Belästigung, einen Korruptionsskandal, Unruhen auf dem Land oder Krawalle nach einem Fußballspiel. Dann pflegte er stets gleichmütig zu nicken und meinte: »China ist nun ein normales Land.«

Und das war seine Beweisführung: Es gibt praktisch überall auf der Welt Korruptionsskandale, Bauernproteste und Fußballrowdys. Nur in der künstlichen Umgebung des Maoismus, in der nicht genug Sauerstoff vorhanden war, um die Lebensfunktionen richtig aufrechtzuerhalten, ist dies nicht vorgekommen. Derlei Dinge gehören zum normalen chinesischen Alltagswirrwarr. Dorfkrawalle, Unruhen unter den Werktätigen und politische Demonstrationen wird es immer geben, und Tränengas wird durch Beijing, Chengdu und Changchun wehen.

Diese Dinge ereignen sich in der Tat in vielen Ländern, vor allem in Entwicklungsländern, und es bedeutet in der Regel nicht, daß das System gleich zusammenbricht. Auch wenn wir nicht sicher sind, daß sie, wie unser Bekannter betont, sogar als Maßstab für Normalität gelten können, möchten wir zumindest seine Hoffnung teilen.

Wir hoffen auch, daß ein zunehmend normales China der Gefahr des dynastischen Zyklus widerstehen kann. Die vielleicht beste Idee, wie der zyklische Verfall von Dynastien zu überwinden ist, hat der historisch äußerst beschlagene Vorsitzende Mao Zedong selbst vorgebracht. Im Juli 1946 suchte der bekannte Intellektuelle Huang Yanpei den damals noch mageren, in den Erdhöhlen von Yanan hausenden Guerillaführer Mao auf und soll ihn gefragt haben, was geschehen werde, falls es der Roten Armee gelingen sollte, eine Revolution ins Rollen zu bringen.

»Dynastien beginnen mit einem Kraftstoß, dann zerfallen sie und lösen sich auf«, bemerkte Huang Yanpei. »Hat die Kommunistische Partei einen Weg gefunden, um diesen Teufelskreis zu durchbrechen?«

»Wir haben einen Weg gefunden!« strahlte Mao. »Der Weg heißt Demokratie!«[11]

Schade, daß Mao es nicht versucht hat; möglicherweise hätte es funktioniert. Vielleicht erinnert man sich bei der Begründung der nächsten Dynastie an seine Worte. Wir zumindest kamen während unseres Aufenthaltes in China zur Überzeugung, daß etwas dran sei an Churchills Spruch, Demokratie sei die schlechteste aller Regierungsformen – alle übrigen ausgenommen. Nicht in erster Linie die demokratische Entscheidungsfindung ist besser, sondern die Korrekturmechanismen sind es, die eine Regierung daran hindern, zu weit vom Kurs abzukommen. Wenn es einen Mittelstand gibt und dieser an Einfluß gewinnt, wenn die Leute auf dem Land nicht mehr Untertanen sind, sondern mitreden, wird China seinen Kurs leichter halten können. Man hat Mao den Großen Führer genannt, aber eine informierte Öffentlichkeit führt noch besser.

Noch weiß niemand, wie die kommende Dynastie in China aussehen wird. Das läßt sich nicht vorhersehen. Aber es gibt eine faszinierende geschichtliche Parallele. Die heutige Dynastie erinnert an die 221 vor Christus durch Kaiser Qin Shihuang Di begründete und nach ihm benannte Qin-Dynastie. Der hervorragende Feldherr und grausame Tyrann hatte in manchen Zügen Ähnlichkeit mit Mao, was dieser selbst bemerkte und auch zugab. Der »Erste Kaiser von China« bezwang mehrere selbsternannte und miteinander rivalisierende Kleinfürsten und vereinigte China. Als einer der bedeutendsten chinesischen Bauherren ließ er bereits bestehende Befestigungsanlagen verbinden und zur Großen Mauer ausbauen. Er befahl die Einführung einheitlicher Gewichte und Längenmaße sowie allgemeingültiger Gesetze und ließ nahe der heutigen Stadt Xian eine große Hauptstadt erbauen.

Dies alles erreichte Qin Shihuang Di unter anderem durch brutale Willkürherrschaft; Tausende starben allein beim Bau der Großen Mauer. Er verfolgte konfuzianische Intellektuelle, ließ sie lebendigen Leibes verbrennen und ihre Werke mit ihnen. Auch ließ er alle, die am Bau seiner Grabstätte beteiligt waren, töten, damit sie nicht verraten konnten, wo sich die geheimen Eingänge dazu befanden. Die berühmten tönernen Krieger von Xian waren also zum Schutz der Grabanlage gefertigt worden; das eigentliche Mausoleum ist bis heute noch nicht geöffnet worden. Es liegt unter einem Hügel, etwas mehr als einen Kilometer von der 1974 entdeckten tönernen Armee entfernt. Dabei könnte es sich um das sagenhafteste Grab des Altertums handeln – alte Schriften deuten darauf hin, daß es mindestens ebenso spektakulär ist wie die Grabkammern der ägyptischen Pharaonen.

Drei Jahre nach dem Tod dieses Qin-Kaisers brach die Dynastie zusammen. Es erwies sich als unmöglich, das erdrückende Gewicht seines weitläufigen Systems aufrechtzuerhalten, und so stürzte sein Tod den Staat in eine Krise. Trotz all seiner Grausamkeit war unter der Herrschaft von Qin Shihuang Di aber ein Fundament gelegt worden, das China zugute kam. Als nächste folgte die Han-Dynastie; sie hatte mehr als vierhundert Jahre Bestand und gilt als ein »goldenes Zeitalter« der chinesischen Geschichte, ein Zeitalter, in dem Künste, Wissenschaft und Wirtschaft aufblühten.

Uns gefällt die Vorstellung, daß die kommunistische Dynastie wie die Qin-Dynastie das Fundament für die nächste gelegt hat. Neben all den Schattenseiten ihrer Herrschaft hat die Kommunistische Partei China ebenfalls geeinigt, Land und Vermögen neu verteilt und hemmende Privilegien ausgeräumt, die das wirtschaftliche Wachstum unterbanden. Erstmals seit mehreren hundert Jahren hat China nun die Chance, zu wachsen und zu gedeihen und eine große internationale Macht, vielleicht mit der Zeit eine Supermacht zu werden, wie sie die Welt noch nie gesehen hat.

Es ist Brauch, daß das Außenministerium ein Abschiedsessen für scheidende Presseleute aus dem Ausland veranstaltet. Wir fragten uns, ob auch wir in den Genuß dieser kulinarischen Höflichkeit kommen würden, da klingelte tatsächlich eines Tages das Telefon, und unser »Kontaktmann« Zhao Xingmin teilte uns mit, daß wir uns zum Essen im Restaurant für diplomatische Gesandtschaften einzufinden hätten. Erfreut sagten wir zu, denn wir wollten unseren China-Aufenthalt auf harmonische Weise ausklingen lassen, und da war ein köstliches Bankett mit zehn Gängen genau das richtige.

Am verabredeten Tag machten wir uns für einen fröhlichen und lockeren Abschiedsabend zurecht. Zwar waren nur Zhao und eine weitere rangniedrige Diplomatin zugegen, aber der Abend ließ sich herzlich an. In einem privaten Speisezimmer nippten wir an *laoshan*-Sprudel und plauderten liebenswürdig auf chinesisch über unsere Kinder und das Wetter. Dann übergab uns Zhao kurz vor dem Essen das traditionelle Abschiedsgeschenk des Außenministeriums: einen Teller mit der Darstellung der Großen Mauer in Farbe. Wir riefen Oh! und Ah! und sagten, er sei ganz wunderschön.

»Für euch Fremde mögen all diese Dinge vielleicht nicht immer verständlich sein«, meinte Zhao etwas onkelhaft. »Andere Länder legen nicht gleich viel Wert auf Höflichkeit wie China, deshalb muß es für Fremde schwierig sein, ebenso liebenswürdig zu sein wie wir hier.«

»Die Bräuche sind verschieden, aber wir sind Ihnen sehr zu Dank verpflichtet, daß Sie uns beim Versuch, diese Kluft zu überbrücken, behilflich waren«, antwortete Sheryl gewunden. »Immer wenn wir diesen Teller betrachten, werden wir uns mit großer Sympathie an unseren Aufenthalt in Beijing zurückerinnern.«

Wir gingen zu Tisch, und der Ober brachte eine riesige Platte mit Köstlichkeiten. Zhao erläuterte die Gerichte, und wir tauschten Erfahrungen mit Delikatessen aus, die wir in China genossen hatten. Dann räusperte sich Zhao.

»Ich wünschte, ich könnte Ihnen etwas Nettes sagen anläßlich dieses Abschiedsessens«, meinte er. »Tatsache ist aber, daß Sie den sino-amerikanischen Beziehungen Schaden zugefügt haben. Statt unvoreingenommen zu berichten, haben Sie Dinge erfunden und Tatsachen entstellt wiedergegeben.«

Wir waren äußerst bestürzt, daß Zhao bei unserem Abschiedsessen auf dieses Thema zu sprechen kam. Plötzlich schmeckten die köstlichen Shrimps wie trockene Fischklopse und das Huhn wie fettiger Aal. Inzwischen hatten wir alle mit Essen aufgehört. Zhaos Kollegin hielt den Kopf gesenkt und starrte auf ihren Teller.

Eine Weile herrschte Schweigen, dann gab Nick zur Antwort: »Es tut uns leid, daß Sie so empfinden, Mr. Zhao. Aber vielleicht ist es am besten, wenn wir uns darauf einigen, daß wir da anderer Meinung sind. Sheryl und ich wissen die Unterstützung des Außenministeriums während unseres Aufenthaltes zu würdigen, sie erleichterte uns unsere Arbeit.«

»Sie haben unsere Vorschriften verletzt und schreiben in Ihren

Berichten Unwahrheiten. Ji Sidao, Sie sind ohne unsere Erlaubnis nach Xinjiang gereist! So was entgeht uns nicht!«

»Mein Mann ist als Tourist nach Xinjiang gereist, und das ist erlaubt, es entspricht den Vorschriften«, sagte Sheryl sanft und versuchte so, die Spannung zu lösen, die in der Luft lag. »Was unsere Artikel betrifft, tut es uns leid, wenn sie Ihnen nicht gefallen haben, aber damit ist es ja nun vorbei.«

»Wir können die Art und Weise nicht vergessen, wie Sie Berichte für Ihre Zwecke zurechtgestutzt haben«, gab Zhao scharf zurück. Seine laute Stimme und die lebhafte Gestik verrieten, daß er den Wortwechsel genoß. »Sie verbreiten Lügen über die bei uns praktizierte Familienplanung und behaupten, sie beruhe auf Zwang. Aber was würde man denn in den Vereinigten Staaten unternehmen, wenn die Zahl der Bevölkerung dort 1,2 Milliarden betrüge?«

Hatten wir die Büchse der Pandora geöffnet? Wir wechselten spöttische Blicke über den Tisch hinweg.

»Mr. Zhao«, antwortete Nick gleichmütig. »Sie haben gerade angedeutet, daß unser Land nicht über so hochentwickelte Umgangsformen verfüge wie China. Eine unserer plumpen Regeln besteht darin, daß wir einander während einer Mahlzeit nicht anschreien. Ich hoffe, es stört Sie also nicht, wenn wir nicht zurückschreien.«

Zhao zögerte nur kurz. »Ich weise Sie lediglich darauf hin, daß Sie in Ihren Artikeln keine Lügen oder erfundene Tatsachen hätten veröffentlichen sollen«, sagte er. »Das chinesische Volk wird das nicht vergessen.«

Wir wechselten das Thema und die Sprache und unterhielten uns auf englisch, in der Hoffnung, Zhao fühle sich in dieser Sprache weniger wohl – obwohl er sie fließend sprach – und halte sich etwas mehr zurück. Sheryl stellte Fragen über die Speisen, und es entwickelte sich ein Waffenstillstand, der bis zum Ende des Mahls anhielt. Sobald es der Anstand zuließ, bedankten wir uns bei Zhao wärmstens für die Einladung – und flohen.

Oft fragt man uns, ob wir unseren Aufenthalt in China genossen hätten. Genossen? Nun, bezogen auf die Stimmung bei Anlässen dieser Art, ist *genießen* nicht unbedingt das zutreffende Wort. Wären wir nicht von Beamten der Staatssicherheit überwacht worden, wären wir nicht von Charmeuren des Außenministeriums wie Zhao Xingmin abhängig gewesen und hätten wir nicht miterlebt, daß Freunde wie Zhang Weiguo und Ren Wanding eingesperrt wurden, ja, dann hätten wir unseren Aufenthalt in Beijing vielleicht sehr genossen.

Aber so ... Nein, Beijing war kein Freudenfest. Aber es war faszinierend. Er war außerordentlich aufregend für uns, so hautnah mitzuerleben, wie eine derart große Nation wie China aus ihrem Schlummer erwacht und sich auf die Suche nach einer Zukunft macht. Der Kommunismus ist in Verruf geraten, und nun sind umsichtige Chinesinnen und Chinesen auf der Suche nach einem neuen Weg. Mehrere Ideen stehen zur Wahl, vom Faschismus bis hin zu Demokratie und freiem Markt, und die Führung scheint entschlossen zu sein, es mit marktwirtschaftlichem Leninismus zu versuchen.

Wir werden uns an das Sterben erinnern, das wir miterlebten: an die Toten um den Tiananmen-Platz und stärker noch an den Geruch des Todes, der mit dem Zusammenbruch einer Dynastie einhergeht. Doch gleichzeitig ist die Luft erfüllt von der freudigen Erwartung bei einer Geburt. Das chinesische Volk experimentiert mit neuen Ideen, neuen Methoden, eine Fabrik zu führen, neuen Konzepten für eine harte Währung, neuen Rezepturen, um reich zu werden. Die neue Dynastie wirft ihre Schatten bereits voraus. Sie haben die Konturen von Satellitenschüsseln, die auf den Dächern wie Pilze emporschießen, von schräger Rockmusik, die aus dunklen Diskos dröhnt, und von neuen Privatschulen, die stolz ihre Tore öffnen. Überall dort draußen ist eine Revolution im Gang.

Anmerkungen

Die meisten Informationen und Zitate haben ihren Ursprung in den Gesprächen mit den zitierten Personen. Längere Interviews mit ausführlichen Zitaten beruhen in der Regel auf der Transkription einer Tonbandaufzeichnung. In anderen Fällen, hauptsächlich bei kürzeren Zitaten von nur einem oder zwei Sätzen, haben wir uns an Ort und Stelle Notizen gemacht. Wenn das nicht möglich war, schrieben wir unmittelbar nach dem Gespräch jene Aussagen auf, an die wir uns deutlich erinnerten. Die Zitate in diesem Buch sind somit nicht einfach eine spätere Rekonstruktion, um als Stilmittel zu dienen, sondern so genau, wie es eine Übersetzung sein kann.

In den Fällen, in denen wir uns nicht auf persönliche Gespräche und Beobachtungen stützen konnten, haben wir auf entsprechende Untersuchungen oder Aufsätze zurückgegriffen und aus diesen zitiert.

Etwas Kopfzerbrechen bereitete uns wie immer bei der Niederschrift chinesischer Namen die Schwierigkeit, diese in unser Alphabet zu übertragen. So gibt es zum Beispiel für Sheryls chinesischen Nachnamen mehrere Umschriften: entweder Wu, Woo (beide nach der Aussprache in Mandarin) oder Ng, Eng (beide nach dem Kantonesischen). Im vorliegenden Buch haben wir uns, wenn immer möglich und sinnvoll, an die offizielle, amtliche Pinyin-Umschrift gehalten, nach der die chinesischen Laute in etwa nach der Mandarin-Aussprache transkribiert werden, benutzen jedoch ein paar traditionelle Namen wie Hongkong statt Xiang Gang und Tibet statt Xizang. Die Namen von Personen aus Taiwan und Hongkong geben wir in der von diesen jeweils bevorzugten Umschrift wieder. Zwei Regeln irritieren in der Regel Englisch- und auch Deutschsprachige, nämlich die Aussprache von Q und X: Der Buchstabe »q« wird wie »tsch« ausgesprochen; so klingt Qing-Dynastie wie Tsching-Dynastie. Und der Buchstabe »x« entspricht lautlich »sch«, so daß wir eine Person namens Xu als Schu begrüßen müßten.

Das Motto

Das als Motto dem ganzen Buch vorangestellte Zitat wird seit eh und je Napoleon zugeschrieben, erscheint aber offenbar in keiner seiner gesammelten Schriften. Er soll diese Prophezeiung 1816 oder 1817 ausgesprochen haben, nachdem er Lord Macartneys Bericht über dessen Reise nach Beijing in den neunziger Jahren des achtzehnten Jahrhunderts gelesen hatte. Man weiß, daß sich Napoleon mehrmals über China äußerte (wenn auch etwas weniger vielsagend) und daß er großes Interesse an den Erfahrungen von Lord Amherst, einem britischen Gesandten in China, zeigte. Als sich dieser im Juli 1817 auf der Insel St. Helena aufhielt, soll er zwei Stunden mit Napoleon verbracht haben.

Napoleon hielt es für falsch, daß Großbritannien dem Kaiser von China den Kotau verweigerte, und die Aufzeichnungen belegen, daß er nicht wenig Respekt vor dem chinesischen Potential hatte. Als man ihm sagte, Großbritannien brauche sich nicht zu einem Kotau herabzulassen, weil man China durch den Einsatz von Kanonenbooten zwingen könne, auf die gestellten Forderungen einzugehen, antwortete Napoleon: »Diese Idee ist Wahnsinn. Ihr wärt in der Tat sehr schlecht beraten, wenn Ihr ein Land mit einer Bevölkerung von zweihundert Millionen zu den Waffen rufen und diese dadurch zwingen würdet, daß sie zu ihrer Verteidigung Schiffe gegen Eure bauen müßten.« Siehe dazu Barry E. O'Meara, *Napo-*

leon in Exile, New York 1969, Neuausgabe der Ausgabe von 1853, vor allem Band 1, Seiten 288 ff., und Band 2, Seite 100 f. (wo dieses Zitat steht). O'Meara war Napoleons Arzt und zeichnete dessen Reden im Exil auf. Die von Napoleon angegebene Bevölkerungszahl war übrigens falsch; China hatte zu der Zeit gegen 340 und nicht 200 Millionen Einwohner.

Auf der Insel St. Helena standen Napoleon mehrere chinesische Diener und eine Zeitlang sogar ein chinesischer Koch zur Verfügung. Napoleon war aber offenbar Sahnesoßen mehr zugetan als *stir-fry,* denn er ersetzte den Koch bald wieder. Immerhin behandelte er seine chinesischen Diener stets höflich und schalt seine anderen Bediensteten, wenn sie grob zu ihnen waren. Auf dem Sterbebett soll er geklagt haben: »Wer wird jetzt für meine armen Chinesen sorgen?« Siehe Gilbert Martineau, hier zitiert nach der amerikanischen Ausgabe mit dem Titel *Napoleon's St. Helena,* Chicago 1969, vor allem Seiten 179–182.

1 *Und was für eine Chinesin bist du?*

Das Motto vor diesem Kapitel ist zitiert nach William Theodore de Bary, *Sources of Chinese Tradition,* New York 1960, Seite 853.

1 Schließlich gelang es Li Zhaoxing dann doch nicht, mir einen Besuch von Maos altem Wohnsitz zu ermöglichen.

2 Es gibt unterschiedliche Schätzungen über die Größe der chinesischstämmigen Bevölkerung außerhalb von China. Dies hängt hauptsächlich von der Definition ab, wer noch als chinesisch gilt. Zählt man die chinesischstämmige Bevölkerung von Taiwan, Hongkong und Macao dazu, beläuft sich die Gesamtsumme auf etwa fünfzig Millionen. Lynn Pan, die Verfasserin von *Sons of Yellow Emperor. The Story of the Overseas Chinese,* London 1990, macht die Angabe dreißig Millionen und rechnet dabei die zwanzig Millionen auf Taiwan nicht mit ein. Zwar beharrt die Führung der Volksrepublik China noch immer darauf, daß Taiwan zu China gehöre, aber die Bevölkerung von Taiwan unterliegt doch nicht ihrer Oberhoheit und hat daher wie andere chinesischstämmige Bevölkerungsgruppen im Ausland in China investiert und so zum jüngsten wirtschaftlichen Wachstum des Landes beigetragen.

2 *Die fliegende Taube*

Das Motto vor diesem Kapitel ist zitiert nach Alain Peyrefitte, und zwar aus *L'Empire immobile ou le choc des mondes (récit historique)*, Paris 1989.

1 Zhang Weiguo wurde schließlich freigelassen, nach zwanzig Monaten Haft, ohne Gerichtsurteil. Man hatte ihn niemals zusammengeschlagen; einmal ließen ihn die Wärter aus der Zelle heraus, bevor sie auf alle anderen einprügelten. Unser Kontakt zu ihm hatte offenbar keine große Rolle bei seiner Verhaftung gespielt.

2 Wenchangtai ist ein tibetischer Name und wird deshalb in einem Wort geschrieben. Es handelt sich um den richtigen Namen dieses Mannes; Wenchangtai hat die chinesische Regierung verteidigt, nicht kritisiert, und ich habe mich bei den Behörden über seine schlechte Behandlung beschwert.

3 Tang Boqiaos Aussage stammt aus »Anthems of Defeat: Crackdown in Hunan Province, 1989–1992«, einem 1992 von Asia Watch veröffentlichten Bericht. Professor Peng Yuzhangs Leidensweg ist in diesem Bericht beschrieben, und der darauffolgende, 1994 von Asia Watch veröffentlichte Bericht »Detained in China and Tibet« enthält ebenfalls Informationen, wonach Peng Yuzhang offenbar freigelassen wurde.

4 Natürlich hätte sie uns wohl überhaupt nicht erreicht, selbst wenn jemand etwas geschickt hätte. Unsere Post wurde regelmäßig vom Sicherheitspersonal durchgesehen, bevor man sie austragen durfte. Andererseits sind Spitzel oft nicht gerade die hellsten Köpfe. Eine Angestellte des Staatssicherheitsdienstes klaute mir voll Stolz ein Verzeichnis von Rundfunkfrequenzen; vielleicht hielt sie es für ein Verzeichnis der Frequenzen, auf denen ich Botschaften an die CIA übermittelte. In Wirklichkeit handelte es sich bloß um die Zeiten, zu denen BBC und Voice of America sendeten.

5 Ich erhielt meinen chinesischen Namen Ji Sidao von einem Gelehrten in Hongkong. Er wählte ihn hauptsächlich deshalb, weil er auf kantonesisch, wie man es in Hongkong spricht, Kei Sidu ausgesprochen wird – was angeblich eine gewisse Ähnlichkeit mit Kristof haben soll. In Mandarin dagegen klingt er wie Dschi Suh Dou, was nicht einmal mehr entfernt an Kristof erinnert. Der Nachname Ji bedeutet Disziplin, ist aber auch ein chinesischer Familienname. Die andern beiden Schriftzeichen bedeuten Gedanke und Weg, so daß der Name in etwa besagt: Der Mann namens Ji schlägt den Weg des Nachdenkens ein.

Sheryls chinesischer Name Wu Jiefang wurde von ihrem Großvater ausgewählt. Wu ist der Familienname, wird aber mit einem anderen Schriftzeichen geschrieben, als es Personen mit dem Namen Wu sonst verwenden. Der Familienname Wu wird in der Regel mit steigender Intonation ausgesprochen, Sheryls dagegen zuerst in fallendem und dann in steigendem Ton. Die letzten beiden Zeichen bedeuten »sauber« und »duftend«, und entsprechen damit der Art als typisch weiblich empfundener Namen, wie sie im alten China traditionellerweise weibliche Enkelkinder erhielten.

Gregory trägt meinen angelsächsischen und Sheryls chinesischen Nachnamen. Er heißt Gregory Kristof und Wu Kairui (Das bedeutet ungefähr »siegreicher und glücklicher Wu«).

6 Alain Peyrefitte, *L'Empire immobile,* hier zitiert nach der amerikanischen Übersetzung (Alain Peyrefitte, *The Immobile Empire,* New York 1992, Seite 314).

7 Die deutsche Übersetzung folgt Helmut Martin, in: »Chinas Demokratische Bewegung und die Reaktionen auf die Niederschlagung in Deutschland«.

8 Die Presseleute in Beijing sind zweifellos ein zynischer und verbitterter Haufen, aber ein Grund, weshalb wir in den Augen mancher an Verfolgungswahn leiden, ist, daß sich unsere wildesten Verdächtigungen manchmal als berechtigt erwiesen. Mehreren von uns wurde der Wagen gestohlen, manchen gar aus dem bewachten Wohnbezirk, und da wurde bald gemunkelt, das könnten nur die Behörden gewesen sein. Der Verdacht verdichtete sich, als der Jeep von Seth Faison, eines Reporters, der damals für die *South China Morning Post* arbeitete, direkt vor dem Palace-Hotel verschwand. Seth ging zum nächsten Polizeirevier, um den Diebstahl zu melden – und sah seinen Jeep davor geparkt.

Unser bereits erhärteter Verdacht bestätigte sich, als Jan Wong, eine sino-kanadische Journalistin des *Toronto Globe and Mail,* ihren Wagen, elf Monate nachdem er gestohlen worden war, auf der Straße wiederfand, und zwar mit Polizei-Nummernschildern und einem Signallicht auf dem Dach. Wong bewies der Polizei anhand der Seriennummer, daß es sich um ihren Wagen handelte, und die Behörden erstatteten ihn einen Monat später zurück. Die Polizisten sagten, sie hätten ihn auf der Straße gefunden. »Wir wollten nicht, daß er kaputtgeht«, erklärte ein Polizist.

9 Die Umrechnung des chinesischen Yuan in Dollar ist problematisch. Wo wir eine Zahl in Dollar angeben, haben wir, wenn nichts anderes erwähnt wird, nach dem jeweils aktuellen offiziellen Kurs umgerechnet. Seit wir 1988 nach China zogen, ist der offizielle Wechselkurs jedoch von 3,7 Yuan zum Dollar auf beinahe 9 gesunken – zum einen, weil China eine größere Inflation hat als die Vereinigten Staaten, und zum anderen aufgrund einer politischen Entscheidung der Behörden, die Währung stärker dem realistischen Marktkurs anzupassen. Beträge in Yuan lassen sich inzwischen leicht in Dollar umwandeln, indem man sie durch zehn teilt: Der Marktkurs nähert sich bereits 10 Yuan auf einen Dollar.

3 Rote Kaiser

1 Auch wenn Behinderte in China oft schlecht behandelt werden, sind sie doch besser dran als in anderen Entwicklungsländern. Dies ist zur Hauptsache das Verdienst von Deng Pufang, Deng Xiaopings ältestem Sohn, der selbst gelähmt und auf einen Rollstuhl angewiesen ist. Deng Pufang ist Vorsitzender der Behindertenvereinigung in China und hat einiges unternommen, um Gelder für die Behinderten zu sammeln und das Bewußtsein der Regierung für deren Situation zu schärfen.

2 Die chinesische Nachrichtenagentur Xinhua berichtete, 1993 habe das Netto-Pro-Kopf-Einkommen der neunhundert Millionen Menschen umfassenden bäuerlichen Bevölkerung Chinas 880 Yuan betragen. Dies bedeutet, laut *South China Morning Post International Weekly,* eine ungefähr zweiprozentige Erhöhung des Realeinkommens im Vergleich zum Vorjahr (15./16. Januar 1994, Seite 7). Das Blatt berief sich als Quelle für diese Statistiken, einschließlich der Angabe von 2,2 Prozent Wachstum des bäuerlichen Durchschnittseinkommens im Jahr seit 1985, auf Außenminister Chen Junsheng. Im Vergleich dazu betrug der Gesamtdurchschnitt des wirtschaftlichen Wachstums für den gleichen Zeitabschnitt fast 10 Prozent im Jahr.

3 Wei Jingsheng beschrieb sein Zusammentreffen mit der Frau in jenem Bahnhof in einem Artikel, der unter dem Titel »A Dissenter's Odyssey Through Mao's China« im *New York Times Magazine* am 16. November 1980 erschien.

4 Die chinesische Sprache kennt mehrere Begriffe für das Ausrotten ganzer Familien durch die Obrigkeit. Ich zitiere den Begriff *mie jiuzu,* -

wenngleich in der Geschichtsliteratur *zhu jiuzu* wahrscheinlich häufiger anzutreffen ist. Der Begriff *zu* (die zweite Silbe von *jiuzu)* ist heute nur noch als Substantiv im Chinesischen vertreten und bedeutet »Sippe« oder »Clan«, während er früher auch als Verb gebräuchlich war, und zwar in der Bedeutung »eine Sippe, einen Clan auslöschen«. Eine ähnliche Umschreibung lautet *manmen chaozhan,* was soviel heißt wie »töten und den Besitz einer ganzen ausgelöschten Familie konfiszieren«.

5 Die Informationen über Yu Zuomin und seine Taten sind zusammengetragen aus Berichten in mehreren Zeitungen, darunter der Hongkonger Tageszeitung *Wen Wei Po,* weiter aus Mitteilungen der chinesischen Nachrichtenagentur Xinhua und Angaben in der chinesischen Lokalpresse, aus Interviews mit chinesischen Presseleuten und anläßlich verschiedener Besuche des Ortes Daqiuzhuang.

6 Die statistischen Angaben über die Zahl der Rechtsanwälte in China vor 1949 wurde veröffentlicht in *Far Eastern Economic Review,* 20. Januar 1994. Die Zahl der Kanzleien, die sich Ende 1993 auf 4900 belief, ist der *China Daily* vom 5. Januar 1994 entnommen.

7 Der Bericht über die drei Anwälte, die wegen »versuchter Verteidigung« ihres Mandanten eingesperrt wurden, entstammt einem Artikel der *Volkszeitung* vom April 1988.

8 Zitat aus Lewis Carroll, *Alice im Wunderland* (aus dem Englischen von Christian Enzensberger), Frankfurt am Main 1993.

9 Der Shanghaier Unternehmer sagt, er habe einen angemessenen Preis für sein Land erhalten, räumt aber auch ein, daß er das Land nicht verkauft hätte, wenn er nicht dazu gezwungen worden wäre.

10 Einen ersten Bericht über Larry Yungs Erwerb des Anwesens stand in der *South China Morning Post.* Daraufhin erkundigten wir uns sowohl bei Honkonger als auch bei britischen Maklern, und diese bestätigten uns die Angaben.

11 Zhang Yufeng, Wang Hairong und Nancy Tang (Tang Wensheng) leben noch immer in Beijing. Tang ist Vorsitzende für auswärtige Angelegenheiten im Bahnministerium und teilt mit Wang eine Wohnung. Zhang lebt mit ihrer Familie zurückgezogen.

4 Geister

Das Motto vor diesem Kapitel stammt aus Derk Bodde, *China's First Unifier. A Study of the Ch'in Dynasty as Seen in the Life of Li Ssu,* Hongkong 1967, Seite 83.

1 Die beste Quelle in englischer Sprache über Wang Shiwei ist Dai Qing, *Wang Shiwei and »Wild Lillies«: Rectification and Purges in the Chinese Communist Party, 1942–1944,* Armonk, N. Y., 1994. Außerdem wird der Fall erörtert in Simon Ley, *Chinese Shadows,* Seiten 123–127, sowie in Wen Bi, *Zhongguo Zuo Huo,* Beijing 1993, und in Geremie Barmé, »Using the Past to Save the Present: Dai Qing's Historiographical Dissent«, in *East Asian History,* Juni 1991.

Am 7. Februar 1991, fast ein halbes Jahrhundert nach seiner Verhaftung, wurde Wang Shiwei rehabilitiert. Das Amt für öffentliche Sicherheit sandte zwei Funktionäre zum Haus seiner Witwe, der fünfundachtzigjährigen Liu Ying. Tränen rannen ihr über die Wangen, als sie die offizielle Verlautbarung las, die seinen Namen reinwusch – und ihn erneut als »Genossen« bezeichnete. Ein Bericht über die Rehabilitierung findet sich in Dai Qings obenerwähnter Untersuchung.

2 Zhu Xis Vorschlag ist zitiert in William Theodore de Bary, *The Trouble with Confucianism,* Cambridge, Mass., 1991.

3 Eine packende Beschreibung über die Wiederentdeckung der sowjetischen Geschichte findet sich in David Remnick, *Lenin's Tomb,* New York 1993.

4 Mao hielt seine Rede »Zur Frage der richtigen Behandlung von Widersprüchen im Volke« am 27. Februar 1957. Es handelt sich dabei um eine seiner berühmtesten Reden, die offizielle Version ist jedoch stark zensiert. Die vollständige Version, offenbar nach einer Tonbandaufzeichnung, findet sich in Roderick MacFarquhar, Timothy Cheek und Eugene Wu (Hrsg.), *The Secret Speeches of Chairman Mao,* Cambridge, Mass. 1989, Seite 142. Die deutsche Fassung dieser sogenannten »Widerspruchsrede« folgt dieser Übertragung ins Englische.

5 Ebd., Seite 142, Anm. 12.

6 Die Schätzungen über die Zahl der Opfer während der Hungersnot, die auf den »Großen Sprung« folgte, fallen sehr unterschiedlich aus. Laut Judith Banister, einer China-Spezialistin im Statistischen Bundesamt der Vereinigten Staaten, starben in der Zeit von 1958 bis 1961 zusätzlich dreißig Millionen Menschen (siehe Judith Banister, *China's*

Changing Population, Stanford, Ca., 1987, Seite 85). Eine andere Studie errechnet ebenfalls rund dreißig Millionen zusätzliche Todesfälle infolge der Hungersnot, nämlich Basil Ashton, Kenneth Hill, Alan Piazza und Robin Zeitz, »Famine in China, 1958–1961«, in *Population and Development Review* (Dezember 1984), Seite 613. Ashtons Studie spricht von neuneinhalb bis dreizehn Millionen Toten während der Hungersnot in Nordchina von 1876 bis 1879 und bezeichnet sie als die schlimmste der Weltgeschichte bis zu jener von 1958 bis 1961. In »Demographic Consequences of the Great Leap Forward in China's Provinces«, *Population and Development Review* (Dezember 1987), Seite 639, schätzt Xizhe Peng die Todesopfer, welche die Hungersnot von 1958 bis 1961 forderte, auf mögliche dreiundzwanzig Millionen. Siehe zudem Penny Kane, *Famine in China 1959–1961: Demographic and Social Implications,* London 1988. Alle diese Schätzungen beziehen sich nur auf die Zahl der zusätzlich zu den normal zu erwartenden Todesfällen; außerdem gab es rund dreißig Millionen weniger Geburten, als zu erwarten gewesen wären. Gesamthaft betrug das Bevölkerungsdefizit infolge der Hungersnot demnach sechzig Millionen Menschen.

7 Es heißt, Zhou Enlai habe hinter den Kulissen von Anfang an die Meinung vertreten, die Anweisung, bei Rot zu fahren und bei Grün anzuhalten, sei falsch; schließlich halte es die ganze übrige Welt umgekehrt, und diese Regelung umzukrempeln führe unweigerlich zu einem Chaos. Nach ein paar Karambolagen gewann diese Sicht der Dinge die Oberhand.

8 Fang Lizhis Ausführungen finden sich in seiner Untersuchung, *Bringing Down the Great Wall,* New York 1991, Seiten 267–275.

9 Der chinesische Originaltitel lautet *Zhongguo Zuo Huo,* und das Buch erschien unter dem Pseudonym Wen Bi 1993 in China im Verlag Chao Hua (siehe auch Anm. 1).

10 Die Beschreibung der Demokratie-Bewegung von 1989 beruht auf verschiedenen damals und auch später mit zahlreichen Beteiligten und ihren Familienangehörigen geführten Gesprächen. Das Zitat des Militäroffiziers stammt aus Tong Su Wen Xue Kan, November 1989.

11 Als die Behörden den Boulevard des Ewigen Friedens ein paar Wochen nach der Tiananmen-Niederschlagung wieder öffneten, sah ich an genau der Stelle einen Panzer stehen, wo ich mein Fahrrad zurückgelassen hatte. Ich belebte mein Spesenkonto mit folgender Position: »81 Dollar für den Kauf eines neuen Fahrrads der Marke

Forever als Ersatz für eines, das vermutlich von einem Panzer zermalmt wurde.«

Außer mir hatten natürlich Hunderte von Chinesen und Chinesinnen ihre Räder ebenfalls auf dem Tiananmen-Platz auf dem oder nahe beim Boulevard des Ewigen Friedens zurückgelassen. Zwei Monate später kündigte die Stadtverwaltung von Beijing an, man könne sie zurückfordern, aber die Leute fürchteten sich davor, erklären zu müssen, was sie zu der Zeit in der Gegend gesucht hatten. Also gingen sie zwar in Scharen hin, um ihre Räder zurückzufordern, gaben jedoch hartnäckig an, diese seien wenige Tage vor dem 4. Juni von »Rowdys« gestohlen worden.

5 *Sag mir, wo die Mädchen sind*

1 Der Bericht über die geistig behinderte, verschacherte Frau erschien in *China Youth News,* 19. September 1993; der Name der Frau wurde nicht genannt. Am 14. April 1991 berichtete die chinesische Nachrichtenagentur Xinhua, in den ländlichen Gebieten Chinas stünden geistig behinderte Frauen ganz oben auf der Liste der Wunschkandidatinnen für eine Ehefrau. »Sie sind ehrlich, laufen nicht weg und können in Frieden mit ihrem Ehemann leben und außerdem Kinder zur Welt bringen«, hieß es in dem Bericht. Die Preise für behinderte Frauen beliefen sich auf bis zu 3000 Yuan. Gemäß Gesundheitsministerium gibt es in China 560 000 geistig behinderte Frauen im gebärfähigen Alter.

2 *Workers Daily* veröffentlichte am 12. Februar 1993 einen Artikel, aus dem hervorging, daß von all denen, die ihren Arbeitsplatz in einem der 1175 von der gesamtchinesischen Arbeitervereinigung untersuchten Unternehmen verloren hatten, sechzig Prozent Frauen waren.

3 Die Anzahl von 10 000 Entführungen ist der *Volkszeitung* vom 30. Dezember 1990 entnommen.

4 1978 belief sich der Anteil der weiblichen Mitglieder beim Zentralkomitee auf 6,3 Prozent, gleich viel wie im Herbst 1992 für eine Fünfjahresperiode anläßlich des vierzehnten Parteikongresses gewählt wurden.

5 1993 übernahm Frau Wu Yi mit viel Durchsetzungskraft den Vorsitz des Ministeriums für Außenhandel und wirtschaftliche Zusammenarbeit und damit ein besonders einflußreiches Ministerium. Dies bedeutete

einen großen Fortschritt für die Frauen, doch wurde gleichzeitig der frühere Minister Li Lanqing als Überwacher des Ministeriums eingesetzt; er übt noch immer einen ungeheuren Einfluß aus.

6 China veröffentlicht keine Statistiken über die Zahl der weiblichen Parteimitglieder, wahrscheinlich weil das Ergebnis eher beschämend ausfallen würde, jedoch haben einige Bezirke geschlechtsspezifische Statistiken über ihre lokalen Parteimitglieder veröffentlicht. In manchen Bezirken beträgt der weibliche Anteil an örtlichen Parteimitgliedern unter zehn Prozent, und in manchen Fällen ist er in den vergangenen fünf Jahren noch weiter zurückgegangen.

7 Einen Überblick über den Mord an weiblichen Neugeborenen gibt Lillian M. Li in »Life and Death in a Chinese Famine«, *Comparative Studies in Society and History,* Juli 1991, insbesondere Seite 503 f. Li zitiert historische Berichte, denen zufolge der Mord an weiblichen Säuglingen nach der verheerenden Überflutung des Gelben Flusses im Jahre 1935 sehr verbreitet war.

8 Der weitverbreitete Moralkodex, der den Säuglingsmord auf dieselbe Stufe stellt wie das Wasserabschlagen Richtung Norden, ist in der überarbeiteten Fassung von *Sources of Chinese Tradition* von William Theodore de Bary nachzulesen. Siehe auch *Self and Society in Ming Thought* von de Bary, New York 1970, Seite 347.

9 Die Angaben über die unnatürlich hohe Sterblichkeitsrate bei den Frauen entstammen dem brillanten Artikel von Sten Johansson, Zhao Xuan und Ola Nygren, »The Missing Girls of China«, in *Population and Development Review,* März 1991.

10 Für Vergleiche siehe die interessante Studie über die hohe Sterblichkeitsrate und die Morde an weiblichen Neugeborenen in Indien: Katherine L. Bourne und George M. Walker jr., »The Differential Effect of Mother's Education on Mortality of Boys and Girls in India«, *Population Studies,* 1991, Seiten 203–219.

11 Das Verhältnis von 100 weiblichen Neugeborenen zu 118,5 männlichen beruht auf einer relativ kleinen Umfrage und ist entsprechend ungenau. Aufschlußreicher ist die Kombination der Zahlen von 1992 und 1993; diese ergibt über zwei Jahre gesehen einen Durchschnitt von 100 Mädchen zu 116,5 Jungen. Diese Zahl unterliegt wohl einer deutlich geringeren Ungenauigkeit.

12 Zwei besonders ausführliche Untersuchungen zur zahlenmäßigen Geschlechterverteilung in der Bevölkerung verschiedener Länder

haben unabhängig voneinander Amartya Sen von der Harvard University und Ansley J. Coale von der Princeton University erarbeitet. Coale errechnete, daß China einen Frauenmangel von 5,2 Prozent, Indien einen von 5,6 Prozent und Pakistan einen von 7,8 Prozent aufweist. Anders ausgedrückt, bedeutet dies, daß 30 Millionen Chinesinnen und 22,8 Millionen Inderinnen fehlen. Zwei interessante Studien in Indien brachten zutage, daß die Sterblichkeitsrate unter den ganz kleinen Kindern in bezug auf Mädchen mehr oder weniger im Normalbereich liegt, dieses Verhältnis sich jedoch mit zunehmendem Alter der Kinder zu Lasten der Mädchen verschiebt. Dies liegt möglicherweise daran, daß alle Kinder erst einmal spontan an der Brust genährt werden, die Eltern ihnen später jedoch das Essen bewußt zuteilen und dabei wiederum die Jungen bevorzugen. Siehe dazu Nicks Artikel »Stark Data on Women: 100 Million Are Missing«, *New York Times,* 5. November 1991, Sektion C, Seite 1.

13 Weitere interessante Artikel zu diesem Thema sind unter anderem: Tu Ping, »Sex Ratios and Differential Mortality at Young Ages in China«, Aufsatz 1993; Zeng Yi, »An Analysis of the Cause and Implications of the Recent Increases in the Sex Ratio at Birth in China«, Aufsatz 1993; Tu Ping, »The Sex Ratios at Birth in China: Results from the 1990 Census«, Aufsatz 1992; Ansley J. Coale, »Excess Ratios of Males to Females by Birth Cohort in the Censuses of China, 1953 to 1990, and in Births Reported in the Fertility Surveys, 1982 and 1988«, undatierte Kopie; sowie der etwas weiter oben zitierte Artikel von Johansson, Xuan und Nygren.

14 Angeblich soll Peng Peiyun im Sommer 1993 die Zerstörung der Häuser kritisiert haben – nachdem diese Art der Bestrafung mehrere Jahre lang praktiziert worden war. Und die lokalen Behördenvertreter behaupten noch immer, sie verfügten über keine anderen Mittel dagegen.

15 Nicks Bericht über Li Qiuliang erschien in der *New York Times* vom 25. April 1993 auf Seite 1, die Gegendarstellung im *China Daily* vom 15. Juni 1993 auf Seite 4.

6 *Das kastrierte Denken*

Das Motto vor diesem Kapitel ist einem Gedicht von Su Dongpo (auch unter dem Namen Sun Shi bekannt) mit dem Titel »Auf die Geburt seines Sohnes« entnommen. Es wird hier wiedergegeben nach der englischen Übersetzung in Arthur Waley, *Translations from the Chinese,* New York 1941, dort unter dem Titel »On the Birth of His Son«.

1 Es gibt verschiedene Quellen über Fang Xiaoru (sein Name wird meist nach der alten Umschrift geschrieben: Fang Hsiao-ju). Die verläßlichste Biographie in englischer Sprache findet sich in L. Carrington Goodrich, *Dictionary of Ming Biography, 1368–1644,* New York 1976. Auf chinesisch sind Fangs eigene Schriften die beste Quelle: *Hsun Chi Chai Chi (Xun Zhi Zhai Ji),* eine Sammlung in acht Bänden ist in einer Ausgabe aus dem Jahre 1935 greifbar.

2 Bei einem Treffen tauschten Zhang Wei und ich Erfahrungen aus, und ich entdeckte, daß ich ihn versehentlich in Schwierigkeiten gebracht hatte. Es geschah folgendermaßen:

Ende 1990 hatte ich einen Artikel geschrieben und Zhang darin namentlich erwähnt. Zu der Zeit stand er unter Hausarrest, und ich wußte, daß ich ihn nicht würde interviewen können. Trotzdem wollte ich einen Hinweis auf ihn in meine Geschichte aufnehmen; ich wollte belegen, daß die Behörden mir ein Interview mit ihm verweigerten. Also rief ich die zuständigen Organe von Tianjin an und bat um ein Treffen mit Zhang Wei. Wie erwartet reagierten die Behörden zwei Tage später und teilten mir mit, Zhang habe keine Zeit für ein Treffen. Damit hatte ich den Satz für meinen Bericht, den ich als Beleg brauchte: Ich hatte versucht, mit ihm Kontakt aufzunehmen, aber vergeblich. Zur gleichen Zeit funktionierte plötzlich Wangs Telefon sechs Wochen lang nicht mehr. Er wußte nichts von meiner Bitte, ihn zu sehen, deshalb hatte er keine Ahnung, weshalb dem so war. Rückblickend kamen wir zum Schluß, daß die Behörden befürchtet hatten, ich könnte versuchen, Zhang Wei direkt anzurufen. Also setzten sie einfach seinen Anschluß außer Betrieb.

3 Die beste englische Quelle über Sima Qian ist Burton Watson, *Ssu-Ma Ch'ien: Grand Historian of China,* New York 1958. Die Zitate stammen aus einem Brief von Sima Qian an seinen Freund Ren Shaoqing, Seiten 57–67.

Bei dem Feldherrn, den Sima Qian verteidigte, handelt es sich um Li

Ling, der im Kampf gegen die Xionghu, einen feindlichen Stamm an der Nordgrenze von China, 4600 seiner 5000 Soldaten verlor. Li kapitulierte und arbeitete dann für die Xionghu als Lehrer für Kriegswissenschaft. Als Kaiser Wu davon erfuhr, ließ er Lis sämtliche Familienangehörige hinrichten. Li war außer sich über dieses Vorgehen und lehnte später alle Einladungen ab, nach China zurückzukehren (vgl. Watson, *Ssu-Ma Chien,* Seite 217).

4 Wir staunten manchmal, wie alte kommunistische Gefolgsleute noch immer an die Partei glauben konnten, obwohl sie sahen, wie schrecklich sie sich verhalten konnte, ja sogar wenn sie selbst Opfer ihrer Grausamkeit geworden waren. Funktionäre, die während der Herrschaft Maos gefangengenommen und gefoltert worden waren, gerieten in einen wahren Freudentaumel, als die Partei sie freiließ. Mit den Schrekken der Kulturrevolution konfrontiert, argumentierten sie, die Bereitschaft der Partei, Irrtümer einzugestehen und ihren Kurs zu ändern, sei ein Zeichen für ihre Größe. Eine solche Einstellung mag jemand aus dem Westen nur schwer nachempfinden, aber es hilft vielleicht, eine Parallele zur Religion zu ziehen. Der Vergleich ist legitim, denn in einem Land wie China hat die Kommunistische Partei eher den Status einer Staatskirche als den einer politischen Partei im westlichen Sinn. Gläubige Christen sind zwar traurig und auch wütend, wenn ihnen ein Kind stirbt, aber sie verlieren trotzdem nicht unbedingt den Glauben. »Wie kannst du das nur tun oder geschehen lassen?« beten sie zu ihrem Gott. Und ähnlich mögen leidenschaftliche Kommunisten sich im Innersten fragen, wie die Partei so grausam sein konnte. Letztlich akzeptieren wohl beide in vergleichbarer Weise, daß es Dinge im Leben gibt, die sie nicht verstehen, und sie gehen aus ihren Prüfungen mit einem noch stärkeren Glauben hervor.

5 Dengs erste Frau starb im Wochenbett. Von seiner dritten Frau Zhuo Lin sind alle seine Kinder.

6 Wang Juntao wurde 1994 freigelassen und in die Vereinigten Staaten ausgeflogen; Chen Ziming kam drei Wochen danach, am 14. Mai 1994, »zwecks medizinischer Behandlung« ebenfalls frei, weigerte sich jedoch, China zu verlassen; beide sind aber durch Regeln und Vorschriften derart gebunden, daß sie auf Jahre hinaus kaum mehr in der Lage sind, sich politisch zu äußern oder gar zu betätigen. Vgl. *Neue Zürcher Zeitung,* 16. Mai 1994.

7 Der Fall Fei Yuan wird im hervorragenden Buch von George Black

und Robin Munro an mehreren Stellen abgehandelt; siehe *Black Hands of Beijing,* New York 1993, insbesondere die Seiten 111 f. und 172 bis 276.

8 Die Vorstellung, daß Familienmitglieder einander für Vergehen denunzieren, ist eher typisch für den totalitären Kommunismus als für China. Konfuzius lehnte die Praxis ab, weil sie für ihn im Widerspruch zum Vertrauen und zur Harmonie innerhalb der Familie stand, an die er glaubte.

7 *Ein Zimmer für sich allein*

Das Motto vor diesem Kapitel, ein Ausspruch des Fürsten Shao, wird nach der Übersetzung von Burton Watson zitiert, und zwar nach Burton Watson, *The Tso Chuan,* New York 1989, Seite XVII. In Wirklichkeit ist nicht *Tso Chuan* die eigentliche Quelle, sondern *Guo Yu.*

1 Ich habe mir erlaubt, den Auszug mit der Dreiecksgeschichte recht frei zu übersetzen. Das 518 Seiten starke Machwerk mit dem Titel *Eine Stadt in Trümmern* erschien 1993 auf chinesisch im Verlag Beijing Publishing House.

2 James Madison (1751–1836), maßgeblich an der Unabhängigkeit beteiligter amerikanischer Politiker und späterer vierter Präsident der Vereinigten Staaten; setzte sich für persönliche, in der Verfassung garantierte Freiheitsrechte ein.

3 Besonders klar ausgeführt werden James Madisons Ansichten zum Zusammenstoß von Parteien in *The Federalist* Nr. 10. Für eine brillante Studie über die Faktoren, welche die Entstehung einer bürgerlichen Gesellschaft unterstützen, siehe Gabriel A. Almond und Sidney Verba, *The Civic Culture,* Boston 1965.

4 Mussolinis Zitat nach der englischen Übersetzung in Joel Krieger, *The Oxford Companion to Politics of the World,* New York 1993, Seite 295.

5 Das Zitat von Alexis de Tocqueville zu den Vereinigungen stammt aus Alexis de Tocqueville, *Über die Demokratie in Amerika,* Zürich 1987, Erster Teil, Seite 285 f.

6 Einen wissenschaftlich fundierten Ansatz im Hinblick auf politische Kultur in China und zur Frage, bis zu welchem Grad sie eine demokratische Entwicklung unterstützen könnte, siehe Andrew J. Nathan und Tianjian Shi, »Cultural Requisites for Democracy in China: Findings from a Survey«, in *Daedalus,* Frühjahr 1993, Seite 95–123.

7 Was diese Art Ausbildung betrifft, ist zu sagen, daß die meisten der gegenwärtigen technokratischen Führungskräfte in China in der Sowjetunion ausgebildet wurden und dadurch keine Erfahrung mit demokratischen Spielregeln sammeln konnten. Andererseits hat dieses Bildungssystem auch Leute wie Michail Gorbatschow oder Boris Jelzin hervorgebracht, die das Entstehen einer freiheitlicheren Gesellschaft in der ehemaligen Sowjetunion förderten. Heutzutage erhalten viele Kinder höherer chinesischer Führungskräfte ihre Ausbildung im Westen, und sie haben wiederum einen gewissen Einfluß auf ihre Eltern.

8 Die Übersetzung des Auszuges aus Wang Shuos Roman *Measure for Measure (Maß für Maß)* aus dem Chinesischen ins Englische stammt von Geremie Barmé und Linda Jaivin, in *New Ghosts, Old Dreams: Chinese Rebel Voices,* New York 1992, Seite 231.

9 Gut möglich, daß sich der Fall Wu Shishen von anderen etwas unterscheidet. Von Regierungsseite wird behauptet, er habe von der Hongkonger Journalistin für die Beschaffung des Textes Bestechungsgelder entgegengenommen; ob dies zutrifft, ist nicht erwiesen.

10 Auf chinesisch lautet das ungefähr: *Shangyou zhengce, xia you duice.*

11 In ländlichen Gegenden gehen die Lokalbehörden manchmal sehr brutal gegen die christlichen Untergrundkirchen vor. So ereignete sich beispielsweise im März 1993 anläßlich einer religiösen Zusammenkunft in Taoyuan im Shaanxi-Bezirk Xunyang ein polizeilicher Übergriff. Dabei richtete sich das Augenmerk insbesondere auf fünf Glaubensangehörige, drei Männer und zwei Frauen, die aus einem anderen Bezirk stammten und deshalb als religiöse Provokateure angesehen wurden. Die Polizisten rissen den Männern bis zu den Hüften die Kleider vom Leib und schlugen auf sie ein; dann zwangen sie die restlichen sechsundzwanzig Gläubigen dazu, den dreien ebenfalls je hundert Hiebe zu versetzen. Als die drei schließlich blutüberströmt und bewußtlos am Boden lagen, wandten sich die Polizisten den beiden Frauen zu. Sie wurden ebenfalls zusammengeschlagen und ausgezogen und zusätzlich sexuell massiv bedrängt. Danach wurden die fünf Personen auf die Polizeiwache geschleppt, wo sich bald herausstellte, daß eine von ihnen, der zweiundzwanzigjährige Lai Manping, in Lebensgefahr schwebte. Damit er nicht in Polizeigewahrsam starb, ließen sie ihn frei und befahlen ihm, sich zu entfernen. Lai kämpfte sich fast zehn Kilometer die Straße entlang, dann brach er zusammen

und starb. Daß die Sache bekannt wurde, ist Xu Fang zu verdanken; sie schmuggelte einen Bericht darüber heraus (der später in mancher Hinsicht von den Behörden bestätigt wurde) und wurde bald darauf wegen Weitergabe von Informationen an Außenstehende verhaftet. Xu sitzt in der Provinz Shaanxi im Gefängnis. Siehe *Detained in China and Tibet,* New York (Asia Watch) 1994, Seite 2 f.

Am 13. Mai 1994 wurden die fünf dem Regime kritisch gegenüberstehenden Personen Chen Zhuman, Yan Peizhi, Xu Zhihe, Cui Tai und Zhang Li vorzeitig aus der Haft entlassen; sie waren angeklagt und verurteilt worden, »durch ihre Religionsausübung die soziale Ordnung gestört und die öffentliche Sicherheit gefährdet« zu haben. Siehe *Neue Zürcher Zeitung,* 15./16. Mai 1994.

12 Lincoln Kaye hat einen außerordentlich interessanten Artikel über Zhang Baosheng geschrieben; er erschien am 17. Juni 1993 im *Far Eastern Economic Review* auf Seite 74.

13 Alexis de Tocqueville, *Über die Demokratie in Amerika,* Zürich 1987, Erster Teil, Seite 359. Direkt vorher bemerkt de Tocqueville über den Unterschied von Freiheit und Despotismus: »Man kann es nicht genug betonen: ... nichts ist schwieriger als die Lehrzeit der Freiheit. Anders verhält es sich mit dem Despotismus. Der Despotismus gibt oft vor, alle erduldeten Übel zu heilen; er ist der Schützer des guten Rechts, die Stütze der Unterdrückten und der Begründer der Ordnung. Das Wohlergehen, das er für Augenblicke erzeugt, schläfert die Völker ein; und wenn sie aufwachen, sind sie elend.« (Ebd. Seite 358 f.)

14 Das Zitat über Sodomie in China ist aus Alexander Hamilton, *A New Account of the East Indies,* 1727, hier zitiert nach *A Travellers' Dictionary of Quotation*.

15 Es gibt allerdings in der chinesischen Sprache entsprechende Begriffe für die männliche Unberührtheit. Ein Beispiel dafür ist *tongnan* (»Kindmann«). In der Regel sind diese Begriffe eher scherzhaft gemeint.

16 Der Bericht über das Paar, das wider besseres Wissen mehrere Jahre lang analen Geschlechtsverkehr praktizierte, stammt aus »Doctor Xiong: A Pioneer in Sexual Problems of Men«, *China Daily,* 3. September 1990.

17 Doch gleicht der Weg von Künstlerinnen und Künstlern wie Gong Li und Zhang Yimou nach wie vor einem Hindernislauf. Nachdem ihr

neuester gemeinsamer Film *Leben!* in Cannes mehrfach ausgezeichnet worden war, belegte die chinesische Regierung ihn im September 1994 mit einem fünfjährigen Berufsverbot, während ihr gleichzeitig verboten wurde, an ausländischen Produktionen mitzuwirken. Siehe *Neue Zürcher Zeitung*, 14. September 1994.

8 Auf dem Weg zum großen Geld

Dieses Kapitel stützt sich auf verschiedene Quellen, darunter Dwight H. Perkins, *China: Asia's Next Economic Giant?*, Seattle 1986; Nicholas R. Lardy, *China in the World Economy,* Washington, D. C., 1994; Mancur Olson, *The Rise and Decline of Nations;* sowie die Untersuchung der Weltbank mit dem Titel *The East Asian Miracle,* auf die besonders verwiesen wird. Ähnliche Themen werden auch diskutiert von Guy P. Pfeffermann und Andrea Madarassy, in »Trends in Private Investment in Developing Countries 1993«, International Finance Corporation 1992.

Wir wurden immer wieder gefragt, ob den chinesischen Statistiken über das Wirtschaftswachstum zu trauen sei. Die Antwort lautet: größtenteils ja. Wie in vielen Entwicklungsländern bestehen jedoch enorme technische Schwierigkeiten bei der Datenerhebung. Insbesondere wird der Wert der Produkte ländlicher Unternehmen oft nicht nach unten an die Inflation angepaßt – wenn eine Fabrik zum Beispiel im vergangenen Jahr Pullover im Wert von 1 Million Yuan herstellte und im Jahr darauf im Wert von 1,2 Millionen Yuan, so sieht dies aus wie eine zwanzigprozentige Produktionssteigerung. Tatsächlich könnte jedoch die Hälfte der Zunahme eine reine Folge der gestiegenen Preise sein. In Zeiten hoher Inflation sind demnach die Wachstumsraten übertrieben. Andererseits ist die Untergrundwirtschaft groß und wächst rasch, taucht in der Statistik jedoch überhaupt nicht auf. Niemand weiß genau, wie diese gegensätzlichen Faktoren einander ausgleichen. Fazit: Vermutlich kommen die offiziellen Wachstumsraten der Realität recht nahe.

1 Die Zahlen über die Verminderung der Armut entstammen der Weltbankstudie »East Asia & Pacific Region Country Briefing Note: China«, September 1993, Seite 1 f.

2 Die Angaben über die chinesische Produktion von Zement, Baumwolle und anderen Waren haben wir *China Daily* vom 30. September 1993, Seite 1, entnommen.

3 Die Angaben zur Zeitspanne, die die genannten Länder benötigten, um während der Industrialisierung ihr Bruttoinlandsprodukt zu verdoppeln, stammen aus *The Economist* vom 16. Oktober 1993, Seite 84.

4 Die Zahlen über den Wohlstand der chinesischstämmigen Bevölkerung auf den Philippinen und in Indonesien stammen aus *The Economist* vom 27. November 1993, Seite 33.

5 Das Zitat stammt aus Lord Byron, *Selected Letters and Journals,* Seite 271.

6 Max Weber stellte allerdings eine weitere Verbindung zwischen Kultur und Kapitalismus her, und zwar die folgende: Er sagte voraus, daß sich China aufgrund seines konfuzianischen Erbes nicht industrialisieren werde.

7 Ein Grund für die hohe Sparquote liegt allerdings im Zwang zum Sparen. Zum Beispiel wird man in China dazu angehalten, Regierungsanleihen zu kaufen. Ein weiterer Grund, weshalb in China die Sparquote so hoch ist, liegt darin, daß man mit Geld bislang nicht viel anderes machen konnte. Denn bis vor kurzem war es schwierig, Immobilien oder Wertpapiere zu kaufen, zudem gab es auch in den Geschäften nicht viel, was sich zu kaufen lohnte. Inzwischen kommt auch in China die konsumorientierte Haltung mehr und mehr in Schwung.

8 Bei dem Artikel über die Gilden handelt es sich um D. J. MacGowan, M. D., »Chinese Guilds or Chambers of Commerce and Trades Unions«. Ich entdeckte diesen Artikel durch einen Verweis in Olson, *The Rise and Decline of Nations* (s. o.).

9 Die mangelnde Regulierung bringt in mancher Hinsicht Vorteile für den Handel in China. Aber sie schafft auch Unsicherheiten und verstärkt die Korruption, da die Beamtenschaft – in Ermangelung einer klaren Vorschrift – ein Bestechungsgeld für die Genehmigung einer Sache verlangen kann, die weder erlaubt noch verboten ist. Diese Rechtsunsicherheit und die daraus erfolgende Notwendigkeit, zu verhandeln und Schmiergelder zu bezahlen, erhöhen die Kosten von Transaktionen, so daß sie manchmal größer sind, als wenn es mehr und genauere Vorschriften gäbe.

10 Die Angaben zur Ausbildung und zu den damit verbundenen Kosten stammen aus dem *1991 Statistical Yearbook* der Unesco.

11 Die Aussage, daß ein Baby aus Shanghai größere Chancen hat, lesen und schreiben zu lernen, als eines aus New York, findet sich in Law-

rence H. Summers und Vinod Thomas, »Recent Lessons of Development«, in *The World Bank Research Observer,* Juli 1993, Seite 241. Man muß sich jedoch im klaren sein, daß direkte Vergleiche problematisch sind.

Die Alphabetisierung ist in allen Gesellschaften schwierig zu messen. Es gibt Millionen Menschen in China, die offiziell nicht als Analphabeten zählen und doch keine Zeitung lesen können. Dasselbe trifft auf die Vereinigten Staaten zu. Ich bin mir jedoch nicht sicher, ob die Alphabetisierungsraten in beiden Staaten im gleichen Maße übertrieben hoch sind. Das macht einen kulturübergreifenden Vergleich gefährlich.

12 Die Zahlen über die Kostenwirksamkeit verschiedener medizinischer Behandlungen stammen aus dem *World Development Report 1993* der Weltbank, Seiten 60–65.

13 Wie stark der Konfuzianismus in China noch verwurzelt ist, ist eine offene Frage. Selbst die Führung gibt heute vor, Konfuzius zu respektieren, aber der Maoismus fügte dieser und anderen Traditionen enormen Schaden zu, und es ist klar, daß man in der Volksrepublik viel weniger daran festhält als in Taiwan oder Hongkong.

9 Der Gott des Reichtums

Das Motto fanden wir in der *Far Eastern Economic Review* vom 4. November 1993, Seite 11.

1 Der Wettkampf der beiden Protze um das Geldverbrennen wurde in zwei Artikeln der *Beijing Evening News* beschrieben, und zwar am 8. und 9. Mai 1993.

2 Die Zahlen über den Absatz von Rolls-Royces sind dem »China Business Review« in der *South China Morning Post* vom 29. August 1993, Seite 3, entnommen.

3 Die Angaben über den Anteil der *xianghzen qiye* oder Kollektivunternehmen an der industriellen Gesamtproduktion sind in den offiziellen Statistiken etwas verzerrt, da sie jeweils Marktpreise ausweisen, während die Unternehmen der anderen Sektoren von Festpreisen ausgehen. Die daraus hervorgehende Verzerrung ist jedoch gering.

4 Von Regierungsseite wird offiziell bestätigt, daß nur ein Drittel der staatseigenen Betriebe Profite schreibt; ein Drittel steckt tief in den

roten Zahlen, und das letzte Drittel arbeitet gerade eben kostendekkend. Aber dem steht entgegen, daß viele Unternehmen eher unzulänglich Buch führen und, wie vielenorts, ihre Gewinn- und Verlustbeträge frisieren, um so wenig Steuern wie möglich zu zahlen. Aus diesem Grund ist es schwierig, realistische Angaben darüber zu machen, wie viele Unternehmen tatsächlich mit Gewinn abschließen.

5 Wir haben von mehreren Fällen gehört, bei denen Kriminelle sich aus der Haft freigekauft haben. Sogar die offizielle Presse nahm sich des Phänomens an. In der *Beijing Youth Daily* vom 27. Juli 1993 erschien in der Rubrik »People's Court News« ein Bericht darüber.

6 Das Zitat stammt aus Thomas Hobbes, *Leviathan* (aus dem Englischen von Walter Euchner), Frankfurt am Main 1966, 13. Kapitel, Seite 96.

7 Die Zahlen zu den ausländischen Investitionen und zum Handel stammen aus *Asian Wall Street Journal Weekly* vom 7. Februar 1994, Seite 8. Die statistischen Angaben zum Jahr 1992 bekam ich direkt vom ehemaligen Ministerium für wirtschaftliche Auslandsbeziehungen, heute Ministerium für Außenhandel und wirtschaftliche Zusammenarbeit genannt. 23 Milliarden Dollar des chinesischen Handelsüberschusses mit den Vereinigten Staaten gingen 1993 auf das Konto von Joint-ventures.

8 Gemäß einem von mir geführten Telefongespräch belief sich die Zahl der Avonberaterinnen im Dezember 1993 auf 21 000.

9 Die Vorhersage von Pepsi-Cola erschien im *Economist* vom 29. Januar 1994, Seite 67.

10 In den Angaben zum gesamten Kapitalzu- und -abfluß sind die ausländischen Anleihen mit berücksichtigt.

11 Für den Parkplatz in Hongkong wurden 4 Millionen Hongkong-Dollar bezahlt, wie im *Asian Wall Street Journal Weekly* vom 25. April 1994 auf Seite 2 in einem Artikel mit der Überschrift »Government's pledge to lower prices seems to damp property market slightly« zu lesen war.

12 Die Angaben über »Irrtum und Auslassungen« stammen aus den *International Financial Statistics,* herausgegeben vom Internationalen Währungsfonds, IMF Band 46, Nr. 11, November 1993, die Schätzungen für das Jahr 1993 von der Weltbank.

Eine besonders beliebte Methode, um chinesisches Geld außer Landes zu schaffen, ist das Ausstellen zu niedriger Rechnungen. Zu diesem Zweck setzt das chinesische Exportunternehmen einfach einen weit geringeren Betrag auf die Rechnung, und die importierende Firma überweist die Differenz auf ein Konto bei einer Bank im Ausland. Wieviel Geld auf diese Weise jährlich verschwindet, ist schwierig zu sagen, wahrscheinlich sind es Milliarden von Dollar.

10 Blut und Eisen

Das Motto von Jack London stammt aus der Kurzgeschichte »The Unparalleled Invasion«, die London im Band *The Strength of the Strong*, New York 1908, veröffentlichte. Sie handelt in den siebziger und achtziger Jahren des 19. Jahrhunderts und beschreibt, wie China mittels schieren Bevölkerungswachstums versucht, die Welt zu erobern. Zu Millionen strömen die Menschen in alle Richtungen über die Grenzen und schieben die fremden Armeen dabei einfach beiseite. London versuchte sein Publikum zu erschrecken, indem er die chinesische Bevölkerung als größer bezeichnete als die aller kaukasischen Länder zusammengenommen, aber er lag, wie sich bis heute herausgestellt hat, mit seiner Schätzung von einer halben Milliarde noch immer unter der Hälfte der wirklichen Zahl.

1 Das Zitat von Lee Kuan Yew stammt aus der *International Herald Tribune* vom 20. Mai 1993.

2 Das Gespräch mit Jiang und Yu fand Ende 1991 statt. Seither sind sowohl die Löhne als auch die Preise gestiegen, vor allem was die Angaben in Yuan betrifft. Meine hier genannten Zahlen in Dollar lägen heute leicht höher.

3 Siehe Lardy, *China and the World Economy,* vor allem die Seiten 14–18.

4 Die Schätzungen der Weltbank für das Bruttoinlandsprodukt pro Kopf in China in internationalen Preisen sind dem *World Development Report 1993* entnommen; siehe Seite 296 und verfahrenstechnische Anmerkungen.

5 Die Hochrechnungen der Weltbank für Großchina im Jahr 2002 stammen aus *International Economic Insights,* Mai/Juni 1993, Seiten 2–7 und 50.

6 Die Studie der Schweizerischen Bankgesellschaft wird in *Korea Update* vom 25. Oktober 1993, Seite 1, zitiert.

7 Die 90 Milliarden Dollar für Militärausgaben wurden wie folgt berechnet: Die offizielle Zahl der Weltbank für das Bruttoinlandsprodukt pro Kopf für 1991 beträgt 370 Dollar, die Kaufkraftparität wird auf 1680 und 2040 Dollar geschätzt. Das Mittel davon ist 1860 Dollar, liegt also 5,03mal so hoch wie die offizielle Zahl. Multipliziert man die 18 Milliarden Dollar für Militärausgaben mit diesem Faktor, erhält man etwas mehr als 90 Milliarden Dollar, was soviel heißt, wie daß der chinesische Militäretat diesem Betrag in internationalen Dollars entspricht. Diese Rechnung führt aber wohl zu einem zu hohen Ergebnis. Der Multiplikator für das gesamte Bruttoinlandsprodukt liegt wohl höher als derjenige nur für die Militärausgaben. Der springende Punkt ist, daß wir keine Ahnung haben, wie die chinesischen Militärausgaben zu bemessen sind. Dies sollten wir aber, und deshalb wären weitere Untersuchungen auf diesem Gebiet sehr wichtig.

Der offiziell bekanntgegebene chinesische Verteidigungsetat, zu offiziellen Wechselkursen in US-Dollar umgerechnet, fiel von 7,5 Milliarden im Jahr 1993 auf 5,9 Milliarden Dollar im Jahr 1994. Grund für diesen Rückgang ist jedoch nur die Abwertung des Yuan durch die chinesische Regierung. In Yuan nahm der Vorschlag 1994 um 22,4 Prozent zu – dies entspricht der höchsten Wachstumsrate der letzten Jahre.

8 Der Bericht über die MIG-31 findet sich in *Asia Pacific Defense Review,* Juli 1993, Seite 53.

9 In einem Artikel in einer offiziellen Beijinger Zeitung hieß es, 1987 hätten chinesische Marineoffiziere erstmals den Bau eines Flugzeugträgers gefordert, »um China zu stärken, Chinas Meeresregionen zu entwickeln und den jahrzehntealten Traum vom Bau eines chinesischen Flugzeugträgers zu verwirklichen«. Dies stand in »Chinas Traum von einem Flugzeugträger«, in *Beijing Qingnian Bao,* 6. Mai 1993.

10 Dschingis-Khans Vorhaben, die ganze Bevölkerung in Nordchina auszulöschen, wird in David Morgan, *The Mongols,* Seite 74, kolportiert. Morgan schreibt, die Geschichte sei »oft wiederholt, wenn auch möglicherweise apokryph«.

11 Der Tumen müßte allerdings erst ausgebaggert werden, bevor er befahren werden könnte.

12 Der Crestone-Vertrag wirkte auch deshalb verunsichernd, weil er implizierte, daß China das gesamte Südchinesische Meer und nicht

nur jeweils eine Zwölf-Meilen-Zone um die Inseln als Hoheitsgewässer betrachtet. Das Vertragsgebiet befindet sich nämlich nicht in der Nähe einer Insel, und außerhalb seiner Hoheitsgewässer beansprucht China keine exklusiv zu nutzende Wirtschaftszone. Als einzig mögliche Basis für den Vertrag bietet sich demnach an, daß China das gesamte Südchinesische Meer als Staatsgebiet betrachtet.

Weitere Informationen zur Lage im Raum Südchinesisches Meer finden sich in John W. Garver, »China's Push Through the South China Sea«, in *China Quarterly,* Dezember 1992, Seite 999; *Far Eastern Economic Review,* 13. August 1992, Seiten 14 ff., und Mark J. Valencia, »The Spratly Imbroglio: Context, Complications and a Cooperative Solution«, unveröffentlichtes Manuskript, Dezember 1993.

13 Eine umfassende und akribische Studie kommt zum Schluß, daß der Energiekonsum in den neunziger Jahren nicht so rasant ansteigen wird, wie zu erwarten wäre, und zwar zum Teil aufgrund besserer Speicherungstechniken und effizienterer Technologie. Die Studie rechnet, daß die Einkommenselastizität des Energiekonsums in China ungefähr bei 1,0 liegt, und das ist beträchtlich tiefer als in anderen Entwicklungsländern. Es bedeutet, daß in China bei einem Lohnanstieg von 25 Prozent nur ein Viertel mehr Energie verbraucht würde und nicht mindestens 34 Prozent wie im Durchschnitt in anderen Entwicklungsländern. Natürlich nimmt mit steigenden Löhnen und wachsender Bevölkerung auch in China der Energiekonsum zu; bleibt nur die Frage, wie stark. Siehe Chuanlong Tang und Sunmer J. La Croix, »Energy Consumption and Economic Activity in China«, in *Energy Journal,* Band 14, Nr. 4, 1993, Seiten 21–36.

14 Siehe Paul M. Kennedy, *Preparing for the Twenty-first Century,* Seite 191 f.

15 Die Angaben über die Schadstoffmengen stammen aus dem »Report on the State of the Environment in China, 1991«, Seite 1 und 6, der China National Environmental Protection Agency. Die von mir zitierten Zahlen entsprechen der Summe der für normale Industriebetriebe und Unternehmen der Verwaltungsbezirke separat aufgelisteten Mengen.

16 Über den sauren Regen äußert sich Michael Richardson in »The Spoils of Growth: Asia Outpaces North America on CO_2«, *International Herald Tribune,* 3. Juni 1992, Seite 2.

17 Eine hervorragende Studie über die Luftverschmutzung – Quelle für meine Angaben über die Sterblichkeitsrate aufgrund von Erkrankungen der Atemwege – steht zur Verfügung in Keith Florig, »The Benefits of Air Pollution Reduction in China«, unveröffentlichtes Manuskript, November 1993. Florig ist Mitglied von Resources for the Future, Center for Risk Management, in Washington, D. C.

18 Zur globalen Erwärmung in bezug auf China siehe Philip M. Boffey, »Editorial Notebook: China and Global Warming«, *New York Times*, 8. Dezember 1993, Seite A16.

Die beste Untersuchung zu Umweltfragen in China bietet Vaclav Smil, *China's Environmental Crisis*, Armonk, N.Y., 1993. Smil ist Professor an der Universität Manitoba und hat sich ausführlich und engagiert mit Umwelt- und verschiedenen anderen Fragen im Zusammenhang mit der Entwicklung in China befaßt.

11 Den Drachen zähmen

Motto: Die Schlagzeile über Taiwan und die Frühlingsrollen stammt aus Harry Harding, *A Fragile Relationship*, Washington, D.C., 1992, Seite 62.

1 Das Zitat von Sunzi haben wir Tao Hanzhang (Hrsg.), *Sun Tzu's Art of War*, New York 1987, Seite 118, entnommen.

2 Das Zitat von Thomas Babington Macauly findet sich in Christopher Hibbert, *The Dragon Wakes: China and the West, 1793–1911*, New York 1970, Seite 142.

3 Die Nixon-Zitate stammen aus Richard Nixon, *Memoiren*, Köln 1978. Das Zitat »Dies ist die Woche, die die Welt geändert hat!« findet sich auf Seite 387. Das Zitat zur »politischen Philosophie« ist auf Seite 376 zu finden.

4 Maos Bemerkung über die Rechten stammt wie die dem Kapitel als Motto vorangestellte Schlagzeile aus Harding, *A Fragile Relationship* (siehe oben), Seite 3. Hardings Werk bietet eine hervorragende Analyse der sino-amerikanischen Beziehungen von 1972 bis 1992. Nixon erwähnt diese Bemerkung Maos in seinen Memoiren ebenfalls, und zwar auf Seite 376.

5 Die Statistik über die Anzahl der Reisen nach Übersee 1993 stand ursprünglich in *China Daily* und wurde im *Economist* vom 5. Februar 1994, Seite 32, veröffentlicht.

6 Der Bericht über Taiwan findet sich in der internen Dokumentation *Neican Xuanpian*, Nummer 5, 1993, Seite 18–20.

7 Die beste Darstellung der Mission Macartneys sowie aller ihr folgenden findet sich in Alain Peyrefitte, *L'Empire immobile ou le choc des mondes (récit historique)*, Paris 1989. Die Bemerkung über das russische Volk zitiert nach der amerikanischen Übersetzung (A. P., *The Immobile Empire*, New York 1992), Seite 503.

8 Das chinesische Sprichwort vom Felsbrocken lautet im Original: *Banqi shitou, za zijide jiao.*

9 Zitat aus David Shambaugh, *Beautiful Imperialist*, Princeton, N.J., 1991, Seite 41.

10 Das Zitat über die sino-amerikanischen Beziehungen stammt aus der internen Dokumentation *Neican Xuanpian*, Nummer 36, 1989, Seiten 27–29.

11 Der Fall Francis Terranova wird abgehandelt in Richard O'Connor, *Pacific Destiny*, Boston 1969, Seite 54.

12 Das Zitat von Sunzi haben wir Tao Hanshang (Hrsg.) *Sun Tzu's Art of War*, New York 1987, Seite 110, entnommen.

13 Das Zitat von Lee Kuan Yew stand in *Far Eastern Economic Review*, 18. November 1993, Seite 18.

14 »Wir werden es weder China noch der amerikanischen Regierung oder der Wirtschaft erlauben, so zu tun, als ob sich die Lage der Menschenrechte verbessert habe, wenn dies gar nicht der Fall ist«, sagte William Schulz, der amerikanische Direktor von Amnesty International, laut *Neue Zürcher Zeitung*, 14./15. Mai 1994. Zehn Tage später meldete dieselbe Zeitung: »Präsident Clinton hat am Donnerstag den Meistbegünstigungsstatus (MFN) für China im Handel mit den USA für ein weiteres Jahr verlängert, obwohl China, wie Clinton auf einer Pressekonferenz einräumte, die dafür gesetzten Bedingungen, nämlich eine Verbesserung der Menschenrechtspolitik, eindeutig nicht erfüllt hat« (*Neue Zürcher Zeitung*, 27. Mai 1994).

12 Die nächste Dynastie

Das diesem Kapitel vorangestellte Motto stammt aus W. A. P. Martin, *The Awakening of China*, New York, 1907, Seite v.

1 Das Zitat über die Folgen des Sturzes der Qing-Dynastie steht in

Archibald R. Colquhoun, *China in Transformation,* New York 1912, Seite 279.

2 Heraklit wird zitiert nach H. Diels, *Die Fragmente der Vorsokratiker II,* Hamburg 1957 und 1963, Fragment 91, Seite 21 ff.

3 Die Geschichte von Konfuzius, der Frau und den Tigern steht im chinesischen Klassiker *Liji* oder *Das Buch der Riten,* hier zitiert nach der amerikanische Vorlage. Diese wiederum entstammt leicht modifiziert der Ausgabe Ch'u Chai und Winberg Chai (Hrsg.), *Li Chi: Books of Rites* (in der Übertragung von James Legge), Hyde Park, N. Y., 1967, Seite 190 f. Aus dieser Anekdote heraus entwickelte sich die chinesische Redensart: *Ke zheng meng yu hu ye,* was soviel bedeutet wie: Eine tyrannische Regierung ist im Vergleich zu wilden Tigern das größere Übel.

4 Die Zahlen zur Kindersterblichkeit stammen von der Weltbank. Das Verhältnis von 38 zu 1000 gilt für 1991. Dabei handelt es sich um die momentan aktuellste Statistik, die zu diesem Thema erhältlich ist. Allerdings sind Erhebungen dieser Art nicht ganz zuverlässig, da Bäuerinnen, die zu Hause gebären, es oft nicht als einen Todesfall melden, wenn der Säugling einige Tage nach der Geburt stirbt, sondern als Totgeburt. Die Zahl der exakten Meldungen ist in den letzten zehn Jahren angestiegen, was teilweise darauf zurückzuführen ist, daß mehr Kinder im Krankenhaus geboren werden, wo genauer Buch darüber geführt wird. Tatsächlich könnte der Rückgang der Kindersterblichkeit also noch größer sein, als aus der Statistik hervorgeht, weil es ein Jahrzehnt zuvor mehr Todesfälle gab, die nicht als solche gemeldet wurden.

5 Der wirtschaftliche Aufschwung ist zu einem gut Teil natürlich auch der Regierung zu verdanken. Die Regierung führte zu Beginn der achtziger Jahre einen landwirtschaftlichen Boom herbei, indem sie die Aufteilung der Kommunen erlaubte und gleichzeitig die Preise für landwirtschaftliche Güter um 25 Prozent erhöhte. Darüber hinaus senkte sie den Wechselkurs, schaffte Anreize für ausländische Investitionen, strich die Privilegien für die städtische Bevölkerung und richtete Effekten-, Obligationen- und Devisenbörsen ein. Sie investierte in den Ausbau der Infrastruktur und die Stärkung des menschlichen Kapitals und hielt die Staatsbetriebe dazu an, wenigstens etwas effizienter zu werden.

6 Die Zitate von Edgar Snow stammen aus Edgar Snow, *Gast am anderen*

Ufer. Rotchina heute, München 1964, Seite 629. Snow übte am Kolumnisten Joseph Alsop harsche Kritik, weil dieser gesagt hatte, »die Bevölkerung von China [sei] am Verhungern«. Rückblickend wissen wir, daß Alsop recht hatte.

Noch viele Jahre lang legten China wohlgesinnte Fremde eine bestürzende Fähigkeit an den Tag, wenn es darum ging, Tragödien zu übersehen. Fünfzehn Jahre später behauptete Al Imfeld in seinem Buch *China als Entwicklungsmodell,* Fribourg 1974, Seite 127: »In China kam es dennoch eindeutig nicht zu einer Hungersnot.«

7 Das Zitat aus *Le Monde* entnahmen wir Snow, *Gast am anderen Ufer,* Seite 823; es stand ursprünglich in *Le Monde* vom 12. Dezember 1961. Der ebenfalls nach Snow (a. a. O., Seite 630) zitierte Artikel aus *World-Telegram* erschien am 31. Juli 1962. Das Zitat aus der *Times* ist der Ausgabe vom 18. April 1962, und darin dem Editorial mit dem Titel »Chinas New Priorities«, entnommen.

8 Das Zitat von Lord Boyd-Orr ist nachzulesen in *Facts on File,* Band 19, Nr. 968, 14. bis 20. Mai 1959, Seite 162. In Anbetracht der Wirklichkeit sind die »Fakten« in diesem Bericht natürlich mit Vorsicht zu genießen.

9 Auf die Geschichte um die Vertragsunterzeichnung in Rom machte uns Chris Billing vom Rundfunksender Voice of America in Beijing aufmerksam.

10 Martin Luther King erwähnte das Gebet der Frau offensichtlich in verschiedenen Reden und Predigten. Die Beschäftigten im Archiv des King Center in Atlanta kannten es gut und teilten uns mit, King habe es ihrer Meinung nach vermutlich durchaus oft, wenn auch nicht immer mit denselben Worten wiederholt, aber es gelang ihnen nicht, die genaue Quelle ausfindig zu machen.

11 Das Gespräch Maos mit Huang Yanpei stammt aus den offiziellen Aufzeichnungen der Kommunistischen Partei und wurde 1991 anläßlich eines Fernsehdokumentarfilms über das 20. Jahrhundert in dieser Form wiedergegeben und später in der *Volkszeitung* veröffentlicht. Allerdings sprach Mao nicht von einer Demokratie westlichen Zuschnitts, die das Problem des dynastischen Zyklus lösen sollte, sondern von einer »demokratischen Volksdiktatur« oder leninistisch-demokratischem Zentralismus. In der Demokratie sah er nicht ein System, das auf Wahlen gründet, sondern eines, in dem die Funktionäre engen Kontakt zu den Massen des Volkes pflegen und Zusam-

menkünfte organisieren, zu denen sie andere Führungsmitglieder einladen, damit diese Kritik an ihnen üben. Nicht einmal diese beschränkte Version der Demokratie trat je in Kraft.

Dank

Bevor wir nach China reisten, gab uns Abe Rosenthal den folgenden Rat: »Schenkt dem, was vor euch geschrieben wurde, keine Beachtung. Geht einfach raus und schreibt über das, was ihr seht und hört.«

Dieses Buch ist das Produkt dessen, was wir in den fünf Jahren in China gesehen und gehört haben. Es ist erfüllt von den Stimmen der Wut, der Frustration, des Optimismus und der Freude Tausender Chinesen und Chinesinnen, mit denen wir gesprochen haben – in Kinos, Theatern, Restaurants, Parks, Büros und Wohnungen. Ohne sie und den Mut, den sie bewiesen, indem sie sich mit uns trafen, hätte dieses Buch nie geschrieben werden können.

Daß das Buch aber überhaupt zustande kam, haben wir unserer Redaktion bei der *New York Times* zu verdanken, denn sie verschaffte uns die Gelegenheit dazu. Die *New York Times* stellte uns ein, schickte uns nach Beijing und gab uns danach Urlaub, damit wir das Manuskript fertigstellen konnten. Zuerst engagierten Abe Rosenthal und John Lee Nick, und daraufhin taten Max Fraenkel und Joe Lelyveld den ungewöhnlichen – und hochgeschätzten – Schritt und stellten Sheryl aus der Ferne ein, ohne daß sie erst nach New York zurückkehren mußte, um eine Zeitlang dort zu arbeiten. Zeitungen und auch andere Unternehmen tun sich oft schwer bei der Versetzung von Karrierepaaren. Wir stellten so etwas wie eine Probe aufs Exempel dar, als die *Times* uns beide als vollbeschäftigtes Korrespondentenpaar nach China schickte. Trotz gelegentlicher Drohungen, die eine nach Westafrika und den anderen nach Lateinamerika zu versetzen, hat die Redaktion all unsere Anstrengungen, das Familien-Kleinunternehmen am Laufen zu halten, nach Kräften unterstützt.

Daneben waren Joe Lelyveld und auch andere eine stete Quelle für wertvolle und oft völlig unerwartete Ratschläge. Zur Zeit der Tiananmen-Proteste, als wir sozusagen rund um die Uhr arbeiteten und die Redaktion die verschiedensten Berichte von uns haben wollte, hatten wir uns entschieden, im Mai und Juni mehr oder weniger schlaflos durchzukommen und den Schlaf dann im Juli nachzuholen. Joe geleitete uns durch diese Krise und riet uns entschieden: »Geht schlafen!« Er bestand darauf. »Eure Arbeit leidet darunter, wenn ihr nicht ausgeruht seid.« Das war der beste Rat überhaupt. Ein herzliches und besonderes Dankeschön geht auch an Bernie Gwertzman und andere in der Auslandsredaktion der *Times* für die Beratung, die Freundschaft und das bißchen Erwachsenenbeaufsichtigung, die sie uns angedeihen ließen. Zu denen, die uns neben Bernie vor unseren eigenen Irrtümern bewahrten, gehören Steve Weisman, Kevin McKenna, Tom Feyer, Jeanne Pinder, Ed Marks, Tom Kuntz, Dean Toda und viele andere in der Redaktion, der Korrekturabteilung und überhaupt. Niemand kann jemals um vier Uhr morgens von weiseren oder hilfreicheren Menschen geweckt werden. Daneben las Tom Feyer auch das ganze Manuskript und machte viele wertvolle Vorschläge zu Inhalt und Form; einzig ihm ist aufgefallen, daß wir Kirgisien [engl. Kyrgyzstan] falsch geschrieben hatten.

In der Bildredaktion leiteten Paula Giannini und Nancy Buirski wahre archäologische Forschungsreisen durch das Fotoarchiv der *Times* und entdeckten dabei die meisten der später in der Originalausgabe verwendeten Fotos.

Ebenfalls zu schätzen wissen wir die Unterstützung von Arthur und Punch Sulzberger von der *Times*. Als das chinesische Außenministerium sich weigerte, uns beide für die *Times* zu akkreditieren, war es Punch, der die Idee hatte, Sheryl nominal für den *New York Times Service* anzumelden, einen anderen Zweig im Besitz der *Times*-Gruppe. Mit hervorragendem Erfolg.

Einmal in China, profitierten wir von einer außerordentlichen Hilfsbereitschaft seitens der Angestellten in der Niederlassung der *Times*. Mehrmals sorgten unter anderem Eleanor Laquian, Catherine Hoy und Y. W. Wang dafür, daß unsere Informationen aufbereitet wurden und daß wir bei Verstand blieben. Xu Pei, Jane Zha, Henry Ho, C. L. Duan und andere waren uns ebenfalls eine Riesenhilfe. Unsere letzten beiden Angestellten Ben Read und June Shih standen uns bei der Entstehung des Buches bei, und Xu Pei, nun in den Vereinigten Staaten, las das ganze Manuskript und gab uns sehr wertvolle Anregungen.

Besonderen Dank schulden wir Richard Halloran und Mike Oksenberg vom East-West Center in Hawaii, die uns beiden die Mitgliedschaft auf Zeit und damit die Gelegenheit boten, einen Monat in Beijing und fast zwei Monate am Center zu verbringen. Wir hätten keinen wärmeren und freundlicheren Ort zum Arbeiten finden können. Richard und seine Frau Fumiko Mori Halloran lasen zudem unser Manuskript ganz durch und gaben wertvolle Anstöße. Rick Hornik vom *Time Magazine,* ein anderes Mitglied auf Zeit, las ebenfalls eine Frühfassung und übte konstruktive Kritik. Chris Millward, ein tüchtiger und hingebungsvoller Hochschulabsolvent, war uns eine unschätzbare Hilfe beim Recherchieren, zuerst im Center auf Hawaii und später in New York.

Die Ford Foundation ermöglichte uns durch ein Stipendium einen weiteren zweimonatigen Aufenthalt in Beijing. In dieser Zeit trugen wir einen Teil unseres besten Materials zusammen. Wir sind dafür Peter Harris und den anderen Angestellten der Ford Foundation sehr dankbar. Was sie unternehmen, bewirkt sehr viel Gutes in China. Einen Teil unserer Zeit in Beijing verbrachten wir mit dem Hüten der Häuser John Kohuts von der *South China Morning Post* und Jake Haselkorns von ABC News. Hätten wir uns nicht dort zurückziehen können, wäre es uns kaum gelungen, nur annähernd soviel zu arbeiten, und wir – besonders Gregory – danken ihnen für ihre Gastfreundschaft.

Etwas heikler ist es, den unzähligen Einheimischen zu danken, die uns auf die eine oder andere Art behilflich waren, nicht zuletzt deshalb, weil wir sie mit einem öffentlichen Dankeschön in Schwierigkeiten bringen könnten. Diese chinesischen Bekannten deckten die ganze Bandbreite ab. Von der Bäuerin weitab jeder Stadt bis hin zu den Angehörigen dreier gegenwärtiger oder ehemaliger Mitglieder des Politbüros war alles vertreten. Sie alle haben uns, zu Hunderten, unser heutiges Wissen über China vermittelt. Sie nahmen all die Gefahren auf sich, ohne daß ihnen dafür die Anerkennung zuteil wird. Stets werden wir voller Wärme und Hochachtung an sie denken. Es ist unmöglich, allen einzeln zu danken, die es verdienen, trotzdem wollen wir stellvertretend einige hier namentlich erwähnen: Gao Xiqing und Wang Boming, die der chinesischen Effektenbörse den Weg bahnten; Zhang Weiguo, einer der besten chinesischen Zeitungsleute; Amy, James und Rose, die sich mit uns auch in schwierigen Zeiten zu treffen wagten; die uns in Freundschaft und als Lehrkräfte verbundenen wunderbaren P. S. Tang und Colombo sowie der verstorbene Xu Yaoping, 1959–1993. Viele andere hätten wir dieser Aufzählung gerne angefügt, aber sie baten uns, es nicht zu tun, aus Furcht, dadurch in Schwierigkeiten zu geraten.

Die ausländische Gemeinde in Beijing war eine stets sprudelnde Quelle für Informationen und Einblicke, und wir lernten viel von unseren Kollegen und Kolleginnen. Kazuyoshi Nishikura von Kyodo sowie Kathy Wilhelm und ihre Belegschaft bei Associated Press waren ganz besonders hilfsbereit, aber im Grunde genommen brachte uns der Kontakt mit allen Presseleuten in Beijing einen Gewinn. Ein besonderer Dank geht an Manuel Ceneta, den erstklassigen Pressefotografen von Agence France, der sich trotz seines vollen Terminkalenders die Zeit nahm und für unser Buch neun Filmrollen füllte. Fumiyo Ashai stellte uns großzügig ebenfalls ein paar Bilder zur Verfügung, und von Adam Stoltman bekamen wir eine Aufnahme von Liu Xiang.

Vielen diplomatischen Vertretungen aus dem Ausland, besonders diejenigen Japans und der Vereinigten Staaten, gebührt unser Dank dafür, daß sie ihre Gedanken mit uns teilten. Trotz all unserer Kritik an der amerikanischen Botschaft lernten wir auch mehrere außerordentlich fähige und hilfsbereite amerikanische Gesandte kennen. Botschafter Jim Lilley war großartig, ebenso Sheridan Bell, der Pressesprecher während unserer ersten Jahre. Sie halfen Sheryl 1990, ihren Presseausweis wiederzubekommen, was auch Bernie Gwertzman und Bill Safire von der *Times* anläßlich ihrer Reise nach Beijing versuchten. Später durften wir von den Anmerkungen und der Kritik von Lauren und Jim Moriarty profitieren, zwei ehemals in Beijing akkreditierten amerikanischen Gesandten. Sie lasen einen Teil des Entwurfs zu diesem Buch, insbesondere die Passagen, die sich mit der chinesischen Wirtschaft befassen.

Taiwan ist für Presseleute insofern ein wahrer Traum, als man dort vergleichsweise einfach an höhere Regierungsbeamte herankommt. Besonderen Dank schulden wir Marvin Ho, dem Leiter des Sprachinstitutes von Taipeh, der uns nicht nur half, Chinesisch zu lernen, sondern uns auch mit vielen Menschen aus ganz Taiwan zusammenbrachte. Einer von ihnen war Zhang Xueliang, der »junge Marschall«, der 1936 Tschiang Kai-schek entführt hatte, um die Nationalisten im Kampf gegen Japan zur Zusammenarbeit mit den Kommunisten zu zwingen, und der daraufhin fast fünfzig Jahre seines Lebens unter Hausarrest verbrachte. Der nun hochbetagte Zhang schrieb mit großer Freundlichkeit für uns die Schriftzeichen unserer chinesischen Namen. Da er auf beiden Seiten der Meerenge von Taiwan als Nationalheld gilt, setzten wir seine Handschrift auf unsere Visitenkarten, was sich als ein erstklassiges Gesprächsthema entpuppte. Der einzige Haken dabei war, daß manche, denen wir etwas entlocken wollten, das ganze Gespräch darauf verwenden wollten, uns über Zhang auszufragen, statt uns unsererseits ein paar Fragen stellen zu lassen.

Daneben haben uns noch zahlreiche andere, insbesondere Fachleute aus den Vereinigten Staaten, während unseres China-Aufenthaltes oder danach in der Zeit, als wir an dem Manuskript schrieben, geholfen. Zu denen, die uns bei diesem Buch unterstützten, zählen Christine Wong von der Universität Kalifornien in Santa Cruz, Ted de Bary von der Columbia-Universität, Kwang-ching Liu von der Universität Kalifornien in Davis, Daniel Kwok von der Universität Hawaii sowie Yasheng Huang von der Universität Michigan. Christine war so freundlich, die Kapitel über die chinesische Wirtschaft zu lesen und sich zu diesen zu äußern.

Die chinesischen Schriftzeichen in diesem Buch sind unter dem entschiedenen Pinselstrich von Chingan Tang entstanden. Bei der Kalligraphie und den Übersetzungen geholfen haben Bo Yang, Fei Wang und besonders Michael Tang, der auch das gesamte Manuskript zu diesem Buch gelesen und uns wertvolle Anregungen dazu gegeben hat.

Mort Janklow und Anne Sibbald von Janklow & Nesbit Associates sind wunderbare Agenten und Ratgeber. Times Books, mit Peter Osnos an der Spitze, war für uns nicht nur Verlagshaus, sondern auch Zuhause. Wir sind dort besonders Paul Golob zu Dank verpflichtet, dessen Führung, Vision und scharfe Feder uns bei der Gestaltung dieses Buches halfen.

Der größte Dank gebührt unseren Familien: Ladis und Jane Kristof aus

Yamhill, Oregon, und Davis, Alice, Darrell und Sondra WuDunn in New York. Sie haben das Manuskript mit inhaltlichen und sprachlichen Anregungen versehen und uns mit Rat und Tat und viel Kaffee versorgt. Und wir danken auch dir, Gregory, daß du uns mit Nachdruck immer wieder an die Wunder und Freuden des Lebens erinnert hast, wenn wir sie hinter unseren Computern zu vergessen drohten.

Nach all diesen Danksagungen sieht es fast so aus, als hätten wir selbst gar nichts getan. Haben wir aber doch: Die groben Vereinfachungen und absurden Mißinterpretationen stammen von uns. Offensichtliche Fehler und Verdrehungen gehen jedoch nicht auf unser Konto. Diese gehen auf das Konto unseres Partners – Verzeihung, unserer Partnerin.

Bibliographie

Gabriel A. Almond und Sidney Verba, *The Civic Culture,* Boston 1965.

Basil Ashton, Kenneth Hill, Alan Piazza und Robin Zeitz, »Famine in China, 1958–1961«, *Population and Development Review,* Dezember 1984.

Judith Banister, *China's Changing Population,* Stanford, Ca., 1987.

Geremie Barmé, »Using the Past to Save the Present: Dai Qing's Historiographical Dissent«, in *East Asian History,* Juni 1991.

Geremie Barmé und Linda Jaivin, *New Ghosts, Old Dreams: Chinese Rebel Voices,* New York 1992.

William Theodore de Bary, *Self and Society in Ming Thought,* New York 1970.

Ders., *The Trouble with Confucianism,* Cambridge, Mass., 1991.

Ders., *Sources of Chinese Tradition,* New York 1960; Neuauflage vorgesehen.

George Black und Robin Munro, *Black Hands of Beijing,* New York 1993.

Fred C. Blake, *Ethnic Groups and Social Change in a Chinese Market Town,* Honolulu 1981.

Derk Bodde, *China's First Unifier: A Study of the Ch'in Dynasty as Seen in the Life of Li Ssu,* Hongkong 1967.

Philip M. Boffey, »Editorial Notebook: China and Global Warming«, in *The New York Times,* 8. Dezember 1993.

Katherine L. Bourne und George M. Walker jr., »The Differential Effect of Mother's Education on Mortality of Boys and Girls in India«, in *Population Studies* 1991.

Lewis Carroll, *Alice im Wunderland* (aus dem Englischen von Christian Enzensberger), Frankfurt am Main 1993.

Ch'u Chai und Winberg Chai (Hrsg.), *Li Chi: Book of Rites* (in der Übertragung von James Legge), Hyde Park, N. Y., 1967.

Chuanlong Tang und Sumner J. La Croix, »Energy Consumption and Economic Activity in China«, in *The Energy Journal,* Band 14 (1993), Nr. 4.

Marc J. Cohen, *Taiwan at the Crossroads,* Washington, D. C., 1988.

Archibald R. Colquhoun, *China in Transformation,* New York 1912.

Dai Qing, *Wang Shiwei and »Wild Lillies«: Rectification and Purges in the Chinese Communist Party, 1942–1944,* New York 1994.

H. Diels, *Die Fragmente der Vorsokratiker II,* Hamburg 1957 und 1963.

Fang Lizhi, *Bringing Down the Great Wall,* New York 1991.

Fang Xiaoru, *Xun Zhi Zhai Ji* (chinesische Originalausgabe in acht Bänden), 1935.

Keith H. Florig, »The Benefits of Air Pollution Reduction in China«, unveröffentlichtes Manuskript, November 1993.

John W. Garver, »China's Push Through the South China Sea«, in *The China Quarterly,* Dezember 1992.

Melvyn C. Goldstein, »The Dragon and the Snow Lion: The Tibet Question«, in *China Briefing 1990,* New York 1990.

Carrington L. Goodrich (Hrsg.), *Dictionary of Ming Biography, 1368–1644,* New York 1976.

Harry Harding, *A Fragile Relationship,* Washington, D. C., 1992.

Christopher Hibbert, *The Dragon Wakes: China and the West, 1793–1911,* New York 1970.

George Hicks (Hrsg.), *The Broken Mirror: China After Tiananmen,* Harlow, UK, 1990.

Thomas Hobbes, *Leviathan* (aus dem Englischen von Walter Euchner), Frankfurt am Main 1966.

Al Imfeld, *China als Entwicklungsmodell,* Fribourg 1974.

Sten Johansson, Zhao Xuan und Ola Nygren, »The Missing Girls of China«, *Population and Development Review,* März 1991.

Penny Kane, *Famine in China 1959–1961: Demographic and Social Implications,* London 1988.

Paul M. Kennedy, *Preparing for the 21st Century,* New York 1993.

Joel Krieger, *The Oxford Companion to Politics of the World,* New York 1993.

Lai Tsehan, Ramon H. Myers und Wie Wou, *A Tragic Beginning: The Taiwan Uprising of February 28, 1947,* Stanford, Ca., 1991.

Nicholas R. Lardy, *China in the World Economy,* Washington 1994.

Simon Ley, *Chinese Shadows,* Penguin Books 1974.

Roderick MacFarquhar, Timothy Cheek und Eugene Wu (Hrsg.), *The Secret Speeches of Chairman Mao,* Cambridge, Mass., 1989.

D.J. MacGowan, »Chinese Guilds or Chambers of Commerce and Trades Unions«, in *Journal of the North China Branch of the Royal Asiatic Society,* 21 (1886; Artikel VIII).

Mao Zedong Texte, Zweiter Band 1956–1957, Schriften, Dokumente, Reden und Gespräche, hrsg. von Helmut Martin, unter Mitarbeit von Gerhard Will, Redaktion Martin Krott, Liu Jen-Kai, Tienchi Martin-Liao, Peter Schier, München und Wien 1979.

Mao Zedong, »On the Correct Handling of Contradictions Among the People« (Rede vom 27. Februar 1957), in MacFarquhar, Cheek und Wu.

W. A. P. Martin, *The Awakening of China,* New York 1907.

Gilbert Martineau, *Napoleon's St. Helena,* Chicago 1969.

David Morgan, *The Mongols,* Oxford 1986.

Richard Nixon, *Memoiren,* Köln 1978.

Richard O'Connor, *Pacific Destiny,* Boston 1969.

Mancur Olson, *The Rise and Decline of Nations,* New Haven 1982.

Barry E. O'Meara, *Napoleon in Exile,* New York 1969; Neuausgabe der Ausgabe von 1853.

Lynn Pan, *Sons of Yellow Emperor. The Story of the Overseas Chinese,* London 1990.

Dwight H. Perkins, *China: Asia's Next Economic Giant?,* Seattle 1986.

Alain Peyrefitte, *L'Empire immobile ou le choc des mondes (récit historique),* Paris 1989; amerikanische Ausgabe unter dem Titel *The Immobile Empire,* New York 1992.

Guy P. Pfeffermann und Andrea Madarassy, »Trends in Private Investment in Developing Countries 1993«, International Finance Corporation 1992.

David Remnick, *Lenin's Tomb*, New York 1993.

Michael Richardson, »The spoils of growth: Asia Outpaces North America on CO_2«, in *International Herald Tribune*, 3. Juni 1992.

Sidney Rittenberg und Amanda Bennett, *The Man Who Stayed Behind*, New York 1993.

David Shambaugh, *Beautiful Imperialist*, Princeton, N.J., 1991.

Vaclav Smil, *China's Environmental Crisis*, Armonk, N. Y., 1993.

Edgar Snow, *Gast am anderen Ufer. Rotchina heute*, München 1964.

Lawrence H. Summers und Vinod Thomas, »Recent Lessons of Development«, in *The World Bank Research Observer*, Juli 1993.

Tao Hanzhang (Hrsg.), *Sun Tzu's Art of War*, New York 1987; dt. Sun Tsu, Wahrhaft siegt, wer nicht kämpft (deutsch von Ingrid Fischer-Schreibe), Freiburg im Breisgau 1992.

Alexis de Tocqueville, *Über die Demokratie in Amerika*, Zürich 1987.

Tsai Meng-chien, *Cai Mengjian Chuan Zhen Ji*, Taipeh 1981.

UNESCO, *1991 Statistical Yearbook*.

Arthur Waley, *Translations from the Chinese*, New York 1941.

Clae Waltham, *Shu Ching*, Chicago o. J.

Burton Watson, *Ssu-Ma Ch'ien: Grand Historian of China*, New York 1958.

Burton Watson, *The Tso Chuan*, New York 1989.

Wei Jingsheng, »A Dissenter's Odyssey Through Mao's China«, *New York Times Magazine*, 16. November 1980.

Weltbank, *The East Asian Miracle*, 1993.

Weltbank, *World Development Report 1993*, New York 1993.

Wen Bi, *Zhongguo Zuo Huo*, Beijing 1993.

Xizhe Peng, »Demographic Consequences of the Great Leap Forward in China's Provinces«, in *Population and Development Review*, Dezember 1987.